중화미학사상

예술철학총서 6
중화미학사상

지은이 楊春時
옮긴이 양홍정 · 이삭 · 정무
펴낸이 오정혜
펴낸곳 예문서원

편집 유미희
인쇄 및 제책 주) 상지사 P&B

초판 1쇄 2023년 6월 15일

출판등록 1993년 1월 7일(제2023-000015호)
주소 서울시 동대문구 왕산로 239, 101동 935호(청량리동)
전화 925-5914 | 팩스 929-2285
전자우편 yemoonsw@empas.com

ISBN 978-89-7646-481-1 93150
YEMOONSEOWON 101-935, 239 Wangsan-ro, Dongdaemun-Gu, Seoul, KOREA 02489
Tel) 02-925-5914 | Fax) 02-929-2285

값 38,000원

예술철학총서 6

중화미학사상

楊春時 지음
양홍정 · 이삭 · 정무 옮김

예문서원

저자 서문

독립적인 학문영역으로서의 미학(Aesthetics)은 현대성現代性의 산물이다. 다시 말해, 현대성이 일어나기 이전에 미학은 다른 학문들과 마찬가지로 신학神學(서양의 경우)이나 도학道學(동양의 경우)에 종속된 형태로 있었다는 것이다.

서양의 미학 체계는 르네상스(Renaissance)를 거치면서 형성되었는데, 그것은 이성을 기반으로 한 주체성(subjectivity)의 자각을 통해 정립되었다. 르네상스시기에 이르러 인간은 이성적인 사유를 통해 스스로가 주체성을 지닌 존재임을 자각함으로써, 종교적인 지배이념에서 벗어나기 시작하였다. 그리하여 인간은 신적인 계시와 가르침 대신, 그 자체가 지닌 이성적 사유 능력으로써 주체와 대상 사이의 관계를 규명하게 되었다. 이 과정에서 자연은 인간에 의해 규정되는 대상으로 변모하고, 둘 사이의 관계를 다루는 학문의 형식도 진眞, 선善, 미美 등으로 나누어지게 되었다. 그러다가 18세기의 철학자 바움가르텐(Baumgarten)이 '감성적 인식에 관한 학문'(Aesthetica)이라는 개념을 제기함에 따라, 미를 연구대상으로 삼는 학문 즉 미학이 본격적으로 정립되었다.

그러나 이러한 사실은 현대성이 일어나기 이전에는 미적인 사유 자체가 없었다는 것을 의미하지는 않는다. 실제로 인류의 문명이 싹틀 즈음부터 인간에게는 다양한 심미적 활동 및 경험이 있었는데, 그것에 관한 사유들이 곧 미학적인 사상을 낳았다고 할 수 있다. 예를 들어, 고대 그리스철학에서는 이미 아름다움의 본질에 관해 사유하는 전통이 있었고, 중세의 신학에서도 진, 선, 미로 신의 속성을 규정하는 전통이 있었다. 바로 역사적으로 축적된 미적인 사유가 사상적인 기반으로 작용할 수 있었기 때문에, 인간은 근대라는 특수한 시기에 이르러 미학이라는 학문을 정초할 수 있었다.

독립성을 지닌 학문 체계로서의 중화미학도 현대성의 산물이다. 고대 중국에서는 미학은 물론이고 심지어 철학이라는 개념도 없었다. 그것은 모두 도학이라고 불리는 학문 체계 속에 포섭된 형태로 있었다. 그러나 고대 중국에서는 상당한 수준에 이른 예술론이 있었고, 그에 따른 풍부한 심미적 경험도 있었을 뿐만 아니라, 다양한 심미적 경험을 기반으로 형성된 미학적인 이론도 있었다. 그러나 이와 같은 미학적인 이론은 대부분 윤리적 교화를 근본 취지로 삼고 있으므로, 오늘날에서 말한 체계적이고 사변적인 미학이론에는 미치지 못한다.

이렇게 보면 현대성이 일어나기 이전에 중국에서는 미학적인 사상이 있었으나, 미학은 없었다. 이런 의미에서 '중화미학'은 애초부터 합리적인 근거를 지니지 못한 개념처럼 보일지도 모른다. 그래서 이 책은 마땅히 『중화미학사상'개론中華美學'思想'概論』이라고 불러야 타당할지도 모른다. 그럼에도 불구하고 이 책의 제목을 『중화미학개론中華美學概論』이라고 지은 데에는 다음과 같은 세 가지 고려가 있기 때문이다.

첫째로, '중화미학'이라는 독립적인 학문은 없었지만, 중국에서는 일찍이 미학적인 사상이 나타나고, 그것들은 또한 다양한 형태의 이론으로 발전하였다. 그리고 그러한 미학사상들은 철학적으로 재차 사유되었을 뿐만 아니라, 상당 수준에 이른 시학이론詩學理論과 예술이론(음악 및 회화에 관한 이론 등)으로 확장하였다. 이와 같은 성취는 모두 체계적인 미학이론을 형성하는 자양분으로써 활용될 수 있다.

둘째로, 중화미학의 사상은 체계적인 미학이론을 형성하지 못하였지만, 그 속에는 잠재적인 체계성이 내포되어 있다. 이는 두 가지 측면에서 이해될 수 있다. 하나는 중화미학의 사상은 엄밀한 개념적 체계를 형성하지 못하였다는 측면이다.

즉 여러 학파에 의해 산출된 다양한 미학 관련 개념은 그 뜻이 모호한 까닭에 서로 소통할 수 없는 경우가 많다. 이와 더불어 다양한 개념들로 이루어진 미학이론도 논리적인 차원에서가 아니라 경험적인 개괄 또는 느슨한 추론에 가까운 형태로 구현되어 있다. 그러나 다른 한편으로는, 중화미학의 사상에 매우 가치 있는 내재적 논리가 함축되어 있다. 특히 그것은 서양의 미학이론과 구분되는 견해를 내포하고 있으므로, 특징적인 체계를 형성할 수 있는 잠재성을 지니고 있다. 다만 내재적인 논리에 관해서는 더욱 발굴되고 정돈되어야 할 필요가 있고, 잠재적인 이론의 체계에 관해서는 논리성을 지닌 형태로 재구축되어야 할 필요가 있다는 것이 현재의 문제이다. 만약 이상에서 언급된 작업이 제대로 수행될 수 있다면, 중화미학은 틀림없이 서양의 미학이론과 공존하면서도 소통할 수 있는 학문적 체계로 정립될 수 있을 것이다. 그래서 이 책도 중화미학의 체계를 구축하는 것을 목적으로 삼고 있으므로, 『중화미학개론』이라는 제목을 붙였다.

셋째로, 현시점에서 '중국고대미학'(그리고 서양고대미학)이라는 개념은 이미 고착된 개념으로 사용되고 있으므로, 완전히 폐지되기가 어렵다. 또한 그것을 '중화미학사상'이라는 개념으로 대치하는 데에는 여러 가지 논의 상의 불편함이 뒤따를 수 있다. 그래서 이 책은 일반적으로 '중화미학'이라는 개념을 사용하고 있지만, 문맥에 따라 필요하다고 생각되는 경우 '중화미학사상'이라는 개념도 함께 사용할 것이다. 다만 둘 사이에 그 어떠한 의미의 차이가 없음을 미리 밝혀 둔다.

마지막으로, 이 책이 『'중국'미학개론』 대신 『'중화'미학개론』이라는 제목을 취한 이유에 대해 좀 더 설명하고자 한다. 엄밀한 의미에서 '중국'이라는 개념은 고대부터 있었지만, 그것은 '중원中原'의 지역을 가리키는 말로만 사용되었다. 즉 그 당시에는 다민족국가로서의 중국이 아직 형성되지 않았다는 것이다. 그러나 다민족적 – 문화적 공동체를 아우르는 '중화문화'는 고대부터 지금까지 끊김 없이 계승되고 있고, 그것에서 비롯된 미학사상도 서양의 미학사상과 구분되는 체계를 형성하고 있다. 따라서 이 책은 『중화미학개론』을 제목으로 삼았고, 그 목적 중의 하나는 중화미학의 전통을 계승하고 발전함으로써, 서양미학의 독존지세獨尊之勢를 지나칠 정도로 강조하는 경향을 견제하는 데 있다.

이 책의 근본 취지는 중화미학의 발전 맥락을 정리하고, 그 내면적인 논리를 밝히며, 서양의 현대미학과 소통하는 가운데에서 중화미학의 체계를 다시 구축하는 것이다. 이러한 목적을 성취하기 위해서는 두 가지 연구방법이 요구된다. 하나는 고금古今을 관통시키는 연구방법이고, 다른 하나는 동서東西를 소통시키는 연구방법이다. 이 중에서 고금을 관통시키는 연구방법은 현대의 미학이론으로 중화의 고전미학을 재해석함으로써 그것을 현대미학의 체계 속에 편입시켜 그 본질과 내재적인 논리를 밝히는 것이다. 한편, 동서를 소통시키는 연구방법은 중화미학과 서양미학의 대화 및 비교를 통해 중화미학의 특성을 규명하여 동서미학이 상호 보완될 수 있는 계기를 마련하는 것이다. 끝으로 이 책에서는 다음과 같은 저자의 믿음이 함축되어 있음을 미리 밝혀 두고자 한다. 중화미학은 과거지사로 끝나는 것이 아니라 현대성의 세례를 거쳐 다시 태어나 세계의 미학이론 속에서도 중요한 위치를 차지하며 그 생명력을 끊임없이 펼칠 것이다.

역자 서문

중국미학에 관한 체계적 논의는 중국 국내에서뿐만 아니라, 한국에서도 다양한 형태로 소개되어 있다. 그중에는 특정 고전에 천착하여 미학적 논술을 추출하는 연구가 있는가 하면, 시대별로 그것들을 관통하여 전체 미학사를 구축하려는 시도도 있다. 실제로 이와 같은 논의들은 모두 하나의 공통된 문제에 직면하고 있다. 그것은 바로 서양과 달리, 중국의 전통사상에는 '미학'에 상응하는 개념이 없었다는 것이다. 그러한 까닭에, 미학 또는 예술철학의 개념이 없다는 문제를 어떻게 대처하는지에 관한 논의가 중화미학의 체계를 구현하는 첫걸음이 되는 경우가 많다.

이에 관해 양춘시楊春時 교수는 중국에는 미학이라는 개념이 없었지만, 풍부한 심미적 경험을 담은 시학적詩學的 전통과 철학적 논술이 있었다는 점에 주목하여, 그러한 자양분들이 수준 높은 문론文論과 화론畵論 등의 예술이론으로 발전하였다고 주장한다. 특히 그에 따르면 시학적인 전통과 철학적인 사상이 서로 매개하는 가운데, 중화미학사상은 리본체론理本體論에서 정본체론情本體論으로 이행하는 내재적 논리를 갖추고 있는 동시에, 고전적인 현상학의 특징을 함축하고 있다. 그래서 그는 현상학에서 거론된 간주관성, 정감성, 직관성 등의 개념을 토대로 중화미학의 체계를 심미의 본질론, 주체론, 대상론, 의식론, 기능론 등으로 재구축하여, 그것이 지닌 세간성世間性과 함축적인 초월성隱超越性, 간주관적인 특질 등에 대해 분석하였다. 끝으로, 양춘시 교수는 중화미학에 대한 재해석이 곧 그 체계를 재구축하는 과정이라고 강조하면서, 이러한 체계의 재구축은 한편으로는 중화미학 자체에 지닌 합리적 요소를 재발굴하고, 다른 한편으로는 서양의 현대학문과 끊임없이 대화하는 전제에서 구현되어야 한다고 주장하였다.

실제로 역자들은 이 책을 번역하면서 매우 큰 부담을 느꼈다. 왜냐하면 양춘시

교수의 저술은 중국미학의 내용 자체를 넘어 서양의 현상학까지 섭렵하고 있기 때문이다. 더욱이 그것은 한쪽의 이론적 입지와 다른 한쪽의 사상을 단순히 비교하는 것이 아니라, 둘의 소통을 지향하고 있다. 물론 두 사상체계의 소통 성과에 대한 판단은 해당 분야의 전문가와 독자의 몫으로 귀결될 수밖에 없지만, 그러한 시도는 현재 중국 국내의 기본적 연구 경향을 반영하는 동시에, 향후 중국미학 연구에 새로운 방법론 제시 역할을 하였음에는 의문의 여지가 없을 것이다.

마지막으로, 이 책을 완역하는 데 제법 많은 시간이 걸렸다. 공역자들의 번역 진도가 다를뿐더러, 최종 검토 과정에서 용어 통일의 문제도 다수 발생하였기 때문이다. 그럼에도 불구하고 공역자인 양홍정楊紅靜 교수와 이삭李颯 선생님의 남다른 끈기가 없었더라면 끝내 결실을 보지 못하였을 것이다. 그리고 무엇보다도 후기 교정 작업을 꼼꼼하게 살펴 주시고 항상 여유 있게 진행하도록 독려해 주신 예문서원 사장님과 편집자님에게 깊은 감사의 마음을 전한다.

2023년 3월
관악산에서 공역자를 대표하여
정무가 쓰다

차례_

제1장 중화미학사상의 형성

제1절 중화미학사상의 기원

5·4운동이 일어나기 이전, '미학'이라는 개념은 유럽에서 일본을 거쳐 중국으로 전래되었다. 이와 더불어 서양의 미학이론도 중국에 수입하게 되었는데, 그것은 전통미학사상과 융합되어 현대중화미학을 낳았다. 왕국유王國維는 중국의 현대미학의 시작을 대변하는 인물로서, 현대성을 지닌 칸트(Kant)와 쇼펜하우어(Schopenhauer)의 사상을 수용하였다. 그러나 다른 한편으로, 그는 국학國學의 대가로서 중화미학사상을 계승하기도 하였다. 다시 말해, 왕국유는 서양의 현대미학사상과 중화미학사상을 융합하여 스스로의 미학 체계를 구축함으로써, 현대중화미학의 길을 열었다는 것이다. 그러므로 현대중화미학은 그 시작 단계부터 중국과 서양의 사상이라는 두 가지 근원을 지닌 것이라고 말할 수 있다. 그렇다면 무엇보다도 먼저 분명히 밝혀야 할 문제는 고전적인 중화미학의 근원은 어디에 있으며, 그것이 어떻게 시작되었는지에 관한 문제일 것이다.

1. 중화미학사상을 낳은 역사적 조건

중화미학은 특수한 역사적－문화적 조건에서 기원하였고, 그 첫째 조건이 바로 사회적 차원에서 이루어진 근본적인 변혁이다. 실제로 중화미학사상은 춘추전국시대에 시작하였으며, 그때 중국 사회는 봉건시대에서 후봉건시대로 이행하는 역사적 전환기에 있었다. 여기에서 봉건사회는 중국 국내에서 수십 년 동안 통용되는 개념, 즉 지주계급에 의해 지배되는 사회를 가리키는 것이 아니라, 상주商周시대에 걸쳐 형성된 귀족이 영주領主가 되어 지배 역할을 수행하는 사회를 의미하는데, 그것은 중세 유럽의 사회제도와 대체로 유사하다. 그러나 유럽의 봉건사회는 특정 사회계약제도를 기반으로 세워졌다. 이러한 제도는 봉건영주가 국왕에게 충성을 바치는 대신, 국왕이 영주의 이익을 최대한 보장하는 것을 기본 전제로 삼는다. 그러나 중국의 봉건사회는 종법제도宗法制度 위에 세워진 것으로, 천자天子가 친족들을(일부 공신 포함) 제후諸侯로 분봉하여 그들로 하여금 천자의 권위를 지키게 하는 형태로 구축되어 있었다. 이런 경우 천자는 명의상 제후를 정벌征伐할 수 있는 권한을 지니기 때문에, 『논어論語』에서는 이를 "예악禮樂과 정벌이 천자로부터 나온다"[1]라고 표현하였다.

이와 달리 후봉건사회는 진秦이 육국六國을 통일한 이후의 사회형태를 가리키는 말이다. 그리고 봉건사회에서 후봉건사회로 이행하는 시기가 바로 춘추전국시대이다. 춘추전국시대에 걸쳐 중국 사회는 경제, 정치, 문화 등 모든 면에서 그 이전 시대와 구분되는 변혁이 일어났는데, 이는 실제로 봉건사회가 붕괴됨에 따라 자본주의 사회가 정립된 유럽의 사회형태와도 다르다.

구체적으로 경제적인 측면에서, 봉건사회의 귀족 영주제도가 지주-소작농의 관계를 중심으로 한 제도로 바뀌면서, 일반 백성에게도 토지가 사유물로 주어지게 되었는데, 이는 정전제井田制의 폐지를 초래하였다. 이러한 토지제도의 변화는 기존의 영주와 농노의 관계를 국가와 농민, 그리고 지주와 소작농의 관계로 변화시켰다. 그리고 정치적인 측면에서, 각 제후국 내부에서 벌어진 권력의 쟁탈전은 기존의 귀족 중심 등급제도를 유지할 수 없게 만들어, 평민 출신의 관료가 정치 무대에 등장할 수 있는 통로를 마련하였다. 이는 종법제도로 지탱되는 귀족 중심의 봉건제도가 점차 평민 관료가 주체로 활동하는 제도로 바뀌기 시작하였음을 시사한다.

---

1) 『論語』, 「季氏」, "禮樂征伐自天子出."

이와 더불어, 사회적–문화적인 측면에서 주周나라의 예악제도禮樂制度가 붕괴되는 격변이 일어났는데, 이는 다양한 사상이 출현할 수 있는 계기를 마련하였다. 바로 위와 같은 특수한 역사적인 조건들이 중화미학의 논의를 시작할 수 있게 부추겼고, 나아가 그것을 서양의 미학사상과 다른 방식으로 전개될 수 있게 하였다.

중화미학사상을 낳은 둘째의 역사적인 조건은 인문정신의 형성이다. 서양의 미학사상이 고대 그리스에서 생겨났고, 그것은 그 당시 인문정신이 싹트고 발전한 결과이다. 마찬가지로 중국에서도 춘추시대에 이르러 고대에서 큰 힘을 발휘하였던 무술문화巫術文化가 해체되고, 인문정신이 싹트게 되어 중화미학의 사상을 정립하였다.

원시시대의 예술은 일종의 무술 활동이었기 때문에 심미적 체험과 미학적 사상을 낳을 수가 없었다. 초기의 문명시대라고 불리는 상주시대에 이르러서도 원시종교는 완전히 사라지지 않았으므로, 예악문화에는 여전히 무술적인 요소가 배어 있었다. 그러한 까닭에 심미적인 의식과 미학적인 사유는 일어날 수가 없었다. 상商은 종교문화에 기반한 통치를 시행하였으므로, 고힐강顧頡剛은 이를 '귀치주의鬼治主義'라고 불렀다. 주에 이르러 그것이 비록 덕치주의德治主義로 전향하였으나, 종교적 요소는 종법에 따른 예악제도와 혼합된 채 삶의 모든 영역을 총괄하였기 때문에, 신권神權(또는 天道), 왕권王權(또는 王道), 인권人權(또는 人道)은 서로 분리되지 않은 형태로 존재하였다.

주나라 때에 이르러 종법에 따른 예악의 체계가 본격적으로 세워졌는데, 그것은 일련의 사회적 문화제도, 관념, 예의규범 등으로 구축되었다. 이러한 예악의 체계는 종교, 정치, 윤리, 역사, 예술 등의 내용을 포함하고 있으므로, 신앙과 윤리를 모두 아우른 문물제도文物制度라고 할 수 있다. 이때의 모든 지식과 가치 관념이 예외 없이 신비성을 지닌 예악 체계에 포함되어 있다고 해도 과언이 아니다. 따라서 심미의식도 당연히 그러한 포대기에 싸여 있었으므로, 아름다움이 무엇인지와 같은 문제가 제기될 수 없었다.

그러다가 춘추전국시대에 이르러 봉건(귀족영주)사회가 후봉건(관료지주)사회로 진입하면서, 귀족문화는 점차 평민문화로 전향하게 되었는데, 이 과정에서 기존의 사회 질서가 해체되어 예악의 문화가 붕괴를 맞이하였다. 이 시기에 천天과 인人이 서로 교감하는 문화 체계가 제한적으로 분리되기 시작하였는데, 그것은 종교와 인문의 분화를 비롯하여, 신권(천도)·왕권(왕도)·인권(인도)의 분열로 이어졌다. 새로운 문화의 이념은 신도神道 대신 인도를 중심으로 삼았고, 도道는 새롭게 해석되면서 천도가 곧 인도라는 생각이 나타났으며, 왕권의 합법성은 신도가 아닌 인도에 의해 정당화되기 시작하였다.

이러한 과정에서 유가儒家, 묵가墨家, 도가道家, 법가法家 등은 모두 인간을 중심으로 도를 해석하였다. 그중에서 유가는 효제孝悌를 중시하여 인의仁義의 실천을 강조하였고, 묵가는 평등을 중시하여 겸애兼愛사상을 강조하였으며, 도가는 자연自然을 중시하여 천성天性의 보전을 강조하였고, 법가는 공리功利를 중시하여 상벌賞罰의 철저한 기준과 집행을 강조하였다. 이와 같은 학파들은 모두 인도를 중요시하였기 때문에, 이 시기에 걸쳐 고전적인 이성이 각성하고 인문정신으로 나타났다. 공자를 대표로 한 유가는 윤리를 숭상하고 종교를 가볍게 여겼으며, 노자와 장자를 대표로 한 도가는 생명을 귀하게 여기고 자연으로 되돌아가야 함을 역설하였으며, 법가는 실리實利를 추구하기 위하여 법도를 엄격히 실행하여야 함을 주장하였는데, 이러한 사상들의 부각은 모두 인문정신의 확립과 이성적인 사조의 형성이 종교와 미신을 대체하고 있음을 시사한다.

물론 이 시기에 진행된 천도와 인도의 분리는 제한적인 범위 내에서 이루어진 것이다. 그리고 다양한 사상에 의해 부각된 이성 정신도 집단적인 가치(集體價値)를 이룩할 수 있었지만, 개체적인 가치(個體價値)를 구현하는 데까지 나아가지 못하였다. 더욱이 이러한 이성 정신은 도구적인 이성이 결핍되고, 감성과 엄밀하게 구분되지도 않았으므로, 일종의 고전적인 형태의 이성이라고 할 수 있다. 특히 그것은 종교적인 사고방식을 완전히 제거하지 못한 채, 그러한 요소들이 여전히 삶의 영역에서 특정 역할을 발휘할 수 있도록 허용하였다.

그럼에도 불구하고 제한적인 천도와 인도의 분리는 중화문화를 새로운 '천인합일天人合一'의 단계로 이행시켰는데, 이는 천도가 인도를 통일하는 대신, 반대로 인도가 천도를 포섭하는 "인도가 곧 천도이다"(人道卽天道)라는 생각을 낳았다. 바로 이러한 생각이 인문정신에 더욱 넓은 발전공간을 제공하고, 미美에 대한 사고를 가능하게 하였다.

중화미학사상을 낳게 한 셋째의 역사적 조건은 '보편이성'이라는 관념의 형성이다. 춘추시대 이전 종교적 의식이 주재적 지위를 차지하였기 때문에, 이성은 각성의 단계에 이르지 못하고, 보편이성이라는 관념도 형성되지 못하였다. 상주시대 초기에서도 주재성을 지닌 천은 신성神性을 갖춘 실체로 파악되고, 사람들은 신의 의지를 통해 자연과 사회의 모든 현상을 해석하곤 하였다. 비록 이 시기의 천자는 '천하의 공통적인 주인'(天下共主)으로 간주되었지만, 실제 사회는 지방 영주들의 통치에 의해 다스려지고 있었으므로, 군건한 천하의식天下意識이 형성되지 않았다. 바로 이러한 점이 보편이성을 낳을 수 있는 걸림돌이 되었다.

춘추시대 이후로 주왕실周王室은 점차 몰락하고 평민 계층의 지식인(士)이 힘을 얻게 되었다. 그들에 의해 이성의 자각이 이루어지고 천도의 내포는 점차 인도로 바뀌기 시작하였다. 동시에 각각의 제후들이 독립성을 획득하게 되면서, 제후국들 사이에서 벌어지는 교류와 정벌은 더욱 빈번해졌다. 이 과정에서 천하통일의 염원이 배태되고, 협소한 지역 관념이 해체되면서 보편적인 천하의식이 정초되었다.

천하의식과 맞물리면서 보편이성이라는 인식이 생겨났는데, 그것이 바로 '도'라는 관념이다. 춘추시대 이전, 자연숭배사상의 잔재로 인해 천은 자연과 인사人事를 주재할 뿐만 아니라, 자연적 속성과 신적 속성을 함께 지닌 것으로 파악되었다. 이와 더불어 주나라 때 확립된 조상숭배 사상은 기본적으로 "천을 공경하고 조상을 본받는다"(敬天法祖)라는 유사 종교적인 의식을 고수하였다. 그러나 춘추전국시대에 이르러 도는 천을 대신하여 자연과 사회를 주재하는 관념으로 발전하게 되었다. 특히 여기에서의 도는 실체가 아닌 보편적 법칙을 의미하는데, 그것은 오래 가지 않아 여러 학파의 철학사상에 침투하여 본체론적 범주로 정착하게 되었다.

노자는 도를 최고의 범주로 규정하고, 그것이 "천지에 앞서 이미 존재하였다"라고 주장하였다.[2] 그리고 장자는 도가 "귀신과 상제上帝를 신령하게 한다"라고 강조하면서 도를 천지보다 더 근본적이고, 귀신보다 더 큰 지배력을 가지며, 만물을 변화하고 생성하게 하는 법칙으로 규정하였다.[3] 한편, 공자는 도와 천을 함께 거론한 바가 있지만, 천도를 인도로 해석하는 경향이 강하다. 즉 그는 인간에 의해 구현된 윤리적인 법칙을 천도로 파악하고, 그러한 도를 구하고(求道) 행하는 것(行道)을 평생의 사명으로 삼았다는 것이다.[4]

유가의 도는 윤리적인 법칙을 가리키고, 도가의 도는 스스로 그러한 자연천성自然天性에 따른 법칙을 의미하지만, 그것들은 모두 사태와 사물의 존재 근거를 규정하는 개념으로 발전하였다. 따라서 사람들은 도에 근거하여 신비로운 하늘의 뜻(天意)이나 단순한 경험적 사실 대신, 보편성을 지닌 이성적 법칙으로써 다양하고 복잡한 사회현상을 해명하기 시작하였는데, 그 과정에서 진眞, 선善, 미美 등 일련의 개념이 비로소 고안되었다. 나아가 이성적 관념이 형성됨에 따라, 심미적인 현상에 관한 인식도 미신과 단순한 감성에서 벗어나게 되었다. 다시 말해, 사람들은 공통적으로 '미'의 개념을 통해 심미적인 현상을 개괄하고, 도의 개념을 통해 미를 해석하게 되었다는 것이다. 이러한 경향 속에서 유가는 윤리적인 법칙으로써 미를 설명하고, 도가는 자연의 법칙을 통해 미의 실질을 해명하였다. 이리하여 중국에서는 최초의 미학사상이 싹트게 되었다.

중화미학사상을 낳은 넷째의 역사적 조건은 학문의 분화와 그러한 분화에서 파생된 예술의 '상대적 독립성'이다. 이러한 조건은 미학에 대한 반성을 가능하게 하였다. 주나라 시기에 형성된 예악의 체계는 정치, 윤리, 종교, 예술 등 많은 영역의 내용을 포함하고, 그것들은 한 덩어리로 뭉친 채 분화된 형태로 나타나지 않았다. 그러므로 각각의 학문적 영역에 관한 전문적인 탐구는 물론이고, 예술에 대한 사색조차도 일어나기 힘들었다. 그러다가 춘추시대에 이르러 주나라의 예악

---

2) 『老子』第25章, "有物混成, 先天地生, 寂兮寥兮, 獨立而不改, 周行而不殆, 可以爲天地母."
3) 『莊子』, 「大宗師」, "夫道, 有情有信, 無爲無形, 可傳而不可受, 可得而不可見. 自本自根, 未有天地自古以固存. 神鬼神帝, 生天生地, 在太極之先而不爲高, 在六極之下而不爲深, 先天地生而不爲久, 長於上古而不爲老."
4) 『論語』, 「里仁」, "朝聞道, 夕死可矣."

체계가 붕괴됨에 따라 종교와 인문학의 영역이 점차 분리되고, 철학, 정치, 윤리, 역사, 문학 등 학문도 제한적인 독립성을 획득하게 되었다.

공자는 육예六藝, 즉 서書, 예禮, 악樂, 어御, 사射, 수數를 가르쳤는데, 이는 그 당시의 사인士人이라면 반드시 익혀야 할 기예였다. 그리고 이와 같은 기예들은 훗날에 유가의 육경六經, 즉 『시경詩經』, 『서경書經』, 『예기禮記』, 『악경樂經』, 『주역周易』, 『춘추春秋』로 발전하였고, 그것들은 또한 문학, 음악, 역사, 정치 등에 관한 지식을 풍부하게 포섭하였다. 비록 이 저술들에서 개별적인 학문은 아직 완전한 독립성을 획득하지 않았지만, 후세의 미학사상이 발전할 수 있는 계기를 충분히 제공하였다.

중화미학사상이 발생할 수 있는 가장 직접적인 이유는 시, 악, 무舞가 예악의 체계에서 분리되었기 때문이다. 이는 무엇보다도 예술이 전문적인 연구 분야로 정립될 수 있는 계기를 제공하였다. 시, 악, 무는 본래 예악문화의 구성 부분으로서 정치나 도덕규범과 혼합된 형태로 있었으며, 그것은 예술보다는 의식형태의 속성을 지닌 것에 가까웠다. 그러나 예악이 붕괴되는 춘추시대에 이르러 시, 악, 무는 점차 궁정에서 빠져나와 민간으로 흘러 들어가기 시작하였고, 이러한 과정에서 그것들은 의식형태적인 요소를 벗겨내고 상대적인 독립성을 갖추게 되었다.

예술이 제한적으로나마 독립성을 획득하게 되면, 심미적─감성적 속성을 지니게 된다. 그리고 이와 같은 속성은 기존의 의식형태와 충돌을 일으키면서 전통문화의 위기를 초래하기 쉽다. 바로 이 맥락에서 공자는 예악문화의 붕괴에 따른 제도의 혼란함을 지적하면서, "천자의 팔일무八佾舞를 자신의 뜰에서 춤추게 하니, 이 짓을 차마 한다면 무엇을 차마 하지 못하겠는가?"[5]라고 규탄하였다. 나아가 그는 예술이 예교禮敎의 형식을 벗어나 독립적인 가치를 획득하는 데에 관해서도 "예이니 예이니 하지만, 어찌 옥과 비단을 이르는 것이겠는가? 악이니 악이니 하지만, 어찌 종과 북을 이르는 것이겠는가?"[6]라고 한탄하였다.

---

5) 『論語』, 「八佾」, "八佾舞於庭, 是可忍也, 孰不可忍也!"
6) 『論語』, 「陽貨」, "禮云禮云, 玉帛云乎哉? 樂云樂云, 鍾鼓云乎哉?"

이 외에도 민간에서 생겨난 예술형식, 특히 궁정시가宮廷詩歌가 쇠퇴한 가운데서 생겨난 민간의 시가예술은 점차 주류 문화의 행렬에 끼어들면서 그 감성적이고 오락적인 기능을 통해 유행을 사로잡게 되었다. 이렇게 되면 한편으로는 민간예술에 대한 배척이 일어날 수밖에 없는데, 공자는 민간예술의 범람을 비판하면서 "정鄭나라의 음란한 음악을 추방하고 말재주 있는 사람(佞人)을 멀리 해야 하니, 정나라의 음악은 음탕하고 말재주 있는 사람은 위태롭다"7)라고 말하였고, 또한 "나는 자주색이 붉은색을 빼앗는 것을 미워하고, 정나라의 음악이 아악雅樂을 어지럽히는 것을 미워하며, 영리한 입이 나라를 전복시키는 것을 미워한다"8)라고 말하였다. 공자의 지적과 유사한 맥락에서 자하子夏도 위문후魏文侯에게 "정나라의 음악은 외람함을 좋아하여 뜻을 지나치게 하고, 송宋나라의 음악은 여색을 즐겁게 하여 뜻을 약하게 하며, 위衛나라의 음악은 가락이 너무 빨라서 뜻을 성가시게 하고, 제齊나라의 음악은 거만하고 편벽되어 뜻을 교만하게 한다. 이 네 가지는 모두 색色의 정도가 지나쳐 덕德을 해치니, 제사에서 쓰이지 않는다"9)라고 말한 바가 있다. 그러나 다른 한편으로, 민간예술이 유행을 잡게 된 풍조는 통치계급으로 하여금 그것을 받아들이도록 추진하였다. 『시경』에 들어 있는 「국풍國風」이 바로 그 대표적인 예시이다. 결과적으로 이처럼 예술, 특히 민간예술의 흥기는 예악의 체계를 벗어나 예술의 본질에 관해 사고하는 계기를 제공하여, 미학사상의 탄생을 부추겼다고 할 수 있다.

예악의 체계에서 점차 벗어나는 예술은 또한 의식형태와 분리되기 시작하였는데, 이는 미와 선의 구분을 불러일으켰다. 비록 이러한 구분은 아직 미흡한 단계에 머물러 있지만, 미가 도덕적인 범주에서 벗어나 상대적인 독립성을 획득하도록 하였다. 노자는 "천하가 모두 아름다운 것(美)을 아름답다고 아는 것은 추악한

---

7) 『論語』, 「衛靈公」, "放鄭聲, 遠佞人, 鄭聲淫, 佞人殆."
8) 『論語』, 「陽貨」, "惡紫之奪朱也, 惡鄭聲之亂雅樂也, 惡利口之覆邦家者."
9) 『禮記』, 「樂記」, "鄭音好濫淫志, 宋音燕女溺志, 衛音趨數煩志, 齊音放辟喬志. 此四者皆淫於色而害於德, 是以祭祀弗用也."

것(惡) 때문이고, 모두 선한 것(善)을 선하다고 아는 것은 선하지 않은 것(不善) 때문이다"[10]라고 말하면서 최초로 미와 선을 구분하였다. 나아가 공자도 미와 선을 구분하면서 선을 미보다 높은 가치로 규정하여 '진선진미盡善盡美'의 예술적 평가 기준을 내세웠는데, 그에 따르면 미는 마땅히 선에 어긋나서는 안 되고 그것에 합치되어야 한다.[11]

요컨대 이 시기부터 예술은 예악의 체계에서 벗어나고 의식형태와도 구분되기 시작하였다. 그리고 이 사실은 사인으로 하여금 예악이나 의식형태와 구분되는 방식으로 예술의 본질에 대해 사고하도록 부추겼다. 이러한 경향이 발전함에 따라 새로운 예술의 평가 기준도 싹트게 되었는데, 그것이 바로 도덕과 구분되는 심미적인 기준으로 예술을 평가하여야 한다는 생각이다. 따라서 미가 무엇이고, 그것의 기능은 어떠한 것인지에 관한 문제가 제기될 수 있었다.

마지막으로, 중화미학사상을 낳은 다섯째의 역사적 조건은 권위성을 지닌 주류 문화의 해체와 더불어, 자유로운 사상적인 분위기가 사회적으로 형성되었다는 점이다. 주나라 시대의 문화는 관학官學에 통합되어 있었으므로 다양한 사상을 낳을 수가 없었다. 춘추시대에 이르러 예악의 체계가 붕괴되어 기존의 종법이나 예악은 더 이상 세계를 설명하고 사회적 기능을 수행할 수 없게 되었다. 이러한 시점에서 낡은 예악 체계를 대체할 만한 새로운 문화 체계가 요구되기 시작하였고, 그 요구에 맞춰 여러 가지 자유로운 사상이 촉발되면서 백가쟁명百家爭鳴의 시대가 구현되었다.

예악 체계의 붕괴는 귀족문화의 몰락을 초래하고, 궁정의 전례典禮에서 행해진 예문화禮文化가 민간으로 유입하도록 부추겼는데, 이를 두고 공자는 "예가 소실되니, 민간에서 다시 찾아서 구해볼 수밖에 없네"[12]라고 한탄하였다. 그러나 다른 한편으로 귀족문화가 민간으로 유입됨으로써 새로운 평민문화를 형성하였는데, 그것들은

---

10) 『老子』第2章, "天下皆知美之爲美, 斯惡矣, 皆知善之爲善, 斯不善矣."
11) 『論語』, 「八佾」, "子謂韶, 盡美矣, 又盡善也. 謂武, 盡美矣, 未盡善也."
12) 『漢書』, 「藝文志」, "仲尼有言, 禮失而求諸野."

대체로 사회의 가치관과 문화적 규범을 새롭게 정립하는 것을 목적으로 삼고 있었다.

예악의 붕괴는 또한 관학과 귀족 지식인의 몰락을 초래하여, 평민 계층의 지식인이 힘을 얻을 수 있도록 기여하였다. 그리고 이러한 평민 계층의 지식인은 대부분 궁정이나 왕에게 직접 봉사하지 않은 채, 사방을 돌아다니면서 학문을 전파하였으므로, 상대적으로 자유로운 신분을 지녔다. 그중에서 공자는 출사出仕를 지향하였지만 사학私學을 꾸리게 되었고, 노자는 조정에서 관직을 가졌지만 그만두고 함곡관函谷關을 나가게 되었으며, 묵자는 민간 출신의 지식인으로서 학문을 연마하였고, 법가는 천하를 두루 돌아다니면서 유세를 일삼았다. 비록 구체적인 사상적 취지는 다르지만, 이들은 대체로 왕권의 지배와 주류의식의 틀을 벗어나 자유로운 정신으로 스스로의 사상 체계를 구축할 수 있었다.

백가쟁명의 국면은 문화가 다원화되고 사상이 상대적으로 자유로워진 분위기에서 비롯되었지만, 그것은 또한 생산적인 논의를 산출함으로써 사회의 발전 및 문화 질서의 재정립에 기여하였다. 바로 이러한 점이 예술과 심미적인 영역에 관한 이론적 사고를 촉발함으로써, 다양한 미학사상의 출현을 북돋웠다. 그중에서 유가는 한편으로 예악의 회복을 지향하면서도, 다른 한편으로는 시, 악, 무의 교화 기능을 강조하여 "예는 서인庶人에게까지 내려가지 않는다"[13]라는 전통적 관념을 폐기함으로써, 평민 계층까지 아우를 수 있는 윤리적인 미학사상을 구축하였다. 그리고 묵가는 검소함을 이유로 들어 비악非樂의 사상을 주장하였는데, 이는 일종의 나르드니키(Narodniki)주의에 기반한 반미학적인 사상이라고 할 수 있다. 나아가 도가는 세속을 초탈하여 자연스러운 천성으로 되돌아가는 예술적-심미적 사상을 내세웠는데, 이는 자연주의에 가까운 미학사상이라고 할 수 있다.

이처럼 춘추전국시대의 특수한 역사적 조건은 중화미학을 직접 탄생시켰을

---

13) 『禮記』, 「曲禮上」, "國君撫式, 大夫下之, 大夫撫式, 士下之, 禮不下庶人, 刑不上大夫, 刑人不在君側."

뿐만 아니라, 향후 그것이 발전할 수 있는 다양한 자양분까지 간접적으로 제공하였다. 그중에서 가장 중요한 조건이 바로 제자백가 사이에서 벌어진 논쟁이라고 할 수 있는데, 이러한 논쟁을 통해 중화미학은 비로소 발전의 사상적인 원천을 갖출 수 있게 되었다.

2. 중화미학의 문제제기 방식

미학사상은 특정 미학적인 문제를 제기하는 데에서 비롯된다. 그리고 미학적인 문제의 제기 방식은 또한 미학사상의 성격을 결정할 수가 있다. 문명이 싹틀 즈음에 인간은 점차 원시종교의 몽매함에서 벗어나 이성적인 사고를 통해 세계와 인생에 대한 일련의 질문을 던지기 시작하였다. 나아가 이와 같은 질문을 답변하는 과정에서 지식이 차츰 축적되어 '고전적'(Classical)이라고 불리는 학문이 정립되었다.

서양에서 미학과 관련된 사유는 고대 그리스에서 시작되었고, 그것은 철학과 마찬가지로 '지혜를 사랑함'(愛智慧)이라는 대목에서 생겨났으므로, 미에 대한 접근도 진리의 탐구와 연계되는 형이상학적 사유를 근간으로 삼았다. 다시 말해, 고대 그리스의 미학적 사유는 비록 예술 경험과 관련이 있지만, 그것은 직접적인 예술 경험을 종합하는 것에서 유래되거나 구체적인 예술 실천에 지침을 제공하는 맥락에서 촉발된 것이 아니라, 진리를 탐구하는 과정에서 제기된 것이다. 그러므로 고대 그리스에서 제기된 미의 본질에 관한 문제는 진리의 문제와 연관되어 있지, 경험이나 윤리의 문제와 거리가 있다. 예를 들어 플라톤(Plato)은 그의 본체론을 기반으로 사물이 아름다움이라는 속성을 지닐 수 있는 근거를 미의 이념(Idea)에서 찾았다. 그리고 이러한 미의 이념은 순수사유의 대상이고, 경험이나 주관적인 의식, 나아가 사회관습 등과 관련이 없는 것으로 설명된다.

그러나 중화미학의 문제는 단순히 지식과 진리를 추구하려는 동기에서 촉발된 것이 아니라, 실제로 이루어진 사회적 변혁의 수요를 충족하려는 취지에서 제기된 것이다. 특히 그것은 진을 궁구하려는 취지(求眞)보다는 선을 추구하려는 취지(求善)

에 초점을 맞추고 있다. 그러므로 중화미학의 문제는 대체로 형이상학적인 문맥에서 논의되는 진리의 문제가 아니라, 실천과 관련되는 맥락에서 다루어지는 윤리의 문제에 가깝다.

고대 중국에서는 서양에서 말한 '철학'이라는 개념이 없었으므로, 초월적인 사변 이성보다는 실용적인 이성이 더욱 발전된 형태로 드러났다. 그래서 춘추전국시대를 걸쳐 제기된 제자백가의 사상은 철학적인 사변이라기보다는, 현실 사회의 문제를 해결함으로써 이상적인 사회모델을 구축하려는 실천적인 학문에 가깝다. 이러한 배경에서 유가는 종법과 예교를 회복함으로써 "군주가 군주답고, 신하가 신하다우며, 어버이가 어버이답고, 자식이 자식다운"14) 이상적인 국가모델을 제시하였다. 실제로 공자와 그 계승자인 맹자의 사상은 대부분 정치와 실천윤리에 관한 내용을 담고 있으므로, 서양에서 말한 철학적인 논술과는 거리가 있다.

한편, 도가는 문명과 교화를 물리쳐 청정무위淸淨無爲를 실천함으로써, '스스로 그러함'(自然)의 상태로 되돌아가야 한다는 생각을 내세웠는데, 이러한 사상도 다름 아닌 '(스스로 그러함의) 이치를 깨달아 자신을 잘 보전해야 한다'(明哲保身)라는 실천적인 욕구가 깃들어 있는 사상이다. 비록 노자와 장자의 논의에서 도에 대한 사변적인 접근이 명시적으로 드러나고 있지만, 그들에 의해서 구현된 도는 현실 사회에서 살아가는 인간의 지침으로 귀결되는 측면이 강하기 때문에, 사변보다는 실천적인 영역에 방점을 둔 것이라고 평가하는 것이 더욱 적절하다.

이와 같이 중국철학의 사상은 실용적인 이성을 벗어난 적이 거의 없었으므로, 그 연장선상에 있는 미학사상도 형이상학적인 사변보다는 실천영역에 초점을 둔 경우가 많다. 다시 말해, 중국의 미학은 순전히 '지혜를 사랑한다'라는 취지에서 미와 예술의 본질을 탐구하는 것이 아니라, '현실 사회의 수요'에 따라 그것들의 성격을 규정하는 것에 가깝다는 것이다. 바로 이러한 경향으로 인해 중화미학에서는 "예악문화가 왜 필요하고, 어떻게 하면 사회적-윤리적 질서를 바로잡을 수

---

14) 『論語』, 「顔淵」, "齊景公問政於孔子, 孔子對曰, '君君臣臣父父子子.'"

있는 예악문화를 확립할 수 있는가?"와 같은 질문이 제기될 수 있었다.

다음으로, 중화미학에 관련된 문제들은 전문적인 학술의 논의방식이 아니라, 사회의 문화를 새롭게 구축하려는 방식으로 제기되었다. 춘추시대에서는 어떻게 하면 예악의 체계를 회복하고 그 기능을 다시 실현할 수 있는지가 가장 시급한 현실 문제로 대두되었다. 그래서 이 시기의 미학적인 문제는 미학이라는 학문영역에 국한되지 않고, 사회문화와 연결되는 방식으로 제기되었다. 다시 말해, 그러한 문제들은 심미적인 각도에서 사회와 인생의 근본적인 가치문제를 해결하려는 시도라고 규정될 수 있다는 것이다. 따라서 이 시기의 미학적인 문제는 미학이 아니라, 문화의 문제라고 보는 것이 더욱 적절할지도 모른다. 그리고 이러한 경향은 다음과 같은 대화에서 잘 드러난다.

> 자하子夏가 물었다. "『시경詩經』에 '예쁜 웃음에 보조개가 예쁘며, 아름다운 눈에 눈동자가 선명함이여! 흰 비단으로 채색을 한다라고 하였는데, 이는 무엇을 말한 것입니까?' 공자가 말하였다. "그림 그리는 일은 흰 비단을 마련한 뒤에 한다는 뜻이다." 이를 듣고 자하는 이어서 "(바탕인 충신이 먼저이고, 형식인) 예가 그 뒤이겠군요"라고 하자, 공자가 말하였다. "나를 일으키는 자는 자하로구나! 이제 함께 더불어 『시경』을 논할 만하구나."15)

위의 인용문에서 알 수 있듯이, 공자와 자하 사이에서 벌어진 『시경』에 관한 대화는 시라는 예술형식 자체에 국한되지 않고, 도덕적인 개념인 예와 연관된 맥락에서 이루어졌다. 따라서 공자에게 있어서 『시경』은 독립적인 예술적 가치를 지닌 것이라 할 수 없다. 이와 더불어 「악기樂記」에는 "예는 백성의 마음을 절제하게 하는 것이고, 악은 그 소리를 온화하게 하는 것이며, 정책(政)은 예악을 행할 수 있도록 유도하는 것이고, 형벌(刑)은 예악에서 벗어나는 행위를 막게 하는 것이니,

---

15) 『論語』, 「八佾」, "子夏問曰, '巧笑倩兮, 美目盼兮, 素以爲絢兮, 何謂也?' 子曰, '繪事後素.' 曰, '禮後乎?' 子曰, '起予者, 商也! 始可與言詩已矣.'"

예·악·형·정이 널리 행해져 어긋남이 없으면, 왕도의 정치가 갖추어진 것이라고 할 수 있다"16)라는 진술이 있는데, 이러한 진술도 역시 예술영역의 예악과 정치영역의 형정刑政을 연결시키고 있다. 이렇게 보면 예술영역을 비롯한 이 시기의 중화미학은 사회와 인생의 문제를 아우른 넓은 의미에서의 미학이라고 할 수 있다.

그다음으로, 중화미학의 초기 형태인 시학은 고대 그리스의 시학과 달리, 시(음악도 포함)를 통해서 예술의 본질을 탐구하려는 '학문'이 아니라, 그것을 매개로 인간의 도덕적 정감을 교화하려는 '시교詩敎'에 속한다. 이러한 시교는 시가(음악)의 교화 기능을 강조하여 그것을 예교의 범주에 귀속시키는 경향을 지니는데, 이에 관해 공영달孔穎達은 다음과 같이 말하였다.

> 『시경』은 악장樂章의 일부이므로, 『시경』과 악은 본래 하나라고 할 수 있지만, 가르침(敎)이라고 함은 다르다. 만약 성음聲音과 간척干戚으로 사람을 가르친다면 이는 악교樂敎이다. 만약 찬미하거나 꾸짖거나 풍자하거나 깨우치는 것으로 사람을 가르친다면 이는 시교이다. 이처럼 시교와 악교를 올바른 것으로 삼아 백성을 가르쳤으니, 육경六經이 있게 되었다.17)

위 인용문에서 알 수 있듯이, 중화미학의 기본 이론은 심미가 지닌 사회적-정치적 기능의 측면에서 제기된 것이지, 미의 본질을 탐구하는 문맥에서 제기된 것이 아니다. 그러한 까닭에 중화미학은 시작 단계부터 미와 선의 동일성 또는 혼동의 문제를 내포하고 있었다. 더욱이 이와 같은 유형의 미학은 선을 미의 본질로 삼아, 윤리와 구분되는 심미만의 특수성을 발견하기 어렵다. 따라서 중화미학은 심미의 문제를 윤리의 범주로 편입시킨 채, 온전한 체계를 갖춘 독립적인 미학을 형성하지 못하였다.

---

16) 『禮記』, 「樂記」, "禮節民心, 樂和民聲, 政以行之, 刑以防之, 禮樂刑政, 四達而不悖, 則王道備矣."
17) 孔穎達 疏, 『毛詩正義』, "然詩爲樂章, 詩樂是一, 而敎別者. 若以聲音干戚以敎人, 是樂敎也. 若以美刺諷諭以敎人, 是詩敎也. 此爲政以敎民, 故有六經."

마지막으로, 중화미학은 실용적인 이성이라는 문화심리적 구조로 인해, 예술에 관한 문제를 철학 대신 시학에서 제기하였다. 그래서 중화미학의 사상은 미의 본질이 아니라, 시에 관한 논의를 주된 형식으로 전개하였다. 실제로 예악이 허물어진 춘추전국시대에서 예술, 특히 시의 본질을 규명하여 그 사회적 기능을 되살리는 것은 매우 중요한 문제로 대두되었다. 그리고 전통사회 후기에 이르러 시에 관한 연구는 대부분 그 형식, 기교, 풍격風格 등 측면에 집중하는 쪽으로 이행하였다. 따라서 중화미학은 주로 시학을 통해 사상을 구축하였고, 그것에 대한 철학적 사변의 차원까지 나아가지 못하였다. 그래서 공자를 기점으로 「악기」와 「시대서詩大序」 등은 모두 시의 사회적 기능에 초점을 맞춰 이론을 전개하였고, 그 전통은 향후 이천 년 동안 육기陸機의 『문부文賦』, 유협劉勰의 『문심조룡文心雕龍』, 종영鍾嶸의 『시품詩品』, 사공도司空圖의 『이십사시품二十四詩品』, 엄우嚴羽의 『창랑시화滄浪詩話』, 엽섭葉燮의 『원시原詩』 등을 통해 계승되어 거대한 시학 계열의 사상이 형성되었다.

이 외에도 중화미학에서는 음악, 희곡, 회화, 소설 등 예술형식에 관한 이론들이 다수 등장하였지만, 그것들은 마찬가지로 예술에 관한 '구체적인' 문제를 검토하는 데 치중한 나머지, 미의 본질에 관한 질문을 제기하지 못하였다. 그래서 중화미학은 기본적으로 형이하形而下의 성질을 지니고, 그것을 넘어선 형이상의 사변성을 갖추지 못하였으므로, 엄밀한 논리적 체계를 구현하는 데 실패하였다.

제2절 중화미학의 논의방식과 이론적인 형태

1. 중화미학의 논의방식

중화미학의 논의방식은 중국 사람의 사유방식과 연관되어 있다. 이택후李澤厚에 따르면 중국 사람의 사유방식에는 '실용이성實用理性'의 성질이 있는데, 그것은 대체로 세 가지 특징을 지닌다. 첫째, 실용이성은 개념적인 사유가 아니라 일종의 상사유象思惟에 가까운 것이다. 둘째, 실용이성은 연역 추론을 비롯한 논리적 추론보다는 직관적인 감오感悟, 즉 깨달음에 많이 의존하는 경향이 있다. 셋째, 실용이성은 분석적인 특징보다는 종합적인 특징을 지니며, 주로 주체와 객체의 구분보다는 그 동일성, 즉 천인합일天人合一의 이념을 중요시한다.

실용이성을 기반으로 한 사유방식으로 인해, 중화미학은 특정 미학적인 문제에 접근할 때, 철학적인 사변보다는 직접적인 심미적 경험에 의존한다. 그러므로 중화미학은 주로 개념적 사유를 기반으로 한 연역적 추론방식이 아니라, 구체적인 사물에 대한 묘사를 중심으로 한 직관적-종합적 논의방식을 취한다.

우선, 모든 미학의 이론 체계는 미의 본질에 관한 탐구를 기반으로 전개하기 때문에, 미의 본질이 무엇인가와 같은 문제는 미학의 핵심 주제이다. 서양에서는 이미 고전철학 시대부터 미의 개념을 정의하는 전통이 있었다. 예를 들어 플라톤 (Plato)은 미를 이념, 즉 이데아(idea)로 정의하고, 인간의 심미적 활동을 지성적인 영혼이 미의 이데아를 상기하는 과정으로 규정하였다. 그러나 고대 중국에서는 철학적-개념적 사유를 통해 사물의 본질을 정의하는 전통이 없었으므로, 심미적 현상을 직접 묘사하는 방식으로 미의 본질을 규정하고, 그것을 직관적인 형식으로 드러내는 것을 선호하였다. 그리고 이처럼 미의 본질을 드러낼 때, 중화미학은 무의식적으로 '추상적인 전제에서 구체적인 결론을 도출하는 사유방식'을 동원하였는데, 예를 들어 추상적인 도道를 미의 본질로 삼는 전제에서 "선왕의 도도 이것을 아름답다고 여겼다"[18], "충실함을 일컬어 미라고 한다"[19] 등 구체적인 미의 진술을 도출한 경우가 그것이다. 그러나 이와 같은 묘사적인 정의는 미를 설명하는 데 한계가 있다. 왜냐하면 미의 근원이라고 할 수 있는 도나 조건에 따라 아름답다고 말할 수 있는 충실함은 여전히 미 자체가 아니기 때문이다. 다시 말해, 중화미학은 도와 같은 본체 개념, 충실함과 같은 가치적 개념을 통해 미를 규정하지만, 미와

---

18) 『論語』, 「學而」, "先王之道斯爲美."
19) 『孟子』, 「盡心下」, "充實之謂美."

도의 차이 및 미와 다른 가치적 개념과의 차이를 설명해 내지 못하였다는 것이다.

그러나 중화미학은 오히려 심미적인 현상을 통해 미를 규정하는 전통을 낳았는데, 이는 앞서 말한 중국 사람의 상사유와 연관된다. 실제로 이와 같은 상사유는 논리적 사유가 충분히 발달하지 않은 단계에서 구체적인 상象을 통해 추상적인 개념을 대신하는 사유라고 할 수 있다. 예를 들어, 순자는 공자의 입을 빌려, 옥의 아름다움을 '군자君子의 덕과 견줄 만한 것(比德)'으로 묘사하고, 나아가 이러한 덕에 관해서 "옥이 온화하고 윤택이 있는 것은 군자의 인仁과 같고, 분명하게 드러나며 문리紋理가 있는 것은 군자의 지知와 같으며, 굳고 강하며 굴복하지 않는 것은 군자의 의義와 같고, 모나는 곳이 있으나 다른 이를 다치지 않게 하는 것은 군자의 행行과 같으며, 꺾일지언정 굽히지 않는 것은 군자의 용勇과 같고, 그것들과 하자와 장점(瑕適)을 함께 드러내는 것은 군자의 정情과 같다"20)라고 말하였는데, 이는 모두 구체적인 현상을 통해 (선과 합치되는) 미의 본질을 설명하려는 것이다.

다음으로, 중화미학은 경험적－실용적인 특징을 지니고 있으므로, 미의 개념에 대한 직접적인 논증 대신, 그것을 구체적인 맥락에 적용함으로써 미의 본질을 파악하도록 유도한다. 이러한 특징은 미의 본질이 이미 실천 속에서 자연스럽게 체득될 수 있는 것으로, 별도의 논증이 필요 없다는 생각을 전제로 삼고 있는데, 이는 공자의 정명正名사상을 대변하는 구절, 즉 "군주가 군주답고, 신하가 신하다우며, 어버이가 어버이답고, 자식이 자식다워야 한다"21)라는 말에서 여실히 드러난다. 실제로 논리학적으로 보면 이 말은 아무런 의미가 없는 동어반복에 불과하다. 그러나 중국 사람에게 있어서, 군신부자君臣父子는 이미 현실 생활에서 여러 경로로 파악될 수 있는 개념으로 이해되기 때문에, 그것을 어떻게 정의할 것인가보다는

---

20) 『荀子』, 「法行」, "子貢問於孔子曰, '君子之所以貴玉而賤珉者, 何也? 爲夫玉之少而珉之多邪? 孔子曰, '惡, 賜! 是何言也? 夫君子豈多而賤之, 少而貴之哉! 夫玉者, 君子比德焉. 溫潤而澤, 仁也. 栗而理, 知也. 堅剛而不屈, 義也. 廉而不劌, 行也. 折而不撓, 勇也. 瑕適並見, 情也.'"

21) 『論語』, 「顏淵」, "齊景公問政於孔子, 孔子對曰, '君君臣臣父父子子.'"

그 관계를 어떻게 실천영역에서 구축해 나갈 것인가가 더욱 중요하다.

이러한 경향은 미적 영역에서도 유사하게 나타나고 있는데, 즉 사람들은 미를 일상적 경험의 대상으로 취급하였기 때문에, 그것을 정의할 필요 없이 문맥에 따라 사용하게 되면 자연스럽게 그 본질을 드러낼 수 있다고 생각하였다. 예를 들어 공자는 "순舜임금의 음악인 소韶에 대해 '지극히 아름답고 지극히 좋다'라고 말하였고, 무왕武王의 음악인 무武에 대해 '지극히 아름답지만, 지극히 좋은 데까지 이르지 못하였다'라고 말함"22)으로써, 소악과 무악에 대한 실제적인 경험을 통해 미와 선을 대조하고 구분하여 실천영역에서 그 본질을 드러내려고 하였다. 나아가 공자는 다른 곳에서 "도에 뜻을 두고, 덕을 굳게 지키며, 인에 의지하고, 예藝에서 노닐어야 한다"23)라고 말하였는데, 여기에서 그는 미와 관련된 '예'의 본질을 개념적으로 규명하는 대신 그것을 도, 덕, 인과 연결시키고, '노닐다'를 뜻하는 '유遊'자를 붙여 그것의 초월성 및 자율성을 강조하였다.

마찬가지로 장자莊子도 미의 개념을 직접적으로 정의하지 않고, 구체적인 맥락을 통해 그 본질을 드러내려고 하였는데, 이는 "무릇 이를 얻으면 지극히 아름답고 지극히 즐거워지니, 지극한 아름다움을 체득하여 지극히 즐거운 경지에서 노니는 사람을 가리켜 지인至人이라고 한다"24)라는 말에서 알 수 있다. 이 외에도 그는 여러 가지 우언寓言을 통해 심미적 풍격을 지닌 지인, 진인眞人, 신인神人에 대해 묘사하였다. 이와 같은 사례들은 모두 구체적인 맥락에서 미학사상을 표현한 것이라고 이해될 수 있지만, 미를 자연의 이치인 도의 속성으로 규정하고, 무無를 그 본질로 삼았다는 점에서 동일한 것이라고 할 수 있다.

그다음으로, 초기의 중화미학은 예악의 문화가 충분히 분화되지 않은 까닭에, 예술이 독립성을 지닌 학문으로 발전하지 못하였다. 따라서 중화미학은 전문적인 개념 체계를 형성하지 못한 채, 철학이나 종교의 용어를 빌려 심미적인 현상을

---

22) 『論語』, 「八佾」, "子謂韶, '盡美矣, 又盡善也.' 謂武, '盡美矣, 未盡善也.'"
23) 『論語』, 「述而」, "志於道, 據於德, 依於仁, 游於藝."
24) 『莊子』, 「田子方」, "夫得是至美至樂也. 得至美而遊乎至樂, 謂之至人."

설명하였을 뿐만 아니라,[25] 이미 정착된 문화적인 개념을 통해 미의 본질을 규명하는 등 논의방식을 사용하였다.[26] 그리고 바로 이러한 논의방식으로 인해, 중화미학은 개념의 다의성과 모호성의 문제에 시달릴 수밖에 없었다.

개념의 다의성과 모호성의 문제는 미라는 말이 심미적 대상의 속성이나 주체의 미감美感을 넘어 선함과 좋음을 뜻하는 용어로까지 사용되는 결과를 낳았는데, 공자가 말한 '다섯 가지 아름다움'(五美)이 바로 그 사례이다.

> 자장子張이 물었다. "무엇을 다섯 가지 아름다움이라고 합니까?" 공자가 말하였다.
> "군자는 은혜를 베풀되 허비虛費하지 않고, 수고롭게 일하되 원망하지 않으며,
> 무엇을 원하되 탐貪내지 않고, 태연하게 처신하되 교만하지 않으며, 위엄 있게
> 행동하되 사납게 하지 않은 것이다."[27]

위의 문장에서 말한 아름다움, 즉 미는 곧 선과 등치할 수 있는 용어이며, 이러한 사례는 고대 문헌의 곳곳에서 찾을 수 있다. 비록 선과 미가 분리되지 않은 식의 용어 사용은 여러 가지 모호성의 문제를 초래하지만, 그것에는 또한 긍정적인 의미도 있다. 즉 중화미학은 특정 개념 자체에 대한 규정보다는 서로 연관된 개념을 통해 그 공통성 및 차이성을 드러냄으로써, 다양한 각도에서 미의 본질을 나타낼 수 있었다는 것이다. 예를 들어 '문文'은 본래 문채文采를 의미하기 때문에, 그것은 문화의 의미 이외에도 미의 의미를 함축한다. 따라서 중화미학에서는 문으로 미를 가리키는 경우가 있는데, 그것은 주로 미의 형식적 특징, 문과 도의 관계, 문과 질質의 관계 등 문제를 다룰 때 주로 동원된다. 또한 악樂에는 음악이라는 의미 이외에도 즐거움을 뜻하는 쾌락의 의미가 있기 때문에, 그것은

---

25) 도가철학의 妙, 윤리학적 개념인 善, 종교적 개념인 悟, 境界 등이 심미적 영역에서 대폭 사용된 것이 그 예시이다.

26) 앞서 논의한 文과 樂 등으로 미의 본질을 규명하는 사례가 이에 관한 예시이다.

27) 『論語』, 「堯曰」, "子張曰, '何謂五美?' 子曰, '君子惠而不費, 勞而不怨, 欲而不貪, 泰而不驕, 威而不猛.'"

음악이라는 예술형식을 지칭할 수 있을 뿐만 아니라, 예술을 감상하는 주체의 심미적 쾌감을 나타낼 수도 있으므로, 객관적 예술 현상과 주관적인 마음 상태라는 두 측면에서 미의 특질을 규명할 수 있는 장점을 지닌다. 실제로 미학사의 진행에 따라 이러한 개념 규정의 성향이 더욱 발전되면서, 중화미학은 묘妙, 운韻, 유游(遊)를 비롯한 여러 가지 포괄적 심미 용어를 고안해 냈다.

마지막으로, 중화미학은 미의 다양한 특징을 집합하는 방식으로 그 본질을 규명하려는 경향을 지닌다. 고대 중국에서는 엄밀한 논리에 따른 연역법과 귀납법을 고안해 내지 못하였기 때문에 특정 개념을 규정할 때, 주로 그 개념과 관련된 진술에서 특정 의미를 추출하여 그 의미들을 집합적으로 모으는 방식을 사용하였다. 예를 들어, 공자는 자기 철학의 핵심 범주인 인仁에 대해서 여러 가지 설명을 내놓았는데, 그것들은 구체적으로 다음과 같다.

공자가 말하였다. "말을 듣기 좋게 하고 얼굴빛을 곱게 꾸미는 사람치고 어진 이가 드물다."[28]

공자가 말하였다. "오직 인자만이 공정하게 남을 좋아할 수 있고, 공정하게 남을 미워할 수 있다."[29]

번지樊遲가 인에 대해서 묻자, 공자가 또 말하였다. "인자는 어려운 일을 먼저 하고 얻는 것을 뒤에 하니, 이렇게 한다면 인이라고 말할 수 있다."[30]

무릇 인자는 자신이 서고자 하면 남도 서게 하며, 자신이 통달하고자 하면 남도 통달하게 한다.[31]

---

28) 『論語』, 「學而」, "子曰, '巧言令色, 鮮矣仁.'"
29) 『論語』, 「里仁」, "子曰, '惟仁者, 能好人, 能惡人.'"
30) 『論語』, 「雍也」, "問仁, 曰, '仁者先難而後獲, 可謂仁矣.'"
31) 『論語』, 「雍也」, "夫仁者, 己欲立而立人, 己欲達而達人."

번지가 인에 대해서 묻자, 공자가 말하였다. "사람을 사랑하는 것이다."[32]

중궁仲弓이 인에 대해 묻자, 공자가 말하였다. "문을 나갔을 때에는 큰 손님을 뵙듯이 삼가고, 백성을 부릴 때에는 큰 제사를 받들 듯이 조심하며, 자신이 원하지 않은 것을 남에게도 베풀지 말아야 하니, 이렇게 하면 나라에 있어도 원망함이 없고, 집안에 있어도 원망함이 없을 것이다."[33]

사마우司馬牛가 인에 대해 묻자, 공자가 말하였다. "인자는 말하는 것을 조심한다."[34]

안연顔淵이 인에 대해 묻자, 공자가 말하였다. "자기의 사욕을 이겨 예로 돌아가는 것이 인이다. 하루라도 사욕을 이겨 예로 돌아갈 수 있으면, 천하 사람들이 모두 그 인을 허여한다. 인을 행하는 것은 자신에게 달려 있는 것이지, 남에게 달려 있는 것이겠는가!"[35]

번지가 인에 대해 묻자, 공자가 말하였다. "거처할 때에는 공손하게 하고, 일을 집행할 때에는 경건하게 하며, 사람을 대할 때에는 충성스럽게 하는 것이니, 이것들은 비록 오랑캐의 나라에 가더라도 버려서는 안 된다."[36]

공자가 말하였다. "강하고 굳세고 질박하고 어눌하면 인에 가깝다."[37]

자장이 공자에게 인에 대해 묻자, 공자가 말하였다. "다섯 가지를 천하에 행할 수 있으면 인이라고 할 수 있다." 자장이 그 내용을 묻자, 공자가 말하였다. "공손함, 너그러움, 믿음, 민첩함, 은혜로움이 그것이니, 공손하면 남을 업신여기지 않고,

---

32) 『論語』, 「顔淵」, "樊遲問仁, 子曰, '愛人.'"
33) 『論語』, 「顔淵」, "仲弓問仁, 子曰, '出門如見大賓, 使民如承大祭, 己所不欲, 勿施於人, 在邦無怨, 在家無怨.'"
34) 『論語』, 「顔淵」, "司馬牛問仁, 子曰, '仁者, 其言也訒.'"
35) 『論語』, 「顔淵」, "顔淵問仁, 子曰, '克己復禮爲仁. 一日克己復禮, 天下歸仁焉. 爲仁由己, 而由人乎哉!'"
36) 『論語』, 「子路」, "樊遲問仁, 子曰, '居處恭, 執事敬, 與人忠, 雖之夷狄, 不可棄也.'"
37) 『論語』, 「子路」, "子曰, '剛毅木訥, 近仁.'"

너그러우면 민심을 얻게 되며, 믿음이 있으면 남들이 의지하게 되고, 민첩하면
공功이 생기게 되며, 은혜로우면 사람을 부리는 데 충분하다."[38]
……

이와 같은 진술들은 인이라는 덕목을 특정한 측면이나 구체적인 상황에 입각하
여 설명하고 있는데, 이를 바탕으로 인의 본질을 파악하려면 그것들을 종합적으로
고려할 필요가 있다. 실제로 이러한 개념 규정 방식은 서양의 관점에서 성립될
수 없다. 왜냐하면 그것은 논리학의 기본적인 전제, 즉 동일률에 어긋나기 때문이다.
그러나 중국의 학술체계에서 이런 개념의 규정 방식은 나름의 합리성을 지니는데,
왜냐하면 인에 관한 여러 가지 진술들은 모두 제한적으로 인의 특질을 말해 주고
있기 때문이다.

마찬가지로 중화미학이 미의 본질을 규정할 때도 이러한 개념 규정 방식에
의존한다. 즉 그것은 일반론적인 문맥에서 도가 미의 본질임을 주장하고, 나아가
다양한 각도에서 미의 특질들을 묘사함으로써 그 본질을 규정한다. 이러한 특질들
은 각각 한 측면에서 미의 본질을 말해 준다는 점에서 하나의 보조 진술로 성립될
수 있다. 그러나 진정한 미의 본질을 이해하려면, 우리는 무엇보다도 그 진술들을
종합적으로 고려한 전제에서 논증을 내세울 수 있어야 한다.

유가는 미에 관해 "선왕의 도도 이것을 아름답다고 여겼다"[39], "충실함을
일컬어 미라고 한다"[40], "군자는 완전하게 알지 못하고 전일하게 행하지 못함을
미라고 부르기에 부족하다는 것을 안다"[41] 등 진술들을 내놓았는데, 여기에서
공자는 제도의 측면에서 미를 강조하였고, 맹자는 인간의 내면적 덕성을 통해
미를 표현하였으며, 순자는 구체적인 행실을 통해 미를 설명하였다.

---

38) 『論語』, 「陽貨」, "子張問仁於孔子, 孔子曰, '能行五者於天下, 爲仁矣.' 請問之, 曰, '恭寬信敏
惠. 恭則不侮, 寬則得衆, 信則人任焉, 敏則有功, 惠則足以使人.'"
39) 『論語』, 「學而」, "先王之道斯爲美."
40) 『孟子』, 「盡心下」, "充實之謂美."
41) 『荀子』, 「勸學」, "君子知夫不全不粹之不足以爲美也."

한편, 장자는 미에 대해 "자연 그대로의 소박함을 지키면 천하에서 아무도 그와 아름다움을 다툴 수 없을 것이다"[42], "천지는 큰 아름다움을 지니고 있으면서도 그것을 말로 표현하지 않는다"[43], "무릇 이를 얻으면 지극히 아름답고 지극히 즐거워지니, 지극한 아름다움을 체득하여 지극히 즐거운 경지에서 노니는 사람을 가리켜 지인이라고 한다"[44]라고 말하였는데, 이는 차례대로 미의 세 가지 특질, 즉 '소박함'(樸素), '무위무형無爲無形', '지극한 즐거움(至樂)을 수반하는 것'을 통해 미의 본질을 규정하려는 것이다.

2. 중화미학의 이론적인 형태

대부분의 중국 고대 문헌은 순수이론적인 저술이라고 보기 힘들다. 이는 이론적인 사유에 대한 자각이 중국에서 비교적 늦게 형성되었다는 점에서 기인한다. 실제로 장학성章學誠은 일찍이 중국 고대 경전에 이론적인 논증이 부족하다는 점을 지적하면서 "육경은 모두 사서이다"(六經皆史)라고 말한 바 있다. 이러한 맥락에서 중화미학도 미의 본질을 규명할 때 직관과 깨달음에 많이 의존하는 경향을 지니므로, 그것에 대한 이론적인 논설이 불충분하다는 결함을 안고 있다. 나아가 이와 같은 불충분한 이론적 논설은 대체로 세 가지로 나눌 수 있는데, 철학적인 논설, 예악문화적인 논설, 시학적인 논설이 그것이다.

우선 미에 관한 철학적인 논설을 살펴보도록 하자. 일반적으로 미학은 철학의 한 분과로 취급되는 까닭에, 그와 관련된 문제는 철학의 영역에서 제기될 가능성이 크다. 중국의 경우, 철학적인 논의는 대부분 도학道學이나 리학理學의 범주에 포함되어 있기 때문에, 철학적인 사상은 풍부하나 체계성이 부족하다는 결점을 지니고 있다. 그러나 이러한 체계성이 부족한 철학사상 중에서도 수준 높은 미학 사조를

---

42) 『莊子』, 「天道」, "樸素而天下莫能與之爭美."
43) 『莊子』, 「知北遊」, "天地有大美而不言."
44) 『莊子』, 「田子方」, "夫得是至美至樂也. 得至美而遊乎至樂, 謂之至人."

정초시킨 사상이 있는데, 그것이 바로 노자의『도덕경道德經』이다.『도덕경』에서 미의 개념을 직접 사용한 경우는 매우 적다. 왜냐하면 노자는 인간의 기교 부림을 기반으로 한 예술이 인간의 마음을 교란시키기 쉬우므로, 그와 관련된 세속적인 미는 참된 의미에서의 미가 될 수 없다고 생각하였기 때문이다. 그래서 그는 도의 속성으로 일컬어지는 묘妙, 현玄 등 철학적 개념을 통해 참된 미(眞美)를 표현함으로써, 미를 형이상학적인 문맥에서 정초하는 동시에, 그 실현이 오직 자연이나 스스로 그러한 천성天性의 상태에서만 가능하다고 주장하였다.

장자도 노자와 유사하게 시학 및 예술체계를 구현하지 않았는데, 이는 그의 자연주의적 철학관이 인위적인 산물인 예술을 거부하는 데에서 유래된다. 그가 내세운 "천지는 커다란 아름다움을 지니고 있으면서도 그것을 말로 표현하지 않는다"[45], "무릇 이를 얻으면 지극히 아름답고 지극히 즐거워지니, 지극한 아름다움을 체득하여 지극히 즐거운 경지에서 노니는 사람을 가리켜 지인이라고 한다"[46] 등의 주장은 모두 인위적─세속적 미를 거부하고, 아름다움의 근원을 천지자연에 두는 것이라고 할 수 있다. 그러나 장자를 비롯한 도가道家의 미학사상에는 두 가지 문제가 있다. 하나는 도가의 미학사상이 실용이성을 완전하게 벗어나지 못한 채 자연주의적인 인생철학의 형태로 전개되었기 때문에 순수형이상학적 차원에서 미를 정초하지 못하였다는 점이고, 다른 하나는 도가의 미학사상에 미에 대한 사변적 사고가 있으나 이 '사변적' 특징이 향후 주류로 성장하지 못하였다는 점이다.

도가의 철학적 미학 논의 이외에도 남조南朝시대에 등장한『문심조룡文心雕龍』은 유가, 불교佛敎, 도가의 사상을 융합하여 역사적─논리적으로 도와 문文(美)의 관계변화를 체계성 있게 제시하였다. 비록 이 저술에서 제시된 미의 본질에 관한 탐구는 사회윤리와 긴밀하게 연결되어 있지만, 그럼에도 불구하고 그것은 여전히 철학적인 논의를 통해 예술의 비평을 시도하고 있다. 그러나『문심조룡』이후로 미의 본질을

---

45)『莊子』,「知北遊」, "天地有大美而不言."
46)『莊子』,「田子方」, "夫得是至美至樂也. 得至美而遊乎至樂, 謂之至人."

직접적으로 거론하는 논설이 매우 적었기 때문에, 중화미학은 체계적인 미학사상을 형성하지 못한 채, 미에 관한 논설의 주된 권리를 시학에게 넘기고 말았다.

다음으로 미에 관한 예악문화적인 논설을 검토하도록 하자. 앞서 논의하였듯이, 중화미학사상은 사회문화의 전체 속에 포함된 형태로 전개되었으므로, 그것을 문화미학 또는 문학시학이라고 해도 무방할 것이다. 마찬가지로, 선진시대의 예술도 예악의 체계 속에 포함되어 있으므로 예악의 문화가 붕괴되자, 그것에 대한 재구축의 필요성이 제기되었다. 그 이후로 중화미학은 항상 예악 체계를 대신하여 새롭게 구축된 사회 체계와 더불어 존재하면서, 인생을 비롯한 사회 전체의 문제에 대한 사고(특히 윤리학적 측면에서의 사고)를 담아내는 방식으로 발전하였다. 이러한 까닭에 중화미학에서의 진, 선, 미는 분리되지 않은 채 서로 연관되는 문맥에서 서술되었다. 따라서 제자백가諸子百家의 논의 중에서는 미에 관한 논의를 발견할 수 있지만, 그 전문적 저술은 찾아볼 수가 없다. 공자는 시가를 비롯한 예술을 예악문화 속에 포함하고, 그것을 유가의 인생철학과 접목시키면서 다음과 같이 말하였다.

> 공자께서 말하였다. "시에서 (착한 것을 좋아하고 나쁜 것을 싫어하는 마음을) 일으키고, 예에서 서며, 악에서 (인격의 완성을) 이룬다."[47]

여기에서 말한 시, 예, 악은 모두 오늘날의 예술개념 범주 안에 들어올 수 있는 것들이다. 그리고 공자는 그것들을 개인의 인격 수양과 사회적 교화의 중요한 부분으로 삼고 있으며, 윤리적 성취를 위한 수단으로 설정하고 있다. 전목錢穆에 따르면 위와 같은 주장은 시, 예, 악을 심성心性 수양의 전체 과정으로 본 것이기 때문에, 그 과정에서 어느 하나도 분리되어 사고될 수 없다.[48] 즉 "시에서 (착한 것을 좋아하고 나쁜 것을 싫어하는 마음을) 일으킨다"라는 것은 윤리적인 측면에서

---

47) 『論語』, 「泰伯」, "子曰, '興於詩, 立於禮, 成於樂.'"
48) 錢穆, 『論語新解』(生活・讀書・新知三聯書店, 2004), p.207.

개인의 올바른 감정을 불러일으키는 것이고, "예에서 선다"라는 것은 앞서 불러일으킨 감정이 지나칠 정도로 나아가지 않도록 예에 맞게 절제하는 것이며, "악에서 (인격의 완성을) 이룬다"라는 것은 음악을 통해 앞서 말한 개인의 감정과 사회적 차원의 규범이 조화롭게 공존할 수 있도록 다듬는 것이다. 이와 비슷하게 「악기樂記」에도 "예는 백성의 마음을 절제하게 하는 것이고, 악은 그 소리를 온화하게 하는 것이며, 정책(政)은 예악을 행할 수 있도록 유도하는 것이고, 형벌(刑)은 예악에서 벗어나는 행위를 막게 하는 것이니, 예·악·형·정이 널리 행해져 어긋남이 없으면, 왕도王道의 정치가 갖추어진 것이라고 할 수 있다"[49)]라는 말이 실려 있는데, 이렇게 보면 그 당시 예악을 비롯한 예술 일반은 모두 사회적 교화를 이룩하기 위한 정교政敎의 수단으로 인식되고 있었다.

한편, 중화미학은 순수문학이나 순수예술의 개념을 형성하지 못하였기 때문에, 문文이라는 용어는 문학만을 가리키는 개념이 아니라 문화 일반을 의미하는 용어로 사용하게 되었으며, 예藝라는 용어도 예술만을 가리키는 개념이 아니라 기예 일반을 의미하는 용어로 쓰이게 되었다. 예를 들어, 중화미학사상사에 가장 중요한 저술 중 하나인 『문심조룡』은 문의 일반적 성질과 특징을 다루고 있는데, 여기에서 거론된 문은 넓은 의미에서의 문과 좁은 의미에서의 문으로 구분할 수 있다. 그리고 넓은 의미에서의 문은 자연현상(天地之文)과 문화(人文)를 포함하고, 좁은 의미에서의 문은 시부詩賦를 비롯한 문학뿐만 아니라 각종 응용문체의 저술방법 및 이론을 포함한다. 또한 『문심조룡』에는 문을 자연현상과 문화로 구분하는 방식 이외에, 그것을 성문聲文, 형문形文, 정문情文으로 구분하는 방식도 있다. 요컨대 『문심조룡』은 미적 속성을 지닌 자연과 인간의 모든 분야를 다룸으로써, 우주의 아름다움과 문화의 아름다움을 모두 아우르는 시도를 하고 있으므로, 일종의 문화미학 또는 문화시학이라고 부를 수 있다.

마지막으로, 미에 관한 시학적인 논설을 살펴보도록 하자. 중화미학은 다양한

---

49) 『禮記』, 「樂記」, "禮節民心, 樂和民聲, 政以行之, 刑以防之, 禮樂刑政, 四達而不悖, 則王道備矣."

예술 경험을 포괄적으로 다루는 경향을 지니고 있는데, 그것은 주로 앞서 말한 철학이나 예악의 형식이 아니라 시학의 형식을 통해 드러난다. 실제로 고대 그리스에서 시학과 미학은 엄격히 구분된 학문이다. 전자는 아리스토텔레스(Aristotle)의 논의를 거친 이후 주로 다양한 작시의 기술을 다루는 데 초점이 맞춰져 있으므로 형이하의 특징을 지니는가 하면, 후자는 플라톤의 논의로 인해 철학의 범주에 편입되어 미의 본질을 탐구하는 영역으로 정립되었으므로, 형이상의 특징을 지닌다.

그러나 중국 고대에서는 형이상학적—사변적 사유가 발전하지 못하고, 예술의 형식(詩, 樂, 舞)도 예악문화의 전체 속에 포함되어 있었기 때문에, 미학과 시학은 서로 구분되지 않은 채 함께 서술되는 경우가 많았다. 그러다가 춘추시대에 이르러 시, 음악, 무용 등 예술형식은 점차 예악문화에서 분리되기 시작하였다. 바로 이 시기에 공자는 시가를 선정하여 경전으로 삼았는데, 이에 대한 해석과 평론이 중국 최초의 시학을 낳았다. 그러므로 중국의 시학은『시경詩經』에 대한 해석과 연구로부터 시작되었다고 말할 수 있다. 공자는『시경』에 관해서 "너희들은 어찌하여 시를 배우지 않느냐? 시는 정감을 일으킬 수 있고, 정치나 사람들의 잘잘못을 살필 수 있게 하며, 다른 사람들과 어울릴 수 있게 하고, 잘못된 정책을 원망할 수 있게 한다"[50]라는 말을 남겼는데, 이 말은 결국 그 당시의 시가 이미 궁정의 예악형식에서 벗어났을 뿐만 아니라, 그 자체로 심미적 가치와 사회적 비판 기능을 지닌 예술형식으로 발전되었다는 사실을 말해 준다.

『시경』에 관한 공자의 평가가 사상적 강령으로 발전된 후「시대서詩大序」라는 최초의 전문적 시학 저술이 나타나고, 그 뒤를 이어 육기陸機의『문부文賦』, 유협劉勰의『문심조룡』, 엄우嚴羽의『창랑시화滄浪詩話』, 엽섭葉燮의『원시原詩』, 유희재劉熙載의『예개藝槪』, 이어李漁의『한정우기閑情偶寄』등 다양한 시학 저술이 등장하였다.[51]

---

50) 『論語』, 「陽貨」, "子曰, '小子何莫學夫詩? 詩可以興, 可以觀, 可以群, 可以怨.'"
51) 한편, 다양한 시학 저술 중에서 음악에 관한 이론을 중심으로 전개하는 저술도 있는데, 「악기」가 그 대표적 사례이다. 그리고 이러한 「악기」는 후세 희곡이론의 원천이라고 평가된다.

나아가 이와 같은 시학 저술들이 점차 중화미학의 주체적 예술론으로 발전되면서, 시가는 여타 예술형식에 침투하게 되었는데, "시 속에 그림이 있고, 그림 속에 시가 있다"(詩中有畵, 畵中有詩)라는 명제, 음악과 결합된 시의 낭송형식, 시적 언어로 구현된 희곡 가사 등이 모두 이러한 사조와 밀접한 관계가 있다. 그러므로 시가와 관련된 여타 예술형식도 넓은 의미에서의 시학이라고 부를 수 있을 것이다.

이와 같이 미학이 주로 시학의 형식으로 전개되었기 때문에, 중화미학의 사상은 대부분 예술 비평의 방식으로 나타났다. 그러므로 『문심조룡』과 같은 이론 중심적 저술 이외에, 중국의 미학 관련 저술은 대체로 예술 감상과 비평에 치우치는 경우가 많다. 예를 들어 종영鍾嶸의 『시품詩品』, 사공도司空圖의 『이십사시품二十四詩品』, 김성탄金聖嘆의 『제오재자서시내안수호전第五才子書施耐庵水滸傳』, 『제육재자서왕실보서상기第六才子書王實甫西廂記』 등의 글들은 시론詩論, 화론畵論, 희곡평론, 소설평가 등 폭넓은 주제와 맞물려 있음에도 불구하고 지나칠 정도로 예술 비평에 치중되어 있다는 평가를 받고 있다. 서양의 미학사상을 대폭 수용하기 시작한 근대에 이르러서도 이러한 (이론이 아닌) 비평 중심의 경향은 여전히 유지되었는데, 왕국유王國維의 『인간사화人間詞話』가 바로 그 대표적인 사례라고 할 수 있다.52)

제3절 중화미학의 시학적 특징

중화미학은 철학적인 이론 체계를 형성하지 못하고, 다만 철학적인 사고를 함축하는 형태로 논의를 전개하였다. 그러한 의미에서 중화미학의 주된 이론적 형태는 시학詩學이며, 이 절에서는 그 시학적 특징에 관해 설명하고자 한다.

---

52) 왕국유의 『인간사화』는 주로 시와 詞에 대한 감상 및 평론으로 意境과 境界 등에 관한 사상을 전개하고 있다.

1. 중화미학과 시학의 일체화—體化

시학이라는 개념에 관해서 현대 중국어에는 두 가지 의미가 있다. 넓은 의미에서의 시학은 문학이론을, 좁은 의미에서의 시학은 시가이론을 가리킨다. 실제로 현대에서 말한 시학은 고전적인 시학 개념을 형식적으로 차용하고 있을 뿐, 그 내포는 동일하지 않다. 고전적인 학문으로서의 시학은 운문韻文에 관한 예술이론이다. 그러나 이와 같은 시학은 근대에 이미 해체되어 여러 가지 구체적인 예술이론으로 분화하였기 때문에, 오늘날의 시학은 더 이상 시학이라고 부르기 힘들다. 따라서 현재 국내의 일부 학자들이 현대문학이론을 비롯하여 서사학敍事學까지를 시학이라고 일컫는 것은 정확한 규정이라고 할 수 없다.

시학(Poetica)은 고대 그리스에서 형성되고, 신고전주의 시기에 이르러 언어를 매개로 한 예술형식 전체를 아우르는 개념으로 변화하였다. 그리고 이러한 시학은 인간의 정신이 초기 종교의 지배에서 벗어나 이성적 자각을 획득한 전제에서 정초되었지만, 다른 한편으로는 구체적인 예술의 분과가 충분히 이루어지지 않는 상태에서 형성된 이론적 형태라고 할 수 있다. 나아가 시학은 본래 시를 짓는 기예를 가르친다는 의미이다. 여기에서 시는 시가만을 가리키는 것이 아니라 역사시, 서사시, 희극戲劇 등 시적 특성을 지닌 예술형식 일반을 의미한다. 또한 이 시기의 '시'는 일상적인 언어와 구분되어 운문을 지칭하는 것으로 이해된 까닭에, 시학도 일반적인 기예의 가르침과 다른 종류의 지식으로 간주되었다. 즉 시학은 여타 예술형식과 구별된 창작 규칙을 지니고, 그 우열도 다른 기준으로 평가되었다는 것이다.

고대 그리스에서 예술의 원류는 두 가지가 있는데, 하나는 언어를 읊고 노래하는 역사시이고, 다른 하나는 연기를 중심으로 진행되는 제사의식 즉 코레이아(Choreia)이다. 이 가운데 전자는 시가로 발전하고, 후자는 희극(비극 또는 喜劇)이라는 예술형식을 낳았다. 나아가 그중에서 시가는 역사시에서 비롯되었으므로, 서정성抒情性뿐만 아니라 지극히 강한 서사성敍事性을 지니고 있고, 희극은 현대의 희극과 달리 시의 낭송, 등장인물의 연기, 합창대의 노래, 연주자의 반주伴奏 등 표현기법을 모두 아우른 형태로 진행되었다. 그러나 시가와 희극은 모두 시의 표현방식을 사용하고 있었기 때문에, 서사성을 지닌 예술이라고 할 수 있다.

고대 그리스의 시학은 시가와 희극에 대한 이론적 고찰을 통해 형성되었다. 특히 그것은 아리스토텔레스(Aristotle)에 의해서 정초되고, 호라티우스(Horatius)와 롱기누스(Longinos)의 계승으로 인해 체계를 갖추게 되었다. 그리고 시학은 중세 때 신학에 예속되어 수사학으로 전락되었으나, 르네상스를 거쳐 부흥을 맞이하여 신고전주의 시기 때 절정에 이르게 되었다. 신고전주의 시기의 시학은 고대의 시학 전통, 즉 삼일치법칙(三一律)을 충실히 반영하는 가운데 엄밀한 체계를 구현하였 지만, 그 이후에 해체되어 점차 현대미학과 문학이론 등으로 대체되었다.

시학의 가장 두드러진 특징은 그 연구대상의 총체성과 범시성泛詩性에 있다. 고대에서 예술의 분과가 충분히 형성되지 않았기 때문에, 시는 항상 총체성을 지닌 예술형식이었다. 즉 그것은 시가(서정시와 서사시)뿐만 아니라, 범시화된 예술형 식 일반을 모두 아우르는 개념이다. 아리스토텔레스는『시학』에서 운문을 두 가지 종류로 구분하였는데, 희극과 장편 서사시가 그것이다. 그리고 시학이 발전함에 따라 후세의 서정시도 시학 연구의 대상으로 편입되었다.

시학의 다른 한 특징은 그것의 비형이상학적 경험성에 있다. 즉 그것은 '기예'에 관한 지식이므로 미학과 분리되어 있다는 것이다. 고대 그리스에서 시학은 형이하 의 특징을 지니고, 미학은 형이상의 특성을 지니므로, 시학과 미학은 서로 일치한 것이 아니다. 또한 형이상학적 사변을 중심으로 한 미학도 시학을 통섭한 의미에서 다루어지지 않았다. 플라톤(Plato)이 미의 본질을 물을 때, 여러 가지 심미적 대상(여인, 말, 물통)을 거론하였는데, 그중 어느 하나도 예술과 직접 연관된 것이 없는 점은 우연한 일이 아니다. 그는 미를 긍정하는 동시에, 예술에 대해서는 매우 폄하적인 시각을 지녔다. 구체적으로 플라톤은 미와 이념(이데아)의 본질적 관계를 강조하여, 미는 곧 이념의 빛이라고 주장하였다. 반면에 그에 따르면 예술은 이념에 대한 이중적인 모방에 불과하므로 진리와 거리가 멀고, 또한 시인은 인간의 정욕에 호소하여 사람들을 광기에 사로잡힌 상태로 내몰아가기 때문에 이상적인 국가에서 마땅히 추방되어야 할 존재이다.

다른 한편으로 서양에서의 미 개념은 애초에 단지 '아름답고 좋은 것'(美好)만을 가리키며, 추醜나 숭고崇高와 같은 여타 심미적 의미를 지니지 않았다. 시학은 미보다 더 숭고의 범주에 의존하고 있다. 예를 들어 비극은 숭고함을 지닌 것이지, 아름다움을 지니거나 현시하지는 않는다. 이와 같이 숭고와 미는 나란히 거론되고 서로 통합을 이루지 못한 까닭에, 통일적인 미학이 형성되지 못하고, 미학도 시학을 통섭할 수 없었다. 그러나 이는 시학이 곧 미를 배척한다는 뜻이 아니다. 심지어 시학은 미를 시의 속성 중 하나로 간주하는 경우가 많다. 그런데 그러한 경우 미는 시의 본질적인 속성이 아니라 부차적인 속성으로 규정된다. 그러다가 근대, 특히 독일 고전철학에 이르러 미학(감성학)은 독립적인 이론적 형식을 갖추게 되고, 예술철학으로 정립하게 되었다. 이때 넓은 의미에서 숭고를 포함한 미는 예술의 본질로 인식됨으로써 미학이 예술이론을 통섭할 수 있게 되었다.

서양에서 일찍이 시에 관한 이론적 형식을 정립하였다면, 그것은 반드시 시에 관한 일반적 규정, 즉 시의 본질에 대해 거론해야 한다. 고대 그리스에서는 시의 본질을 '현실에 대한 모방'이라고 규정하였다. 아리스토텔레스에 따르면 뛰어난 모방은 인간의 쾌감을 불러일으킴으로써 예술을 낳는다. 그 이후로 모방설은 서양의 긴 역사에서 한결같이 시에 관한 고전적인 규정으로 인식되고, 낭만주의 시기에 이르러서야 전복되었다. 이러한 맥락에서 서양의 시학을 고찰할 때 두 가지 점에 주목할 필요가 있다. 하나는 시학은 운문에 관한 예술이론인 동시에 아직 구체적인 예술이론으로 분화되지 않았다는 점이고, 다른 하나는 시학과 미학이 다르며 형이하의 특성을 지닌다는 점이다.

서양의 시학은 고전시기에 정초된 예술이론이고, 르네상스를 거쳐 한편으로는 재편과 발전을 거듭하였지만, 다른 한편으로는 심각한 도전을 이겨내지 못해 최종적으로 종결을 맞이하였다. 우선 이러한 도전은 시학의 기본적 규정, 즉 "시는 현실에 대한 모방이다"라는 신조를 비판한다. 새로운 예술형식과 분류방식이 생겨난 까닭에, 시학의 외연은 점차 무너지기 시작하였다. 르네상스 이후 서정시의 풍조가 일어나고, 그것은 서사시와 어깨를 나란히 하게 되었는데, 이 경우에 모방설은 서정시에 대한 해명과 규범을 제시할 수 없게 되었다. 그것은 기껏해야 기존의 모방설이 외재적인 자연을 모방하는 데 비해, 지금의 서정시는 외재적인 자연뿐만 아니라 인간의 내면, 즉 내재적인 자연도 모방할 수 있다는 모순적인 논의를 제시하는 데 그쳤다. 그래서 아리스토텔레스에 의해 정초된 모방설은 본격적으로 해체되기 시작하였다.

이와 더불어 새로 생겨난 소설, 연극 등 예술형식은 현대적 문체와 생활언어를 주로 사용한다. 이러한 언어는 고대의 운문적 전통에서 벗어나 있으므로, 그것을 표현수단으로 삼는 예술형식들도 시학에 통섭될 수 없게 되었다. 이러한 배경에서 시학은 한편으로 소설을 배척하여 그것이 저속하다고 비판하면서도, 다른 한편으로는 소설을 최대한 자신의 범주에 통섭하려고 하였지만 모두 실패로 끝났다. 동시에 예술의 분류가 세밀화되면서 시학은 시가이론, 소설이론, 희극이론, 음악이론 등으로 분화되어 총체성을 잃어가, 전통적 시학이론은 더 이상 유지하기 힘들게 되었다.

전통시학이 직면한 두 번째 도전은 현대적 예술관념과 예술사조에 의한 도전이다. 르네상스 이후 고전적 예술은 현대적 예술로 전환되기 시작하였다. 특히 역사시가 쇠퇴하고, 예술은 인간의 일상생활에 주목하게 되었다. 그래서 주체성과 새로운 예술관념이 생겨나 전통시학의 규정은 힘을 유지할 수 없게 되었다. 이 과정에서 아리스토텔레스가 말한 '현실에 대한 모방'이라는 개념은 '자연에 대한 모방'이라고 재해석되었는데, 이 개념은 그 자체로 인간의 주체성을 나타내는 것으로 평가된다. 왜냐하면 이 시점에서의 자연 개념은 외재적인 자연뿐만 아니라 내재적인 자연도 포함하기 때문이다. 이렇게 되어 모방설은 변질되고, 새로운 예술이념은 모방의 관념을 포기하여 상상, 격정, 영감, 천재성 등을 강조하게 됨으로써 전통시학의 기초를 허물었다. 헤르더(Herder)는 '창의성'으로써 모방설을 부정하고, 실러(Schiller)는 소박한 시와 감상感傷적인 시를 구분하여, 후자는 모방설로 해명할 수 없다고 주장하였다. 실러에 따르면 소박한 시는 일상생활에 근접하고 객관적인 사물을 묘사하는 데 치중되어 있으므로, 현실에 대한 모방이라고 부를 수 있지만, 감상적인 시는 일상생활에서 벗어나고 주관적인 창조에서 비롯되므로, 현실에 대한 모방이라고 일컬을 수 없다.

계몽주의는 기본적으로 세속성을 강조하기 때문에, 그러한 사조에 따른 예술, 즉 희극, 소설 등은 일반 시민을 주체로 삼는 경향이 있다. 바로 이러한 경향이 전통시학에 내포된 귀족 정신과 숭고성을 해체하였다. 나아가 시민예술의 흥기는 예술이념을 현실에 대한 모방에서 진실성과 취미성을 강조하는 쪽으로 전향시켜, 전통시학의 이성적 법칙을 전복하였다. 특히 낭만주의 예술은 예술의 진실성, 규범성, 권위성 등을 배척하고, 상징성, 환상성, 현실 초월성(彼岸性)에 주안점을 두었다. 이렇게 되어 전통시학은 해체의 운명을 맞이할 수밖에 없었다.

전통시학이 직면한 세 번째 도전은 미학의 탄생이다. 예술형식의 세분화와 전통적 모방설이 지닌 해석적인 기능의 쇠퇴로 인해 시학은 구체적인 예술이론으로 분화되었다. 그러나 예술은 그 본질에 있어서 여전히 통일적인 규정을 요구한다. 그렇다면 이러한 통일적인 규정을 가능케 하는 예술의 본질은 무엇인가? 이 문제에 관해서 오직 심미성審美性만이 예술의 본질로 성립될 수 있다는 생각이 제기되면서 미학이 탄생하였다. 나아가 이와 같은 미학은 각 예술영역에 침투하여 예술철학으로서의 미학을 정초하였는데, 이에 따르면 예술을 규정하는 기본적인 속성은 곧 미적인 것(The aesthetical)이다. 이리하여 미학은 현대예술을 포함한 모든 예술형식을 통섭하게 되었다. 이러한 현상은 결국 미학이 전통시학의 대부분의 기능을 접수하였음을 의미하는 동시에, 전통시학이 이미 그 존립의 기반을 잃었음을 시사하기도 한다. 그래서 현대사회에서의 새로운 시학은 넓은 의미에서 문학이나 예술이론으로 지칭되고, 좁은 의미에서는 시가이론으로 거론되기 시작하였다.

시학이 서양 고전예술의 이론적 형태라면 중국에도 시학이 있는가? 달리 말해 중화시학이라는 개념이 과연 합리성을 지닌 것인가? 일부 연구자에 따르면 중국에는 시학이 없고 문론文論만이 있다. 그리고 이러한 문론은 문학이론도 아니고, 시가이론도 아니며, '문'에 관한 이론이다. 여기에서의 문은 실용적인 응용문을 비롯한 비문학적인 문체뿐만 아니라, 자연현상까지 포함한다(天地之文). 그래서 일부 학자의 논의에 따르면, 시학은 서양만의 특수한 이론적 형태이고, 그것은 중국의 문론과 유사한 맥락에서 다루어질 수 없다.[53] 그러나 이러한 견해는 일정한 근거를 지닌 것이라고 평가될 수 있을지 모르지만, 완전히 합리적인 것이라고 말할 수 없다. 시학의 개념은 비록 서양에서 제기되었지만, 그렇다고 해서 그것이 서양의 전유물이라고 할 수 없다. 중국에 문론만이 있고 시학이 없다는 견해는 근본적으로 한 가지 중요한 점을 외면하고 있다. 즉 중국의 문론에서 거론된 보편적인 문은 인문人文과 천지지문天地之文을 포함하고, 그것들은 모두 심미적 속성을 지닌다. 그렇기 때문에 문론은 곧 모든 심미적 대상에 관한 연구이며, 일종의 문화미학 또는 문화시학으로 규정될 수 있다. 그리고 '인문'은 주로 언어적 운문의 아름다움을 추구하는 일을 가리키고, 대부분 시와 부賦 등의 문체로 구현되어 있지만, 일부 응용문체도 포함된다. 그래서 그것은 포괄적으로 시학의 대상으로 귀속될 수 있다. 나아가 '천지지문'은 주로 심미적 속성을 지닌 자연의 대상을 가리키기 때문에, 그것도 미학의 대상이 될 수 있다. 이러한 점에 관해서『문심조룡』에 나온 다음의 진술을 좀 더 살펴볼 필요가 있다.

> 문의 덕됨이 크고, 그것이 천지와 나란히 생겨났다고 함은 어째서인가? 무릇 하늘의 흑적색과 땅의 누런색이 서로 섞인 데에서 네모난 것과 둥근 것의 형체가 구분되었다. 이리하여 해와 달은 겹쳐 놓은 둥근 옥벽처럼 아름다운 하늘의 형상을 드리워 내고, 산과 강은 꽃무늬를 새겨 놓은 비단처럼 땅의 형체를 조리 있게 펼쳐 낸다. 이것이 모두 도에 따른 문이다.[54]

여기에서 거론된 문의 대상, 즉 자연사물은 물리적 대상이 아니라 심미적

---

53) 余虹이 이와 같은 입장을 지닌 대표적인 학자이다. 그의 견해에 관해서는『中國文論與西方詩學』(生活·讀書·新知三聯書店, 1999) 참조.

54) 劉勰,『文心雕龍』,「原道」, "文之爲德也大矣, 與天地幷生者何哉? 夫玄黃色雜, 方圓體分, 日月疊璧, 以垂麗天之象. 山川煥綺, 以鋪理地之形. 此蓋道之文也."

대상을 의미하므로, 중국의 문론은 미학과 시학의 성질을 모두 지닌다. 더욱 중요한 것은 문화의 문에 해당하는 초기의 문 개념이 유협劉勰의 문론을 통해 정립되었지만, 그 당시에는 이미 문과 필筆의 구분이 있었다는 점이다.55) 다만 유협은 이 구분을 엄격한 원칙으로 적용하지 않았을 뿐이다. 후세의 소통蕭統은 『문선文選』을 편집하면서 문과 필의 구분을 엄격히 적용하여 "일은 깊이 생각하는 데에서 나오고, 뜻은 시나 문장으로 귀결된다"56)라고 진술하였다. 이때의 문 개념은 이미 경서經書, 사서史書, 제자서(子書) 등과 구분되는 의미로, 즉 운문형식으로 구현된 문학성이 있는 작품을 가리키는 말로 사용되었다. 이리하여 문 개념은 그 변화를 거듭하는 가운데 문학으로 변모되고, 문론도 또한 시학에 가까이 다가갈 수 있게 되었다. 그 뒤로 문론은 더 나아가 시론, 사론詞論, 희극론, 소설론 등 여러 가지 형태의 예술이론으로 구체화되면서 충분히 시학화詩學化되었다.

중화시학과 서양시학의 근본적인 차이는 그것이 미학과 분리되지 않고 항상 융합되어 있다는 점이다. 고대 그리스의 미학과 시학은 서로 분리되고, 전자는 철학에 귀속되는 까닭에 형이상의 특징을 지니는가 하면, 후자는 예술이론에 속하기 때문에 형이하의 특성을 갖추고 있었다. 그리고 고대 그리스에서의 미학은 예술철학이 아니라 미에 관한 사색이므로, 미학으로써 예술의 본질을 해명하거나 미를 기준으로 시를 평가한 적이 없었다. 나아가 고대 그리스에서 예술을 평가하는 기준은 그것의 현실적 부합성, 즉 진眞이지 미가 아니었다. 그러한 맥락에서 시학은 작시의 기예에 관한 학문으로서, 형이상학적 사변보다는 모방성, 진실성, 전형성 등에 치우쳐 있었다.

한편, 중국의 미학은 시학과 분리된 적이 없고, 둘은 항상 융합되어 있다. 즉 그것은 시학을 주된 형태로 삼지만, 시학은 항상 미학에 근본을 두고 있다. 그러므로 미학사상은 시학을 통섭하고 있기 때문에, 중국의 시학적 논술에는 항상

---

55) 劉勰, 『文心雕龍』, 「總術」, "今之常言, 有文有筆, 以爲無韻者筆也, 有韻者文也."
56) 蕭統, 『文選』, 「序」, "事出於沈思, 義歸乎翰藻."

미학적 사상이 녹아 있다. 이는 중화미학은 예술적 경험을 벗어난 적이 없고, 시학도 미학적 사고와 분리된 적이 없음을 말해 준다. 천인합일天人合一의 세계관에 기반하여 중화미학의 형이상적 측면과 형이하의 측면은 엄격히 구분되지 않는다. 그래서 도道와 문, 미와 선善은 언제나 연결된 개념으로 인식되었다.

　미학적 사유를 함축한 중화시학은 예술적 경험이 축적되면서 본격적으로 제기되었다. 중화시학은 주로 선과 같은 윤리적 기준으로 예술을 해석하거나 평가하였을 뿐만 아니라, 미와 그것에서 파생된 개념, 즉 묘妙, 문, 운韻, 낙樂, 유遊 등 개념으로 예술을 설명하고 평가하였다. 그리고 이와 같은 평가에는 사회학적 비평도 있고, 심미적 비평도 있다. 공자孔子는 소韶와 무武를 평가하면서 미와 선이라는 두 가지 기준을 내세운 바가 있으므로, 이는 그에게 이미 미와 선의 구분이 있는 동시에, 미가 예술의 본질적 속성으로 인식되었음을 시사한다.[57]

　『문심조룡』과 같은 시학적 논술은 형이상의 문제를 회피하지 않고, 도를 통해 문을 해명하는 전통을 낳았는데, 이는 서양의 시학이 경험적 논의에 의해 진행되는 점과 구분된다. 그것은 먼저 도를 문의 근원이라고 규정하고, 문을 '도를 밝히는'(明道) 매개로 정의하였다.[58] 이에 그치지 않고, 『문심조룡』은 각종 문체의 특징을 비롯하여 문학창작 및 감상의 규범과 역사적 전개 양상에 관해서도 설명하였다. 『문심조룡』 이후의 문론들은 모두 그것의 영향을 받아 시가의 특성을 고찰하는 동시에, 그 심미적 본질까지도 제시하였다.

　마지막으로, 중화시학은 비록 함축적이지만 이미 심미의 초월성을 지녔다. 이리하여 중화시학은 실제로 형이상의 미학적 특징을 지닌 것으로, 본격적인 미학의 한 형태로 이해될 수 있다. 그러한 맥락에서 중국은 서양보다 더 일찍이 미학의 관념으로 예술을 평가하고, 미학을 예술철학으로 이해하였음을 알 수 있다.

　중화시학은 선진제자先秦諸子의 논의에서 시작되고, 「시대서詩大序」와 「악기樂記」

---

57) 『論語』, 「八佾」, "子謂韶, '盡美矣, 又盡善也.' 謂武, '盡美矣, 未盡善也.'"
58) 劉勰, 『文心雕龍』, 「原道」, "故知道沿聖以垂文, 聖因文以明道."

에 의해서 정초되며, 『문심조룡』을 통해 체계를 갖추게 되어 지속적인 발전을 이루었다. 이러한 발전 과정 중에서 특히 주목할 만한 점이 있는데, 그것이 바로 시학이 발전할수록 그것에 들어 있는 철학적-사변적 논의의 부분이 적어진다는 점이다. 구체적으로 춘추전국시대에서 미에 관한 철학적 논술은 —비록 체계적이지 않지만— 유가와 도가에 의해 다양하게 제기되었다. 그러나 전국시대 이후 미에 관한 철학적 논의는 점차 적어지는 경향을 지니게 되었다. 나아가 『문심조룡』까지만 해도 원도原道, 징성徵聖, 종경宗經 등 철학적인 미학 논의가 있었지만, 그 이후의 시학 논술은 시학에 관한 철학적인 논의보다는, 시와 부 등 구체적인 예술형식에 관한 논의에 초점을 맞추게 되었다. 그러한 까닭에 시학에 관한 이론은 보다 체계적으로 정립되어, 여러 가지 전문저술이 나타나게 되었다. 그러나 이러한 현상은 후기의 중화미학에 철학적 사유가 없었다는 뜻이 아니라, 그것이 이미 시학 속에 융합된 형태로 시학과 함께 발전하였음을 의미한다. 즉 중국의 미학은 시학화되고, 시학은 미학화되었다는 것이다. 이런 맥락에서 보면, 중화시학은 단순히 작시의 기예에 관한 이론이 아니라, 천인 관계를 비롯한 철학적 사유가 함축된 미학이라고 할 수 있다.

2. 중화시학의 주된 줄기는 서정시학抒情詩學이다

서양의 시학이 주로 서사시학敍事詩學에 귀속되는 데 반해, 중화시학의 주된 줄기는 서정시학으로 구현되어 있다. 서양시학은 고대 그리스의 역사시를 근원으로 삼고 있으며, 그것이 지속적인 발전을 거쳐 그리스의 주된 예술형식뿐만 아니라, 서양의 서사시학 체계를 형성하였다. 시학을 연구대상으로 삼아 아리스토텔레스는 언어예술을 희극과 장편 서사시로 나눈 바가 있다. 비록 그 당시에도 서정시가 있었지만, 주된 예술형식으로 간주되지 않았고, 시학의 연구대상도 되지 못하였다. 18세기 초반기, 즉 독일의 고전시학이 형성될 무렵에 이르러서야 서양에서는 비로소 장편 서사시, 서정시, 희극과 같은 삼분법이 등장하고, 이로 인해 서정문학이 시학의 대상으로 인정되었다. 그 후 소설과 현대 희극(음악극, 현대 연극)도 점차 주된 문학과 예술형식으로 간주되면서, 전통시학은 해체를 맞이하여 구체적인 시가이론, 소설이론, 희극이론 등으로 분화되었다. 그러나 이러한 가운데 서양의 서사시학은 지속적으로 계승되어 현대 서사학까지 이어졌다. 물론 이와 같은 서사학에는 서정적인 요소가 있지만, 서사성에 비해 항상 부차적인 요소로 취급되었다. 그러므로 서양의 시학은 전체적으로 서사성을 중요시하기 때문에, 서사시학이라고 부를 수 있다. 아리스토텔레스에 따르면 시의 과제는 서사에 있으므로, 역사의 과제와 유사하다. 다만 둘 사이에 차이가 있다면 "역사는 이미 일어난 일에 관해서만 서술하는 것이고, 시는 일어났거나 일어날 법한 일에 관해서도 서술하는 것이다."[59] 그래서 서사성을 중시한 서양의 시학은 항상 두 가지 문제점을 해결하여야 하는데, 하나는 시의 서사적 합리성을 논증하는 것이고, 다른 하나는 시를 통해서 서사를 진행할 수 있는 구체적인 방법과 규범을 정립하는 것이다.

　　서양시학에 따르면 시의 서사적 합리성은 그 진실성, 즉 시의 서사가 역사적 사실에 부합한다는 점에 있다. 시를 현실에 대한 모방이라고 규정한 서양시학은 시에 역사적 사실을 밝히는 기능이 있으므로 진리성을 지닌다고 주장한다. 아리스토텔레스는 『시학』을 통해 예술의 합리성이 바로 현실에 부합한다는 점을 들어, 예술이 곧 현실에 대한 모방이라는 이론을 제기하였다. 그는 "…… 시에 의해서 서술된 일은 보편성을 지니는가 하면, 역사에 의해서 서술된 일은 개별성을 지닌다"[60]라고 주장하였는데, 이 말은 시를 통해 서술된 일이 역사적 사실에 완전히 부합하지 않을 수 있지만, 그것은 일어났거나 일어날 법한 일을 서술하는 한에 있어서, 역사의 본질을 잘 드러내고 있다는 것을 강조한 것이다. 아리스토텔레스 이후로 모방설은 서양시학의 기본 이념으로 정초되었다. 그러나 시의 서사적 합리성을 두고 플라톤은 매우 부정적인 평가를 내린 바가 있다. 그에 따르면, 시는

---

59) 亞里士多德(아리스토텔레스), 『詩學』(人民文學出版社, 1988), p.28.
60) 亞里士多德(아리스토텔레스), 『詩學』(人民文學出版社, 1988), p.29.

현실적인 사물에 대한 모방이고, 현실적인 사물은 이념에 대한 모방이므로, 시는 결과적으로 이념에 대한 이중적 모방에 불과한 것으로 참된 것일 수가 없다. 그러나 플라톤이 제기한 시에 관한 논의는 단지 미학적인 논술이고, 시학적인 논술이 아니므로, 시의 서사적 합리성을 뒤집지 못하였다.

중화시학의 뿌리는 역사시에 있지 않다. 그리고 바로 역사시가 발달하지 않았기 때문에, 중국에서는 체계적인 서사 전통을 형성하지 못하였다. 그러한 맥락에서 전통사회 후기에 나타난 희극이나 소설도 실제로는 주된 예술형식으로 정립되지 못하였다. 중국예술의 주된 형식은 서정적인 예술이고, 그 뿌리는 예악문화禮樂文化에 있다. 그리고 이러한 예악문화에서 시, 악樂, 무舞는 일체를 이루고 있고, 그것들은 모두 서사성보다 강한 서정성을 지닌다.

예악문화는 중국예술의 두 가지 근원을 형성하였다. 하나는 무술巫術 의식에서 사용된 노래와 춤인데, 그것은 후세에 악학樂學으로 발전하고, 「악기」가 그 대표적인 저술이다. 다른 하나는 무술 의식에서 사용된 주문, 즉 무사巫辭인데, 그것은 후세에 시학으로 발전하고, 「시대서」가 그 대표적인 저술이다. 나아가 악에 관한 진술, 즉 "그(춤을 추는 사람의) 간척을 들고, 부앙俯仰이나 굴신屈伸의 몸짓을 배울 때는 용모가 단정하고 엄숙해진다. 신체의 움직임도 정해진 대로 되고 곡절에 들어맞게 되어 행렬도 그 바름을 얻을 수 있고, 나아감과 물러남도 그 가지런함을 얻을 수 있게 된다"[61]라는 진술에서 우리는 또한 후세 희극의 기원도 읽어 낼 수 있다. 이와 더불어 『시경詩經』과 『초사楚辭』 등 고전은 서정시의 전통을 열었는데, 후세에 이르러 이에 기반을 둔 서정시와 서정산문은 중국의 주된 문학형식으로 발전하였다.

중화시학은 기본적으로 악과 시라는 두 가지 서정적 예술을 주된 형식으로 발전하지만, 둘 중에서 악보다 시의 주도성이 더욱 강하다. 그리고 시는 항상 다른 예술형식에 침투하여, 그것들을 시적인 의미나 의경詩意을 갖추게 한다. 예를

---

61) 『禮記』, 「樂記」, "執其干戚, 習其俯仰詘伸, 容貌得莊焉. 行其綴兆, 要其節奏, 行列得正焉, 進退得齊焉."

들어 시와 그림(畵)을 소통하는 경우, 예술가는 자주 제화시題畵詩를 통해 그림의 주제를 전달하는데, 바로 이 지점에서 "시 속에 그림이 있고, 그림 속에 시가 있다"(詩中有畵, 畵中有詩)[62]라는 의경이 창출된다. 이러한 점은 독일의 극작가 레싱(Lessing)이 시와 그림을 엄격히 구분하는 것과 취지가 다른데,[63] 이 차이는 결국 서양의 시학이 서사성을, 중화시학이 서정성을 강조하는 데에서 비롯되었다. 나아가 시와 음악, 무용의 관계에 있어서, 시는 항상 음악적인 요소가 가미된 상태에서 읊어지고, 무용도 또한 시를 주제로 하는 경우가 많다. 이리하여 시가 여러 가지 예술형식과 연계되는 맥락에서, 중화시학은 점차 서정 유형의 예술을 해석하고 재현하는 과제를 떠맡게 되었다.

중화시학은 시(악도 포함)의 본질이 서정성에 있다고 논증하면서, '시연정설詩緣情說'을 정립하였다. 그러나 그것은 애초부터 있는 것이 아니라, 단계적 발전을 거쳐 이룩한 것이다. 선진시기에 시학은 처음 "시는 뜻을 말하는 것이다"[64], 즉 '시언지설詩言志說'의 형태로 제기되었다. 여기에서의 뜻, 즉 지志는 정감뿐만 아니라 이성적인 의식도 포함한다. 그러나 육기陸機에 이르러 시의 정감적 요소는 더욱 부각된 형태로 논의되었는데, 이에 따르면 "시는 감정에서 우러나는 것으로 아름다워야 하고, 부는 몸소 사물을 살피는(體察) 것으로 맑고 밝아야 한다."[65] 더욱이 『문심조룡』은 육기에 의해 제기된 시연정설을 더욱 발전하여 "인간은 칠정七情의 능력을 품부 받았고, 이 칠정의 능력이 사물의 자극을 받으면(應) 감정이 움직이게 되며(感), 사물에 감정이 움직이게 되면 그것을 뜻으로 읊조리게 되는데, 이는 모두 스스로 그러한 것(自然)이 아님이 없다"[66]라고 진술하였다.

한편, 희극의 뿌리인 악도 서정예술에 속한다. 그리고 그것은 시학과 유사한

---

62) 蘇軾, 「東坡題跋·書摩詰藍關烟雨圖」, "味摩詰之詩, 詩中有畵觀. 摩詰之畵, 畵中有詩."
63) 레싱에 따르면 시는 서사성과 시간성을 중시하는 예술이고, 그림은 형식성과 공간성을 강조하는 예술이므로, 둘은 함께 논의될 수 없다.
64) 『尙書』, 「虞書·舜典」, "詩言志, 歌永言, 聲依永, 律和聲."
65) 陸機, 『文賦』, "詩緣情而綺靡, 賦體物而瀏亮."
66) 劉勰, 『文心雕龍』, 「明詩」, "人稟七情, 應物斯感, 感物吟志, 莫非自然."

형식으로 악의 정감성에 대해 논증하였는데, 이에 따르면 "무릇 악은 본래 사람의 마음에서 생겨난 것으로, 감정이 마음속에서 움직여 소리(聲)로 드러나고, 그 소리가 일정한 형식(文)을 이루게 되면 음音이라고 부른다."[67] 이리하여 정감은 시와 악의 기본적인 성질로 인식되고, 시(악도 포함)를 통해서 정감을 드러낸다는 표정설表情說이 서정시학의 기본 이념으로 정착되었다.

서양의 서사시학이 서사의 합리성을 논증할 필요가 있듯이, 중국의 서정시학도 서정의 합리성을 입증할 필요가 있다. 그리고 이러한 과제는 주로 시가 뜻을 언표하는(言志) 견지, 즉 시는 선善을 고양한다는 맥락에서 구현되었다. 중화시학에 따르면 시가를 비롯한 예술형식의 본질은 미에 있고, 미는 또한 선의 형식이다. 이러한 인식에서 "미와 선이 서로 어울리고"(美善相樂)[68] "미는 선의 실질이다"(美者, 善之實也)[69]라는 명제가 정립되었다. 더욱이 이 점을 증명하기 위해, 중화미학은 먼저 천도天道가 곧 인도人道이고, 그것이 인간의 본성(性)에 관통하며,[70] 본성과 정감이 또한 서로 연결되어 있다는 점을 강조하였다. 나아가 중화미학은 시가 뜻을 언표하고 정감을 드러내는 방식으로 본성을 표현하기 때문에, 도를 전달할 수 있는 동시에, 정감으로써 사람을 감화시키는 교화 기능을 지닌다고 주장하였다. 이와 같은 논증을 통해 시는 선을 함축하는 것으로 인식되어, 그 서정적인 합리성도 어느 정도 입증될 수 있었다. 그래서 시를 아우르는 "문은 도를 밝히는 것이다"(文以明道)[71]라는 명제도 정초될 수 있었다.

그러나 시학의 서정적인 합리성을 부장하는 사상도 있다. 묵가墨家는 비악非樂사상을 제기하여 예술 활동이 자원을 낭비하는 점을 지적하였고, 후세의 리학자理學者들은 시와 같은 예술이 인간의 감성을 절제할 수 없는 지경까지 내몰아가기 쉬운 점을 들어 문이해도설文以害道說을 주장하였다. 그러나 이러한 비판 가운데에서도

---

67) 『禮記』,「樂記」, "凡音者, 生人心者也. 情動於中, 故形於聲. 聲成文, 謂之音."
68) 『荀子』,「樂論」, "故樂行而志淸, 禮修而行成, 耳目聰明, 血氣和平, 移風易俗, 天下皆寧, 美善相樂."
69) 『論語集註』,「八佾」, "美者, 聲容之色. 善者, 美之實."
70) 『禮記』,「中庸」, "天命之謂性, 率性之謂道."
71) 劉勰, 『文心雕龍』,「原道」, "故知道沿聖以垂文, 聖因文以明道."

주류의 시학사상은 항상 감정과 이치(理)를 조화하려는 중화지미中和之美를 강조하고, "생각에는 사특함이 없다"(思無邪)[72]라는 주장을 견지함으로써, 정감이 이성의 통제를 벗어나 범람할 수 있음을 경계하였다.

중국과 서양의 시학은 서로 다른 철학적 본체론의 근거를 지니고 있다. 서양의 시학은 존재를 객관적 실체라고 인식하기 때문에, 객관적인 사물 또는 사태(事)를 중시하여 서사(모방)를 통해 역사의 본래 모습을 밝히려는 취지에서 서사시학을 정립하였다. 그러나 중화시학은 도가 본성과 감정에 두루 관통하기 때문에, 주관의 지를 언표하고 정을 표현하는 것이 곧 도를 체현하는 일이라고 인지하는 전제에서 서정시학을 정립하였다. 실제로 중화시학에도 사물이나 사태에 관한 논술이 있는데, 그것은 서사를 목적으로 한 것이 아니라, 사물이나 사태를 감정 발현의 추동 원인으로 삼아 서정을 이룩하기 위해 수행된 것이다. 이러한 맥락에서 사물이나 사태는 정감을 유발하는 매개일 뿐, 그 자체로는 시적 의미를 지니지 않은 것으로 규정된다.

그렇다면 중화시학은 서정의 목적을 이루기 위해 어떠한 방식으로 서사를 진행하였는가? 서양의 서사 규범은 아리스토텔레스에 의해 정초되었다. 그는 비극과 희극喜劇을 구분하여 비극의 정의를 내세웠는데, 그에 따르면 비극은 사람들의 연민과 공포의 정서를 불러일으킴으로써 내면의 정화(katharsis)를 성취하는 공연형식이다. 나아가 아리스토텔레스는 고대 그리스 비극의 규범을 플롯(plot)의 일치성이라고 규정하였는데, 이 규정이 신고전주의 시대에 이르러 삼일치법칙, 즉 시간의 일치, 장소의 일치, 인물의 일치로 구체화되었다. 아리스토텔레스는 『시학』에서 비극의 구성요소를 여섯 가지로 구분하였는데, 플롯, 등장인물(character), 언어 대사(language), 사상(thought), 시각적 요소(spectacle), 노래(music)가 그것이다. 이러한 논의들이 서양시학의 기초를 마련하였기 때문에, 서양의 시학은 예술과 현실의 관계, 인물의 성격과 행동, 스토리의 플롯과 서사 언어 등을 중시하는 경향을 낳았고,

---

72) 『論語』, 「爲政」, "子曰, '詩三百, 一言以蔽之, 曰, 思無邪.'"

모방, 진실성, 형상, 전형, 풍격 등 개념을 제기할 수가 있었다.

중국의 서정시학은 서사시학과 달리, 서사이론 대신 자신만의 서정이론과 서정모델을 구축하였다. 우선 중화시학은 정감이 어떻게 발생하였는지에 대해 검토하였다. 중화시학에 따르면 정감은 인간 주체에 의해서만이 생겨날 수 있는 전유물이 아니다. 즉 그것은 천天과 인人이 서로 소통할 때, 다시 말해 주체와 세계가 서로 마주할 때 촉발된 감흥感興이다. 이러한 감흥론은 인간과 자연이 죽은 사물이 아니라 생명과 영특한 기, 즉 영기靈氣를 갖춘 존재라는 점을 전제한다. 그래서 그들은 천지 사이에 가득 찬 기의 자극으로 인해 언제나 감흥을 일으킬 수 있다.73) 이 외에도 인간과 사물의 감흥으로 생겨난 시는 또한 일종의 의경意境을 구현할 수 있는데, 그러한 의경은 시적 의미를 지니고, 사물과 자아가 서로 통하는(物我相通) 천인합일의 경지를 이룩하며, 초현실적인 심미 풍격을 실현할 수 있는 것으로 설명된다.

이와 더불어, 중국시학은 또한 정감의 표현방식을 중시하는데, 이는 경관을 묘사함으로써 정감을 펴내는 사경서정寫景抒情, 정감을 통해 경관에 이입하는 이정입경以情入景, 정감과 경관을 서로 융합시키는 정경교융情景交融 등의 서정기법을 정초하였다. 이러한 서정적인 기법이 가능한 이유는 주로 두 가지로 설명될 수 있다. 하나는 중화문화가 천인합일의 성격을 지니므로, 그것은 인간뿐만 아니라, 경관에게도 정감적 특성을 부여하여 주체와의 맞울림(共鳴)을 가능하게 하기 때문이다. 그리고 다른 하나는 고대 사람들에게 정감에 관한 인식이 아직 단순한 단계에 있으므로, 그것은 특정 매개 없이도 쉽게 경관과 융합되고 표현될 수 있는 것으로 간주되었기 때문이다.

그러나 중화시학의 서정방식은 오직 경관을 매개로 정감을 표출하는 단일한 방식으로 이루어지는 것이 아니라, 사태(事)나 서사를 통해 전개되는 경우도 있다. 예를 들어 서한西漢의 한영韓嬰은 "배고픈 자는 먹을거리를 읊조리고, 수고로운

---

73) 鍾嶸, 『詩品』, 「序」, "氣之動物, 物之感人, 故搖蕩性情, 行諸舞詠."

자는 일을 읊조린다"74)라고 진술하였고, 반고班固는 "효무제가 악부樂府를 세워 민간의 가요를 수집한 뒤부터 대代나라와 조趙나라의 구謳, 진秦나라와 초楚나라의 풍風이 있게 되었는데, 이는 모두 슬프거나 즐거운 일에 감응하고, 실제 사태에 의거하여 발현된 것이다"75)라고 진술하였으며, 백거이白居易는 "비로소 문文과 장章 이 합하여 때(時)를 위해 지어져야 하고, 가歌와 시가 합하여 사태를 위해 지어져야 함을 알게 되었다"76)라고 진술하였고, 위태魏泰는 "시는 사태를 서술하여 정감을 기탁하는 것으로, (시에서) 사태는 상세함을 귀하게 여기고, 정감은 함축적임(隱)을 귀하게 여긴다"77)라고 진술하였다. 그 외에도 엽섭葉燮은 리, 사, 정의 시학사상을 내세운 바가 있고,78) 정현鄭玄과 공영달孔穎達은 "그러나 시인이 억누르고 찬양하는 것(抑揚)은 사태에 따라 읊조림을 내는 것이다"79)라고 말한 바가 있다.

마지막으로, 중화시학은 정감의 발현 문제뿐만 아니라, 심미적 정감의 특성에 대해서도 고찰하면서, 진정설眞情說과 동심설童心說 등을 제기하여 현실적인 정감과 심미적인 정감을 구분하였다. 이에 그치지 않고, 중화시학은 현실적인 정감과 구분되는 심미적인 정감을 기반으로 서정적인 예술형상을 구축하는 방법에 대해서 도 검토하였는데, 그 과정에서 의상意象과 의경 등의 개념이 정립되었다. 특히 중국시학은 의意, 언, 상象 사이의 관계를 고찰한 결과, 일상적인 언어는 사상과 정감을 충분히 드러내지 못한다는 언부진의설言不盡意說을 구축하는 동시에, 형상象 이 언어의 한계를 넘어 사상과 정감을 드러낼 수 있다는 상능진의설象能盡意說을 정립하였다. 이러한 배경에서 시는 일상적인 언어가 아닌 까닭에, 일상적인 언어와 달리 심미적 의상을 구현할 수 있으므로, ―현실적인 사상이나 정감과 구분되는―

---

74) 韓嬰, 『韓詩外傳』, "飢者歌食, 勞者歌事."
75) 『漢書』, 「藝文志」, "自孝武立樂府而采歌謠, 於是有代趙之謳, 秦楚之風, 皆感於哀樂, 緣事而發."
76) 白居易, 『白香山集』, 卷二十八, 「與無微子書」, "始知文章合爲時而著, 歌詩合爲事以作."
77) 魏泰, 「臨漢隱居詩話」, 卷一, "詩者述事以寄情, 事貴詳, 情貴隱."
78) 葉燮, 「原詩」, 「內篇」, "曰理, 曰事, 曰情三語, 大而乾坤以之定位, 日月以之運行, 以至一草一木 一飛一走, 三者缺一, 則不成物. 文章者, 所以表天地萬物之情狀也. 然具是三者, 又有總而持之, 條而貫之者, 曰氣. 事, 理, 情之所爲用, 氣爲之用也."
79) 『毛詩正義』, 卷十六, "但詩人抑揚, 因事發詠."

심미적인 사상과 정감을 충분히 드러낼 수 있는 것으로 설명되었다. 이와 같은 경향은 언어에 대한 신뢰성을 강조하고, 그것을 통해 현실을 충실히 모방할 수 있다는 서양의 서사시학과 다르다. 그래서 중국의 서정시학은 서양의 서사시학과 달리 감흥, 성정性情, 의상, 의경 등 자신만의 개념을 내세웠고, 이와 더불어 수미秀美, 장미壯美, 애원哀怨, 해학諧謔 등 심미적 범주를 정초하였다. 그리고 이와 같은 시학적인 개념과 심미적 범주는 모두 (현실적인 정감이 아닌) 심미적 정감의 추상이고, '예술의 구조 속에서만' 구현될 수 있는 인간의 정감세계를 나타낸 것이라고 할 수 있다.

3. 중화서사시학의 탄생

전통사회의 후기에 이르러, 중국의 서정시학은 몰락하고 서사시학이 점차 힘을 얻게 되었다. 서사시학은 기본적으로 희극, 소설, 서사시 등 서사적 예술형식에 관한 이론이다. 전통사회의 예술체계에서 소설, 희극, 서사시 등 서사예술은 항상 비주류의 예술형식으로 취급되는 까닭[80]에 큰 발전을 이루지 못하였다.

중국 소설은 두 가지 뿌리를 갖고 있다. 하나는 장자의 우언寓言인데, 이는 후세에 이르러 문인의 필기소설筆記小說로 발전하였다. 그리고 다른 하나는 역사전기(史傳)인데, 이는 후세에 이르면서 민간에서 성행한 설서說書, 즉 역사 스토리텔링에 유사한 예술형식으로 전환되었다. 소설의 본격적 원류는 실제로 고유 신화까지 거슬러 올라갈 수 있다. 그러나 중국의 신화는 이른 시기에 이성화와 역사화의 과정을 이루어냈기 때문에, 삼황오제三皇五帝와 같은 신화적 인물도 일찍이 덕행이 뛰어난 제왕으로 묘사되었다. 따라서 중국 소설의 원류는 역사적 기술로 발전하게 되었는데, 『춘추春秋』의 이야기와 『사기史記』의 인물전기가 그 예시이다.

---

80) 『漢書』, 「藝文志」, "小說家者流, 蓋出於稗官. 街談巷語, 道聽塗說者之所造也. 孔子曰, '雖小道, 必有可觀者焉, 致遠恐泥, 是以君子弗爲也.' 然亦弗滅也. 閭里小知者之所及, 亦使綴而不忘. 如或一言可采, 此亦芻蕘狂夫之議也."

한편, 희극의 뿌리는 무술巫術적인 의식에 있다. 그리고 그것은 후세에 민간의 제사 활동과 조정朝廷에서 진행되는 배우俳優의 공연으로 발전하고, 최종적으로 평민사회에서 희극의 형태로 정착하였다. 전통사회 후기, 평민사회에서 시민 계층이 형성되었기 때문에, 시민을 주체로 삼는 소설과 희극은 큰 힘을 얻게 되어, 사대부士大夫를 주체로 한 시가의 위상을 격하하고, 서사예술의 발전을 추진하였다. 이러한 배경에서 서사예술은 점차 주류 예술의 지위를 차지하게 되어, 예술형식의 서사성이 그 서정성을 능가하게 되었다.

희극과 소설에 관한 논의는 명대明代 이전까지 체계를 이루지 못하였다. 그러나 명대 중기부터 소설과 희극에 대한 비평이 다수 나타났고, 그것에 관한 전문 저술들도 각광을 받기 시작하였다. 바로 이 시기에 이지李贄와 김성탄金聖嘆의 소설·희극 비평, 이어李漁의 『한정우기閑情偶寄』 등이 저술되었는데, 이것들은 모두 중국 서사시학의 정립을 시사하는 문헌들로 평가되고 있다. 서양의 서사시학은 소설을 포함하지 않을뿐더러, 그것의 출현으로 인해 고전시학이 오히려 해체되었다. 그러나 중국의 서사시학은 소설뿐만 아니라 희극까지 포함한다. 중국에서는 장편 서사시보다 고전소설이 더욱 발달하였는데, 그것은 비록 서사를 중심으로 삼지만 비교적 짙은 서정성을 갖추고 있었다. 특히 이러한 소설들은 많은 부분에서 '시적 정감과 화畵적 의경'(詩情畵意)을 드러내는 동시에, 시의 구절을 활용하는 형태로 구현되어 있다. 예를 들어 『홍루몽紅樓夢』은 서사성보다 서정성이 더 강하며, 많은 부분이 마치 산수화를 직접 대면하는 것처럼 저술되어 있다. 마찬가지로 중국의 희극도 서사성과 서정성을 아우르고 있다. 즉 그것의 기본 기법인 작作, 념念, 창唱, 타打에는 모두 음악성, 무용성(舞踊性), 시성詩性을 포함하고 있다. 그러한 까닭에 중국의 고전소설은 순수서사성을 지닌 것이 아니라, 시적인 언어를 통해 시학을 해명하는 매개로 봐도 큰 무리가 없다.

그러나 희극과 소설에 관한 이론으로서의 서사시학은 특정 정감을 전달하는 일을 넘어, 이야기를 통해 사회와 인생을 서술하고 해석할 수 있어야 한다. 이리하여 서사시학의 취지, 기본 개념, 범주 등은 서정시학과 다를 수밖에 없고, 그것들에

대한 새로운 논증이 필요하다. 그렇다면 중국의 서사시학은 무엇보다도 우선 서사
시학이 지닌 서사적 합리성을 논증해야만 한다. 서양의 서사시학은 진실성을 강조
하여, 시가 역사를 모방한다는 점을 들어, 시에는 개연성과 보편성이 함께 있다고
주장한다. 그러나 중화시학을 정초한 철학과 미학사상은 객관적인 실체가 아닌
본체, 즉 도를 천인합일의 존재로 규정한다. 그래서 중국의 서사시학은 서양과
동일한 방식으로, 즉 진실성에 입각하여 서사의 합리성을 논증할 수 없다. 그래서
중국의 서사시학은 서사의 진실성보다 그것의 허구성을 인정하는 데 주목한다.

이지에 따르면 소설은 실제로 일어난 일에 대해 서술하는 것이 아니라, '정감에
근본하여 이야기를 만들어 내는 것이다'(本情以造事).[81] 그래서 그는 소설 자체의
허구성을 강조한다. 또한 모영茅暎은 희극도 사실에 부합할 필요가 없다고 주장한다.
이에 관해 그는 특히 기특함(奇)과 허환함(幻)을 강조하여 "기특함을 전한다는 것은(傳
奇) 기특하고 허환한 것이 아니면 전하지 않고, 언사가 기특하고 아름답지 않은
것은 전하지 않는다는 것이다"[82]라고 말하였다. 나아가 김성탄은 『수호전水滸傳』을
평가하면서 소설과 역사의 차이를 다음과 같이 언급하였다.

> 내가 항상 말하기를 『수호전』은 『사기史記』만큼 뛰어난 작품인데, 사람들은 모두
> 이를 믿으려고 하지 않는다. 그러나 그들은 내가 함부로 말한 것이 아님을 좀처럼
> 알지 못한다. 실제로 『사기』는 문을 통해서 사태를 나르는 것이고, 『수호전』은
> 문을 위해 사태를 낳는 것이다. 문을 통해 사태를 나르는 것은 이러저러한 일이
> 먼저 있는 다음에야 그것을 한 편의 문자로 헤아려 내는 것인데, 이는 사마천司馬遷
> 이 비록 뛰어난 재능을 지니더라도 많은 고충을 먹어야만 할 수 있다. 그러나
> 문을 위해 사태를 낳는 것은 그렇지 않으니, 저술하는 자의 특성(筆性)에 따라
> 높은 것을 깎아 내고 낮은 것을 보태는 것은 모두 나에게서 비롯되기 때문이다.[83]

---

81) 李贄, 『李贄評忠義水滸全傳』, "立言者必有所本, 是書蓋本情以造事也."
82) 茅暎, 「題牡丹亭記」, "第曰傳奇者, 是不奇幻不傳, 辭不奇艶不傳."
83) 金聖嘆, 「讀第五才子書法」, 『中國歷代文論選』 第3冊(上海古籍出版社, 1980), pp.244~255,
　　 "某譽道水滸勝似史記, 人都不肯信, 殊不知某卻不是亂說. 其實史記是以文運事, 水滸是因文生
　　 事. 以文運事, 是先有事生成如此如此, 卻要算計出一篇文字來, 雖是史公高才, 也畢竟是吃苦事.

이어서 지연재脂硯齋는『홍루몽』을 평가하면서 "이 책은 본래 공허하고 환상적인 이야기를 묶어 낸 것이다"84)라고 지적하고, 심지어 이 책의 시작 내용이 꿈(夢)이고 이름도 꿈 글자가 들어가 있기 때문에, 저자가 꿈에서 일어난 일을 서술한 것이라고까지 주장하였다. 섭주葉晝도 소설의 서사는 허구를 진실한 이야기처럼 서술한 것이라고 주장하면서 "『수호전』의 이야기는 모두 허구이지만, 마치 진실한 것처럼 서술되었기 때문에, 절묘하다(妙)고 할 수 있다"85)라고 말하였다.

소설과 희극이 모두 진실성을 지니지 않은 것이라면 그 합리성은 어디에서 찾아야 하는가? 중국의 서사시학에 따르면 희극과 소설의 서사적 합리성은 그 서정적 합리성과 근본적으로 일치한다. 다시 말해 그것들은 모두 도를 밝히는 것, 즉 명도明道를 목적으로 한다는 것이다. 그러나 이 가운데에서 서정적 명도의 방식과 서사적 명도의 방식은 서로 다르다. 전자는 주체의 성정을 통해 도덕적 정조情操를 전달하는 것과 달리, 후자는 인물의 성격에 대한 묘사를 통해 '세간의 도와 인간의 실정(人情)'을 드러낸다. 이렇게 되면 서정시학은 주관화의 방식으로 명도를 하는 것이고, 서사시학은 객관화의 방식으로 명도를 하는 것이 된다. 청대淸代의 방정희方廷熹는 희극이 전형화典型化의 방식으로 명도를 한다고 주장하면서 다음과 같이 진술하였다.

희극은 오랜 역사 과정에서 가장 영향력이 높은 차원에 있는 인물(千古一流風流人物)을 골라, 그 성정을 조각하여 그려내고, 그 정신적 풍격(神采)을 모방하며, 그 마음속에 있는 충성과 효도, 슬퍼하고 괴로워하는 생각(忠孝悱惻之思)을 드러내는 것이다. 그것은 오랜 세월이 지나도 후세 사람들에게 감정이 일어나게 하고(興), 사태를 관찰하게 하며(觀), 욕심이 많은 자를 청렴하게 하여 우뚝 설 수 있도록 하고(廉頑而立), 나약한 자에게 스스로의 잘못을 깨닫게 하여 깊이 생각하고 힘써 실천할

因文生事却不然, 只是順著筆性去, 削高補低都由我."
84) 『紅樓夢』, 己卯本第十二回夾批, "此書原系空虛幻設……一部大書起是夢……故紅樓夢也."
85) 葉晝, 『李卓吾先生批評忠義水滸傳』, 「第一回總評」, "水滸傳事節都是假的, 說來却似逼眞, 所以爲妙."

수 있도록 함으로써, 그 사람(風流人物)의 사람됨과 성취에 서로 어울리게 하는 것이니, 이는 특히 어려운 일이다.[86]

나아가 김성탄은 소설의 서사는 격물格物을 목적으로 한다고 주장하였다. 그러나 여기에서의 격물은 대상을 지향하는 인식보다는 소설 속 인물의 성격을 파악한다는 의미에 가깝다. 김성탄에 따르면 "시내암施耐庵이 한결같은 마음으로 사색하고, 백팔 명의 인물을 각각 절묘한 경지에 이르도록 구현할 수 있는 것은, 다름 아닌 십 년 동안에 격물을 하여 하루아침에 물격物格이 이루어진 결과이다."[87] 그렇다면 어떻게 해야 격물을 할 수 있는가? 김성탄은 화론畵論과 서정시학에서 강조한 '마음을 맑게 하여 형상을 맛본다'라는 징회미상澄懷味象[88] 관념을 서사시학의 징회격물澄懷格物로 재해석하여, "배우는 자가 진실로 징회격물을 할 수 있고, 그것을 문장으로 널리 드러낼 수 있으면, 어찌 한 시대 문단文壇의 우두머리(文物之林)가 되지 않을 수 있는가? 그렇다면 『수호전』을 잘 읽는 정도는 그 사람에게 있어서 매우 쉽고 여유로운 일이다"[89]라고 말하였다. 그렇다면 소설은 어떻게 격물을 하는가? 이에 대해 김성탄은 "격물의 방법은 충서忠恕를 관문(門)으로 한다. 충이란 무엇인가? 천하의 만물은 연緣에 따라 법도가 생기는데,…… 내가 이미 충하면 다른 사람도 충할 것이고, 도적도 충할 것이며, 개나 쥐도 충할 것이다. 도적과 개, 쥐 등이 충하지 않은 자가 없으면 곧 서가 된다. 그런 뒤에 물격을 이룰 수 있다"[90]라고 주장하였다. 나아가 그는 진실한 마음으로 사람을 대하는 충과 스스로

---

86) 方廷熹, 「楊壯元進諫謫滇南序」, "將取千古第一等風流人物, 刻畵其性情, 模擬其神采, 並以發其忠孝悱惻之思, 裨千載以下, 可興可觀, 可以廉頑而立, 懦者自非, 沈思大力, 足與其其事相副, 蓋夏夏乎難哉."

87) 金聖嘆, 『金聖嘆批評水滸傳』, 「序三」, "施耐庵以一心所運, 而一百八人各自入妙者, 無他, 十年格物而一朝物格."

88) 宗炳, 「畵山水序」, "聖人含道暎物, 賢者澄懷味像."

89) 金聖嘆, 『金聖嘆批評水滸傳』, 「序三」, "學者誠能澄懷格物, 發皇文章, 豈不一代文物之林, 然善讀水滸而已, 爲其人綽綽有餘也."

90) 金聖嘆, 『金聖嘆批評水滸傳』, 「序三」, "格物之法, 以忠恕爲門. 何爲忠? 天下因緣生法,……吾旣忠, 則人亦忠, 盜賊亦忠, 犬鼠亦忠. 盜賊犬鼠無不忠者, 所謂恕也. 夫然後物格."

의 마음을 미루어 다른 사람의 마음을 헤아리는 서를 주체와 문학 현상 사이의
관계에 적용하여 다음과 같이 말하였다.

> 무릇 중中과 심心을 합쳐서 충이라 하고, 여如와 심을 합쳐서 서라고 한다.……
> 나의 희노애락喜怒哀樂이 자연스럽게 내면에서 진실하고 밖으로 드러나는 것을
> 충이라고 한다. 마찬가지로 천하 사람들의 희노애락이 자연스럽게 내면에서 진실
> 하고 밖으로 드러나지 않음이 없음을 아는 것이 서이다. 희노애락이 자연스럽게
> 내면에서 진실하고 밖으로 드러남에는 나와 다른 사람의 차이가 없음(無我無人)을
> 아는 것을 격물이라고 한다.[91]

김성탄에 따르면 충은 곧 진실한 마음(眞心)을 의미하고, 그것을 통해 징회의
경지에 이르러 서를 이룩할 수 있으며, 서는 곧 마음의 정서적 공유(同情)를 의미하고,
그것을 통해 다른 사람을 이해하게 되면 다양한 인물과 내면적으로 소통할 수
있으므로, 작품은 자연스럽게 살아 있는 것처럼 구현될 수 있다. 이러한 진술에서
중화미학 특유의 간주관성(Intersubjektivität) 사상이 드러나는데, 그것은 곧 심미적인
영역에서 주체와 대상이 동일성을 이룰 수 있음을 시사한다. 이리하여 서사를
통해 인성을 드러나게 할 수 있고, 더 나아가 천도를 파악할 수 있게 되는데,
이 점에 관해서 김성탄은 "그 뒤에 물격을 이루고, 그 뒤에 사람의 본성을 다할
수 있으니, 천지와 화육化育에 참여할 수 있다"[92]라고 말하였다. 이렇게 보면,
서사시학의 명도설은 실질적으로 인성에 대한 이해를 기반으로 인물의 성격을
구현하고, 그것을 통해 천도를 파악하는 것을 핵심으로 삼고 있다.
　서사의 명도설은 나중에 합정합리설合情合理說로 변모하였는데, 왜냐하면 중국
사람은 도가 인간의 성정을 두루 관통하므로, 정감과 이치는 본래 일체라고 믿었기

---

91) 金聖嘆, 『金聖嘆批評水滸傳』, 「第四十二回回評」, "夫中心之爲忠也, 如心之爲恕也.……率我之
　　喜怒哀樂自然誠於中形於外, 謂之忠. 知家國天下之人率喜怒愛樂無不自然誠於中形於外, 謂之恕.
　　知喜怒哀樂無我無人無不自然誠於中形於外, 謂之格物."
92) 金聖嘆, 『金聖嘆批評水滸傳』, 「序三」, "夫然後物格, 夫然後能盡人之性, 而可以贊天地, 參化育."

때문이다. 많은 이론가들이 합정합리의 각도에서 희극과 소설의 서사적 합리성을 논증하였다. 그들에 따르면 비록 희극과 소설은 역사적 사실에 부합하지 않는 허구이지만, 참된 인간의 정감과 사물의 이치를 전달하는 측면에서 가치를 지니고 있다. 이러한 생각은 겉으로 서정시학의 정감론을 계승한 것 같지만, 실제로는 서사 대상에서 드러난 이치를 말하는 것으로, 주관적인 정서 표현이 아니다. 섭주는 "『수호전』에 적혀 있는 문자는 본래 허구이지만, 그것이 진실한 감정이 드러나도록 묘사되었기 때문에 영원히 이름을 남길 것이다"93)라고 언급하면서, "『수호전』의 문자가…… 절묘한 것은 모두 인간의 정감과 사물의 이치를 드러내는 데 있으니, 사람들은 또한 그것을 아는가?"94)라고 말하였다. 이렇게 보면 오직 진실한 정감과 이치를 드러낼 수 있으면, 경험적 사실은 어느 정도 외면될 수 있는데, 이러한 점을 가리켜 원어령袁於令은 심지어 "문장은 허환하지 않으면 문장이라고 할 수 없고, 허환함이 극치에 이르지 않으면 허환하다고 할 수 없다. 이는 천하의 지극히 허환한 일이 곧 지극히 진실한 일이고, 지극히 허환한 이치가 곧 지극히 참된 이치임을 아는 것이다"95)라고 말하였다. 더 나아가 풍몽룡馮夢龍은 "사태가 진실한 것이라면 이치가 거짓일 수 없다는 것은 곧 사태가 거짓이라도 이치가 역시 진실한 것일 수 있다는 뜻이다"96)라고 말하였고, 장죽파張竹坡는 "문장을 짓는 것은 정리情理 두 글자뿐이다. 지금 이 한 편의 백회百回 정도 긴 문장을 지은 것도 또한 정리 두 글자뿐이다"97)라고 말하였으며, 지연재는 『홍루몽』을 평가하면서 "실제로 일어 난 일은 없어도, 그 이치는 반드시 있다"98)라고 말하였다. 이와 같은 합정합리설은

---

93) 葉晝, 『李卓吾先生批評忠義水滸傳』, 「第十回回末總評」, "水滸傳文字原是假的, 只爲它描寫得眞情出, 所以便可以與天地相終始."

94) 葉晝, 『李卓吾先生批評忠義水滸傳』, 「第九十七回回末總評」, "水滸傳文字…… 妙處都在人情物理上, 人亦知之否?"

95) 袁於令, 「西遊記題詞」, "文不幻不文, 幻不極不幻. 是知天下極幻之事, 乃極眞之事, 極幻之理, 乃極眞之理."

96) 馮夢龍, 『警世通言』, 「敍」, "事眞而理不贋, 卽事贋而理亦眞."

97) 張竹坡, 『讀法』, "作文章不過情理二字. 今作此一篇百回長文亦只是情理二字."

98) 『紅樓夢』, 甲卯本第二回眉批, "事之所無, 理之必有."

결국 서사예술이 인간의 진실한 정감과 사물의 이치를 드러낼 수 있으면, 곧 천도에 부합한다는 방식으로 서사의 합리성을 강조하고 있다.

중국의 서사시학은 서양의 서사시학과 다른 서사모델을 지니고 있다. 서양의 기본적 서사모델은 고대 그리스에서 기원하고, 그 핵심은 인간의 운명 관념에 있는데, 이러한 운명 관념은 인간이 통제할 수 없는 외부세계에 대한 맹목적 지배와 저항을 드러내는 것으로 이해될 수 있다. 서양의 운명 관념은 고대 그리스의 비극에서 전형적인 형태로 나타나고, 그 뒤로 희극과 소설에도 계승되었는데, 다만 이 과정에서 저항의 대상이 알 수 없는 '신비로운 법칙'에서 주체의 통제 밖에 있는 '사회적인 힘'으로 전향하였을 뿐이다. 운명 관념에 기반하여 서양시학은 무엇보다도 비극성을 강조한다. 그래서 그것은 해피엔딩의 결말보다 인간 운명의 비참함, 주체의 무력함 등을 서술함으로써 운명에 대한 사고를 부추긴다.

그러나 중국 서사시학의 기본적 서사모델은 역사적인 전기와 필기소설에 기반을 두고 있으며, 그 핵심은 사태에 대한 서술을 통해 천도(인도)를 드러내는 데 있다. 그래서 중국의 서사시학은 사태를 중심으로 하고, 스토리도 곧 사태의 진행 과정으로 구현되며, 그 과정에서 인물의 관계와 성격을 드러내는 데 주력한다. 그러한 까닭에 중국의 서사시학은 인물 성격의 구현, 인물 운명에 대한 서술 등을 중심으로 삼지 않고, 사태를 통해 거대한 역사의 과정을 펼쳐 냄으로써, 특정 사상 관념을 전달한다. 물론 이 가운데에서도 인물의 성격이나 운명에 관한 논의가 개입될 수 있지만, 그러한 경우 인물의 성격은 대부분 서사의 부차적 요소로 취급되고, 운명도 대체로 개체의 운명이 아니라 집단적인 운명의 측면에서 논의된다. 예를 들어 『삼국연의三國演義』, 『수호전』, 『서유기西遊記』, 『유림외사儒林外史』, 『홍루몽』 등은 모두 사태를 서사의 뼈대로 삼고, 인물의 집단적 운명을 드러내어 천도를 밝히려고 하였다. 물론 중국 서사시학에도 개체적 인물, 단일한 사태를 다룬 작품이 있고, 그것들은 대체로 희극에서 구현된다. 그러나 그러한 희극의 서사모델은 대부분 서사시학의 전체적 특징보다는 희극 자체의 제한적인 시간성과 공간성에서 비롯되는 것에 가깝다.

플롯을 중시한 서양의 서사시학과 달리, 중국의 서사시학은 사태를 중요시한다. 그래서 중국의 서사시학은 사태의 시작과 결말(始末)을 명확히 드러내는 데 치중한 나머지, 그것을 플롯으로 온전하게 전환하지 못하였다. 왜냐하면 플롯을 중시할 경우 필요에 따라 사태를 재편하고 취사하여 인물의 성격과 주제를 돋보이게 해야 하기 때문이다. 따라서 중국의 희극은 고대 그리스의 비극과 유사하게 플롯의 일치성 원칙, 신고전주의의 삼일치법칙과 비슷한 창작 원칙 등을 체계적으로 정립하지 못하고, 비교적 산만한 형태로 구현되었다. 예를 들어 『삼국연의』, 『수호전』, 『서유기』는 각각 삼국쟁웅三國爭雄, 양산취의梁山聚義, 서천취경西天取經 등 주제를 다루고 있지만, 그 초점은 항상 특정 인물이나 단일한 사건보다는 전체 역사의 진행 과정을 그려내는 데 맞추어져 있다.

다음으로, 중국의 서사는 인물 사이의 충돌을 중시하고, 선과 악의 투쟁을 주제로 삼는 경우가 많다. 그래서 그것은 개체적인 인물의 내면에서 일어나는 충돌에 대해 충분히 주목하지 못한 까닭에, 인물 성격이 비교적 단일한 모습으로 묘사된 경향을 지닌다. 『사기』의 궁극적인 취지는 "천도와 인간사 사이의 관계를 궁구하고, 고금의 변화를 꿰뚫어 보는 데"99) 있는데, 중국의 서사시학은 이러한 역사성의 전통을 계승하였다. 그래서 『삼국연의』는 첫 시작 부분부터 "말하자면 천하의 큰 추세(大勢)는 나누어진 지 오래되면 반드시 합쳐지고, 합쳐진 지 오래되면 반드시 다시 나누어진다"100)라는 역사적 법칙에 대해 진술하면서, 위魏, 촉蜀, 오吳 삼국의 패권쟁탈 과정을 전체적으로 보여 주었다. 이처럼 중국의 서사는 사태를 중심으로 하여 천도를 드러내려고 하는데, 그 과정에서 천도는 또한 선악의 응보 관념을 함축한 것으로 인식되고 있기 때문에, 사태의 결말은 비극보다 보편적 대단원大團圓의 형태로 마무리되는 경우가 많다.

역사시 전통의 영향으로 인해, 서양의 고대시학은 성격중심론性格中心論 대신

---

99) 司馬遷, 「報任少卿書」, "亦欲以究天人之際, 通古今之變, 成一家之言."
100) 『三國演義』, 「第一回」, "話說天下大勢, 分久必合, 合久必分."

플롯중심론을 형성하였다. 아리스토텔레스는 비극에서 플롯이 인물의 성격보다 중요하다는 점을 들어 '플롯 일치성'의 사상을 제기하였다.(이 주장이 신고전주의 시기에 삼일치법칙으로 왜곡됨) 그러나 계몽주의 이후, 현대성의 정초로 인해 인간의 개성이 더욱 주목받게 된 까닭에, 서양의 서사시학은 서사의 중심을 전체적인 플롯에서 개체와 그 성격의 구현으로 전향시켰다. 이 시기의 서양시학은 성격이 운명을 결정한다는 생각을 부각하면서, 인물의 성격을 중심으로 스토리를 전개하였다. 따라서 서양 현대의 서사학은 인물의 내면세계를 중시하고, 인간의 정신세계에서 벌어진 충돌을 그려냄으로써, 인성의 복잡성을 재현하는 쪽으로 이행하게 되었다.

그다음으로 서양 서사시학의 서사 주체도 중국의 서사시학과 다르다. 서양시학의 서사 주체는 호메로스(Homer)와 같은 역사시의 서술자이다. 역사시의 서술자는 신성神性에 사로잡힌 자로 간주되기 때문에, 그는 스토리의 시간성과 공간성 밖에서가 아니라 그 안에 강림降臨하는 식으로 서사를 진술한다. 이렇게 되면 서술자와 스토리 사이에는 시간과 공간의 거리가 없다. 따라서 서양의 서사모델은 대부분 회상이나 기술의 방식이 아니라, 현시적인 시각에서 스토리를 전개하는 형태로 구현되어 있는데, 이러한 성향은 현대소설에 이르러 심지어 1인칭으로 서사를 진행하는 저술형태를 낳았다.

한편, 중국 소설의 서사모델은 서양과 다르다. 중국 소설의 서사주체는 역사시의 서술자가 아니라, 이야기를 전달하는 '설서인說書人'이다. 그리고 이러한 설서인은 항상 현재 시점과 다른 시공간에 있는 이야기를 전달하며, 그도 또한 그 이야기에 포함되지 않는다. 즉 설서인은 사태가 발생한 뒤, 그것을 관찰하고 기술하며 평론하는 자이다. 이렇게 보면 중국의 서사주체는 항상 이야기와 시간적ㅡ공간적 거리를 유지는 사람이다. 그래서 중국의 소설은 대부분 장章이나 회回의 체제로 구성되고, 장과 회마다 앞부분에 시구를 덧붙여 주제를 암시함으로써, 서사주체와 실제 내용을 분리시키는 동시에, 그 이야기의 전달 주체와 수용자마저 갈라놓는다. 그러한 까닭에 중국의 소설은 이야기의 비非현시성을 나타내기 위해, "지금의 시점에서 말하자면"(話說), "말로 옮길 때면 이미 늦었고, 그때는 너무 빨라서"(說時遲, 那時快)

등 표현을 자주 사용할 뿐만 아니라, 항상 이야기의 말미에서 전체 사태에 대한 평론을 추가한다.

요컨대 중국 소설과 희극의 서술방식은 서술주체와 내용, 그리고 대상 사이의 거리를 두되, 현시성과 비현시성 사이에서 오가는 방식으로 진행된다. 왕국유王國維는 이 특징을 가리켜 "시인은 우주와 인생에 대해 그 안에 침잠할 수도 있고, 그 밖으로 초탈할 수도 있어야 한다"라고 말하였다. 바로 이러한 점이 현대의 희극 이론가인 브레히트(Bertolt Brecht)에 영향을 끼쳐 '낯설게 하기 효과'(defamiliarization effect) 이론을 정립하게 하였다. 중국 서사시학의 서사법칙은 이어의 『한정우기』에서 비교적 체계적으로 구축되었다. 즉 그는 핵심의 정립(立主腦), 사태를 촘촘하게 엮음(密針線), 단서를 간략화함(減頭緖), 허虛와 실實을 신중히 살핌(審虛實), 과장되고 경솔한 표현법 경계(戒浮泛), 필요 없는 덧붙임 금지(忌塡塞), 사태에 가장 잘 어울리는 언어선택(語求肖似), 방언을 사용하지 않음(少方言) 등 구체적인 규칙을 내세웠을 뿐만 아니라, 구조와 대사(賓白), 골계滑稽를 나타내는 동작(科)과 언어(諢) 등에 관한 표현기법도 다수 제기하였다.

희극은 비록 소설과 마찬가지로 서사를 중심으로 하지만, 비교적 많은 서정성을 보전하고 있다. 왜냐하면 중국의 희극은 서사 언어 이외에도 음악, 무용, 시가 등 예술형식을 포함하고 있기 때문이다. 이는 희극이 예악문화, 특히 악에서 기원되는 점과 관련이 있다. 다시 말해, 희극은 애초에 악이라고 불렀고, 후세에 이르러 곡曲, 사詞, 전기傳奇, 희戲, 극劇 등 이름을 갖추게 되었다는 것이다. 이러한 맥락에서 희극의 서사적 합리성을 논증하는 데에는 소설과 유사한 부분을 갖지만, 그 나름의 특수성도 있다. 이와 같은 특수성에 따르면 희극의 의의는 사태의 진실성을 나타내는 데 있지 않고, 정감의 진실성을 드러내는 데 있다. 즉 그것은 진실한 정감을 드러냄으로써 사람을 감동하여 세상의 도와 인간의 마음을 이해하는 데 초점이 맞춰져 있다. 이 점에 입각하여 중화시학은 희극의 서사적 합리성을 논증하기 위해 그 합리성의 근원을 추적한다. 이에 관한 첫 번째 견해는 희극이 악의 전통을 이었다는 생각에 기반한다. 명대의 왕기덕王驥德은 "곡은 악의 가지이다"[101]라고 말하였고, 같은 시대의 정우문程羽文은 "곡은 노래(歌)에서 변모되어 왔고, 소리를 즐기는 것이다. 희는 무용(舞)에서 변모되어 왔고, 영화(榮)를 즐기는 것이다"[102]라고 말하였으며, 청대淸代의 유종해兪宗海는 "곡이 지닌 하나의 도는 곧 악의 가지이다"[103]라고 말하였고, 같은 시대의 동용董榕은 "왕양명王陽明 선생이『전습록傳習錄』에서 말하기를 '고대의 악이 행해지지 않은 지 오래되었지만, 지금의 희문戱文은 아직 고대의 악과 뜻이 가깝다'"[104]라고 말하였다.

희극의 서사적 합리성을 논증하는 두 번째 견해는 그것이 시와 소騷에서 비롯되었다는 생각에 기반하고 있다. 이는 희극에 음악과 무용의 요소뿐만 아니라, 시의 요소가 포함되어 있다는 점을 염두에 둔 견해이다. 명대의 우약영于若瀛은 "「이소離騷」는 초나라에서 변모된 시이고, 오언시는 한나라에서 변모된 시이며, 율시는 당唐나라에서 변모된 시이고, 송사宋詞와 원곡元曲은 각각 그 시대에서 변모된 시이다"[105]라고 말하였고, 청대의 역도인易道人은 "원래 있었던 풍風과 아雅는 처음에 「이소」로 변하였고, 다음으로는 부賦로 변하였으며, 그다음으로는 악부樂府와 고시古詩로 변하였고, 그다음으로는 근체시近體詩로 변하였으며, 그다음으로는 시여詩餘로 변하였고, 마지막으로 전기로 변하였다"[106]라고 말하였으며, 정팽丁澎은 "풍이 아로 변하였고, 아가 송頌으로 변하였으며, 송이 부와 시로 변하였고, 더 변해서 전사塡詞가 되고, 잡극雜劇이 되었는데, 이는 변화의 마지막이다. 그러나 그 근원한 바(所宗)를 요약하자면『초사』를 종주로 삼지 않는 것이 없다"[107]라고 말하였고, 허영창許永昌은 "이원梨

---

101) 王驥德,『曲律』,「論曲原第一」, "曲, 樂之枝也."
102) 沈泰,『盛明雜劇』,「序」, "曲者, 歌之變, 樂聲也. 戱者, 舞之變, 樂榮也."
103) 兪宗海,『度曲芻言』,「序」, "曲之一道, 乃樂之枝也."
104) 董榕,『芝龕記』,「引訓」, "王陽明先生傳習錄曰, 古樂不作久矣, 今之戱文, 尙與古樂意思都近."
105) 于若瀛,『陽春奏』,「序」, "離騷則楚之變也, 五言則漢之變也, 律則唐之變也, 至宋詞, 元曲, 又其變也."
106) 易道人,『洛神廟』,「序」, "原夫風雅一變而離騷, 再變而賦, 三變而樂府, 古詩, 四變而近體, 五變而詩餘, 六變而傳奇."
107) 丁澎,『讀離騷』,「題司」, "風變爲雅, 雅變爲頌, 頌變爲賦, 爲詩, 且變爲塡詞, 爲雜劇, 變極矣. 而要其所宗, 莫不以楚辭爲宗."

園의 사와 곡은 모두 아가 소, 부로 변하고, 또 변하여서 된 것이다"[108]라고 말하였다.

이와 같은 논의들은 희극의 기원에 대해 검토하였을 뿐만 아니라, 그러한 검토를 통해 희극의 서사적 합리성을 함축적으로 드러내고 있다. 악과 시, 그리고 소가 희극의 원류라면, 희극은 시와 소의 전통을 이은 것이 되며, 따라서 앞서 논의한 시와 소의 서사적 합리성을 지니게 된다. 실제로 희극의 원류는 다원성을 지닌 것으로, 그 사詞는 시와, 그 곡은 악과, 그 동작은 무와 각각 관련이 있을 뿐만 아니라, 그 표현형식은 배우俳優에서 기원되었기 때문에 또한 민간성民間性과 관련이 있다. 왕국유의 고증에 따르면 "오늘날 가무歌舞의 융성함은 고대의 무술에서 기원하였는가?…… 후세 희극의 맹아는 그 이전에 이미 있었는데"[109], "무격巫覡의 융성함은 비록 상황上皇이 다스리는 세상에서 있었던 일이지만, 배우는 먼 뒤에서 그것을 공연으로 옮겼다.…… 후세의 희극은 마땅히 무술과 배우 둘에서 기원한 것이라고 보아야 한다. 그러나 이 둘에 관해서, 진실로 후세의 희극을 통해서만 보면 안 된다."[110] 끝으로, 희극은 민간예술에서 시작되었기 때문에, 그 당시 사대부들의 경시를 받았다. 그래서 희극을 위해 변호하는 자는 대부분 희극이 배우에서 기원한 설을 언급하지 않고, 사대부들이 인정할 수 있도록 그것을 악과 시, 그리고 소와 연결시키려고 하였다.

희극이 악과 시, 그리고 소에서 기원한 것이라면 서정성을 지닌 것으로, 그것의 서사적인 합리성도 서정시학과 유사한 맥락에서 논의될 수 있다. 즉 서사시학도 정감으로써 사람을 감화하고, 세상의 도와 인간의 마음을 이해하는 데 도움이 된다는 방식으로 정당화될 수 있다는 것이다. 이러한 맥락에서 소설은 실제로 있었던 일처럼 구현된 이야기를 통해 도를 밝히는 예술형식이 되고, 희극은 정감을 움직여 도를 밝히는 예술형식이 된다. 그러나 희극은 민간에서(市井) 탄생하고,

---

108) 許永昌, 『綴白裘』, 「八集序」, "梨園之詞曲, 由雅而變頭謔, 而再變者也."
109) 王國維, 『宋元戱曲史』(團結出版社, 2006), pp.1~4, "歌舞之興, 其始於古之巫乎?……蓋後世戱劇之萌芽, 已有存焉者矣."
110) 王國維, 『宋元戱曲史』(團結出版社, 2006), pp.4~5, "巫覡之興, 雖在上皇之世, 然俳優則遠在其後.……後世戱劇, 當自巫, 優二者出. 而此二者, 固未可以後世戱劇視之也."

비교적 세속적인 취미를 반영하고 있으므로, 사인士人들에 경시를 받았다. 그래서 희극이 비록 세속적이지만, 여전히 도를 밝힐 수 있음을 논증할 필요가 있다. 바로 이러한 점이 희극의 서사적 합리성을 논증하는 세 번째 견해로 부각되었다. 이 세 번째 견해는 무엇보다도 희극의 대중성을 인정하면서도 그것이 지닌 광범위하고 대체 불가능한 교화敎化의 역할을 강조한다. 이에 관해 청대의 공상임孔尚任은 다음과 같이 말하였다.

> 전기가 비록 작은 도이지만, 그것에는 대체로 시와 부, 사와 곡, 변려문(四六)과 소설의 체제가 구비되지 않는 것이 없다. 그리고 그것은 수염과 눈썹(須眉)을 모사하고, 경관에 색칠을 하는 데까지 이를 수 있으니, 그림까지 겸할 수 있다. 그 취지는 실제로 『시경』에 근본하고, 뜻은 『춘추』에 근본하며, 언어의 사용은(用筆行文) 또한 『좌전』, 『국어國語』, 사마천의 글에 근본한다. 그것으로 세상 사람을 경계하게 하고 풍속을 바꾸며, 성인의 도를 찬양하고 현명한 왕의 교화를 보좌하는 것은 오늘날에도 적합하다. 지금의 악은 고대의 악과 같은 것이니, 어찌 이를 믿지 않는가!111)

도를 밝히는 차원, 즉 명도의 차원에서 시의 서사적 합리성을 논증하는 것은 일정한 범위에서 타당성을 지닌 것이라고 할 수 있지만, 아직 충분하지 못하다. 심지어 경우에 따라 그것이 다소 견강부회처럼 보이기도 한다. 실제로 소설과 희극에서 예악문화의 전통을 엿볼 수 있지만, 그 직접적 원류는 민간예술임이 틀림없다. 소설과 희극 같은 서사예술은 전통사회 후기에 대두되었다. 그리고 그것은 평민 계층을 주체로 한 세속적 예술형식이고, 그 주된 성격은 민간의 오락성娛樂性에 있다. 그러나 이와 같은 점은 고아高雅한 전통시학과 크게 어긋난다. 게다가 소설과 희극은 평민 계층의 대중적 취미를 반영한 것이므로, 그것에는 정통적인

---

111) 孔尚任, 『桃花扇』, 「小引」, "傳奇雖小道, 凡詩賦, 詞曲, 四六, 小說家, 無體不備. 至於摹寫須眉, 点染景物, 乃兼畫矣. 其旨趣實本於三百篇, 而義則春秋, 用筆行文, 又左, 國, 太史公也. 於以警世易俗, 贊聖道而輔王化, 最近且切. 今之樂, 猶古之樂, 豈不信哉!"

의식형태와 대립하는 부분이 있을 수밖에 없다. 따라서 서사시학은 이러한 사실을 직시하여 그 오락성의 정당함을 논증할 필요가 있다. 이 역사적 요구는 서사시학에서 우여곡절하고 함축적인 형태로 드러나는데, 그것은 바로 서사시학의 근본 계기를 취趣로 규정함으로써, 이를 전통시학에서 강조한 정리情理와 구분하는 방식으로 그 서사적 합법성을 논증하는 것이다.

이지가 『수호전』을 평론하면서 취 또는 득취得趣와 같은 용어를 많이 사용하였는데, 이는 그가 이미 무의식적으로 서사예술의 합리성을 대중의 취미영역으로 전향시켰음을 말해 준다. 그리고 섭주는 "천하의 문장은 마땅히 취를 으뜸으로 삼아야 한다. 취가 가장 핵심이라면 어찌 그러한 일이 실제로 반드시 있고, 그러한 사람이 실제로 반드시 있어야만 하는가?"[112]라고 말하였다. 나아가 김성탄은 『수호전』 작가의 창작의도에 대해 논의할 때, 그가 분노를 표출하는 동기가 전통적인 동기와 다르고, 오로지 한가한 시간을 보내기 위해서라고 주장하였다.[113] 황주성黃周星도 취미론趣味論으로 희곡을 논하였는데, 그에 따르면 "희곡을 만드는 비결은…… 오로지 한 글자로 개괄할 수 있는데, 그것이 바로 취라고 한다."[114] 이어는 기취機取를 강조하면서 "기취라는 두 글자는 사를 채우는 자에게 없어서는 안 될 자질이다. 기機는 전기의 정신이고, 취는 전기의 풍치風致이다. 이 두 가지가 결여되면, 작품은 진흙으로 만들어진 인간이나 말과 같아서 살아 있는 형체는 있어도, 살아 있는 기운(氣)은 없다"[115]라고 주장하였다.

세속적 예술의 취는 실제로 인간의 욕망을 만족하는 데에서 비롯되었다. 서사시학이 서정시학을 대체하는 동시에, 그동안 이성의 속박 아래 있었던 정감은 비이성

---

112) 葉晝, 『李卓吾先生批評忠義水滸傳』, "天下文章當以趣爲第一. 卽是趣了, 何必實有其事, 竝實有其人?"
113) 金聖嘆, 「讀第五才子書法」, "水滸傳卻不然, 施耐庵本無一肚皮宿怨要發揮出來, 只是飽暖無事, 又値心閑, 不免伸紙弄筆, 尋個題目, 出自家許多錦心繡口, 故其是非皆不謬於聖人."
114) 黃周星, 『制曲枝語』, "制曲之訣,……仍可以一字括之, 曰趣."
115) 李漁, 『閑情偶寄』, 「詞曲部·結構第一·重機趣」, "機趣二字, 塡詞家必不可少. 機者, 傳奇之精神. 趣者, 傳奇之風致. 少此二物, 則如泥人土馬, 有生形而無生氣."

적인 힘의 추동으로 인해 서정시학의 규범을 해체하였다. 정감이 이성적 제약을
벗어나게 되면 욕망으로 환원되고 그 본래의 모습을 되찾게 된다. 그래서 명대
중기 이후, 평민 계층에서 세속적 예술이 부흥함에 따라 이성적 힘에 의해서 지배되었
던 욕망이 예술의 주제로 부각되었다. 따라서 명청시대의 소설과 희극은 욕망을
주제로 한 서사를 다수 구현하였는데,『육포단肉蒲團』,『금병매金瓶梅』,『서상기西廂記』,
『요재지이聊齋志異』,『홍루몽』 등이 그 예시이다.

이러한 기반 위에서 시학이론도 점차 욕망서사欲望敍事, 즉 욕망을 주제로 삼는
서사이론으로 전향하게 되었다. 이지는 천도가 곧 인도이고, 인도는 다름 아닌
'백성이 매일 쓰임으로 삼는'(百姓日用) 도라고 말하면서, "옷을 입고 밥을 먹는
일이 곧 인간의 윤리이자 사물의 이치이니, 그것을 제외하면 윤리도 없고 사물도
없다"116)라고 주장하였다. 이와 같은 생각은 "천리를 보전하여 인간의 욕망을
없애야 한다"(存天理, 滅人欲)라는 리학의 사상에 대항하여, 욕망을 합리적인 인성으로
정초하고 예술의 본질로 수렴하는 것으로 평가될 수 있다. 김성탄은『서상기』와
같은 저술이 음서淫書가 아니라 인간의 정상적인 욕망을 충족하는 묘문妙文이라고
주장하면서 다음과 같이 말하였다.

> 어떤 사람이『서상기』를 음서라고 하는데, 그는 단지 책 중간에 있는 한 부분의
> 일을 가지고 말한 것이다. 그러나 이 일에 대해서 자세히 생각하면 어느 날에
> 그러한 일이 없는가? 또한 어느 곳에 그러한 일이 없는가? 아니면 천지 사이에
> 그러한 일이 있다고 해서 천지를 버릴 것인가? 이 몸이 어디에서 왔다는 것을
> 자세히 생각하면 이 몸까지 버려야 하지 않는가?117)

이리하여 소설과 희극 등 세속적 예술형식은 그 '속됨'(俗)으로 인해 오히려

---

116) 李贄,「答鄧石陽」, "穿衣吃飯卽是人倫物理, 除却穿衣吃飯, 無倫物矣."
117) 金聖嘆,「讀第六才子書西廂記法」, "人說西廂記是淫書, 他止爲中間有此一事耳. 細思此一事, 何
日無之? 何地無之? 不成天地之間有此一事, 便廢却天地耶? 細思此身自何而來, 便廢却此身耶?"

보편적인 정감과 이치(恒情恒理)에 부합하는 것이 되어 서사적인 합리성을 지니게 되었다. 이리하여 욕망시학은 정통시학에서 강조한 중화지미中和之美, 아속지별雅俗之別과 같은 규범을 타파하였지만, 여전히 체계적인 이론을 형성하지 못하였다. 즉 그것은 단지 위에서 언급된 소설, 희곡 평론에서만 어느 정도 찾을 수 있다. 요컨대 이와 같은 언급들은 세속적 예술을 위해 변호하면서 예술이 마땅히 예교禮敎의 속박에서 벗어나 인간의 타고난 본성(天性)을 드러내야 한다고 강조한다. 비록 이러한 사상은 주류가 되지 못하였지만, 전통시학의 체계를 해체하였다는 점에서 심원한 의의를 지니고 있다.

욕망시학의 충격으로 인해 정통시학이 쇠퇴의 길을 걷게 되면서 그 내부에서도 새로운 분화가 일어났다. 그래서 새로운 시학과 전통적인 미학사상을 조화시키기 위해, 고아한 취미를 지닌 사람과 세속적인 취미를 지닌 사람 모두가 서사예술을 감상할 수 있다는 주장이 제기되었다. 이러한 맥락에서 도융屠隆은 "전기의 절묘함은 고아한 취미(雅)와 세속적인 취미(俗)가 함께 있고, 뜻(意)과 곡조(調)가 모두 아름다우며, 음악(聲)도 있고 여색(色)도 있으며, 마음속의 정감(情)도 있고 그것을 몸짓으로 드러낸 양태(態)도 있는 데 있다"[118]라고 말하였고, 장무순臧懋循은 "희곡은 고아한 취미와 세속적인 취미를 함께 수렴하고, 그 둘을 서로 꿰뚫어 합치하게 하여 사람을 즐겁게 한다"[119]라고 말하였으며, 이어는 "희극은 고아한 취미를 지닌 사람과 세속적인 취미를 지닌 사람을 모두 즐겁게 하고, 지혜로운 사람과 어리석은 사람이 함께 감상할 수 있도록 한다"[120]라고 강조하였다.

실제로 중국의 서사시학은 서정시학만큼 성숙한 단계에 이르지 못하였다. 왜냐하면 그것은 이천여 년의 전통을 가진 서정시학에 비해 몇백 년의 역사밖에 지니지 못하기 때문이다. 그래서 중국의 서사시학은 통일적이고 체계적인 이론을 형성하지 못한 채, 희극과 소설에 관한 평론을 통해 제한적으로 전개되었을 뿐이다.

---

118) 屠隆, 「章臺柳玉合記敍」, "傳奇之妙, 在雅俗竝陳, 意調双美, 有聲有色, 有情有態."
119) 臧懋循, 『元曲選』, 「序二」, "雅俗兼收, 串合無痕, 乃悅人耳."
120) 李漁, 『閑情偶寄』, 「詞曲部·科諢第五」, "雅俗同歡, 智愚共賞."

제2장 중화미학의 문화적 기반과 사상적 연원

미학이라는 학문은 독립적으로 구현되는 것이 아니라, 예술을 포함한 문화와 사상의 기반이 마련되어야 체계를 갖출 수 있다. 그래서 이 장에서는 중화문화, 그리고 유가와 도가 등 사상적인 측면에서 중화미학의 문화적 기반과 사상적 연원을 고찰한다.

제1절 중화문화의 정신

1. 귀족정신의 평민정신으로의 전환

고대사회의 문화전통에는 귀족정신과 평민정신의 대립이 있다. 귀족정신은 귀족계급의 문화전통에서 체현된 기본적 가치 경향을 의미한다. 특히 이 시기의 귀족계급은 세습적인 형태로 권력과 토지를 물려받은 까닭에, 그들에게는 관직과 기본적인 생존 욕구에 대한 추구가 빈약하다. 그래서 귀족 사이에서는 공리功利를 천하게 여기고 영예를 숭상하며, 평등보다 자유를 강조하는 자율적인 정신이 형성되었다. 나아가 귀족계급이 누리는 풍족한 생활방식과 교양은 귀족 특유의 문화적 풍습과 초월적 욕구를 낳았다. 5·4운동 때 "귀족문학을 무너뜨리고, 평민문학을 새롭게 구축하자!"(推倒貴族文學, 建立平民文學)라는 구호가 제기되었는데, 운동 후기 주작인周作人은 이에 대해 반성적으로 고찰하였다. 그에 따르면 귀족정신과 평민정신은 모두 인간의 정신이므로 모두 적절한 한도 내에서 긍정되어야 한다. 특히 그는 「귀족적인 것과 평민적인 것」(貴族的平民的)이라는 글에서 귀족정신에 '승리를 추구하는 의지'(求勝意志)가 함축되어 있으므로, 출세와 더불어 스스로의 한계를 초월하려는 경향이 있다고 주장하였다. 즉 여기에서 주작인은 귀족정신을 자유의 초월정신으로 규정하였다는 것이다. 몽테스키외(Montesquieu)는 전제주의 통치체제의 정신을 공포로, 군주제를 비롯한 귀족 정치체제의 정신을 영예로, 공화제의 정신을 미덕으로 규정한 바가 있는데, 여기에서 그는 귀족정신을 고귀한 영예감으로 정의하였다. 이렇게 보면 귀족정신의 특징은 고귀성, 자유성, 초월성 등으로 귀결될 수 있다.

세속적인 공리주의功利主義와 대중의식에 대해 멸시적인 태도를 취한 귀족정신은 그 기원에 있어서 소크라테스(Socrates)와 플라톤(Plato)의 시대까지 거슬러 올라갈 수 있는데, 그것은 한편으로 정신의 자유와 인격의 고귀함을 긍정하고, 다른 한편으로는 형이상학적 정신 경지를 추구하는 경향을 지니고 있다. 전자에 관해서 귀족정신은 폴리스의 형태로 구성된 민주정치에 반대하여 엘리트에 의한 통치체제를 옹호하는 특징이 있는가 하면, 후자에 관해서 귀족정신은 이념(idea)을 세계의 본원으로 삼아 현실 세계를 부정하는 경향을 지닌다. 그래서 귀족정신을 지닌 자는 그 당시 '민주의 폭정'으로 살해되는 경우도 있고, 이념에 입각하여 이상적인 국가를 구현함으로써 귀족 철학자의 지배적 정당성을 역설하는 경우도 있다.

중국에도 귀족사회와 그에 따른 귀족적 문화전통이 있다. 중국의 귀족문화는 상주商周시대의 봉건영주제에 기반하여 형성되었다. 그러나 춘추전국春秋戰國시대에 이르러 귀족계급이 몰락하고 빈민 계층이 사회적 무대에 대폭 진출하게 되었다. 그러다가 진秦나라 이후 귀족사회는 종식되고, 전체 사회는 평민사회로 전향하게 되었다. 그러나 위진남북조魏晉南北朝에 이르러, 민간 지주계급을 중심으로 문벌사족門閥士族 계층이 다시 형성되었는데, 이 계급은 통치집단의 승인과 더불어 정권을 농단하고 경제적 특권을 향유하며 세습성을 지닌 특수 귀족계급으로 성장하였다. 수당隋唐 이후로 사족이 몰락하고 평민 지주계층이 사회와 정치적 무대에 진출하는 사례가 빈번해졌지만, 황족皇族이라는 특수 귀족계층의 존재를 허물지는 못하였다.

나아가 이와 같은 귀족계층은 중국의 마지막 왕조인 청대淸代에 이르러서도 만족滿族의 귀족집단과 한족漢族의 관료집단으로 나누어졌지만 여전히 보전되었다. 이러한 역사 과정이 실제로 중국 귀족문화의 형성과 연속의 기반을 마련하였다.

한편, 평민사회에서의 귀족문화는 귀족사회의 몰락으로 인해 소멸되지 않고, 평민 계층의 문화와 공존하고 융합하면서 지속적인 발전을 이루었다. 진나라 이후의 사회 형태는 귀족사회도 전통적인 봉건사회도 아닌 후後봉건사회에 속한다. 봉건사회는 기본적으로 유럽의 전근대사회와 중국의 상주시대처럼 귀족 영주가 지배적 역할을 지닌 사회를 의미한다. 그 뒤를 이은 주周나라의 문화는 귀족문화에 속한다. 그리고 춘추시대에서도 귀족문화가 주도적인 역할을 지녔지만, 전체 사회는 평민문화로 이행하고 있었다. 귀족통치가 해체된 후봉건사회에서는 평민문화가 주류로 부상하였지만, 이 과정에서도 귀족문화의 유산, 예를 들어 도가문화와 『초사楚辭』, 『홍루몽紅樓夢』 등이 여전히 남아 있었다.

서양의 경우, 평민정신은 일반적으로 봉건사회 후기에 출현한 도시 평민 계층이 지닌 사상과 가치적 경향을 의미하는데, 그것은 곧 평민 계층에서 형성된 공리성, 세속성, 평범성을 강조하는 정신이다. 평민 계층은 대부분 노동을 통해 삶을 영위하고, 봉건사회의 하층 집단에 속해 있으며, 공리와 평등을 요구하고, 법치를 중시하는 경향을 지니는 까닭에, 소박하고 일상적인 문화풍습을 구현한다. 주작인에 따르면 평민정신은 일종의 '살길을 찾으려는 의지'(求生意志)이고, 그것은 입세入世적인 특징을 지니며, 유한하고 평범한 삶의 조건을 요구하는 경향이 강하다.

중국의 선진先秦사회는 귀족 영주가 중심이 되는 사회이었지만, 진나라 이후에 관료 지주가 지배적인 역할을 지닌 사회로 변모하였다. 그래서 중국의 경우 봉건사회의 해체는 바로 자본주의 사회로 이어지지 않고, 후봉건사회로 이행하였다. 이러한 후봉건사회의 주체는 평민이지만, 그것은 서양의 근대적 평민과 다르다. 나아가 평민사회로 정착된 후봉건사회에서 지주는 정치적—경제적 특권을 지니지 못하고, 관료도 과거科擧를 통해 민간에서 뽑힌다.(수당 이전은 察擧로 진행)[1] 그러나 관직은 세습될 수 없고, 퇴직하면 여전히 민간으로 되돌아가야 한다. 이와 같은 평민사회에서 주류 문화를 담당하는 것은 평민문화로 귀속될 수 있는 사문화士文化이다. 비록 사대부의 사문화는 실제 민간문화와 다르지만, 그것들은 완전히 격리되거나 대립하는 것이 아니라, 서로 영향을 주고 소통하는 관계에 놓여 있다. 따라서 중국에서는 서양처럼 봉쇄된 형태의 귀족 세습문화가 형성되지 않았다.

유가사상은 전형적인 평민화된 의식형태이다. 비록 그것은 귀족문화로부터 기원하였지만, 춘추시대에 공자를 비롯한 학자의 재해석에 따라 평민사회를 대변하는 문화체계로 정립되었다. 춘추전국시대에 귀족문화는 한편으로 유가의 재해석으로 인해 평민문화로 이행하고, 다른 한편으로는 법가法家가 제기한 사상으로 인해 해체를 맞이하였다. 그러다가 한대에 이르러 한무제漢武帝는 평민사회의 수요에 적응하기 위해 동중서董仲舒가 제기한 '백가의 학설을 물리치고, 유학만을 존숭하라'(罷黜百家, 獨尊儒術)[2]라는 견해를 국책으로 삼아 유가사상을 정통사상으로 정착시켰다.

전국시대 초기에 귀족계급의 몰락으로 인해 평민 지주계급과 평민 지식인(士)이 대폭 출현하여 평민문화를 형성하였다. 이 시기의 평민문화는 유가, 법가, 묵가墨家 등으로 대표된다. 법가는 성악론性惡論에 의거하여 귀족사회의 세경세록世卿世祿 제도를 파기하고, 엄격한 상형賞刑제도를 통해 부국강병富國强兵을 이루어야 한다고 주장한다. 묵가는 민간 저소득층의 사상적 대표로서 겸애兼愛, 비공非攻, 상동尙同 사상 등을 주장하는 동시에, 민간종교에 대한 존숭을 강조하였다. 이와 같이 법가와 묵가로 대변되는 평민문화는 기본적으로 반反전통적인 경향을 지니므로, 중국의 귀족문화를 분열시키는 데 큰 역할을 수행하였다.

그러나 유가는 한편으로 귀족문화를 계승하는 동시에, 다른 한편으로는 실용적 이성을 통해 그것을 평민사회와 융합될 수 있도록 개진하였다. 유학은 본래 궁정문화宮廷文化에 속한 귀족문화이다. 그러나 동주東周시기에 '관학이 아래 계층으로 이행하게 되어'(官學下移), 유학은 민간의 지식인, 즉 사의 사상적 학설로 정착되고,

---

1) 高明,「琵琶記」, "朝爲田舍郞, 暮登天子堂."
2) 『漢書』,「董仲舒傳」, "推明孔氏, 抑黜百家."; 「武帝紀贊」, "罷黜百家, 表章六經." 등 참조.

한대에 이르러 관료계급을 지배하는 정통사상으로 발전하였다.

공자의 공적 중 하나는 귀족의 문화를 평민 계층에 전파하는 동시에, 귀족들에게만 해당하는 관례, 즉 "형벌(刑)은 대부까지 올라가 적용하지 않고, 예禮는 서민까지 내려가 적용하지 않는다"[3]라는 관례를 평민사회로 확장하여 보편적인 예법문화를 정초한 것이다. 공자는 여러 제후국을 유세하면서 자신의 학문을 전파하였는데, 그 뜻이 이루어지지 않자 개진된 귀족문화를 가르쳐 평민 지식인을 육성하는 데 힘을 기울였다. 공자에 의해 개진된 귀족문화는 그 핵심적 가치가 변화하여 내성외왕內聖外王의 학설로 정립되었다. 그래서 이러한 학설은 평민정신을 지니는 것이 되고, 나아가 후봉건시기의 평민문화를 구축하는 데 기여하였다. 공자는 주로 주나라 문화의 핵심 가치를 경세치용經世致用적인 공리화功利化, 교육적인 평민화, 비종교적인 세속화 등 측면에서 개진하였다. 동시에 공자사상으로 대변된 유가 학설은 서양 근대의 평민 계층과 다른 유형의 평등 요구를 제기하였는데, 그것이 바로 윤리적인 평등에 기반한 정치적 평등에 관한 요구이다. 이에 따르면 인간은 현실적인 부귀와 빈천을 막론하고 모두 보편적인 윤리 예법을 따라야 한다. 정치적인 측면에서 보면, 공자는 귀족 중심의 사회제도를 인정하고, 춘추시대에 일어난 예악붕괴의 변화를 부정한다.[4] 그는 주나라 문화의 계승자로 자칭하며[5] 예악제도의 회복이 곧 사회를 구제하는 방법이라고 생각하였다.[6] 비록 공자는 주나라 시대의 전적典籍을 정리하고 붕괴에 직면한 귀족문화를 전승하려고 하였으나, 그의 주관적 의지와 무관하게 유가는 반드시 평민사회가 부상하고 있다는 점을 인정하여 그러한 사회를 위해 힘을 기울여야만 하였다. 즉 유가에 의해 정리된 귀족문화는 반드시 새롭게 생겨난 평민사회의 수요에 적용하여 그것과 융합될 수 있어야 한다는 것이다. 그래서 귀족정신의 핵심 가치는 점차 평민정신에 가까이

---

3) 『禮記』, 「曲禮上」, "禮不下庶人, 刑不上大夫."
4) 『論語』, 「堯曰」, "興滅國, 繼絶世, 擧逸民."
5) 『論語』, 「八佾」, "子曰, '周監於二代, 郁郁乎文哉! 吾從周.'"
6) 『論語』, 「顏淵」, "顏淵問仁. 子曰, '克己復禮爲仁.'"

다가가게 되었다. 이러한 맥락에서 이미 평민의 신분이 된 공자도 평민 계층의 입장에서 학설을 구축할 필요가 있었다. 이와 관련하여 그는 "지금 사람들이 말하기를 먼저 예악을 공부하고 관직에 이르는 자는 야인野人이고, 세습으로 관직을 얻은 뒤 예악을 공부하는 자는 군자君子인데, 내가 만일 사람을 쓴다면 나는 먼저 예악을 공부하는 사람을 쓰겠다"[7]라고 말하였는데, 이는 귀족 출신의 사대부보다 평민 출신의 사대부를 보다 선호하는 공자의 입장을 대변하는 말이라고 할 수 있다.

다른 한편으로, 법가의 사상도 완전히 포기되지 않고, 유가문화를 보완하는 사상으로 인식되었는데, 이를 가리켜 외유내법外儒內法이라고 한다. 춘추전국시대에서 부국강병을 지향한 통치자들에게는 유가의 학설보다 법가의 학설이 주류의 사상으로 받아들여졌다. 그러나 진나라가 천하통일을 이룬 뒤, 엄격한 형벌제도에 의존하여 통치를 시행하였기 때문에, 일찍이 멸망하게 되었다. 이는 새롭게 구현된 후봉건사회에서는 종법과 예악에 따른 교화가 필요하다는 점을 역설적으로 보여 주었기 때문에, 한무제는 "백가의 학설을 물리치고, 유학만을 존숭하라"라는 정책을 시행하게 되었다. 그리고 바로 이러한 정책이 유학사상을 약 이천 년 동안 중국 사회를 지배하는 사상으로 정초하게 하였다.

중화문화의 평민성은 또한 그것이 민간문화와의 관계, 그리고 그 개방성에서 드러난다. 중국의 주류 문화는 민간문화와 분리되지 않고, 끊임없이 민간문화에서 자양분을 흡수하였다. 예를 들어 『시경詩經』은 민간에서 유래되었지만, 정통적인 문화의 지위를 갖고 있으므로, 이는 주류 문화(사문화)와 민간문화 사이에 어떠한 동질성이 있음을 시사한다. 그래서 중화문화의 평민성은 곧 고아한(雅) 문화(이하 아문화)와 세속적인 문화(이하 속문화)가 서로 격리되지 않았다는 점에서 논의될 수 있다. 이 점은 서양의 경우와 다르다. 서양에서는 귀족문화와 평민문화가 엄격히 구분되고, 귀족문화에 속한 비극이나 발레, 궁정 예의 등은 평민의 접근을 금지하며, 귀족도 또한 민간에서 성행한 희극이나 다른 예술을 즐길 수가 없었다. 중화문화에

---

7)『論語』,「先進」, "子曰, '先進於禮樂, 野人也. 後進於禮樂, 君子也. 如用之, 則吾從先進.'"

는 비록 아雅와 속俗의 구분이 있으나, 그것은 완전히 격리된 것이 아니다. 그래서 중화문화는 항상 아와 속이 함께 즐길 수 있는 것을 가장 이상적인 예술의 경지라고 규정한다. 이런 맥락에서 아문화와 속문화는 평민문화의 서로 다른 층위를 나타내는 개념이지, 귀족문화와 평민문화를 구분하는 개념이 아니다. 특히 이 둘은 같은 시공간적 척도를 공유하고 있기 때문에 상호 전환할 수 있고, 그러한 까닭에 사대부와 평민의 관념, 취미도 항상 서로 소통하는 관계에 놓여 있다. 예를 들어 민요를 대폭 수용한 『시경』은 문화적인 경전이 될 수 있고, 민간에서 기원한 악부樂府, 사곡詞曲, 희극戲劇, 소설 등도 문인文人과 사대부들이 즐길 수 있는 예술이 될 수 있다. 그중 가장 전형적인 예시가 바로 경극京劇인데, 경극은 민간에서 홍행하고 있을 뿐더러 궁정이나 귀족의 선호도 받고 있다. 이와 같은 형태의 평민화는 아문화가 독립적인 발전을 이루지 않았음을 의미하는데, 그것은 곧 중화문화가 일정한 범위 내에서 세속성을 지닌 문화임을 말해 준다. 이러한 맥락에서 중국문화는 그 이후의 사회적 변혁 속에서 귀족문화의 방해나 제어를 받기는커녕, 오히려 극단적인 형태로 발전하여 문화대혁명文化大革命시기의 '공농병문화工農兵文化'로 전락하는 경우도 있다. 이는 중화문화가 지닌 평민성의 전통에 따른 것이라고 할 수 있지만, 다른 한편으로는 중국의 현대성이 지닌 극단적 일면성 때문이라고도 할 수 있다.

　마지막으로 유가 학파가 귀족문화를 개진하는 가운데, 공자는 귀족문화의 전적典籍을 평민의 교화수단으로 변모시켰다. 특히 그는 종법사회를 지탱하는 예악규범의 이념을 가르침의 핵심으로 규정하였는데, 그것이 바로 인仁이다. 공자가 규정한 인은 보편성뿐만 아니라 최고의 정치적－윤리적 가치를 지닌 개념이다. 그는 기본적으로 "인은 사람을 사랑하는 것이다"[8]라고 주장하였는데, 여기에서의 인은 사랑의 내포를 지니는 동시에, 또한 여타의 윤리범주 즉 효孝, 충忠, 의義, 신信, 서恕 등을 통섭한다. 이러한 인의 개념이 정립됨으로써, 본래 귀족의 관념이었

---

8) 『論語』, 「顏淵」, "樊遲問仁. 子曰, '愛人.'"

던 학문이 보편적 가치를 갖추게 되어, 나아가 평민정신을 드러낼 수 있게 되었다.

이 외에도 유가에 의해서 정초된 민본주의 사상에서도 평민성의 경향이 드러나고 있다. 맹자는 "백성이 가장 귀중하고, 사직社稷이 그다음이며, 군주가 가벼운 존재이다"[9]라고 주장하였는데, 이 사상은 전통적인 군주와 평민의 관계를 전복한 것으로서, 평민정신을 가장 뚜렷하게 표현하는 진술이다. 이와 같이 유가는 그 어느 학파보다도 평민문화의 정신을 잘 대변할 수 있었기 때문에, 후봉건사회의 수요에 가장 걸맞게 대응할 수 있었다.

2. 중화문화의 귀족정신 전승

공자가 귀족문화를 개진하여, 그것의 평민화를 실현하였을 뿐만 아니라, 귀족문화를 평민문화에 삼투시켜 평민정신과 귀족정신이 상호 융합할 수 있도록 추진하였다. 그러나 유가문화는 여전히 이익(利)보다 의로움(義)을 중시하고, 인격수양을 강조하는 측면에서 귀족문화의 특징을 보전하였는데, 이러한 특징들은 기본적으로 평민문화가 지닌 공리성과 세속성 등을 초월하는 것으로, 중화문화의 정신을 균형 있게 구축하는 역할을 하였다. 공자는 귀족사회에서 신분적인 등급으로 거론된 군자와 소인을 도덕적인 의미로 치환하여 군자됨의 덕德을 권장하고, 소인됨의 인격을 비판하였다.[10] 유가의 사상체계 속에서 귀족정신에 속한 요소는 인격의 정직함 유지, 지식인의 군건한 독립적 정신 유지, 이익보다 의로움을 중시하는 정신 등으로 귀결할 수 있는데, 이에 관해 공자는 다음과 같은 진술을 남겼다.

> 신념을 돈독히 하여 배우기를 좋아하며, 죽음으로써 지키면서도 도道를 잘 행해야
> 한다. 위태로운 나라에는 들어가지 않고, 어지러운 나라에는 살지 않으며, 천하에
> 도가 있으면 나와서 벼슬하고, 도가 없으면 숨어야 한다. 나라에 도가 있을 때

---

9) 『孟子』, 「盡心下」, "民爲貴, 社稷次之, 君爲輕."
10) 『論語』, 「雍也」, "子謂子夏曰, '女爲君子儒, 無爲小人儒.'"

가난하고 천한 것이 부끄러운 일이고, 나라에 도가 없을 때 부유하고 귀한 것이 부끄러운 일이다.[11]

어질구나, 안회顏回여! 밥 한 그릇과 물 한 바가지를 먹고 마시며 누추한 시골에 산다니. 다른 사람은 그 근심을 견뎌내지 못하는데, 안회는 그의 즐거움을 바꾸지 않으니, 어질구나, 안회여!"[12]

거친 밥을 먹고 물을 마시며, 팔베개를 베고 누워도 즐거움이 또한 그 가운데 있으니, 의롭지 못한 부귀는 나에게 뜬구름과 같다.[13]

이어서 공자의 사상을 계승한 맹자도 인격의 숭고함을 지키는 일에 관해서 "부귀가 마음을 방탕하게 하지 못하고, 빈천이 절개를 바꾸게 하지 못하며, 위무威武가 지조志操를 굽히게 할 수 없는 것, 이러한 사람을 대장부大丈夫라 하는 것이다"[14]라고 말하였고, 나아가 인간이 호연지기浩然之氣를 잘 길러서 그것을 고양해야 한다고 주장하였다.[15]

한편, 귀족정신은 또한 도가의 사상으로 계승되어 주도적 위상을 지닌 유가사상과 상호 보완하면서 발전하였다. 도가의 사상은 귀족사상이 변모된 결과이다. 춘추전국시기, 몰락한 귀족은 새로 부상한 평민 계층과 그 문화에 쉽게 동조할 수 없는 까닭에, 문명과 교화를 반대하고, 인간의 자연천성自然天性을 추구하는 쪽으로 나아갔는데, 이러한 사조가 노자와 장자의 사상을 대표로 한 도가의 사상체계를 형성하였다. 노자는 귀족 출신이고, 주나라 왕실의 수장사守藏史에 임한 적이 있으며, 장자는 또한 칠원漆園의 벼슬을 한 적이 있으므로, 하층귀족에 속한다.

---

11) 『論語』, 「泰伯」, "子曰, '篤信好學, 守死善道. 危邦不入, 亂邦不居. 天下有道則見, 無道則隱. 邦有道, 貧且賤焉, 恥也. 邦無道, 富且貴焉, 恥也.'"
12) 『論語』, 「雍也」, "子曰, '賢哉回也! 一簞食, 一瓢飮, 在陋巷. 人不堪其憂, 回也不改其樂. 賢哉回也!'"
13) 『論語』, 「述而」, "子曰, '飯疏食飮水, 曲肱而枕之, 樂亦在其中矣. 不義而富且貴, 於我如浮雲.'"
14) 『孟子』, 「滕文公下」, "富貴不能淫, 貧賤不能移, 威武不能屈. 此之謂大丈夫."
15) 『孟子』, 「公孫丑上」, "我善養吾浩然之氣."

도가가 문명이나 교화를 거부한 것은 실제로 평민문화에 내재된 세속성과 공리성에 반대하는 것이다. 도가에 의해서 강조된 고결한 출세관出世觀, 독립적인 자유에 대한 추구 등의 사상은 귀족정신에서 유래한 것이고, 이는 상대적으로 세속화, 공리화된 유가의 문화와 대립한다. 그리고 이와 같은 도가의 사상은 기본적으로 귀족사회가 몰락하는 가운데에서 제기되었고, 어느 정도의 변모를 겪은 귀족정신을 대변하기 때문에, 그 속에는 소극적인 피세관避世觀과 명철보신明哲保身의 사상적 경향이 함축되어 있다.

도가와 유가의 문화 사이에는 일종의 상호 보완성이 있는데, 이러한 점이 항상 주류 문화에 삼투하였다. 유가문화는 상대적으로 공리성을 강조하기 때문에 현실에서 쉽게 좌절될 수 있다. 그래서 이때 도가의 사상이 좌절된 사람의 마음을 안정시키는 역할을 하게 된다. 공자가 말한 "도가 행해지지 않으므로 나는 뗏목을 타고 바다를 노니려고 한다"[16]라는 진술과, 유가가 강조한 "자신의 뜻이 실현될 수 있으면 천하를 모두 구제하고, 곤궁하면 홀로 몸을 잘 보전해야 한다"[17]라는 주장은 모두 도가사상의 영향을 받은 것으로 평가된다. 나아가 중국의 역사에서 그 어느 시대나 초연한 자세를 지닌 은사隱士가 있는데, 이들은 모두 도가사상에 입각하여 주류 문화를 거부하는 자들이다. 따라서 중화문화의 큰 구도는 유가사상을 주된 이념으로 삼되, 도가사상을 보완적으로 흡수하여 형성된 것이라고 할 수 있다. 즉 유가문화를 주된 문화 형태로 삼는 평민문화에는 항상 귀족문화에서 변모된 도가문화의 요소가 들어 있음을 의미한다.

3. 중화문화의 실용이성

평민 지식인, 즉 사를 주체로 삼는 유가문화는 중국 고대의 평민문화이다.

---

16) 『論語』, 「公冶長」, "子曰, '道不行, 乘桴浮于海.'"

17) 『風俗通義』, 「十反」, "孟軻亦以爲達則兼濟天下, 窮則獨善其身.";『孟子』, 「盡心上」, "窮則獨善其身, 達則兼善天下." 참조.

그것은 공리성, 세속성, 평등성 등 평민정신의 특징을 지니므로, 실용이성의 문화라고도 한다. 실용이성이라는 용어는 이택후李澤厚가 중화문화의 특성을 규정할 때 사용한 말이다. 이러한 용어에는 천인합일天人合一의 세계관, 윤리적 사상, 세속적 정신 등의 내포가 들어 있다. 중화문화에는 천인합일, 체용불이體用不二의 성격이 있으므로, 실용적인 형이하의 내용과 초월적인 형이상의 내용이 분화되지 않은 특징이 있는데, 바로 이 점이 실용이성이라는 중화문화의 특질을 형성하였다. 이와 더불어 실용이성의 문화적 특질은 평민 계층의 가치관을 충분히 드러내는 것이라고 할 수 있다. 중국의 전통문화는 유가사상을 핵심으로 삼는다. 그리고 유가사상은 그 발전 과정에서 천도天道와 천리天理를 인도人道와 윤리로 전환하여 세속성을 지닌 사상적 의식체계를 구축하였다. 그럼에도 불구하고 그것은 항상 종교, 철학, 미학 등 형이상학적 요소들을 포함한 형태로 전개하였기 때문에, 특정 종교나 철학과 구분되면서도 그것을 함축하는 학문, 즉 유교儒敎가 될 수 있었다.

실용이성의 정신은 무엇보다도 중화문화의 도덕중심주의에서 드러난다. 서양의 문화가 과학을 중시하고, 종교를 존숭하는 것과 달리, 중화문화는 도덕성을 강조하고 그것을 본체론의 차원까지 들어 올린다. 즉 중화문화는 객관세계에 대한 인지, 인간과 자연의 관계, 자연과학 등 순수학문보다는 인륜적 관계와 도덕적 규범을 더욱 중요시한다. 그래서 그것은 종교를 가장 상위의 가치로 간주하지 않고, 내세보다는 현실 세계에 더 주목하며, 영혼의 안녕보다는 도덕적인 선을 추구하는 데 초점을 맞춘다. 이러한 특징으로 인해 중화문화는 사회관계를 범도덕화汎道德化하여 경제, 정치, 법률, 종교 등 영역을 모두 도덕의 규범 속에 수렴하는 경향을 지닌다. 구체적으로 중화문화는 우선 경제의 영역에서 "적음을 근심하지 않고 고르지 않음을 근심한다"[18]라고 강조하면서 전문적인 기술과 지식을 경시하는 경향을 지닌다. 나아가 정치적인 영역에서는 덕德으로써 나라를 다스려야 한다는 이념으로 통치자와 피통치자를 군신부자君臣父子의 윤리적 틀 속에 한정하여, 관리官

---

18) 『論語』, 「季氏」, "不患寡而患不均."

吏의 행정능력과 효율보다는 개인적인 도덕성을 더욱 중시한다. 다음으로 법률의 영역에서는 도덕과 법률을 혼동하고 덕으로써 법을 통섭하여 법률의 독립성을 제거한다. 끝으로 종교의 영역에서는 종교를 윤리적인 교화로 환원하고, 그것의 초월성을 퇴색시켜 현실 사회를 위한 수단으로 변질시킨다.

중화문화의 도덕중심주의는 종법을 기반으로 한 예교禮敎사회를 구현하였다. 그것은 예법을 통해 개체의 의지를 통합하여 안정된 사회질서를 정립하였다는 면에서 역사적인 합리성을 지닌 것이라고 할 수 있다. 그러나 다른 한편으로, 이러한 도덕중심주의는 사회관계 속에서 생겨난 다양한 영역의 독립성을 말살하여 과학기술의 발전, 정치제도의 진보, 법률의 독립성을 실현할 수 없도록 저해하였다. 더욱이 도덕중심주의로 구현된 도덕본체론은 항상 도덕적 유토피아주의로 이어지는 위험성을 안고 있다. 바로 이와 같은 이유로 인해, 중국의 전통 도덕은 인간의 현실적 소통이라는 필요성에서 출발하여 역사 발전의 실제 수준에 걸맞게 도덕규범을 정립하는 것이 아니라, 실제 인간을 이상화하고 신성화하여 성인聖人의 기준으로 인간을 평가하려는 경향을 지니게 되었다.

유가는 천도론과 성선론性善論에 기반하여, 한편으로는 도덕과 천도를 일치시켜 도덕이 지닌 상대적 요소를 말살하는 전제에서 절대적 도덕규범을 내세웠고, 다른 한편으로는 인간의 본성이 본래 선하고, 모두 수오지심羞惡之心을 갖고 있다는 점을 들어 도덕을 인간의 본질로 삼았다. 이러한 생각에 따르면, 올바른 교화가 주어지면 모든 인간은 요순堯舜과 같은 성인이 될 수 있고,[19] 사욕이 없는 인간으로 성장할 수 있다. 그러나 이는 일종의 '의도윤리意圖倫理'이지, '책임윤리責任倫理'는 아니다. 나아가 전통 도덕은 현실적으로 실행할 수 있는 구체적인 도덕규범보다는 윤리적 교화를 더 중시한다. 이리하여 그것은 이상화된 가르침의 내용을 지나치게 강조한 나머지, 종교적 의미를 지니게 되어 유사 종교, 즉 예교를 정초하였다. 그러나 이와 같은 이상화는 도덕적 성취를 위한 숭고한 목표를 세우는 데 도움이 되지만,

---

19) 『孟子』, 「告子下」, "曹交問曰, '人皆可以爲堯舜, 有諸? 孟子曰, '然.'"

실천으로 이어지기 어려우므로, 현실 사회에서는 자칫 그 숭고성을 잃어버린 채 허위적이고 공허한 도덕적 담론으로 전락하는 위험성이 있다. 그러한 까닭에, 겉으로는 이상화된 도덕규범을 숭상하지만, 실천에 옮기려고 하지 않는 사람, 즉 "입만 열면 인의仁義와 도덕을 내뱉고 있으나, 뱃속에는 온갖 도적과 창녀와 같은 생각을 지닌(滿口仁義道德, 一肚子男盜女娼) 사람"이 다수 나타나게 되었다. 이 외에도 도덕중심주의는 또한 인간의 자연적인 천성을 부정하여 "천리를 보전함으로써, 인간의 욕망을 없앤다"(存天理, 滅人欲)라는 생각을 낳았는데, 이는 인간의 정신을 족쇄로 묶고, 심지어 '인간을 잡아먹는 도덕'(吃人的道德)이라고 평가되고 있다.

그다음으로, 중화문화의 실용이성정신은 세속성으로 드러난다. 문화에는 인간의 실재 삶과 직결되는 정치, 도덕, 법률을 포함한 현실적인 측면도 있지만, 정신적인 삶과 연관되는 종교, 철학, 심미 등 초월적인 측면도 있다. 서양의 문화가 이러한 두 가지 측면을 모두 갖춘 것이라고 한다면, 이에 비해 중화문화는 오직 하나의 현실적인 측면만을 지닌 것이라고 할 수 있다. 중화문화는 천인합일의 사상에 입각하여 천도가 곧 인도라는 사상을 정초하였기 때문에, 현실적인 세계(此岸)와 이상적인 세계(彼岸)에 대한 확실한 구분이 없다. 이리하여 그것은 종교, 철학, 예술을 현실적인 영역에 귀속하고, 도덕의 지배를 받는 것으로 규정한다.

중화문화는 종교적인 신앙이나 순수한 철학적 사변보다는 국가의 계략과 민생을 더욱 중시한다. 공자가 괴이한 것, 폭력적인 것, 올바른 도리에 어긋난 것, 귀신에 대해서 언급하지 않는 것,[20] 나아가 사후의 세계보다 현실을 더욱 중요시한 생각은 중화민족의 세속적 이성을 정초하였다. 중국의 종교는 항상 세속적인 권력에 종속된 형태로 존재하였다. 그래서 사람들은 종교에 대한 신앙을 두텁게 가질 수 없고, 그 삶도 종교가 아닌 세속의 원칙에 의해서 지배되므로, 이상적인 세계에 대한 염원을 본격적으로 지닐 수가 없었다. 나아가 중국철학, 특히 유가철학은 현실적인 강상윤리綱常倫理를 논증하는 취지에서 "도는 인륜의 일상적인 쓰임에서

---

20) 『論語』, 「述而」, "子不語怪, 力, 亂, 神."

벗어나지 않는다"(道不離倫常日用)라고 주장하였는데, 이러한 생각은 현실에 대한 형이상학적 반성을 추동하지 못하는 결함을 지니고 있다. 끝으로, 중국의 예술도 예교에 귀속되어, 도덕을 위해 봉사하는 것으로 간주되었기 때문에, 예술의 심미적 초월성을 결여하고 있다. 요컨대 중화문화는 현실성을 강조하는 데 치중한 나머지, 초월적인 정신에 대한 사고체계를 충분히 정립하지 못하였다는 것이다.

지금까지 논의한 중화문화의 세속성은 이중적인 기능을 지니고 있다. 즉 그것은 인간의 현실적인 행위를 규정하는 동시에, 현실 세계에 입각하여 인간의 궁극적 가치를 제시하는 기능을 동시에 갖추고 있다는 것이다. 그리고 이와 같은 세속성은 두 가지 결과를 낳았다. 즉 그것은 한편으로 중국의 문화를 비종교적인 이성의 길로 나아가게 하고, 종교적인 열광이나 신비로움에서 탈퇴하여, 찬란한 고전 문명을 창출하게 하였다. 그러나 다른 한편으로, 그러한 세속성은 자유의 정신을 속박하여 민족 생명력의 고갈을 초래하였다. 이러한 점에 관해서 주로 두 가지 측면에서 설명될 수 있는데, 하나는 세속성에 사로잡힌 중국의 종교가 왕권王權과 예교에 귀속되어, 세속을 초월할 수가 없었다는 것이고, 다른 하나는 중국의 철학도 윤리학으로 수렴되어, 항상 윤리적 가치의 제한을 받고 현실에 대한 비판정신을 고양할 수가 없었다는 것이다. 이와 같은 점들은 모두 중화문화의 평민성 자체에 결함이 있음을 말해 주고, 그 결함은 다름 아닌 초월성과 비판성의 결여라고 할 수 있다. 바로 이러한 사상적인 초월성의 결여가 중국인들을 현실윤리의 규범 속에 침잠하고, 정신적 자유의 경지로 나아가기 힘들게 만들었다.

제2절 중화예술의 정신

1. 중화예술의 평민정신

고대사회에는 귀족의 예술전통과 평민의 예술전통이라는 구분이 있는데, 이는 서양 사회에서 더욱 분명하게 드러나고 있다. 서양 고대사회는 봉건영주를 기반으로 한 귀족정치체제이므로, 그 주류 문화도 귀족문화이다. 그래서 서양에서는 일찍이 고아하고 정교한 귀족예술이 형성되었다. 그러다가 중세 후기에 이르러, 봉건사회의 내부에서는 시민계급이 나타나고, 시민을 주체로 한 평민문화와 예술이 기존의 귀족문화와 예술에 대항하기 시작하였다. 이 시기의 평민예술은 기본적으로 사회 현실의 문제를 주목하고, 인간의 일상에 친근한 형태로 구현되었지만, 비교적 조야하고 저속하다는 특징이 있다. 귀족예술은 고대 로마시기에 본격적으로 형성되고, 중세에 이르러 기사 집단의 예술로 정초하여 17세기에 그 정점, 즉 신고전주의 사조로 발전하였다. 한편, 시민예술은 르네상스시기에 발전하기 시작하고, 19세기의 현실주의에 이르러 정점에 치달았다. 서양의 근대는 귀족이 몰락하고, 시민사회가 확립하는 시기이다. 비록 이 시기에 귀족예술은 그 예술적 주체 집단의 몰락으로 인해 쇠퇴하였지만, 그 전통은 여전히 연속되었다. 특히 그것은 고아한 예술적 전통을 표방함으로써 평민예술이 지닌 저속성을 보완하였는데, 이러한 경향은 17세기의 고전주의 예술, 19세기의 낭만주의 예술, 20세기의 현실주의 예술에서 모두 찾아볼 수 있다.

중국에도 귀족예술과 평민예술의 구분이 있었다. 그러나 이 둘의 대립은 명확하지 않고, 각자의 특징도 서양과 다르다. 나아가 지금까지의 중국예술사는 귀족예술의 쇠퇴가 평민예술의 흥기를 낳았다는 중요한 점에 대해 주목하지 않았다. 이로 인해 중국예술에 관한 연구는 자칫 잘못된 시각에서 이루어지는 경우가 많았다.

중국의 경우, 후기 봉건사회에서 사士가 문화적 엘리트와 예술적 주체로 성장하였다. 그래서 예술은 기본적으로 사 계급의 취미와 사상을 드러내는 것으로, 평민성을 지닌다. 비록 중화예술에는 아雅와 속俗의 구분이 있으나, 이는 귀족예술과 평민예술의 차이에 관한 구분이 아니라, 평민예술 내부에서 이루어지는 구분이다. 즉 그것은 모두 평민성을 지닌 사의 예술과 민간예술을 구분하기 위해 사용된 개념이라는 것이다. 물론 사의 예술에는 귀족성이 함축되어 있지만, 여전히 평민성을 주된 정신으로 삼고 있다. 이러한 중화예술의 평민화는 다음과 같은 원인에서 비롯되었다.

우선, 평민 출신의 지식인이 예술의 주체가 되었다는 점을 들 수 있다. 춘추시대 이후로, 사 계급이 귀족에서 평민으로 전락하여, 그들이 대변하는 사상과 심미적 정취도 평민화되었다. 그래서 평민정신이 그들의 예술과 심미적 의식을 주도하기 시작하였다. 다음으로, 중화예술의 뿌리는 민간에 있다. 다시 말해『시경詩經』은 물론이고, 그 이후에 나타난 악부樂府, 사詞, 곡曲, 희극戲劇, 소설 등 예술형식도 모두 민간에서 기원한 것이다. 그리고 이러한 예술형식들은 그 뒤에 등장한 사 계급의 문인文人들에 의해 개진되어 점차 속을 벗어나 아의 범주로 들어서면서 주류의 예술형식으로 정착되었다. 마지막으로 중화예술은 후기 봉건사회를 지탱하는 의식형태의 제약을 받았다. 그리고 이러한 후기 봉건사회의 의식형태는 본질적으로 실용이성이라는 특징을 지닌 평민화된 가치형태이다. 이리하여 중화예술은 사회의 공리功利를 중시하고, 윤리를 위해 봉사하는 경향을 지니게 되었다.

중화예술의 평민화는 공자부터 시작하였다. 공자는 귀족문화를 계승하는 가운데 그것을 개진하여 평민문화에 융입하도록 하였다. 이러한 개진은 우선 공자가 시詩를 정리하고 전승하는 데에서 엿볼 수 있다. 춘추시대 이전, 시는 예악禮樂문화의 한 부분이고, 독립적인 예술형식이 아니었다. 공자는 궁정예악 중의 시가를 사인士人에 의해서 창작된 시가와 민간에서 창작된 시가를 통합하여 후세에 널리 알려진 『시경』을 편찬하였다. 평민예술의 기원은 바로 이『시경』에서 찾을 수 있다.『시경』 중에 열다섯 개의 풍風은 민간에서 비롯되었기 때문에, 후세에 이르러 시를 수집한다는 뜻으로 채시采詩의 설이 있게 되었고, 송頌은 조정 즉 묘당廟堂에서 신과 조상에게 제사할 때 사용하는 시를 수록한 것으로, 귀족화된 부분도 있으나 민간에서 기원한 부분도 있다. 예를 들어「공류公劉」와「생민生民」등은 본래 주周 민족의 역사시이다. 나아가 대아大雅와 소아小雅는 조정의 사대부가 창작한 시이고, 그것에도 귀족화된 부분과 평민화된 부분이 모두 들어 있다. 전체적으로 보면『시경』은 주로 민간가요 (民歌)와 평민 지식인의 작품을 수록한 것이기 때문에, 평민예술의 경전이라고 할 수 있다.

『시경』 속에는 송, 대아, 소아, 국풍國風이라는 네 부분이 있다. 여기에서 풍, 아, 송의 의미가 도대체 무엇인지에 관해서 아직 논란의 여지가 있다. 「시대서詩大序」에 따르면 "만약 시가 한 제후국의 일을 말하고 한 시인의 정감을 표현하는 것이라면, 그것을 풍이라고 한다. 만약 시가 천하의 일을 말하고, 사방의 풍속을 아울러서 드러내는 것이라면, 그것을 아라고 한다. 아는 곧 올바름正의 의미이다.…… 정사政에는 크고 작음이 있으므로, 소아도 있고 대아도 있다. 송은 덕德이 융성한 군주君主의 모습과 용모를 찬미하여 그의 성공함을 신神에게 알리는 것이다."[21] 실제로 이와 같은 견해는 오늘날 시가의 교화 기능에 치중한 나머지 그 본래의 의미를 잃고 있다는 비판을 받고 있다.

「시대서」에 비해 주희朱熹의 견해가 더욱 적절해 보인다. 주희에 따르면, "국國이란 제후가 분봉 받은 지역을 뜻한다. 풍은 민간의 풍속과 가요를 시로 만든 것이고"[22], "아는 공식적이라는正 뜻이며, 공식적인 악을 노래한 것이다.…… 지금 고증하건대, 공식적인 소아는 천자天子와 신하가 동석하는 연회 때 쓰는 음악이고, 공식적인 대아는 지금 조정에서 쓰는 음악이며, 리釐와 진陳, 계戒와 같은 음절 제약을 받은 사辭이다."[23] 나아가 주희는 또한 「시대서」의 말을 차용하여 "송은 종묘에서 부르는 노래이며, 「시대서」에서 말한 '덕이 융성한 군주의 모습과 용모를 찬미하여 그의 성공함을 신에게 알리는 것이다'"[24]라고 주장하였다. 주희의 견해를 기반으로 삼으면, 아는 본래 정사政事를 가리키는 말이 아니라, 아언雅言 즉 조정에 의해서 공식적으로 인준되고 지식인들이 사용하는 언어를 의미하는 말이다. 그리고 이와 같은 공식적인 언어로 쓰인 시가 바로 아시雅詩이다.[25] 그러나 사인들은 시를

---

21) 「詩大序」, "是以一國之事, 系一人之本, 謂之風. 言天下之事, 形四方之風, 謂之雅. 雅者, 正也,……政有小大, 故有小雅焉, 有大雅焉. 頌者, 美盛德之形容, 以其成功告於神明者也."

22) 朱熹, 『詩集傳』(中華書局, 1959), p.4, "國者, 諸侯所封之域. 而風者, 民俗歌謠之詩也."

23) 朱熹, 『詩集傳』(中華書局, 1959), p.99, "雅者, 正也, 正樂之歌也.……今考之, 正小雅, 宴饗之樂也. 正大雅, 今朝之樂, 受釐陳戒之辭也."

24) 朱熹, 『詩集傳』(中華書局, 1959), p.223, "頌者, 宗廟之歌, 大序所謂 美盛德之形容, 以其成功, 告於神明者也.'"

25) 『論語』, 「述而」, "子所雅言, 詩, 書, 執禮, 皆雅言也."

쓰면서 주로 정사를 풍자하고 비판한다. 그래서 아시도 경우에 따라 정사를 읊조리는 것으로 풀이될 수 있다.

「시대서」는 교화를 중시하는 유가의 입장에서 풍의 개념을 해석하였는데, 이에 따르면 "풍은 바람이자 가르침이다. 바람이 사물을 움직이는 것처럼, 가르침은 사람을 교화한다."26) 그러나 여기에서의 풍은 본래 가르침의 뜻이 아니라, 남녀 사이의 정감이 서로 이끌린다는 것을 의미한다. 그래서 민간가요는 대부분 남녀 사이의 정감을 읊조리기 때문에, 풍시風詩라고 일컬었다. 이렇게 보면, 풍을 교화의 뜻으로 푸는 것은 실질적으로 주류 사상이 저속한 의미가 담긴 풍을 규범화한 결과이다.

나아가 송과 대아는 궁정예악문화의 한 부분이다. 그중에서 송은 제사의 기능을 담당하고, 궁정 지식인들이 지은 대아는 정치와 윤리의 기능을 담당하며, 소아와 풍은 민간에서 유래되었다. 춘추시대에 예악이 붕괴함에 따라 많은 사대부는 민간으로 유입하고, 평민 지식인으로 활동하게 되었다. 그래서 그들이 창작한 시가는 더 이상 예악체계에 종속되지 않고, 민간성을 지니게 되었는데, 후세 사람들은 이를 가리켜 변풍變風 또는 변아變雅라고 불렀다. 주희가 맹자의 말, 즉 "왕자王者의 자취가 사라지자 시가 없어지고, 시가 없어진 뒤 『춘추春秋』가 지어졌다"27)라는 말에 대해 "왕자의 자취가 사라졌다는 것은 평왕平王이 동쪽으로 수도를 옮김에 따라 그 정교政敎와 호령號令이 천하에 미치지 못함을 이른 것이다. 시가 없어졌다는 것은 「서리黍離」가 강등하여 「국풍」이 되어 아가 없어졌다는 것을 이른 것이다"28)라고 주석을 붙였다. 이러한 주석에서 알 수 있듯이, 본래 시에는 풍이 포함되어 있지 않고, 단지 공식적인 송과 아가 있었을 뿐이다. 그러나 춘추시대에 부분적인 아가 민간으로 유입되면서 풍으로 강등하고 변모하였다. 이와 더불어 민간에서

---

26) 「詩大序」, "風, 風也, 教也. 風以動之, 教以化之."

27) 『孟子』, 「離婁下」, "孟子曰, '王者之迹熄而詩亡, 詩亡然後春秋作.'"

28) 『孟子集註』, 「離婁下」, "王者之迹熄, 謂平王東遷, 而政敎號令不及於天下也. 詩亡, 謂黍離降爲國風, 而雅亡也."

유행한 시가, 즉 "배고픈 자는 먹을거리를 읊조리고, 수고로운 자는 일을 읊조린다"[29]와 같은 염원을 표현하는 시가는 본래 주류 문화에 진입할 수 없는 것이다. 그러나 예악이 붕괴된 시점에서 사인은 민간가요에 주의를 기울이게 되어 그것들을 수집한 까닭에, 이러한 시 작품들도 예악체계에 편입하게 되었다.

그러한 의미에서 공자가 수집하고 편찬한 시 삼백 편도 본래 있었던 궁정예술과 새롭게 발견되거나 창작된 민간예술을 융합한 문화 전적이라고 할 수 있다. 공자는 "내가 위衛나라에서 노魯나라로 돌아온 뒤에 악이 바르게 되어, 아와 송이 각각 제자리를 찾게 되었다"[30]라고 말하였는데, 여기에서는 아와 송에 대해서만 언급하고 풍에 관한 논의가 없는 것으로 보면, 공자가 처음 산정刪定한 시의 원본은 본래 궁정에 보전되었던 아와 송밖에 없었다고 할 수 있다. 그래서 풍은 본래 민간에서 기원된 것으로, 공자의 산정에 의해 합리성을 얻게 되어 『시경』에 편입되었음을 짐작할 수 있다. 아와 풍이 각각 아문화雅文化를 대변한 궁정예술과 속문화俗文化에 속한 민간예술에서 유래되었기 때문에, 명대의 섭향고葉向高는 둘을 대립적인 미학 범주로 규정하였다. 그에 따르면 풍과 아는 동일한 차원에서 거론된 적이 없고, 심미적 취미도 완전히 반대된다. 그러나 공자의 『시경』 편찬과 후세 유학자들의 범윤리泛倫理적 해석에 의해 풍은 마침내 아나 송과 병칭되어 경전이 되었다.[31] 이렇게 보면 공자는 한편으로 귀족의 시가를 평민화하고 다른 한편으로는 민간의 시가를 귀족화(雅化)함으로써 풍과 아를 합일시켰다고 할 수 있는데, 이리하여 후세에 풍아風雅라는 용어가 생기게 되었다. 요컨대 공자에 의해 편찬된 새로운 문화 전적은 전통사회의 귀족문화 전적을 계승하는 동시에, 새롭게 구축되어 가는 평민문화의 정수까지 응축할 수 있었기 때문에, 위대한 예술 경전이 될 수 있었다.

---

29) 『春秋公羊傳』, 宣公十五年, "飢者歌其食, 勞者歌其事."
30) 『論語』, 「子罕」, "子曰, '吾自衛反魯, 然後樂正, 雅頌各得其所.'"
31) 葉向高, 『蒼霞草全集』 卷四(江蘇廣陵古籍刻印社, 1994), p.321 참조.

2. 귀족예술정신의 전승과 쇠퇴(式微)

중화예술이 평민화되는 과정에서 귀족예술의 정신은 쉽게 사라지지 않았다. 오히려 그것은 비주류의 예술정신으로서 전승되면서 중화예술의 전통 속에 융입되었다. 귀족예술은 귀족 문인을 주체로 삼고 있는데, 그들은 대부분 도가사상의 영향을 크게 받아 독특한 예술적 취미와 심미적 이상을 구현한 사람들이다. 중국에서 순수귀족사회라고 불릴 만한 사회는 오직 상주商周시대의 사회이고, 그 뒤에 등장한 위진남북조시대의 사회는 유사 귀족사회(准貴族社會)에 속한다. 이와 같은 두 시기를 제외한 다른 시대는 모두 관료사회官僚社會에 속하고, 그러한 사회에서 귀족계급에 해당한 황족皇族의 수는 적고 또한 왕조의 변천에 따라 쉽게 무너지는 경향을 지닌다. 그래서 중국은 서양처럼 군건한 세습적-봉쇄적 귀족문화 체계를 형성하지 못하였다. 그러한 까닭에 중국에서—六朝시대를 제외한— 후기 봉건시대의 귀족예술은 상대적으로 빈약하고, 주류의 예술로 성장하지 못하였다. 더 나아가 평민예술을 대변한 유가의 전통의식은 항상 귀족예술을 공격에 대상으로 삼았다. 육조의 예술전통을 겨냥하여 몇 차례 진행된 고문운동古文運動이 바로 그 예시인데, 이로 인해 귀족예술은 쇠퇴의 길을 걸을 수밖에 없었다. 그럼에도 귀족예술의 전통은 끊어진 듯하다가도 다시 이어지는 방식으로 지속되어 중국예술의 전체 모습을 구현하는 데 일조하였다.

귀족예술의 첫 단계는 선진先秦에서 이루어진 예술에 관한 논의를 통해 구현되었다. 『시경』의 송과 대아 부분을 제외하면, 귀족예술의 원류는 또한 『초사楚辭』까지 거슬러 올라갈 수 있는데, 실제로 전자보다 후자가 더욱 전형적인 귀족정신을 드러낸다고 평가된다. 『초사』는 주로 초楚나라의 귀족 지식인인 굴원屈原과 송옥宋玉의 작품으로 알려져 있다. 춘추전국시기에 대부분 북쪽 제후국들에서는 이미 변법變法을 적극적으로 실행한 까닭에, 신흥 지주계급과 평민계급의 지식인들이 활발하게 활동할 수 있었다. 그러나 이와 달리 초나라에서는 여전히 귀족 중심의 통치를 유지하고 있었기 때문에, 귀족문화와 대립되는 무술巫術적인 민간문화가 있었지만,

평민 지식인을 주체로 한 신흥 문화형식은 나타나지 않았다. 이러한 배경에서 굴원은 스스로의 조우遭遇와 국가의 위기, 초나라의 문화쇠락 등의 현실을 목독하여 귀족문화의 만가挽歌인 「이소離騷」를 지었다.

귀족예술의 저작인 『초사』는 평민예술의 경전인 『시경』과 사뭇 다른 특징을 지니고 있다. 우선, 그것은 거침없는 정감과 상상력의 발산을 허용하고, 슬픔이나 원망 등을 극치로 표현하는 것을 마다하지 않기 때문에, 온순하고 돈후하며 이성적인 감정 표현을 강조한 유가의 시풍과 대조된다. 다음으로, 『초사』는 개인적인 조우와 국가의 현실 문제를 초월하여 형이상의 세계에 대한 사고를 적극적으로 표현한다. 시에 등장한 주인공은 끊임없이 되묻고 천도에 대해 사색함으로써, "배고픈 자는 먹을거리를 읊조리고, 수고로운 자는 일을 읊조린다"[32]라는 평민예술의 단계를 초월하여, 초현실의 심미적 의미를 구현하였다. 마지막으로, 『초사』는 형식미에 대한 추구를 강조하고, 언사의 현란함, 상상력의 기이함, 편폭篇幅의 광대함을 적극적으로 드러내면서 평민예술에서 강조한 평이하고 소박한 창작 풍격을 거부하여 작품의 심미성을 승화하였다.

귀족예술의 두 번째 단계는 육조의 예술을 통해서 구현되었다. 위진남북조시기에 문벌사족文閥士族이 정권을 농단하였기 때문에, 유사 귀족사회가 형성되고 귀족문화와 귀족예술이 성행하는 풍조가 일어났다. 사족의 문인은 현학玄學을 숭상하고, 청담淸淡을 즐기며, 심신을 방탕하게 함으로써 유가의 예법을 거부하였는데, 바로 이러한 분위기가 귀족예술의 번영을 추동하였다. 위진시기의 문인, 즉 공융孔融, 조비曹丕, 조식曹植, 장화張華, 장재張載, 장협張協, 육기陸機, 육운陸雲, 반악潘岳, 반니潘尼, 유곤劉琨, 도연명陶淵明 등은 모두 귀족 출신이다. 마찬가지로 남조南朝의 시인, 예를 들어 사령운謝靈運, 심약沈約, 강엄江淹, 소연蕭衍, 소강蕭綱, 소역蕭繹, 진숙보陳叔寶 등과 남조에서 북조北朝로 넘어간 시인, 즉 소각蕭慤, 소지추蕭之推, 왕포王褒, 유신庾信 등도 모두 귀족 출신의 문인이다. 비록 육조에는 좌사左思와 같은 귀족 출신이

---

32) 『春秋公羊傳』, 宣公十五年, "飢者歌其食, 勞者歌其事."

아닌 문인도 있지만, 그러한 문인은 문단에서 주도적인 힘을 지니지 못하였다. 따라서 육조의 예술은 기본적으로 귀족화된 예술이며, 그것은 귀족 지식인이 지닌 심미적 이상과 예술적 정취뿐만 아니라, 귀족예술 전체의 기본적인 특징을 드러내고 있다.

우선, 육조의 예술은 깊이 있는 철학적 사고를 함축하며 형이상학적 운치를 지닌다. 현학의 영향으로 현언시玄言詩, 유선시遊仙詩, 불리시佛理詩, 선도시仙道詩 등 시 체제가 동진東晉에서 성행하였는데, 비록 그것들은 종종 일반적인 시의 정감과 특질을 벗어나 "이치가 그 언사를 지나치게 벗어나고, 담백함이 무미건조한 지경에 이르렀다"33)라는 비판을 받지만, 초현실적 의미를 추구하고 깊은 철학적 이치를 드러내려는 점에서 육조의 예술 전체에 깊은 영향을 미쳤다. 나아가 육조의 예술은 강한 생명의식과 짙은 심미적 운치를 드러내고 있는데, 도연명의 시가 그 대표이다. 소식蘇軾은 도연명의 시, 즉 "동쪽 울타리에서 국화를 따니, 남산이 유연히 나타났네"34), "동쪽 들창에서 자유자재로 즐길 수 있으니, 어찌 이 삶을 다시 얻을 수 있노라"35), "손님을 대하는 듯이 천금 같은 몸을 잘 기르고, 죽음이 다가오면 그 귀중한 것을 모두 내려놓거라"36) 등 세 구절을 선취하여, 그것들이 가장 풍부한 철학적 의미를 담긴 것이라고 주장하였다. 실제로 도연명뿐만 아니라 다른 시인의 시구에서도 이와 같은 철학적 시구를 쉽게 찾아볼 수 있다.

다음으로, 육조의 예술은 윤리중심주의를 벗어나 예술 자체가 지닌 정감적 특징을 구현하는 데 초점을 맞추었다. 육조의 예술은 외부적인 사회문제보다 개체의 생활에 더욱 주목하여 사회문제에 대한 자신의 생각을 표현하는 일보다 개인이 지닌 정감을 드러내는 것을 강조한다. 도연명이 전원시田園詩의 전통을 열고, 사령운이 산수시의 전통을 정착시키자, 중국의 시인은 정감을 기탁할 수 있는바, 즉

---

33) 鍾嶸, 『詩品』, 「序」, "理過其辭, 淡乎寡味."
34) 陶淵明, 「飮酒·其五」, "采菊東籬下, 悠然見南山."
35) 陶淵明, 「飮酒·其四」, "嘯傲東軒下, 聊復得此生."
36) 陶淵明, 「飮酒·其十一」, "客養千金軀, 臨化消其寶."

전원과 산수의 풍경에 대해 주목하기 시작하였다. 게다가 남조의 시가는 정욕을 주된 표현 내용으로 삼았는데, 특히 궁체시宮體詩에서는 성적인 욕망을 방종한 체험, 사치한 연회 현장 등을 노골적으로 드러냈다. 나아가 예술이론의 측면에서는 "시는 뜻을 말한 것이다"(詩言志)[37]라는 전통적 규범이 깨지고, "시는 정감에서 우러나온 것이다"[38]라는 새로운 규범이 정초되었는데, 이리하여 예술은 이성화되고 사회화된 관념을 나타내는 것이 아니라, 개체의 정감을 드러내는 것으로 변모함으로써, 유가에 의해 정립된 이성주의 예술관이 무너졌다.

마지막으로 육조의 예술은 시적 언어의 화려함과 성운聲韻의 아름다움을 중시하고, 예술의 형식적인 특징을 강조하는 심미주의적 경향을 낳았다. 이에 관해 조비는 "시와 부賦는 아름다워야 한다"(詩賦欲麗)[39]라고 말하였고, 육기는 "시는 정감에서 우러나온 것으로 비단에 그려진 그림처럼 아름다워야 하고, 부는 사물의 외형을 몸소 살피는 것으로 맑고 밝아야 한다"[40]라고 주장하였다. 나아가 종영鍾嶸이 시를 품평하고, 소통이 『문선文選』을 편집할 때도 예외 없이 형식미를 가장 중요한 요소로 꼽았다. 더욱이 유가의 시교詩敎에 우호적인 자세를 취한 유협劉勰마저도 형식미가 지나친 작품을 비판할 때, 언어와 성운의 형식미는 외면될 수 없는 요소라고 주장하였다. 이렇게 보면 육조의 예술적 사조는 『초사』와 한부漢賦를 충실하게 계승하여, 언어의 화려함, 대구의 형식, 성운의 배치 등을 중시한 풍조를 지닌다고 할 수 있다. 그래서 육조에서 변려문駢麗文이라는 산문 형식과 영명체永明體라는 격률시格律詩 형식이 탄생할 수 있었다. 비록 그것들은 형식주의나 유미주의唯美主義에 치우쳐 있다는 비판을 면할 수 없으나, 여전히 예술미를 독립적인 영역으로 정초하는 데 큰 역할을 수행한 것으로 평가될 수 있다.

육조의 예술은 중국 귀족예술의 절정을 보여 준다. 즉 중국의 귀족예술은

---

37) 『尙書』, 「虞書·舜典」, "詩言志, 歌永言, 聲依永, 律和聲."
38) 陸機, 『文賦』, "詩緣情而綺靡, 賦體物而瀏亮."
39) 曹丕, 『典論·論文』, "夫文本同而末異, 蓋奏議宜雅, 書論宜理, 銘誄尙實, 詩賦欲麗."
40) 陸機, 『文賦』, "詩緣情而綺靡, 賦體物而瀏亮."

이 시기에 거의 완전한 수준에 이르렀고, 수당隋唐 이후 귀족의 몰락으로 인해 새로운 부흥을 성취하지 못하였다. 그러나 육조 이후로 귀족 예술가와 그 집단은 항상 있었기 때문에, 귀족예술의 전통도 끊어지지 않고 지속적으로 전승되었다. 특히 그것은 주도적인 위상을 지닌 평민예술 속에 삼투하여 끊임없이 새로운 예술의 주류를 형성하는 데 기여하였다.

오대五代의 예술은 육조 예술의 여운餘韻이라고 불리며, 귀족예술의 세 번째 단계라고 할 수 있다. 이 시기에 남쪽의 십국十國에서는 황족과 궁정 사대부를 중심으로 한 문인 단체가 생겨났다. 그리고 그들의 작품은 대부분 궁정의 생활을 묘사하고, 귀족의 취미를 드러내고 있기 때문에, 귀족예술의 범주로 귀속될 수 있다. 이와 같은 문인은 후촉後蜀의 화간파花間派와 남당南唐의 이욱李煜을 대표로 삼는다. 화간파는 정욕을 두드러지게 표현하고, 문장과 언사의 조각을 즐기는 까닭에 양진梁陳의 음탕한 시풍을 계승하였다고 평가된다. 이욱도 음탕한 시풍으로 유명하지만, 나라의 멸망을 겪고 나서 점차 깊은 경지에 들어서기 시작하였다. 실제로 이러한 사례, 즉 귀족 출신의 예술가가 나라의 멸망을 겪고 나서 깊이 있는 작품을 창작하는 사례는 중국의 예술사에서 쉽게 찾아볼 수 있다. 예를 들어 굴원과 이욱, 그리고 후세의 조설근曹雪芹이 모두 이러한 유형에 속한다. 그래서 이욱의 후기 작품은 방탕한 것이 아니라, 인간세상의 고된 역정을 겪은 뒤 응축된 체험을 깊이 있게 드러낸 것이라고 이해되어야 한다. 따라서 그것들은 단지 육조의 여운이라기보다는 지극히 높은 심미적 경지에 다다른 작품이라고 평가되어야 한다.

귀족예술의 마지막 단계를 장식한 작품이 바로 『홍루몽紅樓夢』이다. 명청시기에 귀족예술을 중심으로 한 전통시학이 몰락하고, 이와 더불어 민간예술(희극과 소설)이 성행하게 되었다. 그러나 청나라 중엽에 이르러 귀족 소설가인 조설근이 오히려 명성을 얻게 되었다. 조설근은 팔기八旗의 귀족 출신으로서, 인생의 전반기에 고된 생활을 하였지만, 여전히 귀족정신이 응결된 문화적 교양을 갖추었다. 그의 『홍루몽』은 중국의 역사상 가장 뛰어난 작품이라고 평가되지만, 그러한 작품이 귀족예술이 몰락한 상황에서 어떻게 탄생할 수 있었는지에 관해서는 이해하기 어렵다. 노신魯迅에 따르면, "『홍루몽』이 나타난 이후 전통적인 저술의 사상과 방법은 송두리째 날라가 버렸다." 실제로『홍루몽』은 여타의 고전소설과 달리, 역사를 서술하는 전통 대신 개인의 운명을 드러내는 데 더 많은 관심을 기울였다. 그리고 그것은 사회적 문제를 서술하는 대신 가정의 생활을 묘사하고, 우여곡절이 많은 플롯을 통해 이야기를 전개하는 대신 환경에 대한 묘사, 인물의 성격에 대한 구현 등을 통해 인간의 운명을 그려냈다. 더욱이『홍루몽』은 정의로운 인물과 악당의 대립 모델을 취하지 않고, 단일 인물의 다양한 성격을 구현하여 대단원大團圓 식의 결말 대신 비극적인 결말을 설정하였다. 마지막으로 그것은 권선징악이라는 도덕적 예술 교화론을 기피하여 인생과 생존의 의의 자체에 대한 형이상학적 문제를 제기하는 데 주력하였다.

이 외에도『홍루몽』은 일상화된 언어 사용, 예술적 묘사의 기교 사용 등의 측면에서 새로운 시도를 하였는데, 이는 다음과 같은 문제를 낳는다. 즉 이러한 시도는 어떻게 가능하고, 어떠한 전통에 기반을 두었는가? 그것을 단지 조설근의 독창성에만 귀결할 수 있는가? 전통이 없으면 독창성이 가능한가? 구설舊說에 따르면 조설근은 신흥 평민 계층의 민주적인 의식을 수용하였기 때문에, 그의 작품 속에서 반봉건주의적인 생각을 내세울 수 있었다. 그러나 이와 같은 계급 분석법은 역사적 사실에 들어맞는 것이 아니다. 왜냐하면 청나라 중엽의 역사적 상황에 입각해서 보면 자본주의의 형성이 반봉건주의적 평민의식으로 이어졌다는 근거를 찾을 수 없기 때문이다.

그러므로『홍루몽』이 지닌 새로운 시도들의 비밀을 귀족예술의 전통에서 찾을 수밖에 없다.『홍루몽』을 귀족예술의 작품이라고 할 수 있는 원인은 그 작가가 귀족 출신이거나 내용이 귀족의 삶을 묘사하였기 때문이 아니라, 소설 전체가 귀족 지식인이 지닌 인생에 대한 반성과 심미적 이상을 드러냈기 때문이다.『홍루몽』에는 세 가지 서로 얽힌 복선과 주제가 있다. 첫째는 가족의 흥망성쇠에 관한 주제이고, 둘째는 비극적인 사랑에 관한 주제이며, 셋째는 여성의 운명에 관한 주제이다. 그러나 이와 같은 세 가지 주제는 그 어느 하나도 평민 계층이 관심을 기울일 수 있는 것이 아니다. 즉 그것은 오직 귀족 출신의 지식인이 스스로의 인생에 대한 반성을 통해서만이 관심을 가질 수 있는 문제이다.

『홍루몽』이 지닌 탁월한 귀족예술의 특징은 다음과 같다. 첫째, 그것은 귀족예술이 지닌 주정설主情說을 계승하였다. 즉『홍루몽』은 정감을 세계의 본체로 삼아 도덕적 본성이 들어 있는 철학적 예술이론을 버리고, 개체의 감성적인 정감을 통해 집단적인 이성의 족쇄를 허무는 방식으로 철학적 운치가 짙은 이야기를 구현해 냈다. 이에 비해 비슷한 시기의 민간소설, 예를 들어 충의忠義의 덕을 강조하는『수호전』은 그 철학적 사유의 깊이가『홍루몽』에 미치지 못하고, 민간예술에서 나타난 실용이성이라는 특징을 농후하게 지니고 있다. 둘째,『홍루몽』은 귀족이 지닌 고아하고 정교한 예술적 정취를 드러내고 있는데, 이는 민간소설에 함축된 조야하고 세속적인 정취와 매우 다르다.『홍루몽』을 읽어 보면 마치 우미優美한 서정시를 읊고 있는 것 같고, 한 폭의 전아한 산수화를 감상하고 있는 것 같다. 즉 사람들은 그 속에서 귀족 시화詩畵의 영향을 엿볼 수 있다는 것이다. 일본 헤이안(平安)시대의 여성 작가 무라사키 시키부(紫式部)가 창작한 소설, 즉『겐지 모노가타리』(源氏物語)에도 귀족 생활에 대한 묘사가 있고, 여성의 운명을 동정하는 내용이 있다는 점에서『홍루몽』과 매우 유사하다. 비록 그것은『홍루몽』보다 수백 년 일찍 창작되었지만, 둘 사이의 유사한 점에 대해서 깊이 고찰할 필요가 있다.

그러나 귀족예술은 중국예술의 주된 흐름을 형성하지 못하고, 심지어 이단異端이라는 비판까지 받았다. 예를 들어 정통 문인들은 굴원에 대해 "군주의 잘못을 노골적으로 드러내고"(顯露君過), "재능을 뽐내고 스스로를 돋보이게 하며"(揚才露己), "원한과 원망이 지나쳐 관용하는 아량이 없는"(怨懟不容) 사람이라고 꾸짖었다. 나아가 그들은 육조 예술과 오대의 사詞 등에 대해서도 이단시하고, 심지어『홍루몽』을 음서淫書라고까지 규정하였다. 그럼에도 불구하고 위와 같은 귀족예술은 여전히 굳건하게 주류 예술에 침투하여 중국예술 전반에 걸쳐 영향력을 발휘하였다.

우선, 귀족예술은 중국예술의 독립성을 추동하였다. 예술은 일반적인 문화형식에서 분리된 것이고, 그것이 독립성을 획득하려면 매우 긴 역사의 과정이 필요하다. 중화문화는 실용이성의 특징을 지니므로, 예술을 종법과 예교에 귀속하여 도덕적 교화의 수단으로 전락시키는 경향이 있다. 유가는 예술이 지닌 의식형태를 강조하여 "문은 마땅히 도道를 실어야 한다"(文以載道)[41]라고 주장하는데, 이 생각에 따르면 예술은 곧 도덕적 교화의 수단에 불과하다. 이러한 관념에 지배를 받아 평민예술은 현실적인 공리성을 중시하고, 예술이 지닌 사회적인 역할과 도덕적인 경향을 강조하며, 예술 자체에 함축된 심미적 특성과 독립성을 외면한다. 그러나 귀족예술은 도덕적 의식형태를 거부하고, 예술의 독립성을 강조한다. 조비는 귀족 지식인의 견지에서 예술의 위상에 대해 언급하였는데, 그에 따르면, "대저 문장은 나라를 경영하는 대업이며, 불후의 성대한 사업이다. 수명은 때가 되면 다하고, 영화榮華와 물질적인 즐거움도 그 스스로의 한 몸에서 끝난다. 이 두 가지는 반드시 이르는 기한이 있으니, 문장의 무궁함만이 못하다."[42] 이와 같은 주장은 유가가 강조한 먼저 덕을 세우고(立德), 다음에 공을 세우며(立功), 마지막으로 언을 세워야 한다(立言)는 견해[43]를 뒤집는 셈인데, 여기에서 귀족 지식인은 공리적인 사업보다 정신적인 추구를 더욱 중시한다는 점을 읽어 낼 수 있다. 나아가 소통에 따르면 예술작품은 "경전을 담론하거나 공적 업무를 재단하는 여가에서 즐기는 것이다."[44] 이렇게 보면 귀족 지식인들에게 있어서, 예술은 대부분 정신적인 즐거움을 산출하는 측면에서 거론되고 있다. 바로 이러한 점이 유가의 공리주의 예술관과 어긋나고, 예술의 독립성을 확보하는 힘으로 작용하였다.

귀족예술은 내용과 형식 두 측면에서 예술의 독립성을 확보하려고 하였다. 내용적인 측면에서 보자면, 비록 귀족예술과 평민예술은 모두 정감을 강조하지만, 평민예술이 예禮로써 정감을 절제해야 한다고 주장하는 반면, 귀족예술은 인간의

---

41) 周敦頤, 『通書』, 「文辭」, "文所以載道也. 輪轅飾而人弗庸, 徒飾也, 況虛車乎?"
42) 曹丕, 『典論·論文』, "蓋文章, 經國之大業, 不朽之盛事. 年壽有時而盡, 榮樂止乎其身, 二者必至之常期, 未若文章之無窮."
43) 『左傳』, 襄公二十四年, "大上有立德, 其次有立功, 其次有立言."
44) 蕭統, 「答湘東王求文集詩苑書」, "談經之暇, 斷務之餘."

본유적인 정감에 대한 강조로부터 출발하고, 정감으로써 이성의 족쇄를 해제하여 예술을 도덕적 규범, 역사적 기술, 실용적인 문체와 구분하도록 한다. 이러한 문맥에서 육기는 "시는 감정에서 우러나온 것이다"[45]라고 말하였고, 소강은 한 걸음 더 나아가 "입신立身의 도와 문장은 다르니, 입신은 무엇보다도 몸과 마음을 삼가서 조심히 해야 하는데, 문장은 몸과 마음을 절제하지 않고 자유롭게 치달리도록 해야 한다"[46]라고 주장하였다.

나아가 형식적인 측면에서 보자면, 귀족예술은 예술형식의 심미적인 특징을 강조하고, 그 형식적인 심미 특징을 기반으로 예술적인 문장과 실용적인 문체를 구분한다. 이에 관해 조비는 "시와 부는 아름다워야 한다"[47]라고 말하였고, 육기는 시와 부를 창작할 때 비단에 그려진 그림처럼 아름답고(綺靡), 체감된 것을 맑고 밝게 구현해야 한다고(瀏亮)[48] 언급하였으며, 소통은 형식미를 강조하면서 "뜻은 아름다운 문채와 언사로 귀결된다"[49]라고 주장하였다. 실제로 위진시대에 이르러서야 중국의 문론文論에서 문文과 필筆의 구분이 생겨났는데, 이는 예술의 독립적 과정이 이 시대에 비로소 시작되었음을 시사한다. 그리고 이러한 과정에서 귀족 출신의 예술가들은 실제 창작을 통해 예술의 독립을 추진하였다. 비록 그들에 의해서 구현된 예술작품은 형식주의나 유미주의에 빠져 있다는 비판을 면하기 힘들지만, 그러나 다른 한편으로 그러한 예술창작은 예술을 바라보는 기존의 방정한 시각을 교정하여, 예술이 도덕의 족쇄에서 벗어나 독립성을 획득하도록 추진하였다는 점에서 큰 의의를 지닌 것이라 할 수 있다.

다음으로, 귀족예술은 중국예술의 심미적 풍격을 향상하였다. 평민예술은 이성적이고 현실적인 의의를 중시하고, 예술의 형식적 질박함을 강조하기 때문에, 예술이 지닌 초월성과 감성적인 내포를 외면하고, 형식적인 미를 거부하는 경향을

---

45) 陸機, 『文賦』, "詩緣情而綺靡, 賦體物而瀏亮."
46) 蕭綱, 「誡當陽公大心書」, "立身之道與文章異, 立身先須謹愼, 文章且須放蕩."
47) 曹丕, 『典論·論文』, "夫文本同而末異, 蓋奏議宜雅, 書論宜理, 銘誄尙實, 詩賦欲麗."
48) 陸機, 『文賦』, "詩緣情而綺靡, 賦體物而瀏亮."
49) 蕭統, 『文選』, 「序」, "事出於沈思, 義歸乎翰藻."

지닌다. 그래서 평민예술에서는 경지가 높은 심미적 풍격을 구현하기 어렵다. 이와 달리, 귀족 출신의 지식인은 고아하고 정교한 예술적 취미뿐만 아니라, 세대에 걸쳐 전승된 문화적 소양을 갖추고 있으므로, 예술이 지닌 초현실적 심미 풍격을 중시한다. 그리고 이러한 귀족예술에 의해서 강조된 감성적인 특징과 형식미는 예술의 표현력과 감화력을 부각하는 동시에, 삶의 의미나 철학적인 이치 등 형이상 학적 가치에 대한 사색을 부추김으로써, 심미적 의미를 향상시킬 수 있다. 실제로 이와 같은 특징을 지닌 귀족예술이야말로 고아한 예술의 원류라고 할 수 있는데, 나중에 평민예술도 바로 그러한 특징을 흡수할 수 있었기 때문에, 스스로의 심미적 풍격을 속에서 아로 이행시킬 수 있었다.

　　마지막으로, 귀족예술은 이단의 예술로서, 예술의 발전사에서 아방가르드 (Avant-garde) 예술의 기능을 수행하여 평민예술과 더불어 중국예술의 내포를 풍부하 게 하였다. 귀족예술은 비주류의 예술로서, 주류 예술인 평민예술에게 이단시되고 배척되었지만(고문운동), 그것은 항상 주류 예술을 보완하고, 그것이 발전할 수 있는 새로운 길을 열어 주었다. 예를 들어 귀족예술의 작품인 『초사』는 한부漢賦의 홍기를 부추겼고, 귀족예술의 유풍遺風인 육조예술은 당대唐代예술의 기반이 되었으 며, 귀족예술의 말류末流인 오대의 예술은 송사宋詞의 번영에 직접 영향을 미쳤고, 귀족정신의 최후 결정체結晶體인 『홍루몽』은 『서유기』, 『삼국연의』, 『수호전』 등 평민소설을 넘어 중국의 고전소설을 절정에 이르도록 하였다. 나아가 평민예술은 귀족예술의 장점, 즉 형식미에 대한 강조, 초월성에 대한 추구, 정감의 거침없는 표현 등을 어느 정도 수용하였기 때문에 심미적 풍격을 향상할 수 있었다. 당송唐宋 이후 귀족예술은 직접 새로운 절정기를 구현하지 못하였지만, 그 전통이 다양한 방식으로 주류 예술에 삼투하여 이백李白, 두보杜甫, 소식, 이청조李淸照 등 대가에게 영향을 미쳤다. 비록 이 대가들은 귀족 출신이 아니지만, 귀족예술의 정수를 수렴함 으로써 평민예술의 한계를 넘어 중국예술의 최고 수준을 구현할 수 있었다.

　　비록 귀족예술과 그 정신은 중국 역사에서 지속적으로 전승되었지만, 그 추세는 전체적으로 쇠퇴의 형태를 띠고 있다. 그래서 그것은 평민예술처럼 중국예술을 주도할 수 없었다. 따라서 귀족예술보다는 평민예술이 지닌 평민성이야말로 중국예술의 기본적인 풍격이라고 할 수 있다.

3. 중화예술의 실용이성

후기 봉건사회에서 평민정신이 주류가 되면서 귀족정신은 쇠퇴하기 시작하였다. 그래서 중화예술은 평민성의 풍격을 지니게 되었는데, 이 평민성의 정신이 바로 실용이성이라는 특징으로 대변되고, 그 핵심은 바로 도덕화와 세속성에 있다. 중화미학은 문장을 통해 도를 밝히는 명도明道의 예술관을 확립하였는데, 여기에서의 도는 기본적으로 윤리도덕을 가리킨다. 이리하여 예술은 인간의 희노애락을 표현하는 동시에 현실에 적극적으로 참여하여 도덕적 이념을 전달하는 매체, 또는 교화의 도구로 변모하였다. 이천여 년 동안 지속된 중화예술의 주된 흐름은 악惡을 지양하고 선善을 고양하며 현실을 위해 봉사하는 실용이성을 강조하는 것이다. 그리고 이러한 실용이성의 경향은 『시경』에서 누차 표현된 "배고픈 자는 먹을거리를 읊조리고, 수고로운 자는 일을 읊조린다"50)라는 주제, 『초사』에서 표현된 나라와 고향을 떠난 슬픔, 한부에서 표현된 신흥제국의 기백, 위진 문인에게서 현시된 소극적 저항, 당대 시가가 지닌 성세盛世의 기상, 송원宋元의 사곡詞曲이 지닌 민간성, 명청 소설과 희극에서 표현된 세상물정에 대한 사고 등에서 예외 없이 드러나고 있다.

중화예술은 종교적인 영향을 거의 받지 않았고, 철학적인 사고를 직접 드러내지 않았지만, 여전히 강력한 현실적 관심을 기반으로 거대한 사회적 기능을 수행하였다. 그러나 다른 한편으로, 실용이성에 따른 평민예술은 예술의 독립성을 외면하고, 그 심미적 가치를 억제하며, 인간의 내면과 현실을 초월하는 차원에 대한 사고를 결여하고 있다. 이러한 점은 평민예술이 지닌 실용이성이라는 특징과 귀족예술의

---

50) 『春秋公羊傳』, 宣公十五年, "飢者歌其食, 勞者歌其事."

갖춘 특징을 비교하면 더욱 명확하게 드러난다.

우선 평민예술은 집단적인 이성을 중시하는 경향을 지니는가 하면, 귀족예술은 개체의 체험을 중시하는 특징을 갖고 있다. 평민 지식인은 이성적인 의식이 강하므로, 예술적 취미도 이성에 치우쳐 이치(理)로써 정감(情)을 절제해야 한다고 주장한다.[51] 그래서 그들에게서는 온순하고 부드러우며 돈후敦厚한 중화지미中和之美의 심미관이 형성되었다. 한편 귀족 지식인은 감각적 향락이나 정신적 자유를 추구하는 데 주력하는 경향이 있다. 그래서 그들의 예술이념은 정감을 방임하고, 내면의 정욕을 거침없이 발산하는 것을 중시하므로, 이성에 따른 예술관과 거리가 멀다. 중화예술은 평민예술에 의해서 주도되기 때문에, 대체로 개체의 체험이나 삶이 지닌 의미보다는 보편적인 선악과 집단적인 의식의 구축을 추구하는 데 초점을 맞추고 있다. 예를 들어, 수많은 시인이 있음에도 불구하고, 오직 두보杜甫가 시성詩聖이라고 일컬어지는 이유는 바로 그가 전통사회에서 지식인들이 지닌 집단적 의식을 드러내 보편적인 공감을 얻었기 때문이다.

다음으로, 평민예술은 예술이 지닌 현실적인 공리성을 중시하고, 귀족예술은 그것이 지닌 심미적인 초월성을 중시한다. 평민 지식인은 대부분 치국治國과 평천하平天下의 포부, 즉 공리적인 마음(功利心)을 가지고 있다. 그래서 예술창작에서 그들은 사회 현실의 문제에 주목하여 예술의 교화 기능을 강조함으로써 특유의 찬미와 풍자, 즉 미자美刺의 전통을 구현하였다. 그러나 귀족 지식인들은 그 우월한 사회적 지위로 인해 사회 현실과 거리가 있고, 공리에 대한 의식도 빈약하다. 그래서 그들은 개체의 정신적 내면에 더욱 주목하는 까닭에, 예술창작에서도 초현실적이고 철학적인 문제에 대해 더 큰 관심을 기울인다. 따라서 귀족예술은 대체로 현실성이 퇴색되고 형이상학적 의미가 부각되는 방식으로 구현된다. 그래서 평민예술을 주된 형식으로 삼는 중화예술은 현실에 대한 두터운 관심을 갖고 있지만, 존재와

---

51) 『論語』, 「八佾」, "子曰, '關雎, 樂而不淫, 哀而不傷.'"; 『文心雕龍』, 「辨騷」, "國風好色而不淫, 小雅怨誹而不亂." 등 참조.

인생의 의미 등에 대한 반성이 부족하다.

마지막으로 평민예술은 내용의 충실함을 강조하고, 귀족예술은 형식의 아름다움을 강조한다. 평민 지식인은 비교적 소박하고 충실한 삶의 방식을 취하고 있으므로, 그 문화적인 취미도 소박한 편에 속한다. 그래서 그들은 대부분 실속이 없고 겉만 화려한 문풍을 거부하고, 형식주의와 유미주의를 반대하는 경향을 지닌다. 이에 관해서 "언사는 뜻을 표현하는 데 이르면 될 뿐이다"[52]라는 공자의 말이 매우 큰 영향력을 행사하였다. 특히 후세의 평민예술은 한당漢唐의 예술을 정통으로 삼아 충실하고 질박한 풍격을 일관하게 주장하였다. 그러나 귀족계층은 사치하고 공허한 생활을 즐기기 때문에, 그 예술적 취미도 아름답고 화려한 것을 숭상한다. 이런 배경에서 귀족예술은 언사와 문장의 음운音韻을 중시하고, 문장 형식을 다듬는 기교를 선호하는데, 그 과정에서 귀족예술은 강한 유미주의와 형식주의적인 경향을 지니게 되었다. 그리고 귀족예술은 대체로 육조의 예술을 전범으로 삼아 사물을 화려하게 꾸미고 조각하는 풍격을 선호한다. 그래서 평민예술을 주류로 삼는 중화예술사에서 여러 차례의 고문운동이 일어났는데, 이 운동이 바로 귀족적인 감성의식에 대한 이성적인 비판이라고 할 수 있다.

제3절 중화미학의 사상적 원류

중화미학은 춘추전국시대에서 시작되고, 제자백가諸子百家의 사상을 융합하여 형성되었으므로, 긴 역사를 지니고 있다. 그리고 이러한 중화미학이 형성하는 과정에서 가장 큰 영향력을 발휘한 사상은 유가와 도가, 후세에 등장한 불가佛家 또는 선종禪宗의 사상이다. 그러나 선진시대의 유가와 도가는 단편적인 미학사상을 제기하였으나, 온전한 미학이론을 구축하지 못하였고, 후세의 불가도 심미를 부정

---

52) 『論語』,「衛靈公」, "子曰, '辭達而已矣.'"

하므로 직접적으로 미학사상을 전개하지 못하였다. 그럼에도 불구하고 이 사상들은 여전히 중화미학의 형성에 영향을 미쳤다. 특히 진한秦漢 이후로 유가와 도가의 미학사상이 합류하고 불가의 사상까지 그 속에 수렴하여 본격적인 미학의 논의를 촉발하였다. 그래서 중화미학은 그 발전 과정에서 다양한 철학사상의 영향을 받아서 생겨난 학문이라고 할 수 있다. 이러한 점을 고려하여 우리는 중화미학을 하나의 전체로 보고 그 사상적 원류에 대해 고찰할 필요가 있다.

1. 제자백가의 흥기

춘추전국시대는 백가쟁명百家爭鳴의 시대라고 불린다. 이 시대에 유가와 도가, 묵가墨家와 법가法家 등 학파가 나타나 중국문화의 사상적 기초를 정초하고, 중화미학의 뿌리를 형성하였다.

중국 사회는 춘추시대에 이르러 근본적인 변화를 맞이하였는데, 그것이 바로 봉건사회가 후봉건사회로 전향하는 변혁이다. 이 시기에 경제적인 측면에서는 정전제井田制의 폐지로 인해 토지의 사유화가 일어나 지주계급이 등장하게 되었다. 그리고 정치적인 측면에서는 귀족제가 몰락하고, 평민 출신의 관료가 역사적 무대에 오르게 되었다. 나아가 문화적인 측면에서는 예악禮樂제도가 붕괴되어 평민문화가 귀족문화를 대체하게 되었다. 마지막으로 윤리적인 측면에서는 인간의 욕망이 거침없이 분출하여, 전체 사회가 혼란에 빠지게 되었다. 이와 같은 배경에서 사상가들에게는 사회와 문화의 질서를 재정립하여 인간과 사회의 충돌을 불식시키는 과제가 주어졌다. 따라서 다양한 학파가 등장하여 스스로의 주장을 펼쳤는데, 그중 가장 영향력을 지닌 학파가 바로 유가, 도가, 묵가, 법가이었다.

인간의 욕망이 각성하고 팽창하는 현실에 직면하여, 유가는 욕망이 존재하는 합리성을 인정한다. 즉 유가에 따르면 인간에게 욕망이 있는 것은 자연스러운 일이지만, 그것에는 인류를 해치고 사회를 교란하는 위험성이 있으므로, 반드시 절제되어야 한다. 그리고 욕망을 절제하는 방법으로 거론된 것이 바로 예악에 따른 교화이다. 예악문화는 본래 주周나라 시대의 사회규범이고, 그것은 정치, 윤리, 법률, 종교 등 내포를 포함한다. 그러나 춘추전국시대에서 예악문화는 그 기능을 잃게 되었다. 그래서 공자는 사회의 혼란한 상태를 지양하려면 예악문화를 회복하여야 한다고 주장하였는데, 이것이 바로 "자신의 사욕을 극복하여 예로 되돌아간다"[53]라는 극기복례설克己復禮說이 제기된 배경이다. 여기에서 극기는 곧 욕망을 절제하는 뜻이고, 복례는 곧 예악의 교화를 회복하는 의미이다.

나아가 유가는 예악에 따른 교화의 핵심이 인仁에 있고, 인이 효제孝悌에서 시작되며, 효제가 또한 혈연적 관계에 기반하므로, 혈연적 관계를 중심으로 한 예악체계를 구축하여야 한다고 주장한다. 그러나 유가가 제시한 인에는 사랑의 의미가 있지만, 현대의 사랑 개념과 다르다. 다시 말해, 그것은 평등하고 개인의 권리에 속한 사랑의 개념이 아니라 정감의 권력화, 즉 은혜(恩)를 본질로 한 인간 사이의 은정恩情 관계를 나타내는 개념이다. 이렇게 되면 인, 효孝, 제悌, 충忠, 의義 등 윤리적 규범은 모두 은혜를 베푸는 행위와 보답하는 행위로 이해될 수 있다. 예를 들어 부모가 자식에게 은혜를 베풀었기 때문에, 자녀는 효를 행하여 그것에 보답하여야 하고, 군주가 신하와 백성에서 은혜를 베풀었기 때문에, 신하와 백성은 충을 행하여 그것에 보답하여야 한다는 것이다. 그러므로 인의仁義를 시행하는 것은 곧 은혜를 베푸는 것이 되어, 은혜를 베푸는 자는 은혜를 입은 자를 지배하는 권력을 지니고, 입은 자는 그것에 보답하는 의무를 갖게 된다.

더욱이 유가가 말한 인애仁愛는 혈연적 친소 관계에 따라 차등이 있는 것으로, 이는 은혜를 베풀고 보답하는 행위에도 정도의 차이가 있음을 의미한다. 그래서 유가는 혈연 중심적인 관계에 입각하여 사회의 질서를 재확립하려고 하였는데, 이를 논증하기 위해서 방대한 철학 체계를 구축하였다. 전체적으로 유가는 천도天道를 핵심으로 삼아, 그것이 곧 인도人道임을 강조하며, 덕치德治로써 천하를 다스려야 한다고 주장한다. 그러나 유가는 힘의 논리가 보편적으로 통용되는 선진시대에서

---

53) 『論語』, 「顔淵」, "顔淵問仁. 子曰, '克己復禮爲仁.'"

통치자의 외면을 받았고, 한漢나라에 이르러서야 주류 문화로 자리를 잡게 되었다.

한편, 도가는 천하가 혼란한 이유가 인간의 욕망 때문이라면 마땅히 그러한 욕망을 제거하여야 한다고 주장한다. 이것이 바로 무지무욕無知無欲을 통해 천지와 일체가 된다는 주장이다. 도가에 따르면 지혜와 욕망이 없어지면, 인간과 인간, 인간과 자연은 충돌할 리가 없고, 예악의 교화도 존재할 필요가 없다. 따라서 도가는 문명과 교화를 반대하여 '자연으로 되돌아간다'(回歸自然)라는 사상을 주장한다. 도가는 이와 같은 자연주의적 경향에 입각하여 철학사상을 전개하였는데, 이에 따르면 "도道는 스스로 그러함의 자연을 본받고"(道法自然)[54], 만물도 그러한 자연을 근본으로 삼는 것과 달리, 문명과 교화는 자연에 반하는 것으로 참된 것(眞)이 아니라 거짓된 것(僞)이다.

도가는 문명이 발전하는 초기 단계에서 이미 그것에 인간을 속박하는 요소가 있음을 의식하였다. 비록 이러한 견해는 일정한 합리성을 지닌 것이지만, 모순적인 내용도 있다. 즉 그것은 욕망을 인간의 자연스러운 천성에서 배제하였는데, 이렇게 되면 인간은 새나 금수, 나무나 돌과 같은 존재가 되므로, 인성人性이 곧 물성物性과 같은 것이 된다. 실제로 욕망은 인간이 지닌 자연스러운 천성이고, 그러한 의미에서 문명과 교화도 필요하다. 따라서 욕망과 문명, 그리고 교화를 제거하는 것은 실재에 부합하는 이론이 될 수 없다.

묵가는 유가나 도가와 다른 측면에서 자신의 주장을 내세웠다. 묵가에 따르면 천하가 혼란한 이유는 사람마다 자신만의 이익을 충족하는 일에 몰두하여 다른 사람을 평등하게 사랑하지 않기 때문이다. 그래서 묵가는 평등하게 아울러 사랑하는 '겸애兼愛'의 윤리사상, 번갈아 서로 이롭게 하는 '교상리交相利'의 사회사상, 다른 나라에 대한 침공을 반대하는 '비공非攻'의 정치적 주장, 귀신을 섬기는 종교적 사상 등을 내세웠다. 비록 이와 같은 사상들은 그 나름의 합리성이 있으나, 지나친

---

54) 『道德經』 第25章, "人法地, 地法天, 天法道, 道法自然." 번역문은 임채우가 옮긴 『왕필의 노자』(老子王弼注, 예문서원, 1997)를 저본으로 삼았다.

유토피아적 경향을 지니기 때문에, 현실적으로 적용되기 힘들다.

　　마지막으로 법가의 사상은 힘으로써 천하를 쟁탈하는 역사적인 수요에 가장 걸맞았기 때문에, 전국시대 각국의 주된 지도 사상으로 정착되었다. 법가의 사상은 기본적으로 사람의 본성이 악하다는 전제에서 정립되었다. 법가에 따르면 인간의 본성은 사적인 욕망을 지니는 것이고, 모든 인간은 욕망에 의해 좌우된다. 그러나 이러한 욕망은 단순히 제거되거나 억제될 수 없으므로, 통치자는 상벌賞罰로써 그것을 이용하여 욕망이 국가의 이익을 위해 봉사할 수 있도록 다듬어야 한다. 그래서 법가는 한편으로 농경과 전쟁을 권장하고 장려하면서도, 다른 한편으로는 엄격한 형벌로 백성을 통제한다. 이러한 법가사상이 그 당시 평민사회의 통치를 가장 효율적으로 수행하였기 때문에, 전국시대를 넘어 한대漢代에 이르기까지 계속 유가의 사상과 함께 통치계급의 의식형태로 작용하였는데, 이를 가리켜 "겉으로는 유가사상을 표방하고 속으로는 법가의 이념을 간직한다"(儒表法里)라고 부른다.

2. 유가의 미학사상

　　유가의 사상은 중국의 주류 사상으로서 미학의 형성에 가장 큰 영향을 미쳤다. 유가철학에 따르면 천도가 곧 인도이고, 인도가 곧 인륜의 법칙이므로, 그것을 실현하기 위해 문명과 교화를 실천하여야 한다. 그래서 유가의 사상은 윤리학에 치중된 사상이라고 할 수 있다.

　　중화미학의 기초를 이룬 것은 고대의 예술(문학 포함)이고, 이러한 예술은 또한 고대의 의식과 규범을 벗어날 수 없으므로, 예술은 예교禮敎에 귀속된 형태로 있었다고 하여도 과언이 아니다. 나아가 중화문화에서 예교의 의식儀式을 담당하는 부분이 바로 예악의 체계이고, 그것은 시詩, 악樂, 무舞 등 예술형식을 혼합된 형태로 간직하고 있을 뿐만 아니라, 예술 교육에 관한 내용도 포함한다. 유가의 예악체계 속에서 예는 질서와 규칙을 강조하는 것이고, 악(시와 무 포함)은 정감을 강조하는 것인데, 그중에서 악은 항상 예를 위해 봉사하는 것으로 인식된다. 따라서 중국의 고대

예술은 순수한 예술이 아니고, 의식형태와 구분되지 않는 심미적 문화에 가깝다. 이러한 의미에서 공자는 "사람으로서 인하지 못하면 예를 어떻게 행할 수 있고, 사람으로서 인하지 못하면 악을 어떻게 할 수 있겠는가?"[55]라고 말하였는데, 이는 예술(예악)을 독립적인 범주보다는 인(도덕)에 의존해야만 성립될 수 있는 것으로 규정한 것이다. 그래서 유가에 있어서 미학은 실질적으로 윤리학의 부속 학문이다. 비록 후세에 예술과 문학의 독립으로 인해 미학도 점차 윤리학의 범주에서 벗어나게 되었지만, 이는 후기 전통사회에서 시작되고 5・4운동 때 이르러서야 완성되었다. 이와 같은 배경에서 유가의 미학사상은 다음과 같은 특징을 지닌다.

우선, 유가의 미학사상은 도를 미의 근본으로 삼는 동시에, 도의 터득함을 즐기는 것, 즉 낙도樂道를 미로 간주한다. 『논어』에는 "예의 쓰임은 조화和를 귀하게 여기니, 선왕先王의 도는 이를 아름답다고 하였다"[56]라는 말이 있는데, 이는 도를 미의 본원으로 규정한 것이다. 나아가 순자는 "군자君子는 올바른 도를 터득하는 것을 즐기고, 소인小人은 사욕을 채우게 되는 것을 즐긴다"[57]라고 말하였는데, 이 진술도 또한 심미를 낙도로 간주한 것이다.

나아가 중화미학은 또한 문과 도의 관계로 미의 본질을 규정한다. 중화미학의 문맥에서 미의 개념은 문의 개념과 서로 연결되어 있다. 문은 본래 무늬(紋)나 문채紋彩의 뜻으로, 후세에 이르러 문화, 문장, 문채文采 등을 가리키게 되어 미의 의미까지 지니게 되었다. 『문심조룡文心雕龍』은 시작 부분에서 문과 도의 관계에 대해서 규명하였다. "문의 덕이 됨은 크고, 그것이 천지와 나란히 생겨났다고 함은 어째서인가? 무릇 하늘의 흑적색과 땅의 누런색이 서로 섞인 데에서 네모난 것과 둥근 것의 형체가 구분되었다. 이리하여 해와 달은 겹쳐놓은 둥근 옥벽처럼 아름다운 하늘의 형상을 드리워 내고, 산과 강은 꽃무늬를 새겨놓은 비단처럼 땅의 형체를 조리 있게 펼쳐 낸다. 이것이 모두 도에 따른 문이다."[58] 유협劉勰은

---

55) 『論語』, 「八佾」, "子曰, '人而不仁, 如禮何? 人而不仁, 如樂何?'"
56) 『論語』, 「學而」, "有子曰, '禮之用, 和爲貴, 先王之道斯爲美.'"
57) 『荀子』, 「樂論」, "君子樂得其道, 小人樂得其欲."

이 말을 통해 문이 곧 도의 현현이라는 점을 분명히 강조하였다. 여기에서 그치지 않고, 그는 또한 도가 문으로 이행하는 매개, 즉 성인聖人에 대해서 언급하였는데, 이에 따르면 "도는 성인을 통해 문으로 드리워지고, 성인은 문에 의지하여 도를 밝힌다."59) 요컨대 유가의 미학은 도가 미의 본원이고, 미가 도의 현현이라고 주장한다.

다음으로, 유가의 미학은 미와 선이 일체임을 강조하며, 미는 본래 윤리적 내포를 지닌 것이라고 주장한다. 유가에 있어서 도는 윤리적 법칙이기 때문에, 선은 미의 본질이고, 미는 선의 형식이다.60) 그러나 유가에서는 미라는 형식을 윤리와 구분하기 위해서 자주 문이라는 표현을 쓰는데, 공자에 따르면 외면적인 문과 내면적인 질質은 서로 어우러져야 한다.61) 여기에서의 질은 곧 내용 즉 덕을 가리키고, 문은 곧 겉으로 드러나는 아름다운 형식을 의미하는데, 공자는 미의 형식이 덕의 내용에 부합되어야 하는 점을 강조하고 있다. 공자의 미학사상을 계승한 맹자는 "누구나 좋아하고 따를 만한 것을 선善이라고 하고, 선을 자기 몸에서 찾는 것을 신信이라고 하며, 그 신을 충실하게 실천하는 것을 미라고 한다"62) 라고 말하였는데, 여기에서 그는 미를 도덕적 실천의 충실함으로 규정하였다. 나아가 순자도 심미와 도덕을 함께 논의하고,63) 도덕적인 온전함이나 순수함이 곧 미임을 주장하였다.64) 그 뒤로 유가의 미학적 논의는 공맹의 사상에서 크게 벗어나지 않고, 논증적인 부분에서만 그것을 보완하였을 뿐이다. 요컨대 유가의 미학에 따르면 미는 도에 종속되고, 그것의 표현형식이며, 선에 의존하고 그것을

---

58) 劉勰, 『文心雕龍』, 「原道」, "文之爲德也大矣, 與天地并生者何哉? 夫玄黃色雜, 方圓體分, 日月疊璧, 以垂麗天之象. 山川煥綺, 以鋪理地之形. 此蓋道之文也."

59) 劉勰, 『文心雕龍』, 「原道」, "故知道沿聖以垂文, 聖因文以明道."

60) 『論語集注』, 「八佾」, "美者, 聲容之色. 善者, 美之實."

61) 『論語』, 「雍也」, "子曰, '質勝文則野, 文勝質則史. 文質彬彬, 然後君子.'"

62) 『孟子』, 「盡心下」, "可欲之謂善, 有諸己之謂信, 充實之謂美."

63) 『荀子』, 「樂論」, "故樂行而志淸, 禮修而行成, 耳目聰明, 血氣和平, 移風易俗, 天下皆寧, 美善相樂. 故曰, 樂者, 樂也."

64) 『荀子』, 「勸學」, "君子知夫不全不粹之不足以爲美也."

위해 봉사하는 것이다. 이리하여 미와 선의 관계는 같은 차원에 있는 것이 아니게 된다. 다시 말해, 선은 미를 떠날 수 없지만, 미보다 높은 차원의 가치이므로, 미를 구현한다고 해서 곧 선을 온전히 실현하였다고 말할 수 없다는 것이다.[65]

그다음으로, 유가의 미학에 따르면 심미는 정情과 리理의 합일이고, 그러한 활동은 곧 예로써 정을 절제하는 것이다(以禮節情). 본체론적 차원에서 유가는 천도가 곧 인도라고 주장한다. 그리고 선진시대의 유가에서는 정과 리의 구분이 일어나지 않았으므로, 도는 리이면서도 정이다. 나아가 이와 같은 점은 「중용中庸」을 통해서도 설명된다. 「중용」에는 "하늘이 명命한 바를 성性이라고 하고, 그 성을 따르는 것을 도라고 한다"[66]라는 진술이 있는데, 여기에서 하늘이 명한 바, 즉 천명天命은 곧 인성人性을 가리키기 때문에, 도는 성과 서로 통하는 것이 된다. 이와 더불어 정은 또한 성이 드러난 상태이므로, 유가가 말한 도는 곧 정감을 아우르는 것이 된다. 그러한 까닭에, 미가 도에서 비롯되었다고 주장한 유가의 미학사상은 실제로 미의 이성적인 본질과 그것의 정감적인 특징을 아울러 강조하는 것이라고 말할 수 있다. 특히 유가는 도의 터득함을 즐기는 것, 즉 낙도를 미로 규정하는데, 여기에서 낙도는 곧 이성적인 도덕법칙(도)과 긍정적인 정감(낙)을 합치시킨 개념이다.

유가의 미학사상은 심미가 윤리적인 내용을 함축하고, 이성을 그 본질로 삼고 있다고 주장한다. 그러나 그것은 동시에 윤리가 인정人情에 근본하기 때문에, 정과 리를 조화시켜야 한다고 강조한다. 그래서 유가가 말한 심미는 이성뿐만 아니라 정감을 지닌 것으로, 정과 리의 통일 또는 윤리화된 정감을 지향하는 것이라고 할 수 있다. 공자와 맹자는 성선론性善論의 견지에서 인간의 본성이 천도와 통하기 때문에, 인성과 도덕은 서로 모순되는 것이 아니라, 윤리가 곧 미의 본질임을 강조한다. 한편 순자는 성악론性惡論의 입장에서 미와 이성·정감 사이의 모순을 해결하여 그것들의 통일을 실현하려고 하였다. 이에 관해 그는 "본성은 본시 재질의

---

65) 『論語』, 「八佾」, "子謂韶, '盡美矣, 又盡善也.' 謂武, '盡美矣, 未盡善也.'"
66) 『禮記』, 「中庸」, "天命之謂性, 率性之謂道."

질박함이고, 작위(僞)는 문식(文)과 조리(理)가 융성한 상태이다. 본성이 없으면 작위는 가해질 곳이 없고, 작위가 없으면 본성은 스스로 아름다울 수가 없다"[67]라고 말하였는데, 이에 따르면 인간의 본성은 소박하지만, 욕망을 지닌 것으로, 미의 근거는 될 수 있으나, 그 자체로는 미라고 할 수 없다. 오직 본성에 도덕적 교화를 가해야 본성이 올바른 방향으로 나아가게 되어 미의 상태를 이룩할 수 있다.

그러나 유가는 정과 리의 조화를 주장하지만, 정에 대한 리의 통제 기능을 더욱 강조한다. 공자는 『시경』의 내용을 가리켜 "생각에는 사특함이 없다"(思無邪)[68]라고 말한 바가 있는데, 이는 실제로 『시경』에 들어 있는 정감과 욕망이 모두 윤리적 규범에 부합된다는 뜻이다. 또한 순자는 성악론을 기반으로 정감에 대한 이성의 통제 기능을 강조하였는데, 그에 따르면 "백성에게 좋아하고 싫어하는 정감만 있고, 그것에 대한 기뻐하고 노여워하는 반응이 없으면 곧 어지러워진다. 선왕은 그러한 어지러움을 싫어하였기 때문에, 그들의 행실을 닦고, 그들의 음악을 바로잡아서 천하가 순조로워질 수가 있었다."[69] 요컨대 유가에게 있어서, 심미는 이성의 통제에서 이루어진 정감적 활동, 즉 윤리화된 정감의 표현이다.

마지막으로 유가의 미학사상에는 인간과 세계의 조화를 지향하는 이념이 들어 있다. 중국의 고전문화 속에서 인간과 자연, 인간과 사회의 구분이 충분히 이루어지지 않았다. 그러한 까닭에 자아와 개체라는 개념은 성립하지 않았고, 세계도 또한 객체화되지 못하였다. 유가철학은 천인합일天人合一의 세계관을 기반으로, 인간과 세계의 조화를 지향한다. 그리고 이러한 조화에는 인간과 인간, 인간과 자연의 조화가 모두 포함되어 있기 때문에, 그러한 조화는 사회적 이상이자 심미적 이상, 곧 미로 인식된다. 유가의 미학에 따르면 심미는 인간과 인간 사이의 조화로운 관계로서 윤리적 화목을 추진할 수 있다. 이에 관해 공자는 "마을의 인심人心이

---

67) 『荀子』, 「禮論」, "性者, 本始材朴也. 僞者, 文理隆盛也. 無性則僞之無所加, 無僞則性不能自美."
68) 『論語』, 「爲政」, "子曰, '詩三百, 一言以蔽之, 曰思無邪.'"
69) 『荀子』, 「樂論」, "夫民有好惡之情, 而無喜怒之應則亂. 先王惡其亂也, 故修其行, 正其樂, 而天下順焉."

인한 것을 가리켜 아름다움이라고 한다"[70]라고 말하였는데, 여기에서 인은 곧 인간과 인간 사이의 화목을 가리키는 것이다. 나아가 장재張載는 "백성은 나의 동포요, 사물은 나와 더불어서 함께 있는 자이다"[71]라고 말하였는데, 이는 조화의 이념을 인간과 자연으로 확장하여 적용하는 것이다. 더욱이 유가의 조화 이념은 인간과 인간, 인간과 사물에 그치지 않고 인간과 신의 관계까지 확장된다.[72] 이러한 조화 이념에 기반하여 중화미학은 중화中和의 관념을 정립하였는데, 이는 특정 심미의식 속에서 리와 정, 주체와 대상이 서로 화해된 상태를 의미하는 것이다.

정리하자면 유가의 미학사상은 중화미학의 주된 사상으로서 다음과 같은 세 가지 측면에서 중국의 미학 논의에 자양분을 제공하였다. 첫째, 유가의 미학사상은 가치적인 이성을 통해 인문정신을 정초하였다. 즉 유가의 미학사상은 도를 윤리적 법칙으로 규정하였는데, 이러한 규정에 함축된 이성 정신은 도구적인 이성이 아니라, 가치적인 이성이므로 인문정신을 지닌 것이라고 할 수 있다. 둘째, 유가의 미학사상은 천인합일의 조화 이념을 정초하였는데, 이는 인간과 자연, 개체와 사회가 충분히 분리되지 않는 시대에서 간주관성(Intersubjektivität)을 지닌 심미적 조화론을 내세운 것이라고 할 수 있다. 셋째, 유가의 미학사상은 리와 정을 분리하지 않고, 정감을 미의 속성으로 귀결하면서 주정론主情論의 미학을 정립하였는데, 이는 정감을 이성의 하위 범주로 전락시키는 인식론적 서양미학과 구분되는 것이다.

3. 도가의 미학사상

도가의 미학사상도 도를 본체로 삼는다. 그리고 그것은 도에서 직접 미를 연역해 내고, 미를 도의 현현이라고 보기 때문에, 예교로부터 미를 이끌어 내는

---

70) 『論語』, 「里仁」, "子曰, '里仁爲美.'"
71) 張載, 「西銘」, "民吾同胞, 物吾與也."
72) 『尙書』, 「虞書·舜典」, "帝曰, '夔, 命汝典樂, 敎胄子. 詩言志, 歌永言, 聲依永, 律和聲, 聲謂五聲, 宮商角徵羽, 律謂六律六呂, 十二月之音氣, 言當依聲律以和樂. 八音克諧, 無相奪倫, 神人以和.'"

유가의 경험론과 다르다. 나아가 도가의 도는 유가의 도와 다르다. 즉 그것은 도덕적 선을 가리키는 윤리의 도(倫理之道)가 아니라, 스스로 그러한 천성을 의미하는 자연의 도(自然之道)이다. 이와 같은 자연의 도에서 출발하기 때문에, 도가의 주장에는 크게 두 가지 측면의 내용을 지닌다. 하나는 반反주체성의 내용인데, 이 내용은 인간의 욕망과 의지 등을 제거하여 그들로 하여금 사물을 사역할 수 없도록 함으로써 만물과 일체를 이루는 것을 지향한다. 다른 하나는 반문명교화의 내용인데, 이에 따르면 문명과 교화는 스스로 그러한(自然) 천도에 위배되고, 인간을 거짓되게 만들기(僞) 때문에, 인간은 그것을 기반으로 한 윤리적 교화와 규범을 제거하여 자연스러운 천성을 회복하여야 한다.

이러한 두 측면의 내용은 모두 사회의 변혁에 대한 귀족 지식인의 저항에서 비롯된 것이다. 춘추시대에 귀족문화의 몰락으로 인해 평민문화가 점차 힘을 얻게 되었다. 이 과정에서 몰락한 귀족 지식인은 평민사회의 공리功利적인 가치관과 유가의 윤리적인 교육관에 반대하여, '나라를 작게 하고 백성을 적게 하는'(小國寡民) 사회, '마음을 깨끗이 하여 욕망을 적게 하는'(淸心寡欲) 삶의 방식, '자연스러운 상태로 되돌아가는'(回歸自然) 삶의 태도 등을 주장하였다. 도가의 입장에서 주체성과 문명교화는 서로 인과관계를 이루기 때문에, 모두 비판의 대상이 되어야 한다. 특히 반문명교화의 측면에서 도가의 주장은 문명과 교화가 주체의 권리를 규범화하는 것이므로 제거되어야 한다는 푸코(Foucault)의 주장과 매우 유사하다. 그러나 도가가 말한 자연의 천성은 푸코가 말한 신체성을 지닌 욕망의 주체와 달리, 무지무욕無知無欲의 비인간적 자연물이다. 도가에 따르면 인간은 문명과 교화를 멀리하여야 청정무위淸靜無爲를 통해 자연과의 통일을 이룰 수 있고, 나아가 참된 인간, 곧 진인眞人이 될 수 있어 진정한 자유, 즉 소요逍遙의 경지에 도달할 수 있다. 도가의 미학사상은 바로 이와 같은 철학사상을 기반으로 구축되었다.

도가에 있어서 윤리와 도덕은 모두 인위적으로 만들어 낸 거짓된 것(僞)이므로, 세속적인 선을 미라고 할 수 없고, 오직 자연스러운 천성天性의 참됨, 즉 진眞이 미가 될 수 있다. 이에 관해 장자는 다음과 같이 말하였다.

참됨이란 순수와 성실의 극치이니, 순수하지 않고 성실하지 않으면 사람들은 감동할 수가 없다. 그러므로 억지로 우는 자는 비록 그것이 슬퍼하는 것처럼 보이더라도 애처롭지 못하고, 억지로 성내는 자는 비록 그것이 엄숙해 보이더라도 위엄을 느끼지 못하며, 억지로 친근하게 행동하는 자는 비록 웃더라도 화목을 느끼지 못한다. 그러나 참된 슬픔은 소리 없어도 애처롭고, 참된 노여움은 드러나지 않더라도 위엄이 있으며, 참된 친근함은 웃음이 없어도 사람들을 화목하게 한다. 참된 것이 안에 갖추어져 있으면 신묘한 작용이 밖에 드러나니, 이것이 참된 것을 귀하게 여기는 까닭이다.…… 예禮라고 하는 것은 세속에서 인위적으로 만든 것이고, 참된 것은 하늘에서 받은 것이고 본래 스스로 그러한 것이니 바꿀 수 없는 것이다. 그러므로 성인은 하늘을 본받아 참된 것을 귀하게 여겨 세속에 구애되지 않는다.[73]

여기에서 알 수 있듯이, 유가가 선을 미라고 규정하는 것과 달리, 도가는 진을 미로 간주한다. 그리고 이와 같은 진은 타당하고 참된 지식을 의미하는 것이 아니라, 사물이 본래 갖고 있는 자연스러운 성질, 즉 천성의 참됨을 의미한다.

노자가 제시한 도의 개념은 정감을 배제한 도이다.[74] 그래서 그는 정감에 휘둘리지 않고, 세계와 인생을 관찰하고 사고할 수 있었다. 나아가 그는 세속적인 미에 대해서도 긍정적인 태도를 지니지 않았다. 즉 노자는 마음을 깨끗이 하여 욕망을 적게 함을 주장하므로, 세속적인 심미를 정감이 범람한 결과로 보았다. 그리고 노자는 모든 예술에 대해 반대하였는데, 그에 따르면 "다섯 가지 색色은 사람의 눈을 어둡게 하고, 다섯 가지 음音은 사람의 귀를 멀게 한다."[75] 또한 그는 진으로써 미를 부정하면서 "미더운 말은 아름답지 못하며, 아름다운 말은 미덥지 못한다"라고 말하였다.[76] 따라서 노자의 철학에는 반反미학적인 측면이

---

73) 『莊子』, 「漁夫」, "眞者, 精誠之至也. 不精不誠, 不能動人. 故強哭者雖悲不哀, 強怒者雖嚴不威, 強親者雖笑不和. 眞悲無聲而哀, 眞怒未發而威, 眞親未笑而和. 眞在內者, 神動於外, 是所以貴眞也.……禮者, 世俗之所爲也. 眞者, 所以受於天也, 自然不可易也. 故聖人法天貴眞, 不拘於俗." 본문에서의 『장자』 번역문은 동양고전종합DB에 실려 있는 안병주, 전호근의 번역을 저본으로 삼았다.
74) 『道德經』 第5章, "天地不仁, 以萬物爲芻狗. 聖人不仁, 以百姓爲芻狗."
75) 『道德經』 第12章, "五色令人目盲, 五音令人耳聾."

있다고 말할 수 있다.

그러나 다른 한편으로, 노자의 철학에는 세속적인 미를 초월하는 미를 긍정하는 측면도 있는데, 그러한 미가 바로 도의 형식으로서의 참된 미(眞美)이다. 노자는 도를 이름도 없고(無名), 작위도 없으며(無爲), 형체도 없고(無形), 소리도 없는 것(無聲)으로 규정하여, 그것을 경험적이거나 감각적인 대상과 구분하였다.[77] 그리고 그는 이와 같은 초超경험적 도에 대해 다음과 같이 말하였다.

> 보려고 해도 볼 수 없으므로 이夷라고 하고, 들으려고 해도 들을 수 없으므로 희希라고 하며, 잡으려고 해도 얻을 수가 없으므로 미微라고 한다. 이 세 가지는 끝까지 캐물을 수 없으므로 섞어서 하나이다. 그 위는 밝지 않고, 그 밑은 어둡지 않으며, 끊임없이 이어져 이름을 붙일 수가 없고, 또다시 아무것도 아닌 것으로 되돌아가니, 이를 가리켜 모양 없는 모양, 사물이 없는 형상이라고 하며, 황홀恍惚이라고 한다.[78]

노자에 따르면 참된 미는 경험의 대상이 아니라, 초경험적 깨달음의 대상이다. 그래서 그는 "텅 빈 덕德의 모습은 오직 도만을 따른 결과이다"[79]라고 말하였고, 도에 대해서 "나는 그 이름을 알지 못하니, 글자를 붙여서 도라고 하고, 이름을 지어 대大라고 한다"[80]라고 말하였다. 여기에서의 대는 웅장한 아름다움(壯美)이라는 뜻이 있으므로, 도와 미는 서로 통하고, 미가 도의 형식이 된다. 실제로 노자는 미의 개념을 쓰지 않고, 대부분 현玄이나 묘妙를 통해 심미적 의미를 표현하였다. 현과 묘는 모두 도를 표현하는 용어로서,[81] 미가 도의 속성이므로 현과 묘도 미적인

---

76) 『道德經』 第81章, "信言不美, 美言不信."
77) 『道德經』 第21章, "道之爲物, 唯恍唯惚. 忽兮恍兮, 其中有象. 恍兮忽兮, 其中有物. 窈兮冥兮, 其中有精. 其精甚眞, 其中有信."
78) 『道德經』 第14章, "視之不見, 名曰夷. 聽之不聞, 名曰希. 搏之不得, 名曰微. 此三者不可致詰, 故混而爲一. 其上不皦, 其下不昧, 繩繩不可名, 復歸於無物. 是謂無狀之狀, 無物之象, 是謂惚恍."
79) 『道德經』 第21章, "孔德之容, 唯道是從."
80) 『道德經』 第25章, "吾不知其名, 字之曰道, 强爲之名曰大."

함의를 가지게 된다.

　장자는 노자의 철학과 미학사상을 계승하여 자연을 도의 본질로 삼았다. 그러나 그는 노자가 말한 '사적인 욕망을 최대한 줄여야 한다'(少私寡欲)라는 주장에서 한 걸음 더 나아가 '지혜와 욕망을 없애야 한다', 즉 무지무욕無知無欲을 주장한다. 장자도 세속적인 심미에 반대하여 모든 인위적인 문화는 거짓에 불과하다고 말한다. 그래서 장자에 있어서 예술은 천도에 부합하는 것이 아니므로 진정한 미라고 할 수 없다. 이에 관해 장자는 "그 본성을 오성五聲에 귀속시켜 비록 사광師曠처럼 음률에 통달한다고 하더라도, 내가 말하는 음악에 뛰어난 사람이 아니고, 그 본성을 오색五色에 귀속시켜 비록 이주離朱와 같이 눈이 밝다고 하더라도 내가 말하는 눈 밝은 자가 아니다"[82]라고 말하였다.

　그러나 다른 한편으로 장자는 또한 참된 아름다움, 즉 진미가 있다고 주장하는데, 그것이 바로 도의 아름다움(道之美), 스스로 그러함의 아름다움(自然之美), 소박한 아름다움(素朴之美) 등이다. 이와 같은 아름다움은 소리와 형태가 없으므로 감각적으로 지각될 수 없고 오직 자유로운 소요의 상태에서 직관적으로 파악될 수 있다. 그래서 그는 "천지는 큰 아름다움(大美)을 지니고 있으면서도 그것을 말로 표현하지 않으며······ 성인은 천지의 아름다움에 근원하여 만물의 이치에 통달한 사람이다"[83]라고 말하였다. 나아가 장자는 「제물론齊物論」에서 천뢰天籟, 지뢰地籟, 인뢰人籟를 구분하고, 인뢰가 곧 인간에 의해서 산출된 음악이라고 규정한다. 이어서 그는 남곽자기南郭子綦와 자유(顔成子游)의 대화를 통해 자연(스스로 그러함)의 소리, 즉 천뢰가 인뢰보다 높은 차원의 음악임을 강조하였다.[84]

---

81) 『道德經』第1章, "道可道, 非常道. 名可名, 非常名. 無, 名天地之始, 有, 名萬物之母. 故常無, 欲以觀其妙. 常有, 欲以觀其徼. 此兩者, 同出而異名, 同謂之玄. 玄之又玄, 衆妙之門."

82) 『莊子』, 「騈拇」, "屬其性乎五聲, 雖通如師曠, 非吾所謂聰也. 屬其性乎五色, 雖通如離朱, 非吾所謂明也."

83) 『莊子』, 「知北遊」, "天地有大美而不言,······聖人者, 原天地之美而達萬物之理."

84) 『莊子』, 「齊物論」, "子游曰, '地籟則衆竅是已, 人籟則比竹是已. 敢問天籟?' 子綦曰, '夫吹萬不同, 而使其自已也, 咸其自取, 怒者其誰邪?'"

장자는 미가 진에 종속되고, 진이 바로 스스로 그러한 천성이며, 스스로 그러한 천성에 들어맞는 것이 곧 미를 성취한 것이라고 주장한다. 그의 우화 속에서 많은 기형적이고 추한 인물이 등장하는데, 장자는 예외 없이 그들을 스스로 그러한 천성에 맡기는 득도자得道者로 구현하였다. 이와 달리 세속적인 사람은 이미 천성을 잃어버린 까닭에, 그들에게서 참된 미를 엿볼 수 없고, 오직 상대적인 미와 추를 찾을 수 있다. 그러나 장자에 따르면 세속적인 미와 추는 상대적이지만, 도의 견지에서 보면 바로 그것들이 상대적이라는 측면에서 같은 가치를 지닌다고 말한다.85) 그에게 있어서 오직 지인至人, 진인眞人, 신인神人만이 참된 아름다움을 지니는데, 그러한 아름다움에 관해서 그는 "막고야藐姑射의 산에 신인이 살고 있는데, 피부는 빙설처럼 희고, 몸매는 부드러워 처녀처럼 사랑스럽다. 그는 곡식을 먹지 않고, 바람을 들이키며 이슬을 마신다. 그리고 구름의 기운을 타고 비룡飛龍을 몰아 사해四海의 밖에서 노닌다. 신인이 정기精氣를 모으면 모든 것을 상처나거나 병들게 하지 않고, 해마다의 곡식을 풍성하게 영글도록 한다"86)라고 묘사하였다.

나아가 장자는 진정한 심미의 대상은 천악天樂과 같은 것이라고 주장한다. 여기에서의 천악은 황제黃帝가 연주한 음악을 가리키는데, 이는 장자가 우화로 지어낸 이야기이다.

성인이란 자기의 실상情을 남김없이 실현하고 자연의 명령命을 완수하는 자이다. 자연의 조화인 천기天機를 인위적으로 펼치지 않아도 오관五官의 기능이 모두 갖추어져 있으니, 이것을 일러 하늘과 조화를 이룬 천악이라 하고, 그것은 말없이 마음만을 기쁘게 할 따름이다.…… 처음의 음악은 듣는 자에게 두려움의 감정을 갖게 하니, 두려워지므로 불안이 생겼다. 나는 다음으로 또 듣는 자를 나른하게 하는 음악을 연주하니, 나른해지므로 멀리 도망치게 되었다. 마지막으로 듣는 자를 어지럽게 하는 음악을 연주하니, 어지러워지므로 어리석게 되었다. 어리석게

---

85) 『莊子』, 「齊物論」, "故爲是擧莛與楹, 厲與西施, 恢恑憰怪, 道通爲一."
86) 『莊子』, 「逍遙遊」, "藐姑射之山, 有神人居焉, 肌膚若冰雪, 淖約若處子, 不食五穀, 吸風飮露, 乘雲氣, 御飛龍, 而遊乎四海之外. 其神凝, 使物不疵癘而年穀熟."

되므로 도와 하나가 되어, 도가 나를 실을 수 있게 되면서 나는 그것과 함께할 수 있었다.[87]

여기에서 알 수 있듯이, 장자가 말한 진정한 예술이나 아름다운 것은 곧 천악이다. 그리고 천악은 곧 주체가 천도와 일체가 된 경지에서 연주할 수 있는 것이다.

끝으로, 장자는 절대적인 자유의 경지 즉 소요의 경지를 구현하였는데, 이러한 소요에도 심미적 의미가 함축되어 있다. 장자에 따르면 인간은 사상이나 욕망과 같은 모든 문화의 속박에서 벗어나면 소요의 경지에 이를 수 있고, 소요의 경지에 이르게 되면 도를 깨달을 수 있으며, 동시에 도의 아름다움을 직관할 수 있다. 이에 관해 그는 공자와 노자의 대화를 다음과 같이 설계하였다.

> 공자가 말하였다. "만물의 근원에서(物之初) 노닌다고 함은 어떤 것입니까?" 노담老
> 聃이 말하였다. "무릇 이 만물의 근원에서 노니는 경지를 체득할 수 있으면, 지극히
> 아름답고 지극히 즐거워진다. 지극한 아름다움을 체득하여 지극히 즐거운 경지에
> 노니는 사람을 일러 지인이라고 한다."[88]

위와 같은 의미에서 장자의 미학관도 도의 체득함을 즐거워하는 낙도의 미학관이라고 할 수 있다.

지금까지 논의한 노자와 장자의 미학사상은 플라톤의 미학사상과 유사한 부분이 있는데, 그것은 두 쪽이 모두 형이상학의 차원에서 미학을 정초함으로써 미의 비현실성을 주장하였다는 점에서 나타난다. 그러나 플라톤에 있어서 미는 이념(Idea)의 세계에 존재하는 것이고, 세속적인 미는 그것의 그림자에 불과하기 때문에,

---

87) 『莊子』, 「天運」, "聖也者, 達於情而遂於命也. 天機不張而五官皆備, 此之謂天樂, 無言而心說……樂也者, 始於懼, 懼故祟, 吾又次之以怠, 怠故遁, 卒之於惑, 惑故愚, 愚故道, 道可載而與之俱也."
88) 『莊子』, 「田子方」, "孔子曰, '請問遊是.' 老聃曰, '夫得是, 至美至樂也. 得至美而遊乎至樂, 謂之至人.'"

미는 초월성을 지닌다. 이와 달리 노자와 장자는 도가 곧 스스로 그러한 자연스러운 천성이므로, 미도 스스로 그러한 것, 천성에 걸맞은 것이라고 주장한다. 그래서 인간은 이념의 세계에 대한 지향 없이, 현실 세계에서 참된 본성의 상태로 되돌아가는 수양을 통해 미를 실현할 수 있다. 노자와 장자의 미학사상은 비록 문명과 교화를 비판하여 세속적인 미에 대한 초월을 강조하지만, 근본적으로 이러한 초월은 자유로운 것이 아니라 자연의 유토피아로 되돌아가는 것이기 때문에, 자연주의 경향을 지닌 미학사상이라고 할 수 있다.

도가의 미학사상은 중화미학에 매우 큰 영향을 미쳤다. 즉 그것은 유가의 미학사상과 상호 보완하고 융합되면서 중화미학의 주된 흐름을 구성하였다. 도가는 청정淸靜과 무위無爲, 현실을 초월하는 생존 방식을 강조하므로, 어느 정도 소극적인 경향을 지닌다고 할 수 있다. 그러나 그것은 동시에 풍부한 내포를 갖춘 사상적 체계로서, 적극적인 미학사상으로 전환될 가능성도 함께 함축하고 있다. 그래서 도가의 사상은 위진남북조시대에 인간의 심미의식 속에 삼투하여 주류의 미학사상이었던 유가의 미학사상을 보완하고 개진하였다. 그리고 주류의 미학사상에 대한 도가사상의 구체적인 영향은 다음과 같이 논의될 수 있다.

우선, 도가는 무정無情을 주장하여 허정虛靜, 심재心齋, 좌망坐忘 등 방법을 통해 도를 직관하여야 한다고 강조한다. 그리고 바로 이 직관에 관한 사상이 중화미학에 큰 영향을 미쳤다. 뒤에서 구체적으로 논의하겠지만, 도가가 주장한 직관 사상은 유가가 주장한 심미적 정감 체험론과 상호 보완하여 최종적으로 중화미학의 심미현상학을 구현하였다.

다음으로, 도가에 의해서 제기된 자연주의 미학사상은 유가의 윤리주의 미학사상을 비판함으로써, 중화미학사상이 이성의 속박을 어느 정도 극복하여 자유로운 발전공간을 획득하는 데 기여하였다.

그다음으로, 도가가 주장한 자연으로 되돌아가야 한다는 사상은 자연에 대한 심미를 부추겼다. 중화미학에서 자연에 관한 심미의식은 대부분 도가의 사상에서 비롯되었다. 특히 고대의 시와 문장, 회화 등 예술형식 속에서 구현된 담백하고 초탈적인 심미적 의경意境은 거의 도가사상에서 유래하였다고 하여도 과언이 아니다.

마지막으로, 유가의 미학사상이 현실적인 공리성을 중시하고 실용이성을 기반으로 삼는 것과 달리, 도가의 미학사상은 유사 형이상학적인 특질을 지니고 있다. 여기에서 유사 형이상학이라는 말은 도가가 제시한 도 개념에 함축된 두 가지 측면의 내용을 가리켜 말한 것이다. 즉 도는 한편으로 세상의 만물을 초월하면서도 그것들을 낳고 주재하며, 감각적으로 접근할 수 없는 형이상학적 특징을 지닌다. 그러나 다른 한편으로 도는 플라톤의 이념이나 중세의 신 개념과 달리 초월적인 영역에만 있는 것이 아니라, 현실 사회에 존재하는 만물의 자연스러운 본성으로 구현된다. 그래서 현실의 인간은 스스로의 본성을 자연의 상태로 되돌림으로써 '이 세계'에서 도를 체득할 수 있다. 그러므로 도가의 도 개념은 유사 형이상학적 내용을 지닌 개념이라고 할 수 있다. 나아가 도가는 미를 도의 속성으로 삼는데, 그러한 속성의 내용이 바로 스스로 그러한 천성으로 되돌아가는 것, 즉 참된 아름다움을 실현하는 것이다. 이러한 미는 세속을 초월하고, 유有와 무無를 통일하는 특성을 갖기 때문에, 유가의 미학사상이 지닌 실용성과 경험성의 한계를 극복하는 동시에, 그것과 상호 보완의 관계를 구축할 수 있었다.

4. 기타 학파의 미학사상

유가와 도가의 사상 이외에도 중국의 미학사상에는 묵가와 법가, 불가(선종)의 미학사상이 있다.

묵가는 평민 계층의 입장에서 출발하여 실용주의적인 태도로 예술을 바라본다. 묵가에 따르면, 예술에 필요한 악기를 만드는 것은 제한된 재물을 낭비하는 일이고, 예술 행위를 수행하는 것은 인력을 허비하는 일이며, 예술을 감상하는 것은 정치적 업무와 생산에 방해되는 일이다. 그래서 묵가는 반미학적인 비악非樂사상을 주장하였다.[89] 물론 묵자도 예술은 아름다운 속성을 지니고, 사람을 즐겁게 할 수 있다는 점을 인정하고 있다. 그러나 그는 여전히 공리주의의 입장에서 예술이 정치와 일상생활에 아무런 이익(利)을 가져다줄 수 없다는 점을 들어, 그것이 해로울 따름이라고 주장한다.[90] 이와 같은 묵가의 주장은 인간의 소박한 욕구로써 정신적인 수요를 완전히 부정한 것으로, 합리적인 미학관이라고 할 수 없다. 그래서 순자는 묵가를 가리켜 "쓰임(用)에 가려져 문文을 모른다"[91]라고 비판하였다.

묵가가 물질적인 수요의 측면에서 예술을 거부하였다면, 법가는 통치자가 백성을 통제하는 측면에서 예술을 부정한다. 즉 이 둘은 모두 현실적인 실용주의에서 출발하였지만, 다른 입장으로 귀결되었다는 것이다. 한비자韓非子는 "문장 짓기에 힘쓰는 자는 등용할 만한 사람이 되지 못하니, 등용하면 법을 어지럽힐 것이다"[92]라고 말하였다. 이와 같은 한비자의 미학사상을 '실질을 좋아하고 분식을 싫어한다'(好質而惡飾)라고 요약할 수 있는데, 그에 따르면 "예는 정감을 겉모습으로 드러내는 것이고, 문은 실질을 분식으로 꾸미는 것이다. 무릇 군자는 정감을 취하여 겉모습을 버리며, 실질을 좋아하고 분식을 싫어한다. 그러므로 겉모습에 의지하여 정감을 논하는 자는 그 정감이 사악한 것이고, 분식에 기대어 실질을 논하는 자는 그 실질이 쇠약한 것이다."[93] 여기에서 한비자는 내용(質)과 형식(飾)을 완전히 대립시켜 형식이 반드시 본질을 해친다고 강조함으로써 예술을 부정하였는데, 이는 인간의 심미를 완전히 말살하는 것이다.

중회미학의 정립에 영향을 미친 또 하나의 사상적 요소는 불교, 특히 선종禪宗의 사상이다. 본래 불교는 외래 사상으로서, 세속적인 삶을 고苦로 간주하여 그것의 가치를 부정함으로써 금욕적인 수행을 통해 현세를 초탈한 극락의 세계를 지향한다.

---

89) 『墨子』, 「非樂上」, "今王公大人唯毋爲樂, 虧奪民衣食之財, 以拊樂如此多也. 是故子墨子曰, '爲樂, 非也.'"
90) 『墨子』, 「非樂上」, "是故子墨子之所以非樂者, 非以大鍾, 鳴鼓, 琴瑟, 竽笙之聲, 以爲不樂也. 非以刻鏤華文章之色, 以爲不美也. ……雖身知其安也, 口知其甘也, 目知其美也, 耳知其樂也, 然上考之不中聖王之事, 下度之不中萬民之利. 是故子墨子曰, '爲樂, 非也.'"
91) 『荀子』, 「解蔽」, "墨子蔽於用而不知文."
92) 『韓非子』, 「五蠹」, "文學者非所用, 用之則亂法."
93) 『韓非子』, 「解老」, "禮爲情貌者也, 文爲質飾者也. 夫君子取情而去貌, 好質而惡飾. 夫恃貌而論情者, 其情惡也. 須飾而論質者, 其質衰也."

이러한 사상에 따르면 현세의 모든 것, 즉 색色은 공空이며, 예술과 심미도 환상에 불과하다. 그래서 불교는 근본적으로 반미학적이기 때문에, 그 어떠한 미학사상도 내세울 수 없는 것처럼 보인다. 그러나 중국화된 불교, 즉 선종은 중화미학의 사상을 구축하는 데 매우 중요한 역할을 하였고, 여러 측면에서 자양분을 제공하였다. 우선, 불교는 중화문화의 기본적인 세계관을 확장하였다. 다시 말해, 그것은 고된 현실 세계 이외에 극락의 세계를 설정하여, 인간이 수행을 통해 그러한 해탈의 세계에 이를 수 있다는 세계관을 정초하였다는 것이다. 이러한 세계관은 중화문화의 주된 특징인 실용이성을 극복하고, 새로운 정신적 영역을 발견하여 심미의 초월성을 인식하는 철학적 기반을 마련하였다. 그래서 후기 봉건사회의 미학은 불교에서 강조한 개념, 예를 들어 경境, 경계境界, 현량現量 등으로 심미의 초월성을 설명하게 되었다.

다음으로, 불교는 중화미학에 논리적인 수단을 제공하였다. 중국철학의 논리학은 상대적으로 빈약하고, 실용이성이 항상 그 발전을 저해하는 까닭에, 중국철학과 미학은 논리적인 체계를 구현하지 못하였다. 그러나 불교가 전래된 이후, 인명학因明學도 따라서 중국인에게 수용되었는데, 이는 중국철학과 미학이 감오感悟나 경험성에 의존하는 경향을 수정하여 논리적 형태로 나아가는 데 긍정적인 역할을 하였다. 논리적인 측면에서 불교가 중화미학에 가장 큰 영향을 끼친 사례가 바로『문심조룡』이다.『문심조룡』의 저자 유협은 긴 기간 동안 사찰에 거주하여 불교 문헌을 정리하는 과정에서 인명학을 익히게 되었다. 그래서 그는 인명학에서 습득한 논리학을 이용하여『문심조룡』을 저술하였는데, 이 책은 그 이전의 저작들이 비견할 수 없는 논리성을 지닐 뿐만 아니라, 중국 최초의 체계적 문론文論이라고 평가된다. 물론 중화미학의 실용이성 전통이 매우 굳건한 까닭에, 이 책에도 논리성이 충분히 관철되지 못한 부분이 있다.

마지막으로, 불교는 중화미학이 심미적 본질을 발견하는 데 방법론을 제공하였다. 이러한 방법론의 대표적인 사례가 바로 관觀과 선종의 오悟이다. 선진의 제자들은 대부분 경험성에 의존하거나, 독단적으로 도를 통해 미의 본질을 규정하였다.

그러나 불교가 전래된 이후, 그것은 도가의 사상을 흡수하여 선종사상을 정립하였다. 그리고 선종은 노자와 장자의 직관적 사유를 발전시켜 미학 영역에 현상학적 방법론을 제공하였다. 위진남북조시기의 종병宗炳이 처음으로 불교의 관 개념을 미학 논의에 도입하였다. 그는 '마음을 맑게 하여 도를 직관한다'라는 징회관도澄懷觀道[94], '마음을 맑게 하여 상象을 맛본다'라는 징회미상澄懷味象[95], 묘관妙觀 등의 개념으로 심미를 규정하고, 나아가 직관을 통해 세계를 파악하였다. 남송南宋의 엄우嚴羽는 선종의 이론을 차용하고, 선禪으로써 시를 해명하여 묘오妙悟의 개념을 본격적으로 제기하였다.[96] 또한 그는 "시는 이치의 길을 밟지 않고, 말의 통발에 빠지지 않는다"(不涉理路, 不落言筌)[97]라는 주장을 내세우면서 시만이 지니는 특징을 강조하였다. 이와 같이 중화미학은 선종이 제기한 오 또는 관의 개념을 통해 예술적인 사유와 학문적인 사유를 구분하였는데, 그것이 바로 예술적인 사유는 직관적인 깨달음에 의존하고 있다는 것이다. 이리하여 중화미학은 고전적인 현상학의 특징을 갖추었다고 할 수 있다.

5. 유가, 도가, 선종 미학사상의 상호 보완 및 융합

중화문화의 기본적 사조는 유가와 도가가 상호 보완적으로 융합되는 형태로 구현된다. 유가의 사상은 진취적이고 윤리적인 성향을 지니는가 하면, 도가의 사상은 소극적이며 자연적인 경향을 갖추고 있다. 그리고 이러한 두 가지 경향은 중화민족의 양가적인 정신세계를 구축하였다. 중국의 전통사회에서 사士의 이상은 대체로 두 가지로 나눈다. 하나는 유가사상의 영향을 받은 것으로, 수신修身, 제가齊

---

94)『宋書』,「宗炳傳」, "(宗炳)以疾還江陵, 歎曰, '老病俱至, 名山恐難遍遊, 惟當澄懷觀道, 臥以遊之.'"

95) 宗炳,「畵山水序」, "聖人含道暎物, 賢者澄懷味象."

96) 嚴羽,『滄浪詩話』,「詩辨」, "大抵禪道惟在妙悟, 詩道亦在妙悟, 且孟襄陽學力下韓退之遠甚, 而其詩獨出退之上者, 一味妙悟而已. 惟悟乃爲當行, 乃爲本色."

97) 嚴羽,『滄浪詩話』,「詩辨」, "夫詩有別材, 非關書也. 詩有別趣, 非關理也. 然非多讀書, 多窮理, 則不能極其至, 所謂不涉理路, 不落言筌者, 上也."

家, 치국治國, 평천하平天下[98]를 인생의 목표로 삼는 것이다. 다른 하나는 도가사상의 영향을 받은 것으로, 개체적이고 자연적이며 한적한 삶을 지향하는 것이다. 이러한 두 가지 인생 목표가 서로 어울리면서 "곤궁하면 홀로 몸을 닦아 선하게 하고, 영달하면 천하를 겸하여 선하게 한다"[99]라는 신조를 낳았는데, 그것은 사인의 정신세계를 풍부하게 하는 동시에, 서로 다른 정취를 지닌 미학사상을 정초하였다.

중화미학은 주로 유가, 도가, 선종 사상의 영향을 받아 통일적인 체계를 이루었는데, 이 체계는 두 가지 경향성을 지닌다. 하나는 유가사상의 지배를 받은 것으로, 심미의 윤리성과 정감성을 주장하여 미의 내포를 선으로 규정하고, 미가 윤리의 외재적 표현이라는 점을 강조하는 것이다. 공자가 말한 문질빈빈文質彬彬이 바로 이러한 경향의 대표적 예시이다.[100] 이와 같은 미학적 경향은 미학과 현실 인생을 연결하는 것으로 실용이성의 특징을 지니고 있다. 그러나 다른 한편으로 그것은 심미의 윤리성에 치중한 나머지, 심미적 활동이 지닌 초월성, 자유성을 외면하고 있다.

중화미학의 다른 한 경향은 도가와 선종의 사상적 영향을 받은 것으로, 심미의 비非윤리성과 직관성을 강조하는 것이다. 즉 이 계열의 미학은 심미를 자연과 심성心性에 부합하는 활동으로 규정하고, 중화미학이 유사 초월성을 갖추도록 추진하였다. 이에 관해서는 두 가지 측면에서 논의할 수 있다. 첫째, 도가는 문명과 교화를 반대하고, 자연과 천성을 추구하기 때문에, 그에 따른 중화미학은 현실을 비판하고, 유가의 이성주의를 거부함으로써 심미를 예교로부터 자유롭게 하였다. 둘째, 도가는 언어와 문자를 신뢰하지 않고, 논리적 사변을 경멸하며, 직관적인 깨달음, 즉 감오感悟를 중시하여 도가 오직 형체가 규정되지 않는 상象으로만 구현될

---

98) 『禮記』, 「大學」, "古之欲明明德於天下者, 先治其國. 欲治其國者, 先齊其家. 欲齊其家者, 先修其身. 欲修其身者, 先正其心. 欲正其心者, 先誠其意. 欲誠其意者, 先致其知, 致知在格物. 物格而後知至, 知至而後意誠, 意誠而後心正, 心正而後身修, 身修而後家齊, 家齊而後國治, 國治而後天下平."

99) 『孟子』, 「盡心上」, "窮則獨善其身, 達則兼善天下."

100) 『論語』, 「雍也」, "子曰, '質勝文則野, 文勝質則史. 文質彬彬, 然後君子.'"

수 있음을 강조한다. 그래서 도가는 일반적인 이성과 경험적인 의식을 배제한 '관'을 통해 도를 깨달을 수 있다고 주장한다. 이와 같은 사상은 현상학적 특징을 지닌 것으로, 유가의 경험주의를 배척하여 중화미학에 방법론을 제시하였다. 그러나 도가의 미학사상은 진정한 초월성 대신, 자연과 천성으로의 복귀를 주장하는 까닭에 자연주의적 유토피아를 그려냈을 뿐, 현실을 초월하는 자유의 경지를 구현하지 못하였다. 그래서 이러한 사상은 유사 초월성을 지니지만, 진정한 초월성에는 미치지 못한 면이 있다.

그러나 유가와 도가의 미학사상은 완전히 분리되지 않고 항상 서로 보완하고 융합하는 형태로 발전하여 중화미학의 역사를 구현하였다. 그리고 이와 같은 보완과 융합의 역사는 대체로 다섯 가지 전환점을 지닌다. 첫 번째 전환점은 전국시대 말기의 『여씨춘추呂氏春秋』와 한나라 초기의 『회남자淮南子』를 통해 이루어졌다. 이 두 저술은 유가와 도가를 융합하는 첫 시도로서 성공적이라고 할 수 없다. 『여씨춘추』는 유가, 특히 『역경易經』의 생명철학을 도가의 양생養生사상과 뒤섞어 심미를 양생의 도에 편입시켰다.[101] 양생의 기본적인 생각은 욕망을 완전히 제거하는 것(去欲)도 반대하고, 그것을 과도하게 즐기는 것(嗜欲)도 반대한다.[102] 이에 걸맞게 『여씨춘추』는 "사치한 음악은 즐거울 수 없다"(侈樂不樂)라고 주장하면서 화和를 통해 정욕을 절제하여야 한다고 강조하였다.[103] 나아가 『회남자』는 한편으로는 도가의 "지극한 즐거움은 즐거움이 없는 상태이다"(至樂無樂)라는 사상을 계승하여 "즐거움이 없는 상태에 이르면 즐겁지 않은 것이 없다"[104]라고 주장하면서도, 다른 한편으로는 미를 즐거움의 대상, 즉 인간의 정감적 수요를 만족하는 대상으로 규정하여 그것의 감성적 특징을 긍정하였다. 실제로 이와 같은 주장은 음악을

---

101) 『呂氏春秋』, 「孝行」, "樹五色, 施五采, 列文章, 養目之道也. 正六律, 龢(和)五聲, 雜八音, 養耳之道也."
102) 『呂氏春秋』, 「貴生」, "所謂全生者, 六欲皆得其宜也."
103) 『呂氏春秋』, 「適音」, "何謂適? 衷音之適也. 何謂衷? 大不出鈞, 重不過石, 小大輕重之衷也. 黃鐘之宮, 音之本也, 淸濁之衷也. 衷也者適也, 以適聽適則和矣. 樂無太, 平和者是也."
104) 『淮南子』, 「原道訓」, "能至於無樂者, 則無不樂."

비롯한 예술을 인간의 정감을 만족시키는 것으로 규정하였기 때문에, 도가의 "지극한 즐거움은 즐거움이 없는 상태이다"라는 주장과 모순된 것이라고 할 수 있다.105)

유가와 도가의 미학사상이 융합하는 두 번째 전환점은 위진현학이다. 왕필王弼은 한편으로 도가의 사상을 계승하여 "공功은 취할 수 없고, 미는 쓰일 수 없다"(功不可取, 美不可用)라고 강조하면서 큰 아름다움, 즉 대미大美는 무로 귀결된다고 주장한다. 그러나 다른 한편으로 그는 이치로써 정감을 절제하여야 한다고 주장하면서, 성인은 정감이 없는 존재가 아니라 "단지 사물에 반응하되 그것에 사로잡히지 않는"(應物而無累於物) 자임을 강조하였다.106) 나아가 완적阮籍은 도가의 무정무욕無情無欲사상을 계승하여 유가의 예법을 비판하면서도,107) 유가의 예악사상을 기반으로 악으로써 예를 보조하여야 한다고 주장하였다.108) 이어서 혜강嵇康도 도가의 사상을 인습하여 "그러므로 뜻(志)은 숭상하는 바가 없고, 마음은 욕망하는 바가 없으며, 큰 도(大道)의 실정을 본받아 스스로 그러한 대로 움직이니, 그름에 이르는 길이 없을 것이다. 오직 도를 지켜(抱一) 그만두지 않으면 옳음도 없고 그름도 없는 경지에 이르게 된다. 옳음도 없고, 그름도 없는 두 가지 마땅한 바를 겸하면 절정의 아름다움(絶美)이라고 할 수 있다"109)라고 주장하였지만, 또한 유가의 사상을 계승하여 정감이 곧 인간의 본성임을 강조하고, 음악이 그 본성을 즐겁게 한다고 주장하였다. 더욱이 그는 도와 음악, 유정有情과 무정 사이의 모순을 해결하기 위해서 절정설節情說을 제기하였는데,110) 이는 유가가 말한 이치로써 정감을 절제한다는 주장과 도가의

---

105) 『淮南子』, 「泰族訓」, "民有好色之性, 故有大婚之禮. 有飮食之性, 故有大饗之誼. 有喜樂之性, 故有鐘鼓管弦之音. 有悲哀之性, 故有衰絰哭踊之節. 故先王之制法也, 因民之所好而爲之節文者也."

106) 『三國志』, 「鍾會傳」, "何晏以爲聖人無喜怒哀樂, 其論甚精, 鍾會等述之. 弼與不同, 以爲聖人茂於人者神明也, 同於人者五情也, 神明茂故能體沖和以通無, 五情同故不能無哀樂以應物, 然則聖人之情, 應物而無累於物者也."

107) 阮籍, 「大人先生傳」, "汝君子之禮法, 誠天下殘賊, 亂危, 死亡之術耳! 而乃目以爲美行不易之道, 不亦過乎!"

108) 阮籍, 「樂論」, "尊卑有分, 上下有等, 謂之禮. 人安其生, 情意無哀, 謂之樂……禮逾其制則尊卑乖, 樂失其序則親疏亂, 禮定其象, 樂平其心. 禮治其外, 樂化其內. 禮樂正而天下平."

109) 嵇康, 「釋私論」, "是以志無所尙, 心無所欲, 達乎大道之情, 動以自然, 則無道以至非也. 抱一而無措, 而無是無非, 兼有二義, 乃爲絶美耳."

무정설을 혼합한 것이다. 그다음으로, 상수向秀는 자연을 숭상하여 명교名教에 반대하였지만, 동시에 천리와 인륜을 지혜라고 칭하며 그것도 인간의 본성임을 강조함으로써, 이치(理)를 통해 욕망을 절제해야 한다는 결론을 도출하였다.[111] 마지막으로 곽상郭象은 한편으로 도가의 무심無心, 무위 사상을 계승하는 동시에, 다른 한편으로는 유가의 영향을 받아 정욕과 인의仁義를 인간의 본성이라고 규정하였다. 그는 유가와 도가를 서로 조화시키려는 취지에서 인간이 스스로의 본성에 걸맞게 명교 속에서 자연을 구해야 하고, 외면적인 것으로 내면을 해치면 안 된다고 주장하였다.

유가와 도가의 미학사상이 융합하는 세 번째 전환점은『문심조룡』이다.『문심조룡』은 유가, 도가, 불교의 미학사상을 집대성한 저술이라고 평가된다. 일반적으로 위진현학에서의 미학사상은 도가사상에 치중하여 유가사상을 흡수하는 형태로 구현되고 있으나, 유협은 유가를 중심으로 여타 사상을 흡수하고 있다. 그는 유가적인 의미에서의 도에서 출발하여 인간의 윤리적인 본성과 도가의 자연 본성을 연결함으로써 성정설性情說을 제기하였다. 구체적으로 유협은 인간의 본성에 정감과 이치가 있는 것이 자연에 따른 것이라고 주장하면서, "인간은 오행의 빼어남을 지니고, 천지의 마음을 충실하게 얻었으니, 마음에 생각이 생기게 되면 그것을 말로 세우고, 말로 세우게 되면 그것을 문장으로 밝히는데, 이는 모두 자연의 이치이다"[112]라고 말하였고, "사물에 반응하여 뜻을 읊조리는 것은 자연이 아닌 것이 없다"[113]라고 말하였다. 여기에서 그는 분명히 자연에 인성을 덧붙임으로써 도가의 사상과 어긋난 방향으로 나아가고 있다. 이와 더불어 유협은 '문장으로써 도를 밝혀야 한다'(以文明道)라고 강조하는 동시에, 또한 "정감은 문장의 날실이고, 언사는 이치의 씨실이다"[114]라고 주장하였는데, 이는 도가의 원도설原道說과 유가의 연정설緣情說을 합치시킨 것이다. 끝으로 유협은 불교의 논리학을 흡수하여 "원도原

---

110) 嵇康,「聲無哀樂論」, "古人知情不可恣, 欲不可極, 因其所用, 每爲之節, 使哀不至傷, 樂不至淫."
111) 向秀,「難養生論」, "夫人含五行以生, 口思五味, 目思五色, 感而思室, 飢而求食, 自然之理也."
112)『文心雕龍』,「原道」, "爲五行之秀, 實天地之心, 心生而言立, 言立而文明, 自然之道也."
113)『文心雕龍』,「明詩」, "感物吟志, 莫非自然."
114)『文心雕龍』,「情采」, "故情者文之經, 辭者理之緯."

道－징성徵聖－종경宗經"이라는 문장 짓기의 논리적 단계를 구현하고, 각 단계에 대한 논리적 논증을 통해 거대한 이론적 체계를 구축하였다.

유가와 도가의 미학사상이 융합하는 네 번째 전환점은 어느 정도의 융합을 이룬 주류 미학사상이 불교, 특히 선종의 사상과 결합하는 방식으로 드러난 것이다. 이러한 유형의 사상은 먼저 종병이 제기한 징회관도, 묘관 등 개념에서 엿볼 수 있다. 여기에서 묘관은 불교의 개념이지만, 도가적 연원을 동시에 갖추고 있다. 즉 종병은 노자의 관도설觀道說과 불교의 관 사이의 내재적 연결성을 발견하여 둘을 결합시켰다는 것이다. 종병의 연장선상에서 엄우는 묘오설妙悟說을 주장하여 선으로써 시를 해명하였다. 묘오는 선종 특유의 개념으로서, 세계의 본질에 대한 직관적 깨달음을 의미한다. 종병과 엄우는 불교의 개념을 미학에 도입함으로써 심미의 직관에 관한 학설을 정초하였을 뿐만 아니라, 중화미학의 심미현상학을 정립하였다.

도가와 유가의 미학사상이 융합하는 다섯 번째 전환점은 도가의 자연관과 유가의 성정관이 융합하는 방식으로 드러난 것이다. 그리고 이와 같은 융합으로 인해 주류 미학의 관심사는 사회윤리로부터 개체적인 정감과 욕망으로 전향하게 되었다. 도가는 인간의 자연적인 천성을 강조하여 문명과 교화에 반대한다. 그리고 이러한 자연적인 천성은 인위적인 문화를 해체할 뿐만 아니라, 인성을 무화시키는 요소를 지니고 있으므로, 인간을 무지무욕의 사물과 유사한 존재로 전락시킨다. 그러나 반대로 유가의 사상은 윤리적 인성, 문명과 교화를 일관적으로 강조한다. 이와 같은 두 가지 사상은 처음 대립하다가 점차 융합되었는데, 유협은 자연을 윤리로 귀결하여 유가 중심적으로 도가의 사상을 흡수하였는 데 반해, 이지李贄는 도가 중심적 입장에서 아름다움이 자연에 있고 인간의 동심童心에서 비롯되었다고 주장한다. 이지는 미가 곧 자연이고, 자연(스스로 그러한 상태)이 또한 성정에서 발현한 다고 주장하여, 도가의 자연과 유가의 성정을 결합하였다. 다시 말해, 그는 자연이 곧 성정임을 주장하여 자연의 개념에 인성의 의미를 부여함으로써, 성정 개념이 윤리규범의 의미를 벗어나도록 하였다는 것이다.115) 그렇다면 자연의 성정은 어디에서 비롯되었는가? 이지에 따르면 그것은 선천적인 본성, 즉 동심에서 기원하였다. 이리하여 이지는 동심설로써 예교에 대항하여 이성에 기반한 미학 사조와 구분된 길을 개척하였는데, 바로 이러한 사상의 영향으로 인해 후세에 지정설至情說과 성령설性靈說 등이 제기될 수 있었다.

---

115) 李贄, 『焚書』, 卷三, 「讀律膚說」, "蓋聲色之來, 發於性情, 由乎自然, 是可以牽合矯强而致乎? 故自然發於性情, 則自然止乎禮義, 非性情之外復有禮義可止也, 惟矯强乃失之. 故以自然爲美耳. 又非於性情之外復有所謂自然而然也. ……有是格, 便有是調, 皆性情自然之謂也. 莫不有情, 莫不有性, 而可一律求之哉?"

제3장 중화미학사상의 변천

제1절 중화미학사의 공간성

1. 중화문화사의 전현대성前現代性

모든 사상이 특정 역사적 배경을 기반으로 나타나듯이, 중화미학도 그 예외는 아니다. 그러나 역사는 자연적인 시간의 개념이 아니라 하나의 생존 과정, 즉 주체와 세계가 공존하는 방식이다. 시간성은 현대성이 정초된 이후 본격적으로 생겨난 개념이다. 그리고 이러한 개념이 생겨난 후 인간의 생존이 비로소 시간성을 지니게 되고, 사회도 진정한 역사의 과정에 진입하게 되었다. 고대는 비록 자연적인 시간 속에 있지만, 인간의 생존 방식은 비非시간성을 지닌다. 즉 고대에서는 현대성이 정초되지 않았고, 시간의 개념도 엄밀한 의미에서 규정되지 않았으며, 사회도 근본적인 의미에서 변혁을 이룩하지 않았으므로, 역사도 발생하지 않았다는 것이다. 현대성이 시간성을 확립하고, 그것이 전통사회의 현대화 전향을 부추겼으므로, 본격적인 역사가 일어났다.

현대성은 고대 그리스와 로마 시대의 사상적 전통에 기반을 두고 있다. 그리고 이러한 사상적 전통은 중세시기에 단절되고, 정체된 역사로 몰락하였다. 그러나 르네상스(Renaissance)를 통해 그러한 전통이 다시 부흥되어 서양의 사상과 역사는 현대성을 지향하게 되었다. 이와 달리, 중국의 사상적 전통에는 현대성의 기반이 될 만한 것이 없다. 그래서 중국의 현대성은 서양에서 수입된 것이고, 근대 이전의 역사도 실질적으로 전사(pre-history)일 뿐, 현대성을 지향하지 않는다. 헤겔(Hegel)은 "역사의 본질에서 보자면 중국의 역사는 곧 역사의 부재이다. 그것은 단지 군주 복멸覆滅의 반복일 뿐이다"1)라고 단언한 바가 있다. 이와 같은 주장을 유럽 중심주의적인 것으로 간주하여 배척할 수도 있으나, 만약 현대성의 출현이라는 각도에서 보자면 그것은 어느 정도의 합리성을 지닌다. 즉 현대성의 출현을 잣대로 보면, 중국의 전통사회는 소농경제小農經濟를 기반으로 삼고 있으며, 왕조의 교체, 치세治世와 난세亂世의 번복 이외에 거의 정체된 것이라고 할 수 있다. 주周나라 시대의 덕치주의德治主義가 상商나라 때의 귀치주의鬼治主義를 대체한 후, 중화문화는 근대까지 지속되어 단절한 적이 없다. 다시 말해, 춘추전국시대에 한 차례 사회적 변혁이 일어나 봉건사회가 후봉건사회로 진입한 후, 진秦나라부터 전통사회는 정형화되고 정체된 형태로 계속 이어졌다는 것이다. 그래서 중국의 고대에서는 사회발전의 정체로 인해 현대성을 정립하지 못하고, 진정한 의미에서의 역사도 지니지 못하였다.

역사의 전현대성으로 인해 중국에서는 진정한 예술사를 정립하지 못하였다. 예술사는 예술 현상을 시간적으로 나열하는 것이 아니라, 예술의 사조를 역사성에 따라 정합함으로써 발전적인 서열을 구현하는 것이다. 나아가 예술의 사조는 예술의 현대성에 대한 반응이므로, 현대성이 일어나기 이전 진정한 예술의 사조는 있을 수 없다.

서양의 경우 현대성의 출현, 발전과 더불어 일련의 예술 사조가 생겨났다. 17세기에 현대의 민족국가를 지향하는 신고전주의가 탄생하고, 그것은 이성을 숭상하고, 형식과 규범을 강조하였다. 그러다가 18세기에 현대성을 지향하는 계몽주의 예술 사조가 생겨났는데, 그것은 개체의 가치를 숭상하고, 인문정신과 과학정신을 기반으로 봉건주의와 종교적 몽매를 비판하였다. 나아가 19세기 상반기에 현대성의 반기로서 낭만주의 예술 사조가 탄생하고, 그것은 산업 문명과 이성의

---

1) 阿蘭・佩雷菲特, 王國卿・毛鳳支 等 譯, 『停滯的帝國—兩個世界的撞擊』(生活・讀書・新知三聯書店, 1993), 타이틀 페이지 재인용.

독재에 맞서 정감과 상상력을 숭상하였다. 그다음으로 19세기 하반기에 제2차 반현대성 현실주의 예술 사조가 일어났는데, 그것은 인도주의人道主義의 이상과 사실주의의 창작기법으로써 자본주의의 사악함과 인성의 타락함을 비판하였다. 20세기 상반기에 이르러 현대성에 대한 전면적 비판 사조가 등장하게 되었는데, 이러한 사조는 반이성주의의 입장에서 전통적인 창작기법을 송두리째 거부함으로써 인생 전반의 의의를 의문시하고 주류 의식을 전복하였다. 마지막으로 20세기 후반기에 포스트모더니즘(post-modernism)이라는 예술 사조가 흥행하게 되었는데, 그것은 신체성을 통해 이성정신을 무화하고, 작은 서사(小敍事)로써 거시 담론을 무너뜨리며, 예술과 현실의 분계 지점을 모호화하여 근본적인 차원에서 현대성을 해체하였다. 이와 같은 역사의 시각에서 보면, 현대성이 일어나기 이전의 전통사회에는 예술의 역사가 있을 수 없고, 단지 전사前史만 있을 뿐이다. 구체적으로 말하면, 이러한 전사시대에는 예술적 현상과 예술의 유파가 있었지만, 예술적 사조는 없었다.

19세기 중반기 이전, 중국의 전통예술을 지배한 사상은 리理와 정情 사이에서만 오가며, 그 주제는 권선징악의 관념, 국가와 백성에 대한 우환의식, 개체적인 삶에 대한 감오感悟 등이 전부이었다. 그리고 중국 전통사회에서는 예술적 사조가 나타나지 않았고, 당송唐宋시대의 고문운동古文運動이나 명대明代의 전후칠자前後七子에 의해 번복되는 복고운동만이 있었다. 실제로 고문운동은 유가사상을 기반으로 한 북방의 문학적 전통을 회복하는 운동이다. 즉 그것은 주로 이성을 중시하는 현실주의적 문학 전통을 회복함으로써 형식과 정감에 호소하는 남방 귀족주의 문화를 거부하는 것이다. 중화예술에는 남북 양쪽의 전통이 있는데, 그것들은 단순히 순환적인 교체를 이루었을 뿐, 문학적 사조나 역사를 구현하지 못하였다. 그래서 이러한 역사는 진정한 의미에서의 역사가 아니라, '공간성의 역사'라고 부르는 것이 적절할지도 모른다. 5·4혁명 이후 서양 현대성의 개념이 도입되면서 중국에는 비로소 예술적 사조가 생겨났는데, 5·4계몽주의, 5·4혁명 이후의 고전주의, 낭만주의, 현실주의, 현대주의, 당대의 포스트모더니즘 등이 이에 속한다. 그래서 중국에서도 예술의 역사가 구축되기 시작하였다.

2. 중화미학사의 공간화

중화미학의 변천은 일정한 역사성을 지닌 것처럼 보이지만, 이러한 역사성은 전현대적인 것이므로, 시간성을 지닌 역사라기보다는 공간화된 역사에 가깝다. 여기에서 말한 공간성은 비시간적인 존재 방식을 가리키고, 공간화된 역사는 문화 사이의 관계와 변천이 있을 뿐 현대성의 지향이 없는 역사성을 의미한다. 예를 들어 서양의 중세는 고대 로마를 대체하였지만, 그것은 진보가 수반된 역사적 발전이 아니라 히브리문화가 고대 그리스·로마 문화를 대체하는 과정일 뿐이다. 그래서 이와 같은 과정은 공간성의 사건이지 시간성의 역사는 아니다. 오직 르네상스가 일어나고, 중세가 마무리되며, 현대성을 기반으로 한 인문정신과 과학정신이 부각된 이후 시간성의 역사가 비로소 정초되었다.

중화문화에 관해서도 유사한 문맥에서 이해될 수 있다. 즉 중화문화가 진행하는 과정은 왕조의 교체에 의해서 구현되는데, 이는 공간성의 사건이지, 시간성의 역사는 아니다. 마찬가지로 5·4혁명 이전, 사상적 체계로서의 중화미학도 시간성을 지니지 못하고, 공간성만을 지닌 문화 현상이었다.

우선, 예술의 역사의식이라는 측면에서 보면 중화미학사상은 공간성을 지닌 것이다. 중화미학에도 예술의 변천사에 관한 논의가 있으나, 그것은 예술이 발전하거나 진보하는 점에 입각한 것이 아니라 공간화된 역사관에서 이루진 것이다. 그리고 이러한 역사관은 주로 도道와 경전(經)을 둘러싼 문맥에서 전개된다.

『문심조룡』의 시작 부분에 실린 「원도原道」, 「징성徵聖」, 「종경宗經」 등 편의 논의는 이미 문文이 공간적이고 비역사적인 맥락에서 전개되었음을 암시한다. 그중 「시서時序」편은 문의 변화에 관해 서술하였으나,[2] 그것도 역사적인 맥락에서 이루어진 것이라고 말하기 힘들다. 그 이유에 대해 네 가지 측면에서 설명할 수 있는데 첫째, 『문심조룡』은 세대가 교체됨에 따라 문학도 변화한다는 점을 인정하

---

2) 劉勰, 『文心雕龍』, 「時序」, "時運交移, 質文代變, 古今情理, 如可言乎?……故知文變染乎世情, 興廢系乎時序."

지만, 문학의 사상적 경향 즉 문이 도에 따라 운행한다는 경향은 바뀌지 않는다고 주장한다. 그래서 그것에 의해 구현된 예술의 역사에는 발전이라는 개념이 들어 있지 않다. 둘째, 『문심조룡』은 『시경』에서 정초된 '풍아風雅'의 전통이 불변의 법칙이고, 후세의 문학은 오직 그것을 학습하고 따라야만 한다고 주장한다. 셋째, 『문심조룡』에서 구현된 문학사는 단지 제왕의 호오好惡에 따라 변모된 문학의 역사이므로, 사회가 진보하는 과정에서 드러난 발전의 문학사가 아니다. 넷째, 『문심조룡』은 단지 문학의 풍격과 문체의 변화에 관해서만 서술하였을 뿐, 문학적 사조의 변천에 대해서 논의하지 않았다. 『문심조룡』의 「통변通變」편은 문체와 풍격의 변화 규칙에 대해서 설명하였는데, 그것도 문학이 도를 밝히는(明道) 전제를 고수한 채 구체적인 체제 또는 형식만을 변화하여야 한다고 주장하였다.3) 나아가 「시서時序」편의 「찬贊」에는 "십 대의 왕조가 성대하게 비추어지고, 언사와 문채가 아홉 번 변화하였다(九變). 그러나 지도리의 중심을 따라 움직이는 것은 돌고 흘러도 쉬지 않는다. 문학의 본바탕이 시대에 따라 변하는 것이니, 무엇을 숭상하고 무엇을 바꿔야 한다는 것은 선택에 달려 있다. 하지만 고대의 종착지는 비록 멀지만 어렴풋하게 그 면모를 볼 수 있다"4)라는 말이 있는데, 이는 공간성의 문학에 대한 요약이라고 할 수 있다. 즉 이에 따르면 문학의 역사는 공간적인 변화이므로, 아무리 변화하여도 그 지도리(樞)를 벗어나지 않는다는 것이다. 이렇게 보면 중화미학사상은 예술의 진보성, 변혁성을 인정하지 않고, 그것이 항상 도를 둘러싼 상태에서 성인聖人과 고인古人의 전통에 따른 방식으로 전개된다는 견해로 일관된다.

그러나 이 지점에서 반드시 언급되어야 할 것은 중국의 역사에서 주류의 역사관에 반기를 든 사람도 적잖게 있다는 점이다. 유물주의자로 분류된 왕충王充은 발전적인 역사관을 내세우면서 복고주의에 반대하였다.5) 나아가 그는 고대를

---

3) 劉勰, 『文心雕龍』, 「通變」, "夫設文之體有常, 變文之數無方."
4) 劉勰, 『文心雕龍』, 「時序·贊」, "蔚映十代, 辭采九變. 樞中所動, 環流無倦. 質文沿時, 崇替在選. 終古雖遠, 儻焉如面."
5) 王充, 『論衡』, 「超奇」, "周有郁郁之文者, 在百世之末也. 漢在百世之後, 文論辭說, 安得不茂?"

높이고 지금을 폄하하는 시각에 대해 "고금이 동일하다"(古今一也)6)라는 주장을 펼쳤다. 그런데 왕충의 사상은 그 당시도 그렇고 후세도 그러하듯이 이단異端으로 취급될 뿐 주류 사상의 반열에 들어서지 못하였다.

한편 전통사회 후기에 숭고론崇古論과 복고론復古論을 주장한 미학사상이 쇠퇴함에 따라 그와 반대되는 주장이 대폭 제기되었다. 공안파公安派는 "세상의 도가 변하였으므로, 문도 그에 따라 변해야 한다"7)라고 주장하면서, 문학의 변혁성을 긍정하였다. 이에 관해 원굉도袁宏道는 "문장은 고대를 모방하지 않고서 지금의 문장이 될 수 없다고 하는데, 이는 시대의 추세가 그렇게 되도록 한 것이다.……무릇 고대에는 고대의 추세가 있고, 지금은 지금의 추세가 있으니, 고대 사람의 언어 자취를 인습하면서 고대 사람이라고 사칭하는 것은 추운 겨울에 처해 있으면서도 여름에 입는 갈포를 인습하는 것과 같다"8)라고 말하였다. 그러나 이와 같은 이단의 역사관은 여전히 "문은 반드시 진한秦漢을 따라야 하고, 시는 반드시 성당盛唐을 따라야 한다"9)라는 주장을 포기하지 않은 채 복고주의를 비판하고 있기 때문에, 새로운 문학이론을 내세웠다고 할 수 없다. 나아가 조익趙翼은 경전을 학습하는 목적이 그것을 자기의 쓰임으로 삼아 스스로 일가一家의 학설을 정립하는 데 있다고 주장하였고,10) 유희재劉熙載는 "시에는 나만 있고 고대 사람이 없으면 안 되지만, 고대 사람만 있고 내가 없으면 더더욱 안 된다"11)라고 강조하였다. 이러한 생각은 비록 고대 사람에 대한 학습을 부정하지는 않지만, '고대 사람이 있음'(有古)보다

---

6) 王充, 『論衡』, 「案書」, "夫俗好珍古不貴今, 謂今之文不如古書. 夫古今一也, 才有高下, 言有是非, 不論善惡而徒貴古, 是謂古人賢今人也."
7) 袁宏道, 「與江進之」, "世道旣變, 文亦因之."
8) 袁宏道, 『袁中郎全集』, 卷三, 「雪濤閣集序」, "文之不能不古而今也, 時使之也.……夫古有古之時, 今有今之時, 襲古人語言之跡而冒以爲古, 是處嚴冬而襲夏之葛者也."
9) 『明史』, 卷286, 「文苑列傳二・李夢陽傳」, "夢陽才思雄騺, 卓然以復古自命.……倡言文必秦漢, 詩必盛唐."
10) 趙翼, 『甌北詩話』(人民文學出版社, 1963), p.160, "詩寫性情, 原不專恃數典, 然古事已成典故, 則一典已自有一意, 作詩都借彼之意, 寫我之情, 自然倍覺深厚, 此後代詩人不得不用書卷也."
11) 劉熙載, 『藝概』, 「詩概」, "詩不可有我而無古, 更不可有古而無我."

'내가 있음'(有我)을 더 강조하기 때문에, 복고주의의 전통 관념을 어느 정도 극복한 것이라고 할 수 있다. 끝으로 성령파性靈派의 창시자인 원매袁枚는 "시란 개인의 성정性情에 따른 것으로 당唐, 송宋과 관계가 없는 것이니", "붓을 들기 전에 스스로의 성정에 먼저 묻고 송, 원, 명明의 체제를 다듬어야 한다"12)라고 주장하였다. 여기에서 원매는 성정으로써 도를 대체하였으므로, 도를 둘러싼 문학관을 거부하였다고 평가할 수 있다. 그러나 이러한 논의들은 모두 현대성이 제기되지 않는 전제에서 전개된 것이기 때문에, 진정한 역사관을 형성하지 못하고 주류 문학사상을 뒤집지 못한 채 이단시되었을 뿐이다.

다음으로, 중화미학사상의 변천 과정에서 보면 그것은 진정한 역사를 형성하지 못하였다. 미학사상은 심미적인 활동과 예술에 대한 경험적 반성에서 비롯된 것이다. 그런데 중화미학사상은 예술의 역사성을 구현하지 못하였기 때문에, 미학의 사조를 이루어 내지 못하였다. 역사의 발전은 시간의 누적, 왕조의 연속, 물질과 정신적 산물의 양적 축적 등이 아니라, 생존 방식의 근본적인 변화이다. 그리고 이와 같은 생존 방식의 변화는 근본적인 사상의 변화를 수반하고, 사상의 변화는 또한 현대성이 출현한 후 비로소 가능하다. 현대성이 일어난 후 생존 방식이 변화하였기 때문에, 생존의 체험도 근본적인 변화를 맞이하여 학문에 대한 반성적 형식이 새롭게 탄생한다. 바로 이와 같은 반성적 형식을 전제로 인문학에서는 분과가 일어나고 진眞, 선善, 미美가 분리되어, 미학이 독립적 학문(서양의 감성학)으로 성장함으로써 미학적인 사조(계몽주의, 포스트모더니즘 등)가 비로소 나타나게 되었다. 미학적 사조는 미학이론이 지닌 역사성의 현현이고, 미학사의 기본 단위이며, 역사적인 변천 과정 속에서 미학사상의 내재적 논리를 제시하는 것이다.

그러나 중화미학사를 반추해 보면, 그것은 독립적인 미학이라는 학문을 성립한 적이 없다. 이는 중화미학의 기본 관념에 큰 변화가 없었음을 의미하는데, 그것이

---

12) 袁枚, 『袁枚全集』(江蘇古籍出版社, 1993), 「小倉山房詩集」, p.62, "詩者, 各人之性情耳, 與唐, 宋無與也.", "提筆先須問性情, 風裁休劃末元明."

바로 중화철학이 도를 이념으로 삼고, 미학은 항상 그 도의 형식으로만 간주되었기 때문이다. 이러한 맥락에서 시를 비롯한 예술형식은 모두 도나 경전에 따를 수밖에 없다. 비록 도의 내용에 대한 이해는 다를 수 있지만, 그것이 미를 규정한다는 점은 일관된 형태로 이어진다. 그러한 까닭에 중국의 역사에 서로 다른 미학적 관념과 시학사상의 유파가 있었지만, 공통적으로 미학적 사조를 형성하지 못하였다. 그리고 이러한 미학적 관념에는 항상 숭고론, 복고론의 경향이 강하므로, 중화미학은 거의 모든 측면에서 경전과 성인의 가르침을 기반으로 삼고 있다고 하여도 과언이 아니다. 예를 들어 공자는 삼대三代의 가르침을 존숭하고, 한漢나라 이후는 유가의 명도설明道說이 정통으로 숭상되었으며, 명대의 전칠자前七子, 후칠자后七子도 분명한 복고론자이었다.

그다음으로, 중화미학사상의 변천은 역사성의 발전이 아니라, 문화성의 교체이다. 즉 중화미학사상의 변천은 지역문화, 다시 말해 남방과 북방, 유가와 도가 문화의 충돌 및 융합을 통해 구현되었다는 것이다. 이와 같은 문화의 변천은 현대성을 지향하는 것이 아니라 공간성의 관계에 놓여 있는 것이다. 그래서 중화미학은 현대성과 역사성을 지닌 것이 아니라, 지역문화의 속성을 지닌 것이라고 할 수 있다.

춘추전국시대 이후 중국에는 이미 남북문화의 구분이 있었다. 중원中原문화는 북방문화로서, 주나라를 핵심 지역으로 삼고 이성과 예교禮敎를 중시하는 경향이 있다. 한편 남방문화는 오吳나라와 월越나라를 포함한 초문화楚文化를 가리키는 것으로, 그것은 이성적인 사고보다 주어진 성정을 방임하고(任性情) 귀신을 선호하는 경향이 있기 때문에 원시문화적인 특색을 지닌 것이라고 할 수 있다.

중화문화는 기본적으로 북방과 남방 문화, 귀족정신과 평민정신, 유가사상과 도가사상의 차이와 융합에 기반하고 있으므로, 문화적인 공간성의 관계에 의해 구현된 것이라고 규정될 수 있다. 유가사상은 중원(북방)문화에서 비롯되었고, 그 대표자인 공자나 맹자도 북방 사람이다. 그리고 그것은 주나라문화를 계승하였기 때문에, 그 문화에 있는 이성정신과 예교 전통도 함께 전승하였다. 도가사상은 남방문화에서 비롯되었기 때문에, 예교보다 자연을 강조한 남방문화의 특징을 이었다. 노자는 초나라 귀족 출신이고, 장자도 초나라 공족公族 출신이므로, 그들은 모두 남방문화의 영향을 받았다고 할 수 있다.

북방문화와 남방문화의 차이에는 귀족정신과 평민정신의 차이가 교직되어 있다. 춘추전국시대에 북방에서 사회적 변혁이 비교적 일찍 일어났기 때문에, 귀족사회는 평민사회로 전향하게 되었다. 이 과정에서 유가사상은 귀족문화의 예악禮樂제도를 계승하였지만, 그 정신이 이미 평민화되어 사상도 평민 지식인이 주도한 입세적이고 공리적인 세계관을 지향하게 되었다. 그러나 남방에서의 사회적 변혁은 비교적 늦게 나타났으므로, 그 문화도 초기 문명의 특징을 보전하였다. 그래서 남방문화는 주로 귀족제도에서 시행된 귀족정신을 중심으로 전개되는데, 도가사상이 바로 그러한 귀족정신의 산물이다. 나아가 이러한 귀족정신을 지닌 도가사상은 평민문화가 사회의 주류 문화로 정착된 이후 몰락 귀족들의 염세적-도 피적 세계관으로 이어지면서 비주류의 사상으로 전락하였다.

왕국유王國維는 『굴원의 문학정신』(屈子文學之精神)에서 중국문화와 문학에 두 유파가 있다고 주장하였다. 하나는 북방파인데, 그것은 제왕파帝王派, 근고파近古派, 입세파入世派, 귀족파貴族派, 국가파國家派 등을 포함하고, 다른 하나는 남방파인데, 그것은 비제왕파非帝王派, 원고파遠古派, 둔세파遁世派, 평민파平民派, 개인파個人派 등을 포함한다. 나아가 그는 북방파의 예술을 대표하는 경전이 바로 『시경』이고, 굴원은 북방 학문을 학습한 남방 사람의 전형이라고 규정하였다. 실제로 왕국유가 북방파와 남방파를 나누는 기준에 대해서는 대부분 정확하다고 말할 수 있지만, 귀족파와 평민파로써 북방과 남방을 나누는 데에는 문제가 있다. 춘추전국시대에 귀족국가가 관료국가로 전향하면서 귀족이 몰락하고 평민 지식인이 정치적 무대에 등장하였다. 이리하여 귀족과 국가는 서로 분리되고, 귀족파도 도가 계열의 사상가처럼 개인파로 변하였다. 그러나 평민 지식인은 대체로 유가와 법가의 사상가처럼 국가파가 되었다. 마찬가지로 남방의 문학은 귀족화의 경향을 지니고, 북방의 문화는 평민화의 경향을 지닌다. 굴원의 작품은 귀족화된 경향이 농후하지만, 그가 추방된 후 본래 지니던 국가파의 입장이 개인파로 전향하면서, 국가에 대한 우환의식이 개인의 인격을 지키려는 지향으로 변모하였다. 또한『시경』은 평민문학의 원류이지만, 그것에도 평민의 사상을 표현한 민간가요(풍), 평민 지식인의 사상을 표현한 정사政事에 대한 원망과 풍자(아), 귀족의 사상을 표현한 국가나 역사에 관한 글(송) 등이 있을 뿐만 아니라, 민간에서 구전된 역사시도 있다. 그래서 북방문화와 남방문화를 나누는 데 있어서, 귀족문화와 평민문화의 잣대를 단순하게 적용할 수 없다. 따라서 중화문화는 평민정신과 귀족정신, 북방문화와 남방문화, 유가사상과 도가사상이 서로 충돌되고 융합되는 과정에서 형성되었다고 보는 것이 더욱 적절하다.

마찬가지로 중화미학사상도 북방문화와 남방문화, 유가사상과 도가사상, 평민정신과 귀족정신의 충돌과 융합을 통해 구현되었다. 일반적으로 북방의 미학사상(유가사상 및 평민정신)은 이성을 중심으로 전개하지만, 정情과 리理의 일체성도 강조하는 까닭에 강건한 풍격을 지닌다. 한편, 남방의 미학사상(도가사상 및 귀족정신)은 감성과 자연을 중시하기 때문에, 유연한 풍격을 지닌다.13) 또한『세설신어世說新語』에는 "저계야褚季野가 손안국孫安國에게 말하였다. '북방 사람의 학문은 깊고 종합적이며 광박廣博하다.' 그러자 손안국은 '남방 사람의 학문은 맑고 두루 통하며 간명하다'라고 대답하였다"14)라는 기록이 있고,『수서隋書』에는 "남방 사람의 학문은 간약하고 명료하여 그 정수를 얻고자 하고, 북방 사람의 학문은 깊고 거칠어 그 지엽까지 궁구하려고 한다"15)라는 기록이 있다. 이러한 언급들은 모두 남방문화와 북방문화의 차이에 대해 규명하고 있다. 나아가 북방의 유가사상이 미학의 주류 사상으로 정초된 이후, 그것은 이질적인 남방의 도가사상을 보완적으로 수용하는 데까지 발전하면서 중화미학의 주된 흐름을 형성하였다. 그러나 이와 같은 흐름은 실제로 지역적인 문화, 서로 이질적인 사상, 귀족과 평민 사이에서 이루어진 변화에 불과하

---

13)『禮記』,「中庸」, "子路問强. 子曰, '南方之强與? 北方之强與? 抑而强與? 寬柔以教, 不報無道, 南方之强也, 君子居之. 衽金革, 死而不厭, 北方之强也, 而强者居之. 故君子和而不流, 强哉矯! 中立而不倚, 强哉矯! 國有道, 不變塞焉, 强哉矯! 國無道, 至死不變, 强哉矯!'"

14)『世說新語』,「文學」, "褚季野語孫安國云, '北人學問, 淵綜廣博.' 孫答曰, '南人學問, 淸通簡要.'"

15)『隋書』,「儒林傳序」, "南人約簡, 得其英華. 北學深蕪, 窮其枝葉."

므로, 진정한 역사성을 지닌 발전이라고 할 수 없다. 따라서 중화미학의 역사는 실질적으로 공간성의 변화에 머물러 있는 역사이다.

마지막으로 이천여 년간 이어진 중화미학사상의 변천 과정은 실질적으로 양적 증가에 가깝지 질적 발전이라고 하기 어렵다. 즉 그것은 변천의 과정에서 형식적인 측면의 다양성을 이루었지만, 사상적인 측면의 변혁을 일으키지 못하였다는 것이다. 중화미학은 전통적인 미학 관념의 사상적 틀 안에서 변화하고, 그 틀을 돌파한 적이 없다. 이러한 현상이 나타나는 원인은—비록 후기 전통사회에서 문화와 사상적인 측면의 변화가 일어났지만— 문화를 결정하는 사회구조 자체가 그대로 유지되었기 때문이다.

전통사회 후기에는 유가사상을 중심으로 한 주류 미학사상 이외에도 도가의 미학사상과 선종禪宗의 미학사상이 있었다. 새로운 사회적-문화적인 환경에서 그것들은 신속하게 발전하고 주류 미학을 해체하여 중화미학사상의 내부적 변화를 초래한 듯 보였다. 예를 들어 위진남북조시기의 미학사상은 정감론情感論으로 전향하였고, 명청시기의 미학사상은 개성론個性論으로 전환하였는데, 이러한 변화만을 보면 중화미학사상에는 역사적인 발전이 있는 것처럼 보인다. 그러나 이와 같은 변화는 모두 미학사상의 기본적인 틀이 무너지지 않는 상태에서 이루어진 이단적인 사상에 불과하다. 즉 그것은 유가적인 전통미학의 틀 안에서 일어난 변화이지, 주류 미학을 전복시킬 만한 변화는 아니라는 것이다. 그리고 이러한 주류 미학의 틀은 기본적으로 선진시대에 구축된 것과 크게 다르지 않은데, 그것이 바로 도로써 미를 해명하고, 미로써 선을 고양하는 전통이다. 따라서 중화미학의 진정한 역사는 아직 발생하지 않았다.

덧붙여 말하자면, 중화미학사상은 그 기본적인 틀 안에서 여러 가지 변화를 이룩하였다. 즉 중화미학에서 다양한 사상이 풍부하게 제기되고 보완되면서, 상대적으로 체계적인 범주와 이론들이 정립되었다. 이러한 의미에서 중화미학도 역사적으로 발전을 이룩해 냈다고 할 수 있다. 그러나 이와 같은 발전은 단지 양적 축적의 면에서 이루어진 것이지, 질적 발전은 아니다.

전통사회의 후기에 주류 미학사상이 쇠퇴하고 이단사상이 일어난 원인은 명청 교체기에 있었던 미학적 사조의 변화 때문이다. 그러나 이러한 변화는 중화미학이 전통적인 속박에서 벗어나 현대성의 차원에 진입하였음을 의미하지 않는다. 그것은 다만 중화미학이 19세기에 이르러 서양의 현대성과 현대미학을 수용할 수 있는 계기를 마련하였다고 말할 수 있을 뿐이다. 일부 학자는 중국이 이미 전통사회 때부터(특히 송과 명대 중기) 현대성의 사상을 지녔다고 주장하고, 미학도 독립적인 의미에서 현대성의 역사를 가진다고 강조하였지만, 이는 결코 타당한 견해라고 할 수 없다. 중화미학이 전사시대에서 나와 본격적으로 역사시대로 진입한 것은 현대성이 일어난 이후, 즉 서양의 문화와 미학이 수입된 이후임이 틀림없다. 그리고 이러한 현대성에 입각하여 미학 연구를 시작한 사람이 바로 왕국유이고, 그것이 5·4혁명 이후에 이르러 본격적인 미학 사조로 정초되어, 중화미학이 비로소 역사성을 지니게 되었다.

지금까지 논의한 내용에 비추어 보면, 중화미학사는 마땅히 다음과 같은 세 가지 절차로 연구되어야 한다. 첫째는 중화미학의 기본적 이념이 확립된 뒤, 어떻게 단계적으로 이론적 체계를 구현하였는가를 연구할 필요가 있다. 이러한 연구는 선진미학이 기본적인 미학의 관념을 제시한 뒤, 어떠한 과정을 거쳐 다양한 미학 범주로 구체화되고, 어떻게 새로운 이론을 창출하였는지와 관련된다. 둘째는 미학 사상을 제기한 학파 사이의 사상적 관계와 변천에 관해 고찰하여야 한다. 셋째는 미학 관념이 주류 의식, 즉 도와의 관계가 어떻게 변화하였는지를 검토하여야 한다.

제2절 중화미학사상 변천의 기본적 단서

중화미학은 수천 년의 역사를 지니고 있다. 그리고 이러한 역사 과정 속에서 미학의 관념, 범주 등은 끊임없이 변화하였는데, 그 변화 속에서 드러난 기본적 단서들이 중화미학의 전통을 형성하였다. 중화미학의 기본적 단서는 미美의 본질에 관한 관념을 주축으로 삼는다. 중화미학에 따르면 미의 본질은 도道이고, 미는 곧 도를 드러내는 형식이다. 그러나 도는 유가와 도가의 사상 속에서 서로 다른 의미를 지니기 때문에, 두 사상 체계에 기반한 미학적 논의도 다르다. 나아가 유가와 도가의 관계는 북방문화와 남방문화의 차이, 평민정신과 귀족정신의 차이 등을 나타내는 것으로, 미의 본질에 관한 연구는 이러한 요소들을 종합적으로 고려하여야만 한다.

일반적으로 유가(북방문화, 평민정신)는 윤리와 도덕에 치우쳐 미의 본질을 윤리적 인 선善으로 규정한다. 그리고 그것은 리理와 정情의 일체성을 강조하여, 도가 곧 리이고, 리가 곧 정임을 주장한다. 그러나 유가는 리와 정 가운데 리를 더욱 중시한다. 유가에 따르면 리는 보편적이고 본질적인 성격을 지니는가 하면, 정은 개별적이고 일면적인 특징을 지닌다. 그래서 유가의 미학은 항상 리로써 정을 절제하여 미와 선이 서로 어울리게 하여야 한다고 주장한다.

한편, 도가(남방문화 귀족정신)는 천성天性과 자연自然에 편중하여 철학적 사변을 중시하는데, 이에 따르면 미의 본질은 곧 스스로 그러한 자연의 상태, 또는 참된 천성의 상태로 되돌아가는 것이다. 도가는 천성의 참된 상태, 즉 진眞으로써 유가의 선에 대항하지만, 그것에 의해 제기된 자연 개념은 인간의 사회성을 배척하여 인간을 무지무욕無知無欲의 존재로 전락시키는 경향이 있다.

그러나 도가와 유가의 사상이 충돌되고 융합되는 과정에서 자연과 천성의 참됨은 점차 정감의 참됨으로 변화하여 무정설無情說도 유정설有情說로 변모하였다. 따라서 중화미학은 실제로 윤리적인 선과 자연적인 진 사이의 관계에서 발전 공간을 획득하여 형성된 사상이라고 할 수 있다. 끝으로 이렇게 형성된 사상은 항상 심미적인 자유성과 전통의식의 속박성 사이의 충돌로 드러나는데, 이 충돌은 구체적인 미학 범주 사이의 관계까지로 이어진다. 그리고 이러한 관계에는 세 가지 측면이 있는데, 첫째는 외부적인 관계 즉 미와 선의 관계이고, 둘째는 내부적인 관계 즉 리와 정의 관계이며, 셋째는 전체적인 관계 즉 도와 문文의 관계이다.

1. 미·선 관계의 변천

현대미학에 따르면 선은 윤리적인 범주이고, 의식형태를 나타내는 것이며, 실용성과 현실성을 지닌 개념이다. 그러나 미는 심미적 범주이고, 비공리성非功利性과 초월성을 지닌 개념이다. 그래서 선은 미의 현실적 기반이고, 미는 자유로운 생존 방식으로서 선을 초월한다.

중화미학은 도를 미의 본체로 삼는다. 그리고 이러한 도는 윤리적인 맥락에서 도덕적인 선을 의미한다. 이렇게 되면 미와 선은 일체를 이루며, 미는 선에 의존하는 것이 된다. 그래서 중화미학, 특히 유가의 미학은 선이 곧 미의 기초이자 내포이고, 미는 선의 표현 또는 형식이라는 점을 강조한다. 유가에 따르면 미와 선의 구분은 내용이 아니라 형식에 있고, 미의 내용이 곧 선이다. 이에 관해 주희는 "미는 소리와 모습의 성대함이고, 선은 미의 실질이다"[16]라고 말하였고, 순자는 "미와 선이 서로 어울린다"(美善相樂)[17]라고 말하였다. 이와 달리 도가는 자연과 천성을 강조하여 허정무위虛靜無爲를 주장함으로써 윤리와 교화, 공리주의功利主義적 미학관을 거부한다. 도가에 따르면 진정한 미, 즉 대미大美는 선을 초월한 것이다.

그러나 유가에 비해 도가의 사상은 항상 비주류의 사상으로 간주되었다. 이는 주류의 미학사상이 유가의 사상으로 구현된 의식형태와 일치하고 있음을 시사한다. 나아가 이와 같은 일치는 미학이 시작될 때부터 중화미학에 뿌리를 내렸고, 전통사회 중후기에 이르러서야 어느 정도 해체되었다. 즉 이 시기의 미는 윤리적인 선과 분리되어 미가 성정性情의 참됨, 즉 진을 가리키는 개념이 되었다. 이러한 변화는 주로 사회적 변혁으로 인해 후봉건사회가 쇠퇴하는 과정에서 드러난다. 특히 후봉건사회의 쇠퇴는 주류 사상이 힘을 잃어가는 결과를 낳고, 이 결과가 자유로운

---

16) 『論語集註』, 「八佾」, "美者, 聲容之色. 善者, 美之實."

17) 『荀子』, 「樂論」, "故樂行而志淸, 禮修而行成, 耳目聰明, 血氣和平, 移風易俗, 天下皆寧, 美善相樂."

심미의식에게 발전의 공간을 허용하였는데, 위진남북조시기와 명청시기의 미학사상이 바로 이러한 배경에서 탄생한 것이다.

미와 선의 분리는 우선 형식미에 대한 긍정에서 드러난다. 육조六朝의 예술은 사족士族 지식인의 심미적 정취를 대변하는 것인데, 그것은 형식적인 미를 강조하고, 언사, 문채文采, 성운聲韻의 사용을 중시한다. 그래서 이 시대의 미학사상에는 "시와 부賦는 아름다워야 한다"(詩賦欲麗)[18], "시는 정감에서 우러나온 것으로 비단에 그려진 그림처럼 아름다워야 하고, 부는 사물의 외형을 몸소 살피는 것으로 맑고 밝아야 한다"[19]라는 생각이 성행하게 되었다. 이리하여 미학사상은 문이 도를 온전하게 현시하여야 한다는 강박에서 벗어나 점차 형식미를 강조하는 쪽으로 이행하게 되었다. 이와 같은 형식주의 미학에서 심지어 형식과 내용을 완전히 분리하는 사조가 나타났는데, 이는 예술형식의 내용적인 측면을 완전히 배제한 것이다. 예를 들어 혜강嵇康에 따르면 음音은 자연적으로 일어난 현상일 뿐이며, 그것은 그 자체로 정감을 포함하지 않을뿐더러 청자로 하여금 반드시 특정 정감을 갖게 하는 것도 아니다. 즉 음에는 좋음과 나쁨의 구분만 있지, 슬픔과 즐거움의 구분이 없다는 것이다.[20] 이러한 생각은 음악의 형식과 내용을 완전히 분리하는 것으로, 음악의 본질이 오직 형식에만 있다는 것을 주장하는 셈이다. 위진남북조 이후 형식주의 미학은 주류가 되지 못하였지만, 형식미를 중시하는 미학사상은 항상 지속되고, 주류 사상에 의해서 강조된 이성주의 미학을 견제하였다.

미와 선의 분리는 또한 미학사상이 심미적 본성을 보전하여 의식형태로부터 멀어져 가는 면에서 드러난다. 명청시대에 이르러 진이 점차 선을 대신하여 미의 본질이 되었다. 그리고 이러한 진은 곧 인성과 정감의 참된 상태, 또는 본래 상태를 의미한다. 그래서 예술은 점차 윤리적인 의식형태와 격리되어 독립성을 얻게 되었다. 이와 같은 배경에서 성령性靈, 신운神韻, 의경意境 등 미학 범주가 제기되고,

---

18) 曹丕, 『典論·論文』, "夫文本同而末異, 蓋奏議宜雅, 書論宜理, 銘誄尚實, 詩賦欲麗."

19) 陸機, 『文賦』, "詩緣情而綺靡, 賦體物而瀏亮."

20) 嵇康, 「聲無哀樂論」, "聲音自當以善惡爲主, 則無關於哀樂. 哀樂自當以情感, 則無系於聲音."

그것들이 예술적 내포로 정착되면서 심미적 속성을 지니게 되었다. 명대의 서위徐渭는 진정眞情을 강조하고, 공안파公安派는 성령을 표방하였으며, 이지李贄는 문의 본원을 동심童心으로 규정하였다. 나아가 청대의 원매袁枚는 성령설뿐만 아니라 성정설性情說도 제기하고, 심종건沈宗騫은 미에 형식과 내용이 모두 필요하지만, 내용은 윤리적인 것에 한정되지 않는다고 주장하였다. 그리고 그는 '미질美質'이라는 개념을 제시하여 전통적으로 견지된 선이 미의 실질이고, 미가 선의 형식이라는 관점을 거부하였다. 이에 따르면 미의 실질은 신운, 의취意趣, 인격 등을 가리키는 것이지, 선만을 의미하는 것이 아니다.21) 이리하여 심미 활동 자체가 지닌 내포들은 윤리적인 관념을 대체하고, 미는 선에 의존하는 단계를 한 걸음 벗어나 상대적인 독립성을 획득하게 되었다.

2. 정·리 관계의 변천

심미적인 의식은 일반적인 자각의식, 즉 이성적 의식을 벗어난 비자각적인 의식으로서 심미적인 정감, 의지, 직관, 상상 등을 포함한다. 중화미학에 따르면 미에는 정과 리라는 두 가지 규정이 있고, 그 둘은 일체를 이루고 있다. 이러한 의미에서 중화미학에서의 심미적 의식은 비자각적인 의식뿐만이 아니라 자각적인 의식에도 속한다. 그러나 정과 리가 일체라는 규정은 실제로 둘 사이의 모순을 은폐하는 경향도 있다.

정과 리가 일체라는 미학적 관념은 중화민족의 전통생활 방식에서 비롯되었다. 고대의 중국 사회는 가족을 단위로 한 종법사회宗法社會이므로, 혈연적 관계가 사회의 구조를 유지하는 기반으로 작용하였다. 그리고 이러한 혈연적 관계를 바탕으로 이성적인 규범 체계가 구축되었는데, 그것이 바로 예악 체계이다. 그래서 예악

---

21) 沈宗騫, 『芥舟學畵編』, 卷二, 「山水」, "夫華者, 美之外現者也. 外現者, 人知之. 若外現而中無有, 則人不能知也. 質者, 美之中藏者也. 中藏者惟知畵者知之, 人不得而見也. ……質中藏得無窮妙趣, 令人愈玩而愈不盡者, 境之極而藝之絶也."

체계는 보편적인 규범성을 지닌 동시에 정감적인 요소를 포함한 제도이다. 이리하여 정과 리는 애초부터 분화되지 않는 채 융합되어 있었는데, 이 점이 중화문화의 특성을 결정하였다.

유가의 예악 제도는 리와 정이라는 두 가지 요소를 포함하고 있다. 그중 예禮는 이성에 치중한 면이고, 악樂은 정감에 치우친 면이다. 나아가 리와 정이 일체를 이루고 있기 때문에, 정감은 단순히 감성만을 의미하지 않고, 본체론적 성격을 지닌다. 중화철학은 서양철학과 다르다. 후자의 본체론은 로고스(logos)라는 보편적 이성 범주를 통해서 설명되지만, 중화철학의 본체론은 도를 통해서 구현된다. 그리고 이러한 도는 만물의 존재 근거로서 보편성을 지닌 동시에 순수한 이성 개념이 아니다. 즉 그것은 정과 리가 분리되지 않는 통일성이라는 것이다. 고대 중국인은 인간과 세계의 분리를 충분히 의식하지 못하였기 때문에, 주관과 객관의 대립 구조를 성립하지 못하였다. 그래서 이성적인 사고가 발생하는 동시에, 인간과 세계 사이에는 아직 원시적인 동일성에 의해 맺어지는 관계가 있는데, 그것이 바로 천인합일天人合一이라는 정감적 유대 관계이다.

유가에 따르면 천명天命과 인간의 본성 즉 성性은 동일한 것이고,22) 성에는 또한 이성과 정감을 포함하므로, 성은 정의 근거이고, 정은 성의 표현이다.23) 그러므로 유가의 미학사상은 성정을 기반으로 구축된 것이라고 할 수 있다. 공자는 윤리적인 법칙이 효孝에서 비롯되고, 효가 곧 인간의 천성이라고 주장한다.24) 맹자는 도덕이 선천적으로 갖춘 측은지심惻隱之心, 수오지심羞惡之心, 사양지심辭讓之心, 시비지심是非之心에서 비롯되었다고 강조하는데,25) 이는 도덕에 이성적인 관념뿐만 아니라, 정감적인 내포도 있음을 주장한 셈이다.

---

22) 『禮記』, 「中庸」, "天命之謂性, 率性之謂道."
23) 『荀子』, 「正名」, "性之好惡喜怒哀樂謂之情."
24) 『孝經』, 「開宗明義」, "身體髮膚, 受之父母, 不敢毁傷, 孝之始也."
25) 『孟子』, 「公孫丑上」, "由是觀之, 無惻隱之心, 非人也. 無羞惡之心, 非人也. 無辭讓之心, 非人也. 無是非之心, 非人也. 惻隱之心, 仁之端也. 羞惡之心, 義之端也. 辭讓之心, 禮之端也. 是非之心, 智之端也. 人之有是四端也, 猶其有四體也."

도가도 도에 대해서 논의하지만, 그 도는 일차적으로 스스로 그러한 자연의 도를 의미한다. 그리고 이러한 도도 성과 관련이 있지만, 그것은 사물과 인간의 자연 본성이라는 측면에서 규정된 것이지, 사회적인 윤리나 현실적인 정욕의 측면에서 논의된 것은 아니다. 그래서 이러한 도는 윤리와 전혀 무관한 것처럼 보이지만, 실제로는 바로 그 속에 내포된 반도덕성이라는 특질로 인해, 도는 또한 도덕과 연결된 것이라 할 수 있다. 그러므로 중화철학의 윤리관은 성정과 연결된 것으로, 서양의 이성화된 윤리관, 예를 들어 칸트(Kant)의 정언명령이나 헤겔(Hegel)의 이념과 구분된다.

중화철학에 따르면 정과 리는 일체를 이루며, 리는 정의 규범이고, 정은 리의 내포이다. 그래서 정과 리에 합치되면 곧 천도(천도)에 합치되는 것이고, 리를 떠나서 정을 논하거나 정을 배제하여 리를 규명하는 것은 천도에 위배되는 것이다. 이러한 의미에서 중화철학이 강조한 중화사상(中和思想[26])도 순수한 인식론에서 비롯된 것이 아니라, 리와 정이 통일된 윤리철학에서 도출된 것이다.

한편, 리와 정은 통일성을 지니지만, 여전히 같은 것은 아니다. 정감은 단순한 욕망으로 하여금 직접성과 원시성에서 벗어나 사회성을 지니도록 할 수 있다. 이러한 의미에서 정감은 욕망을 합법화한 것으로 이성과 유사한 기능을 지닌다. 그러나 대부분의 경우, 정감은 개체의 욕망이 발현되는 상태를 시사하는 데 쓰이고, 이성은 욕망의 절제를 지향하는 사회적 규범으로 간주되므로, 둘 사이에는 모순이 있다. 중화철학은 리로써 정을 절제하여야 한다고 강조하는데, 이는 곧 정감이 이성의 통제를 벗어나 욕망에 치우치는 위험성을 방지하기 위해서이다. 그럼에도 개체적인 정감은 항상 스스로를 표현하고, 자기를 실현하고자 하는 경향을 지니기 때문에, 이성과 충돌하고 때로는 그것을 돌파할 수도 있다. 이렇게 보면 정과 리가 일체라는 중화철학에는 내재적 모순을 지니고 있다. 즉 정과 리의 일체라는

---

26) 『禮記』, 「中庸」, "喜怒哀樂之未發, 謂之中. 發而皆中節, 謂之和. 中也者, 天下之大本也. 和也者, 天下之達道也. 致中和, 天地位焉, 萬物育焉."

주장에서 둘의 통일성은 상대적이고 잠시적인 까닭에, 필연적으로 충돌로 이어질 수밖에 없다는 것이다.

정과 리를 분리하여야 한다는 생각의 기원은 도가사상에 있다. 도가는 인간의 자연적인 천성을 무지무욕의 상태로 규정하지만, 여전히 인간에게 정감과 욕망이 있다는 점을 암시적으로 드러내고 있다. 특히 후세의 도가는 유가사상과의 융합 과정에서 유가가 주장한 윤리적인 성정을 이성과 구분된 정감으로 치환하여, 그것으로 자연천성을 설명하였다. 그래서 반윤리적인 특징을 지닌 도가의 사상은 정감을 중시하는 유가의 관념을 빌려 여러 차례 재탄생할 수 있었고, 최종적으로 정과 리가 분리된 미학사상을 구축하여 도가만의 정본체론情本體論을 정립할 수 있었다.

그렇다면 심미는 도대체 정감의 범주에 속한 활동인가 아니면 이성의 범주에 속한 활동인가? 이에 관해 중화미학도 시기와 유파에 따라 서로 다른 해답을 제시하고 있다. 춘추전국시대의 미학은 정과 리가 일체임을 주장하고, 리로써 정을 절제하는 것을 강조하기 때문에, 정과 리는 아직 분리되지 않았다. 그러나 전국시대 이후부터 정과 리의 일체화가 파열되고, 미학사상의 강조점은 점차 리에서 정으로 옮기게 되었다. 바로 이와 같은 단서가 중화미학의 기본적인 역사 흐름을 형성하였다. 그리고 그 단서에 따라 중화미학의 역사를 세 시기로 구분할 수 있는데, 첫째는 정과 리가 일체성을 이루고, 리로써 정을 절제하여야 한다는 선진先秦과 양한兩漢의 시기이고(초기), 둘째는 리보다 정에 치우친 위진남북조와 양송兩宋의 시기이며(중기), 셋째는 정과 리가 분리되어 정본체론이 정립되어 가는 명대 중엽에서 청 말에 이르는 시기이다(후기).

초기의 미학사상은 정과 리가 일체라는 기반을 정초하였다. 유가의 도는 정감을 포함한 도이다. 그래서 유가에 따르면 예술은 정과 리의 조화 및 일치이다. 유가는 도가 곧 리이고, 리가 곧 성이며, 성이 또한 정감의 내용 즉 정을 포함한다고 주장한다. 따라서 유가는 성과 정을 연결하여 정이 곧 성의 표현임을 강조한다.[27]

---

27) 『荀子』, 「正名」, "性者, 天之就也. 情者, 性之質也. 欲者, 情之應也."

선진과 양한 시대에 정과 리가 일체라는 철학적 체계가 파열되지 않았으므로, 미학의 주도 사상은 언지설言志說이었다. 「시대서詩大序」는 『상서尙書』의 문장을 인용하여 "시는 뜻을 말하는 것이고, 노래는 그 말을 길게 뽑아서 읊는 것이며, 소리는 그 읊은 것의 가락에 맞추는 것이고, 운율은 그 소리에 조화하는 것이다"[28]라고 주장하였다. 여기에서 말한 뜻, 즉 지志는 바로 이성적인 사상과 감성적인 정감을 모두 포함한 것이다. 그러나 이 시기의 미학은 정과 리의 일체를 주장하는 동시에, 항상 리가 정을 통제한다는 점에 대해 강조하는데, 이는 "정에서 발현되지만 반드시 예와 의義에서 그쳐야 한다"(發乎情, 止乎禮義)[29]라는 시교詩敎를 낳았다.

한편, 도가는 도가 곧 자연이고, 그 자연은 인간의 스스로 그러한 본성과의 맞물림으로, 심미 활동은 곧 스스로 그러한 본성에 부합하는 것, 즉 적성適性에 의해서 이루어진다고 주장한다. 비록 원시도가는 성에 아무런 정감이 없다고 주장하였지만, 그것은 정감을 중시한 유가의 사상과 융합하면서, 성정이 조화되고 통일되어 있다는 주장으로 변모하였다. 특히 『회남자淮南子』는 유가와 도가의 사상을 융합하여 정이 이성적인 내포를 지닐 뿐만 아니라, 그 자체가 자연천성에 속한 것임을 강조하였다.

진한 이후로 정과 리는 분리하기 시작하였다. 이러한 경향은 시의 언지설이 연정설緣情說[30]로 변모되었다는 점에서 확인할 수 있다. 위진 이후로 연정설은 주류 사상으로 정초되고, 정과 리가 분리하여 정이 독립성을 갖게 되었다. 그래서 예술은 이성적인 도를 전달하는 활동인 동시에, 정감을 표현하는 감성적인 활동으로 인식되었다. 미학사상의 내부에서 보자면, 이러한 현상은 도가의 미학사상이 유가의 미학사상을 해체하는 과정에서 생겨난 것이라고 할 수 있다. 본래 도가가 강조한 진 즉 자연천성은 정을 포함하지 않는다. 그러나 한대를 거쳐 그것은 유가의 정감론을 수용함으로써, 자연의 진이 내면의 참된 성정 즉 진성정眞性情으로 재해석되었다.

---

28) 『尙書』, 「虞書·舜典」, "詩言志, 歌永言, 聲依永, 律和聲."
29) 「詩大序」, "故變風發乎情, 止乎禮義. 發乎情, 民之性也. 止乎禮義, 先王之澤也."
30) 陸機, 『文賦』, "詩緣情而綺靡, 賦體物而瀏亮."

그래서 도가에서도 주정론主情論의 미학사상을 제기할 수가 있었다.

위진현학魏晉玄學은 도가의 사상뿐만 아니라, 유가의 사상도 대폭 수용하였기 때문에, 그에 따른 미학사상은 미의 자연성을 주장하는 동시에, '참된 성정에 맡겨야 한다'(任性情)라는 이념을 강조하여 예교의 범위를 넘어섰다. 특히 현학은 정을 리에서 독립시켜 그것을 미의 근거로 삼았다. 이러한 배경에서 왕필王弼은 성정을 강조하면서 정으로써 리를 주도하여야 한다고 주장하였고,31) 상수向秀는 노장老莊의 출세적인 자연 개념을 입세적인 것으로 전향하여 정욕도 자연천성에 귀속된다고 주장함으로써, 이성에 대한 정감의 우월성을 강조하였다.32) 나아가 곽상郭象은 숭유론崇有論과 상무론尙無論을 함께 내세워 유가에서 강조한 인의仁義도 인간의 자연천성에 포함된다고 주장하였고, 동진東晉에서 유행한 『열자列子』는 '본성에 따라 노닐게 되면'(從性而游)33) '욕망은 다하지 못한 바가 없고, 정감이 이르지 못한 바가 없다'(欲無不盡, 情無不達)라고 주장하면서, 도가의 천성을 감성적 쾌락으로 규정하였다.

현학의 영향으로 인해 위진남북조시대의 미학사상은 정감론을 중심으로 전개된다. 완적阮籍은 자연의 미를 숭상하여 그것이 예법을 뛰어넘는 것이라고 주장하였고,34) 육기陸機는 "시는 감정에서 우러나는 것으로 아름다워야 하고, 부는 사물을 몸소 살피는 것으로 맑고 밝아야 한다"35)라고 말하면서, 시의 본질을 정감으로 규정하였다. 유협劉勰은 한 걸음 더 나아가 "인간은 칠정七情의 능력을 품부 받았고,

---

31) 何劭, 「王弼傳」, "弼與(晏)不同, 以爲聖人茂於人者神明也, 同於人者五情也. 神明茂故能體沖和以通無. 五情同故不能無哀樂以應物, 然則聖人之情, 應物而無累於物者也. 今以其無累, 便謂不復應物, 失之多矣."

32) 向秀, 「難養生論」, "有生則有情, 稱情則自然. 得若絶而外之, 則與無生同, 何貴於有生哉? 且夫嗜欲, 好榮惡辱, 好逸惡勞, 皆生於自然. 夫天地之大德曰生, 聖人之大寶曰位, 崇高莫大於富貴. 然則富貴, 天地之情也.……服饗滋味, 以宣五情, 納御聲色, 以達性氣, 此天理自然, 人之所宜, 三王所不易也."

33) 『列子』, 「楊朱」, "從性而游, 不逆萬物所好."

34) 阮籍, 「大人先生傳」, "汝君子之禮法, 誠天下殘賊, 亂危, 死亡之術耳! 而乃目以爲美行不易之道, 不亦過乎!"

35) 陸機, 『文賦』, "詩緣情而綺靡, 賦體物而瀏亮."

이 칠정의 능력이 사물의 자극을 받으면 감정이 움직이게 되며, 사물에 감정이 움직이게 되면 그것을(志) 읊조리게 되는데, 이는 모두 스스로 그러한 것(自然)이 아님이 없다"36)라고 진술하였는데, 이는 문학을 정감의 산물로 규정하는 동시에, 유가의 윤리적인 정감을 자연스러운 본성으로 해석한 것으로, 유가와 도가의 사상을 융합시킨 것이라고 할 수 있다. 유협은 자주 성, 정, 성정, 정성情性 등의 용어를 통해 문의 내포를 규정하였는데,37) 이 경향은 남제南齊의 소자현蕭子顯까지 이어졌다.38)

이후부터 정감, 즉 정은 이중적인 의미를 지니게 되었다. 하나는 유가의 사상을 근원으로 한 윤리의 정이고, 다른 하나는 도가의 사상을 근원으로 삼고 윤리적인 의미에서 독립된 자연천성의 정이다. 그리고 둘 사이의 관계는 가까워졌다가도 멀어지는 가운데, 중화미학의 정감론이 정립되었다. 당대의 공영달孔穎達은 정과 지를 연결시켜 정지情志라는 개념을 제시하였는데, 그에 따르면 "정감이 자기에게 있는 것을 정이라고 하고, 그것이 움직이면 지가 되니, 정과 지는 하나이다."39) 이리하여 정과 지 사이에는 내와 외의 차이만 있지, 이성과 감성의 구분이 없어졌으므로, 지가 지닌 이성적인 요소가 제거되어, 정은 지를 대체하게 되었다. 송대의 엄우嚴羽는 시가詩歌가 이치나 서적과 구별된 가치를 지닌다는 문맥에서 별정설別情說 또는 별취설別趣說을 제기하였는데, 이는 심미적 정감을 일상적 정감 및 이성과 구분하는 것으로, 예술의 발전을 위해 넓은 공간을 확보하였다. 요컨대 정이 점차 리에서 분리되고 독립적인 가치를 갖추는 과정이 곧 중화미학사의 기본적인 추세라고 할 수 있다.

후기의 중화미학은 정으로써 리에 대항하여 정본체론을 정립하였다. 이리하여

---

36) 劉勰, 『文心雕龍』, 「明詩」, "人稟七情, 應物斯感, 感物吟志, 莫非自然."
37) 劉勰, 『文心雕龍』, 「情采」, "故立文之道, 其理有三. 一曰形文, 五色是也. 二曰聲文, 五音是也. 三曰情文, 五性是也.";「原道」, "雕琢性情, 組織辭令.";「情采」, "吟詠情性.";「體性」, "吐納英華, 莫非情性." 등 참조.
38) 蕭子顯, 『南齊書』, 「文學傳論」, "文章者, 概情性之風標, 神明之律呂也."
39) 杜預 著, 孔穎達 疏, 『春秋左傳正義』, 卷五十一, 昭公二十四年, "在己爲情, 情動爲志, 情志一也."

심미는 윤리의 속박에서 벗어나 인간의 정감을 기반으로 삼게 되었다. 명나라 중후기, 전통사회의 쇠퇴로 인해 그것을 지탱하는 주류 사상도 몰락하기 시작하였다. 그래서 예교를 비롯한 전통사상에 대항하는 이단사상들이 대폭 제기되어 하나의 사조를 형성하였다. 그러나 이와 더불어 반미학적인 이성주의도 등장하였다. 송명리학宋明理學은 리로써 도를 해석하고, 이러한 리는 또한 정을 배제한 것이다. 그것은 오직 천리天理만을 높이고 인간의 욕망을 격하하여 "천리를 보전함으로써 인욕人欲을 없애야 한다"(存天理, 滅人欲)라는 주장을 내세웠다.

그러나 이와 같은 극단주의적 이성화는 곧장 반기를 불러일으켰다. 명나라 중엽 이후 육왕심학陸王心學이 융성하였는데, 그것은 내재적인 심성心性으로써 외재적인 천리를 대체하여야 한다는 점을 기본적인 전제로 삼는다. 특히 왕학좌파王學左派는 이러한 점을 더욱 강조하여 이성에 반대하고 감정을 중시하는 철학사상을 구축함으로써, 정감의 독립적 공간을 확보하였다. 실제로 심학은 본래 천리로써 인간의 욕망을 통제하려고 하였는데, 역사적 추세와 그 이론에 함축된 내재적 논리로 인해 반대 방향으로 나아가게 되었다. 특히 인간의 정을 긍정하고 이성을 반대하는 왕학좌파의 주장은 중화철학에서 견지된 리와 정의 일체성을 완전히 파괴하는 것으로, 미학사상 전반을 체도론體道論에서 정본체론으로 이행하게 하였다.

이와 더불어 고대 중화사상에 함축된 간주관성(Intersubjektivität)도 해체를 맞이하게 되면서, 인간의 자아의식이 각성하여 주체성에 관한 사고가 싹트기 시작하였다. 이리하여 미학은 이성의 통제를 물리치고, 심미도 인간의 천성을 해방시켜 예교의 압박에 대항하는 자유로운 활동으로 인식되었다. 명나라 중엽 이후 미학사상은 크게 변모하였는데, 이러한 변모의 가장 뚜렷한 특징이 바로 개성이 강조되고, 정감이 본체적 위상을 지니게 되었다는 점이다. 서위徐渭는 외적인 교화와 서적에서 배운 지식 등(相色)을 따르는 것보다 본래의 개성(本色)을 중시하여야 한다는 문맥에서[40] 진정설眞情說을 제기하였는데, 이에 따르면 정감은 선천적으로 주어진 것이고,

---

40) 徐渭, 『徐渭集』(中華書局, 1089), "世事莫不有本色, 有相色. 本色猶俗言正身也, 相色, 替身也. 替

도에 편입될 수 없는 독립적인 가치를 지니며, 탁월한 예술이 바로 이것에 기반하기 때문에 사람을 감동시키고 역사에 남길 수 있다.[41] 이지는 동심설童心說에서 출발하여 문학과 예술이 진에 근본하고, 진심과 진정이야말로 아름다운 것이며, 사람을 감동시킬 수 있는 것이라고 주장하였다.[42] 탕현조湯顯祖는 "정이 있는 것은 반드시 리가 없고, 리가 있는 것은 반드시 정이 없다고 하니, 이는 정말로 한칼에 두 동강이를 내는 분명한 말이다"[43]라고 말하면서, 정과 리를 철저히 구분하여, 그 독립성을 가장 극단적으로 추켜세웠다.

이와 같은 논의들을 통해 정은 리로부터 분리되고, 심미도 윤리와 구분되는 영역으로 인식되었다. 전통유가는 성을 천리로 삼고, 정을 인욕으로 규정하여, 성으로써 정을 통제하여야 한다고 주장한다. 그러나 이 시기에 이르러 미학사상은 정을 중시하고 성을 경시하는 경향을 지니게 되었다. 이리하여 정은 성의 기초가 되고, 그것이 성에 의해 통제되는 것이 아니라 오히려 성을 결정하는 것이 됨으로써, 둘 사이의 위상이 역전되었다. 그래서 성은 도덕적인 의미에서 논의되지 않고, 정을 함축하면서도 그것에 결정되는 것으로 해석되면서, 새로운 성정설性情說이 정립되었다.

청대 미학자들은 대부분 이와 같은 성정설을 계승하였다. 원매는 성령, 성정 등을 강조하여 "무릇 시가 전해질 수 있는 것은 모두 성령 때문이다"[44]라고 주장하였고, 우동尤侗은 "시의 지극함은 성정을 말하는 데 있다. 성정이 지극함에 이르면 풍격이 저절로 세워지고, 문채가 저절로 드러나며, 성조聲調가 저절로 나온다. 성정이 없으면서도 성조를 자랑하는 것은 또한 까마귀가 사단詞壇에서 떠들어 대는

身者, 卽畵評中婢作夫人終覺羞澀之謂也. 婢作夫人者, 欲塗抹成主母而多揷帶, 反掩其素之謂也."

41) 徐渭, 『徐渭集』(中華書局, 1983), p.1296, "人生墮地, 便爲情使.……怠終身涉境觸事, 夷拂悲愉, 發爲詩文顯賦, 璀璨偉麗, 令人讀之, 喜而頤解, 憤而眦裂, 哀而鼻酸……摹情彌眞則動人彌易, 傳世亦彌遠."

42) 李贄, 『焚書』, 卷四, "言出於情, 自然刺心, 自然動人."

43) 湯顯祖, 「寄達觀」, "情有者, 理必無. 理有者, 情必無, 眞是一刀兩斷語也."

44) 袁枚, 『隨園詩話』, 卷五, "凡詩之傳者, 都是性靈."

것과 같을 뿐이다"[45]라고 주장하였다. 나아가 같은 문맥에서 청대 중엽의 홍량길洪亮吉은 "시와 문장이 전해질 수 있는 원인은 오직 다섯 가지가 있는데, 첫째는 성이고, 둘째는 정이며, 셋째는 기氣이고, 넷째는 취趣이며, 다섯째는 격格이다"[46]라고 말하였고, 조익趙翼은 "시험 삼아 공정하게 말하자면, 시는 성정에 근본하기 때문에 시를 짓거나 평가할 때 마땅히 성정을 주로 삼아야 한다"[47]라고 말하였다. 이렇게 보면, 성정이 곧 시의 기본적인 특징이라는 점은 이미 청대 미학자와 예술평론가들에게 보편적인 인식으로 정립되었다고 말할 수 있다.

3. 문·도 관계의 변천

현대미학에 따르면 심미 활동은 자유로운 생존 방식과 초월적인 체험 방식으로서, 인간으로 하여금 스스로를 타자화하여 일반화하는 것을 방지하여 존재의 본래 모습으로 회귀하게 한다. 그래서 심미와 존재는 동일성을 지니고 있으며, 미는 또한 존재의 현현이다. 하이데거(Heidegger)의 말로 표현하자면, "미는 존재자의 진리가 스스로 주입된 작품이다." 중화미학도 미와 도는 동일하다고 주장하지만, 이러한 도는 윤리적인 도(유가)이거나 자연천성의 도(도가)이므로, 초월성을 지니지 않는다. 따라서 중화미학에서 초월적인 심미와 세간성을 지닌 도 사이에 필연적으로 모순이 일어날 수밖에 없는데, 바로 이와 같은 모순의 현시와 발전이 중화미학의 역사를 구현하였다고 하여도 과언이 아니다.

앞서 다룬 미와 선, 정과 리의 관계 변천은 실제로 문과 도의 관계 변천을 의미한다. 중화미학은 천도가 곧 인도임을 강조하기 때문에, 도는 형이하의 성질을 지니는 동시에 윤리적인 경향성을 지닌다. 그래서 문과 도의 관계는 실제로 심미와

---

45) 尤侗, 『西堂雜組』, "詩之至者, 在乎道性情. 性情所至, 風格立焉, 華采見焉, 聲調出焉, 無性情而誇聲調, 亦雅噪詞贖而已."

46) 洪亮吉, 『北江詩話』, "詩文之可傳者有五. 一曰性, 二曰情, 三曰氣, 四曰趣, 五曰格."

47) 趙翼, 『甌北詩話』, "試平心而論, 詩本性情, 當以性情爲主."

사상(의식형태) 사이의 관계라고 봐도 무방하다. 초기 전통사회에서 문과 도는 일체성을 이루는 관계에 놓여 있다. 이 시기에 문은 도를 밝히는 수단 즉 명도明道의 수단으로 인식되었는데, 이는 미와 의식형태가 아직 분리되지 않았음을 의미한다. 공자가 주장한 '물질빈빈文質彬彬'48)은 곧 문을 질(도)의 형식으로 삼고, 그것이 도에 의존하는 것으로 규정한 셈이다. 이러한 생각이『문심조룡』에 이르러 "도는 성인聖人을 통해 문으로 드리워지고, 성인은 문에 의지하여 도를 밝힌다"49)라는 주장으로 변모하였는데, 이 주장은 장기간에 걸쳐 주류 미학사상으로 정착되었다. 그러나 전통사회가 중후기에 접어들자 미와 선, 정과 리가 서로 분리되기 시작하였고, 문(미)도 점차 도로부터 벗어나 독립성을 획득하게 되었다. 그리고 이와 같은 분리는 육조에서 시작하고, 그것은 곧바로 형식주의의 풍격을 낳음으로써, 예술의 독립적 가치를 확립하였다.

문(형식)이 독립성을 획득함에 따라 이성을 중심으로 한 의식형태, 즉 도도 예술의 본질에서 배제되기 시작하였다. 이리하여 문은 더 이상 도를 밝히는 수단이 아니라, 자유롭게 인성人性을 현시하는 매개로 인식되었다. 이지는 자아와 천성을 고양하여야 한다는 의미에서 동심설을 제기하였는데, 이에 따르면 심미는 사회적으로 오염된 인간의 본성, 즉 동심을 회복하는 것이다. 그는 동심과 견문見聞으로 얻은 이치 사이의 근본적인 충돌, 즉 견문으로 얻은 이치가 동심을 말살한다는 점을 지적함으로써 인성과 도덕적인 이성을 대립시켜, 전자를 긍정하고 후자를 부정하였다.50) 왕부지王夫之는 시리詩理, 즉 예술의 도를 경생지리經生之理, 즉 사회의 도와 구분하면서, 예술창작의 독립성을 확보하였다. 그에 따르면 "그러므로 경생지리는 시리와 무관하며, 이는 떠돌아다니는 사나이의 정감이 시의 정감에 들어맞지

---

48) 『論語』, 「雍也」, "子曰, '質勝文則野, 文勝質則史. 文質彬彬, 然後君子.'"

49) 劉勰, 『文心雕龍』, 「原道」, "故知道沿聖以垂文, 聖因文以明道."

50) 李贄, 『焚書』, 卷三, 「童心說」, "夫童心者, 眞心也……夫童心者, 絶假純眞, 最初一念之本心也……童心旣障, 於是發而爲言語, 則言語不由衷. 見而爲政事, 則政事無根柢. 著而爲文辭, 則文辭不能達. 非內含於章美也, 非篤實生輝光也, 欲求一句有德之言, 卒不可得, 所以者何? 以童心旣障, 而以從外入者聞見道理爲之心也."

않은 것과 같다."[51] 나아가 엽섭葉燮도 시가의 이치와 사회 현실의 이치는 다르다고 주장하면서, "말할 수 있는 이치는 사람마다 말할 수 있으므로, 어찌 시인이 굳이 말할 필요가 있는가? 증명될 수 있는 일은 사람마다 진술할 수 있는데, 어찌 시인이 굳이 진술할 필요가 있는가? 반드시 말할 수 없는 이치가 있고, 진술할 수 없는 일이 있으니, 그것은 만날 때 그 의상意象의 겉모습을 통해 묵묵히 깨달으면, 리와 사事가 명확히 앞에 드러나지 않는 것이 없는 일이다"[52]라고 말하였다. 여기에서 그는 시가의 창작이 완전히 그 자체의 논리에 따라 진행할 수 있음을 강조하여 문을 도로부터 자유롭게 하였다.

이와 더불어 문도 관계에 있어서 반심미주의적인 사상도 제기되었는데, 그것이 바로 둘 사이의 대립을 강조하여 도로써 문을 제거하려는 극단주의적 윤리사상이다. 송대의 리학자理學者 정이程頤는 "문장을 짓는 것은 도를 해친다"(作文害道)라는 사상을 제기하였는데, 이에 따르면 "『상서尙書』에는 '사물을 완미하면 뜻을 잃게 된다'(玩物喪志)라는 말이 있는데, 문장을 짓는 것도 또한 뜻을 잃게 한다."[53]

4. 중화미학사상의 체계 정립

중화미학의 역사에는 또 하나의 단서가 있는데, 바로 미학사상은 역사의 진행에 따라 끊임없이 풍부하고 체계성이 구현되는 쪽으로 정립되어 나간다는 점이다.

초기의 중화미학은 이론적 체계를 형성하지 못하였다. 선진의 미학사상은 대부분 철학과 사회 문화에 관한 논의를 통해 전개된 까닭에, 전문 저술은 물론이고 초보적인 체계조차 현시하지 못하였다. 양한시대에 이르러 비교적 정비된 시학 저술이 출현하였는데, 「악기樂記」와 「시대서詩大序」 등이 그것이다. 이와 같은 저술

---

51) 王夫之, 『古詩評選』, 卷五, 「鮑照登黃鶴磯評語」, "故經生之理不關詩理, 猶浪子之情不當詩情."
52) 葉燮, 『原詩』, 「內篇下」, "可言之理, 人人能言之, 又安在詩人之言? 可征之事, 人人能述之, 又安在詩人之述? 必有不可言之理, 不可述之事, 遇之於默會意象之表, 而理與事無不燦然於前者也."
53) 『二程語錄』, 卷十一, "書云, '玩物喪志', 爲文亦喪志也."

들은 중화미학의 기초를 다졌지만, 아직 체계성 있는 미학이론을 구현하지 못하였다. 요컨대 초기의 미학사상(선진-양한의 미학사상)은 주로 문과 도의 관계를 검토함으로써, 도가 본체이고 문이 그 형식이라는 점을 확립하고, 나아가 미의 정감적 특성을 정초하여 미, 문, 낙樂, 유游 등 기본적인 개념을 제시하는 데 그쳤다.

전통사회의 중기에 이르러 중화미학사상은 점차 체계성 있는 이론을 정립하기 시작하였다. 위진남북조시기에서 『문부』(陸機), 『문심조룡』(劉勰), 『시품』(鍾嶸) 등 다양한 미학 저술이 나타나고, 그것들이 체계적인 미학과 시학이론으로 발전하였다. 특히 『문심조룡』은 가장 완비된 체계성을 갖춘 미학 저술로서, 엄밀한 논리 구조와 다양한 미학 주제를 함께 수렴하고 있다. 이와 더불어 위진남북조시대에 화론畵論도 처음 등장하였다. 그러다가 당송시기에 이르러 시학 저술은 더욱 풍부해지면서 『이십사시품』(司空圖), 『창랑시화』(嚴羽) 등이 나타났다. 동시에 화론과 더불어 음악이론도 풍부하게 제기되었다. 특히 이 시기에 걸쳐 독립적인 미학 개념과 범주들이 다양하게 나타났는데, 예를 들어 풍골風骨, 신사神思, 의상意象, 의경意境, 흥상興象, 흥취興趣, 묘오妙悟 등이 그것이다.

후기의 중화미학은 초기와 중기에 걸쳐 제기된 이론들을 더욱 체계화하였다. 명청교체기에는 전후칠자前後七子, 당송파唐宋派, 공안파, 경릉파竟陵派 등 다양한 시학파詩學派가 등장하였고, 『원시原詩』(葉燮)를 비롯한 시학 저술도 많이 나타났다. 더 나아가 이 시기에는 시가 중심이 되는 이론적 모델을 넘어, 『예개藝概』(劉熙載)와 같은 종합적인 예술이론서도 등장하였다. 마지막으로 이전 시대에 정초된 화론과 더불어 희곡이론, 소설이론도 새롭게 출현하고, 그 연장선상에서 미학의 개념과 범주도 더욱 확장되고 심화된 쪽으로 나아갔는데, 동심, 성령, 격조格調, 기리肌理, 신운神韻, 경계境界 등 개념들의 제기가 이러한 점을 설명해 준다.

제3절 중화미학사상의 현대적 전환

중화미학은 기본적으로 고전적인 형태의 미학이고, 그것은 고전적인 이성에 기반하여 정립되었다. 그러므로 현대성이 도입될 무렵, 그것은 불가피하게 전향을 맞이하여야만 하는데, 이를 가리켜 중화미학의 현대적 전환이라고 부른다. 실제로 이와 같은 전환은 중화미학의 내부에서 자발적으로 일어난 것이 아니라, 서양의 문화 충격으로 인해 발생한 것이다. 그러한 까닭에 중화미학의 현대적 전환은 전통미학의 사상과 단절된 것이라고 할 수 있다. 더욱이 전통미학과 현대미학 사이의 이 단절성은 전통미학에 내재된 합리적인 요소가 제대로 계승되지 못하고, 서양의 현대미학을 전폭 수용하는 결과를 낳았다. 그래서 중화미학의 전통을 계승하는 동시에, 그것을 현대미학의 체계 속에 편입할 수 있는 길을 모색하는 것이 중요한 문제로 부각되었다.

1. 5·4운동 전후에 걸친 현대미학사상의 맹아

중화미학의 현대적 전환은 현대성에 대한 대응에서 시작되었다. 서양의 현대성 개념은 이성적인 정신을 의미하는 개념이고, 그것은 과학정신과 인문정신을 포함하며, 중세 종교의 비이성적 독점에 저항하는 과정에서 비롯되었다. 그러나 중국은 집단적인 이성을 대변하는 유가사상을 기본적인 통치이념으로 삼는 까닭에, 역사적으로 종교적인 통치체제를 구현하지 못하였다. 실제로 유가와 도가道家의 사상을 주된 내용으로 한 중화문화는 현대성을 지니지 않는다. 왜냐하면 그것에 내포된 이성정신은 과학정신도 아니고 현대적인 인문정신도 아닌, 고전적인 윤리정신에 속하기 때문이다. 또한 이와 같은 윤리정신은 개체의 가치를 기반으로 삼거나 자유와 평등의 이념을 강조하는 것이 아니라, 집단과 가족의 윤리를 중시하고 종법宗法과 예교禮敎의 체계를 유지하는 것이었다. 그래서 이러한 윤리정신은 일종의 가치적 이성이지, 도구적 이성은 아니다. 그러다가 서양의 문화와 산업혁명의 이념들이 수입되면서 중국에서도 현대성이 일어났는데, 그것은 사회경제적인 측면에서 부흥을 일으켰을 뿐만 아니라, 새로운 예술적 사조를 낳음으로써 미학사상의 전향을 부추겼다.

중국에서 가장 먼저 등장한 현대 미학자는 왕국유王國維, 채원배蔡元培, 양계초梁啓超 등이다. 왕국유는 서양의 근현대미학을 수용하고 전파하였을 뿐만 아니라, 가장 먼저 중화미학과 서양미학의 대화를 시도하였다. 그는 주로 쇼펜하우어(Schopenhauer)의 비관의지悲觀意志철학과 미학을 수용하였는데, 이에 따르면 인간의 고통을 끊임없이 초래하는 의지와 달리, 심미는 인간으로 하여금 의지의 족쇄에서 벗어나 고통으로부터 해탈하게 한다. 왕국유는 이와 같은 미학사상으로『홍루몽』과 굴원屈原을 해석하여 중화 고전의 연구를 심화하였다. 구체적으로 그는 중국과 서양의 사상을 융합하여 고전미학에서 제기된 경계境界 개념을 현대적인 문맥에서 재해석하려고 하였다. 경계 개념은 본래 불교에서 기원하였다. 그리고 그것은 초월성이라는 개념이 결핍된 중화미학의 문제를 어느 정도 해결하였다. 특히 경계 개념은 중화미학에서 심미적 주체와 객체의 동일성(간주관성)을 해명하고, 서양의 심미적 초월성에 관한 논의가 전달될 수 있도록 기여하였다. 경계 개념을 해명하기 위해 왕국유는 다음과 같이 진술하였다.

> 황정견黃庭堅이 말하기를 "천하의 맑은 경관(淸景)은 현명한 자와 어리석은 자를 골라서 함께하지 않으니, 나는 특히 이 말이 우리 세대의 사람들에 의해서 세워진 것이라고 의심한다." 이는 진실로 옳은 말이다. 어찌 특히 맑은 경관만이 그러한가? 모든 경계는 시인에 의해 세워진 것이 아님이 없다. 세상에 시인이 없으면 이러한 경계도 없다. 무릇 경계가 내 마음속에서 드러나고 외물에서 현시되는 것은 모두 잠시적인 것(須臾之物)이다. 오직 시인만이 이 잠시적인 것을 불후不朽의 문자로 새겨서 읽는 사람으로 하여금 스스로 무언가를 얻게 한다.[54]

---

54) 王國維,『人間詞話』, "山谷云: '天下淸景, 不擇賢愚而與之, 然吾特疑端爲我輩設.' 誠哉是言! 抑豈獨淸景而已, 一切境界, 無不爲詩人設. 世無詩人, 卽無此種境界. 夫境界之呈於吾心而見於外物者, 皆須臾之物, 惟詩人能以此須臾之物, 鐫諸不朽之文字, 使讀者自得之."

이러한 경계 개념을 재정립한 후, 그는 중화미학과 서양미학의 대화를 본격적으로 시작하여 두 미학사상의 상호 보완을 지향하였다. 비록 이 목표가 충분히 실현되지 못하였지만, 왕국유의 시도는 중화미학이 새로운 모습을 갖추도록 하였다. 왕국유의 미학사상은 현대주의적 경향을 지닌 것으로, 그것은 계몽적인 이성에 대한 비판을 통해 계몽철학이 구축한 '의지자유意志自由'의 기본적 원칙을 전복함으로써 반反현대성의 성격을 가졌기 때문이다.

왕국유 이후로 중화미학과 서양미학의 대화는 종백화宗白華 등의 연구에 의해서 계속되었다. 그러나 전체적으로 보면, 이와 같은 연구는 중화미학을 그 자체로 두고, 서양미학의 사상을 일방적으로 수용하여 미학의 현대화를 추구하는 방식으로 이루어졌다. 채원배는 칸트(Kant)와 실러(Schiller)의 미학사상을 받아들여 심미를 감성에서 이성으로, 현상에서 본체로 이행하는 활동이라고 규정하였다. 실제로 중국의 계몽운동은 도道에 해당하는 서양의 종교를 배척하면서, 기器에 속하는 과학과 민주를 수용한 형태로 진행되었다. 이러한 현상을 두고 채원배는 종교가 미신의 영역에 속하므로 배척되어야 한다고 강조하는 동시에, 미학교육(美育)을 통해 종교를 대체하여야 한다고 주장하였다. 이런 면에서 보면 채원배의 미학사상은 현대성을 구현하려는 계몽주의 사상계열에 속한다. 마지막으로 양계초는 문예文藝의 영역에 입각하여 현대성을 구현하려는 목적에서 시계詩界, 소설계小說界, 문학계文學界의 혁명을 일으켰다. 그리고 그것들은 모두 새로운 문체文體를 정립하고, 새로운 사상을 전파함으로써 인간을 새롭게 만드는 것(新民)을 지향하고 있다. 이런 의미에서 양계초의 미학사상도 계몽주의 계열의 사상이라고 할 수 있다.

2. 소련 미학사상의 도입과 확립

5·4혁명 이후, 중국에서는 다양한 미학 사조가 제기되었다. 주광잠朱光潛과 방동미方東美 등이 서양 근현대의 미학사상을 전파하는 것과 달리, 채의蔡儀는 유물주의唯物主義를 수용하여 유물론 미학을 구축하였다. 1949년 이후, 소련의 사회과학이

론을 '전면적으로' 학습하여 서양의 사회과학이론을 비판하는 풍조가 중국 전역에 걸쳐 성행하게 되었다. 그러다가 20세기 50~60년대에 이르러 중국학계에서는 주광잠의 유심주의唯心主義 미학사상을 비판하는 운동이 일어났는데, 이 운동의 과정에서 중국 미학계는 마르크스주의(Marxism) 철학과 소련 미학사상을 수용하여 미의 주관성과 객관성의 문제를 둘러싸고 논쟁을 벌였다. 이러한 논쟁을 통해 미학계에는 네 개의 사상적 학파가 생겨났다. 첫째는 채의를 대표로 한 객관자연파客觀自然派인데, 그들은 미를 객관적인 자연의 속성으로 규정하고, 미적 감정(美感)이 곧 그러한 객관적인 미에 대한 인간의 주관적 반응임을 주장하였다. 둘째는 이택후李澤厚를 대표로 삼는 객관사회파客觀社會派인데, 그들에 따르면 미는 객관적인 사회적 속성이다. 셋째는 여영呂塋과 고이태高爾泰를 대표로 한 주관파主觀派인데, 그들은 미가 인간의 주관적 감각임을 강조한다. 넷째는 주광잠을 대표로 삼는 주객관통일파主客觀統一派인데, 그들에 따르면 미는 주관적인 관념과 객관적인 사물의 통일이다. 실제로 이와 같은 논쟁은 주광잠이 지닌 서양의 미학사상을 비판함으로써 소련의 미학을 적극적으로 수용하려는 취지에서 진행하였다. 그래서 논쟁에서의 토론은 모두 소련 미학의 틀에서 이루어졌으므로, 그 논의의 깊이는 현대철학에 부합하는 정도에 미치지 못하였다. 특히 그것은 미의 주관성과 객관성의 문제에만 치중한 나머지, 미학의 핵심 문제 즉 미의 본질에 관한 문제와 미학 체계를 어떻게 구축하는 가에 관한 문제를 외면하였다. 마지막으로 이 논쟁을 거쳐 중화미학의 주류 사상은 객관론으로 정착되었는데, 이는 채의의 객관자연론과 이택후의 객관사회론을 모두 포함한다. 한편, 주관론을 견지한 여영과 고이태 등은 학술적 비판을 넘어 사회적 박해까지 받았다.

3. 새로운 시대의 현대미학 구축

개혁개방改革開放 이후 중국 미학계에서는 또 한 차례의 미학 논쟁이 일어났다. 이번 논쟁은 미의 성질에 관한 문제를 중심으로 진행되었다. 그 결과로 미학계는 소련 미학사상의 속박을 어느 정도 극복하여 계몽주의 미학을 구축할 수 있었다. 중국 사회는 개혁개방을 맞이하여 사상적 해방운동이 최고조에 이르렀다. 그러한 배경에서 청년 마르크스(Marx)의 「1844년 경제 · 철학 수고」(1844年經濟學哲學手稿)가 경전으로 정립되어 전 사회의 학습 열풍을 불러일으켰다. 특히 청년 마르크스 철학에 들어 있는 인도주의人道主義사상, 주체성사상 등은 중화미학에 현대성의 사상적 자양분을 제공하였다. 그 과정에서 이택후는 주체성의 실천철학을 기초로 삼아 실천미학을 구축하였다. 그에 따르면 미는 인간이 스스로를 자연화하는 것, 즉 인간 본질의 주체적－능동적 대상화이다. 이러한 실천미학이 새로운 시대의 주류 사상으로 정립되면서, 채의의 반응론反應論은 그것에 함축된 비주체성으로 인해 비주류의 사상으로 밀리게 되었다.

20세기 90년대에 이르러, 계몽운동이 쇠퇴하는 동시에 시장경제의 부흥 운동이 절정에 이르렀다. 이는 현대성이라는 지향이 이미 사회생활의 현실이 되었음을 의미한다. 그래서 미학의 주제는 현대성을 긍정하는 데에서 그것을 비판적으로 검토하고 반성하는 쪽으로 옮기게 되었다. 1993년, 후기 실천미학(後實踐美學)이 흥기하여 실천미학에 대한 비판 사조가 시작되었다. 이러한 사조는 실천미학이 지닌 주체성과 현실성을 비판함으로써, 심미의 간주관성(Intersubjektivität)과 초월성을 주장한다. 후기 실천미학은 주로 서양의 현대미학사상을 수용한 까닭에 현대주의적 경향을 지닌 것이라고 할 수 있다.

후기 실천미학이 실천미학의 흥행을 종식시키자, 2000년 이후 중국에서는 포스트모더니즘(post-modernism) 미학이 흥기하였다. 중국의 포스트모더니즘 미학은 서양에서 직접 도입된 것으로, 그것은 이성과 주체성을 해체하여 신체미학身體美學을 강조함으로써, 미학을 다시금 감성학感性學으로 규정하는 경향을 지닌다. 나아가 이와 같은 포스트모더니즘 미학은 일상생활의 심미화를 주장하여 소비성을 지닌 대중문화의 합리성을 논증하는 동시에, 예술과 미에 관한 본질주의적 논의를 거부함으로써, 모든 본질은 실제로 발언권을 지닌 자들에 의해 구축된 폭력적인 이념이라고 주장하였다.

중국미학이 현대적인 전환을 실천하는 과정에서 또 하나의 색다른 미학적 경향이 나타났는데, 그것은 바로 신고전주의 미학이라고 불리는 사조이다. 이러한 사조는 기본적으로 중화미학의 전통을 버린 채, 서양미학을 일방적으로 수용하면 안 된다는 입장을 견지하고 있다. 특히 그것은 우선 중화미학의 전통에서 가치 있는 사상적 자양분을 추출하여 그것을 기반으로 삼아 서양미학과의 대화를 진행함으로써, 중국식의 현대미학 체계를 정립하여야 한다고 주장한다. 이러한 사조는 중화미학의 천인합일天人合一이념을 계승하여 중화미학에서 자주 사용하는 개념, 즉 의상意象, 경계, 감흥感興 등을 중심으로 현대미학 체계를 구축하고자 한다. 실제로 이와 같은 시도는 매우 긍정적인 가치를 지닌 것이라고 평가될 수 있다. 왜냐하면 그것은 현대미학의 체계를 구축하기 위해 서양의 미학사상뿐만 아니라, 중화미학의 전통사상도 반드시 동원되어야 한다는 점에 대해 주목하였기 때문이다. 그러나 이러한 신고전주의 이론은 전통미학의 사상을 정리하는 측면에서 일정한 성취를 거두었으나, 현대미학의 시각에서 이루어진 비판적인 견해를 내세우지 못하였다. 특히 신고전주의 학파는 다음과 같은 문제를 해결할 필요가 있다. 첫째, 중화미학의 핵심 사상을 무엇으로 규정하는가에 관해 아직 정론이 없다. 둘째, 현대의 이론을 통해 중화미학을 재해석하는 연구가 아직 충분히 진행되지 못하였다. 이에 관해 연구자들은 아직도 고전적인 사상을 통해 중화미학의 체계를 구축하는 데 치중한 나머지, 현대적인 시각을 온전히 도입하지 못하였다. 게다가 고전적인 사상을 통해서 미학 체계를 정립하는 작업도 매우 불충분하게 이루어지고 있다. 그래서 중국 현대미학의 체계 구축은 아직 시작 단계에 불과하다고 할 수 있다.

제4장 중화미학사상의 철학적 기초

제1절 중화철학의 방법론—고전 형상학

　서양의 고대철학과 근대철학은 자연과학의 방법으로써 철학 체계를 구축하였는데, 그중 귀납적인 방법을 중심으로 사용한 계열은 경험주의 철학을, 연역적인 방법을 중심으로 사용한 계열은 이성주의 철학을 구현하였다. 그 뒤로 서양의 현대철학은 자연과학적인 방법론의 속박에서 벗어나 최종적으로 새로운 방법론, 즉 현상학을 정립하였다. 현상학이라는 학문은 비록 서양 철학자에 의해서 고안되었지만, 그것이 서양철학에만 적용되는 것은 아니다. 즉 현상학은 일종의 초경험적 사유 형태로서 인간의 보편적인 이성 속에 내재하는 것이고, 또한 존재의 의미를 획득하는 방법론으로서 보편적인 의의를 지닌 것이다.

　서양철학과 달리, 중국철학은 현상학을 고안해 내지 못하였다. 그러나 중국철학은 고대부터 현상학의 방법을 사용하고, 명료한 현상학적인 사상을 내세웠으며, 그 철학적 문제의식에 맞게 그것을 창조적으로 발전하였다. 중화철학은 귀납법이나 연역법과 같은 자연과학의 방법론을 사용한 적이 없고, 주로 직관적 체오體悟의 방법을 활용하였는데, 이것은 바로 고전적 현상학이라고 부르며, 그것은 또한 시간을 초월한 방법론적 의의를 지닌다. 따라서 중국과 서양의 현상학을 소통하여 둘 사이의 관계를 규명하는 것은 그 자체로 합리성과 필요성을 지닌 연구라고 할 수 있다.

1. 중화철학의 현상학적 성질

서양철학과 달리, 중국의 고대철학은 사변적인 방법과 형식논리를 중요시하지 않았기 때문에, 고대 그리스철학과 서양 근대철학에서 강조된 과학적인 방법론을 고안해 내지 못하였다. 즉 중화철학은 형이상학적 연역의 방법론과 경험주의적 귀납의 방법론을 정립하지 못하였다는 것이다. 그러나 중화철학은 직관적 체오를 중시하고, 이 사유방식의 기초 위에서 중화철학의 현상학적 방법론을 구현하였다.

현상학은 후설(Husserl)에 의해서 창설된 철학 학파이다. 그는 현상학의 성질과 과제에 대해서 다음과 같이 진술하였다. "현상학은 지난 세기 말, 본 세기 초의 철학 속에서 돌파되어 나온 새로운 방법론인 동시에, 그 방법론에 기반하여 구축된 선험적인 철학을 의미한다. 이와 같은 방법론과 현상학의 기능은 곧 '엄밀한 학문으로서의 철학'(Philosophie als strenge Wissenschaft)에 원리적인 도구수단을 제공하고, 그것을 통해 시종일관 모든 과학이 방법론적 변혁을 시도하는 가능성을 제시하는 것이다."[1]

현상학은 주관과 객관이 대립적으로 설정된 전통적인 인식론을 비판한다. 이에 따르면 경험적인 의식이 직면한 세계는 사상事相 그 자체(본질)가 아니라, 의식의 지향성(Intentionalität)에 따라 형성된 구성물이다. 이와 달리 순수의식(Reines Bewuβtsein) 또는 선험적 의식의 대상은 사상 그 자체이고, 이는 표상과 구분되는 현상이며, 본질은 그러한 현상 속에서만 비로소 현현된다. 그러한 의미에서 우리는 '판단중지'(Epoche)를 통해 경험적인 의식을 순수의식 또는 선험적 의식으로 환원함(Reduktion)으로써, 경험적 의식에 따른 대상을 '현상'으로서 현시하게 하여, 본질직관(Wesensanschauung)을 통해 대상의 본질을 발견할 수 있다. 후설의 현상학은 철학적 방법론이 아니라 '엄밀한 학문으로서의 철학'으로 규정된다. 하이데거(Heidegger)를 비롯한 존재주의 철학자는 현상학을 개진하여 그것을 존재의 의미를 파악하는

---

1) 倪梁康, 『胡塞爾選集』(上海三聯書店, 1997), p.341.

철학적 방법론으로 변모시켰다. 하이데거는 존재론적 현상학을 구축하여 현존재(Da-sein)에 대한 체험(죽음에 대한 염려, 허무한 세계에 던져진 피투성이)을 통해 선행결단을 내림으로써 존재의 참된 의미를 파악할 수 있다고 주장한다.

한편, 중화철학은 천인합일天人合一의 견지에서 천도天道와 인성人性이 서로 통하므로, 인성에 부합한 체험을 통해 도道를 깨달을 수 있다고 주장한다. 특히 노장철학은 도가 스스로 그러함, 즉 자연自然을 본받기(道法自然) 때문에,2) 인위적인 문화와 이념 등을 제거하여 스스로 그러함의 상태로 되돌아가면 도를 파악할 수 있다고 주장한다. 나아가 노장철학은 또한 도를 체득하는(體道) 방법에 관해서 '척제현람滌除玄覽'3), '심재心齋'4), '좌망坐忘'5), '관觀' 등의 직관적 방법을 제기하였다. 후세의 선종禪宗은 불교의 개오開悟사상과 중국철학의 직관적 체오를 결합하여 '돈오頓悟'의 방법론을 정립하였다. 이와 같은 도를 체득하는 방법론들은 순수의식으로의 환원이나 본질직관과 유사한 것이다. 이리하여 직관적인 감오感悟는 현상학적 환원(phänomenologische Reduktion)의 의미를 지닌 것이라고 할 수 있다.

유가가 제시한 도를 파악하는 방법도 현상학적 방법에 기초한다. 공자는 천도를 파악의 대상으로 삼았지만, 그것은 믿음의 차원에 머물러 있었기 때문에, 도를 체득하는 방법 즉 체도의 방법론을 구체적으로 제시하지 못하였다.6) 나아가 그는 "하늘은 무슨 말을 하겠는가? 사계절이 스스로 운행하고, 만물이 스스로 살아나는데, 하늘은 무슨 말을 하겠는가?"7)라고 말하면서 천도를 일련의 경험적 사실로 이루어지는 것으로 간주하였다.

---

2) 『道德經』第25章, "人法地, 地法天, 天法道, 道法自然."
3) 『道德經』第10章, "滌除玄覽, 能無疵乎?"
4) 『莊子』, 「人間世」, "回曰, '敢問心齋.' 仲尼曰, '若一志, 无聽之以耳而聽之以心, 无聽之以心而聽之以氣. 聽止於耳, 心止於符. 氣也者, 虛而待物者也. 唯道集虛. 虛者, 心齋也.'"
5) 『莊子』, 「大宗師」, "仲尼蹴然曰, '何謂坐忘? 顔回曰, '墮肢體, 黜聰明, 離形去知, 同於大通, 此謂坐忘.'"
6) 『論語』, 「述而」, "子曰, '仁遠乎哉? 我欲仁, 斯仁至矣.'"
7) 『論語』, 「陽貨」, "子曰, '予欲無言.' 子貢曰, '子如不言, 則小子何述焉? 子曰, '天何言哉? 四時行焉, 百物生焉, 天何言哉?'"

공자와 달리, 유가의 사맹思孟학파는 도에 대한 체험과 발견을 매우 중시하였다. 「중용中庸」은 진실함, 즉 성誠을 통해 도를 체득할 수 있다고 주장한다. 여기에서의 성은 의식이 본질로 환원한 상태에서 남는 현상학적 태도(phanomenolohische Einstellung)를 의미한다. 성에 관해 「중용」은 "성은 하늘의 도이고, 성해지려고 하는 것은 사람의 도이다. 성한 자는 힘쓰지 않아도 도에 맞으며, 생각하지 않아도 도에 맞으니 성인聖人이라고 할 수 있다. 성해지려고 하는 자는 선善을 택하여 굳게 지키는 자이다"8)라고 말하였고, "성으로 말미암아 밝아지는 것 즉 명明을 본성(性)이라 이르고, 명으로 말미암아 성해지는 것을 가르침 즉 교敎라고 이르며, 성하면 명해지고 명해지면 성해진다. 오직 천하에 지극히 성한 자가 그 본성을 다할 수 있다. 그 본성을 다하면 사람의 본성을 다할 수 있고, 사람의 본성을 다하면 사물의 본성을 다할 수 있으며, 사물의 본성을 다하면 천지의 화육을 도울 수 있고, 천지의 화육을 도우면 천지와 함께 나란히 설 수 있게 된다"9)라고 말하였다. 나아가 「중용」의 성과 비슷한 방법, 즉 도를 체득하고 그것에 통달하는 방법에 관해 맹자는 "그 마음을 다하면 그 본성을 알 수 있고, 그 본성을 알면 하늘을 알 수 있다"10)라고 주장하였고, 순자는 '마음을 텅 비우고 한결같이 고요함을 유지하여야 한다'(虛壹而靜)라고 주장하였다.11) 실제로 「중용」에서 강조한 성은 서양 현상학에서 말한 인지적인 직관을 의미하는 것도 아니고, 도가와 선종에서 말한 비非가치론적인 관이나 오悟도 아니며, 일종의 도덕화된 내면적 체험을 가리키는 것이다. 즉 이러한 체험은 곧 순결한 마음 상태나 순수한 도덕의식을 가리키는 것으로, 특수한 순수의식에 속한다. 요컨대 성으로써 도에 이르는 것이 바로 유가에 의해 제시된 현상학적

---

8) 『禮記』, 「中庸」, "誠者, 天之道也. 誠之者, 人之道也. 誠者不勉而中, 不思而得, 從容中道, 聖人也. 誠之者, 擇善而固執之者也."

9) 『禮記』, 「中庸」, "自誠明, 謂之性. 自明誠, 謂之敎. 誠則明矣, 明則誠矣. 唯天下至誠, 爲能盡其性. 能盡其性, 則能盡人之性. 能盡人之性, 則能盡物之性. 能盡物之性, 則可以贊天地之化育. 可以贊天地之化育, 則可以與天地參矣."

10) 『孟子』, 「盡心上」, "孟子曰, '盡其心者, 知其性也. 知其性, 則知天矣.'"

11) 『荀子』, 「解蔽」, "虛壹而靜, 謂之大淸明."

방법론이다.

중화철학의 현상학은 천인합일의 특질에서 기원하였다. 고대 중국어에서의 천天은 두 가지 의미를 지니는데, 하나는 신神을 뜻하고, 다른 하나는 자연계를 가리킨다. 그러므로 천인합일의 사상에도 두 가지 함축이 있는데, 첫째는 인간과 세계가 분리되어 있지 않다는 함축이고, 둘째는 종교적인 의미에서 차안此岸과 피안彼岸이 분리되어 있지 않다는 함축이다.

우선 첫째 함축에 관해서 논의하자면, 서양에는 고대부터 이미 인간과 자연, 인간과 인간, 현상과 본체의 철저한 구분이 있었다. 그래서 서양의 전현대철학은 주관과 객관의 분리를 기초로 삼아 구축되었다. 그리고 서양의 고대철학은 객체성의 본체론 철학이고, 그것에 따라 파악된 존재(Being)는 실체성을 지닌 것이므로, 인간은 주체성을 지닌 자로 규정되지 않았다. 따라서 본체에 직면한 서양의 고대철학은 비현상학적인 것이다. 즉 고대철학에서의 본체는 그 자체로 존재하는 것이므로, 현시적으로 드러나지 않고 항상 현상의 배후에 은폐되어 있다는 것이다. 같은 맥락에서 서양의 고대미학은 미를 실체적인 것으로 파악한 까닭에, 그것도 현상성을 지니지 않는다. 한편, 서양의 근대철학은 실체론적 인식론의 철학이므로, 그것은 인간의 주체성을 확립하는 동시에 세계를 주체와 분리된 대상으로 규정한다. 이리하여 인식론적인 영역에서, 세계는 곧 인식의 표상이나 대상이 되기 때문에, 현상학적인 의미에서의 현상, 즉 본질을 드러내는 현상이 아니다. 이에 관해 칸트는 인간의 인식적인 한계로 인해 그 직관이 오직 사물의 현상(표상)을 파악할 수 있을 뿐, 본체를 인지할 수 없다고 주장하였다.

이와 달리 중화철학은 주관과 객관을 분리하지 않았다. 이에 관해 정호程顥는 "하늘과 인간은 본래 둘이 아니니, 합치(合)를 말할 필요가 없다"[12]라고 말하였는데, 이에 따르면 천인합일의 철학 이념으로부터 출발하면, 인간은 현실적인 삶에서 본체에 대한 체험을 통해 천도를 파악할 수 있다. 도가는 심재, 좌망, 척제현람

---

12) 『二程遺書』, 卷六, "天人本無二, 不必言合."

등의 방법을 통해 마음을 허정한 상태로 유지하여 도를 체득함으로써, "몸으로써 몸을 보고, 집으로써 집을 보며, 마을로써 마을을 보고, 나라로써 나라를 보며, 천하로써 천하를 보는"[13] 방법론을 내세웠다.

　　유가의 철학에도 현상학적 성질이 있는데, 그것은 천도와 인성이 서로 통하기 때문에 인성의 도덕의식을 통해 천도를 파악할 수 있다고 주장한다. 특히 유가는 성으로써 도를 체득하여야 한다고 강조하는데, 이는 현상학에서 말한 '사상事相 그 자체로 돌아가라'라는 이념과 유사한 것이다. 이에 관해 맹자는 "그 마음을 다하면 그 본성을 알 수 있고, 그 본성을 알면 하늘을 알 수 있다"[14]라고 말하였고, 「중용」은 "하늘이 명命한 바를 본성이라고 하고, 그 본성을 따르는 것을 도라고 하며, 그 도를 닦는 것을 가르침이라고 한다"[15]라고 진술하였다. 나아가 「중용」에 따르면 성은 인간이 지닌 내면의 진실한 상태뿐만 아니라, 사물의 본성, 즉 도의 본질을 가리키는 것이기도 하다.[16]

　　다음으로 천인합일의 둘째 함축, 즉 종교적 차안此岸과 피안彼岸이 분리되지 않는다는 함축에 관해서 보자면, 이는 실질적으로 중국철학에서 경험적인 세계와 초월적인 세계가 분리되지 않았음을 의미하는 것이다. 그래서 중국철학에는 체용불이體用不二의 실용이성이 있으나, 초월적인 본체론은 없다. 중국철학의 본체론을 대변하는 범주는 곧 도이며, 그것은 서양철학의 존재 개념과 유사하지만 다른 성질을 지니고 있다. 즉 서양철학의 존재는 실체이고, 그것은 독립성을 지닌 것으로 인간의 주관적 의지와 별개로 존재한다. 그러나 중국철학의 도는 순수객관적인 실체가 아니라, 천과 인의 공통적인 본질이다. 그것은 만물을 주재하는 천도이면서, 인간의 본성과 행위 속에서 드러나는 인도이다. 이러한 문맥에서 동중서董仲舒는 천인감응天人感應을 강조하였고, 송명리학宋明理學은 도가 곧 심성心性임을 주장하였

---

13) 『道德經』 第54章, "故以身觀身, 以家觀家, 以鄕觀鄕, 以國觀國, 以天下觀天下."
14) 『孟子』, 「盡心上」, "孟子曰, '盡其心者, 知其性也. 知其性, 則知天矣.'"
15) 『禮記』, 「中庸」, "天命之謂性, 率性之謂道, 修道之謂敎."
16) 『禮記』, 「中庸」, "誠者自成也, 而道自道也. 誠者物之終始, 不誠無物. 是故君子誠之爲貴. 誠者非自成己而已也, 所以成物也. 成己, 仁也. 成物, 知也. 性之德也, 合外內之道也, 故時措之宜也."

다.17) 이리하여 도는 객체성을 지닌 독립적인 존재가 아니라, 항상 인간과 관계를 맺는 존재가 된다. 요컨대 중화철학에서는 객체와 주체, 본체와 현상의 완전한 분리가 나타나지 않았다는 것이다.

본체계와 현상계의 분리가 없으므로, 중화철학은 체용불이를 주장한다. 그러한 까닭에 중화철학에 있어서 일상의 현상이 곧 실재이고, 그것이 곧 도의 체현이다. 이러한 생각은 현상세계의 진리성을 부정하는 서양철학과 다르다. 노자는 도의 비경험성을 주장하였지만, 그것이 또한 만물을 화생하였다는 점도 함께 강조하였다.18) 그러므로 노자가 말한 도는 만물 속에서 드러난 도이다. 더욱이 장자는 똥이나 오줌(尿溺) 속에도 도가 있다고 말하였고,19) 선종은 일상에서 물을 지거나 장작을 패는 일 속에도 도가 있다고 말하였는데, 이는 모두 구체적인 생활 현상이 곧 도의 체현임을 강조한 것이다. 나아가 공자와 맹자는 일상에서의 수양을 중시하기 때문에 일상생활에서의 성찰을 통해 도를 체득할 수 있다고 생각하였고, 정호는 또한 "도 밖에 사물이 없고, 사물 밖에 도가 없으며"20), "형이상의 것을 도라 하고, 형이하의 것을 기器라고 하지만, 반드시 이와 같은 점, 즉 기는 또한 도이고, 도는 또한 기임을 분명히 말하여야 한다"21)라고 주장하였다. 이리하여 체도의 행위는 종교적인 신비로운 체험도 아니고, 독단적인 억측도 아니며, 일상 경험에 대한 심화이자 체오이다. 따라서 중화철학에서의 도, 즉 본체(존재)는 경험적인 세계를 벗어나 독립적으로 존재하는 것이 아니라, 그 세계에서 몸소 통찰할 수 있는(體察) 현상이다.

다른 한편으로 중화철학은 도와 구체적인 사물을 구분하는데,22) 전자는 추상적

---

17) 『二程遺書』, 卷十八, "心卽性也, 在天爲命, 在人爲性, 論其所主爲心, 其實只是一個道.";『二程遺書』, 卷二十二, "道未始有天人之別, 但在天則爲天道, 在地則爲地道, 在人則爲人道." 등 참조.

18) 『道德經』第42章, "道生一, 一生二, 二生三, 三生萬物."

19) 『莊子』,「知北遊」, "東郭子問於莊子曰, '所謂道, 惡乎在?' 莊子曰, '無所不在.' 東郭子曰, '期而後可.' 莊子曰, '在螻蟻.' 曰, '何其下邪?' 曰, '在稊稗.' 曰, '何其愈下邪?' 曰, '在瓦甓.' 曰, '何其愈甚邪?' 曰, '在屎溺.'"

20) 『二程遺書』, 卷四, "道之外無物, 物之外無道."

21) 『二程遺書』, 卷一, "形而上爲道, 形而下爲器. 須著如此說, 器亦道, 道亦器."

인 본체 즉 체體로 인식되고, 후자는 구체적인 사물 또는 쓰임 즉 용用으로 간주된다. 그러나 이와 같은 구분은 서양철학과 다르다. 즉 중화철학에서 도와 기의 구분은 다만 둘 사이의 추상성과 구체성을 가리켜 말한 것이지, 초월성과 경험 가능성을 두고 말한 것은 아니다. 그래서 둘 모두가 경험 가능한 현상 속에 있는 것으로 인식되어 있으므로, 중화철학에서는 현상학적 환원을 통해 도를 파악할 수 있다고 주장한다. 노자는 "배우는 것은 날로 더하는 것이고, 도를 따르는 것은 날로 덜어 내는 것이니, 덜어 내고 덜어 내어 무위無爲에 이르면, 무위하되 하지 못함이 없게 된다"23)라고 주장한 바가 있다. 여기에서 그는 도를 파악하는 방법에 대해서 언급하였는데, 그것은 지식 학습의 방법과 달리 경험을 끊임없이 축적하는 것(日益)이 아니라, 현상학적 방법 즉 경험적 인식을 부단히 덜어 내는 것(日損)이다. 여기에서 날로 덜어 내는 것, 즉 '일손'은 곧 현상학에서 말하는 '본질환원'이다. 즉 그것은 경험적 지식에 대한 '판단중지'를 통해 최종적으로 현상학적 환원을 이룩하여 본질을 현상하게 하는 것이다. 노자에게 있어서, 이와 같은 환원의 결과는 곧 무無이고, 그것은 모든 유有의 근거가 된다.

서양철학은 개념적 사유의 기초 위에서 세워졌기 때문에, 직관과 표상 등은 모두 감성적인 영역으로 귀속되어 사물의 본질과 본체를 파악할 수 없는 것으로 규정된다. 그러나 현상학은 고전적인 인식론의 한계를 극복하여 사물의 본질을 파악하는 방법론을 제시하였다. 현상학에 따르면 사물의 본질은 경험적 인식의 산물이 아니라, 순수의식의 대상이다. 그래서 현상학은 대상을 표상에서 순수의식의 대상 즉 '현상'으로 환원하여야 한다고 주장한다. 이는 실제로 인식의 중간 매개인 기호를 배제하여 주체와 세계를 직접 소통시키는 것이다. 그러나 후설의 현상학은 존재 그 자체를 '본질직관'의 대상으로 삼지 않았고, 단지 대상의 본질을 파악하는 일만을 목적으로 삼았다. 그렇기 때문에 하이데거는 후설에 이어 존재론

---

22) 『周易』, 「繫辭上」, "形而上者謂之道, 形而下者謂之器."
23) 『道德經』第48章, "爲學日益, 爲道日損. 損之又損, 以至於無爲. 無爲而無不爲."

의 현상학을 구축하여 현상학적 방법으로써 존재의 의의를 밝히고자 하였다.

　중화현상학은 중화철학의 상사유象思惟를 기초로 삼아 구축되었는데, 이는 상象을 사유의 도구로 본체 즉 도를 파악하는 방법론을 찾아낸 것이라고 할 수 있다. 중화철학에서 제시한 상은 개념도 아니고, 사물의 표상 또는 물상物象도 아닌, 본질을 드러내는 기호이다. 그것은 직접적으로 사상 즉 의意를 표현할 수 있고, 언어보다 더욱 근본적인 성격을 지닌다. 특히 의-상-언言의 인식 서열 중에서 상은 중간에 배치되어 의와 언을 소통하는 것으로 규정된다. 중화철학의 방법론은 언어나 개념을 신뢰하지 않고 상을 통한 도의 현현을 중시하는데, 이에 따르면 상은 의, 나아가 도를 직접 전달할 수 있다. 노자는 도가 언어로 표현될 수 없다는 점에 대해 누차 강조하고24) 그것을 황홀한 상으로 구현하여25) 오직 직접적인 깨달음을 통해 얻을 수 있다고 주장하였다. 나아가 장자도 언어의 한계를 지적하여 그것이 사물의 본질을 파악하지 못한다고 강조하는 동시에,26) 상을 귀하게 여겨 그것을 통해 언어나 개념으로써 접근할 수 없는 천도를 파악할 수 있다고 주장하였다.27) 마지막으로 『주역周易』에도 상만이 의를 온전하게 드러낼 수 있다는 생각이 있는데, 예를 들어 "언어는 뜻을 다하지 못한다.(言不盡意)…… 성인은 상을 세워 뜻을 다한다(立象以盡意)"28)라는 말이 그것이다. 위진시대에 이르러 언의지변言意之辯이 일어났는데, 그 결론도 '언어는 뜻을 다하지 못하고, 상이 뜻을 다할 수 있다'라는

---

24) 『道德經』第1章, "道可道, 非常道. 名可名, 非常名."; 『道德經』第56章, "知者不言, 言者不知."; 『道德經』第81章, "信言不美, 美言不信." 등 참조.

25) 『道德經』第14章, "視之不見, 名曰夷. 聽之不聞, 名曰希. 搏之不得, 名曰微. 此三者不可致詰, 故混而爲一. 其上不皦, 其下不昧. 繩繩不可名, 復歸於無物. 是謂無狀之狀, 無物之象, 是謂惚恍."; 『道德經』第21章, "道之爲物, 唯恍唯惚. 忽兮恍兮, 其中有象. 恍兮忽兮, 其中有物." 등 참조.

26) 『莊子』, 「天道」, "世之所貴道者, 書也, 書不過語, 語有貴也. 語之所貴者, 意也, 意有所隨. 意之所隨者, 不可以言傳也, 而世因貴言傳書. 世雖貴之, 我猶不足貴也, 爲其貴非其貴也. 故視而可見者, 形與色也. 聽而可聞者, 名與聲也. 悲夫! 世人以形色名聲爲足以得彼之情! 夫形色名聲果不足以得彼之情, 則知者不言, 言者不知, 而世豈識之哉!"

27) 『莊子』, 「天地」, "黃帝遊乎赤水之北, 登乎崑崙之丘而南望, 還歸, 遺其玄珠. 使知索之而不得, 使離朱索之而不得, 使喫詬索之而不得也. 乃使象罔, 象罔得之. 黃帝曰, '異哉! 象罔乃可以得之乎!'"

28) 『周易』, 「繫辭上」, "子曰, '書不盡言, 言不盡意.……聖人立象以盡意.'"

쪽에 힘이 실려져 있었다.

지금까지 논의한 상의 특징은 주로 세 가지로 요약될 수 있다. 첫째, 상은 주객동일성을 함축하는 개념, 즉 심상心象과 물상을 모두 포함하는 개념으로서, 사물의 단순한 표상과 구분된다. 둘째, 상은 구체성을 지닌 개념으로서, 체험될 수 있는 형식을 지니므로, 순수추상적인 개념과 구분된다. 셋째, 상은 경험적인 의식을 넘어선 개념으로서, 그것을 통해 사물의 본질과 도의 본체를 직관할 수 있으므로, 감성적인 표상과 구분된다. 이와 같은 세 가지 특징이 상사유의 현상학적 특질을 결정한다. 현대적인 사유이론으로 말하자면, 상사유는 실질적으로 비자각적 의식의 운동에 속한다. 의식에는 세 가지 층위가 있는데, 원시적인 지향성(원시욕망과 원시 논리)을 함축한 가장 깊은 층위의 무의식, 지식과 가치적 기호 체계를 포함한 표면 층위의 자각적 의식, 직관적 상상과 정감적 의지를 함축한 중간 층위의 비자각적 의식이 그것이다. 그리고 비자각적 의식은 무의식에서 기원되는 지향성의 운동이고, 그것은 자각적 의식을 지탱한다. 이러한 구조에서 자각적인 의식은 비자각적인 의식의 반성 형식으로서, 비자각적 의식을 제어하는 역할을 한다. 현상학에서 말하는 직관은 실제로 비자각적인 의식으로 하여금 자각적 의식의 통제에서 벗어남으로써, 기호와 개념 체계를 건너뛴 채로 대상과 직접 소통하도록 하는 것이다. 이에 따르면 감성이나 지성의 영역에서 비자각적인 의식은 자각적인 의식의 통제를 벗어날 수 없다. 그래서 인간은 반드시 감성과 지성의 영역을 넘어 초월성의 단계에 이르러야만 비자각적인 의식의 독립을 성취할 수 있는데, 이 단계를 가리켜 순수의식 또는 본질직관이라고 부르며, 중화철학의 용어로는 체도라고 표현된다.[29] 요컨대 중화철학에 따르면 개념과 언어를 통해서는 도를 파악할 수 없고, 오직 상을 통해서만이 그것을 체득할 수 있다.

---

29) 의식의 구조와 현상학의 문제에 관해서 楊春時 著, 『審美意識系統』; 『系統美學』; 『作爲第一哲學的美學—存在, 現象與審美』 등 참조.

2. 중화현상학의 방법론

중화현상학의 방법론은 세 절차로 구현될 수 있다. 첫째는 '허정함에 이른다'(致虛靜)라는 '판단중지'의 단계이다. 현상학에 따르면 현상학적 환원을 실현하기 위해 반드시 경험적인 의식과 개념을 배제하여 순수의식에 진입함으로써, 현상학적 본질직관을 수행하여야 한다. 유사한 맥락에서 중화철학도 도를 파악하려면 반드시 경험적인 의식과 언어를 배제하여 참된 체험 상태에 이르러야 한다고 주장한다. 노자는 오직 허정함(순수의식)의 상태에 이르러야 도를 파악할 수 있다고 강조하는데, 이러한 허정함에 이르기 위해서는 반드시 사념과 욕망을 최소화하여야 한다(少私寡欲). 이에 관해 그는 척제현람30)이라는 방법론을 제시하였고, 그것은 곧 의식 속의 잡념을 제거하고 순수의식의 상태로 되돌아감으로써 현상학적인 '관'의 상태를 실현하여 도에 통달한다는 의미를 지닌다. 그래서 그는 "항상 무로써 그 신묘함을 보고자 하고, 항상 유로써 그 돌아감을 보고자 하며"31), "허虛의 극치에 이르고 정靜의 독실함을 지키면, 만물이 함께 일어남에 나는 그 되돌아감을 볼 수 있다"32)라고 말하였는데, 여기에서의 무와 허는 곧 경험적 의식과 경험적 세계에 대한 '판단중지'를 의미하고, 관은 곧 순수의식의 상태에서 진행된 활동을 가리킨다.

장자가 제기한 심재, 좌망 등도 의식의 허무화를 통해 순수의식에 이른다는 뜻이다. 그는 "앎(知)이라고 하는 것은 기대는 바가 있은 뒤에 합당하게 되는데, 그 기대는 바가 유독 일정하지 않다"33)라고 말하면서 일상적인 인식의 확실성에 대해 의심하였다. 나아가 그에 따르면 인식은 이미 주체의 내면에 있는 지식이나 관념 등을 전제로 성립하는 것이고, 그 전제들은 또한 그 자체로 확실한 것이라고 할 수 없으므로, 인식이라는 결과도 의심의 여지가 크다. 그래서 장자는 이와

---

30) 『道德經』第10章, "滌除玄覽, 能無疵乎?"
31) 『道德經』第1章, "故常無, 欲以觀其妙. 常有, 欲以觀其徼."
32) 『道德經』第16章, "致虛極, 守靜篤. 萬物並作, 吾以觀復."
33) 『莊子』, 「大宗師」, "夫知有所待而後當, 其所待者特末定也."

같은 불확실한 지식에 대해 '판단중지'를 취하여, 스스로 편견이 없는 참된 인간, 즉 진인眞人의 경지에 이르도록 해야 한다고 주장한다. 따라서 그는 "먼저 진인이 있은 뒤에야 진지眞知가 있다"[34]라고 말하였다. 그렇다면 어떻게 경험적 의식과 지식에 대한 판단중지를 수행할 수 있는가? 이에 관해 장자는 자아를 잃음, 즉 상아喪我[35]를 통해 천뢰天籟를 들음으로써, 허의 경지에 도달하여 세계와 회통하여야 한다고 주장한다. 그래서 그는 안회顔回와 공자의 대화를 구사하여 다음과 같이 말하였다.

> 안회가 말하였다. "감히 마음을 재계하는 것(心齋)이 무엇인지 여쭙니다." 중니仲尼가 말하였다. "너는 뜻을 한결같이 해야 한다. 사물의 소리를 귀로 듣지 말고 마음으로 들으며, 또 마음으로 듣지 말고 기氣로 들어야 한다.…… 기는 마음을 비워서 사물을 기다리는 것이다. 도는 오직 마음을 비우는 곳에 모인다. 마음을 비우는 것이 마음을 재계하는 것이다."[36]

유가도 경험적 의식에 대한 판단중지로써 순수의식에 진입하여 도의 본체를 직접 파악하는 것을 강조한다. 그러나 도가가 주장한 허정의 방법론과 달리, 유가는 진실함, 즉 성을 방법론으로 제시한다. 이러한 성은 도덕의식의 순수한 상태를 의미하는 동시에 사물의 참된 본성을 가리키기도 한다. 유가는 성심誠心을 통해 도를 파악할 수 있다고 주장하는데, 이에 관해 『중용』은 "성으로 말미암아 밝아지는 것 즉 명明을 본성(性)이라 이르고, 명으로 말미암아 성해지는 것을 가르침 즉 교敎라고 이르며, 성하면 명해지고 명해지면 성해진다. 오직 천하에 지극히 성한 자가 그 본성을 다할 수 있다. 그 본성을 다하면 사람의 본성을 다할 수 있고,

---

34) 『莊子』, 「大宗師」, "且有眞人, 而後有眞知."

35) 『莊子』, 「齊物論」, "南郭子綦隱几而坐, 仰天而噓, 嗒焉似喪其耦. 顔成子游立侍乎前, 曰, '何居乎? 形固可使如槁木, 而心固可使如死灰乎? 今之隱几者, 非昔之隱几者也.' 子綦曰, '偃, 不亦善乎而問之也! 今者吾喪我, 汝知之乎? 女聞人籟而未聞地籟, 女聞地籟而未聞天籟夫!'"

36) 『莊子』, 「人間世」, "回曰, '敢問心齋.' 仲尼曰, '若一志, 无聽之以耳而聽之以心, 无聽之以心而聽之以氣……氣也者, 虛而待物者也. 唯道集虛. 虛者, 心齋也.'"

사람의 본성을 다하면 사물의 본성을 다할 수 있으며, 사물의 본성을 다하면 천지의 화육을 도울 수 있고, 천지의 화육을 도우면 천지와 함께 나란히 설 수 있게 된다"[37]라고 진술하였다. 유사한 문맥에서 맹자는 "그 마음을 다하면 그 본성을 알 수 있고, 그 본성을 알면 하늘을 알 수 있다"[38]라고 주장하였고, 순자는 "마음을 텅 비우고 한결같이 고요함을 유지하여야 한다"라고 주장하였다.[39] 나아가 후세의 리학자들은 사맹학파의 사상을 주로 계승하여 성의誠意, 정심正心 등과 같은 수신修身 및 체도의 방법을 고안하였다.

마지막으로 선종도 불성佛性을 깨닫고 그것에 통달하려면 아집我執, 법집法執 등을 제거하여 맑은 마음의 상태를 유지하여야 한다고 주장한다. 이렇게 함으로써 인간은 돈오를 통해 불법을 파악할 수 있는데, 이도 또한 현상학적 판단중지에 걸맞은 것이라고 할 수 있다.

중화현상학의 두 번째 방법론 절차는 취상取象이라는 현상환원의 단계이다. 현상학의 목적은 사물의 본질을 그대로 드러나게 하는 것이다. 이는 곧 주체와 사물 간의 중간 매개를 배척하여 사물을 직접 순수의식으로 환원한다는 것을 의미한다. 고대 중국인은 서양인만큼의 추상적인 사유를 구현하지 못하였다. 그래서 중화철학은 언어와 개념이 아니라, 오직 상만이 사상을 충분히 드러낼 수 있다고 생각하였다. 이리하여 중화철학에서는 사물을 관찰하여 상을 취하는 관물취상觀物取象과 상을 세우고 뜻을 전달하는 입상진의立象盡意의 사유방식이 생겨났다.

서양철학은 기본적으로 본체로서의 존재가 직접 현상으로 현시될 수 없다고 주장한다. 플라톤(Plato)은 현상을 참된 존재의 그림자로 간주하였고, 칸트는 그것을 인간의 인식 능력 밖에 있는 물자체로 규정하였으며, 헤겔(Hegel)은 그것을 이념의 제한적인 외화형식이라고 정의하였다. 그러나 중화철학은 도가 현상으로 현시될

---

37) 『禮記』, 「中庸」, "自誠明, 謂之性. 自明誠, 謂之教. 誠則明矣, 明則誠矣. 唯天下至誠, 爲能盡其性. 能盡其性, 則能盡人之性. 能盡人之性, 則能盡物之性. 能盡物之性, 則可以贊天地之化育. 可以贊天地之化育, 則可以與天地參矣."

38) 『孟子』, 「盡心上」, "孟子曰, '盡其心者, 知其性也. 知其性, 則知天矣.'"

39) 『荀子』, 「解蔽」, "虛壹而靜, 謂之大淸明."

수 있다고 생각한다. 노자가 가장 먼저 도상道象의 개념을 제시하였는데, 그에 따르면 "도의 사물됨은 있는 듯 없는 듯 황홀하니, 황홀함이여 그 안에 상이 있다."40) 그리고 그는 이러한 황홀함, 즉 도상이 일반적인 물상과 달리 '사물이 없는 형상'(無物之象)이므로41) 경험적 인식의 대상이 아니라 본체의 현현이라고 규정하였는데, 이것이 바로 후설이 말한 표상이 아닌 현상이다.

장자는 사상이 언어보다 더 근본적이고, 사물에 대한 직접적인 깨달음이 언어적인 표현보다 참된 의미를 지닌다고 주장한다. 그는 상망象罔이 현주玄珠를 찾는 우화를 통해 상으로써 천도를 파악할 수 있다고 암시하였다.42) 나아가 장자는 현상학적인 판단중지를 통해 순수의식의 상태(養神)에 이르면 천지만물에 통달할 수 있다고 강조하였는데, 이에 따르면 "물의 본성은 이물질이 섞이지 않으면 맑은 상태를 유지한다.…… 그러므로 순수함을 지켜 잡념을 섞지 않고, 고요히 한결같음을 지켜 변하지 않으며, 담담함을 유지하여 무위하고, 움직일 때는 하늘이 운행하는 바를 따르는 것이 정신을 기르는(養神) 방법이다.…… 정신은 사방으로 통달하고 널리 유행하여 세상 끝 어디까지든지 가지 않는 곳이 없어서, 위로는 하늘에 다다르고, 아래로는 땅속에 깊이 서려 만물을 화육하지만, 그 형상을 알 수 없으니, 그 이름을 상제와 같은 존재(同帝)라고 한다."43) 여기에서의 "그 형상을 알 수 없다"(不可爲象)라는 것은 곧 도가 물상 또는 표상이 아니라 특수한 종류의 직관적 현상임을 시사한다.

나아가 『주역』은 관물취상을 강조하는데, 이는 물상을 괘상卦象으로 승격시켜, 그것이 곧 도를 현시함으로써 천인 사이를 소통할 수 있다고 주장하는 것이다.

---

40) 『道德經』 第21章, "道之爲物, 唯恍唯惚. 忽兮恍兮, 其中有象."
41) 『道德經』 第14章, "視之不見, 名曰夷. 聽之不聞, 名曰希. 搏之不得, 名曰微. 此三者不可致詰, 故混而爲一. 其上不皦, 其下不昧, 繩繩不可名, 復歸於無物. 是謂無狀之狀, 無物之象, 是謂忽恍."
42) 『莊子』, 「天地」, "黃帝遊乎赤水之北, 登乎崑崙之丘而南望, 還歸, 遺其玄珠, 使知索之而不得. 使離朱索之而不得, 使喫詬索之而不得也. 乃使象罔, 象罔得之. 黃帝曰, '異哉! 象罔乃可以得之乎!'"
43) 『莊子』, 「刻意」, "水之性, 不雜則淸,……純粹而不雜, 靜一而不變, 惔而無爲, 動而以天行, 此養神之道也.……精神四達並流, 無所不極, 上際於天, 下蟠於地, 化育萬物, 不可爲象, 其名爲同帝."

『주역』은 상과 의를 연결시키고, 이 의를 인간의 주관적인 뜻이 아니라 하늘의 뜻(도), 즉 천의天意로 규정한다. 『주역』에는 "성인이 천하의 심오한 도리(賾)를 보고서 그 모습을 모방하고, 그 사물됨의 가장 적합한 모습을 형상으로 드러냈으므로, 그것을 상이라고 부른다"[44]라는 말이 있고, "공자가 말하였다. '책은 말을 다하지 못하고, 말은 뜻을 다하지 못한다.' 그렇다면 성인의 뜻은 볼 수 없는 것인가? 공자는 또 말하였다. '성인은 상을 세워 뜻을 다한다'"[45]라는 진술이 있다. 여기에서 성인의 뜻은 곧 천도의 현현을 나타내는 것이고, 상은 도의 상징이면서도 천도에 대한 이해를 의미하므로 주관성과 객관성의 통일이라고 할 수 있다.

마지막으로 왕필王弼에 이르러 의는 천의가 아니라 주관적 의념으로 해석되었다. 그리고 그는 의, 상, 언 가운데서 의가 가장 근본적이고, 상이 의를 전달하며, 언이 상을 드러낸다고 주장하였다. 그에 따르면 "무릇 상은 의에서 나온 것이고, 언은 상을 밝히는 것이다(明象). 의를 다함에 상보다 나은 것이 없고, 상을 다함에 언보다 나은 것이 없다. 언은 상에서 생겨남으로, 언을 거슬러 찾으면 상을 볼 수 있다. 상이 의에서 생겨남으로, 상을 거슬러 찾으면 의를 볼 수 있다."[46] 그러나 도의 상은 황홀하고 명확하지 않기 때문에, 괘상은 볼 수 있으나, 아직 상징성을 지닌다. 그래서 이러한 상은 아직 직관의 대상이 되기에 충분하지 않으므로, 현상학에서 말한 직관의 조건에 충족하지 못한다. 따라서 중화미학에서는 그러한 상을 보다 선명한 상으로 구현할 수 있어야 상이 심미적인 대상이 될 수 있고, 현상학적 직관이 성립할 수 있다고 주장한다.

중화현상학의 세 번째 방법론 절차는 관도觀道라는 본질직관의 단계이다. 중화 철학의 체도 방식, 즉 직관적 감오는 서양의 인식론적 방법론과 달리 현상학과 유사하다. 서양의 인식론에 따르면 감성적인 인식(직관 포함)은 사물의 표상만을

---

44) 『周易』, 「繫辭上」, "聖人有以見天下之賾, 而擬諸其形容, 象其物宜, 是故謂之象."
45) 『周易』, 「繫辭上」, "子曰, '書不盡言, 言不盡意.' 然則聖人之意, 其不可見乎? 子曰, '聖人立象以盡意.'"
46) 王弼, 『周易略例』, 「明象」, "夫象者, 出意者也. 言者, 明象者也. 盡意莫若象, 盡象莫若言. 言生於象, 故可尋言以觀象. 象生於意, 故可尋象以觀意."

포착할 수 있고, 이성적인 인식만이 그 본질을 파악할 수 있다. 그러나 이러한 이성적인 인식은 곧 개념적 인식을 의미하기 때문에, 그것은 대상에 대한 일종의 추상화이다. 한편 현상학은 대상을 순수의식의 현상으로 환원하여야 본질직관을 수행하여 그 본질을 파악할 수 있다고 강조한다. 비슷한 맥락에서 중화철학도 직관적인 체오 방식이 있음을 인정하고, 그것을 통해 개념적인 추상을 거치지 않고도 도를 파악할 수 있음을 주장한다. 이러한 직관적인 체오 방식은 현상학적 직관과 유사한 것이다. 관은 중화철학의 기본 개념으로서, 현상학의 직관에 해당한 것이다. 도가철학은 특히 고요한 상태에서의 관, 즉 정관靜觀을 강조한다. 노자가 말한 정관은 주로 관[47], 현람玄覽[48] 등의 개념으로 진술되는데, 그것들은 모두 경험적 의식을 넘어선 본질직관이다. 그는 "배우는 것은 날로 더하는 것이고, 도를 따르는 것은 날로 덜어 내는 것이니, 덜어 내고 덜어 내어 무위에 이르면, 무위하되 하지 못함이 없게 된다"[49]라고 말하였는데, 여기에서의 덜어 냄, 즉 손損이 곧 현상학적 본질환원을 의미하는 개념이다.

　　장자는 "마음을 사물의 시초에서 노닐게 한다"(遊心於物之初)[50]라는 말을 남겼는데, 이것이 바로 개념적 인식을 배제하여 사물의 실상을 직접 파악하는 방법에 대해 언급한 것이다. 또한 장자는 "말(言)로 논할 수 있는 것은 사물 가운데 큰 것(粗)이고, 마음(意)으로 파악할 수 있는 것은 사물 가운데 작은 것(精)이다"[51]라고 말하였는데, 그에 따르면 '의로 파악하는 것', 즉 의치意致가 사물의 본질(精)을 파악할 수 있는 것과 달리, 언어는 오직 그 거친 표상만을 표현할 수 있다. 나아가 그는 언어와 감각적 지각을 배제하여 직접 관도를 수행하여야 한다는 점을 강조하였

---

47) 『道德經』第1章, "故常無, 欲以觀其妙. 常有, 欲以觀其徼."; 『道德經』第16章, "致虛極, 守靜篤. 萬物並作, 吾以觀復." 등 참조.

48) 『道德經』第10章, "滌除玄覽, 能無疵乎?"

49) 『道德經』第48章, "爲學日益, 爲道日損. 損之又損, 以至於無爲. 無爲而無不爲."

50) 『莊子』, 「田子方」, "孔子見老聃, 老聃新沐, 方將被髮而乾, 慹然似非人. 孔子便而待之, 少焉見曰, '丘也眩與? 其信然與? 向者先生形體掘若槁木, 似遺物離人而立於獨也.' 老聃曰, '吾遊心於物之初.'"

51) 『莊子』, 「秋水」, "可以言論者, 物之粗也. 可以意致者, 物之精也."

는데,52) 이는 곧 현상학에서 주장한 직관으로써 "사상 그 자체로 돌아가라"라는 말과 같은 것이다. 그리고 그는 현상학적 직관 체험에 관해 "어둡고 어두운 가운데서 보며, 고요한 정적 속에서 귀 기울이니, 캄캄한 어둠 속에서 홀로 새벽빛을 보며, 소리 없는 정적 속에서 홀로 커다란 화음을 듣는다. 그 때문에 깊고 깊어서 만물을 있는 그대로 볼 수 있고, 신묘하고 신묘해서 정묘함을 깨달을 수 있다"53)라고 말하였는데, 여기에서의 홀로 봄(獨見), 홀로 들음(獨聞) 등도 현상학적 직관으로써 도 자체를 포착하는 방법론을 의미하는 것이다.

다음으로, 공자는 시에 대해서 "관할 수 있다"(可以觀)54)라고 주장한 바가 있는데, 이 관은 경험성을 지닌 개념이다. 그러나 도는 일상생활에서도 현시되기 때문에, 이 관은 일상적인 인식이나 관찰을 의미하는 동시에, 시에서 표현된 현실을 통해서 도를 밝힐 수 있다는 점도 함축한다. 나아가 맹자는 "그 마음을 다하면 그 본성을 알 수 있고, 그 본성을 알면 하늘을 알 수 있다"55)라고 말하였는데, 여기에서 마음을 다함, 즉 진심盡心은 곧 내성內省을 뜻하므로, 맹자는 내면적인 반성을 통해서 도를 포착할 수 있다고 주장한 셈이다. 그리고 순자는 "사람은 어떻게 도를 알 수 있는가? 말하자면 마음(心)을 통해서이다. 마음은 어떻게 도를 알 수 있는가? 말하자면 그것을 텅 비우고 한결같이 고요함을 유지하는 것을 통해서이다"56)라고 말하였는데, 이러한 언급도 도를 체득하는 데 있어서 특수한 의식이 필요하다는 점을 강조한 것이다.

마지막으로, 선종은 불립문자不立文字, 돈오 등의 개념을 내세웠는데, 이것들도 경험적 의식에 대한 판단중지를 통해 순수의식으로 복귀함으로써 직관적 감오로

---

52) 『莊子』, 「田子方」, "目擊而道存矣, 亦不可以容聲矣."
53) 『莊子』, 「天地」, "視乎冥冥, 聽乎無聲. 冥冥之中, 獨見曉焉. 無聲之中, 獨聞和焉. 故深之又深, 而能物焉. 神之又神, 而能精焉."
54) 『論語』, 「陽貨」, "子曰, '小子, 何莫學夫詩? 詩, 可以興, 可以觀, 可以群, 可以怨. 邇之事父, 遠之事君. 多識於鳥獸草木之名.'"
55) 『孟子』, 「盡心上」, "孟子曰, '盡其心者, 知其性也. 知其性, 則知天矣.'"
56) 『荀子』, 「解蔽」, "人何以知道? 曰, 心. 心何以知? 曰, 虛壹而靜."

세계의 진상을 파악하는 방법론이다. 선종의 깨달음, 즉 오悟는 현상학적인 직관 방식이다. 선종은 기본적으로 언어를 배제하여 직관적 감오로써 불성佛性을 깨달아야 한다고 주장한다. 이 과정에서 그것은 아집과 법집 등을 해체하여야 한다고 강조하는데, 이는 실질적으로 주관과 객관의 의식적 속박에서 벗어남을 의미한다. 그리고 불립문자도 일상 언어의 장벽을 무너뜨려 본연의 세계와 직접 회통함을 가리키는 개념이다. 혜능慧能에 따르면, 반야般若의 지혜로써 허망한 염상妄念을 제거하면 불성을 깨달을 수 있다.[57] 특히 그가 강조한 반야의 지혜로써 관조觀照하는 것은 바로 현상학적 환원을 가능케 하는 직관을 뜻한다. 후세의 엄우嚴羽는 선禪으로 시를 밝혔는데, 그에 따르면 시는 시인의 직관적인 묘오妙悟를 통해 세계와 인생의 진리를 드러낸다.[58] 종병宗炳도 불교의 영향을 받아 "마음을 맑게 하여 도를 관한다", 즉 징회관도澄懷觀道[59]의 방법론을 제시하였는데, 이 방법론도 경험적 의식에 대한 판단중지를 수행함으로써 순수의식으로 돌아가 현상학적 직관을 통해 도를 현상적으로 파악할 수 있다는 점을 강조한 것이다.

이와 같이 고전적 현상학의 방법론이 곧 중화철학의 기본적인 방법론이다. 이는 중화철학이 독단적인 방식으로 도를 확정하거나, 일상적인 경험에서 도의 성질을 귀납하지 않았다는 사실을 보여 준다. 즉 중화철학은 직관적 감오의 방법을 통해 직접 체험하는 방식으로 현상적인 도를 드러내고 인식하였다는 것이다. 이러한 방법론을 통해 중화철학은 그 나름의 방식으로 존재의 의의를 이해하고, 서양철학과 구분된 철학 체계를 구축할 수 있었다.

---

57) 石峻 等 編, 『中國佛教思想資料選編』 第二卷(中華書局, 1983), p.39, "若起正眞般若觀照, 一刹那間, 妄念俱滅, 若識自性, 一悟卽至佛地."
58) 嚴羽, 『滄浪詩話』, 「詩辨」, "大抵禪道惟在妙悟, 詩道亦在妙悟, 且孟襄陽學力下韓退之遠甚, 而其詩獨出退之之上者, 一味妙悟而已."
59) 『宋書』, 「宗炳傳」, "(宗炳)以疾還江陵, 歎曰, '老病俱至, 名山恐難徧遊, 惟當澄懷觀道, 臥以遊之'"

3. 중화현상학의 특성

중화철학의 방법론과 서양 현대철학의 현상학적 방법론은 그 근본적인 취지의 면에서 유사하다. 즉 이 둘은 모두 본질직관을 통해 본체를 파악하고자 한다. 그러나 중화철학과 서양 현상학에는 본질적인 차이가 있는데, 바로 그것이 중화현상학만의 특징을 구현하였다.

우선, 후설에 의해서 창설된 현상학은 의식철학에 분류될 수 있는가 하면, 중화현상학은 고전적 존재론 철학에 속한다. 후설은 의식의 지향성에서 출발하여, 판단중지를 기반으로 그것을 순수의식으로 환원하게 되면 본질을 현상에서 드러나게 할 수 있다고 생각하였다. 그 뒤로 하이데거는 이러한 의식 현상학을 뛰어넘기 위해 존재론 현상학을 구축하였다. 그러나 전기 하이데거에 의해서 개진된 현상학의 방법론은 실제로 생철학(生存哲學)의 기초 위에서 세워진 것이지, 존재론의 기초 위에서 구축된 것은 아니다. 그래서 그는 생존적인 체험을 통해 존재의 참된 의의를 파악하려고 하였지만, 주체성이라는 테두리에 갇혀 있었으므로 그 목적을 실현하지 못하였다.

중국의 고전 현상학에서, 사물의 본질을 환원하는 것은 인식의 방법이 아니라 천인합일로의 회귀, 즉 본래 참된 존재 상태로의 복귀이다. 노자에 따르면 세속적인 관심에서 허정의 생존 상태로 되돌아가는 것은 자연 본성의 환원이자 도로의 회귀이다. 그리고 장자가 제기한 심재, 좌망 등도 자연 상태의 본성으로 되돌아가는 것이고, 참된 본성의 상태에서 노니는 것(遊)이다. 그가 말한 "만물의 시초에서 둥둥 헤엄쳐 다닌다"[60], "내 마음을 만물의 시초에서 노닐게 한다"[61] 등의 말은 모두 본성으로 되돌아가는 자유의 상태에서 도의 본체를 체득할 수 있음을 강조한

---

60) 『莊子』, 「山木」, "以和爲量, 浮游乎萬物之祖."
61) 『莊子』, 「田子方」, "孔子見老聃, 老聃新沐, 方將被髮而乾, 慹然似非人. 孔子便而待之, 少焉見曰, '丘也眩與? 其信然與? 向者先生形體掘若槁木, 似遺物離人而立於獨也.' 老聃曰, '吾遊心於物之初.'"

것이다. 유가에서 내세운 성으로써 도를 체득한다는 명제도 참된 존재 상태로 복귀하는 체험 위에서 정립된 것이다. 따라서 중화현상학은 고전 존재론의 기초 위에서 세워진 것이고, 그것은 역사적인 한계를 초월한 합리성을 내포하고 있다. 후기의 하이데거는 주체성의 한계를 극복하고, 본유(Ereignis)의 개념으로부터 출발하여 다시 존재론의 현상학을 구축하였는데, 이 사상에는 중화현상학과 소통할 수 있는 점이 많다.

다음으로, 중국과 서양 현상학의 대상이 다르다. 후설의 학설을 비롯한 서양 현상학의 대상은 현실적인 사물이고, 그 목적은 존재의 의의보다 사물의 본질을 드러내는 데 있다. 이에 관해 후설은 현상학을 '엄밀한 학문으로서의 철학'이라고 규정하고, 철학의 연구 대상 즉 존재를 배척하였다. 그리고 하이데거가 현상학으로 존재의 의의를 밝히자, 후설은 그의 학문을 인류학이라고 비판하였다.

중화현상학은 일반적인 인식론이 아니라, 본체에 접근하여 존재의 의의, 즉 도를 파악하고자 한다. 노자는 『도덕경道德經』의 첫 구절에서 "도라고 할 수 있는 도는 항상된 도가 아니고, 이름 부를 수 있는 이름은 항상된 이름이 아니다"[62]라고 말하면서 어떻게 하면 도를 파악할 수 있는지의 문제를 제기하였다. 장자도 도의 체득을 과제로 삼아 "성인 마음의 고요함이요, 그것은 천지와 만물을 비추는 거울이다"[63]라고 말하였다. 유가의 철학도 도의 체득함을 궁극적인 목적으로 삼는다. 예를 들어 정주程朱의 격물格物, 왕양명王陽明의 내성內省 등은 모두 도를 체득하기 위한 것이지, 구체적인 사물의 본질을 파악하기 위한 것이 아니다. 이리하여 중화철학은 현상학을 기본적인 방법론으로 삼아 존재의 의의를 밝히려고 하였는데, 이는 인식론적인 목적에 한정된 서양 현상학을 넘어선 것이라고 할 수 있다.

방법론적인 측면에서 보자면, 후설도 현상학의 대상을 구체적인 사물에서 추상적인 대상으로 확장하려는 취지에 기반하여 '범주직관範疇直觀'이라는 개념을

---

62) 『道德經』 第1章, "道可道, 非常道. 名可名, 非常名."
63) 『莊子』, 「天道」, "聖人之心靜乎, 天地之鑑也, 萬物之鏡也."

내세웠지만, 구체적인 대상이 없는 이러한 직관은 어떻게 가능한지에 대해 충분한 설명을 제시하지 못하였다. 한편 중화철학, 특히 도가철학은 처음부터 직관의 대상을 구체적인 사물이 아니라 도로 규정하고, 황홀한 상을 통해 그것을 파악할 수 있다고 주장하였다. 그리고 유가는 이러한 도가철학의 사상을 흡수하여 성으로써 도를 체득할 수 있음을 강조하고, 특히 맹자와 왕양명은 내면적인 반성을 통해 도를 파악할 수 있다고 강조하였다.

나아가 서양의 현상학은 주체성을 기반으로 삼는 것이고, 선험적인 의식에서 출발하므로, 그 현상은 다름 아닌 선험적인 자아(transcendental apperception)의 지향성으로 구성된 대상이다. 그러나 중국의 현상학은 천인합일의 기초 위에서 세워진 것이기 때문에, 그것은 간주관적인 특징을 지니고 있다. 중국의 현상학은 주체와 객체의 대립을 초월하여 물아일체物我一體를 이루어야만 존재의 의의를 밝힐 수 있고, 도를 체득할 수 있다고 생각한다. 이는 일종의 간주관적인 현상학적 직관이다. 장자는 도를 체득하려면 반드시 주체의 일면성을 극복하여야 한다고 주장하면서, 자아의식이나 주체성 제거의 취지에서 상아喪我, 심재, 좌망, 물화物化 등 개념을 제시하였다. 그에 따르면 자아는 독립적으로 존재할 수 없고, 반드시 천지의 조화造化와 더불어 존재하여야 한다.[64] 그래서 그는 인간이 스스로의 자연 본성에 되돌아감으로써 도를 체득하여 천지와 조화(和)를 이루어야 한다고 주장하는데,[65] 그러한 조화의 경지가 바로 "천지는 나와 함께 살아 있고, 만물이 나와 하나임"(天地與我並生, 而萬物與我爲一)[66]을 아는 경지, 즉 자연주의적인 간주관성(Intersubjektivität)의 경지이다. 유가의 철학에는 주체성의 유파가 있지만(예를 들어 맹자의 학문과 陸王의 심학) 대부분 천인합일을 지향하기 때문에 여전히 간주관성의 철학에 속한다고 할 수 있다.

더 나아가 서양의 현상학은 인식론과 연결되어 있기 때문에, 순수의식은 정감적

---

64) 『莊子』, 「知北遊」, "生非汝有, 是天地之委和也."
65) 『莊子』, 「天道」, "夫明白於天地之德者, 此之謂大本大宗, 與天和者也."
66) 『莊子』, 「齊物論」, "天下莫大於秋豪之末, 而大山爲小. 莫壽乎殤子, 而彭祖爲夭. 天地與我並生, 而萬物與我爲一."

인 체험을 배제한 채 직관으로써 사물의 본질을 환원한다. 이는 일종의 메타-과학적인(元科學) 사유라고 할 수 있다. 처음 현상학을 창설한 후설은 현상학이 지닌 인지적 특징으로 인해 그것을 '엄밀한 학문으로서의 철학'이라고 규정하였다. 그러나 그를 이은 셸러(Scheler), 하이데거, 뒤프렌느(Dufrenne)는 현상학을 정감적인 영역으로 전향시켜, 기저 정서와 정감의 선험성을 통해 존재를 파악하고자 하였다. 중화현상학은 가치론과 관계가 있어, 순수의식을 참된 정감에 대한 체험으로 규정하여 그것을 통해 도를 파악할 수 있다고 생각한다. 이러한 맥락에서 유가는 순수한 윤리의식인 성을 통해, 도가는 자연천성으로의 복귀를 통해 도를 체득할 수 있다고 주장한다. 비록 도가가 말한 자연천성에는 정감이 배제되어 있지만, 여전히 가치적 태도를 함축한 까닭에, 최종적으로 유가의 성정론性情論과 융합할 수 있었다.

마지막으로 중화철학의 방법론은 고전적 시대의 산물이므로, 많은 결함을 지닐 수밖에 없다. 예를 들어 그것은 현상학의 방법을 직접 활용하였지만, 방법론의 '체계'를 정립하지 못하였다. 그래서 이러한 방법론은 직접적인 체험 단계에 머물러 있는 경우가 많고, 엄밀한 규정을 통해 그 체험에서 존재의 의의까지 나아가는 과정을 설명할 수가 없었다. 그러므로 중화현상학의 방법론은 임의성과 모호성이라는 결함을 지니고 있다. 또한 중화철학의 실용이성은 현상학으로 하여금 온전한 초월성으로 나아가지 못하게 하였다. 예를 들어 유가는 도와 기器가 일체임을 강조하여 현상과 본체의 동일성을 주장하였다. 그러나 이와 같은 동일성은 매우 직접적인 특징을 지니고 있는데, 바로 도체와 일상적인 현상을, 도와 도덕을 직접 등치시킴으로써 현상학적 환원이 초월적인 과정에 입각해서가 아니라 직접성을 통해 이루어지는 결과를 초래한 것이다. 도가철학은 자연 본성으로의 환원을 주장하여 비주체화인 간주관성을 실현하였지만, 그것도 자연주의적인 경향을 지니므로, 초월성을 갖춘 것은 아니다.

이와 더불어 중국의 고전철학은 서양철학처럼 개념을 통해 본체를 해명하는 대신, 상을 기반으로 도를 현시하여, 직관을 통해 도를 파악하는 현상학적 사고방식을 고안해 냈다. 이러한 사조에는 원시적인 사고방식의 잔재와 위대한 철학적 창조정신이 공존하고 있다. 그러나 도가 상으로 드러나고, 직관으로써 그것을 체득한다는 것은 이론적인 구상일 뿐, 실천 가능한 철학적인 방법은 아니다. 왜냐하면 도는 형체가 없는 사물이므로, 형체가 없으면 직관 또한 실천될 수 없기 때문이다. 현상과 본체의 모순은 후설에게서도 온전히 해결되지 못하였다. 비록 그는 이러한 모순을 해결하기 위해 범주직관이라는 개념을 고안하였지만, 그것도 현상이 아니라 존재라는 '관념'에 대한 현상학의 직관이므로, 일종의 '결석된 현상학'(缺席的現象學) 또는 '추정된 존재론'(推定的存在論)에 가깝다. 그래서 그는 결석되거나 결여된 체험, 예를 들어 허무와 같은 개념을 통해 생존의 결함을 지적하고, 더 나은 추정적인 존재를 지향할 수밖에 없었는데, 이를 가리켜 결석된 현상학 또는 현장에 있지 않은 현상학이라고 부른다. 이로 인해 현상학에서 주장한 존재론도 확정된 존재론이 아니라, 추정적인 존재론이다.[67] 실제로 이러한 문제는 철학적 방법론으로서의 현상학이 지닌 곤경을 여실히 보여 주는데, 그것이 바로 현상학의 방법론은 반드시 현장에 있는, 확정할 수 있는 존재론을 정립하여야만 실천될 수 있다는 점이다.

현상학은 최종적으로 심미주의로 이행하여 심미현상학을 형성하였다. 이러한 경향은 서양과 중국에서 동일하게 나타났다. 송명리학 시기에 이르러 중화철학의 본체론에서 분화가 일어나, 고전 현상학은 해체를 맞이하였다. 장재가 기를 본체로 삼고, 주희가 리를 본체로 삼으며, 왕양명이 심을 본체로 삼는 과정에서 객관론과 주관론이 분화되었다. 이와 더불어 인심人心과 도심道心, 천리와 인욕의 분리도 나타났다. 이리하여 체도의 방법은 외부지향적인 격물궁리格物窮理로 해석되거나(정이와 주희) 내면적 반성을 지향하는 발명본심發明本心으로 규정됨으로써(왕양명), 현상학의 체오 방법은 위기를 맞이하게 되었다. 이 상황에서 현상학에는 오직 심미주의로 이행하는 선택지밖에 남지 않았다. 그래서 오직 심미 활동이 도를 직접 파악할 수 있는 생각이 부각되었는데, 여기에서의 심미 활동은 곧 현상학적 직관으로

---

67) 결석된 현상학과 추정적 존재론에 관해서 졸저, 『作爲第一哲學的美學—存在, 現象與審美』(人民出版社, 2015) 참조.

이해되고, 현상이 곧 심미적 의상意象으로 해석되면서 다시금 현상학적 환원의 구조가 마련되었다.

중화철학은 최종적으로 심미주의로 이행하여 심미를 현상학적 환원으로 규정하였다. 그것은 상을 의상으로 발전시켜, 의상을 심상心象과 물상의 통일로 해석함으로써, 심미적 의상을 통해 도를 현시할 수 있다고 주장하였다. 이리하여 중화현상학은 심미현상학으로 귀결되었는데, 이러한 성취는 서양보다 천 년 정도 앞섰다. 서양은 심미를 감성적 인식으로 간주하여 그것을 통해 존재의 참된 본질을 파악할 수 없다고 주장하였다. 비록 현대의 현상학적 미학자인 잉가르덴(Ingarden)은 현상학의 방법으로 미의 본질을 발견할 수 있다고 강조하였으나, 이 견해는 현상학의 방법을 통해 존재의 본질을 발견할 수 없다고 주장하므로, 온전한 심미현상학이 아니다. 서양의 경우, 후기 하이데거와 뒤프렌느가 심미를 존재 발견의 방법으로 규정함에 따라 비로소 심미현상학이 구축되었다. 심미현상학은 미학과 존재론을 내재적으로 소통시킴으로써, 미학을 제일철학으로 정초하려는 학문이다. 요컨대 중화철학은 황홀한 도상의 단계에서 시작하고, 반추상적이고 반구체적인 괘상의 단계를 거쳐, 최종적으로 구체적이고 생동적인 심미적 의상에 이르는 과정을 통해 고전 현상학의 구축을 완성하였다.

4. 도본체의 발견

도는 중화철학의 본체 개념이고, 그것은 서양철학의 존재 개념에 해당한다. 그리고 중화철학에서 심미의 의미를 논증할 때도 도를 기점으로 삼고 있으므로, 도는 또한 미의 본체이기도 하다. 그렇다면 도는 어떻게 확립되었고, 그것이 서양철학의 존재 개념과 완전히 동일한 것인가와 같은 문제가 제기될 수 있다. 중화철학은 현상학의 방법론으로 미의 본질을 파악하기 때문에, 서양의 존재론처럼 독단론에 빠지지 않았다. 그러나 이와 같은 개괄적 진술은 일반론에 불과하며, 구체적인 학파에 따라 도의 이해가 동일하지 않다는 점을 드러내지 못한다. 다시 말해 중화철학의 경우, 현상학적 방법론에 대한 이해와 실제 적용의 차이로 인해 학파에 따라 도의 확립 과정이 다르다는 것이다. 중화철학에서 도를 확립하는 방식은 대체로 세 가지로 나눌 수 있는데, 첫째는 상으로써 도를 파악하고자 하는 이상관도以象觀道의 방식이고, 둘째는 격물을 통해 도를 포착하려는 격물체도格物體道의 방식이며, 셋째는 본래의 마음을 반성함으로써 도를 체득하여 그것이 밝게 발현되도록 하는 발명본심發明本心의 방식이다.

이상관도의 방식으로 도를 확정하는 대표적인 인물은 노자와 장자이다. 그들에 따르면 도는 물질적인 형상을 지니지 않지만, 여전히 특수한 상의 형식으로 인간의 의식 속에 드러날 수 있다. 노자는 도를 천지에 앞서 존재하고, 만물을 낳은 것으로 규정하였다.[68] 그것은 인간의 경험적인 의식으로 파악될 수 없고, 오직 순수의식, 즉 척제현람의 방법을 통해 직관될 수 있는데, 이때 도는 곧 특수한 상으로써 인간의 의식 속에 주어진다. 나아가 이러한 상은 일반적인 표상이 아니라, 구체적인 형태가 없는 황홀한 도상이다. 장자는 노자의 사상을 이어 도와 천을 같은 개념으로 보았다.[69] 장자에 따르면 오직 성인, 지인至人, 신인神人이 심재나 좌망의 방식을 통해 도와 소통할 수 있고, 그것을 드러낼 수 있다. 나아가 그는 상망이 황제의 현주를 되찾은 우화로 도가 상의 형식으로 드러난다는 점을 시사하였다.[70]

한편, 유가가 강조한 상은 감각지각으로 포착할 수 있는 상징물이다. 『주역』, 특히 『역전易傳』은 상을 괘상으로 발전시켰고, 동중서는 범상치 않은 자연현상을 천상天象으로 규정하여 그것이 도를 드러내는 것이라고 주장하였다. 엄밀하게 말하자면 괘상과 천상을 통해 도를 드러낸다는 설은 이미 이상관도의 범주를 벗어난 것이지만, 그것은 또한 도상에 대한 특수한 직관으로써 도를 파악할 수 있다고 주장한다는 점에서 상을 빌려 도를 살피는 방법론에 부합하기 때문에, 여전히

---

68) 『道德經』第25章, "有物混成, 先天地生. 寂兮寥兮, 獨立不改, 周行而不殆, 可以爲天下母."
69) 『莊子』, 「天地」, "技兼於事, 事兼於義, 義兼於德, 德兼於道, 道兼於天."
70) 『莊子』, 「天地」, "黃帝遊乎赤水之北, 登乎崑崙之丘而南望, 還歸, 遺其玄珠. 使知索之而不得. 使離朱索之而不得, 使喫詬索之而不得也. 乃使象罔, 象罔得之. 黃帝曰, '異哉! 象罔乃可以得之乎!'"

이상관도의 확립방식에 속한다고 말할 수 있다.

도를 확정하는 두 번째 방식은 격물체도의 방식인데, 그 대표적 인물은 공자, 장재, 주희 등이다. 도(리)는 비록 형태가 없고 소리가 없지만, 만물을 화생하기 때문에, 만물이 곧 도의 표현이다. 그래서 특수한 관찰방법으로 사물에 다가가면 도를 체득할 수 있다는 생각이 성립된다. 이와 같은 생각은 도를 만물의 근원으로 규정한다는 점에서 이상관도의 방식과 유사하지만, 둘 사이에는 근본적인 차이가 있다. 즉 이상관도는 도와 만물의 차이점을 강조하여 격물을 통해 도를 파악할 수 없다고 주장하는가 하면, 격물관도는 도가 곧 만물 속에 실존한다는 점을 전제로 그것에 대한 특수한 관찰로써 도를 체득할 수 있다고 생각한다.

공자에 따르면 천도는 구체적인 대상이 아니지만, 만사와 만물을 체험하고 관찰하는(體察) 방식으로 깨달을 수 있는 것이다. 그는 "하늘은 무슨 말을 하겠는가? 사계절이 스스로 운행하고, 만물이 스스로 살아나는데, 하늘은 무슨 말을 하겠는가?"71)라고 말하였는데, 이는 천도가 세상의 구체적인 일에서 포착될 수 있음을 강조한 것이다. 그래서 공자는 일상생활 속에서 도를 학습하고 실천하는 것을 강조한다. 그러나 여기에서 중요한 문제가 발생하는데, 그것이 바로 사물에 대한 경험적인 고찰과 도를 체득하는 방법을 어떻게 구분하는가에 관한 문제이다. 그래서 후세의 학자는 견문지지見聞之知와 덕성지지德性之知를 구분하여, 전자를 형이하의 인식방법으로, 그리고 후자를 형이상의 인식방법으로 규정하였다. 장재는 가장 먼저 두 가지의 지知, 즉 앎을 구분하였다. 그에 따르면 "덕성의 앎은 견문에서 비롯되지 않으며"72), "사물의 신묘함을 궁구하여 그 변화의 이치를 알아 하늘과 하나가 되는 것이다."73) 나아가 정이천程伊川은 도와 기의 구분을 강조하여 '경敬을 유지함으로써 앎에 이르러'(持敬致知) 리와 하나가 되어야 한다(與理爲一)고 주장하였

---

71) 『論語』, 「陽貨」, "子曰, '予欲無言.' 子貢曰, '子如不言, 則小子何述焉?' 子曰, '天何言哉? 四時行焉, 百物生焉, 天何言哉?'"
72) 張載, 『正蒙』, 「大心」, "見聞之知, 乃物交而知, 非德性所知. 德性所知, 不萌於見聞."
73) 張載, 『正蒙』, 「太和」, "窮神知化, 與天爲一."

다. 유사한 문맥에서 주희도 "사물에 가까이 다가가 이치를 궁구하여야 한다"(卽物窮理)라고 말하였는데, 이 말은 경험적인 지식과 초월적인 지식이 다르다는 점을 명시하는 동시에 후자가 곧 도에 관한 지식임을 주장하는 것이다. 요컨대 격물체도를 주장한 사상가는 모두 구체적인 생활 속에서 도를 파악하고 드러내야 한다는 점을 강조하고 있다.

도를 확정하는 마지막 방식은 발명본심의 방식이다. 격물체도의 방식은 천인합일, 주객일체의 세계관을 전제로 세워졌기 때문에, 현실 생활에서 실천되는 도덕적인 수양과 사물에 대한 궁구를 기반으로, 둘 사이의 동일성을 체득하여야 한다고 주장한다. 그러나 발명본심은 비록 천인합일에 대해서도 인정하지만, 기본적으로 도가 주체의 마음속에 있다는 점을 강조한다. 그래서 그것은 외적인 사물을 궁구하는 일보다 내면의 반성을 더욱 중시한다.

발명본심을 처음 제기한 사람이 바로 맹자이다. 그는 세계와 주체가 본래 함께 있다는 점을 강조하기 위해 "만물이 모두 나에게 갖추어져 있으므로, 자신으로 되돌아가서 성실하게 하면, 즐거움이 이보다 더 클 수 없다"[74]라고 말하였다. 나아가 맹자는 도덕적인 지식이 인간의 선천적인 본성에서 비롯되는 것이지 경험을 통해서 얻어지는 것이 아니라고 주장하였다.[75] 그래서 그는 내면적인 반성의 방식으로 도를 체득할 수 있다고 강조하면서 "그 마음을 다하면 그 본성을 알 수 있고, 그 본성을 알면 하늘을 알 수 있다"[76]라고 말하였다. 맹자의 학설을 계승한 정명도程明道는 천리를 체득하는 것이 곧 만물과의 일체를 이루는 것이고, 그러한 경지에 이르기 위해서는 몸을 닦음으로써 도를 밝혀야 한다(修身明道)고 주장하였다. 나아가 육구연陸九淵은 정명도의 사상을 한 걸음 더 밀고 나가 "마음이 곧 이치이다"라는 심즉리心卽理의 명제를 내세웠다. 그는 "우주가 곧 나의 마음이고, 나의 마음이

---

74) 『孟子』,「盡心上」, "孟子曰, '萬物皆備於我矣. 反身而誠, 樂莫大焉.'"
75) 『孟子』,「盡心上」, "孟子曰, '人之所不學而能者, 其良能也. 所不慮而知者, 其良知也. 孩提之童, 無不知愛其親親者. 及其長也, 無不知敬其兄也. 親親, 仁也. 敬長, 義也.'"
76) 『孟子』,「盡心上」, "孟子曰, '盡其心者, 知其性也. 知其性, 則知天矣.'"

곧 우주이니"[77], 천리를 주체 밖에서 구할 필요 없고, 오직 내면적인 반성만을 수행하면 된다고 주장하였다. 명대의 왕양명은 육구연의 영향을 받아 "마음과 사물은 둘이 아니며"(心物不二), 심성이 곧 이치임을 강조하였다. 그는 "마음 밖에 사물이 없고, 마음 밖에 이치가 없다"(心外無物, 心外無理)라고 말하면서 주체의 마음속에 있는 양지良知가 곧 천지만물의 실상과 같다고 주장하였다. 그래서 왕양명은 주체의 마음을 향한 반성적인 수양을 통해 양지에 이를 수 있고(致良知), 나아가 천리의 본체를 회복하여 드러낼 수 있다고 주장하였다. 마지막으로 선종은 인간의 마음속에 본래 불성이 있다는 점을 들어, 학문적인 축적을 중심으로 한 점수漸修공부를 거부하여 돈오의 성불成佛 방법을 주장하였다. 여기에서의 돈오는 곧 아무런 염상念想이 없는 본래의 마음 상태, 즉 본심으로 되돌아감으로써 불교의 이치를 깨닫는 뜻이다. 요컨대, 발명본심을 강조한 사람들은 인간이 내면적인 반성을 통해 본래의 마음 상태로 되돌아갈 수 있다면 도를 깨달을 수 있다고 주장한다.

위에서 다룬 도를 발견하고 확정하는 방식들은 모두 현상학적 특성을 지닌 것이다. 이러한 점은 중화철학이 도를 규정하는 데 있어서 독단론으로 진행하지 않았고, 고전 현상학의 방법에 근거하였음을 시사한다. 그리고 이와 같은 고전 현상학은 시대를 앞서가는 합리성을 지니지만, 다른 한편으로는 부정할 수 없는 역사적인 한계를 함께 함축하고 있다. 특히 중국의 고전 현상학이 천인합일이라는 몽매한 사상을 전제로 삼고 있다는 점을 고려하면 더더욱 그러하다.

제2절 중화철학의 본체론—도론

1. 도의 본체론

본체론은 존재에 관한 학설이므로 또한 존재론이라고 부를 수 있다. 서양의

---

77) 『陸九淵集』, 卷三十六, "宇宙便是吾心, 吾心便是宇宙."

고대 본체론은 실체 개념의 기초 위에서 세워진 까닭에, 그 존재는 곧 객관적인 실체이다. 그러다가 근대에 이르러 이러한 본체론은 주체성을 기반으로 다시 확립됨으로써, 주체가 새로운 실체로 정립되었다. 그러나 현대철학은 실체론적인 본체론을 거부하여 존재자가 아닌 존재 자체를 본체로 확정하였지만, 그 존재를 어떻게 한정하여야 하는지에 관해서 아직 확실한 답을 제시하지 못하였다. 필자가 생각하기에 존재는 곧 생존의 근거이고, 자아와 세계의 공동존재(Mitsein)를 시사하며, 그 자체로서 진리성과 주객동일성을 지닌 개념이다.

중화철학은 도道, 리理, 기氣, 심성心性 등 개념을 제시하여 다양한 형태의 본체론을 내세웠으나, 일반적으로 말하면 도가 가장 보편적인 본체론의 범주이다. 비록 도에 대한 이해가 다르지만, 유가儒家와 도가道家, 심지어 선종禪宗까지도 그것을 본체로 삼았다. 이에 비해 리와 심성 등의 용어는 결국 도에 관한 논의에서 파생된 개념으로서, 기껏해야 도의 별칭이라고 할 수 있다. 장대년張岱年은 세 가지 유형의 본체론 또는 본근론本根論을 제시하여 그 사이의 관계를 다음과 같이 서술하였다.

가장 일찍이 등장한 본근론은 도론道論이고, 그것은 이치 또는 법칙을 우주의 본근으로 삼는다. 이어서 나타난 것이 태극론太極論인데, 그것은 음기陰氣와 양기陽氣가 아직 분화하지 않고 일체를 이룬 상태를 가리켜 우주의 본근이라고 하였다. 그 뒤로 기론氣論이 나타났는데, 이는 일정한 형태가 없는 물질로써 모든 것을 해명한다. 기론은 태극론에서 발전된 것이지만, 기의 관념 자체는 도론에서 비롯되었다고 말할 수 있다. 기론에도 리理가 있으므로, 유리론唯理論 또는 기리론氣理論이 도출되고, 그것은 리를 기의 근본으로 간주한다. 유리론은 또한 리가 마음(心)속에 구비되어 있다고 말함으로써 주관적 유심론(主觀唯心論)을 도출하였는데, 이에 따르면 리가 곧 심心이고, 심은 모든 것이 근본하는 바이다.[78]

이와 같은 장대년의 논의를 참고하면서, 필자는 도를 중화철학의 기본적 범주로

---

78) 張岱年, 『中華哲學大綱』(江蘇敎育出版社, 2005), p.106.

설정하여 고찰하되, 동시에 그것과 연관된 개념 예를 들어 리, 기, 심성 등 개념에 대해서도 검토할 것이다.

　고대 중국인은 가장 먼저 종교의 방식으로 세계의 근본을 파악하였다. 예를 들어 은상殷商시대의 사람은 상제上帝를, 주周나라 초의 사람은 천天을 각각 최고의 주재자로 삼았다. 그러다가 춘추전국시대에 이르러 인간의 이성적 의식이 각성하면서 본체에 대한 철학적 이해가 등장하였는데, 이 배경에서 도가 본체론의 범주로 정착하게 되었다. 노자는 천도 도에 의해서 생겨났다고 주장하였고,79) 장자는 노자의 사상을 계승하여 그것을 본체로 삼았다. 장자에 따르면 "도는 정情과 신信이 있지만, 작용이나 형체가 없으므로, 전해 줄 수는 있지만 받을 수는 없고, 터득할 수는 있지만 볼 수는 없으며, 스스로를 근본으로 삼아, 천지가 있기 이전에 이미 존재하여 온 것이다. 귀신과 상제를 신령神靈하게 하고, 천지를 생성하게 한다. 태극보다 앞서 존재하면서도 높은 척하지 않고, 육극六極의 아래에 머물면서도 깊은 척하지 않으며, 천지보다 앞서 존재하면서도 오래된 척하지 않고, 상고上古보다 오래되었으면서도 늙은 척하지 않는다."80)

　또한 공자는 천과 도를 함께 언급하면서 천을 인간의 힘으로 어쩔 수 없는 운명의 힘으로 규정하고, 도를 인간이 반드시 따라야 하는 사회규범 또는 진리로 정의하였다. 그리고 공자에 따르면 천과 도는 구분되지만 서로 연결되는 부분이 있다. 다시 말해, 천은 최고의 존재로서 인도人道를 지배하므로,81) 도는 천명天命과 인仁, 즉 천도와 인도를 모두 포함한 것이다. 다만 그가 이러한 관계에 대해 충분한 논증을 덧붙이지 않았을 뿐이다. 그럼에도 도에 대한 공자의 해석은 신비로운 천보다 인도, 즉 인에 중심을 두고 있다.82) 맹자의 도도 인도를 중시하지만, 그것은

---

79) 『道德經』第25章, "有物混成, 先天地生. 寂兮寥兮, 獨立不改, 周行而不殆, 可以爲天下母. 吾不知其名, 字之曰道, 強爲之名曰大."

80) 『莊子』, 「大宗師」, "夫道, 有情有信, 無爲無形. 可傳而不可受, 可得而不可見. 自本自根, 未有天地, 自古以固存. 神鬼神帝, 生天生地. 在太極之先而不爲高, 在六極之下而不爲深. 先天地生而不爲久, 長於上古而不爲老."

81) 『論語』, 「述而」, "子曰, '天生德於予, 桓魋其如予何?'"

인정仁政을 가리키는 경우가 많으므로, 어느 정도 정치적 영역에 많이 편중되고 있다. 동중서董仲舒는 천인감응天人感應을 기반으로 천도와 인도가 신비로운 방식으로 소통하고 있음을 주장함으로써, 천도를 인도의 근거로 설정하였다. 그리고 송명리학宋明理學은 도를 천리天理로 규정하여 천도와 인도가 합일되어 있으므로 도덕수양을 통해 도를 체득할 수 있다고 강조한다. 요컨대 유가와 도가를 중심으로 전개한 중화철학은 도를 세계와 인생의 근본으로 삼고, 그것이 자연과 사회, 나아가 인간의 정신세계를 지배하는 것이라고 주장하였다. 이리하여 구체적인 사물도 아니고 그러한 사물의 속성도 아닌 도는 곧 진리로 인식되면서 세계의 본질과 존재의 근거로 정착되었다.

본체론적 범주인 도의 위상은 서양 고전철학의 존재 개념과 유사하지만, 둘 사이는 서로 다른 성질을 지닌다. 서양 고전철학의 존재는 실체성을 지닌 것으로, 자아를 벗어난 제일 존재자이다. 실체는 서양철학에서 정의한 존재의 가장 으뜸가는 규정으로서, 그것은 절대적이고 객관적이며 더 이상 다른 것으로 환원될 수 없는 실재를 가리킨다. 나아가 이러한 실체는 현상의 근거이지만, 자신을 현시하는 것이 아니라 현상 배후에 은닉하여 세계를 지배하는 것으로 인식된다. 그래서 존재에는 인간 주체의 위치가 없고, 인간은 다만 존재의 밖에서 피동적으로 세계를 관찰할 수밖에 없다. 이와 같은 사상을 가리켜 객체론적-실체론적 본체론이라고 부른다. 서양철학의 실체, 예를 들어 플라톤의 이념(Idea)은 인간 특히 철학적 사유의 주체와 관계없이 존재하는 것이다. 즉 이념은 객관적인 법칙이기 때문에, 인간은 그것을 인식하고 따를 수 있지만, 그것과 나란히 하고 그 작용에 참여할 수는 없다.

그러나 중화철학의 도는 현상에서 곧바로 드러나지 않고, 사물을 지배하는 측면에서 플라톤의 이념과 유사하지만, 실제로 본질적인 차이가 있다. 즉 중화철학의 도는 실체가 아니라 다만 세계를 지배하는 법칙일 뿐이다. 도가 천지에 앞서

---

82) 『論語』, 「公冶長」, "子貢曰, '夫子之文章, 可得而聞也. 夫子之言性與天道, 不可得而聞也.'"

생겨났다고 주장한 노자[83]나 "사물을 사물이 되게끔 하는 것은 사물이 아니다"[84]라고 강조한 장자의 말은 모두 도의 비실체성을 가리켜 말한 것이다. 중화철학에서 도는 천도이고, 천도는 또한 인도이므로, 도는 천지자연에만 있지 않고, 인간사회와 역사, 구체적인 인간의 마음(人心)과 본성(人性)에도 존재한다. 그래서 중화철학의 도는 정신이나 이념이 아니고, 물질과 객체도 아니며, 천, 지地, 인人 모두에 내재하고 그것들을 지배하는 근본적인 법칙이다.

서양철학의 존재 범주는 다양한 내포를 지니지만, 대체로 두 가지 유형으로 나눌 수 있다. 즉 그것은 고대의 객체성 존재론과 근대의 주체성 존재론인데, 이 둘은 모두 존재를 존재자로 규정하는 실체적 본체론에 기반을 두고 있다. 하이데거(Heidegger)를 대표로 한 현대철학자는 실체 개념을 포기하여 존재와 존재자를 혼동한 전통철학을 비판함으로써, 존재를 존재자의 근거로 삼아 새로운 존재론 철학을 구축하였다. 그러나 전기의 하이데거나 사르트르(Sartre)는 모두 생존론에만 그칠 뿐, 존재론을 구축하는 데 실패하였다. 그 원인은 바로 그들이 전통 형이상학의 영향을 받아 존재의 개념을 정확히 이해하지 못하고, 그것을 '~임'(being)으로 파악하였기 때문이다. 그러다가 후기 하이데거가 본유(Ereignis) 개념을 제시하여 현존재(Dasein)의 개념이 지닌 위상을 대체하자, 진정한 존재론이 비로소 성립되었다. 후기의 하이데거는 존재(sein)의 비인격성을 극복하여 인간과 존재의 공통적 속성인 본유를 통해 천, 지, 신神, 인 등을 통일함으로써, '세계상놀이'(weltspiel)의 사상을 구현하였다.[85] 특히 이 과정에서 그가 제기한 본유 개념은 현존재의 주체성을 극복하여 인간과 세계의 공동존재성을 정립하였다.

실제로 존재는 실체가 아니라 자아와 세계의 공동존재이며, 생존의 근거이기 때문에, 그 자체로 진리성과 주객동일성을 지닌다. 이러한 점을 중심으로 철학을 구축한 것이 바로 현대철학의 본체론이다.[86] 그리고 이 존재론에 입각하여야만

---

83) 『道德經』第25章, "有物混成, 先天地生. 寂兮寥兮, 獨立不改, 周行而不殆, 可以爲天下母."
84) 『莊子』, 「知北遊」, "有先天地生者物邪? 物物者非物."
85) 讓·弗郞索瓦·馬特, 汪煒 譯, 『海德格爾與存在之迷』(華東師範大學出版社, 2011), p.141 참조.

중화철학과 미학의 본체론을 고찰할 수 있다. 중화철학의 도는 실체가 아니면서도 세계와 인성의 본질이므로, 단순한 객체성을 지닌 것도 아니고 주체성을 지닌 것도 아니다. 그러므로 중화철학의 도는 인간과 세계의 공동존재성을 내포하는 것이다. 이러한 맥락에서 중화철학의 본체론, 즉 도론은 곧 변모된 존재론이라고 할 수 있다. 이른바 중화철학에서 천이라는 개념은 자연을 가리키는 동시에 신을 의미하기도 한다. 그래서 천인합일天人合一의 사상은 인간과 자연의 동일성뿐만 아니라, 현상계와 본체계의 통일성을 함축하는 것이다. 따라서 중화철학은 동일성의 철학이라고도 할 수 있다.

도가는 천도를 강조하는데, 이 천도는 곧 스스로 그러한 자연(성)을 의미한다. 도가는 "사람은 땅을 본받고, 땅은 하늘을 본받으며, 하늘은 도를 본받고, 도는 자연을 본받는다"[87]라고 주장하는데, 이는 천도와 인도가 모두 하나의 도임을 시사한다. 나아가 도가는 인간과 도가 서로 소통하여 서로를 움직일 수(互動) 있다고 주장한다.[88] 이리하여 주체는 도의 운행 속에 참여할 수 있게 되었다. 물론 도가는 사회생활 속에서의 인도가 자연천성自然天性을 거스르는 것이므로,[89] 천도에 위배된다고 강조하지만, 이러한 인도는 도가적 의미에서의 참된 도가 아니라 인위적인 행위 양태에 불과한 것이다. 즉 도가에 있어서 참된 도는 인도와 천도가 합치된 자연의 도라는 것이다.

유가는 천도를 인도에 정착시켜 그것이 인문성을 지니도록 하였다.[90] 이에 따르면 천명天命은 곧 인성이고, 인성은 바로 천명과 소통할 수 있다.[91] 나아가 정명도程明道는 "하늘과 인간은 본래 둘이 아니니, 합치(合)를 말할 필요가 없다"[92]라

---

86) 존재의 개념에 관한 논의는 楊春時, 『作爲第一哲學的美學─存在, 現象與審美』(人民出版社, 2015) 참조.

87) 『道德經』 第25章, "人法地, 地法天, 天法道, 道法自然."

88) 『道德經』 第25章, "故道大, 天大, 地大, 人(王)亦大. 域中有四大, 而人(王)居其一焉."

89) 『道德經』 第77章, "天之道, 損有餘而補不足. 人之道, 則不然, 損不足以奉有餘."

90) 『禮記』, 「中庸」, "子曰, '道不遠人. 人之爲道而遠人, 不可以爲道.'"

91) 『禮記』, 「中庸」, "天命之謂性, 率性之謂道, 修道之謂教";『孟子』, 「盡心上」, "存其心, 養其性, 所以事天也. 殀壽不貳, 修身以俟之, 所以立命也." 등 참조.

고 말하였고, "도는 하늘과 인간의 구별이 있은 적이 없지만, 하늘에 있음을 강조할 때는 천도라고 하고, 인간에 있음을 강조할 때는 인도라고 부른다"[93]라고 주장하였다. 이리하여 천인합일의 사상으로 인해 중국의 고전철학은 현대의 존재론 철학과 소통할 수 있게 되었다. 비록 둘 사이에는 본질적인 차이가 있지만, 도(존재)를 비실체적인 것으로 규정함으로써 인문성을 지니게 하였다는 점에서 동일하다고 할 수 있다. 중화철학에서 도는 주체와 세계의 공재성을 주장하기 때문에, 그것은 단순히 외부적인 인식대상이나 객관적인 법칙으로 치부될 수 없고, 주체의 참여를 전제로 한 생존법칙으로 이해되어야 한다. 그래서 유가는 항상 인간의 본성을 다하여 천지에 참여하고 그 화육化育을 도와야 한다[94]고 강조하였다.

그렇다면 천인합일이라는 말에서 천과 인은 무엇을 매개로 합치할 수 있는가? 이에 관해 성性을 매개로 인간과 하늘이 소통할 수 있다는 견해가 있는데, 그것에 따르면 하늘은 인간에게 성을 부여하므로, 인성은 천도에 부합되고, 그것을 통해 천도를 파악할 수 있다. 이와 달리, 기를 매개로 천과 인이 합치된다는 견해도 있다. 이 견해에 따르면 기는 우주 공간에 가득 찬 것으로서, 인간과 하늘을 소통시킨다. 이와 같은 두 가지 견해는 후세에 이르러 서로 결합되면서 기와 성의 일체화가 이루어졌다. 중화철학은 기를 만물의 근원으로 삼고, 인성도 기에 기반을 둔다고 주장하는데, 여기에서 말한 기는 순수정신적이지도 않고 물질적이지도 않은 '원시적 – 원초적 생명력'을 의미한다. 그리고 원시적 – 원초적 생명력으로서의 기는 만물로 변화하는 동시에 그 속에 내재하여, 사물로 하여금 생명력을 지니게 한다. 이와 관련하여 노자는 "도는 일一을 낳고, 일은 이二를 낳으며, 이는 삼三을 낳고, 삼은 만물을 낳는다. 만물은 음陰을 지고 양陽을 품으며, 충기沖氣로써 조화를 이룬다"[95]라고 말하였다. 유가도 기의 관념을 받아들여 장재張載, 주희朱熹 등의 기론氣論

---

92) 『二程遺書』, 卷六, "天人本無二, 不必言合."
93) 『二程遺書』, 卷二十二, "道未始有天人之別, 但在天則爲天道, 在地則爲地道, 在人則爲人道."
94) 『禮記』, 「中庸」, "唯天下至誠, 爲能盡其性. 能盡其性, 則能盡人之性. 能盡人之性, 則能盡物之性. 能盡物之性, 則可以贊天地之化育. 可以贊天地之化育, 則可以與天地參矣."
95) 『道德經』 第42章, "道生一, 一生二, 二生三, 三生萬物. 萬物負陰而抱陽, 沖氣以爲和."

을 성립하였다. 비록 그들이 입론한 바는 완전히 일치하지 않지만, 모두 기를 도나 리와 연결하였다는 점에서 동일하다. 이러한 논의들에 따르면 도는 형이상의 영역에 속하고, 기는 형이하의 영역에 속하지만, 기가 도에서 비롯되었으므로, 천과 인 사이를 관통하여 세계를 하나의 전체로 구현한다. 나아가 도(리)는 기화氣化를 통해 만물을 화생하는 과정에서 기를 매개로 인간에게 성정性情을 부여하므로, 도와 인성은 서로 연결하게 된다. 더욱 중요한 것은 기가 인간과 만물 사이에서 유행하면서 둘 사이의 감응을 일으켜 정감을 낳는데, 이러한 생각이 미학의 영역에서 정경교융설情景交融說이나 감흥론感興論의 기원이 되었다.

도에 관해서 유가는 그것을 무無가 아닌 유有로 규정하는 데 비해, 도가는 도를 무와 유의 통일로 정의한다. 다시 말해 유가철학에 따르면 도는 곧 실재성이 있는 유(實有) 즉 인륜적인 법칙이고, 도가철학에 따르면 그것은 문명과 교화를 배제하는 측면에서는 무 또는 허虛이지만, 자연 본성의 상태를 유지하는 측면에서는 유 또는 실實이므로, 도는 유와 무가 통일되고 허와 실이 일체를 이룬 것이다.

한편, 중화철학에서 강조된 도의 인문성은 정감과 이치, 즉 정情과 리가 합일되는 특징을 지니고 있다. 서양철학은 이성주의를 중심으로 전개하였기 때문에, 그 속에서 감정과 이성은 분리된 채 논의되고 있다. 그래서 서양에서 이념으로서의 존재는 감성보다 우월하고, 철학도 감성을 배제하여 순수이성적인 사유를 기반으로 삼는다. 이러한 배경에서 플라톤이 구현한 이상국가에서는 이성을 지닌 철학자가 왕이 되고, 사람들의 감성을 선동하는 시인은 추방되어야 하는 존재로 규정된다. 그러나 중국의 고대사회는 혈연적 관계를 기반으로 형성된 공동체이므로, 인간과 인간 사이의 정감적 유대를 중시한다. 이와 같은 정감은 가족 사이의 혈연적 정감으로부터 시작하지만, 사회가 발전함에 따라 고을 사람들 사이의 정감, 제후국 사이의 정감 등으로 확장되었다. 그래서 중화철학은 기본적으로 정감의 기반 위에서 이성을 수용하는 방식으로 전개된다고 할 수 있다.

춘추시대에 정초된 유가의 윤리사상은 바로 효제孝悌라는 혈연적 정감을 기반으로 삼고 있다. 즉 이 시기에 인문적인 이성이 부각되었지만, 그것은 정감을 배제하여 이성과 정감의 분리로 나아가지 않고, 정이 리에 부합하거나 리가 정을 절제하여야 한다는 사고로 이어졌다는 것이다. 이렇게 보면 중화문화는 그 시작 단계부터 정과 리가 일체를 이룬 문화라고 할 수 있다. 그래서 유가의 윤리와 도덕에서는 혈연적 정감을 중시하고, 리도 또한 정감을 포섭할 수 있는 방식으로 해석된다. 중화철학에서 천인합일을 강조하기 때문에, 천도는 곧 인도가 된다. 그리고 인도는 또한 리와 정의 통일로 인식되므로, 이성과 정감은 분리되지 않는다. 유가는 도를 윤리적인 법칙으로 규정한 까닭에, 그것에는 정감과 더불어 이성적인 내용이 모두 내포되어 있다.

도가철학은 무정無情을 강조하는 철학이다. 즉 도가에서 말한 도는 정감을 배제한 것으로, 정감적인 윤리에 반하는 경향을 지닌다. 공자가 인애仁愛의 도를 주장하는 것과 달리, 노자는 "천지는 어질지 않으니, 만물을 풀이나 개로 삼고, 성인聖人은 어질지 않으니, 백성을 풀이나 개로 삼는다"96)라고 말하면서 정감을 부정하였다. 나아가 장자는 혜시惠施와의 대화를 통해 무정의 관념을 내세웠다.

혜자惠子가 장자에게 물었다. "인간은 본래 감정이 없는가?" 장자가 말하였다. "그렇다." 혜자가 말하였다. "사람이면서 감정이 없다면 어떻게 사람이라 일컬을 수 있겠는가?" 장자가 말하였다. "도가 모습을 주었고 하늘이 형체를 주었으니, 어떻게 사람이라고 일컫지 못하겠는가?" 혜자가 말하였다. "이미 사람이라고 말한 다면 어떻게 감정이 없을 수 있겠는가?" 장자가 말하였다. "이것은 내가 말하는 감정이 아니다. 내가 감정이 없다고 말한 것은 사람이 좋아하고 싫어하는 감정을 가지고 안으로 자신을 해치지 않고, 항상 자연의 도를 따라 무리하게 삶에 무엇을 보태려고 하지 않는 것을 의미한다."97)

---

96) 『道德經』 第5章, "天地不仁, 以萬物爲芻狗. 聖人不仁, 以百姓爲芻狗."
97) 『莊子』, 「德充符」, "惠子謂莊子曰, '人故無情乎? 莊子曰, '然.' 惠子曰, '人而無情, 何以謂之
人? 莊子曰, '道與之貌, 天與之形, 惡得不謂之人? 惠子曰, '旣謂之人, 惡得無情? 莊子曰, '是
非吾所謂情也. 吾所謂無情者, 言人之不以好惡內傷其身, 常因自然而不益生也.'"

그러나 도가는 다른 한편으로 정에 대해서 강조하고 있는데, 이 정은 세속적인 정감이 아니라, 본성에서 비롯된 스스로 그러한(自然) 정감, 소요逍遙의 상태에서 지닌 정감, 정감이 없는 정감(無情之情)이다. 바로 이와 같은 비세속적인 정감 개념이 후세에 이르러 유가의 정감론과 융합되어 중화미학의 정감론을 정초하였다. 송대의 리학자 소옹邵雍은 도가사상에 부응하듯이 "사물로써 사물을 관觀하는 것은 성이고, 나(我)로써 사물을 관하는 것은 정이다. 성은 공정하기에 밝고, 정은 편벽되기에 어둡다"98)라고 말하였다. 여기에서 소옹은 성을 숭상하고 정을 억제하여야 한다는 도가의 사상적 경향을 계승하였으나, 동시에 정을 성의 범주로 편입시키고 있다. 그러나 이와 같은 도가의 철학은 서양의 철학처럼 객체성을 강조한 인식론의 철학이 아니라, 인간과 자연의 동일성을 강조한 본체론의 철학이다. 그것은 정감이 없는 자연 본성을 긍정하지만, 그 정감 없음 자체가 하나의 성정 상태라고 할 수 있다.

위진시대 이후로 유가의 사상과 도가의 사상이 융합되기 시작하였는데, 그 과정에서 도가가 강조한 자연 본성에 맡겨야 한다는 임성任性사상이 유가가 강조한 정감론과 결합됨으로써, 임성사상은 임정任情사상으로 변모하였다. 이리하여 무정의 철학과 유정의 철학이 하나가 되면서 중화철학의 기본적 특징, 즉 정과 리의 일체성이라는 특징이 본격적으로 구현되었다.

중화문화는 정과 리의 일체성을 주장하는데, 이는 실제로 보편적인 이성이 독립성을 얻지 못하고, 정감에 의존하는 면이 있음을 시사한다. 정감을 중시하는 경향은 중화문화의 특징이자 결함이기도 하다. 왜냐하면 정감을 중시하는 문화는 자칫 이성적인 사변의 발전을 저해하기 때문이다. 중화철학이 강조한 정과 리의 일체성에는 이성과 정감의 모순이 함축되어 있지만, 이러한 모순은 리로써 정을 절제하는 방식으로 쉽게 해소되지 않는다. 전통사회의 전기와 중기에서 이와 같은

---

98) 邵雍, 『皇極經世』(中州古籍出版社, 1992), 「觀物外篇」, 卷十二下, p.2, "以物觀物, 性也. 以我 觀物, 情也. 性公而明, 情偏而暗."

모순은 아직 분명하게 드러나지 않았다. 그러나 후기 전통사회에 이르러 정과 리의 모순은 점차 부각되면서 송명리학에서의 정본체情本體와 리본체理本體의 분열로 이어졌다. 이 가운데서 정주리학程朱理學은 리와 기를 중심으로 논의를 전개하고, 육왕심학陸王心學은 심과 성을 중심으로 철학을 구축하였다. 나아가 정주리학만큼은 아니더라도, 육왕심학은 이성을 비교적 중요시하는 경향을 지니는 데 반해, 왕학좌파王學左派에 이르러 그 경향은 철저히 감성과 욕망을 강조하는 쪽으로 이행하게 되었다. 이러한 과정에서 중화철학은 리본체에서 정본체로 전향하게 되었고, 이택후李澤厚가 제기한 정본체설도 바로 이 전통을 더욱 분명하게 드러내는 것이라고 할 수 있다. 끝으로 이와 같이 철학에서의 정과 리가 지닌 일체성의 모순은 예술에서 정감성을 중시하는 사조를 낳았는데, 그것은 최종적으로 심지어 리를 벗어나 중화미학을 정감론의 미학으로 정초하는 데까지 이르렀다.

지금까지의 논의를 기반으로 중화철학은 '비초월성을 지닌 동일성 철학'이라고 규정될 수 있다. 그것은 천인합일을 강조하는데, 중국어에서의 천은 신과 자연계라는 이중적인 의미를 지닌다. 그러므로 천인합일은 곧 천도와 인도, 자연과 인간이 서로 통한다는 뜻이다. 그리고 현대철학의 개념으로 분석하면 천인합일의 관념은 두 가지 의미를 포함하는데, 하나는 비초월성 즉 세간성世間性이라는 의미이고, 다른 하나는 동일성 즉 간주관성(Intersubjektivität)이라는 의미이다.

2. 도의 세간성

중화철학은 천인합일을 강조하고, 천도가 곧 인도임을 주장하기 때문에, 그것에는 본체와 현상에 대한 엄밀한 구분이 없다. 그러므로 중화철학은 비초월성을 기본적인 특징으로 갖는다. 그리고 앞서 서술하였듯이 이러한 비초월성은 곧 세간성을 의미하며, 이택후는 그것을 실용이성이라고 불렀다. 이와 달리, 서양철학에는 현상과 본체에 대한 엄밀한 구분이 있고, 그중에서 현상은 진리성이 결여되고 유한한 것으로 간주되는가 하면, 본체는 참되고 절대적인 것으로 인식된다. 비록 중화철학에도 도와 기器, 체體와 용用의 구분이 있지만, 그것들은 서로 독립적인 것이 아니라, 일체성을 갖는 것이다.

도가철학의 도는 문명과 교화를 배제한 자연 본성을 의미하는 도이다. 비록 이러한 도는 형체가 없고 언어로 표현될 수 없으므로, 초월적인 면을 지니고 있으나, 다른 한편으로 그것은 현실에 있는 인간과 사물의 본성으로 환원하여 체득될 수 있는 것이다. 나아가 유가의 도는 윤리의 도이므로, 일상의 행위 속에서 구현될 수 있는 도이다. 주희가 제시한 리일분수理一分殊의 사유형식은 플라톤이 주장한 이념의 분유 형식과 매우 유사하지만, 전자는 개체 속에 진리성을 지닌 리가 실존하고 있음을 강조한 것이라면, 후자는 개별자가 보편자를 모방한 그림자일 뿐이라고 주장한 것이다. 칸트는 현상계와 본체계를 구분하고, 둘 사이는 매개될 수 없다고 주장하였지만, 중화철학의 도는 본체이면서도 현상이다. 그래서 중화철학의 도는 현상계와 독립된 본체계에 있는 것이 아니라, 현실적인 일상에 있는 것이다. 따라서 중화철학은 현실 생활을 곧 실재적인 것이라고 주장하고, 그 속에서 의미를 찾아내고자 한다. 그러므로 중화철학은 초월적인 영역에 관한 탐구보다는 현실에 대한 고찰을 더 중시하고, 현실적인 삶의 의의를 구현할 수 있도록 윤리철학과 인생철학을 구축하였다.

도가는 삶을 중시하는데, 이 삶은 곧 스스로 그러한 생명 상태(自然生命)를 의미한다. 노자가 모자람을 지고 결여함을 지키며(抱殘守缺), 청정무위清淨無爲를 주장한 것은 바로 생명을 보전하기 위해서이며, 장자가 무지무욕을 강조하고 자연으로의 회귀를 주장한 것도 천성을 보존하고, 문명과 교화의 침해를 막기 위해서이다. 유가도 삶을 중시하지만, 이 삶은 사회적인 인생을 가리킨다. 유가가 충효忠孝나 인애를 강조하여 도덕규범과 예교禮敎를 구축하는 것은 사회의 안정적인 질서를 확보함으로써 집단의 존속과 발전에 이바지하기 위해서이다. 중화철학에 따르면, 사람은 몸을 닦고 본성을 기르는(修身養性) 공부工夫를 거치면, 그 누구나 도를 체득할 수 있다.[99] 이러한 의미에서 도는 이를 수 없는 피안彼岸이 아니라, 현실에서 완수할 수 있는 실천적인 목표이다. 그래서 유가에서 강조한 수신修身, 제가齊家, 치국治國,

평천하平天下100)는 곧 현실에서 도를 체득하고 실천하는 과정이라고 할 수 있다.

도가철학도 세간성을 지닌 철학인데, 유약우劉若愚 등은 그것을 형이상학의 이론에 귀속한 바가 있다.101) 그러나 노자는 삶을 중시하였고, 그가 말한 자연의 도도 피안에 있는 것이 아니라 청정무위를 통해 현실에서 체득할 수 있는 도이다. 노자의 사상에 비해 장자의 철학에 더 강한 초월성이 있는 듯하여, 이마미치 도모노부(今道友信)는 장자의 미학을 형이상학으로 규정하였지만,102) 장자의 도도 자연적인 천성이고 피안에 있는 것이 아니므로, 그 사상도 자연주의적인 환원론에 속하지 형이상학이라고 말하기 힘들다.

어떤 사람은 중화문화의 비초월성에 반대하여 그것이 '내재적 초월성'을 지닌 것이라고 주장한다. 여기에서의 내재적 초월이란 서구의 외재적 초월과 비교되는 개념으로, 종교적 피안을 지향하는 것이 아니라, 내면적인 도덕 경지를 성취하는 것이다. 그러나 종교는 단순히 외재적인 초월로 귀속될 수 없다. 왜냐하면 그것은 주체가 지닌 영혼의 승화를 포함하기 때문이다. 또한 서양문화에서의 초월성은 종교적 초월성뿐만 아니라, 철학적-예술적 초월성도 포함하므로, 그것들은 내재적인 초월성에 속한다. 더욱이 철학을 비롯한 중화문화는 윤리성을 지닌 것이기 때문에, 초월성을 갖는 것이라 할 수 없다. 왜냐하면 윤리적인 성취는 시작부터 끝까지 현실 영역에서 이루어지므로 본체계의 존재 영역을 지향하지 않기 때문이다.

서양철학은 주로 인식론으로 이어지며, 그것은 객관적인 세계의 본질을 파악하는 것을 목적으로 한다. 그리고 서양철학의 본체론 범주, 예를 들어 현상과 본체, 원인과 결과, 필연과 우연 등은 모두 객관세계를 밝히기 위한 것들이다. 한편,

---

99) 『孟子』, 「告子下」, "曹交問曰, '人皆可以爲堯舜, 有諸? 孟子曰, '然.'"

100) 『禮記』, 「大學」, "古之欲明明德於天下者, 先治其國. 欲治其國者, 先齊其家. 欲齊其家者, 先修其身. 欲修其身者, 先正其心. 欲正其心者, 先誠其意. 欲誠其意者, 先致其知, 致知在格物. 物格而後知至, 知至而後意誠, 意誠而後心正, 心正而後身修, 身修而後家齊, 家齊而後國治, 國治而後天下平."

101) 劉若愚, 『中國文學理論』(江蘇敎育出版社, 2006).

102) 今道友信, 蔣寅 等 譯, 林煥平 校, 『東方美學』(生活·讀書·新知三聯書店, 1991).

그것은 실제 인생과 관련된 가치 범주, 즉 선善과 악惡, 자유 등을 인식론과 다른 윤리학의 영역으로 귀결한다. 그러나 중화철학은 처음부터 가치론과 윤리학에 초점을 맞추었고, 그것은 인생의 진리를 파악하는 것을 목적으로 삼는다. 그래서 중화철학의 본체 범주, 예를 들어 체와 용, 음과 양, 선과 악, 유와 무, 리와 욕欲 등은 인생과 연관되지 않는 것이 없다.

중화철학에 따르면 도의 내포는 도덕적 심성心性이며, 그것은 세계의 본체에 대한 인간의 도덕적 깨달음 즉 감오感悟를 통해 성취되므로, 이성적인 인식에만 한정되지 않는다. 유가에서는 성誠을 중시하는데, 이러한 성은 도덕적인 수양론뿐만 아니라 현상학적 의미도 지닌다. 즉 그것은 도덕적인 수양을 실천할 때의 마음 자세를 넘어 도를 체득하는 방법으로 인식되고 있다는 것이다. 예를 들어 맹자가 본성을 다해 하늘을 알아야 한다(盡性知天)[103]고 주장할 때나, 장재가 성으로써 천과 인을 합치시켜야 한다(以誠合天人)고 할 때나 모두 수신을 체도體道의 전제와 방법으로 삼고 있다.

그리고 유가에서는 앎, 즉 지知에 대해서도 강조하고 있지만, 그것은 객관적 지식의 습득이 아니라 도덕적 깨달음의 성취를 가리킨다. 장재는 견문지지見聞之知와 덕성지지德性之知를 구분하였는데,[104] 이는 인식이 현상에 한정되고, 신앙이 본체에 이른다는 칸트의 주장과 유사하지만, 여전히 본체를 현실 세계에 있는 윤리적 법칙으로 간주하고 있다. 나아가 정이程頤도 견문지지와 덕성지지를 구분하는 방식으로 격물치지格物致知를 설명하였고, 주희는 그것을 계승하여 즉물궁리卽物窮理의 주장을 내세웠다. 여기에서의 지나 리도 모두 덕성에 따른 앎, 즉 도덕적인 감오에 의해 체득된 앎을 의미한다. 더 나아가 육상산陸象山과 왕양명王陽明이 본래의 마음을 밝게 발현하여(發明本心) 양지에 이르러야 한다(致良知)고 주장하는 것도 앎을 도덕적 수양의 영역으로 귀결하는 것이다. 도가도 수양을 강조하지만, 그것은 도덕적

---

103) 『孟子』, 「盡心上」, "孟子曰, '盡其心者, 知其性也. 知其性, 則知天矣.'"
104) 張載, 『正蒙』, 「大心」, "大其心, 則能體天下之物,……世人之心, 止於見聞之狹. 聖人盡性, 不以 聞見梏其心.……見聞之知, 乃物交而知, 非德性所知. 德性所知, 不萌於見聞."

수양이 아니라, 문화적 장벽을 무너뜨려 자연 본성으로 되돌아감으로써 세계와 인생의 진리를 체득하기 위한 수양이다. 그래서 유가와 도가를 비롯한 중화철학은 모두 인식론의 철학이 아니라 가치론의 철학이다.

중화철학의 비초월성은 또한 그것의 실천성에서 드러나는데, 이를 가리켜 지행합일知行合—이라고 한다. 서양의 철학은 사변성과 초월성을 강조하는데, 그 의의는 사회적인 실천에 있는 것이 아니라, '지혜에 대한 사랑'(愛智)에 있다. 그래서 현실에 직면하였을 때 서양의 철학은 비교적 강한 초월성, 반성성, 비판성을 지닌다. 중화철학은 사변이 아니라 실천을 더욱 중시한다. 그것은 사회와 인생의 문제에 초점을 맞추어 입론함으로써, 도덕적 지식을 직접 사회생활의 지침으로 활용한다. 그래서 중화철학에는 반성성과 비판성이 결여되어 있다. 따라서 중화철학에서의 체도 방식은 사유 활동에 한정되지 않고, 실천적 행위를 더욱 중요시하는 경향을 지닌다. 공자와 맹자는 모두 도의 체득과 그것의 온전한 실천을 인생의 목적으로 삼았고,105) 그들을 따른 제자들도 항상 스스로 반성함으로써106) 수신, 제가, 치국, 평천하107)를 사명으로 삼았다.

불교佛敎의 유입은 중화철학에 큰 충격을 주었을 뿐만 아니라, 그 발전을 추동하였다. 그리고 이러한 불교의 기여는 크게 두 가지로 요약할 수 있다. 첫째, 불교의 유입은 중화철학의 논리성을 향상하였다. 불교를 통해 유입된 인명학因明學은 논리성이 빈약한 중화철학의 결함을 어느 정도 보완함으로써, 그 체계 구축에 영향을 끼쳤다. 둘째, 불교의 유입은 중화철학의 초월성 이해를 부추겼다. 불교에 따른 경계境界 개념은 세속성을 초월한 것으로서, 후세의 철학, 특히 미학이 형이상학적

---

105) 『論語』, 「里仁」, "子曰, '朝聞道, 夕死可矣.'"; 『論語』, 「公冶長」, "子曰, '道不行, 乘桴浮于海.'" 등 참조.

106) 『論語』, 「學而」, "曾子曰, '吾日三省吾身, 爲人謀而不忠乎? 與朋友交而不信乎? 傳不習乎?'"

107) 『禮記』, 「大學」, "古之欲明明德於天下者, 先治其國. 欲治其國者, 先齊其家, 欲齊其家者, 先修其身, 欲修其身者, 先正其心. 欲正其心者, 先誠其意, 欲誠其意者, 先致其知, 致知在格物. 物格而後知至, 知至而後意誠, 意誠而後心正, 心正而後身修, 身修而後家齊, 家齊而後國治, 國治而後天下平."

지향을 할 수 있도록 기여하였다. 그러나 불교는 비록 중화철학을 어느 정도 보완하였으나, 그 근본적인 성격을 바꾸지 못하였다. 오히려 불교는 중화철학의 특질과 융합되어 그것에 동화되었다고 말할 수 있는데, 도가사상과 융합된 선종사상이 바로 그 대표적인 예시이다.

중화철학의 세간성은 그것에 철학성이 결여되어 있음—특히 헤겔의 부정적인 평가처럼—을 의미하지 않는다. 중화철학은 천인합일을 전제로 하며 차안과 피안을 엄밀하게 구분하지 않았지만, 제한적으로 초월성을 지니고 있다. 나아가 중화철학은 윤리학으로 이어지지만, 그것은 단순히 윤리적인 규범을 내세우는 데 그치지 않고, 그 규범을 정초하기 위해 형이상학적 근거를 제시하고 논리적인 논증을 수행하였다. 그러므로 중화철학은 윤리성을 중심으로 한 철학이라고 할 수 있다. 특히 송명리학은 불교의 자극을 받아 윤리적인 규범에 관한 형이상학적 근거를 마련하는 과정에서 매우 강한 사변성과 치밀한 논리성을 선보였다. 비록 그것에는 아직 몽매성蒙昧性이 들어 있지만, 고전적인 철학으로서 이미 충분한 의의를 지닌 것이라고 평가될 수 있다.

3. 도의 동일성

서양의 고전철학은 실체론과 인식론의 철학이다. 그리고 그것은 주관과 객관의 대립을 전제로 인간과 세계의 통일을 실현하지 못하였다. 그러다가 현대에 이르러 주체성에 대한 반성이 일어남에 따라 주객의 대립 구도를 극복하려는 노력이 부각되었는데, 그 과정에서 후기 하이데거가 본유의 개념을 통해 존재의 동일성을 입증하였다. 한편, 중국의 고전철학에서 제시한 본체론은 천인합일의 도론이며, 이러한 도는 천도와 인도의 동일성을 강조한다. 그러므로 서양철학에 비하면 중화철학은 동일성의 철학이라고 할 수 있다. 중국의 고대사회에서 인간과 자연, 개체와 사회, 차안과 피안이 충분히 분리되지 않았기 때문에, 독립적인 주체성이라는 개념이 확립되지 못하였다. 그리고 주체성이 확립되지 않는 까닭에, 중화철학은 자연과 사회를 객체가 아닌 주체로 간주하는 경향을 지닌다. 그래서 중화철학에서 인간과 세계는 주체와 주체 사이의 관계에 놓여 있지, 주체와 객체의 대립 관계에 머물러 있지 않다.

중화철학은 생명철학에 속한다. 그것에 따르면 인간과 세계는 모두 생기生氣를 갖추고 있으므로, 서로 감응할 수 있어 동일성을 지닌다. 중화철학은 세계를 기운이 충만한 생명체로 간주하고, 그것은 도, 리, 기 또는 태일太一이 음기과 양기를 화생하여 만물로 생성하는 구도로 설명된다. 이에 관해 노자는 "도는 일一을 낳고, 일은 이二를 낳으며, 이는 삼三을 낳고, 삼은 만물은 낳는다. 만물은 음陰을 지고 양陽을 품으며, 충기沖氣로써 조화를 이룬다"108)라고 말하였고, 『주역』에서는 "천지의 큰 덕을 가리켜 생성함이라고 한다"109)라고 진술하였다. 나아가 천에는 인격이 있고, 사람에게는 천성이 있다는 맥락에서 『주역』은 "하늘의 운행이 굳세니, 군자君子는 그것을 본받아 쉼 없이 힘써야 한다"110)라고 서술하였고, 동중서는 "하늘은 또한 기쁘고 노여움의 기와 슬프고 즐거움의 마음이 있으니, 이는 인간과 서로 들어맞다"111)라고 말하였으며, 정명도는 "천지의 큰 덕을 가리켜 생성함이라고 한다. 천지의 두 기가 서로 작용하여(絪縕) 만물을 화생하니, 살아 있음을 성이라고 한다. 그래서 만물의 생의가 가장 볼만하니, 이를 가리켜 으뜸가는 자의 가장 선한 것이라고 하고, 인仁이라고 이른다. 사람과 천지는 하나임에도 불구하고, 사람은 특히 스스로를 작게 여기니, 이는 어째서인가?"112)라고 말하였다. 이러한 진술들에서 알 수 있듯이, 중화철학은 주체와 객체의 대립이 아니라, 둘의 융합과 동일성을 강조한다. 그래서 사물과 나의 차이를 해체하는 것(物我兩忘)이 바로 중화철학의 최고 경지이다.

---

108) 『道德經』第42章, "道生一, 一生二, 二生三, 三生萬物. 萬物負陰而抱陽, 沖氣以爲和."
109) 『周易』, 「繫辭下」, "天地之大德曰生."
110) 『周易』, 乾卦「象傳」, "天行健, 君子以自強不息."
111) 『春秋繁露』, 「陰陽義」, "天亦有喜怒之氣, 哀樂之心, 與人相副."
112) 『二程語錄』, 卷十一, "天地之大德曰生. 天地絪縕, 萬物化醇, 生之謂性. 萬物之生意最可觀, 此元者善之長也, 斯所謂仁也. 人與天地一物也, 而人特自小之, 何哉?"

중화철학의 범주에도 주체와 객체의 분화가 없고, 그것이 강조한 도도 서양철학에서 말한 객관적인 이념이나 로고스(logos)가 아니라, 천도와 인도 즉 진리와 도덕적 양지良知의 통일이다. 유가는 사회적인 윤리를 중시하여 문명과 교화를 통해 인간으로 하여금 성인의 경지에 이르도록 한다. 공자는 인을 도의 내포와 최고의 윤리적 범주로 삼았고, 이러한 인은 곧 타자를 자기와 같은 온전한 인격체로 사랑하고 대우하는 동일성을 함축하고 있다.113) 나아가 맹자는 주관적인 의식을 통해 대상 세계를 포용하여야 한다고 강조하면서 "만물이 모두 나에게 갖추어져 있으므로, 자신으로 되돌아가서 성실하게 하면, 즐거움이 이보다 더 클 수 없다"114)라고 말하였고, 「중용中庸」은 맹자의 사상을 더욱 발전하여 성을 매개로 인간과 하늘을 소통시켰다.115) 그다음으로 동중서는 천인감응의 철학 체계를 구축하여 천을 인격화함으로써 신학화된 천인동일성을 주장하였고, 장재는 견문지지를 넘어 덕성지지를 체득함으로써, "그가 천하를 바라보건대, 나 아닌 사물이 하나도 없는"116) 경지를 성취하여 인간과 사물이 모두 주체와 일체임을 깨달아야 한다고 주장하였다.117) 이와 같은 생각들은 모두 인간과 인간, 인간과 자연의 동일성 관계를 드러내는 것이다.

그리고 주희는 리학의 체계를 구축하여 천리가 곧 인성임을 강조함으로써, 도덕적인 수양을 통해 인욕에 가려진 인성을 회복하면 천리에 통달하여 천인합일을 실현할 수 있다고 주장하였다. 육구연陸九淵은 주관적인 측면을 강조하는 맥락에서 "마음이 곧 이치이다"(心卽理)라는 명제를 제기하여 "우주가 곧 나의 마음이고, 나의 마음이 곧 우주이다"라고 주장하였다.118) 육구연의 학설을 계승한 왕양명은

---

113) 『論語』, 「顏淵」, "樊遲問仁. 子曰, '愛人.'", 仲弓問仁.; 『論語』, 「顏淵」, "子曰, '出門如見大賓, 使民如承大祭. 己所不欲, 勿施於人.'"; 『論語』, 「學而」, "子曰, '不患人之不己知, 患不知人也.'" 등 참조.

114) 『孟子』, 「盡心上」, "孟子曰, '萬物皆備於我矣. 反身而誠, 樂莫大焉.'"

115) 『禮記』, 「中庸」, "唯天下至誠, 爲能盡其性. 能盡其性, 則能盡人之性. 能盡人之性, 則能盡物之性. 能盡物之性, 則可以贊天地之化育. 可以贊天地之化育, 則可以與天地參矣."

116) 張載, 『正蒙』, 「大心」, "其視天下, 無一物非我."

117) 張載, 「西銘」, "民, 吾同胞. 物, 吾與也."

심학心學을 극치로 발전시켜 "마음 밖에 사물이 없고, 마음 밖에 이치가 없다"(心外無物, 心外無理)라는 사상을 내세웠는데, 이에 따르면 인간의 마음은 곧 천지만물의 실상과 동일하다. 실제로 육구연과 왕양명의 심학이 등장한 것은 중국 전통사회의 후기에서 동일성의 철학도 변화를 맞이하고 있음을 의미하는데, 그것이 바로 중국의 동일성 철학에서도 주체의식이 싹트고 있음을 시사하고 있다는 것이다.

도가는 자연과 생명을 중시하여, 인간이 스스로의 자연화를 통해 자연과의 조화를 이루어야 한다고 주장한다. 노자에 따르면 천, 지, 인은 모두 스스로 그러함(自然而然)의 도를 법칙으로 삼는다.[119] 그래서 인간과 세계는 자연이라는 도의 견지에서 동일성을 얻는다. 장자도 노자와 유사한 맥락에서 인위로써 자연과 대립하는 것에 반대하여 "하늘과 사람이 서로 이기지 않을 때, 이런 사람을 일러 진인眞人이라고 한다"[120]라고 주장하였다. 나아가 장자는 소요의 상태를 가장 높은 경지로 규정하였는데, 이것이 바로 인간이 스스로의 자연화를 통해 성취한 주체와 세계의 조화 상태를 의미한다. 특히 그는 인간이 심재心齋와 좌망坐忘이라는 수양방법을 기반으로 자아의 인위적인 의식을 제거함으로써 천인합일을 실현하여야 한다고 강조한다. 마지막으로 선종은 불교와 도가의 사상을 결합하여 사람에게 모두 불성이 있으므로, 마음을 공空의 경지에 이르게 할 수 있다면 그 불성을 찾을 수 있고, 나아가 사물과 자아가 구분이 없는 해탈의 경지를 성취할 수 있다고 주장한다. 이와 같이 유가, 도가, 선종은 모두 동일성의 철학에 속한다. 즉 그것들은 모두 주체와 객체의 대립을 부정하고, 세계를 주체로 규정하며, 인간과 세계의 화해를 최고의 경지로 삼았는데, 이러한 생각이 바로 고전적인 동일성의 핵심 사상이다.

중화철학은 천인합일의 기초 위에서 세워졌고, 세간성과 동일성을 강조하는 철학이다. 그리고 그것은 합리적인 요소를 지닌 동시에 몽매성도 함께 갖추고 있으므로, 비판적으로 계승되어야 한다. 중화의 동일성 철학은 인간과 자연, 인간과

---

118)『陸九淵集』, 卷三十六, "宇宙便是吾心, 吾心便是宇宙."
119)『道德經』第25章, "人法地, 地法天, 天法道, 道法自然."
120)『莊子』, 「大宗師」, "天與人不相勝也, 是之謂眞人."

사회의 동일성을 긍정하는 과정에서 간주관성의 문제를 제기하였다. 그러나 이와 같은 동일성은 윤리적인 교화사상과 자연주의를 기반으로 구축되었기 때문에, 현실적인 차이성을 외면하는 동시에, 초월성에 대한 지향을 포기하려는 경향도 있다.

제5장 중화심미현상학

들어가는 말: 중화미학의 현상학적 특질

현상학은 기본적으로 지향성(Intentionalität)의 기초 위에서 세워진 '엄밀한 학문으로서의 철학'(Philosophie als strenge Wissenschaft)이라고 일컬어지고, 그 창설자인 후설(Husserl)은 현상학의 학문적 취지에 대해 '사상事相 그 자체로 돌아가는 것'이라고 말하였다. 후설의 뒤를 이은 하이데거(Heidegger)는 의식현상학을 포기하여, 그것을 다시 존재론에 기초 위에 정초함으로써, 존재의 의의를 파악하는 철학적 방법론으로 개진하였다. 그러다가 현대철학 사조가 심미주의로 이행하는 추세와 맞물려, 현상학도 최종적으로 심미현상학으로 귀결하게 되었다.

서양에서 미학과 현상학의 연계는 현대에서 일어났다. 고대의 미학은 실체적 본체론의 미학이고, 그것은 미美를 이념, 수의 조화, 신神의 속성 등 실체성을 지닌 개념으로 규정하였는데, 이러한 미학관은 실제로 현상학과 거리가 멀다. 왜냐하면 이런 미학관에서 주체는 미의 창출 과정에 참여하지 않으므로, 미는 객관적인 개념이나 사물, 심지어 사물의 속성에 불과하기 때문이다. 나아가 근대의 미학은 인식론의 미학이다. 이러한 미학 사조에서 심미는 감성적 인식이라고 규정되며, 그 대상도 주체의 의식에 따라 창조된 것으로 인식되는 까닭에, 현상학과 무관하다. 실제로 후설이 처음 현상학을 정초하였을 때, 현상학은 미학과 연결되지 않았다. 왜냐하면 초기의 현상학에서 말한 환원(Reduktion)은 의식의 원초적 구조, 즉 순수의식(Reines Bewuβtsein)으로의 환원을 가리키고, 이 순수의식은 또한 심미적 의식이 아니기 때문이다. 그리고 이 시기에 현상학에서 제시한 본질직관 (Wesensanschauung)도 정감을 배제한 까닭에 그것을 '엄밀한 학문으로서의 철학'이라고 할 수 있을지 몰라도, 자유로운 창조라고는 할 수 없다.

후설 이후의 현상학은 한편으로는 셸러(Scheler) 등의 정감현상학으로 이행하고, 다른 한편으로는 후기 하이데거 등의 존재론현상학으로 이어졌지만, 최종적으로 뒤프렌느(Dufrenne) 등의 심미현상학으로 귀결되면서, 미학도 현상학적인 특질을 지니게 되었다. 미학과 현상학의 관계에 관해서 두 가지 이론적 모델이 있다. 하나는 현상학의 방법론으로써 미의 본질을 발견하려는 모델인데, 이를 가리켜 현상학적 미학이라고 부른다. 다른 하나는 심미 활동 자체를 현상학의 방법으로 삼아 존재의 의의를 고찰하려는 모델인데, 이를 심미현상학이라고 부른다. 그리고 전자의 대표자는 잉가르덴(Ingarden)이고, 그는 현상학적 방법으로 심미 체험을 해석하여 문학작품의 의의를 밝히는 데 주력하였다. 나아가 후자의 대표자는 후기 하이데거와 뒤프렌느인데, 그들은 심미를 진정한 현상학적 방법으로 삼아 존재의 의의를 포착하려고 하였다. 후기 하이데거와 뒤프렌느는 모두 심미가 곧 존재를 직접적으로 파악하는 방법이라고 주장하면서 미를 존재의 현시로 규정하였다. 그중에서 후기 하이데거는 시적인 언어를 통해 존재의 의의를 이해할 수 있다고 주장하였는데, 이 시적인 언어화가 바로 하이데거가 내세운 현상학적 환원 (phänomenologische Reduktion)이다. 한편 현상학적 환원에 관해 뒤프렌느는 다음과 같이 말하였다.

> 심미 경험은 그 순수한 순간에 이르러 현상학적 환원을 이룩한다. 이때 세계에 관한 모든 신앙이 잠시 배제되고…… 더 정확하게 말하자면, 주체에 있어서 유일하게 존재하는 세계는 대상과 현상 배후의 세계가 아니라, 심미적인 대상의 세계일 뿐이다.…… 그리고 이 심미적인 대상의 세계는 곧 나로 하여금 비현실적인 무언가를 감지하게 하고, 현상학적 환원을 통해 실현된 현상 그 자체의 세계에 진입하게 한다. 이러한 세계에서 감지된 현상은 바로 현실 세계에서 그저 현시되거나 주어진

대상을 심미 대상으로 환원함으로써 성취된 것이다.[1]

이와 같은 논의를 통해 심미는 현상성을 지니게 되었고, 현상학은 존재의 의의를 파악하는 철학적 방법론으로 정착되었다. 실제로 현상학에 대해 아직 규정적으로 다루어진 바가 없으므로, 세상에는 표준이라고 할 만한 현상학은 없다. 후설 이후로 현상학의 학파가 다양하게 등장하였지만, 그들의 핵심 주장은 서로 일치를 이룬 적이 거의 없다. 이에 비추어 보면, 현상학은 체계적인 학문이라기보다는 일종의 사상적 운동에 가깝다. 따라서 현상학적 이론 체계가 우리에게 주어져 있지 않기 때문에, 이하의 논의는 그 기본적 개념을 활용하여 창조적으로 이루어질 수밖에 없다.

필자가 생각하기에 현상학은 반드시 존재론의 기초 위에서 세워져야 학문으로 성립될 수 있다. 즉 그것은 철학적인 방법론으로서, 존재의 의의를 파악할 수 있도록 구현되어야 한다는 것이다. 이러한 문제를 다루기 위해 우선 가장 근본적인 질문, 즉 존재란 무엇인가 라는 질문부터 던져야 한다. 고대로부터 여러 가지 존재의 정의가—예를 들어 실체, 존재자, ~임(being) 등— 제기되었다. 그러나 필자가 생각하기에, 존재는 곧 나와 세계의 공동존재(Mitsein)를 의미하고, 주체와 세계의 동일성을 함축하며, 주체의 생존 근거이자 그 자체로 진리성을 지닌 개념이라고 할 수 있다. 그렇다면 어떠한 방법을 통해 존재를 파악할 수 있는지의 문제가 제기되는데, 이는 곧 현상학이 무엇인가 라고 묻는 질문과 같다. 실제로 현상학의 핵심 취지는 주체와 세계를 소통하여 현실적인 생존 상태에서 참된 세계로 진입함으로써 존재의 참된 의의를 파악하는 것이다. 이러한 의미에서 현상학적 환원은 곧 현실 체험에서 초월적 체험으로 이행하여 존재의 참된 모습을 포착하는 것이고, 주체성의 인지에서 간주관적인 직관으로 나아가 주체와 존재의 동일성을 확립하는 것이다. 따라서 현상학은 '엄밀한 학문으로서의 철학'이 아니라, 존재를 파악하는

---

1) 杜夫海納, 孫非 譯, 『美學與哲學』(中國社會科學出版社, 1986), p.54.

철학적 방법론이다.

그러나 현상학의 목적은 대상을 순수의식으로 환원하여, 나아가 그것에 대한 본질직관을 통해 실현될 수 없다. 왜냐하면 순수의식으로의 환원은 불가능하며, 존재도 또한 초월적인 영역에 있으므로, 본질직관의 대상이 될 수 없기 때문이다. 그러한 까닭에 필자는 심미가 현상학적인 특질을 지니고, 현상학적인 환원이 오직 심미적인 영역에 한에서만 가능하다고 생각한다. 따라서 충실한 현상학은 곧 심미현상학일 수밖에 없다. 심미는 비자각적이면서도 자유로운 의식으로서, 현실적 의식을 넘어 초월적인 체험을 가능케 하기 때문에, 존재의 참된 모습을 파악할 수 있도록 한다. 이와 더불어, 심미의식은 또한 주체와 세계의 분리를 해체하여 간주관성(Intersubjektivität)을 이룩함으로써, 현시되지 않는 존재의 동일성을 회복할 수 있다. 이리하여 심미적인 의상意象은 '대상이 아닌' 현상으로 현현되는데, 이는 곧 세계가 현상으로 현시된다는 뜻이다. 다시 말해, 심미는 존재를 파악하고, 그 의의를 드러내면서 현상학적 환원을 충분히 실현할 수 있다는 것이다.

앞선 장의 논의에 따르면 중화철학은 현상학적 특질을 지니고 있다. 노자는 "허虛의 극치에 이르고, 정靜의 독실함을 지키는"[2] 방법으로 형태가 없고 소리가 없는 자연自然의 도道를 현시하여야 한다고 주장하였고, 유가는 진실함 즉 성誠으로써 도를 체득하여야 한다고 강조하였는데, 이러한 생각들에는 모두 현상학적 환원의 단서가 내포되어 있다. 중화미학은 시작 단계부터 현상학적 미학인데, 왜냐하면 그것은 경험적 인식이나 개념적 추론을 통해서가 아니라, 심미를 통해 미의 본질을 발견하고자 하기 때문이다. 동시에 중화미학은 현상학적 미학뿐 아니라, 더 정확히 말하자면 심미현상학에 속한다. 그것은 독단적인 방식으로 도의 본질을 규정하는 것이 아니라, 심미를 체도體道의 방법론으로 삼고, 그 심미적인 체험을 통해 도의 본질을 드러내려고 하기 때문이다. 중화미학에 따르면 도는 경험적으로 포착할 수 있는 표상이 아니라, 오직 상象 또는 의상을 통해서 현시될 수 있다. 그래서

---

2) 『道德經』第16章, "致虛極, 守靜篤."

심미는 곧 의상을 창조하는 것이고, 심미적 체험은 곧 도를 의상으로 현시되게 하는 것이므로, 전체 심미 활동은 곧 현상학적 환원의 과정이 된다. 이러한 맥락에서 중화미학은 도를 밝힌다는 의미에서 명도明道, 도를 즐긴다는 의미에서 낙도樂道의 미학관을 제시하였다. 따라서 중화미학은 감성적 인식에 관한 학문이 아니라, 어떻게 하면 도를 체득하여 그 상태에서 즐길 수 있는지에 관한 학문이므로, 존재론이자 현상학이라고 할 수 있다.

중화심미현상학은 서양의 미학처럼 체계적인 이론을 구현하지 못하였다. 그러나 그것은 다양한 사상의 형태로 전개하는 과정에서 여전히 일관된 현상학적 단서를 드러내고 있다. 그리고 중화심미현상학은 비록 현상학의 기본 원리를 사용하였지만, 구체적인 사상 형태에 있어서 자신만의 특색을 창출하였는데, 그 논의는 다음과 같은 세 절을 통해 설명될 것이다.

제1절 중화심미현상학의 구성

1. 감흥感興과 신회神會—지향성의 구성

지향성(Intentionalität)은 현상학의 기본 개념이며, 그것은 의식이 어떤 대상을 지향하거나 그 대상을 구성하는 성질을 의미한다. 현상학은 의식의 지향성에서 출발하는데, 이에 따르면 의식은 하나의 대상을 지향할 수밖에 없으므로, 이 경우에 대상은 의식의 지향성에 따른 구조물이다. 서양의 현상학은 주체성을 중심으로 구축되었기 때문에, 그것은 주체의 의식이 대상을 지향하여 그 대상을 어떻게 구성하는지에 초점을 맞춘다. 나아가 서양 현상학의 지향성은 정감적 의지 등을 제한적으로 포함하지만, 주로 인지적 능력을 다룬다. 이와 달리 중화심미현상학은 주체와 대상 사이의 지향성이 상호 지향적인 방향, 즉 간주관적으로 구현되어 있다고 강조하고, 그 주된 형식이 정감적 지향으로 구현되어 있다고 주장한다.

즉 중화심미현상학은 정감을 매개로 주체와 대상 사이에 간주관적인 지향성이 있다는 점을 기반으로 구축되었다는 것이다.

중화미학은 객관적인 측면에서 진행되는 모방론, 재현론, 반영론反映論이 아니고, 주관적인 측면에서 수행되는 표현론, 감정이입적 이정론移情論도 아니며, 주체와 대상 사이의 간주관적인 관계에서 구축된 감흥론感興論이다. 실제로 감흥론은 중화 심미론의 시작이며, 그것은 현실적인 생존과 체험 상태를 자유와 심미적 체험 상태로 승화하는 과정을 가리킨다. 이와 같은 감흥론의 기초 위에서 중국의 심미현 상학이 구축되었는데, 여기에서의 감흥은 주관적인 정서가 아니라 주체와 사물 사이에서 일어난 정감적 상호 추동(互動)을 의미하므로, 대상을 현상으로 전환하는 지향성의 개념에 해당한 것이라고 해석될 수 있다.

현상학적인 시각에서 말하자면, 감흥은 곧 주체와 대상 사이의 구성성 (Konstruktion)을 의미하며, 그것은 곧 —대상이 아닌— 현상이 나타날 수 있는 계기가 된다. 나아가 감흥 형식의 작동 구조는 다음과 같다. 우선 주체와 사물이 만날 때, 사물이 주체에게 특정 자극을 부여한다. 그래서 주체에게는 심미적 정감을 포함한 여러 가지 정감 양태가 생겨난다.3) 이때 주체는 이러한 정감들 가운데서 심미적 정감으로 그 사물에 부응하여, 둘 사이가 서로 소통을 하게 되면 최종적으로 일체의 경지로 나아갈 수 있는데, 그것이 심미와 예술로 표현된다.

이에 관해 『예기禮記』에서는 "무릇 음音의 기원은 사람의 마음에서 생기는 것이다. 그리고 사람의 마음이 움직이는 것은 사물이 그러하게 한 것이다. 사람의 마음이 사물에 감응하여 움직이기 때문에, 그것은 소리(聲)로 드러난다. 여러 가지 소리가 서로 부응하여 작용하기 때문에, 변화가 생겨나고, 그 변화가 일정한 규율로 다듬어지게 되면(成方) 음이라고 한다. 이러한 음들을 배열하여(比音) 연주하고, 간척 干戚과 우모羽旄 등을 가지고 춤을 추는 데까지 이르게 되면 악樂이라고 한다. 악은 음에서 비롯되는 것이니, 그 근본은 마음이 사물에 감응하는 데 있는 것이다"4)라고

---

3) 胡寅, 『斐然集』, 卷十八, 「與李叔易書」, "觸物以起情謂之興."

말하였다. 나아가 유사한 문맥에서 동한東漢의 왕연수王延壽는 "시인의 흥興은 사물에 감응하면 시를 짓는다"5)라고 말하였고, 유협劉勰은 "인간은 칠정七情의 능력을 품부 받았고, 이 칠정의 능력이 사물의 자극을 받으면 감정이 움직이게 되며, 사물에 감정이 움직이게 되면 그것을(志) 읊조리게 되는데, 이는 모두 스스로 그러한 것(自然)이 아님이 없다"6)라고 말하였으며, 육기陸機는 "사물에 감응하여 슬픔(哀)이 일어난다(興)"7)라고 말하였고, 소통蕭統은 "사물을 보니 정감이 일어나게 되었다"8)라고 말하였다.

　나아가 감흥의 원동력은 '기氣'에 있는데, 이는 중화미학이 주장한 범생명론泛生命論에 따른 해석이다. 그러나 여기에서의 기는 객관적인 물질이 아니라, 천지에 가득 차고, 인간과 자연을 소통시키는 원시적인 생명력을 가리킨다. 기가 사물을 움직이게 하고, 그 사물이 동질적인 기를 지닌 인간에게 자극을 주면 정감이 발생하여 감응이 일어나는데, 인간은 이 감흥된 정감으로써 다시 사물에 대응한다.9) 여기에서 중요한 것은 심미 대상, 즉 사물 그 자체가 생명이 있다는 점이다. 즉 원시적인 생명력을 지닌 사물이 나를 감동하는 동시에, 내가 또한 그것에 감응하여 감흥이 일어난다는 것이다. 이와 같은 주체와 사물 사이의 간주관적인 관계를 강조한 중화미학은 인식주체와 대상의 분리를 주장한 서양의 미학과 구분된다. 요컨대 감흥은 심미 주체와 대상 세계의 상호 지향적인(간주관적인) 관계를 기반으로, 둘 사이의 정감적 상호 추동을 통해 현상, 즉 심미적 의상을 구현한다.

　중화심미현상학에는 감흥과 연관된 개념이 두 개가 있는데, 신회와 흥회興會가 그것이다. 그리고 감흥, 흥회, 신회 등은 모두 지향성의 내포를 지니지만, 그 세부적

---

4) 『禮記』, 「樂記」, "凡音之起, 由人心生也. 人心之動, 物使之然也. 感於物而動, 故形於聲. 聲相應, 故生變. 變成方, 謂之音. 比音而樂之, 及干戚羽旄, 謂之樂. 樂者, 音之所由生也. 其本在人心之感於物也."
5) 王延壽, 『全後漢文』, 「魯靈光殿賦序」, "詩人之興, 感物而作."
6) 劉勰, 『文心雕龍』, 「明詩」, "人稟七情, 應物斯感, 感物吟志, 莫非自然."
7) 陸機, 『陸士龍文集』, 卷三, 「瞻弟士龍詩序」, "感物興哀."
8) 蕭統, 『全梁文』, 「答晉安王書」, "睹物興情."
9) 鍾嶸, 『詩品』, 「序」, "氣之動物, 物之感人, 故搖蕩性情, 行諸舞詠."

인 내용에 약간 차이가 있다. 감흥은 주로 지향성의 시작을 가리키는 개념이고, 그것은 주체와 대상 사이의 정감이 상호 촉발하는 과정을 강조한다. 그러나 흥회는 지향성의 결과를 의미하고, 그것은 주체와 대상 사이의 정감이 상호 융합된 상태를 강조한다. 그러므로 흥회를 감흥의 연속이나 결과로 이해해도 괜찮을 듯하다. 흥회는 본래 객관적인 실정과 주관적인 감정이 서로 만나는 지점(情興所會)을 의미하는데, 심미적인 영역에 적용하면 그것은 곧 정경情景과 정감이 융합하는 지점이라고 풀이될 수 있다.

나아가 신회도 감흥과 연관되는데, 그것은 주체의 정신이 심미 대상과 서로 만나고 융합하는 것을 의미한다. 이에 관해 종병宗炳은 "(감각적으로) 반응한 것이 마음에서 모이고, 느끼는 바가 정신이 되면, 그 정신은 초연해져 이치를 얻는다"[10]라고 말하였고, 왕창령王昌齡은 "정신으로써 사물을 만나면 마음이 원하는 바에 따라 얻을 수 있다"[11]라고 말하였으며, 교연皎然은 "그 사이에 있거나 우연히 맞닥뜨리는 것은 어찌 정신을 통해서 만나는 것(神會)이 아니겠는가?"[12]라고 말하였다. 이와 같은 신회 속에서 주체와 사물은 모두 초현실적인 것, 즉 정신적인 존재로서 서로 소통하여 일체를 이룬다. 이 외에도 신회 또는 흥회에는 또한 비자각성이라는 특징이 있는데, 이에 관해 육기는 "오는 것을 막을 수 없고, 가는 것을 멈출 수 없다"[13]라고 설명하였다.

2. 진정眞情과 동심童心—판단중지와 환원

현상학에 따르면 경험적인 의식에 대한 배제, 즉 '판단중지'(Epoche)를 통해 인간은 의식을 그 본원으로 환원(Reduktion)할 수 있는데, 이것이 바로 후설이 말한

---

10) 宗炳, 「畵山水序」, "應會感神, 神超理得."
11) 王昌齡, 『詩格』, "神會於物, 因心而得."
12) 皎然, 『詩式』, "於其間或偶然中者, 豈非神會而得也?"
13) 陸機, 「文賦」, "來不可遏, 去不可止." 흥회와 신회 등의 비자각성에 관해 『文賦』에 나온 "藏若景滅, 行猶響起."; "雖玆物之在我, 非餘力之所戮." 등의 구절 참조.

순수의식(Reines Bewuβtsein)의 상태이다. 그러나 필자가 생각하기에 현상학적 환원(phänomenologische Reduktion)은 의식을 본래의 자아 상태로 환원하는 것이 아니라, 자아와 세계의 본원적인 '관계'로 환원하는 것이고, 나아가 이러한 관계에는 참된 자아와 참된 세계의 관계가 포함된다. 중화심미현상학은 바로 이러한 관념을 드러내는데, 그에 따르면 심미를 통해 환원된 산물은 참된 자아뿐만 아니라, 참된 세계도 포함한다.

먼저 현상학적 환원의 주체적인 측면을 살펴보도록 하자. 중화심미현상학에 따르면 현상학적 환원은 일반적인 의식으로 되돌아가는 것이 아니라, 현실적인 의식을 심미적인 의식으로 승화하는 것이다. 그래서 중화심미현상학은 이러한 환원 과정을 일종의 흥정興情, 즉 '사물에 감응하여 정감을 일으키는'(感物興情) 과정이라고 해석한다. 그러나 여기에서의 정감 즉 정情은 현실적인 정감이 아니라, 심미적인 정감을 가리킨다. 현실적인 정감은 세속적이거나 경험적인 자아의식에서 비롯되므로, 참된 정감의 본원성本眞性을 지니지 못한다. 그리고 그것은 매우 제한적이므로, 자아와 세계의 본질, 즉 도를 파악하는 매개로 작용할 수 없다. 그래서 이러한 현실적인 의식을 심미적인 의식으로 승화시켜야 도를 파악할 수 있다. 이러한 맥락에서 현실적인 의식을 배제하는 현상학적 판단중지가 요청된다.

그렇다면 중화심미현상학 속에서 환원을 거친 순수의식 또는 현상학적 잔여(Phänomenoligisches Residuum)는 어떤 것인가? 그것은 바로 진정眞情과 동심童心이다. 중화미학은 실질적으로 정감론의 미학이고, 그것은 특히 일상적인 정감과 구분되는 심미적인 정감의 진실성을 강조한다. 초기의 중화미학이 심미적 정감에 대한 일반적인 논의에 머물러 있다면, 후기의 중화미학은 특히 그러한 심미적 정감의 진실성, 즉 진정을 강조한다. 서위徐渭, 황종희黃宗羲, 왕부지王夫之, 원매袁枚, 유희재劉熙載, 김성탄金聖嘆, 왕국유王國維 등은 모두 심미적 정감의 진실성에 대해서 논술한 적이 있다. 이 중에서 유희재는 "대개 정감이 지극히 진실한 상태에 이르게 되면, 때(時)가 나를 한정하지 못한다. 이리하여 미로써 논할 수밖에 없다.…… 무릇 정감이 지극한 상태에 이르는 자는 그 문장도 이르지 못하는 데가 없다"[14]라고 말하였고, 왕국유는 의경意境에 관해 논할 때 항상 진실한 경물(眞景物), 진실한 정감(眞情感)이 전제되어야 함을 강조하였다. 나아가 김성탄도 진정으로써 예술을 논하였는데, 그에 따르면 "예술적 재능이 뛰어난 자에게는 반드시 이르러야만 하는 정감의 상태가 있다."[15]

명대의 이지李贄는 심미적 환원의 산물, 즉 동심설을 제기하면서 다음과 같이 말하였다.

> 무릇 동심이라는 것은 곧 진심이다. 동심의 상태에 있는 것이 불가능하다고 한다면, 곧 진심의 상태에 있는 것이 불가능하다고 한 것과 같다. 무릇 동심은 거짓된 것을 버림으로써 참된 상태로 되돌아가는 것이니, 이는 최초의 일념一念만이 있는 본래의 마음 상태이다. 만약 동심을 잃게 되면 곧 진심을 잃게 된다. 진심을 잃게 되면 곧 인간으로서의 진실성(眞人)을 잃게 된다. 인간으로서 진실성을 갖지 못하면, 전연 다시 처음의 상태를 지니지 못하게 된다.[16]

여기에서 동심은 세속적으로 오염되지 않는 순결한 마음 상태를 뜻하며, 그것은 오직 심미적 체험 속에서 구현될 수 있다. 나아가 이지는 동심이 있어야만 지극한 경지에 이른 문장(至文)을 구현할 수 있다고 주장한다. 요컨대, 이러한 동심은 심미적 환원을 거쳐 성취된 '현상학적 잔여'(순수의식), 즉 참된 상태에 있는 자아라고 볼 수 있다.

다른 한편으로, 심미현상학의 환원은 순수의식의 상태, 즉 진정의 상태에 되돌아가는 것만을 의미하지 않는다. 즉 그것은 진정의 상태에 머무는 것과 동시에, 참된 대상 세계를 현시하는 의미도 함께 함축하고 있다는 것이다. 중화미학은 '경물을 묘사함으로써 정감을 풀어내는(寫景抒情) 것'을 중요시하는데, 여기에서의

---

14) 黄宗羲,『南雷文定』, 三集卷三, 「論文管見」, "蓋情之至眞, 時不我限也. 斯論美矣.……凡情之至者, 其文未有不至者也."

15) 金聖嘆, 「琴心總評」, "彼才子有必至之情."

16) 李贄,『焚書』, 卷三, 「童心說」, "夫童心者, 眞心也. 若以童心爲不可, 是以眞心爲不可也. 夫童心者, 絶假純眞, 最初一念之本心也. 若失却童心, 便失却眞心. 失却眞心, 便失却眞人. 人而非眞, 全不復有初矣."

경물은 현실적인 경물이 아니라, 주체의 진실한 정감에 걸맞은 진실한 경물이고, 형사形似적인 경물이 아니라, 신사神似적인 경물이다. 신사는 한편으로는 정신을 전달하는(傳神) 의미로 주체의 진실한 정감을 가리키는가 하면, 다른 한편으로는 도를 전달하는(傳道) 뜻으로 사물의 본질을 드러내는 것을 의미한다. 그러므로 이렇게 현시된 참된 대상 세계는 앞서 논의한 참된 자아와 함께 ―경험적 대상이 아닌― 현상의 세계를 구성한다고 말할 수 있다.

3. 의상과 의경―현상의 현시

서양의 미학은 미를 주체의 외부에 있는 실체의 속성으로 간주한다. 그래서 미는 객체성을 지닌 표상이 되고, 심미는 곧 그러한 표상에 대한 감성적 인식이 된다. '미학의 아버지'라고 불린 바움가르텐(Baumgarten)은 미학을 '감성적 인식에 관한 학문'(Aesthetica)이라고 정의하고, 그것을 저급한 인식으로 간주하여 본체를 드러낼 수 없는 학문으로 규정하였다. 그리고 칸트는 현상을 감성적 직관의 대상으로 인식하고, 심미를 현상계와 본체계의 사이에 위치하고 있는 것으로 규정하여, 그것을 통해 본체를 충분히 드러낼 수 없다고 주장하였다. 마지막으로 헤겔에 따르면, 미는 이념의 감각적 현현이고, 그것은 이념을 이성적인 형식으로 드러내는 철학보다 낮은 단계의 인식이므로, 이념을 온전히 현시할 수 없다. 이와 달리, 중화미학은 미를 실체적인 것이 아니라 사물과 주체의 동일성에서 구현된 의상으로 규정하는데, 바로 이러한 점이 중화미학에 현상학적 특질을 부여하였다.

현상학의 핵심 개념은 현상이고, 그것은 경험적인 표상이 아니라, '사상事相 그 자체로 돌아가서' 얻은 결과이다. 다시 말해, 현상학에서의 현상은 주체와 대상이 합치된 성질을 지닌 순수의식의 대상이라는 것이다. 후기 하이데거의 현상학은 후설의 현상학을 넘어, 현상이 구체적인 사물의 본질을 가리키는 것이 아니라, 존재의 본질을 드러내는 것이라고 주장하였다. 이와 유사하게 중화미학에 따르면 도는 문文의 본질이고, 문은 도의 현현이다. 그래서 심미가 어떻게 도를 드러내는지에 관한 문제가 중화미학의 기본적인 과제로 정착되었다.

종병은 불교佛敎를 숭상하였기 때문에, 불법佛法을 도로 삼았다. 그에 따르면 불법은 만물을 남김없이 비추어 주므로(普照), 산수山水도 그 신령함을 얻는다. 이어서 그는 산수와 산수화山水畵가 곧 도를 드러낸 것이라고 주장하면서[17] 둘이 지닌 현상학적 의의를 부각하였다. 유협은 한 걸음 더 나아가 심미의 현상성을 논증하였다. 유협에 따르면 도는 문의 형태로 현시되는데,[18] 이 문은 자연의 문양, 즉 천지지문天地之文과 인간에 의해서 구현된 문양(문화와 문장 등), 즉 인문人文을 포함한다. 이와 같은 문의 정의는 한편으로는 자연현상과 문화, 그리고 심미를 혼동하고 있지만, 다른 한편으로는 모든 사물에 심미적 속성을 부여하고 그것들을 동일한 개념, 즉 문 속에 수렴하고 있다.[19] 이리하여 문은 심미적인 산물로서, 도를 현현할 수 있는 것으로 변모하고, 문에 대한 체험이 곧 도를 깨닫는 과정이라고 인식되었다. 유협 이후로 중화미학에서는 "문은 도를 밝히는 것이다"(文以明道), "문은 도를 싣는 것이다"(文以載道)와 같은 심미적 관념이 생겨나고, 그것들은 또한 중국미학의 주류 이론으로 발전하여 함께 중화미학의 심미현상학을 구현하였다.

중화미학의 의상 개념은 현상학의 현상 개념에 해당한다. 서양철학은 이성을 중심적으로 전개하기 때문에, 심미는 이성의 통제에서 진행된 감성적 인식 활동으로 규정된다. 그래서 서양미학에서는 표상이나 형상과 같은 객관적 사물의 속성을 지칭하는 개념이 성립되었다. 그러나 중화미학에서 심미는 이성적인 인식 활동이 아니라 세계의 본체에 대한 감오感悟이므로, 정감적 체험을 포함한 직관성과 주객동일성을 지닌다. 그래서 중화미학은 의상 개념을 정립하여 현상학적 특질을 지니게 되었다. 그리고 전통적인 도상道象과 괘상卦象 등 상象 개념을 기점으로 미학의

---

17) 宗炳,「畵山水序」, "山水質有而趣靈,……山水以形媚道,……萬趣融其神思."
18) 劉勰,『文心雕龍』,「原道」, "道沿聖以垂文, 聖因文以明道."
19) 劉勰,『文心雕龍』,「原道」, "文之爲德也大矣, 與天地幷生者何哉? 夫玄黃色雜, 方圓體分, 日月 疊璧, 以垂麗天之象, 山川煥綺, 以鋪理地之形, 此蓋道之文也. 仰觀吐曜, 俯察含章, 高卑定位, 故兩儀旣生矣. 惟人參之, 性靈所鍾, 是謂三才. 爲五行之秀, 實天地之心, 心生而言立, 言立而文明, 自然之道也."

의상 개념에 이르기까지 중화 현상학은 최종적으로 심미주의로 이행하였다.

중화미학에 따르면 심미적인 의상은 이성적인 인식에 따른 대상이나 표상이 아니라, 직관적인 체험의 산물이다. 유협은 도를 현시하는 문이 역상易象과 같은 상의 형식으로 드러난다고 주장하였고,[20] 후세에 상징성을 지닌 역상(괘상)은 의상으로 변천되면서 심미적 영역에 진입하게 되었다. 의상은 구체적인 형상성을 지닌 동시에, 또한 의意와 상 즉 주체와 사물을 융합하는 것이기 때문에, 천도天道를 현시할 수 있다. 이리하여 의상은 현상학적 의미를 지니게 되었는데, 왜냐하면 그것은 추상적인 문을 구체적인 현상으로 구현할 수 있기 때문이다. 나아가 도를 체현하는 심미적인 의상은 경험적인 의식에 의해서 포착된 물상物象이나 표상이 아니라 심미적 직관에 따른 산물이므로, 허虛와 실實이 어울리고, 몽롱함과 황홀함이 혼재한 특징을 지닌다.

유협은 "정신은 상을 통해서 전달할 수 있다"(神用象通)[21]라고 말하였는데, 이는 심미적 의상이 주체의 사상을 충분히 드러낼 수 있음을 의미한다. 나아가 사혁謝赫은 『고화품록古畵品錄』에서 육법六法이라는 개념을 제기하고, 그중 하나를 "사물에 부응하여 그 형체를 상으로 드러낸다"(應物象形)[22]라고 규정하였다. 이는 자연적인 물상을 그대로 재현하는 것이 아니라, 화가와 사물 사이의 상호 지향적 감응을 통해 심미적 의상을 구축하여야 한다는 뜻이다. 다음으로, 종병이 주장한 "마음을 맑게 하여 상을 맛본다"(澄懷味象)[23]라는 사상은 장자의 심재心齋와 좌망坐忘의 사상을 계승한 것인데, 이러한 사상도 이성적인 인식과 감각적인 지각 의식을 모두 배제하여 도를 체득하는 현상학적 직관에 속한다. 그다음으로, 왕창령은 "오래 쓰고 정밀하게 사고하여도 의상에 이르지 못하였다"[24]라고 말하였고, 사공도司空圖는

---

20) 劉勰, 『文心雕龍』, 「原道」, "人文之元, 肇自太極, 幽贊神明, 易象惟先.……言之文也, 天地之心哉!……誰其尸之? 亦神理而已."

21) 劉勰, 『文心雕龍』, 「神思」, "神用象通, 情變所孕."

22) 謝赫, 『古畵品錄』, "六法者何? 一. 氣韻生動是也. 二, 骨法用筆是也. 三, 應物象形是也. 四, 隨類賦彩是也. 五, 經營位置是也. 六, 傳移模寫是也."

23) 宗炳, 「畵山水序」, "聖人含道暎物, 賢者澄懷味像."

"의상이 막 나오려고 할 때 조화造化는 이미 그 신기함을 다하고 있다"25)라고 말하였는데, 이는 모두 의상에 대한 파악이 경험적인 의식이 아니라, 직관적인 감오를 통해 이루어졌음을 강조함으로써, 의상에는 주체와 사물을 혼연일체로 융합하는 특징이 들어 있다는 점을 주장하는 것이다. 더 나아가 송대의 엄우嚴羽는 "성당의 시인들은 오직 흥취興趣에 있어서, 영양羚羊이 잠을 잘 때 뿔을 나무에 걸친 것처럼 자취를 찾을 수 없다. 그러므로 그 오묘한 점은 속까지 맑고 산뜻하며(透徹玲瓏) 한곳에 모이게(湊泊) 할 수 없으니, 마치 허공 속의 음音, 형상 속의 색, 강물 속의 달, 거울 속의 상象과 같아서, 말에는 다함이 있지만, 뜻에는 끝이 없다"26) 라고 말하였는데, 여기에서 그가 제시한 흥취는 실제로 의상의 내포에 포함될 수 있는 심미적 체험의 산물이다. 왜냐하면 의상은 비개념적 형식을 통해 직접적으로 뜻을 전하는 기능을 가지므로 심미에 비로소 정감성과 취미성이 생길 수 있기 때문이다. 마지막으로 명대의 왕정상王廷相은 "언어는 실재를 증명하게 되면 여미餘味가 적어지고, 정감이 직설적으로 전하게 되면 사물을 감동하기 어렵다. 그래서 의상으로써 드러내어 사람으로 하여금 생각하고 곱씹으며 감동하고 그에 부응하게 하니, 아득하구나 그 깊이여! 이것이 곧 시의 높은 경지(大致)이다"27)라고 말하였는데, 이 말은 중국의 고전 시가詩歌가 정감적 체오體悟를 중시하는 동시에, 그러한 정감적 내포가 결국 의상을 통해서 전달되어야 한다는 점을 설명하고 있다.

의상은 도의 현상으로서, 표상을 초월하는 풍부한 내포, 즉 심미적 의의를 지닌다. 이는 곧 의상이 현실 사물의 표상이 아니라, 초월성을 지닌 현상임을 말해 준다. 도는 실유實有와 허무虛無의 통일이다. 그래서 그것을 현시하는 의상도 실유성과 허무성을 함께 지닌다. 따라서 중화미학은 서양미학과 달리, 예술을

---

24) 王昌齡, 『詩格』, "久用精思, 未契意象."
25) 司空圖, 『二十四詩品』, 「縝密」, "意象欲出, 造化已奇."
26) 嚴羽, 『滄浪詩話』, 「詩辨」, "盛唐諸人惟在興趣, 羚羊掛角, 無跡可求. 故其妙處, 透徹玲瓏, 不可湊泊, 如空中之音, 相中之色, 水中之月, 鏡中之象, 言有盡而意無窮."
27) 王廷相, 「與郭價夫學士論詩書」, "言征實則寡餘味也, 情直致則難動物也. 故示以意象, 使人思而咀之, 感而契之, 邈哉深矣, 此詩之大致也."

사물의 표상에 대한 모방이 아니라, 그 표상을 넘어 의상을 구현하는 것으로 규정한다. 이러한 의상은 실체가 아니면서도 현실을 초월하므로 허무성을 지닌다. 또한 그것은 환상이 아니라 도의 현시이기 때문에, 실유성을 지니기도 한다. 이와 같은 맥락에서 중국의 회화는 형사가 아닌 신사를 더욱 강조한다. 바로 의상이 지닌 초월성으로 인해 일반적인 물상은 예술이 될 수 있고, 현실적 사물을 넘어서는 의의를 지니게 되어 도를 파악할 수 있는 매개로 인식될 수 있다. 이에 관해 형호荊浩는 회화가 물상을 모방하여서는 안 되고, 마땅히 "물상을 헤아려 그 참된 것을 취해야 한다"28)라고 주장하였다. 여기에서 '참된 것', 즉 진眞은 곧 물상을 초월한 심미적 의상을 의미하는 것이다. 엽섭葉燮은 한 걸음 더 나아가 "말할 수 있는 이치는 사람마다 말할 수 있는데, 어찌 시인이 군이 말할 필요가 있는가? 증명될 수 있는 일은 사람마다 진술할 수 있는데, 어찌 시인이 군이 진술할 필요가 있는가? 반드시 말할 수 없는 이치가 있고, 진술할 수 없는 일이 있으니, 그것을 만날 때 그 의상의 겉모습을 통해 묵묵히 깨달으면 리와 사事가 명확히 앞에 드러나지 않는 것이 없다"29)라고 말하였는데, 이는 의상이 일반적인 이치와 일을 나타내는 것이 아니라, 말로 표현할 수 없는 이치와 일을 드러내는 것이라고 주장한 것이다.

의상이 사물의 표상을 초월하여 심미적인 의의를 지닌다는 점에 관해서 유우석 劉禹錫은 "경계境界는 상의 밖에서 생겨난다"30)라고 말하였고, 사공도는 "상 밖에 상이 있고, 경물 밖에 경물이 있으며"31), "상의 밖을 넘어 그 속의 초탈한 경지를 얻어야 한다"32)라고 말하였다. 여기에서 거론된 상외象外 또는 경외景外는 물상의 밖이라는 뜻으로, 오직 물상과 표상을 초월하여야만 그것이 승화된 의상을 포착할 수 있다고 강조한 것이다. 그러나 이 지점에서 의상 개념이 지닌 한계가 드러나는데,

---

28) 荊浩,『筆記法』, "畵者, 畵也. 度物象而取其眞."
29) 葉燮,『原詩』,「內篇」, "可言之理, 人人能言之, 又安在詩人之言之? 可征之事, 人人能述之, 又安在詩人之述之? 必有不可言之理, 不可述之事, 遇之於黙會意象之表, 而理與事無不燦於前者也."
30) 劉禹錫,『董氏武陵集記』, "境生於象外."
31) 司空圖,『司空圖表聖文集』, 卷三,「與極浦書」, "象外之象, 景外之景."
32) 司空圖,『二十四詩品』,「雄渾」, "超以象外, 得其環中."

그것이 바로 의상은 물상의 개념과 혼동하기 쉬우므로, 항상 초超의 방식으로만 표현될 수 있다는 점이다.

이와 같은 배경에서 현상의 초월성을 드러내기 위해 의상 대신 의경의 개념이 등장하게 되었다. 의경 또는 경계는 의상과 마찬가지로 모두 존재의 본체를 현시하는 매개이고, 일상적인 경험의 승화이지만, 그중에서 의상이 직관성을 강조하는가 하면 의경과 경계는 초월성을 더욱 강조한다. 경계 개념은 불교에서 기원하였고, 특히 선종禪宗에서는 그것을 세속적인 염상念想을 초월한 정신적인 경지라고 규정한다. 왕창령은 불교의 이론을 빌려 "시에는 세 가지 경계가 있는데, 첫째는 물경物境이고, 둘째는 정경情境이며, 셋째는 의경이다"33)라고 말하였다. 여기에서 물경은 사물의 신사神似를 추구하는 것이고, 정경은 정감의 농후함을 추구하는 것이며, 의경은 사물과 나의 참된 상태를 얻고자 하는 것(得眞)을 의미한다. 왕창령은 "무릇 뜻을 세우고 시를 지으려고 하면, 바로 마음을 집중시켜야 하니, 이때 눈으로 사물을 마주하면 바로 마음으로 마주하게 되고, 나아가 그 경계를 깊이 꿰뚫어 볼 수 있게 된다"34)라고 말하였는데, 이는 곧 경계 개념을 물리적 세계와 경험적 세계를 초탈하여 정신성과 심미적 내포를 지닌 개념으로 정초한 것이다. 나아가 유우석은 "경계는 상의 밖에서 생겨난다"35)라는 명제를 제기하여 경계와 표상을 구분함으로써 그것의 초월성을 강조하였고, 교연은 경계에 허虛와 실實의 요소가 모두 들어 있으므로36) 시를 지을 때 그것을 얻으려면(取境) 반드시 고된 과정을 거쳐야 한다고 지적하였다.37)

마지막으로 왕국유의 미학사상에 이르러, 의경 또는 경계는 비로소 본체론적 의미를 지니게 되면서 심미의 초월성을 온전하게 제시할 수 있게 되었다. 왕국유는 의경 개념을 현대적인 문맥에서 해석하여 그것의 초월성을 더욱 분명히 드러냈는데,

---

33) 王昌齡, 『詩格』, "詩有三境, 一曰物景, 二曰情境, 三曰意境."

34) 王昌齡, 『詩格』, "夫置意作詩, 卽須凝心, 目擊其物, 便以心擊之, 深穿其境."

35) 劉禹錫, 『董氏武陵集記』, "境生於象外."

36) 皎然, 『詩式』, "境象非一, 虛實難明……可以偶虛, 亦可以偶實."

37) 皎然, 『詩式』, "取境之時, 須至難, 至險, 始見奇句."

이에 따르면 의경은 다름 아닌 현실을 초월한 심미적 의상이 존재하는 곳이다.

> 경계는 경물만을 가리켜 말한 것이 아니다. 희노애락喜怒哀樂도 또한 사람 마음속의 한 경계이다. 그러므로 진실한 경물과 진실한 감정을 함께 드러내는 것을 가리켜 경계가 있다고 하고, 그렇지 않은 것을 경계가 없다고 한다.[38]

그렇다면 왜 진실한 경물과 진실한 감정을 함께 드러내는 것이 경계가 있다고 말할 수 있는가? 이에 관해 두 가지 측면에서 답을 제시할 수 있는데, 첫째는 진실한 경물과 진실한 감정을 함께 드러내는 것이 곧 현실 세계에서 본체의 세계로 승화하는 것을 의미하기 때문이고, 둘째는 진실한 경물과 진실한 감정을 함께 드러내는 것이 곧 '잔'이라는 의미에서 주체와 경물의 통일성을 구현하기 때문이다. 특히 주체와 경물의 통일은 심미적인 의상 또는 의경을 성취하는 동시에, 둘 사이의 구분을 소거하여 주체와 객체가 대립하지 않는 세계의 본래 모습을 현시하기 때문에, 진정한 의미에서의 현상학적 '현상'을 구현한다고 말할 수 있다. 그래서 왕국유는 주체와 경물의 분리를 의미하는 '격隔'과 그 합일인 '불격不隔'에 대해서 다음과 같이 예시를 들었다.

> 격과 불격의 차이에 대해서 묻는다면 다음과 같이 답할 수 있다. 말하자면 도연명陶淵明과 사령운謝靈運은 불격에 속하고, 안연지顔延之는 약간 격에 속한다. 그리고 소식蘇軾의 시는 불격에 속하고, 황정견黃庭堅의 시는 약간 격에 속한다.[39]

이 지점에서 왕국유는 중화미학이 지닌 정경교융情景交融의 사상을 발휘하여 의경에 함축된 간주관성을 제시하였다. 따라서 왕국유의 의경(경계) 개념은 칸트

---

38) 王國維, 『人間詞話』, "境非獨謂景物也. 喜怒哀樂, 亦人心中之一境界. 故能寫眞景物, 眞感情者, 謂之有境界. 否則謂之無境界."

39) 王國維, 『人間詞話』, "問隔與不隔之別, 曰, 陶謝之詩不隔, 延年則稍隔已. 東坡之詩不隔, 山谷則稍隔矣."

미학사상의 영향을 받은 것이지만, 여전히 중화미학의 사상을 계승한 것이라고 할 수 있다. 특히 그것이 중화미학의 간주관성 사상을 드러냄으로써 독일 고전미학의 주체성 사상을 넘어섰다는 측면에서 보면 더욱 그러하다.

4. 묘오妙悟, 묘관妙觀—본질직관

본질직관(Wesensanschauung)은 또한 본질환원이라고 부르는데, 그것은 대상의 본질이 드러나도록 현시하는 방법을 가리킨다. 그리고 이와 같은 본질직관은 개념적이거나 경험적인 사유를 통해서가 아니라, 의식이 대상과 직접 마주하여(相卽) 대상의 본질을 직관한다는 것을 의미한다. 현상적인 직관에 관해서 중화미학은 오랜 전통을 가지고 있다. 즉 장자가 "내 마음을 사물의 시초에서 노닐게 한다"[40]라는 명제를 제시한 이후, 중화미학은 이미 본질직관의 개념을 발견하였다는 것이다. 중화미학에서 본질직관에 해당하는 것은 묘오와 묘관이라는 개념이다. 앞서 논의한 진정이나 동심과 같은 개념은 현상학적 환원을 거친 후의 순수의식을 의미하므로, 그것들은 주로 의상과 의경 등 개념과 연결된다. 이와 달리, 묘오와 묘관은 대체로 도의 본체를 체득하는 본질직관을 의미하므로, 그것들은 현상학적 환원을 실현한 도의 개념과 연관된다.

현상학에 따르면 의식은 판단중시를 통해 순수의식을 획득하여 참된 현상을 드러냄으로써 현상학적 환원을 실현할 수 있다. 그리고 그것은 한 걸음 더 나아가 순수의식을 본질직관으로 전환하여 사물의 본질을 드러냄으로써 본질환원을 성취할 수 있다고 주장한다. 이 경우의 순수의식은 일종의 직접적인 의식, 또는 의상 의식으로서, 언어와 기호의 매개 없이 직접 대상과 마주하여 그 본질을 현시하는 것이다. 중국에서 이와 같은 현상학의 방법론은 노자의 사상으로부터 시작되었다.

---

40) 『莊子』, 「田子方」, "孔子見老聃, 老聃新沐, 方將被髮而乾, 慹然似非人. 孔子便而待之, 少焉見曰, '丘也眩與? 其信然與? 向者先生形體掘若槁木, 似遺物離人而立於獨也.' 老聃曰, '吾遊心於物之初.'"

노자는 "배우는 것은 날로 더하는 것이고, 도를 따르는 것은 날로 덜어 내는 것이니, 덜어 내고 덜어 내어 무위無爲에 이르면, 무위하되 하지 못함이 없게 된다"[41)]라고 주장한 바가 있는데, 이는 실질적으로 현상학에서 말한 본질직관, 즉 본질환원의 방법을 가리키는 것이다. 나아가 장자는 공자의 입을 빌려 "그 같은 사람은 한번 보기만 해도 도가 있는 사람임을 알 수 있으므로 말로 형용할 수 없다"[42)]라는 말을 남겼는데, 이는 도를 직관하려면 언어적 매개가 필요 없음을 강조하는 것이다. 육기는 노자의 현람玄覽[43)] 개념을 차용하여 심미적 본질직관을 표현하였는데, 이에 따르면 "우주의 가운데 서서 아득한 것을 두루 바라보며, 수많은 서적들 속에서 정감과 뜻을 기른다."[44)]

도가는 직관으로써 도를 포착할 수 있을 뿐만 아니라, 정감으로써 그것을 체득할 수 있다(以情體道)고도 주장한다. 이에 관해 장자는 황제黃帝와 그 신하들의 대화를 다음과 같이 구성하여 주체의 심미적 체험을 표현하였다.

처음의 음악은 듣는 자에게 두려움의 감정을 갖게 하니, 두려워지므로 불안이 생겼다. 나는 다음으로 또 듣는 자를 나른하게 하는 음악을 연주하니, 나른해지므로 멀리 도망치게 되었다. 마지막으로 듣는 자를 어지럽게 하는 음악을 연주하니, 어지러워지므로 어리석게 되었다. 어리석게 되므로 도와 하나가 되어, 도가 나를 실을 수 있게 되면서 나는 그것과 함께할 수 있었다.[45)]

이러한 생각은 대체로 하이데거가 "불안(Angst)이 허무함을 열어 준다"를 통해 존재의 의미를 파악하고자 한 사상과 유사하며, 모두 현상학적 방법을 실제로

---

41) 『道德經』 第48章, "爲學日益, 爲道日損. 損之又損, 以至於無爲. 無爲而無不爲."
42) 『莊子』, 「田子方」, "若夫人者, 目擊而道存矣, 亦不可以容聲矣."
43) 『道德經』 第10章, "滌除玄覽, 能無疵乎?"
44) 陸機, 『文賦』, "佇中區以玄覽, 頤情志於典墳."
45) 『莊子』, 「天運」, "聖也者, 達於情而遂於命也. 天機不張而五官皆備, 此之謂天樂, 無言而心說……樂也者, 始於懼, 懼故崇. 吾又次之以怠, 怠故遁. 卒之於惑, 惑故愚. 愚故道, 道可載而與之俱也."

적용한 사례이다.

미학의 영역에서 노자와 장자의 철학은 또한 불교의 사상과 융합하여 최종적으로 묘오의 관념을 형성하였다. 깨달음 즉 오悟라는 개념은 불교에서 기원하였지만, 선종에서 강조한 돈오頓悟는 선진先秦 도가의 체도 방식을 동시에 계승하였다. 축도생竺道生은 "돈頓이라고 하는 것은 이치를 나눌 수 없다는 것을 밝힌 것이고, 오는 지극한 비춤(極照)을 말하는 것이다. 둘이 아닌 즉 불이不二의 깨달음으로써 나눌 수 없는 이치에 부합하는 것을 '돈오'라고 한다"[46]라고 말하였는데, 여기에서 '둘이 아닌 깨달음' 즉 불이지오不二之悟는 곧 주체와 객체가 나누어지지 않는 직관을 의미하는 것이고, '나눌 수 없는 이치' 즉 불분지리不分之理는 곧 현상 속에서의 본체(도)를 가리키는 것이다. 실제로 송대 이전까지 오 개념은 본격적인 미학의 범주로 취급되지 않았고, 다만 일부 사람에 의해서 심미에 관한 생각을 드러내는 데 사용되었을 뿐이다. 그러나 이와 같은 생각들에서도 오 개념에 매우 근접한 논의들이 등장하였는데, 예를 들어 종병이 제시한 "마음을 맑게 하여 도를 직관한다", 즉 징회관도澄懷觀道[47]의 사상은 경험적인 의식을 제거하여 순수의식으로 되돌아가면 도를 체득할 수 있음을 분명히 보여 주고 있다. 특히 여기에서 사용된 관도觀道는 아직 도가적인 견지에서 진술된 것이지만, 이미 오 개념의 내포를 지닌 것이라고 할 수 있다.

그러다가 송대의 엄우에 이르러 묘오의 개념이 본격적으로 정초되었는데, 그에 따르면 "대체로 선禪의 도는 오직 묘오에 있고, 시의 도도 또한 묘오에 있다. 맹호연孟浩然의 배움 실력(學力)이 한유韓愈보다 훨씬 밑에 있지만, 그 시가 유독 한유보다 위에 있는 것은 그 맛이 묘오에 있기 때문이다. 오직 깨달으면(悟) 곧 마땅한 바를 행할 수 있고, 또한 본색本色을 다할 수 있다."[48] 나아가 그는 또한

---

46) 慧達, 『肇論疏』, "夫稱頓者, 明理不可分. 悟語極照. 以不二之悟, 符不分之理, 謂之頓悟."

47) 『宋書』, 「宗炳傳」, "(宗炳)以疾還江陵, 歎曰, '老病俱至, 名山恐難遍遊, 惟當澄懷觀道, 臥以遊之'"

48) 嚴羽, 『滄浪詩話』, 「詩辨」, "大抵禪道惟在妙悟, 詩道亦在妙悟, 且孟襄陽學力下韓退之遠甚, 而其詩獨出退之之上者, 一味妙悟而已. 惟悟乃爲當行, 乃爲本色." 번역문은 嚴羽 原著, 裵奎範 譯註, 『譯註滄浪詩話』(다운샘, 1997)를 저본으로 삼고 있다.

시가라면 마땅히 "이치의 길을 밟지 않고, 말의 통발에 빠지지 않은 것"(不涉理路, 不落言筌)[49]을 특징으로 삼아야 한다고 강조하면서, 예술적 사유가 학문적 사유와 달리 직관적 깨달음에 의존하고 있음을 주장하였다. 엄우의 묘오설은 심미적 사유의 특징을 제시하였지만, 아직 심미 자체의 범위 안에서만 논의되고 있다. 즉 그것은 주체의 흥취에만 한정된 까닭에, 아직 묘오를 체도의 방식으로 확장하지 못하였다는 것이다. 그러나 묘오 개념의 제기는 이미 언어를 원시적인 맥락에서 벗어나게 하여, 특수한 현상학적 의미를 갖추도록 하였다. 그러므로 넓은 문맥에서 보면 묘오는 곧 체도의 방식으로 이해될 수 있다.

심미적인 깨달음 즉 묘오는 심미적인 흥취에 대한 파악뿐만 아니라, 도에 대한 이해, 나아가 인생에 대한 깨달음을 모두 포함하는 개념이다. 후세의 시론가詩論家들은 바로 이러한 의미에서 묘오를 이해하였다. 예를 들어 강서파江西派 시인 조충지晁沖之는 "세상 어떤 일에 오묘한 이치(妙理)가 없는가? 오직 깨달음을 이룬 곳에만 유독 바람에 날리는 깃발(진리)이 있는 것은 아니다"[50]라고 말하였는데, 여기에서 깨달음(悟)은 곧 오묘한 이치, 즉 묘리妙理를 체득하는 방법으로 설명되고 있다.

다음으로, 종영鍾嶸은 눈에 보이는 것을 직접 표현하는 방식 즉 즉목卽目과 심미적 정감을 직접 찾아내서 드러내는 방식, 즉 직심直尋의 개념을 제기하여 심미의 직관성을 강조하였다. 그에 따르면 시가는 사람의 성정性情을 그대로 읊조리는 것이기 때문에, 밖에 있는 일이나 경전의 힘을(用事用典) 빌려서는 안 되고, 즉목이나 직심을 통해서 구현되어야 한다.[51] 여기에서 종영이 제기한 즉목은 바로 주체와 객체의 대립을 극복하여 나와 사물의 융합을 실현하는 것이고, 직심은 곧 언어의 기호적 의미를 소거함으로써 그 심미적인 의미를 통해 체득한 바를 표현하는

---

49) 嚴羽, 『滄浪詩話』, 「詩辨」, "夫詩有別材, 非關書也. 詩有別趣, 非關理也. 然非多讀書, 多窮理, 則不能極其至, 所謂不涉理路, 不落言筌者, 上也."

50) 晁沖之, 「送一上人還滁州琅琊山」, "世間何事無妙理, 悟處不獨非風幡."

51) 鍾嶸, 『詩品』, 「序」, "至乎吟詠情性, 亦何貴於用事? '思君如流水', 旣是卽目. '高臺多悲風', 亦惟所見. '淸晨登隴首', 羌無故實. '明月照積雪', 詎出經史. 觀古今勝語, 多非補假, 皆由直尋."

것으로, 모두 현상학적 직관 방법에 근접한 것이다.

나아가 왕부지는 불교의 현량現量 개념을 차용하여 심미적 직관성에 대해 다음과 같이 설명하였다.

> 현량의 현現은 '현재'라는 의미도 있고, '현재 시점에서 바로 이루어져 있는 것' 즉 '현성現成'이라는 의미도 있으며, '진실을 현시한다'라는 의미도 있다. 그중에서 '현재'는 과거의 것에 따라 그림자를 만들지 않음을 의미하는 것이고, '현성'은 한번 접하면 바로 그 자리에서 알아차려 그 어떠한 사색이나 헤아림도 개입하지 않음을 의미하는 것이며, '진실을 현시한다'라는 것은 그것의 본체의 본성이 원래 그러하다는 것을 남김없이 드러내고, 그 어떠한 허황하고 망령된 것을 섞지 않음을 의미하는 것이다.[52]

이와 같은 진술은 정확히 현상학의 사상을 표현하는 것이라고 볼 수 있다. 여기에서 '현재'는 시간과 공간의 거리를 극복하여 주체와 사물이 서로 마주하도록 하는 것이고, '현성'은 개념적이고 반성적인 고찰을 거치지 않은 직관을 방법으로 사용하는 것이며, '진실을 현시한다'라는 것은 대상으로 하여금 현상 그 자체로서 현시하게 하는 것이다. 나아가 왕부지는 이 '현량'사상을 미학 영역에 직접 적용하여 "눈에 맡기는 순간 읊조림(시)이 이루어지고"(寅目吟成)[53], "경관에 접하는 순간 그것들이 마음에 모이며"(卽景會心)[54], "오직 마음과 눈이 서로 취할 수 있는 지점에서 그 경관과 국면 전체를 얻을 수 있다"[55]라고 말하였는데, 이 진술들은 곧 심미현상학의 사상을 표현한 것이다.

마지막으로 왕국유는 심미현상학에 관해 다음과 같이 주장하였다.

---

52) 王夫之,『相宗絡索』,「三量」, "現量, '現'者有'現在'義, 有'現成'義, 有'顯現眞實'義. '現在', 不緣過去作影. '現成', 一觸卽覺, 不假思量計較. '顯現眞實', 乃彼之體性如此, 顯現無疑, 不參虛妄."
53) 王夫之,『船山全書』第14冊(岳麓書社, 1996), p.559, "寅目吟成, 不知悲涼何以生."
54) 王夫之,『夕堂永日緒論』, "僧敲月下門,……若卽景會心, 則或推或敲, 必居其一."
55) 王夫之,『唐詩評選』, 卷三,「評張子容泛永嘉江日暮回舟」, "只於心目相取處得景得局."

한편으로 말하자면, 우리의 마음속은 반드시 텅 비어 있어 아무 사물도 없어야 비로소 사물을 관찰하는 것이 깊어지고, 나아가 사물을 체험하는 것도 참될 수 있다.…… 다른 한편으로 말하자면, 격렬한 감정은 또한 직관의 대상과 심미의 재료로부터 얻어지므로, 사물을 관찰하고 그것을 묘사하는 일에도 역시 무한한 쾌락의 수반이 있다.[56]

묘오와 유사한 개념으로서 또한 묘관이라는 개념이 있는데, 이는 종병에 의해서 제기되었다. 앞서 제시한 종병의 징회관도는 곧 묘관이고, 그것은 심미를 통해 도를 관조觀照한다는 뜻이다. 그리고 묘관에서의 관은 직관뿐만 아니라, 본질직관도 가리킨다. 왜냐하면 그것은 도를 체득하는 방법으로 규정되어 있으므로, 감성적인 직관이 될 수 없기 때문이다.

서양의 인식론적 현상학이 현대에 이르러서야 정감적 현상학으로 전향하는 것과 달리, 중화현상학은 시작부터 정감성을 지닌다. 그래서 중화현상학은 직관을 강조하지만, 그 직관은 항상 정감적인 체험을 매개로 한 직관의 형식으로 설명된다. 이러한 의미에서 중화현상학의 심미적 의식은 진실한 정감, 즉 진정을 함축하는 순수직관이라고 할 수 있다. 나아가 중화현상학에서 강조한 직관적 정감 체험은 비자각적인 의식에 속하기 때문에, 심미적 정감도 자각적 의식이나 개념의 제한을 벗어나 대상과의 직접적 통일을 실현함으로써 대상을 현상으로 드러나게 하는 것으로 이해될 수 있다.

그래서 중화심미현상학의 본질직관은 곧 정감적 체험, 즉 정감으로써 도를 체득하는 것이라고 규정될 수 있다. 유협이 내세운 '사물을 정감으로써 관찰한다'(物以情觀)라는 주장은 바로 심미적 정감 체험을 통해 도를 파악할 수 있음을 강조하는 것이다. 왕부지는 한 걸음 더 나아가 심미적인 정감 체험을 본질환원과 연결함으로

---

56) 王國維, 『王國維美學論著集』(北岳文藝出版社, 1987), p.25, "自一方面言之, 則必吾人之胸中洞然無物, 而後其觀物也深, 而其體物也切.……自他方面言之, 則激烈之感情, 亦得爲直觀之對象, 審美之材料, 而觀物與其描寫之也, 亦有無限之快樂伴之."

써, 천지만물에 그 나름의 아름다움이 있지만 문과 정情을 통해 그것을 현시하여 심미적 매력을 산출할 수 있다고 주장하였다. 특히 그는 "그 사물이 지닌 본래의 싱싱함(榮)을 그대로 그려 냄으로써, 사물을 본래 갖춘 바와 같이 현시하여야 한다"(貌其本榮, 如所存而顯之)라고 강조하였다.57) 여기에서의 그대로 그려 냄(貌)은 의심할 여지없이 사물의 표상을 가리키는 것이 아니라, 현상학에서 말한 본질환원 즉 '사상 그 자체로 돌아가는 것'을 의미하는 것인데, 이 '사상 자체'가 바로 도의 현시이다. 따라서 왕부지에 이르러 중화심미현상학은 그 절정에 이르렀다고 말할 수 있다.

제2절 중화심미현상학의 공간성

시간과 공간은 존재의 동일성, 즉 주체와 세계의 공동존재(Mitsein)를 확정하는 범주이다. 그래서 현상이 제대로 드러나기 위해서라면 반드시 시간과 공간의 지장을 극복하여 본원적인 시공간의 영역으로 진입하여야 하는데, 이러한 점이 현상학적인 시간성과 공간성의 개념을 형성하였다. 시간은 자연적인 시간뿐만 아니라, 사회적인 시간 즉 역사도 포함한다. 마찬가지로 공간도 자연적인 공간 이외에, 사회적-문화적인 공간도 아우른다. 그러한 의미에서 심미는 공간적인 초월이나 시간적인 초월을 거쳐 현상을 현시할 수 있으므로, 공간적인 심미현상학과 시간적인 심미현상학으로 구분될 수 있다. 나아가 서양의 심미현상학은 시간성을 기반으로 발전하는 것과 달리, 중화심미현상학은 공간성을 중심으로 전개한다.

---

57) 王夫之,『古詩評選』, 卷五, "兩間之固有者, 自然之華, 因流動生變而成綺麗. 心目之所及, 文情赴之, 貌其本榮, 如所存而顯之, 即以華突照耀, 動人無際矣."

1. 공간적인 심미현상학의 기원

공간적인 심미현상학과 시간적인 심미현상학은 모두 특정한 생존 방식의 기초 위에서 세워졌다. 시간적인 미학은 시간성을 강조함으로써 역사적인 간극을 초월하여 자유와 존재의 의의를 파악하여야 한다고 주장하는가 하면, 공간적인 미학은 공간성을 강조함으로써 사회적인 공간 차이를 극복하여 자유와 존재의 의의를 포착하여야 한다고 주장한다. 현상학의 견지에서 말하자면 공간적인 미학은 곧 현실적인 공간을 초월함으로써 본원의 공간으로 되돌아가 현상을 드러내는 것이다.

서양의 미학은 시간성의 미학이다. 서양문명의 발원지, 즉 그리스는 고대부터 상업이 발달하였기 때문에, 일찍이 씨족사회에서 벗어날 수 있었다. 그래서 그리스에서 개인의 독립적인 의식이 나타날 수 있었고, 자연과 인간, 인간과 사회의 분리가 일어날 수 있었다. 이러한 기초 위에서 서양 사람들은 이른 시기에 시간성에 대한 의식과 역사성에 대한 의식을 갖게 되었고, 그러한 의식이 맹아 상태에서 현대성으로 줄곧 이어지게 되었다.

서양의 시간적인 의식은 고대 그리스의 역사시에서 이미 정초되었다. 그래서 후세의 서양예술은 주로 서사예술敍事藝術의 형식으로 전개되면서, 인간의 역사적인 운명에 대한 미학적 통찰을 강조하였다. 이와 같은 기반 위에서 서양에서는 시간적인 미학이 형성되고, 그것이 나중에 서양의 심미현상학으로 발전하게 되었다. 서양의 심미현상학도 기본적으로 시간성을 중시한다. 이에 관해 후설은 내적 시간의식(inneren Zeitbewuβtseins) 이론을 구축하였고, 전기 하이데거는 존재의 본질이 곧 시간성이라고 규정하였다. 그리고 이와 같은 시간성 중시의 사조는 포스트모더니즘 시기에 이르러서야 공간성으로 전향하게 되었다.

서양미학과 달리, 중화미학은 공간성의 미학이다. 고대의 중국 사회는 종법제宗法制를 기반으로 세워진 농업사회였기 때문에, 개인은 씨족이나 가족에 포섭되어 독립성을 획득하지 못하였다. 그래서 중국에서는 인간과 자연, 인간과 사회의 분리가 충분히 이루어지지 않았기 때문에, 시간성과 역사성에 대한 의식도 거의 일어나지 않았다. 중국 사회에서의 시간성 이해는 퇴행적인 시간관념에 가깝고, 역사성 이해도 일치일란一治一亂의 순환적인 역사 관념에 근접하므로, 서양과 같은 도구적 이성을 기반으로 한 진화론적 시간관념을 형성하지 못하였다.

그러나 중국에서는 공간성에 대한 의식이 비교적 일찍 나타났다. 즉 중화민족의 조상은 반고盤古가 천지를 열고 여와女媧가 하늘의 구멍을 막는 전설시대부터 '하늘은 둥글고, 땅은 네모나다'(天圓地方)라는 공간적인 의식을 가졌다. 그리고 이러한 공간에 대한 의식은 중원中原을 중심으로 한 천하天下 의식으로 발전하고, 가家와 국國으로 형성된 사회관계를 정초하였다. 그러나 천인합일天人合一의 전통관념과 도구적인 이성의 결여로 인해, 이 자연공간에 대한 의식은 더욱 확장하지 못하였다. 예를 들어 『산해경山海經』에는 중원 밖의 공간에 관한 기술이 있지만, 그것들은 대체로 실제적인 고찰에 따른 것이 아니라 상상력에 의해 구현된 허구적인 공간이다.

또한 중국은 윤리적인 관계를 중시하므로, 강력한 인륜적 공간 의식을 구현하였다. 중국의 전통사회에서 인간은 공간성의 존재로 인식되었다. 그래서 인간의 의식과 생활방식을 지배하는 것은 굳건한 향토 관념, 종족 관념, "부모가 살아 있으면 멀리 떠나지 않는다"58)와 같은 가족윤리 관념 등이었다. 따라서 중국의 고대 사람들은 비교적 봉쇄된 공간에서 삶을 영위하였고, 그 사상적인 관념도 상대적으로 확장성을 지니지 못하였다고 말할 수 있다.

한편 시간적인 의식을 기반으로 서양문화는 '두 개의 세계'를 구현하였다. 즉 죽음이라는 유한성에 대한 불안으로 인해 서양 사람들은 종교 속에서 영속을 누리고자 하여 인간세상과 천당을 구분하고, 서로 대립된 차안此岸과 피안彼岸이라는 세계관을 형상하였다. 그래서 서양의 경우, 사회공간 위에는 하나의 신성神性의 공간이 별도로 존재하므로, 전자는 몰가치적인 공간으로 간주되고, 후자만이 참된 세계로 인식된다. 그러나 중국에도 삶을 중시하고 죽음을 두려워하는 관념이 있지만, 시간적인 의식이 비교적 빈약하였기 때문에, 그것은 강력한 종교적 충동으로

---

58) 『論語』, 「里仁」, "子曰, '父母在, 不遠遊.'"

이어지지 않았다. 그러한 까닭에 중국의 공간적인 의식 속에는 오직 하나의 세계, 즉 인륜성의 지배를 받는 차안의 세계밖에 없었다. 중국인의 일반적인 관념에 따르면 인륜적인 공간으로서의 이 세계가 바로 참된 세계이고, 이 세계 속에서 인간은 육체적인 생존과 정신적인 성취를 모두 완수할 수 있다.

중국인의 공간적인 의식은 신성으로 이어지지 않았지만, 심미적인 영역으로 확장하였다. 즉 중국인은 공간을 심미화하여 최종적으로 독특한 심미문화를 구축하였다는 것이다. 중국의 건축은 대체로 하늘나라를 지향하도록 높이 치솟는 형태로 지어지지 않고, 평면적인 확장 형태를 통해 세속적인 영역에서 그 범위를 넓혀 가는 식으로 구현되어 있다. 예를 들어 소주蘇州의 원림園林은 산수가 반복적으로 이어지는 확장의 형태로 만들어졌는데, 이는 원림만을 통해 전체 숲을 가늠할 수 있게 한다. 나아가 중국의 거의 모든 사회 활동은 최종적으로 심미를 지향하고 있는데, 예컨대 음식은 미식美食, 거주하는 장소는 아거雅居 등으로 칭해지며, 서예는 인간의 풍격, 무술武術은 신체적 움직임의 아름다움 등을 드러내는 예술 행위로 인식되었다. 그래서 중국 민족은 공간성에 대한 의식으로 인해 거대한 심미화된 공간을 창출하였다고 말할 수 있다.

중화미학의 공간성은 또한 철학적인 관념의 영향을 받았다. 서양철학은 세계가 시간성의 유전流轉 속에 존재하면서 변화를 거듭한다고 생각한다. 이러한 문맥에서 헤라클레이토스(Heraclitus)는 "인간은 같은 강물에 두 번 들어갈 수 없을 것이다"라고 말하였다. 그리하여 서양 고대철학의 중심 과제는 어떻게 하면 시간성의 유전을 초월하여 영원한 것을 규정할 수 있는가에 관한 문제이다. 그러다가 현대에 이르러, 서양철학은 전통의 영향을 받아 시간성을 더욱 긍정하게 되었다. 하이데거는 자신의 존재론 철학에서 현존재(Dasein)의 본질을 시간성으로 규정하여, 개체적인 생명은 오직 죽음을 직면할 때 생존의 의의를 발견할 수 있다고 주장하였고, 가다머(Gadamer)의 해석학은 지평융합(Horizontverschmelzung)을 통해 시간적 거리를 극복하여 역사적인 문헌을 이해하여야 한다고 강조하였다. 요컨대 시간의 흐름 속에서 존재의 의의를 포착하려는 것이 서양 존재철학의 주된 목적이었다. 이러한 기초 위에서 서양의 미학은 심미를 곧 시간성을 초월하는 영원한 것이라고 규정한다.

한편, 중화철학은 천인합일의 기반 위에서 구축되었다. 여기에서의 천天은 자연적인 천을 가리키는 동시에 윤리적인 도道도 의미하므로, 천인합일의 관념은 실제로 인간과 세계를 공간화한 것이라고 할 수 있다. 유가철학에서 강조한 천인 관계는 곧 인간과 사회의 윤리적 관계이다. 이와 달리, 도가는 천인 관계를 인간과 자연 사이의 본성 관계로 규정하였는데, 장자에 의해서 제시된 소요유逍遙遊의 상태가 곧 자연적인 공간과 사회적인 공간을 초월한 본성적인 자유 상태이다.

중화철학에는 시간성의 척도가 결여되어 있기 때문에, 역사는 순환성을 지닌 것이라고 인식되었다. 이에 관해 유가는 "하늘이 바뀌지 않으므로, 도도 바뀌지 않는다"59)라고 주장하였고, 도가는 "되돌아가는 것이 도의 움직임이다"60)라고 강조하면서, 사물의 변화를 발전이 아닌 순환으로 규정하였다. 실제로 중국 고대에 서는 공간적인 의식과 시간적인 의식을 엄밀히 구분하지 않았고, 시간과 공간은 혼합적인 연속 속에 있는 것이라고 생각하였다. 이를 가리켜 시간의 공간화라고 부르는데, 여기에서 공간은 시간을 포함하고 있다. 예를 들어 중국에서 동서남북과 같은 공간성 개념은 항상 춘하추동이라는 시간성 개념과 대응 관계를 이루고 있다. 이러한 점은 곧 중화철학에 독립적인 시간성의 척도가 결여되어 있음을 의미한다.

시간성에 대한 의식이 결여되어 있기 때문, 중화철학은 공자를 비롯한 선현들의 문헌을 해석할 때 시간적인 거리를 어떻게 극복하는지를 제시할 수 없었다. 즉, 중화철학은 공자를 단순히 성인聖人으로 간주하여, 그 사상을 시간이 지나도 변화할 수 없고, 역사적인 간극이 존재하더라도 오독될 수 없는 것이라고 주장하였다. 설령 오독이 있더라도 그것은 단지 문자학文字學의 문제이므로, 훈고訓詁와 고증考證을 통해 수정될 수 있다고 생각하였다.

---

59) 『漢書』, 「董仲舒傳」, "天不變, 道亦不變."
60) 『道德經』 第40章, "反者, 道之動."

또한 중국의 고전철학은 주로 윤리학의 형태로 전개되었다. 윤리학은 인간과 사회의 관계를 규범화하는 가치 체계로서, 실제로 사회와 문화 공간 전체가 지닌 규범성의 구조와 관련된다. 그러한 까닭에, 윤리학이 지닌 집단 본위적인 성질은 개체적인 시간성 의식을 말살하는 경향을 지니는데, 그러한 경향은 특히 죽음에 대한 개체의 의식에서 잘 드러난다. 시간성에 대한 의식은 근본적으로 개체가 지닌 죽음에 대한 의식을 전제로 한다. 그러나 집단 본위적인 사고에서 비롯된 가족 의식은 죽음에 대한 개체 의식을 배척하여, "자손들은 무궁하게 이어져 다할 일이 없다"(子子孫孫, 无窮匱也)[61]라는 사고방식을 낳음으로써 개체의 죽음이 지닌 의의를 은폐한다. 예를 들어 유가철학은 생사生死에 관한 사고뿐만 아니라,[62] 초월적인 종교적 피안에 대한 사유를 모두 포기하는 동시에,[63] 오직 실용이성을 기반으로 현실사회에 대한 사유를 중심으로 사상을 구축하였는데, 이는 곧 개체의 시간성을 말살하여 그것을 사회적인 윤리 공간에 한정함으로써 시간의 공간화를 수행한 것이라고 볼 수 있다.

다음으로, 유가사상에 의해 전개된 중국의 역사철학도 시간의 공간화를 기반으로 구축되었다. 유가가 역사를 중요시하는 이유는 현실적인 수요 때문이다. 즉 그것은 서로 다른 시기의 역사적 특징이나 그 발전 법칙을 탐구하려는 것이 아니라, 역사적인 경험을 수렴하여 그 속에서 보편적인 천도天道를 귀납함으로써,[64] 현실 정치의 본보기로 삼기 위해서이다. 이는 실제로 역사를 현실 공간에서 그대로 재현하려는 시도이므로, 역사의 현실화이자 시간의 공간화라고 할 수 있다.

고대의 중국사상은 천인합일을 보편적인 세계관으로 삼고 있기 때문에, 인간과 자연, 인간과 사회, 인간과 신神을 충분히 분리하지 않았다. 그래서 고대 중국의 공간 개념은 자연과 사회가 혼합된 공간을 가리키는 경우가 많다. 그리고 이러한

---

61) 『列子』, 「湯問」, "雖我之死, 有子存焉. 子又生孫, 孫又生子. 子又有子, 子又有孫. 子子孫孫, 无窮匱也."

62) 『論語』, 「先進」, "季路問事鬼神. 子曰, '未能事人, 焉能事鬼?' 敢問死. 曰, '未知生, 焉知死?'"

63) 『論語』, 「八佾」, "祭如在, 祭神如神在."

64) 司馬遷, 「報任少卿書」, "亦欲以究天人之際, 通古今之變, 成一家之言."

자연공간은 단순히 물리적인 공간이 아니라, 생명화된 공간으로 인식되었다. 고대의 중국 사람들은 인간과 자연이 동질적인 매개, 즉 천지에 충만한 기氣를 통해서로 감응할 수 있다고 믿었는데, 이러한 기는 물질적인 것도 아니고 정신적인것도 아닌 원시적인 생명력으로 이해되었다. 그래서 중국의 시가와 회화 등은자연을 대상으로 삼고 있지만, 항상 그 형상에 정감성을 부여하는 것을 중요시한다. 이리하여 중화미학은 자연을 인간화하는 과정에서 그것을 점차 주체로 승격시켜,자연이 인간과의 정감적 감응을 일으킨다는 이유에서 정경교융情景交融의 감흥론感興論을 정립하였다.

문명과 교화敎化를 강조한 유가사상에 비해, 도가는 그것에 반대하여 스스로그러한 상태, 즉 자연으로 되돌아가는 것을 주장한다. 이와 같은 생각은 실질적으로사회적인 공간을 부정하여 자연적인 공간으로 복귀하여야 함을 강조하는 것이다.도가는 인간이 스스로를 비주체화함으로써 세계와의 일체를 이루어야 한다고주장하는데, 이는 일종의 자연주의적 간주관성(Intersubjektivität)을 함축한 공간성철학이라고 할 수 있다. 노자는 이상적인 공간을 소국과민小國寡民의 형태로 설정하였고,[65] 장자는 그것을 주체와 만물이 가지런하게 하나가 되는 공간으로 규정하였다.[66] 나아가 그는 만물과 하나가 되는 경지에 이르면 정신적인 소요를 성취할수 있을 뿐만 아니라, 만물을 두루 사랑하게 되어[67] 다른 존재들과 조화를 이룰수 있게 된다고 강조하였다.[68]

선종禪宗의 사상도 자연주의적인 경향을 지니는데, 그것은 현실적인 공간을초월하여 인간과 자연이 융합된 선의禪意의 공간을 지향한다. 선종은 도가가 주장한천인합일과 물아양망物我兩忘의 사상을 수용하여 천지만물에 모두 불성佛性이 있으

---

65) 『道德經』 第80章, "小國寡民, 使有什伯之器而不用, 使民重死而不遠徙. 雖有舟輿, 無所乘之雖有甲兵, 無所陳之. 使民復結繩而用之. 甘其食, 美其服, 安其居, 樂其俗. 鄰國相望, 雞犬之聲相聞, 民至老死不相往來."

66) 『莊子』, 「齊物論」, "天地與我竝生, 而萬物與我爲一."

67) 『莊子』, 「天下」, "氾愛萬物, 天地一體也."

68) 『莊子』, 「天道」, "與人和者, 謂之人樂. 與天和者, 謂之天樂."

므로, 인간은 마땅히 자연과의 정감적 소통 과정에서 도를 깨달아 성불成佛하여야
한다고 주장한다.[69] 선종은 기본적으로 자연과 뜻에 맞는(適意) 인생 태도를 유지하
면서 비주체적인 자세로 세계에 가까이하여, 비언어적인 돈오頓悟로써 세계를 파악
하고자 한다. 이리하여 선종은 인간이 수양을 통해 스스로의 자연 본성을 회복함으
로써 세계와 하나가 될 수 있다고 강조한다.

중국 고전철학의 공간성은 중화미학의 공간성을 결정한다. 예술철학으로서의
중화미학은 예술 활동을 그 실천적 기반으로 삼기 때문에, 중화미학의 실천적
기초가 곧 공간성을 지닌 예술 활동이라고 할 수 있다. 중국의 예술은 기본적으로
원시신화와 무술巫術의례에서 기원하였는데, 그것들은 각각 원시시대에 미분화된
시간성 척도와 공간성 척도를 나타낸다. 그러다가 문명시대에 이르러 원시신화와
무술의례는 예술로 전환되었는데, 전자는 시간성을 계기로 한 서사문학敍事文學과
재현예술로 발전하였고, 후자는 공간성을 계기로 한 서정문학抒情文學과 표현예술로
정착되었다. 서양의 예술은 주로 신화와 전설에 기반하고 있으므로, 일찍이 서사적
인 전통을 형성하였다. 그래서 서양에서는 인간의 역사적 활동과 운명을 그려내는
희극戱劇, 서사시, 역사화歷史畵 등 재현예술과 서사문학이 발달하였다. 그러나 중화
미학은 신화나 전설보다 주로 무술의례에 기반하고 있으므로, 서사적인 전통 대신
표현예술에 가까운 예악禮樂전통(서정시, 서정산문, 산수화, 음악 등)을 형성하였다. 비록
중국에서도 후세에 희극과 소설 등 서사문학이 나타났지만, 그것들은 여전히 강한
서정성을 지니고 있다.

중국의 고전예술은 인륜적인 공간의 기초 위에서 심미적인 공간을 구현하였다.
이러한 경향으로 인해, 예술에서 표현된 세계는 주로 사람이 모여 사는 시정市井과
인적이 없는 자연, 정치적 중심인 조정과 그것을 멀리한 향야鄕野, 고향과 객지,
중원과 변색邊塞, 색북塞北과 강남江南 등이었다. 나아가 이와 같은 비교되는 공간을
기반으로, 중국예술은 주로 자연으로의 복귀, 나라와 백성에 대한 우환의식, 고향에

---

69) 『六祖壇經』, 「般若品第二」, "一切衆生, 一切草木, 有情無情, 悉皆蒙潤."

대한 그리움, 정치적 사명을 실천하여 공업을 세우는 일, 우정과 친정 등 인륜적인 주제를 표현하는 방식으로 창작되었다. 이 중에서 주목할 만한 것은 중국의 고전예술이 유독 인간과 자연의 조화, 인간과 인간의 조화를 중요시한다는 점이다. 그래서 중국의 예술적 표현은 공간적인 기반 위에서 경물을 묘사하여 정감을 펼치는 사경서정寫景抒情과 정경교융의 전통을 낳았다. 그리고 이러한 전통의 영향으로 인해, 중국의 자연 심미는 육조六朝시대부터 매우 발달한 형태로 발전하였는데, 예를 들어 사령운謝靈運은 자연을 감상하기 위해 인적이 없는 숲으로 들어가 수개월 동안 지냈고, 도연명陶淵明은 관직을 그만두고 평생에 걸쳐 전원의 풍경을 즐겼다. 이와 같은 배경에서 예술작품은 정감이나 생각을 직설적인 방식이 아니라 경물을 통해 전달하는 방식을 취하고 있는데, 그러한 과정에서 중국식의 아름다운 공간적 의상意象이 구현되었다.

역사의 공간화로 인해 중국예술은 시간성을 주된 계기로 한 재현예술, 예를 들어 희곡, 소설, 서사시 등이 발전하지 못하였다. 그리고 중국의 예술이론도 또한 인식보다 정감을 중시하기 때문에, 서양의 모방론과 감성적 인식으로서의 예술론을 창설하지 못하고, 시연정설詩緣情說을 비롯한 정감론적 예술론을 정립하였다.[70] 이와 같은 예술론은 정감을 공간과 대응시킨 까닭에 공간성 미학의 산물이라고 할 수 있는데, 그것은 인식과 시간이 대응하는 시간성 미학과 비교되는 유형의 미학이다.

예술의 시간성은 예술 사조의 교체로 드러난다. 예술 사조는 현대성의 산물이므로, 현대성의 발생이 곧 시간성을 정초시켰다고 할 수 있다. 나아가 이러한 예술 사조는 예술사의 기본 단위로서, 특정 예술사상이 역사성을 지닌다는 기본적인 표징이다. 서양에서 시간성에 대한 의식이 비교적 이른 시기에 나타났기 때문에, 그 예술 사조에는 뚜렷한 변화양상이 드러난다. 즉 르네상스 이후부터 17세기에는 신고전주의, 18세기에는 계몽주의, 19세기 상반기에는 낭만주의, 후반기에는 현실

---

70) 『文心雕龍』, 「情采」, "情者文之經."; 陸機, 『文賦』, "詩緣情而綺靡, 賦體物而瀏亮." 등 참조.

주의, 20세기 상반기에는 현대주의, 하반기에는 포스트모더니즘 등의 사조가 연속적으로 이어져 하나의 예술사를 구성하고 있다. 그러나 시간성에 대한 의식이 빈약한 까닭에, 중국에서는 예술사적 양상의 변화가 분명하게 나타나지 않았다. 다시 말해, 중국의 고전 예술은 5·4혁명 이전까지 아직 전근대의 수준에 머물러 있었기 때문에, 뚜렷한 예술적 사조를 구현하지 못하였다는 것이다. 비록 중국의 고전 예술에도 다양한 풍격과 유파의 변화가 있었지만, 그것들은 모두 정지된 공간 안에서 예술의 기본적인 모델과 주제를 혁신하지 않는 채 현대까지 존속하였으므로, 예술 사조의 변화는 물론이고 진정한 예술사를 구현하지 못하였다. 그러다가 5·4혁명 이후 현대성의 개념이 정초되고 나서야 중국예술에는 시간성의 특징이 나타나게 되어 본격적인 예술사를 형성하기 시작하였다.

중국의 고전 예술은 공간적인 대상에 대한 심미 활동으로 현시되기 때문에, 공간적인 현상 또는 의상을 전개하는 예술형식이라고 할 수 있다. 그리고 여기에서의 공간은 의상이므로, 당연히 객관적인 공간이 아니라, 주체가 개입된 공간을 의미하는 것이다. 그러나 다른 한편으로 그것은 완전히 주관화된 공간이 아니라, 주체와 대상이 상호 추동의 형식으로 구현된 심미적인 공간이다. 중국의 예술은 경물을 묘사하여 정감을 펼치는 사경서정의 기법을 통해 정경교융이나 심물일체心物一體의 경지를 창출하였다.[71] 왕국유王國維는 이러한 심물일체의 경지를 두 가지 유형으로 나누었는데, 유아지경有我之境과 무아지경無我之境이 그것이다. 그에 따르면 유아지경은 곧 '나로써 사물을 바라보는 것'(以我觀物)이고, 무아지경은 '사물로써 사물을 바라보는 것'(以物觀物)이다. 실제로 이와 같은 두 가지 방식에는 모두 주체가 개입되어 있고, 다만 그 주체의 존재 방식에 차이가 있을 뿐이다. 즉 유아지경의 경우는 주체가 직접 개입하여 경물을 주체화하는 것이고,[72] 무아지경의 경우는

---

71) 辛棄疾, 「賀新郎·甚矣吾衰矣」, "我見靑山多嫵媚, 料靑山見我應如是.";『詩經』, 「小雅·采薇」, "昔我往矣, 楊柳依依, 今我來思, 雨雪霏霏.";李白, 「獨坐敬亭山」, "相看兩不厭, 只有敬亭山." 등 참조.
72) 杜甫, 「春望」, "感時花濺淚, 恨別鳥驚心."

주체가 스스로를 은폐하고 경물을 정감의 표현 매개로 삼아 특정 정감을 객관화하는 것이다.[73] 이러한 두 가지 표현방식은 모두 공간적인 심미 의상을 구현하는 방식으로서, 주체와 대상 사이의 정감적 소통을 추동한다.

2. 공간적인 심미현상학이 드러나는 방식

서양의 미학은 시간성의 미학이고, 그것은 모든 존재가 시간의 흐름 속에서 변화를 거듭한다고 주장한다. 그래서 이러한 미학의 목적은 기본적으로 시간적인 거리를 초월하여 심미적인 영역을 창출하는 데 있다. 한편, 플라톤의 미학은 미를 이념으로 설정하여 그것이 시간성을 넘어선 것이라고 규정한 까닭에 공간성의 미학에 속한다고 할 수 있지만, 이와 같은 미학사상은 서양의 역사에서 주류로 받아들인 적이 거의 없었다. 나아가 칸트의 미학사상도 심미를 지성과 구상력의 자유로운 유희로 규정하여 그것이 객관적인 시간성의 영향을 받지 않는다고 주장하였기 때문에, 공간성의 미학이라고 할 수 있다. 그러나 그의 사상은 여전히 헤겔의 도전으로 인해 교정되면서, 심미(예술) 활동이 이념의 전개 역사(시간성) 속으로 포섭되어 진리 인식의 하위 수단으로 전락하게 되었다. 다음으로, 전기의 하이데거는 현존재의 시간성 속에서만 존재의 의의를 파악하려고 하였고, 가다머의 이론을 비롯한 현대 해석학도 문헌에 대한 해석을 역사적인 지평융합의 영역으로 귀속하여, 심미와 같은 모든 이해 활동이 시간성을 지닌 것이라고 주장하였다. 오직 후기 하이데거의 논의에 이르러서야 천, 지, 인, 신이 공동존재를 이룬 '세계상놀이' (weltspiel)라는 개념이 성립되면서, 서양의 미학은 비로소 공간성의 미학으로 전향하게 되었다.

중화미학에는 시간성의 초월에 관한 논의가 있지만,[74] 그것은 자연적인 시간에 대한 초월이지, 사회적인 시간 즉 역사에 대한 초월이 아니기 때문에, 시간성의

---

73) 杜甫, 「絶句」, "兩個黃鸝鳴翠柳, 一行白鷺上靑天."
74) 陸機, 『文賦』, "觀古今於須臾, 撫四海於一瞬."

미학이라고 할 수 없다. 나아가 중화미학에 따르면 역사는 되풀이되는 것이고, 문화는 변화하지 않는 것이며, 고대와 현재 사이에는 사상적인 차이란 있을 수 없으므로, 초월에 대해 말할 필요가 없다. 『문심조룡』은 문학의 변천 양상에 대해서 언급한 바가 있지만, 이러한 변천은 결국 체제나 풍격의 변모를 가리켜 말한 것이지, 문학의 사상이나 내용이 변화하였다는 것을 의미하는 것은 아니다. 즉 그것은 문학의 내용을 주재하는 도가 변화할 수 없기 때문에, 문학의 내용도 변화할 수 없다고 주장한 셈이다.[75]

중화미학의 공간성은 심미와 예술의 현상성 해석에서 드러나는데, 이러한 현상성 해석은 심미와 예술의 존재방식과 초월방식을 포함한다. 중화미학에서 심미와 예술은 공간 속에서 구현되는 활동인 동시에, 현실 공간에 대한 자유로운 초월을 지향하는 활동이기도 하다. 여기에서의 현실 공간은 생존적인 공간을 의미하므로, 그것의 구성에는 주체와 객체의 대립, 주체와 사물의 차이가 존재한다. 그리고 중화미학에 따르면 이와 같은 현실 공간을 넘어서야만 사물과 주체가 서로 소통하고, 주체와 객체가 융합함으로써, 심미적 의상을 구현할 수 있고, 심미적인 경지에 진입할 수 있다. 따라서 중화미학이 논의하고자 하는 것은 시간의 흐름 속에서 존재를 어떻게 인식하는지의 문제가 아니라, 공간적인 거리가 있음에도 사물과 주체가 어떻게 융합될 수 있는지에 관한 문제이다. 이와 관련하여 유협劉勰은 "정신은 사물과 함께 노닐 수 있어야 한다"(神與物游)[76]라고 말하였고, 사공도司空圖는 "생각은 경물과 함께 될 수 있어야 한다"(思與境偕)[77]라고 말하였으며, 왕부지王夫之는 "무릇 경물과 정감은 서로 융합되어 있고, 정감은 경물을 통해 생겨나며, 둘은 애초부터 갈라진 것이 아니고, 모두 뜻을 적합하게 표현하기 위해서 융합되어 있는 것이다. 만약 둘을 말뚝처럼 절단하면 정감은 일으키기에 부족하고, 경물도

---

75) 劉勰, 『文心雕龍』, 「通變」, "凡詩賦書記, 名理相因, 此有常之體也. 文辭氣力, 通變則久, 此無方之數也. 名理有常, 體必資於故實. 通變無方, 數必酌於新聲.……"
76) 劉勰, 『文心雕龍』, 「神思」, "故思理爲妙, 神與物游."
77) 司空圖, 「與王駕評詩書」, "長於思與境偕, 乃詩家之所尙者."

그 경물이 아니게 된다"[78]라고 말하였다. 나아가 중화미학에는 또한 "정신은 팔극八極을 달리고, 마음은 만인萬仞의 하늘에서 노닌다"[79]라는 말이 있고, "생각은 천년 동안의 일과 이을 수 있고,…… 눈은 만 리 밖에 있는 것을 볼 수 있다"[80]라는 말이 있는데, 이는 모두 심미적 상상想像을 통해 자연공간을 초월함으로써 심미적 공간으로 진입하여 의상을 제대로 현시하는 상태를 표현하는 말이다.

중화미학은 자연적인 공간의 거리뿐만 아니라, 사회적인 공간의 거리도 극복하여야 한다고 주장한다. 자연적인 공간성에서 제기된 문제, 즉 사물과 주체의 분리는 사회적인 공간성의 측면에서 보면 주체와 타인, 나아가 사회와의 분리로 나타난다. 그래서 중화미학은 사회적인 공간을 심미적인 공간을 창출하여 인간과 세계(타인, 사회)의 대립을 극복하고자 한다. 이와 같은 문맥에서 장자는 "사람들과 조화하는 것을 사람의 즐거움이라 하고, 하늘과 조화하는 것을 하늘의 즐거움이라 한다"[81]라고 말하였고, 『예기禮記』에서는 "악樂은 천지의 조화이고, 예禮는 천지의 질서이므로"[82], "큰 악은 천지와 마찬가지로 화합의 작용을 하고, 큰 예는 천지와 마찬가지로 인간을 규제한다"[83]라고 말하였다. 요컨대 중화미학은 심미와 예술 활동이 인간과 자연의 대립을 극복할 수 있을 뿐만 아니라, 인류 사이의 화목 관계도 구축함으로써 사회관계의 측면에서 나타난 분리를 조화롭게 할 수 있다고 강조한다.

다음으로, 중화미학의 의경意境 개념도 현실 공간에 대한 심미적 공간의 초월성을 드러낸다. 근대의 왕국유는 의경 또는 경계 개념을 새롭게 해석함으로써, 심미적 공간성에 대한 깊이 있는 논의를 전개하였다. 그는 분리를 의미하는 격隔과 그 반대인 불격不隔이라는 개념을 제기하여 그것을 의경의 존재 여부를 판단하는

---

78) 王夫之, 『薑齋詩話』, 「夕堂永日緒論內篇」, "夫景以情合, 情以景生, 初不相離, 惟意所適. 截分兩橛, 則情不足興, 而景非其景."
79) 陸機, 『文賦』, "精騖八極, 心游萬仞."
80) 劉勰, 『文心雕龍』, 「神思」, "思接千載,……視通萬里."
81) 『莊子』, 「天道」, "與人和者, 謂之人樂. 與天和者, 謂之天樂."
82) 『禮記』, 「樂記」, "樂者, 天地之和也. 禮者, 天地之序也."
83) 『禮記』, 「樂記」, "大樂與天地同和, 大禮與天地同節."

표징으로 삼았다. 그에 따르면 만약 정감과 경물이 합치되지 않고, 사물과 주체가 서로 격의 관계에 놓여 있으면 의경이 있을 수 없고, 미감도 나타날 수 없다. 이에 덧붙여서 그는 "그러므로 진실한 경물(眞景物)과 진실한 감정(眞感情)을 함께 드러내는 것을 가리켜 경계가 있다고 하고, 그렇지 않은 것을 경계가 없다고 한다"[84] 라고 말하였는데, 이 말로 미루어 보면 진실한 경물과 진실한 감정이 합치되는 상태가 곧 불격의 상태 또는 정경교융의 상태이다. 나아가 그는 또한 "모든 말이 바로 눈앞에 있으면 곧 불격이라고 할 수 있다"[85]라고 주장하였는데, 이는 심미적인 의상을 눈앞에 있게 하는 것, 즉 목전目前에 현시되게 하는 것이 곧 자연적인 공간의 거리뿐만 아니라, 문화적-심리적인 공간의 거리도 소거할 수 있음을 강조하는 것이다. 이렇게 보면 왕국유가 제기한 격은 곧 현실에서 주체와 세계의 대립으로 드러난 문화적-심리적 공간의 거리를 가리키는 것이고, 불격은 곧 그러한 거리가 소거된 상태를 의미하는 것이다. 그리고 '진실한 감정과 진실한 경물을 함께 드러낸다는 것'은 곧 심미적 공감을 통해 정감과 대상의 합치를 이룩함으로써, 세계와 주체의 합일을 구현하는 것이다. 이리하여 의경은 현실적인 초월성을 갖춘 것으로 이해되면서 심미 공간을 창출할 수 있는 핵심으로 정착되었다.

마지막으로 중화미학은 심미를 일종의 감흥론感興論 또는 흥정론興情論으로 규정한다. 그리고 이와 같은 감흥은 심미적 공간에서 일어나는 것이고, 그것은 외부 사물이 주체를 감동하는 측면과 주체가 외부 사물에 감응하는 측면을 모두 포함한다. 나아가 중화문화에서 사물이 존재하는 외부 세계는 죽어 있는 세계가 아니라, 생명을 지닌 주체이다. 그러한 문맥에서 동질적인 생명성(氣)을 지닌 주체와 외부 세계는 서로 소통하는 가운데 천인합일의 경지를 이룩할 수 있다. 이에 관해 장자는 사회와 문화적인 공간의 지장을 소거하여 자연적인 공간으로 진입함으로써 주체와 사물의 합일을 이루는 자유의 경지, 즉 소요의 경지를 지향하였고, 도가의 미학은

---

84) 王國維, 『人間詞話』, "故能寫眞景物, 眞感情者, 謂之有境界. 否則謂之無境界."
85) 王國維, 『人間詞話』, "語語都在目前, 便是不隔."

이러한 기반 위에서 윤리적인 공간을 제거하는 것을 심미적 공간이 성립할 수 있는 전제로 삼았다.[86]

한편 유가의 미학은 심미를 윤리적인 공간에서 실현할 수 있는 자유의 상태로 규정하였다. 이에 따르면 문화적으로 강조된 인애仁愛정신의 승화가 바로 아름다움이다.[87] 이리하여 유가에서 말한 심미는 곧 만물에 대한 윤리적 공감을 의미하는 것이라고 할 수 있다. 시에 관해서 공자는 "시에서 정감을 일으킨다"(興於詩)[88], "시는 정감을 일으킬 수 있다"(詩, 可以興)[89] 등의 말을 남겼는데, 여기에서의 일으킨다, 즉 흥興은 단순히 주관적인 감정에 제한되는 것이 아니라, 세계가 주체에게 주는 자극과 주체가 세계를 대상으로 감응한 바를 모두 아우르는 것이다. 나아가 유협은 흥정론을 집중적으로 전개하면서 정감의 흥기가 곧 사물에 대한 감응을 기반으로 삼는 것이라고 규정하였다.[90] 끝으로 종영鍾嶸도 감물설感物說을 긍정하면서 "기가 사물을 움직이고, 사물이 인간을 감동하기 때문에, 성정性情이 흔들려 그것이 춤이나 읊조림으로 드러나게 된다"[91]라고 말하였다. 이렇게 보면 사물에 감응하여 정감을 일으키는 것(感物興情)이 곧 인륜적인 공간을 심미적인 공간으로 전환한 것이고, 그것이 바로 유가적인 의미에서의 주체와 세계가 화해를 이룬 자유로운 공간이다.

요컨대 공간이라는 것은 주체와 세계의 관계를 규정하는 현실적인 구조이지만, 심미적인 공감을 통해 현실적인 공간 구조를 무화하는 것이 중화심미현상학에서

---

86) 『莊子』, 「知北遊」, "天地有大美而不言, 四時有明法而不議, 萬物有成理而不說. 聖人者, 原天地之美而達萬物之理. 是故至人無爲, 大聖不作, 觀於天地之謂也."

87) 『論語』, 「里仁」, "子曰, '里仁爲美.'"; 『荀子』, 「樂論」, "故樂行而志淸, 禮修而行成, 耳目聰明, 血氣和平, 移風易俗, 天下皆寧, 美善相樂." 등 참조.

88) 『論語』, 「泰伯」, "子曰, '興於詩, 立於禮, 成於樂.'"

89) 『論語』, 「陽貨」, "子曰, '小子! 何莫學夫詩? 詩, 可以興, 可以觀, 可以群, 可以怨. 邇之事父, 遠之事君. 多識於鳥獸草木之名.'"

90) 劉勰, 『文心雕龍』, 「物色」, "情以物遷, 辭以情發.";「物色」, "是以詩人感物, 聯類不窮.";「銓賦」, "原夫登高之旨, 蓋睹物興情. 情以物興, 故義必明雅, 物以情觀, 故詞必巧麗.";「明詩」, "人稟七情, 應物斯感, 感物吟志, 莫非自然.";「神思」, "故思理爲妙, 神與物遊." 등 참조.

91) 鍾嶸, 『詩品』, 「序」, "氣之動物, 物之感人, 故搖蕩性情, 行諸舞詠."

강조하는 현상성이라고 할 수 있다.

3. 현대 시간성 미학으로의 전환

중화미학은 전현대성을 지니고 있으므로, 그것의 공간성은 천인합일의 고전적인 형태에 머물러 있었다. 그러한 까닭에 중화미학은 정경교융이라는 심미적인 이상에 그치고, 더욱 풍부하고 깊이 있는 사회－문화－미학적 내용을 산출하지 못하였다. 그러다가 현대성이 중국에 도입된 후, 고전적인 공간성의 의식은 해체되기 시작하였고, 공간성의 미학도 종말을 맞이하여 현대성을 지닌 시간성의 미학으로 전향하게 되었다.

고전적인 공간성의 해체는 다른 문명과의 충돌로 인해 생겨났다. 19세기 중엽, 서구 열강이 중국에 침입하자 중국인은 오랑캐(四夷)와 다른 문명을 지닌 민족을 만나게 되었고, 이로 인해 화하중심주의華夏中心主義가 무너지면서 다양한 계몽운동이 일어나 전통적인 천인합일의 관념이 해체되기 시작하였다. 서양과의 만남은 "삼천 년의 역사에서 있지 않았던 큰 변국"(三千年未有之大變局)[92]인 만큼, 중국인은 이를 통해 경제－문화－기술적인 수준의 차이를 실감하여 정지된 공간성 대신 발전적인 시간성의 의식을 갖게 되었다. 이리하여 시간성은 공간성을 대체하여 현대성을 지향하는 사조를 낳았다. 이와 같은 역사적 배경에서 심미도 일종의 특수한 생존 방식과 체험 방식으로서, 시간성의 방식으로 전개되기 시작하였는데, 이러한 경향은 현대적인 시간성의 미학을 정초하는 동시에 고전적인 공간성의 미학을 해체하였다.

중국의 현대미학은 현대성을 지닌 시간관념의 기초 위에서 세워졌다. 올더스 헉슬리(Aldous Huxley)가 『진화와 윤리』(Evolution and Ethics)를 통해 다윈(Darwin)의 진화

---

92) 李鴻章, 「復議制造輪船未可裁撤折」, "臣竊惟歐洲諸國, 百十年來, 由印度而南洋, 由南洋而中國, 闖入邊界腹地, 凡前史所未載, 亘古所未通, 無不款關而求互市. 我皇上如天之度, 概與立約通商, 以牢籠之, 合地球東西南朔九萬里之遙, 胥聚於中國, 此三千餘年一大變局也."

론을 세상에 알리자, 진보적인 역사 관념이 중국에서도 싹트기 시작하였다. 강유위康有爲는 공자의 학문을 새롭게 해석하면서 '공양삼세公羊三世'라는 학설을 제기하였는데, 이에 따르면 역사는 더 이상 한 번 다스려지고 한 번 어지러워지는 일치일란의 순환적인 과정으로 진행하는 것이 아니라, 대동세大同世─난세亂世─승평세昇平世라는 진보적인 단계를 거치면서 발전하는 것이다. 이와 같은 생각은 서양 진화론을 중국식으로 변형한 것이고, 현대성의 시작이라고 말할 수 있다. 그러다가 5·4 계몽운동 시기에 이르러, 공간성이 시간성으로 대체되면서 중화문화와 서양문화의 차이는 지역적인(공간적인) 문화의 차이가 아니라, 고전문화와 현대문화의(시간적인) 차이로 간주되기 시작하였다. 이리하여 예술적인 분야에서도 현대예술의 형식이 점차 고전적인 예술형식을 밀어내기 시작하였는데, 이는 고전 예술에 속한 시詩, 문文, 화畵 등 표현예술과 서정예술抒情藝術이 현대의 소설, 희극, 영화 등 재현예술과 서사예술敍事藝術로 대체되는 현상으로 드러났다. 이 시기의 예술은 예술형식의 서정적인 역할보다 그것이 지닌 사회적─인식적─역사 해석적 기능을 더욱 강조하였고, 이러한 변화가 공간성의 미학이 시간성의 미학으로 전향하는 실천적 기초를 마련하였다. 예술적 사조는 현대성의 산물이며, 그것은 시간성에 대한 자각을 기반으로 생겨났는데, 바로 이러한 점이 심미가 지닌 현대성을 가늠하는 기준이 되었다. 그러한 배경에서 5·4운동 시기에 계몽주의 예술 사조가 일어났고, 그 이후에는 혁명적 고전주의, 사회주의적 현실주의, 낭만주의, 현실주의, 현대주의 등 예술 사조가 거의 동시다발적으로 등장하였다.

현대성을 지닌 시간관념이 정초되면서 고전적인 공간성의 미학은 현대적인 시간성의 미학으로 변모하였다. 19세기 말, 양계초梁啓超는 시계혁명詩界革命, 문계혁명文界革命, 소설계혁명小說界革命을 포함한 삼계혁명三界革命 운동을 제기하였다. 이에 따르면 고전 예술은 사상적인 내용과 언어사용의 형식이라는 두 측면에서 모두 지금 시대의 요구에 부합될 수 없으므로, 반드시 새로운 예술형식으로 대체되어야 한다. 그중에서 양계초는 특히 소설이 지닌 사회적인 기능을 강조하였다. 즉 그는 소설이 사회를 변혁시키고 사람들의 의식을 변화시키는 역할을 지니므로, 저속한 예술이 아니라, 고아한 정통예술로 받아들여져야 한다고 주장하였다. 이러한 생각의 배경에서 서사예술(시간성의 예술)은 점차 서정예술(공간성의 예술)을 대신하여 중국 심미 활동의 주도적인 영역으로 정착하게 되었다. 이와 더불어 5·4운동 이후에 발전한 계몽주의 사조는 새로운 문예관을 추진하였는데, 그것이 바로 '백화문白話文의 혁명'이라고 불리는 문학혁명이다. 이와 같은 백화문의 혁명은 단지 언어적인 영역에 한정된 혁명이 아니라 문체와 예술사상 전반에 걸친 혁명이니만큼, 그것은 현대적인 언어관과 예술관이 고전적인 것보다 진보된 것이라는 점을 확고한 전제로 정립하였다. 이와 관련하여 진독수陳獨秀는 『문학혁명론文學革命論』에서 "우리는 무엇보다도 낡은 시대의 과장된 고전문학을 물리치고, 신선하고 진실성 있는 사실寫實 문학을 새롭게 구축하여야 한다"라고 주장하였다.

5·4운동 이후, 중국이 소련에서 역사유물론歷史唯物論의 사상을 수용하면서, 진보적-발전적 역사관은 주류 사상으로 정착하게 되었다. 그러한 배경에서 심미 영역에서도 사회혁명과 진보적인 발전관을 강조하는 반영론反映論과 의식형태론意識形態論이라는 미학 사조가 등장하였다. 그래서 예술은 역사적인 진보를 반영하고 추동하는 활동으로 간주되는 한편, 그 자체도 이러한 사조 속에서 나름의 발전을 이룩하였다. 이와 더불어 문예는 마땅히 무산계급의 사상을 대변하여야 한다는 의식도 제기되면서 의식형태론의 미학이 더욱 풍부한 내포를 지니게 되었다. 그러나 이와 같은 혁명성을 강조하는 시간성의 미학은 문화대혁명文化大革命 시기에 극단으로 치닫게 되었는데, 그 과정에서 모든 예술은 봉건주의나 자본주의의 산물로 취급되어 제거의 대상으로 전락하였다.

문화대혁명이 지나고, 개혁개방改革開放의 신시기에 이르게 되면서 현대성을 되찾으려는 예술 활동이 다시 부각하였다. 그래서 계몽주의, 낭만주의, 현실주의, 현대주의, 심지어 포스트모더니즘의 예술 사조가 다시금 나타나, 미학은 전성시대를 맞이하게 되었다. 그러한 과정에서 계몽주의 이성을 기초로 삼는 실천미학이 가장 먼저 주류의 자리를 차지하였다. 시간성의 미학으로서의 실천미학은 인류의 역사적 실천을 중시하고, 미를 실천의 산물로 규정하며, 그것을 기반으로 인간이 자유로운 심미의 왕국에 도달할 수 있다고 강조한다. 이러한 문맥에서 보면 실천미학은 일종의 주체성에 치우친 시간성의 미학이라고 할 수 있다. 실천미학에 이어 후실천주의 미학이라는 사조가 등장하면서 시간성의 미학은 더욱 팽창한 형태로 발전하였다. 그러나 이와 더불어 포스트모더니즘의 사조도 등장하게 되었는데, 그것을 계기로 중화미학은 서양에서 성행한 신체미학, 일상미학 등 공간성의 미학사상을 다시 수용하게 되었다. 비록 이 과정에서 서양의 현대미학에 맞서 중국의 전통적 공간미학을 부흥하려는 운동도 있었지만, 그러한 운동은 대부분 서양의 사상을 무조건 배제하는 태도를 지니므로 일종의 고전적 복벽復辟운동에 가까운 것이어서 큰 호응을 받지 못하였다.

제3절 중화심미현상학의 특징과 현대적 의의

1. 중화심미현상학의 고전성

중화심미현상학은 고전성古典性을 지니므로, 고전 현상학에 속한다. 즉 그것은 현대철학에서 강조한 의식과 대상의 동일성이 아니라 고전철학에서 주장한 천인합일天人合一의 관념을 기반으로 정립되었다는 것이다. 앞선 논의에 따르면 의식과 대상의 동일성은 주체와 세계의 공동존재(Mitsein)에 기반하며, 그것은 현실 생존을 초월한다. 그래서 주체와 세계의 동일성 구조에서 규정된 현상은 존재의 현시로서 직관성, 간주관성(Intersubjektivität), 초월성 등을 지닌다. 따라서 존재와 생존의 본체론적 차이로 인해, 현상학에서의 '현상'은 사물의 표상적인 현현이 아니라, 초월적인 노력을 통해서만 현시될 수 있는 것이다.

중국에서 제기한 천인합일의 사상은 인간과 세계, 현상계와 본체계를 분리하지 않았기 때문에, 몽매성蒙昧性을 지닌 철학 관념이라고 할 수 있다. 그러한 까닭에, 이와 같은 철학사상에는 도道와 기器를 일체로 삼는 도기일체道器一體, 간주관성,

직관성 등 현상학적 특징이 있지만, 여전히 전현대성을 지니므로 현대적 이성에 걸맞은 철학사상이라고 할 수 없다. 특히 중국의 고전철학은 도기일체 이외에도 도가 일상적인 쓰임에서 벗어나지 않는다는 점을 강조하고 있는데, 이는 존재와 생존을 '직접적으로' 통일하는 것으로서, 존재의 참된 본성(本眞性)과 생존의 특수성을 제대로 드러내지 못하는 결함을 함축하고 있다.

고전철학의 기초 위에서 세워진 중화심미현상학도 경험적 대상을 심미적 대상과 직접적으로 통일하는 특징을 지니고 있다. 즉 그것은 표상을 직접 현상으로 삼아 현상과 심미의 초월성을 충분히 드러내지 못한다. 예를 들어 중화심미현상학은 자연에 관한 심미 활동을 논증하는 과정에서, 정감과 경물이 융합되는 정경교융(情景交融)의 현상을 표현할 때, 둘 사이의 간주관성을 자유로운 초월이 아니라 기(氣)에 따른 감응과 발현의 과정으로만 설명하고 있다. 그 연장선상에서 중화미학은 예술과 심미 활동을 논증할 때도 그것을 도를 체득하는 과정, 즉 체도(體道)의 과정이라고 규정하였다. 그러나 유가는 도를 도덕법칙이라고 주장하면서 예술을 도덕과 직접 통일하였고, 도가는 자연주의 환원론의 입장에서 심미를 직접 스스로 그러한 자연 상태로의 복귀로 규정하면서, 심미가 지닌 존재 이해의 의의를 은폐하였다.

나아가 중화심미현상학은 직관적인 체오(體悟)를 체도의 방법으로 규정하였다. 그러나 이는 발견된 논리(發見的 邏輯)에 속하는 것이지 증명된 논리(證明的 邏輯)는 아니다. 발견된 논리와 증명된 논리에는 큰 차이가 있는데, 전자는 현상학에 속하고, 후자는 존재론에 귀속된다. 중화미학에는 발견된 논리가 있고, 증명된 논리가 결핍되어 있으므로, 대부분 경험적인 진술에 의존하여 심미의 본질과 체도의 과정을 묘사하는 경향이 있다. 그중에서 오직 『문심조룡』에만 심미의 본질을 논리적으로 증명하려는 시도가 있는데, 그것도 충분한 것이라고 말할 수 없다. 왜냐하면 그러한 증명은 한편으로는 비이성적인 전제에 기반하여 도의 규정을 설정하였고, 다른 한편으로는 구체적인 미학관점을 증명할 때 논리적인 수단이 아니라 예술적인 경험에 의존하였기 때문이다. 따라서 중화심미현상학에는 어느 정도의 합리성을 함축하고 있지만, 여전히 전현대적이고 비이성적이라는 결함을 지니고 있다.

그럼에도 불구하고 중화심미현상학에는 여전히 중요한 의의가 내포되어 있다. 특히 그것은 매우 이른 시기에 정감적 현상학의 특징이 있는 심미현상학을 정초하였기 때문에, 서양의 현대미학과 평등하게 대화할 수 있는 계기를 마련하였을 뿐만 아니라, 그러한 대화를 통해 현대미학을 다시 확립하는 사상적 자양분을 제공하였다.

2. 중화심미현상학의 특징과 현대적 의의

서양의 심미현상학에 비해, 중화심미현상학은 공간성이라는 특징 이외에 또한 네 가지 특징을 지니고 있다. 즉 첫째는 간주관성의 특징이고, 둘째는 정감성情感性의 특징이며, 셋째는 인문성人文性의 특징이고, 넷째는 신심일체성身心一體性의 특징이다. 이러한 특징들은 서양심미현상학의 결함을 보완할 수 있을 뿐만 아니라, 동서미학의 상호 소통 및 융합을 추진할 수도 있다.

첫째, 중화심미현상학은 간주관성을 지닌 미학사상이다. 후설에 의해서 창설한 서양현상학은 단일한 방향의 지향성(Intentionalität)을 기반으로 한 주체성 현상학이다. 즉 그것은 의식이 '단일한' 대상을 지향하고, 현상이 순수의식(Reines Bewuβtsein)의 구성물이라는 점을 강조한다. 그러한 까닭에 서양의 심미현상학도 심미 대상을 단일한 지향성을 지닌 의식의 구성물이라고 규정하기 때문에, 주체성의 심미현상학이라고 할 수 있다. 후설의 뒤를 이은 셸러는 간주관성의 경향이 함축된 정감적 심미현상학을 제기하였다. 그에 따르면 인간은 내적 지각(Innere Wahrnehmung) 속에서 이미 자아의 존재뿐만 아니라, 타인의 존재까지도 긍정하고 있다. 나아가 그는 자아와 타인의 간주관적인 관계를 이어 주는 것이 곧 공감(Einfühlung)임에도 불구하고 현대 사람들이 그것을 외면한 채 "타자는 누구인가?"보다 "타자는 무엇인가?"에 더 집착한다고 비판하였다. 그러다가 뒤프렌느의 심미현상학에 이르러 심미 대상은 비로소 '유사 주체'(准主體)의 성격을 지니게 되었다. 그러나 그는 한편으로는 심미의 간주관성을 인정하면서도, 다른 한편으로는 미를 선험적인 정감에만 귀속하였기 때문에, 간주관적인 심미론의 이론을 철저하게 구축하지 못하였다. 마지막으로 후기 하이데거는 천天, 지地, 인人, 신神이 공동존재를 이룬 '세계상놀이'(weltspiel)의 사상을 제기함으로써, 간주관성의 개념을 본격적으로 정초하였지만, 그의 이론도 아직 여전히 미완성의 상태에 있다.

중화심미현상학은 일찍이 간주관성의 사상을 제기하였다. 다시 말해, 중화미학에서 말한 감흥론感興論은 단일 방향의 지향성만을 지닌 서양미학과 달리, 주체와 사물 사이의 상호 지향성을 강조한다. 이러한 사상에 따르면 심미 활동 속에서 주체와 대상은 모두 주체이며, 둘은 정감적인 소통을 통해 융합의 상태에 이를 수 있다. 그래서 중화미학에서 심미 대상은 진정한 의미에서의 현상학적 현상, 즉 의상意象으로서 현시될 수 있고, 그것은 객관적 물상物象도 아니고 주관적 의지도 아니라 둘의 통일이다. 이리하여 중화심미현상학은 간주관성을 지닌 것으로, 서양 미학보다 일찍이 심미현상의 본질을 게시하는 데 성공하였으므로, 현대미학의 중요한 사상적 자양분으로 활용될 수 있다.

둘째, 인간의 인지성認知性을 기반으로 구축된 서양의 현상학과 달리, 중화 심미현상학은 정감성을 강조하는 정감론의 현상학이다. 후설은 자신이 창설한 인지현상학을 '엄밀한 학으로서의 철학'(Philosophie als strenge Wissenschaft)이라고 규정하였고, 현상학적 본질직관(Wesensanschauung)은 정감성을 배제하여야 한다고 주장하였다. 그러나 그의 뒤를 이은 셸러는 인지현상학의 한계를 보완하여 정감론의 현상학 모델을 암시적으로 제시하였는데, 특히 그는 정감적 체험을 현상학에 도입함으로써 정감도 지향성의 기능을 지닐 수 있다고 강조하였다. 나아가 하이데거는 실존철학의 기초 위에서 현상학을 개진하였다. 그러한 과정에서 그는 생존의 기본적인 정서인 불안(Angst)으로 직관을 대체하여 존재의 의의를 파악하고자 하였는데, 그 결과로 현상학의 지향성이 정감적 체험의 성질을 지니게 되었다.

이와 같은 논의를 기반으로 서양의 심미현상학은 정감을 어느 정도 수용할 수 있는 형태로 변모하였지만, 여전히 인지현상학에 치중된 경향을 지니고 있다. 특히 그것들은 대부분 정감적인 논의를 외면한 채 심미적인 의상을 심미적인 지각에 따른 산물로 규정하였는데, 잉가르덴(Ingarden)이 정감 대신 인지적 직관으로써 예술의 구조를 분석한 것이 그 대표적인 사례이다. 실제로 이러한 인지적 심미현상학의 경향은 오직 뒤프렌느에 이르러 어느 정도 수정되었다. 그는 정감을 심미적인 지각의 내용으로 규정하고, 이에 기반하여 선험적인 정감론을 구축하였는데, 그에 따르면 정감에도 지향성과 본질직관의 성질이 있으므로, 심미 주체와 유사 주체인 대상을 소통시킬 수 있다.

후세에 이르러서야 정감적인 요소를 수용한 서양의 미학이론과 달리, 중화미학은 그 시작부터 정감론의 현상학을 구현하였다. 중화철학은 천도天道를 본체로 삼고, 그것이 곧 인도人道임을 강조하였다. 그리고 중화철학은 천도가 인도로 구현된 것을 가리켜 성性이라고 부르고, 성이 또한 정情으로 전환될 수 있음을 주장함으로써, 동정론同情論을 기반으로 한 정감론의 현상학을 구축하였다. 나아가 이와 같은 현상학에서는 감흥을 지향성에 해당한 개념으로 규정하였는데, 여기에서의 감흥은 주체가 정감을 통해 세계와 소통하여 형성된 정감적 의상을 의미한다. 이와 더불어 중화미학은 현상학의 본질직관을 정관情觀, 즉 일종의 정감적 체험으로 규정하고, 현상을 주체의 정감과 사물이 소통한 결과, 즉 심미적인 의상으로 파악하였다.

중화미학에서 도가는 정감이 개입하지 않는 직관적 체오를 강조한다. 이에 관해 노자는 무욕無欲, 장자는 무정無情의 개념을 각각 제시하였다. 그러나 이와 같은 무정이나 무욕을 통해 수행되는 직관은 인간의 본성에 기반한다. 그리고 이러한 본성은 또한 정감을 철저히 배제할 수 없으므로, 도가의 무정론은 일관적으로 유지될 수 없다. 그래서 도가의 무정론은 후세에 이르러 마침내 유가의 유정론有情論으로 편입하게 되었다. 그러나 유가의 유정론에 편입되기 이전에도, 도가는 심미적인 체험에 대해 논의할 때, 정감을 인정한 적이 있다.[93] 따라서 도가가 강조한 무정에 관해서, 그것은 정감 자체를 완전히 부정한 것이라기보다는 정감이 없는 정감, 즉 일종의 한적하고 담백한 정감 상태로 이해하는 것이 적절하다.

---

93) 『莊子』, 「天運」, "聖也者, 達於情而遂於命也. 天機不張而五官皆備, 此之謂天樂, 無言而心說……樂也者, 始於懼, 懼故祟. 吾又次之以怠, 怠故遁, 卒之於惑, 惑故愚, 愚故道, 道可載而與之俱也."

유가는 인간의 정감을 기반으로 윤리적인 체계를 구축하였는데, 이에 따르면 인간과 세계의 일체성은 정감을 통해 맺어지므로, 세계에 대한 인간의 체오도 정감을 매개로 이루어진다. 그러다가 유가의 사상이 주류 사상으로 정착되자, 중국의 심미현상학도 정감을 중심으로 한 감흥론——또는 興情論——을 기반으로 전개되었는데, 여기에서의 감感은 마음이 외물에 의해 감동되는 과정을 의미하고, 흥興은 외물에 반응하여 정감이 실제로 일어나는 상태를 가리킨다. 나아가 이와 같은 감흥론과 흥정론은 후세에 이르러 심미적인 동정론의 기초 위에서 다시 다듬어짐으로써, 중화심미현상학의 주된 형태 즉 동정론의 미학으로 발전하게 되었다. 동정론의 미학에 따르면, 심미적인 영역에서 주체와 사물은 모두 정감을 지닌 존재이므로, 그것들은 정감적인 상호 추동을 통해 자아와 사물의 일체성을 이룩할 수 있다.

더 나아가 중화심미현상학에서 제기한 의상과 의경意境 개념도 인지적 내용을 갖춘 서양의 형상(form) 개념과 달리 정감적 내포를 지니고 있다. 예를 들어 당唐대의 은번殷璠이 내세운 흥상興象 개념은 곧 의상 개념에서 파생된 것이다. 그리고 이러한 흥상 개념은 정감이 일어난다는 흥과 물상을 뜻하는 상象을 결합한 것으로서, 의상이 지닌 정감적인 내포를 강조한 개념이라고 할 수 있다. 마찬가지로 의경 개념에도 정감성이 있으므로, 왕국유王國維는 그것의 가장 두드러진 특징 중 하나가 진실한 정감, 즉 진정감眞情感이라고 주장하였다.[94]

동정론을 기초로 삼아 정경교융을 형성하는 예술적 이념은 중국의 정감론 현상학을 정립하였다. 서양의 현상학은 직관과 이해를 매개로 사물과 주체를 소통하는 것과 달리, 중국의 심미현상학은 정감을 같이함, 즉 동정을 통해 사물과 주체를 통일한다. 중화미학의 감흥론이 바로 이러한 심미적 동정론의 기초 위에서 세워진 것인데, 이에 따르면 심미 영역에서 만물은 모두 정감을 지닌 존재이므로, 주체와 만물은 정감적인 상호 추동을 통해 일체성을 이룩하여 심미적 의경을

---

94) 王國維, 『人間詞話』, "境非獨謂景物也. 喜怒哀樂, 亦人心中之一境界. 故能寫眞景物, 眞感情者, 謂之有境界. 否則謂之無境界."

창출할 수 있다. 이에 관해 심미동정론의 집대성자라고 알려진 왕부지王夫之는 "군자君子의 마음은 천지와 정감을 함께하는 것(同情)이 있고, 금수와 물고기, 나무와 풀과 정감을 함께하는 것이 있으며, 여인과 소인小人과 정감을 함께하는 것이 있고, 도와 정감을 함께하는 것이 있다.…… 그러한 정감을 모두 얻어 헤아려서 쓰게 되면, 크게는 천지의 변화를 체득할 수 있고, 작게는 금수와 물고기, 나무와 풀의 기미까지 모두 갖출 수 있다"[95]라고 말하였고, 청대의 주정진朱庭珍은 "…… 그러면 사람의 성정性情으로 산수山水의 성정과 회통할 수 있고, 사람의 정신으로 산수의 정신과 회통할 수 있으며, 더불어 천지의 성정, 정신과 회통하고 서로 합치할 수 있다"[96]라고 말하였다. 나아가 정경교융의 간주관성에 관해 왕부지는 더욱 구체적인 문맥에서 "정감과 경물은 둘이라고 이름하지만, 실제로 서로 분리될 수 없다. 시의 신묘함은 둘이 절묘하게 합치되어 아무런 자취도 없음을 말한다. 그중에서 정교함이란 정감 속에 경물이 있고, 경물 속에 정감이 있음을 말한다"[97]라고 말하였고, "무릇 경물과 정감은 서로 융합되어 있고, 정감은 경물을 통해 생겨난다. 둘은 애초부터 갈라진 것이 아니고, 모두 뜻을 적합하게 표현하기 위해서 융합되어 있는 것이다. 만약 둘을 말뚝처럼 절단하면 정감은 일으키기에 부족하고, 경물도 그 경물이 아니게 된다"[98]라고 말하였다. 여기에서 왕부지는 정감과 경물, 주관과 객관의 분리를 반대하며, 둘 사이의 상호적인 감응 관계를 분명히 강조하고 있다.

다음으로, 예술창작론의 측면에서 중화미학은 예술 활동이 감성적인 인식이 아니라, 주체가 사물을 체험하는 과정이라고 주장한다. 예를 들어 유협劉勰은 "정신

---

95) 王夫之, 『詩廣傳』, 「召南」, "君子之心, 有與天地同情者, 有與禽魚鳥木同情者, 有與女子小人同情者.……悉得其情, 而皆有以裁用之, 大以體天地之化, 微以備禽魚草木之幾."
96) 朱庭珍, 『筱園詩話』, 卷一, "則以人之性情通山水之性情, 以人之精神合山水之精神, 竝與天地之性情, 精神相通相合矣."
97) 王夫之, 『薑齋詩話』, 「評岑參首春渭西郊行呈藍田張二主簿」, "情景名爲二, 而實不可離. 神於詩者, 妙合無垠. 巧者則有情中景, 景中情."
98) 王夫之, 『薑齋詩話』, 「夕堂永日緒論內篇」, "夫景以情合, 情以景生, 初不相離, 惟意所適. 截分兩橛, 則情不足興, 而景非其景."

이 사물과 함께 노닌다"[99]라고 주장하였는데, 이는 곧 주체와 창작 대상 사이의 소통 및 체험의 관계를 강조한 것이다. 마찬가지로 예술의 수용론이라는 측면에서 중화미학은 예술 활동이 곧 주체와 작품 사이의 대화, 소통이라고 점을 강조하는데, 예를 들어 맹자孟子의 이의역지설以意逆志說[100]과 유협의 지음설知音說[101]은 모두 주체와 작품의 정감적인 합치에 주목하여야 한다는 점을 역설한 것이다. 요컨대 중화미학은 서양미학과 달리, 일찍이 공간적인 한계를 넘어선 정감을 기반으로 사물과 주체가 통일을 이루는 현상, 즉 심미적 의상을 구현하였다.

끝으로, 중국 현대 미학자 종백화宗白華는 중화철학의 천인합일사상을 계승하는 동시에 쇼펜하우어의 '생의지'(Wille Zum Leben)와 베르그송(Bergson)의 '생명의 도약(Elan Vital) 개념을 수용하여 자신만의 우주관을 구축하였다. 그에 따르면, 심미의 영역을 포함한 세계는 생명과 활력을 지닌 공간이고,[102] 그러한 우주적인 활력 공간을 기초로 우리는 새로운 심미동정론을 구축할 수 있다. 이와 같은 심미동정론은 모든 존재가 지닌 활력을 통해 주체와 사물의 동일성을 구현하고자 하는데,[103] 그것은 서양미학에서 제기한 주체가 능동적으로 객체를 향해 감정을 주입하는 감정이입설(移情說)과 달리, 주체와 사물 사이의 간주관성을 기반으로 삼고 있다.

중화미학의 동정론은 정감론의 현상학을 처음 정초한 이론으로서, 현대 현상학의 새로운 발전에도 기여할 수 있다. 서양의 현상학은 인지적인 역량을 강조함으로써 본질직관을 통해 현상의 본질을 포착할 수 있다고 주장하지만, 그것은 인간이 지닌 또 다른 측면의 역량, 즉 정감적 체오의 능력을 외면하고 있다. 실제로 심미현상학에서 말한 지향성과 본질직관은 인지적인 체험뿐만 아니라 정감적인 체험도 포함하기 때문에, 심미적인 체험은 마땅히 인지적인 이해와 정감적인 체험을 모두 아울러야 한다. 따라서 심미적인 이해와 정감은 분리되는 것이 아니라, 서로 의존적

---

99) 劉勰, 『文心雕龍』, 「神思」, "故思理爲妙, 神與物游."
100) 『孟子』, 「萬章上」, "故說詩者, 不以文害辭, 不以辭害志, 以意逆志, 是爲得之."
101) 劉勰, 『文心雕龍』, 「知音」 참조.
102) 宗白華, 『宗白華全集』 第1卷(安徽教育出版社), p.310 참조.
103) 宗白華, 『宗白華全集』 第2卷(安徽教育出版社), p.523 참조.

인 관계에 놓여 있으면서도 함께 심미적인 의상을 창출하는 것으로 이해되어야 한다. 이렇게 되면, 중화심미현상학에서 제시한 정감론은 서양심미현상학의 인지 중심주의적 경향을 보완할 수 있고, 또한 반대로 서양의 심미현상학은 중화심미현상학에 정밀한 인지적 논리를 제공할 수 있다. 이리하여 중국과 서양의 미학은 상호 보완적인 관계에서 소통하여 현대철학과 미학이론을 더욱 높은 차원에서 구현할 수 있다.

셋째, 중화심미현상학의 특수성은 또한 그것이 지닌 인문성에서 드러난다. 후설은 현상학을 '엄밀한 학으로서의 철학'이라고 규정하고, 그것을 '세계관의 철학'(Philosophie der Weltanschauung)과 구분하였다. 이와 같은 규정은 실제로 현상학의 인문성을 배제한 것으로, 후설사상의 치명적인 약점 중의 하나라고 평가된다. 한편, 중화심미현상학은 인지성보다 정감성을 중시하므로, 인문성을 내포한 학문이라고 할 수 있다. 그리고 이러한 인문성은 무엇보다도 중화심미현상학이 지닌 개체성에서 드러난다.

서양의 현상학은 의식이 현상학적 환원(phänomenologische Reduktion)을 거쳐 현상학적 잔여(Phänomenoligisches Residuum) 또는 순수의식의 상태로 되돌아감으로써, 사물의 본질을 파악하는 것을 지향한다. 그러나 여기에서의 순수의식은 비개체적이고 추상적인 일반 의식이므로, 그것의 대상 즉 현상도 비개체성을 지닐 수밖에 없다. 그래서 순수의식에 기반하여 획득한 현상의 본질도 비개체성을 지닌 것이 된다. 그러나 진정한 현상은 존재와 마찬가지로 개체성을 지닌 것이어야만 한다. 그리고 그러한 현상에 따른 보편성도 개체성을 기반으로 형성된 보편성이어야 하는데, 왜냐하면 진정한 현상이 지닌 개체성에는 초월적인 자유성이 보장되며, 그러한 초월적 자유성이 필연적으로 보편성으로 이어지기 때문이다.

중화현상학에 따르면, 현상학적 환원 속에서 자아는 보편적인 자아가 아니라 개체성을 지닌 자아이고, 의식도 일반적인 선험적 의식이 아니라 개체성을 지닌 의식이다. 초기의 유학에서 제기된 인성론은 인仁을 본질로 삼기 때문에, 일반적인 인성人性을 강조한 것이라고 할 수 있다. 그리고 송명리학宋明理學에 이르러 이러한 인성론은 여전히 보편적이고 일반적인 인성을 기반으로 삼고 있기 때문에, 개체성을 지닌 것이라고 할 수 없다. 그러나 명대 중후기부터 유가와 도가의 사상이 합류되어, 개체성의 사조가 점차 부각되기 시작하였다. 예를 들어 이 시기의 심미현상학에서 강조한 환원은 곧 진아眞我, 동심童心, 성정 등의 상태로 되돌아가는 것을 의미하는데, 그것들은 예외 없이 개체성을 기반으로 사물과 주체의 동일성을 성취하려는 개념들이다. 따라서 중화심미현상학은 일반성과 보편성에서 시작되었지만, 최종적으로 개체성으로 귀결된 것이라고 할 수 있다.

나아가 중화철학에서의 상象 개념은 본래 보편적인 도를 체현하는 형식으로 인식되었다. 그러나 의상 개념의 제기로 인해, 중화미학의 현상성은 개체성과 보편성을 함께 지니게 되었다. 실제로 장자가 언급한 "아침 햇살과 같은 경지에 도달한 이후에는 홀로 우뚝 선 도를 볼 수 있었다"(朝徹而後能見獨)[104]라는 말에서 이미 현상학적 직관의 개체성이 암시되었는데, 그것이 유협에 이르러 심미적인 의상의 개체성과 창조성을 부각하는 데 실제로 적용되었다.[105] 나아가 이지李贄는 동심을, 원굉도袁宏道는 성령性靈을 주장하였는데, 이것들은 모두 예술창작에서 심미적인 의상이 지닌 개체성의 중요성을 강조하는 것이다. 일반성을 지닌 물상 또는 표상과 달리, 의상은 개체성에 따른 산물이며, 그것은 개체의 정감과 인식을 포함한 심미적 이상의 표현이다. 왜냐하면 자유로운 생존 방식과 초월적인 체험 방식으로서의 심미는 개체적으로 현실 생존과 체험을 극복한 결과이고, 그에 따른 주체와 객체의 통일도 개체성을 기반으로 삼고 있으므로, 심미적 의의에 대한 깨달음도 독창성을 지닐 수밖에 없기 때문이다.

다음으로, 중화심미현상학의 인문성은 또한 그 철학성에서 드러난다. 중화미학에서 심미는 도를 체득하는 방식으로 규정되기 때문에, 그것은 다름 아닌 철학적 방법론에 속한다. 서양의 현상학은 후설에게서 '엄밀한 학문으로서의 철학'으로

---

104) 『莊子』, 「大宗師」, "朝徹而後能見獨. 見獨而後能無古今."
105) 劉勰, 『文心雕龍』, 「神思」, "獨照之匠, 窺意象而運斤. 此蓋馭文之首術, 謀篇之大端."

규정되었고, 그 취지는 과학적 인식의 근거를 정초하는 데 있었다. 따라서 후설의 현상학은 '세계관의 철학'을 배제하였기 때문에, 철학적 방법론이라고 일컬을 수 없다. 그러다가 현상학은 하이데거에 이르러서야 철학적 방법론으로서 취급되기 시작하였는데, 특히 그것은 후기 하이데거와 뒤프렌느의 사상에서 존재의 의의를 발견하는 철학적 방법론으로 정립되었다.

이와 달리, 중화심미현상학은 그 시작부터 심미를 체도의 방법으로 인식하였으므로, 서양보다 훨씬 일찍이 철학적 방법론의 특징을 지니게 되었다. 즉 선진제자先秦諸子의 시대부터 이미 미, 문文, 악樂, 시 등으로 도를 밝힌다(明道)는 논의가 제기되었고, 유협에 이르러 문과 도의 관계에 대한 논증이 실제로 정초되었으며, 후세에 등장한 의상론意象論이 그것들을 종합적으로 결합하여 심미현상학을 완성하였다. 그러한 까닭에, 선진시대부터 전개한 심미의 명도설明道說은 심미현상학의 초기적 구현이고, 의상론은 심미현상학의 완성이라고 할 수 있다. 그리고 이와 같은 전개 과정에서 심미는 항상 도를 밝히는 수단으로 간주되었기 때문에, 그 인문성은 끊김 없이 견지되었다. 요컨대 중화심미현상학은 매우 이른 시기부터 인문성을 지니고, 그것을 지속적으로 견지하였기 때문에, 서양현상학과의 대화를 통해 인문성을 지닌 현대미학을 새롭게 구축하는 데 기여할 수 있다.

마지막으로 넷째, 후설이 창설한 의식현상학과 달리, 중화심미현상학은 신체성을 지니므로, 신체성의 현상학이라고 부를 수 있다. 서양의 경우, 후설은 순수의식을 중심으로 의식현상학을 구현하였다. 그 뒤로 메를로 퐁티(Merleau Ponty)는 처음 신체현상학을 정립하였고, 뒤프렌느는 그의 영향을 받아 심미적 지각을 통해 감성의 기능을 환원하여 신체성의 심미현상학을 구축하였다.

중화미학은 그 시작 단계부터 의식과 신체의 분리를 극복하여 신심일체身心一體의 심미현상학을 구축하였다. 중화미학에서 말한 감흥은 심미적 현상의 일어남을 의미하는 개념인데, 이러한 감흥은 대부분 의식의 활동과 기의 운동을 아울러 가리키는 말이다. 그리고 여기에서의 기는 비물질적인 의식도 아니고, 비의식적인 물질도 아니라, 원신적인 생명력을 의미하는 개념이다. 즉 기는 만물에게 영기靈氣를 부여하는 동시에, 인간에게도 생명을 부여하는 존재이다. 그래서 인간의 의식과 신체, 나아가 만물은 본래 분리된 존재가 아니라 원기元氣를 근원으로 삼는 합일된 존재이다. 그래서 기는 주체와 세계를 소통하여 둘 사이의 상호 추동을 통해 감흥을 일으킬 수 있다. 이에 관해 종영鍾嶸은 "기가 사물을 움직이고, 사물이 인간을 감동하기 때문에, 성정이 흔들려 그것이 춤이나 읊조림으로 드러나게 된다"[106]라고 말하였는데, 이로 미루어 보면 감흥은 순수의식의 활동이 아니라 마음(心)과 몸(身)이 함께 감응하는 체험의 방식이다.

중화미학에 따르면 심미는 마음을 통해서만 수행되는 활동도 아니고, 시각과 청각 등 어느 하나의 감각기관에만 의존하여 진행되는 활동도 아니다. 즉 중화미학에서의 심미는 마음과 모든 감각기관의 협력 활동을 통해 이루어지는 결과라는 것이다. 그래서 중화미학은 관觀, 청聽, 사思 등 개념뿐만 아니라, 유游(또는 遊)[107], 미味[108], 감感[109] 등 개념까지도 사용하여 심미적 체험을 나타낸다. 이와 같은 다양한 신체성 개념을 사용하는 목적은 결국 심미적 체험의 신심일체성을 드러내기 위해서이다.

또한 중화미학에서 강조한 신체성 사상은 서양 포스트모더니즘에서 말한 신체성과 다르다. 포스트모더니즘에서 말한 신체성도 신심의 일체성을 강조하지만, 그것은 심미적인 체험을 통해 주체와 사물의 대립을 극복하여 성취된 경지를 의미하는 것이 아니다. 즉 포스트모더니즘의 신체성은 의식을 단순히 육체로 환원하여 육체에 대한 의식의 초월성을 거부하는 과정에서 정립된 것이다. 예를 들어 메를로 퐁티의 '육체화'사상에는 자연 환원주의적인 경향이 있고, 그 뒤를 이은 학자의 신체성이론도 대부분 육체가 지닌 욕구와 욕망의 특징을 강조하고 있는데, 이와 같은 사조는 모두 의식 철학에 대한 반기라고 할 수 있다.

---

106) 鍾嶸, 『詩品』, 「序」, "氣之動物, 物之感人, 故搖蕩性情, 行諸舞詠."
107) 劉勰, 『文心雕龍』, 「神思」, "故思理爲妙, 神與物遊."
108) 앞선 절에서 다룬 澄懷味象이 그 예시이다.
109) 劉勰, 『文心雕龍』, 「明詩」, "人稟七情, 應物斯感, 感物吟志, 莫非自然."

그러나 중화미학의 신체성은 심미의 초월성에 기반하여 정립된 것이므로,
그 자체로 신체성이 지닌 심미적 의식, 정신성을 함축한다. 즉 중화미학에 따르면,
신체와 의식의 분리를 극복한다는 것은 곧 신체를 의식의 차원으로 승격하는
동시에, 의식을 신체로 복귀시키는 것이다. 나아가 이와 같은 신심일체성의 사상은
오직 뜻으로만 깨달을 수 있고(意會), 언어적 매개로써 전달할 수 없는(不可言傳)
것으로 이해된다. 그럼에도 불구하고 왕창령王昌齡은 신심 관계를 최대한 명확하게
서술함으로써 중화미학의 신체성 사상을 드러내려고 하였다.

> 문장을 지으려고 할 때, 기가 먼저 움직인다. 그리고 이 기는 본래 마음에서 생겨났
> 고, 마음은 그것을 말로 드러내서 귀에 들리게 하고, 눈에 보이게 하며, 종이에
> 기록되게 한다. 그러나 뜻은 반드시 만인의 경계를 넘어서야 하니, 현명한 고대
> 사람의 위상을 한눈에 내려다볼 수 있고, 드넓은 하늘과 바다를 한 치의 넓이(方寸)인
> 것으로 모을 수 있어야 한다. 시인의 마음 쓰임(用心)은 마땅히 이와 같아야 한다.110)

여기에서 왕창령이 말한 기는 곧 심미 활동이 일어나는 동인動因을 의미하는
것이고, 그것이 마음과 다양한 신체 기관으로 이어진다는 것은 곧 심미의 신심일체
성을 주장한 것이다. 나아가 왕창령은 심신의 관계에 대해서 "몸이 뜻 속에 있다"(心
在意中)라는 명제를 제기하였는데, 이는 의식을 신체로 환원시키는 서양의 현상학과
달리, 신체를 의식과 융합시키는 것으로, 심미 활동이 지닌 신체성과 더불어 그
정신성까지도 강조한 것이다. 이와 더불어 그는 또한 "시 속에 몸이 있고"(詩中有身),
"몸과 마음을 함께 써내야 한다"(書身心)라고 주장하였는데, 이것들은 모두 심미의식
이 지닌 신심일체성을 드러낸 것이다.111) 요컨대 중화심미현상학은 의식 현상학이

---

110) 王昌齡, 『詩格』, "夫文章興作, 先動氣, 氣生乎心, 心發乎言, 聞於耳, 見於目, 錄於紙. 意須出萬
　　人之境, 望古人於格下, 攢天海於方寸. 詩人用心, 當於此也."
111) 王昌齡, 『詩格』, "凡詩人, 夜間床頭, 明置一盞燈. 若睡來任睡, 睡覺卽起, 興發意生, 精神淸爽,
　　了了明白. 皆須身在意中. 若詩中無身, 卽詩從何有? 若不書身心, 何以爲詩? 是故詩者, 書身心之
　　行李, 序當時之憤氣. 氣來不適, 心事或不達, 或以刺上, 或以化下, 或以中心, 或以序事, 皆爲中
　　心不決, 衆不我知. 由是言之, 方識古人之本也."

아니라, 심신일체성의 현상학이다. 그리고 그것은 서양보다 일찍이 신체성과 정신성의 조화에 주목하였으므로, 중요한 현대적 의의를 지닌 것이라고 할 수 있다.

제6장 중화미학의 심미본질론

제1절 중화미학의 기본 개념

초기의 서양미학에서 심미적 의미를 표현하는 기본적인 개념은 미와 숭고崇高이다. 그러나 중화미학은 미 이외에도 묘妙, 문文, 운韻, 낙樂, 유游(또는 遊) 등 다양한 개념을 동원하여 심미적 의미를 드러낸다. 실제로 이와 같은 개념들은 하나의 군집을 형성하여 여러 가지 각도에서 심미적 의미를 표현하는 동시에, 각자가 또한 애매성과 한정성을 지니고 있다. 그래서 중화미학에서 어느 특정 개념에만 의존하여 심미적 의미를 온전하게 드러낼 수 있다는 생각은 성립될 수 없다. 그럼에도 불구하고 이러한 개념들은 그 의미가 서로 연결되고 중첩되며 보완되는 과정을 통해 중화미학의 심미적 공간을 확장하였는데, 이는 중화미학의 심미적 의미가 여러 가지 기본적인 개념에 의해 함께 구현되고 있음을 시사한다.

1. 미와 묘

미는 중화미학에서 심미적 대상과 의미를 드러내는 가장 기본적인 개념이다. 문자학의 측면에서 보면 미의 본래 의미는 두 갈래로 나눌 수 있는데, 하나는 "양이 큰 것을 미라고 한다"(羊大則美)[1]라는 뜻이고, 다른 하나는 "양의 머리를 들고 제단祭壇에 올라가는 사람을 미라고 한다"(羊人則美)[2]라는 뜻이다. 필자의 생각

---

1) 許愼, 『說文解字』, 「羊部」, "美, 甘也. 从羊从大. 羊在六畜主給膳也. 美與善同意." 참조.

에 따르면 중국의 심미문화는 본래 무술巫術문화(음악, 무용, 주술)에서 기원하였으므로, 후자의 의미가 더욱 적절한 것으로 보인다. 그러다가 무술신앙이 쇠퇴하는 과정에서 미는 점차 일상적인 영역과 매개되었는데, 특히 그 과정에서 미는 일상윤리의 기준인 선善과 연결하게 되면서 미선일체美善一體의 미학관이 형성되었다. 따라서 중화미학의 미 개념은 주로 일상적인 경험에 기반하는 것이지, 철학적인 사변에서 비롯된 것이 아니다.

중국의 언어환경(語境)에서 미는 다의적인 개념이다. 즉 그것은 심미적인 의미뿐만 아니라 좋음(好)과 선함(善) 등의 의미도 지니고 있다. 이러한 경향은 선진先秦의 문헌에서 다수 등장하였는데,3) 이 경우에 미는 주로 도덕적인 의미나 그것과 관련된 문맥에서 사용된 것으로, 심미적인 영역에만 한정된 것은 아니었다. 그러므로 선진시대의 미 개념은 아직 윤리적인 개념과 충분히 분리되지 않았다고 말할 수 있다. 그럼에도 불구하고 미의 개념은 이미 선진시대부터 심미적 의미를 지니고 있었다. 즉 그것은 선 개념과 충분히 분리되지 않았지만, 특정 문맥에서 윤리적인 의미와 구분되는 의미, 즉 심미적 의미로 사용되는 사례가 있었다는 것이다. 예를 들어 『시경詩經』에는 미를 사용하여 미인美人을 묘사하는 구절이 다수 등장하였고,4) 그러한 경향은 『초사楚辭』에서도 적지 않게 나타났다.

선진의 시가는 주로 미를 사용하여 미인을 묘사하였는데, 이는 심미적인 의식이 대체로 남녀 사이의 관계를 표현하는 데에서 비롯되었음을 시사한다. 그러나 여기에서 주목하여야 할 것은 『시경』에도 사물에 대한 심미적 판단이 있었다는 점이다.

---

2) 『周禮』,「夏官司馬」, "羊人, 掌羊牲. 凡祭祀, 飾羔. 祭祀, 割羊牲, 登其首. 凡祈珥, 共其羊牲. 賓客, 共其法羊."

3) 이에 관해 『國語』,「楚語上」, "夫美也者, 上下, 內外, 小大, 遠近皆無害焉, 故曰美.";『論語』, 「顏淵」, "子曰, '君子成人之美, 不成人之惡. 小人反是.'";『論語』,「堯曰」, "子張問於孔子曰, '何如斯可以從政矣? 子曰, '尊五美, 屏四惡, 斯可以從政矣.' 子張曰, '何謂五美? 子曰, '君子惠而不費, 勞而不怨, 欲而不貪, 泰而不驕, 威而不猛.'";『荀子』,「勸學」, "君子之學也, 以美其身.";『道德經』第2章, "天下皆知美之爲美, 斯惡已. 皆知善之爲善, 斯不善已." 등 참조.

4) 『詩經』,「國風・邶風・簡兮」, "云誰之思, 西方美人.";「國風・邶風・靜女」, "自牧歸荑, 洵美且異. 匪女之爲美, 美人之貽.";「衛風・碩人」, "蝤首蛾眉, 巧笑倩兮. 美目盼兮." 등 참조.

예를 들어 『시경』에는 "들판에서 삘기를 가져다주니 정말 아름답고도 기특하네. 삘기가 예쁜 것이 아니라 아름다운 그녀의 선물이라서"5)라는 구절이 있는데, 여기에서 삘기를 예쁘다(美)고 표현한 것으로 미루어 보면, 선진시대의 미는 이미 인간과 사물에 모두 적용될 수 있는 심미적인 개념임을 알 수 있다.

나아가 "공자는 순舜임금의 음악인 소韶에 대해 '지극히 아름답고 지극히 좋다'라고 말하였고, 무왕武王의 음악인 무武에 대해 '지극히 아름답지만, 지극히 좋은 데까지 이르지 못하였다'라고 말하였다."6) 여기에서 공자가 미와 선이라는 두 가지 기준으로 악을 평가한 것으로 미루어 보면, 그에게는 이미 미와 선의 구분이 있었으므로, 미는 선과 완전히 동일한 개념이 아니라, 어느 정도의 독립성을 지닌 것임을 알 수 있다. 그러나 공자는 미의 개념을 선과 구분하는 의미에서 사용하였을 뿐, 그것에 대해 명확한 정의를 내리지 않았다. 그러나 공자의 뒤를 이은 맹자는 미를 충실함이라고 분명히 규정하였고,7) 그것을 선과 구분하였다.8) 이 외에도 노자와 장자를 비롯한 선진의 제자諸子들은 모두 미 개념을 사용하여 그들의 미학사상을 전개하였는데, 이러한 사실은 미가 선진시대부터 이미 심미적 의미를 표현하는 미학의 기본 개념으로 정초되었음을 말해 준다.

서양미학에서 고대의 미는 사물이 지닌 객관적인 속성을 의미하고, 근대에 이르러 그것은 주관적인 관념으로 인식되었다. 그러나 중화미학에서의 미는 그 시작 단계부터 주관과 객관의 대립을 설정하지 않았다. 즉 중화미학에서의 미는 대상의 속성인 동시에 주관의 관념이기도 하다는 것이다. 어휘의 품사적인 측면에서 보면 미는 주로 명사와 형용사로 사용되지만, 때로는 동사, 즉 심미 활동을 진행한다는 의미로도 쓰인다. 예를 들어 곽상郭象은 『장자』에 주석을 붙이면서

---

5) 『詩經』, 「國風·邶風·靜女」, "自牧歸荑, 洵美且異. 匪女之爲美, 美人之貽." 『詩經』의 번역문은 류종목·송용준·이영주·이창숙 역해, 『중국고전문학정선─시경·초사』(명문당, 2012)를 저본으로 삼았음을 미리 밝혀 둔다.
6) 『論語』, 「八佾」, "子謂韶, '盡美矣, 又盡善也.' 謂武, '盡美矣, 未盡善也.'"
7) 『孟子』, 「盡心下」, "充實之謂美."
8) 『孟子』, 「盡心下」, "可欲之謂善."

"비록 아름답게 여기는 바는 다르지만, 아름답게 여기는 바가 있다는 사실은 똑같다. 그렇다면 각자가 아름답게 여기는 바를 아름답게 여긴다면, 만물은 하나의 아름다움이 된다"[9])라는 말을 남겼는데, 여기에서의 미는 동사의 형태, 즉 '아름답게 여긴다'의 뜻으로 사용되고 있으며, 그것은 주체가 참여하는 심미적인 활동을 가리킨다.

여타 개념들과 비교하였을 때, 미는 가장 보편적인 심미적 의미를 지니므로, 중화미학의 기본 개념이 될 수 있었다. 그러나 중화미학에서 주장한 미의 개념은 여전히 현대미학에서 말한 미의 개념과 같은 것이 아니다. 우선 중화미학에서 주장한 미 개념은 주로 유가의 미학사상에 기반한 것이므로, 항상 선과 연결되는 동시에 남성적이고 굳세며(陽剛) 밝게 번쩍이는(光輝) 품격을 나타낸다. 그것은 도가에서 강조한 심미적인 개념, 즉 묘와 다르다. 묘는 항상 참됨, 즉 진(眞)과 연결되어, 여성적이고 유연하며(陰柔) 어둡고 그윽한(幽玄) 품격을 드러낸다.

나아가 미의 개념은 주로 우미(優美)와 장미(壯美) 같은 내포를 지니므로, 긍정적인 심미의 경험을 나타내는 경우가 많은데, 이는 미의 개념이 심미가 지닌 다른 측면의 내용, 즉 추(醜)나 결핍성이 있는 심미적 체험을 드러낼 수 없음을 의미한다. 실제로 중화미학은 미를 기본적인 개념으로 삼아 비교적 낙관적인 형태의 심미문화를 구축하였는데, 이러한 경향은 주로 듣기 좋고 보기 좋은 것을 긍정하는 까닭에, 심미 활동이 지닌 비판성을 외면하는 경우가 많다. 특히 그것은 추와 비극 같은 부정적인 심미 범주에 대해서 주목하지 않았기 때문에, 예술의 비판적 기능을 충분히 드러내지 못하였다.

마지막으로 중화미학에서의 미는 주로 경험적인 대상을 지칭한다. 이러한 경향은 도가미학에서 제기한 묘가 비경험적인 대상을 주로 가리키는 특징과 다르다. 특히 미는 시각적인 대상을 주로 지칭하는데, 이는 일상생활에서의 미인, 아름다운 풍경(美景), 아름다운 사물(美物) 등을 포함한다. 그러한 까닭에 청각적인 대상은 미로 표현되지 않는다. 예를 들어 『예기(禮記)』에서 악에 대해서 묘사할 때, 미를

---

9) 郭象, 『莊子注』, 「德充符」, "雖所美不同, 而同有所美. 各美其所美, 則萬物一美也."

사용하는 대신 항상 낙樂을 사용한다.10) 비록 공자는 미로써 소악과 무악을 평가하였지만,11) 여기에서의 악은 순수청각적인 활동이 아니라 시, 음악, 무용이 합쳐진 예술형식으로서 시각적인 요소가 강하게 나타나고 있다. 나아가 중화미학의 시학詩學 체계에서 미 개념이 사용되는 경우는 매우 적다. 다시 말해, 시가의 아름다움은 미 대신 신神, 문文, 공工, 묘 등의 개념으로 표현된다는 것이다. 이러한 점은 결국 미라는 개념이 어느 정도의 보편성을 갖고 있지만, 여전히 낙이나 문과 같은 개념을 충분히 포섭할 수 없음을 시사한다.

한편, 묘는 중화미학의 다른 한 기본 개념으로서 도가에 의해서 정초되었다. 도가에서도 미를 사용하지만, 그것은 주로 부정적인 의미에서 진술되는데, 예를 들어 노자는 "믿음직스러운 말은 아름답지 않고, 아름다운 말은 믿음직스럽지 않다"12)라고 말하였다. 나아가 장자는 긍정적인 의미에서 미를 주장한 바가 있지만, 그것은 주로 인위적이고 세속적인 미와 구분되는 대미大美13)나 지미至美14) 등으로 표현된다. 여기에서의 대미와 지미는 일반적이고 인위적이며 교화의 의미를 지닌 미와 달리, 초경험적인 자연천성自然天性에 따른 미를 가리킨다. 도가는 주로 묘를 통해 심미적인 의미를 드러내는데, 이러한 묘는 곧 지미나 대미와 같은 뜻으로 이해될 수 있다.

나아가 도가는 묘로써 도의 비경험성, 비대상성, 불가언설성 등을 표현하는데, 이러한 경향은 초월적인 심미의 범주에도 그대로 적용된다. 도는 만물을 통섭하면서도 아무런 형상을 지니지 않으므로, 오직 일반적인 이성이나 감성적 인식과 구분되는 방식, 즉 심재心齋15)나 좌망坐忘16) 등 직관을 통해서만이 포착될 수 있다.

---

10) 『禮記』,「樂記」, "故曰, 樂者樂也. 君子樂得其道, 小人樂得其欲. 以道制欲, 則樂而不亂. 以欲忘道, 則惑而不樂."

11) 『論語』,「八佾」, "子謂詔, '盡美矣, 又盡善也.' 謂武, '盡美矣, 未盡善也.'"

12) 『道德經』第81章, "信言不美, 美言不信."

13) 『莊子』,「知北遊」, "天地有大美而不言, 四時有明法而不議, 萬物有成理而不說."

14) 『莊子』,「田子方」, "孔子曰, '請問遊是.' 老聃曰, '夫得是, 至美至樂也. 得至美而遊乎至樂, 謂之至人.'"

15) 『莊子』,「人間世」, "回曰, '敢問心齋.' 仲尼曰, '若一志, 无聽之以耳而聽之以心, 无聽之以心而

바로 이와 같은 특징에 입각하여 도가는 묘로써 도의 본성을 표현하였는데, 예를 들어 노자는 『도덕경道德經』의 시작 부분에서 "도라고 할 수 있는 도는 항상된 도가 아니고, 이름 부를 수 있는 이름은 항상된 이름이 아니다. 무無는 천지의 시작을 이름하여 말하는 것이고, 유有는 만물의 어미를 이름하여 말하는 것이다. 그러므로 항상 무로써 그 신묘함을 보고자 하고, 항상 유로써 그 돌아감을 보고자 한다. 이 둘은 같이 나왔으되, 이름이 다르다. 그래서 함께 현묘함(玄)이라고 부르니, 현묘하고 현묘하여 뭇 신묘함의 문門이 된다"17)라고 말하였다. 이 말에 따르면 도는 만물을 낳았고, 그 자체는 무와 유로 규정될 수 없으므로, 유무의 통일이라고 볼 수밖에 없으며, 오직 묘를 통해서만이 그것을 표현할 수 있다. 그래서 중화철학에서의 묘는 기본적으로 비경험성을 나타내는 용어로 사용된다.

더 나아가 도가의 영향을 받은 선종禪宗사상이 정립됨으로써, 묘는 선종의 깨달음(悟)과 연결되어 묘오妙悟의 개념으로 정착되었다. 이와 관련하여 동진東晉시대의 승조僧肇는 다음과 같이 말하였다.

> 그러나 현도玄道를 깨닫는 것은 묘오에 달려 있고, 묘오를 성취하는 것은 참된 실상에 나아감, 즉 즉진卽眞에 달려 있다. 즉진에 이르면 유와 무를 가지런히 봄 즉 제관齊觀을 할 수 있고, 제관을 할 수 있으면, 그와 나는 둘이 아님을 알 수 있다. 그러므로 하늘과 땅은 나와 같은 뿌리를 갖고, 만물은 나와 일체인 것을 알 수 있다.18)

여기에서의 묘는 깨달음이라는 오와 함께 사용되었기 때문에, 도를 체득하는

       聽之以氣. 聽止於耳, 心止於符. 氣也者, 虛而待物者也. 唯道集虛. 虛者, 心齋也.'"

16) 『莊子』,「大宗師」, "仲尼蹴然曰, '何謂坐忘?' 顏回曰, '墮肢體, 黜聰明, 離形去知, 同於大通, 此謂坐忘.'"

17) 『道德經』 第1章, "道可道, 非常道. 名可名, 非常名. 無, 名天地之始, 有, 名萬物之母. 故常無, 欲以觀其妙. 常有, 欲以觀其徼. 此兩者, 同出而異名, 同謂之玄. 玄之又玄, 衆妙之門."

18) 僧肇, 『涅槃無名論』,「妙存第七」, "然則玄道在於妙悟, 妙悟在於卽眞, 卽眞卽有無齊觀, 齊觀卽彼已莫二. 所以天地與我同根, 萬物與我一體."

직관적 체험으로 이해될 수 있으나, 아직 심미적인 의미를 지닌 것으로 풀이될 수 없다.

그러나 후세 미학사상의 발전으로 인해, 묘 개념은 점차 비경험성을 나타내는 미학적 개념으로 사용되게 되었다. 초기의 도가미학사상에 따르면 심미는 곧 도를 깨닫는 과정이고, 득도得道는 곧 묘오의 결과이며, 묘는 미와 거의 동일한 뜻을 지닌 개념이다. 중국 사람은 일상적인 문맥에서 자주 미묘美妙라는 개념을 사용하는데, 이는 실제로 미와 묘 사이에 어떠한 내적 연결이 있음을 시사한다. 그러다가 도가와 유가의 미학사상이 합류되는 지점에 이르러, 묘는 미와 함께 미학의 기본 범주로 정착되었는데, 그중에서 특히 묘는 심미의 초월적인 면을 나타내는 개념으로 활용되게 되었다. 예를 들어 종병宗炳이 주장한 "마음을 맑게 하여 도를 관한다"라는 징회관도澄懷觀道[19]와 묘관妙觀 등 개념은 모두 도에 대한 직관을 의미하는 개념으로서, 심미적인 체험의 초월성을 강조하는 것이다. 나아가 유협劉勰은 심미적인 초월성을 의미하는 묘감妙鑒[20] 개념을 제기하는 동시에, 묘를 또한 형사形似적인 아름다움을 설명하는 개념으로 활용하였다.[21] 이어서 사공도司空圖는 "묘가 시의 스스로 그러한自然 경계境界를 만들어 내니, 누가 그것을 인위적으로 지을 수 있겠는가?"[22]라고 말하였는데, 이는 묘를 통해 시가詩歌가 지닌 경험 초월적인 아름다움을 강조한 것이다. 그러다가 송대의 엄우嚴羽는 본격적으로 선종의 묘오 개념을 시가 예술과 연결하여, 시가가 지닌 심미적인 초월성을 밝혔다. 그에 따르면, "대체로 선禪의 도는 오직 묘오에 있고, 시의 도도 또한 묘오에 있다. 맹호연孟浩然의 배움 실력學力이 한유韓愈보다 훨씬 밑에 있지만, 그 시가 유독 한유보다 위에 있는 것은 그 맛이 묘오에 있기 때문이다. 오직 깨달으면悟 곧 마땅한 바를 행할 수 있고, 또한 본색本色을 다할 수 있다."[23]

---

19) 『宋書』, 「宗炳傳」, "(宗炳)以疾還江陵, 歎曰, '老病俱至, 名山恐難遍遊, 惟當澄懷觀道, 臥以遊之.'"

20) 劉勰, 『文心雕龍』, 「知音」, "良書盈篋, 妙鑒乃訂."

21) 劉勰, 『文心雕龍』, 「物色」, "自近代以來, 文貴形似, 窺情風景之上, 鑽貌草木之中. 吟詠所發, 志惟深遠, 體物爲妙, 功在密附."

22) 司空圖, 『二十四詩品』, 「精神」, "妙造自然, 伊誰與裁?"

엄우의 뒤를 이은 학자들은 대부분 묘오의 개념을 미학적인 영역에 적용하여 심미의 초월성을 나타내는 개념으로 사용하였다. 그들에 따르면 예술은 순수경험적인 인식이 아니라 도의 체득 과정이므로, 그러한 체득 과정을 거쳐 도를 포착하려면 반드시 묘를 체험할 수 있는 지점, 즉 묘처妙處에 이르러야 한다. 엄우는 묘처에 대해 "영양羚羊이 잠을 잘 때 뿔을 나무에 걸친 것처럼 자취를 찾을 수 없다. 그러므로 그 묘처는 속까지 맑고 산뜻하며(透徹玲瓏) 한곳에 모이게(湊泊) 할 수 없으니, 마치 허공 속의 음音, 형상 속의 색, 강물 속의 달, 거울 속의 상象과 같아서, 말에는 다함이 있지만, 뜻에는 끝이 없다"[24]라고 말한 바 있고, 강기姜夔는 "시문은 문사를 통해 정교로워지지만, 문사만을 통해서 묘하게 될 수는 없다. 그러나 문사를 버리면 묘가 또한 없게 되니, 그 이상적인 지점(勝處)에 대해 스스로 깨달아야 한다"[25]라고 말하였다. 이에 그치지 않고 강기는 한 걸음 더 나아가 묘의 유형을 나누었는데, 그에 따르면 "막혀 있는 것 같지만 실제로 통하는 것을 가리켜 리의 고묘함(理高妙)이라고 하고, 뜻의 밖에서 비롯되는 것을 가리켜 뜻의 고묘함(意高妙)이라고 하며, 그윽하고 미세한 데까지 묘사하여, 마치 밑바닥까지 보이는 맑은 못처럼 하는 것을 생각의 고묘함(想高妙)이라고 하고, 기특하지도 기괴하지도 않고, 아름다운 문사가 저절로 떨어져 나오며, 그 묘함을 알지만, 그 묘함의 이유를 알지 못하는 것을 가리켜 자연의 고묘함(自然高妙)이라고 한다."[26]

나아가 묘는 시가에만 한정되지 않고, 회화(畵)와 소설, 그리고 희극(戱劇)과 자연풍경 등의 초월적 아름다움을 표현하는 데에도 적용되었다. 장언원張彦遠은 회화를 자연, 신, 묘, 정精, 근세謹細 등 다섯 등급으로 구분하여 "나는 지금 이 다섯 등급을

23) 嚴羽, 『滄浪詩話』, 「詩辨」, "大抵禪道惟在妙悟, 詩道亦在妙悟, 且孟襄陽學力下韓退之遠甚, 而其詩獨出退之之上者, 一味妙悟而已. 惟悟乃爲當行, 乃爲本色."

24) 嚴羽, 『滄浪詩話』, 「詩辨」, "羚羊掛角, 無跡可求. 故其妙處, 透徹玲瓏, 不可湊泊, 如空中之音, 相中之色, 水中之月, 鏡中之象, 言有盡而意無窮."

25) 姜夔, 『白石道人詩集』, 「白石詩說」, "文以文而工, 不以文而妙, 然舍文無妙, 勝處要自悟."

26) 姜夔, 『白石道人詩集』, 「白石詩說」, "礙而實通, 曰理高妙. 出自意外, 曰意高妙. 寫出幽微, 如淸潭見底, 曰想高妙. 非奇非怪, 剝落文采, 知其妙而不知其所以妙, 曰自然高妙."

세우고, 또 여섯 가지 법칙에 적용하여 모든 뛰어난 작품(衆妙)을 꿰뚫는다"27)라고 말하였다. 여기에서 앞에 쓰인 다섯 등급의 묘는 구체적인 풍격과 품급을 가리키지만, 뒤에 나온 묘는 곧 미와 동일한 의미로 쓰인 것으로 봐도 무방하다. 그리고 김성탄金聖嘆은 소설의 아름다움28)을, 이어李漁는 희곡의 아름다움29)을, 엽섭葉燮은 자연풍경의 아름다움30)을 표현하는 데 있어서 모두 묘의 개념을 활용하였다.

요컨대 철학적–미학적 사상의 발전으로 인해 묘는 미와 함께 중화미학의 기본적인 개념으로 정착되었다. 이 중에서 미는 주로 심미의 실유성實有性과 가치적 속성을 나타내는가 하면, 묘는 대체로 그것의 비경험적 초월성과 비공리성非功利性을 드러내는 것으로 활용된다. 그리고 이 둘은 상호 보완적인 관계에서 중화미학의 개념적인 범주를 보다 넓은 지평으로 확장하였다.

2. 문과 운

문과 운韻도 중화미학의 기본적인 개념이다. 문은 무엇보다도 도와 직결하기 때문에, 미보다 더욱 깊은 철학적 배경을 지닌다. 그래서 『문심조룡』은 문과 도의 관계에 대해서 논의하였으나, 미와 도의 관계를 언급하지 않았다. 문의 본래 뜻은 문식紋飾인데, 그것은 후세에 이르러 문화, 문장, 형식 등 다양한 의미로 분화하였다. 그러나 이와 같은 의미들은 서로 독립적인 것이 아니라, 어느 정도의 공통적인 속성을 지니므로, 경우에 따라 미를 대체하는 개념으로도 활용되었다.

문의 의미는 구체적인 언어환경에 따라 각각 다르지만, 중화미학의 선현先賢들은 그것을 명확하게 구분하지 않았다. 공자가 "찬란하도다. 주周나라의 문이여!"31)

---

27) 張彦遠, 『歷代名畵記』 제2권, "餘今立此五等, 以包六法, 以貫衆妙."

28) 金聖嘆, 『金聖嘆批評水滸傳』, 「第四十一回夾批」, "何等奇妙, 眞乃天外飛來, 卻是當面拾得."

29) 李漁, 『閑情偶寄』, 「詞曲部·科諢第五」, "斯爲科諢之妙境耳."

30) 葉燮, 『原詩』, 「外篇」, "且天地之生是山水也, 共幽遠奇險, 天地亦不能自剖其妙. 自有此人之耳目手足一歷之, 而山水之妙始洩."

31) 『論語』, 「八佾」, "子曰, '周監於二代, 郁郁乎文哉! 吾從周.'"

라고 말할 때, 이 문은 고대 성왕聖王을 계승한 서주西周의 문명과 그 문명을 지탱하는 예악禮樂제도를 가리키는 것이다.32) 나아가 공자는 또한 다른 곳에서 "말에 문이 없으면 멀리 가지 못한다"33)라고 말하였고, "문과 질質이 적절하게 어울린 뒤에야 군자君子라고 할 수 있다"34)라고 말하였는데, 여기에서의 문은 문화적인 수양에 따른 형식적인 차림을 의미하는 것으로 심미적인 함축을 지닌 것이다.

『문심조룡』은 보다 넓은 의미에서의 문, 즉 도의 문(道之文)에 대해 논의하였다. 유협에 따르면 문은 도의 현현이며, 그것은 현상세계의 자연현상을 의미하는 천지지문天地之文과 인간에 의해서 구축된 문화 현상 즉 인문人文을 모두 포함한다. 나아가 천지지문에 대해 그는 "문의 덕이 됨은 크고, 그것이 천지와 나란히 생겨났다고 함은 어째서인가? 무릇 하늘의 흑적색과 땅의 누런색이 서로 섞인 데에서 네모난 것과 둥근 것의 형체가 구분되었다. 이리하여 해와 달은 겹쳐 놓은 둥근 옥벽처럼 아름다운 하늘의 형상을 드리워내고, 산과 강은 꽃무늬를 새겨 놓은 비단처럼 땅의 형체를 조리 있게 펼쳐 낸다. 이것이 모두 도의 문이다"35)라고 말하였는데, 이러한 진술에서 알 수 있듯이, 유협이 말한 천지지문은 자연현상을 의미하는 동시에, 그 자연의 심미적인 속성도 함께 드러내고 있다.

이어서 유협은 인문에 대해서 다음과 같이 말하였다.

인문의 시작은 태극으로부터 비롯되었고, 그 그윽함을 찬양하고 신묘함을 밝히는 것은 『주역』의 상象이 먼저 있었다. 이 상에 관해서 포희庖犧씨가 그 시작을 그리고, 중니仲尼가 그 끝에 십익十翼을 달았다. 그리고 중니가 또한 건괘乾卦와 곤괘坤卦의 두 위치를 세우고, 스스로 「문언文言」을 만들었으니, 언어의 문(인문)은 곧 천지의

---

32) 이에 관해 章太炎, 『國故論衡』中卷, 「文學總略」, "孔子稱堯舜, 煥乎其有文章. 蓋君臣朝廷尊 卑貴賤之序, 車輿衣服宮室飲食嫁娶喪祭之分, 謂之文. 八風從律, 百度得數, 謂之章. 文章者, 禮 樂之殊稱矣."를 참조.

33) 『左傳』, 襄公二十五年, "言之無文, 行而不遠."

34) 『論語』, 「雍也」, "子曰, '質勝文則野, 文勝質則史. 文質彬彬, 然後君子.'"

35) 劉勰, 『文心雕龍』, 「原道」, "文之爲德也大矣, 與天地幷生者何哉? 夫玄黃色雜, 方圓體分, 日月 疊璧, 以垂麗天之象. 山川煥綺, 以鋪理地之形. 此蓋道之文也."

마음(天地之心)이다.…… 그러므로 도는 성인聖人을 통해 문으로 드리워지고, 성인은 문에 의지하여 도를 밝힌다는 것을 알 수 있다.[36]

위 인용문에서 유협은 거의 모든 문화를 인문의 범주에 귀속시켰는데, 이와 관련하여 그는 다른 곳에서 "성현聖賢의 저술과 언사는 모두 문장이라고 일컬을 수 있다"[37]라고 말하였다. 나아가 후세에 이르러 인문은 문학과 역사에 관한 전적典籍뿐만 아니라, 시, 사詞, 가歌, 부賦는 물론이고, 회화와 무용까지도 포함하게 되었는데, 특히 후자에서 심미적인 의미가 집중적으로 부각되었다.

실제로 고대에서는 문화와 문학의 구분이 철저하게 일어나지 않았다. 육조六朝 시대에 이르러 문과 필筆의 구분이 생겼으나, 그것 또한 문학과 비문학의 구분에 꼭 들어맞는 것은 아니었다. 이른바 "운이 있는 것을 문이라고 하고, 운이 없는 것을 필이라고 한다"[38]라는 말에서, 형식적인 미를 나타내는 운은 문의 심미적 속성을 부각하였지만, 그렇다고 운문이 곧 문학이라고는 단정 지을 수 없다. 왜냐하면 운이 있는 실용적인 응용문도 있을 뿐만 아니라, 산문을 비롯한 운이 없는 문학도 있기 때문이다.

『문선文選』은 경서經書, 제자서(子書), 사서史書 등을 별도로 분류하여 그것들을 문의 범주에서 제외하였다. 그리고 그것은 "화려한 어휘를 두루 모으고"(綜緝辭采), "아름다운 문장을 섞어서 나란히 하는"(錯比文華)[39] 것을 중시하면서, "일은 깊이 생각하는 데에서 나오고, 뜻은 시나 문장으로 귀결된다"[40]라는 것을 문의 기준으로 규정하였다. 이러한 규정은 실제로 문체의 형식미를 강조하는 것으로, 심미적인 의식이 점차 각성하고 있음을 시사한다. 나아가 『금루자金樓子』에는 "풍요風謠를

---

36) 劉勰, 『文心雕龍』, 「原道」, "人文之元, 肇自太極, 幽贊神明, 易象惟先. 庖犧畫其始, 仲尼翼其終. 而乾坤兩位, 獨制文言. 言之文也, 天地之心哉!……故知道沿聖以垂文, 聖因文以明道."

37) 劉勰, 『文心雕龍』, 「情采」, "聖賢書辭, 總稱文章."

38) 劉勰, 『文心雕龍』, 「總術」, "今之常言, 有文有筆, 以爲無韻者筆也, 有韻者文也."

39) 蕭統, 『文選』, 「序」, "贊論之綜緝辭采, 序述之錯比文華."

40) 蕭統, 『文選』, 「序」, "事出於沈思, 義歸乎翰藻."

읊조리고, 슬픔(哀)이나 그리움(思) 속에 거닐면서 쓴 것을 문이라고 한다"⁴¹⁾라는 말이 있는데, 이는 문이 지닌 다른 심미적 특성, 즉 정감성을 강조한 것이다.

현대적인 시각에서 보면, 이와 같은 문의 규정은 매우 모호하다. 즉 자연현상과 인문현상은 본질적으로 같은 것이 아니며, 그것들은 또한 형이상학적인 도를 현시하는 것도 아니기 때문이다. 더욱이 문화와 문학도 같은 것이 아닌데, 왜냐하면 전자는 현실적인 영역에 속하는가 하면, 후자는 심미적인 영역에 속하기 때문이다. 그러나 이러한 모호성을 차치하면, 문을 기본적인 개념으로 삼은 중화미학에는 그 나름의 합리성이 있다. 특히 미학적인 관점에서 보았을 때, 자연현상과 인문현상은 모두 심미적인 형식을 지닌 기호이므로, 중화미학은 정감적인 체험을 기반으로 그것들을 문이라고 통칭하여 세계의 심미적 속성을 현시한다.

문은 미학의 기본적인 개념이지만, 그것은 주로 자연의 풍경보다 심미적인 영역에서 사용되는 경우가 많다. 비록 유협은 천지지문도 문이라고 규정하였지만, 이는 철학적인 진술에 불과하고, 실제로 통용되지 않았다. 유협은 천지지문과 인문을 구분하고, 또 인문의 기준을 내세웠는데, 이에 따르면 "문을 세우는 도는 세 가지 이치가 있다. 첫째는 형문形文으로, 이는 다섯 가지 색을 갖추어야 함을 말하는 것이고, 둘째는 성문聲文으로, 이는 다섯 가지 음을 갖추어야 함을 말하는 것이며, 셋째는 정문情文으로, 이는 다섯 가지 정감을 갖추어야 함을 말하는 것이다."⁴²⁾ 여기에서의 형문, 성문, 정문은 완전한 의미에서의 심미적인 대상이 아니지만, 모두 심미의 형식적인 특징을 지니므로, 심미적인 대상이 될 수 있는 것들이다. 그러한 까닭에 유협은 이어서 "다섯 가지 색을 섞으면 보불黼黻을 이룰 수 있고, 다섯 가지 음을 나란히 하면 소하韶夏를 이룰 수 있으며, 다섯 가지 정감을 발현하면 사장辭章을 이룰 수 있다. 이는 모두 신묘한 이치에 따른 것이다"⁴³⁾라고 말하였다.

---

41) 蕭繹, 『金樓子』, 「立言」, "吟詠風謠, 流連哀思者, 謂之文."
42) 劉勰, 『文心雕龍』, 「情采」, "故立文之道, 其理有三. 一曰形文, 五色是也. 二曰聲文, 五音是也. 三曰情文, 五性是也."
43) 劉勰, 『文心雕龍』, 「情采」, "五色雜而成黼黻, 五音比而成韶夏, 五性發而爲辭章, 神理之數也."

여기에서 보불은 고대 복장에 있는 꽃무늬를 뜻하므로 심미적인 특징을 지닐 수 있고, 소하는 악곡의 이름으로 심미적인 대상이 될 수 있으며, 사장은 비문학과 문학을 통칭하는 개념이므로, 경우에 따라 심미적인 의미를 지닌 문학이 될 수 있다. 요컨대 유협이 제기한 문 개념은 아직 문학으로 귀결되지 않았지만, 이미 심미적인 특징을 지닌 것이다.

한편, 한漢나라 때부터 시는 문에 종속되는 것으로 간주되었기 때문에, 문은 또한 시의 본질로 규정되었다. 중화시학은 미로 시의 본질을 설명하기보다는 항상 문을 통해 그것의 언정성言情性과 재도성載道性을 강조하였다. 이러한 점에서 보면 문과 미는 유사한 속성을 지니지만, 여전히 구분된다. 바로 이 때문에『문심조룡』은 미에서가 아니라 문에서 출발하여 다양한 문체를 고찰함으로써, 그것이 지닌 재도의 본질, 형식적인 특징, 서정적인 특성 등을 규명하였다. 이 외에도 문은 시나 부와 같은 문학적인 형식만이 아니라, 음악을 의미하는 경우도 있다.[44] 그래서 중화미학에서 제기한 문 개념은 상당히 폭넓은 심미적 의미를 함축하는 것이라고 할 수 있다.

문의 구체적인 의미는 문맥에 따라 다르다. 그리고 그것은 도와 병칭되며, 주로 도의 형식이라고 규정된다. 그래서 중화미학에서는 문과 도의 관계에 대해서 '문은 도를 싣는 것이다'(文以載道), "그러므로 도는 성인을 통해 문으로 드러워지고, 성인은 문에 의지하여 도를 밝힌다는 것을 알 수 있다"[45]라고 표현하였다. 문과 도의 관계에서 문(미)의 본체가 곧 도이고, 문(미)은 곧 도의 현상이라는 점이 드러나는데, 이러한 관계는 또한 문과 질質의 관계를 파생하였다. 문과 질의 관계에서 도는 질 즉 내용과 본질을 의미하는 것이 되고, 문은 형식과 외양을 의미하는 것이 된다. 이에 관해 공자는 문질빈빈文質彬彬이라는 사상을 제기하였는데,[46] 여기

---

44) 『禮記』,「樂記」, "凡音者, 生人心者也. 情動於中, 故形於聲. 聲成文, 謂之音."; 劉勰, 『文心雕龍』,「原道」, "至於林籟結響, 調如竽瑟. 泉石激韻, 和若球鍠. 故形立則章成矣, 聲發則文生矣." 등 참조.

45) 劉勰, 『文心雕龍』,「原道」, "故知道沿聖以垂文, 聖因文以明道."

46) 『論語』,「雍也」, "子曰, '質勝文則野, 文勝質則史. 文質彬彬, 然後君子.'"

에서의 문은 곧 내용에 상응하는 형식미 또는 내면적인 품성에 상응하는 외면적인 풍도風度를 가리키는 것이다. 그리고 문질빈빈의 사상에서 공자는 문을 야野와 대조시켰는데, 이는 문에는 조야함을 수식하는 고아함高雅의 의미도 함축되어 있음을 시사한다.

한편, 운도 중화미학에서 심미적 의미를 나타내는 기본적인 개념이다. 문이 주로 대상의 형식적인 특징을 강조하여 그것의 심미적인 외연을 나타내는가 하면, 운은 대체로 대상의 사상적인 함축에 주목하여 그것의 심미적인 내포를 드러내는 데 사용된다. 나아가 문의 개념은 어느 정도의 보편성을 지니기 때문에, 자연적인 심미, 예술적인 심미, 인문적인 심미 등 모든 심미적 영역을 포괄할 수 있는가 하면, 운은 주로 예술적인 심미 영역에서 활용된다. 운의 본래 의미는 성운聲韻이고, 그것은 음악의 아름다움을 지칭한다. 그러나 후세에 이르러 이 개념은 화론畵論에 정착하면서 점차 모든 예술영역으로 확장하여 초월성을 나타내는 미학의 범주로 인식되었다.

운은 육조시대를 거쳐 심미적 영역에서 광범위하게 사용되었다. 위진시기에 그것은 인물 품평에도 쓰이지만,[47] 주로 화론에서 거론된다. 사혁謝赫은 '기운생동氣韻生動[48]이라는 개념을 제시하여 기와 운을 연결함으로써, 회화 작품이 지닌 영묘하면서도 역동적인(靈動) 특징을 설명하였다. 여기에서 특히 기 개념은 생명력의 근원을 의미하는 개념으로서, 작품의 심미적 활력을 강조하는 동시에 그것이 지닌 현실적인 초월성을 부각한다. 나아가 사공도는 운과 미味를 연결하여 '미를 넘어선 취지'(味外之旨)[49], '운을 넘어선 정취'(韻外之致)[50]라는 개념을 내세웠는데, 이는 예술이 현실에서 이루어지지만, 그 속에 초월적인 정신적 내포가 있음을 주장하는 말이다.

---

47) 『晉書』, 「庾凱傳」, "雅有遠韻"; 「曹毗傳」, "會無玄韻淡泊." 등 참조.
48) 謝赫, 『古畵品錄』, "雖畵有六法, 罕能盡該. 而自古及今, 各善一節. 六法者何? 一氣韻生動是也, 二骨法用筆是也, 三應物象形是也, 四隨類賦彩是也, 五經營位置是也, 六傳移模寫是也."
49) 司空圖, 「與李生論詩書」, "愚以爲辨於味而後可以言詩也.……倘復以全美爲工, 卽知味外之旨矣."
50) 司空圖, 「與李生論詩書」, "近而不浮, 遠而不盡, 然後可以言韻外之致耳."

송대의 예술은 운미韻味를 더욱 강조하는 방향으로 나아갔다. 황정견黃庭堅은 "무릇 서예와 회화는 모두 그 운을 보아야 한다"[51]라고 말하였고, 범온范溫은 "운은 아름다움의 극치이다"[52]라고 말하였다. 더욱이 범온은 운에 대한 고대 사람들의 해석을 검토하면서 그것을 '범속하지 않은(不俗) 운'[53], '소쇄함(瀟灑)의 운'[54], '필세가 생동한(筆勢飛動) 운'[55], '간명하면서도 이치를 모조리 드러내는(簡而窮其理) 운'[56]으로 나누면서, 이것들은 모두 운에 관한 정확한 이해가 아니라고 주장하였다. 특히 그는 "뜻의 다함이 없는 것(有餘意)을 가리켜 운이라고 한다"[57]라고 주장하였는데, 이는 운이 지닌 심미적 초월성을 가장 정확하게 포착한 것으로, 그것이 유한한 현실적 표현이나 규범으로 고착되거나 온전히 해석될 수 없다는 점을 강조한 것이다. 더 나아가 명대의 육시옹陸時雍은 "운이 있으면 살아 있고, 없으면 죽어 있다. 운이 있으면 고아하고, 없으면 범속하다. 운이 있으면 울리고, 없으면 침묵한다. 운이 있으면 멀리 가고, 없으면 국한된다"[58]라고 말하면서 운을 미의 근본으로 규정하였고, 청대의 왕사정王士禎은 신운설神韻說을 제기하여 신과 운이라는 미학적 범주를 연계시킴으로써, 서예와 회화가 지닌 초월적 심미 가치를 평가하였다. 이렇게 보면, 중화미학에서의 운은 예외 없이 예술이 지닌 초현실적 내포를 드러내는 데 사용되었다.

요컨대 문 개념은 예술의 형식적인 특징 그리고 심미와 도의 관계를 밝히는

---

51) 黃庭堅, 『豫章黃先生文集』, 卷二十七, 「題摹燕郭尙父圖」, "凡書畵當觀韻."
52) 范溫, 『潛溪詩眼』, "韻者, 美之極."
53) 范溫, 『潛溪詩眼』, "定觀曰, '不俗之謂韻.' 餘曰, '夫俗者, 惡之先, 韻者, 美之極.'"
54) 范溫, 『潛溪詩眼』, "定觀曰, '瀟灑之謂韻' 予曰, '夫瀟灑者, 淸也. 淸乃一長, 安得爲盡美之韻乎?'"
55) 范溫, 『潛溪詩眼』, "定觀曰, '古人謂氣韻生動, 若吳生筆勢飛動, 可以爲韻乎? 予曰, '夫生動者, 是得其神. 曰神則盡之, 不必謂之韻也.'"
56) 范溫, 『潛溪詩眼』, "定觀曰, '如陸探微數筆作狻猊, 可以爲韻乎? 餘曰, '夫數筆作狻猊, 是簡而窮其理. 曰理則盡之, 亦不必謂之韻也.'"
57) 范溫, 『潛溪詩眼』, "定觀請餘發其端, 乃告之曰, '有餘意之謂韻.……凡事旣盡其美, 必有其韻, 韻苟不勝, 亦亡其美.……必也備衆善而自韜晦, 行於簡易閑澹之中, 而有深遠無窮之味,……測之而益深, 究之而益來, 其是之謂矣.'"
58) 陸時雍, 『詩鏡總論』, "有韻則生, 無韻則死. 有韻則雅, 無韻則俗. 有韻則響, 無韻則沈. 有韻則遠, 無韻則局."

개념이라면, 운은 예술과 심미가 지닌 초월적인 의미를 드러내는 개념이다. 이 둘은 서로 다른 문맥에서 논의되었지만, 상호 보완적인 관계를 이루는 것으로 보아도 무방하다.

3. 낙과 유

낙 개념에는 쾌락과 음악이라는 두 가지 뜻이 있는데, 이 둘은 서로 연결되어 있다.59) 그래서 미학 개념으로서의 낙은 본래 음악에서 기원하였음을 유추해 볼 수 있다. 그리고 낙은 미 또는 문과 외연적인 차이를 지니지만, 더 근본적인 차이는 내포적인 측면에서 드러난다. 즉 미와 문은 대체로 심미 대상이라는 객관적인 측면을 중시하는가 하면, 낙은 주관적인 측면 즉 주체가 지닌 미감美感이나 심미적 체험을 더욱 강조한다. 선진시대의 제자들은 이미 낙 개념을 통해 심미적 경험이나 예술이 불러일으키는 정신적 즐거움을 표현한 적이 있는데, 예를 들어 순자는 "무릇 음악이라는 것은 즐거움을 일으키는 것이니, 사람의 정감으로서 반드시 면할 수 없는 것이다"60)라고 말하였다.

그러나 미학적 개념으로서의 낙은 단순히 감각적인 쾌락이 아니라, 도를 즐기는 즐거움 즉 낙도지락樂道之樂이라는 인생의 최고 가치를 지시하는 개념이다. 그래서 공자는 심미적인 즐거움이 감각적 쾌락을 초월한다고 강조하였고,61) 순자는 그것을 선善과 병치하여62) "군자는 그 도를 터득하게 됨을 즐기고, 소인小人은 그 욕망을 채우게 됨을 즐긴다. 도로써 욕망을 통제하면 즐거우면서도 어지럽게 되지 않고, 욕망을 채우는 데 눈이 멀어 도를 망각하면 미혹되어 즐겁지 않게 된다"63)라고 말하였다. 장자에 따르면 심미는 곧 도를 터득한 상태에서의 지극한 즐거움 즉

---

59) 『荀子』, 「樂論」, "夫樂者, 樂也."
60) 『荀子』, 「樂論」, "夫樂者, 樂也, 人情之所必不免也."
61) 『論語』, 「述而」, "子在齊聞韶, 三月不知肉味. 曰, '不圖爲樂之至於斯也!'"
62) 『荀子』, 「樂論」, "故樂行而志淸, 禮修而行成, 耳目聰明, 血氣和平, 移風易俗, 天下皆寧, 美善相樂."
63) 『荀子』, 「樂論」, "君子樂得其道, 小人樂得其欲. 以道制欲, 則樂而不亂, 以欲忘道, 則惑而不樂."

지락至樂을 의미하므로, 지극한 아름다움 즉 지미至美는 곧 지락과 동일한 것이다.[64] 요컨대 낙은 주관적인 심미 체험, 즉 예술을 통해 성취한 즐거움을 의미하는 개념으로서, 미와 묘, 그리고 문 개념 등과 함께 중화미학의 기본적인 개념으로 이해되고 있다. 그래서 어떤 학자는 중화미학을 즐거움에 관한 학, 즉 '낙학樂學'이라고 규정하는데,[65] 이는 일정한 합리성을 지닌 것이라고 할 수 있다.

낙 개념은 음악에서 유래하였지만, 그 속에는 풍부한 인생철학의 근거가 함축되어 있다. 이택후李澤厚에 따르면 천인합일天人合一의 철학관으로 인해, 중화문화는 이성주의적 낙관 정신을 지닌 즐거움의 문화, 즉 낙감문화樂感文化라고 부를 수 있다. 다시 말해, 중국 지식인의 궁극적 인생 목표는 풍족하게 먹고 행복하게 살거나, 공업을 세워 조상을 영예롭게 하는 데 있지 않고, 도를 즐거워하는 것 즉 낙도에 있다는 것이다. 그리고 이러한 낙도는 실제로 현실 생활 속에서 도덕적 규범을 실천함으로써 얻은 즐거움을 의미하는 경우가 많다.[66] 특히 공자가 말한 낙은 대부분 도를 실천하거나 그것을 터득하는 즐거움을 의미하므로, 낙은 곧 실제적인 공업(功)과 이익(利)을 초월한 자유로운 경지에서 체험할 수 있는 것이라고 할 수 있다. 나아가 공자는 또한 "지자知者는 물을 좋아하고 인자仁者는 산을 좋아한다"[67]라고 말하였는데, 여기에서의 낙은 지자나 인자의 덕을 강조하는 문맥에서 사용된 것이지만, 이미 어느 정도 심미적 의미를 갖춘 것이라고 볼 수 있다. 특히 그는 여러 제자의 인생 목표를 듣는 대목에서 "나는 증점曾點과 함께하겠다!"[68]라고 말하였는데, 이는 낙도의 정신이 자연스럽게 윤리주의를 넘어 심미로 나아갈 수

---

64) 『莊子』, 「田子方」, "孔子曰, '請問遊是.' 老聃曰, '夫得是, 至美至樂也. 得至美而遊乎至樂, 謂之至人.'"

65) 勞承萬, 『中國古代美學形態論』(中國社會科學出版社, 2010) 참조.

66) 『論語』, 「述而」, "子曰, '飯疏食飮水, 曲肱而枕之, 樂亦在其中矣. 不義而富且貴, 於我如浮雲'"; 「述而」, "葉公問孔子於子路, 子路不對. 子曰, '女奚不曰, 其爲人也, 發憤忘食, 樂以忘憂, 不知老之將至云爾.'" 등 참조.

67) 『論語』, 「雍也」, "子曰, '知者樂水, 仁者樂山.'"

68) 『論語』, 「先進」, "'莫春者, 春服旣成. 冠者五六人, 童子六七人, 浴乎沂, 風乎舞雩, 詠而歸.' 夫子喟然歎曰, '吾與點也!'"

있음을 시사하는 동시에, 유가의 심미 관념 즉 '도를 즐거워하는 것을 미라고
한다'(樂道爲美)라는 관념을 단적으로 드러낸다. 이와 관련하여 공자는 인격 수양의
세 가지 단계를 제시하였는데, 그에 따르면 "시에서 일으키고, 예에서 서며, 악에서
이룬다."[69] 여기에서의 악에 관해서, 그것이 시와 예에 상응하는 음악의 의미라고
볼 수 있지만, 낙도의 낙으로도 이해될 수 있다. 즉 공자가 이 말을 통해 인간은
낙도를 하는 과정에서 인격적인 수양을 완성할 수 있음을 주장하는 것으로 풀이될
수 있다는 것이다. 이리하여 심미와 낙도는 서로 매개되고, 심미(예술)는 인격적인
수양과 더불어 낙도의 방식으로 정착되었다. 이러한 맥락에서 전목錢穆은 "우리는
낙을 인생과 예술의 최고 경지로 삼아야 한다"[70]라고 말하였다.

　　도가철학에서도 낙을 강조하지만, 그 낙은 세속적인 낙이 아니라, 자연 본성에
따른 낙, 즉 천락天樂 또는 소요逍遙의 낙이다. 이와 같은 낙도 실제로 도를 즐기는
낙이지만, 그 도는 유가에서 말한 윤리의 도가 아니라, 자연천성의 도이다. 장자에
따르면 세속적인 심미와 예술을 비롯한 낙은 진정한 의미에서의 지극한 낙, 즉
지락이 아니다.[71] 장자가 생각하기에 지극한 낙은 감성적인 쾌락이나 세속적인
즐거움을 초월한 즐거움 없는 즐거움, 즉 무락지락無樂之樂이다.[72] 그렇다면 지락은
구체적으로 어떠한 낙인가? 이에 관해 장자는 지락이 바로 천락이고, 그것이 곧
도를 체득하는 즐거움이라고 강조하였다. 도가사상에 따르면, 인간은 자연천성으로
복귀하여 도와 합치되는 상태에 이르게 되면 천인합일의 경지를 성취할 수 있고,
천락을 누릴 수 있다.[73] 나아가 장자는 천락에 대해서 다음과 같이 표현하였다.

---

69) 『論語』, 「泰伯」, "子曰, '興於詩, 立於禮, 成於樂.'"
70) 錢穆, 『現代中國學術論衡』(廣西師範大學出版社, 2005), p.272.
71) 『莊子』, 「至樂」, "夫天下之所尊者, 富貴壽善也. 所樂者, 身安, 厚味, 美服, 好色, 音聲也. 所下
者, 貧賤夭惡也. 所苦者, 身不得安逸, 口不得厚味, 形不得美服, 目不得好色, 耳不得音聲. 若不
得者, 則大憂以懼. 其爲形也亦愚哉!"
72) 『莊子』, 「至樂」, "果有樂無有哉? 吾以無爲誠樂矣, 又俗之所大苦也. 故曰, '至樂無樂, 至譽無譽.'"
73) 『莊子』, 「天道」, "與人和者, 謂之人樂. 與天和者, 謂之天樂."

"나의 스승이시여, 나의 스승이시여, 만물을 산산이 조각내면서도 스스로 사납다고 여기지 않고, 은택이 만물에 미쳐도 스스로 어질다고 여기지 않으며, 아득히 먼 상고上古보다 더 오래전에 있었으면서도 스스로 장수長壽하다고 여기지 않고, 하늘과 땅을 덮어 주고 실어 주며 뭇 사물의 모양을 새기고서도 스스로 기술이 뛰어나다고 여기지 않으니, 이것을 일컬어 천락이라고 한다." 그 때문에 이렇게 말한다. "천락을 아는 사람은 살아 있을 때는 하늘과 함께 움직이고, 죽어서는 사물과 동화되며, 멈출 때는 음기陰氣와 덕德을 함께하고, 움직일 때는 양기陽氣와 결을 함께한다. 그 때문에 천락을 아는 사람은 하늘의 원망을 받지도 않고, 사람의 비난을 받지도 않으며, 사물의 얽매임도 없고, 귀신의 책망도 받지 않는다." 그래서 말하기를 "그런 사람은 움직일 때는 하늘과 같고, 멈출 때는 땅과 같아서 하나의 마음이 안정되면 천하를 바로잡을 수 있다. 그 정신(鬼, 魂)은 핑계를 대지 않고 게으르지 않으며, 하나의 마음이 안정되면 만물이 복종한다"라고 하니, 이것은 자기의 비어 있고 고요한(虛靜) 마음을 하늘과 땅에까지 미루어 나감으로써, 만물에 통하게 함을 말하는 것이다. 이것을 일컬어 천락이라고 하는 것이니, 천락이란 성인의 마음으로 천하만물을 기르는 것이다.[74]

요컨대 도가에서 말한 낙은 세속에서 초탈하여 소요의 상태로 복귀한 낙이고, 그것은 형이상학적인 인생 체험이자, 감성 초월적인 심미 체험이다. 중화미학의 체계 속에서 유가는 심미적 체험에서의 이성과 감성의 조화를 강조하는가 하면, 도가는 심미적 체험의 초월성을 주장하는 것으로, 둘은 서로 보완적인 관계를 이루고 있다.

묵가墨家에서도 심미를 낙과 연결하였다. 그러나 묵가는 심미를 단순히 감성적인 향락으로 귀결함으로써, 공리주의적인 입장에서 그것을 배척하여 '비악非樂'이라는 반심미주의적 사상을 제기하였다.[75] 그러나 심미를 감성적인 쾌락으로 전락시킨

---

74) 『莊子』, 「天道」, "'吾師乎! 吾師乎! 齎萬物而不爲戾, 澤及萬世而不爲仁, 長於上古而不爲壽, 覆載天地, 刻雕衆形而不爲巧, 此之謂天樂.' 故曰, '知天樂者, 其生也天行, 其死也物化. 靜而與陰同德, 動而與陽同波. 故知天樂者, 無天怨, 無人非, 無物累, 無鬼責.' 故曰, '其動也天, 其靜也地, 一心定而王天下. 其鬼不祟, 其魂不疲, 一心定而萬物服.' 言以虛靜推於天地, 通於萬物, 此之謂天樂. 天樂者, 聖人之心, 以蓄天下也."

비악사상은 심미가 지닌 초월적인 측면을 전적으로 외면하고 있으므로, 심미의 실제에 부합한 것이라고 할 수 없다. 그래서 묵가의 비악사상은 물론이고, 그 철학사상조차도 이성주의적 즐거움을 강조하는 중국문화에서 주류의 자리를 차지하지 못하였다.

낙도로서의 낙은 감성적인 쾌락과 다르지만, 주관적인 체험에 속하므로, 모든 희노애락喜怒哀樂의 심미적 체험을 포함한다. 그리고 중국문화에서 말한 도는 현실성을 지닌 것이므로, 낙도는 자연스럽게 실용이성의 특징을 갖게 된다. 그러한 까닭에, 낙도는 반드시 현실적인 윤리주의를 초월함으로써, 그것을 공리와 구분되는 심미적 경험으로 정초할 수 있어야 낙의 심미적 의의를 입증할 수 있다. 앞서 서술한 바에 따르면 공자는 "나는 증점과 함께하겠다!"76)라고 말하였는데, 이는 공자가 스스로도 모르는 사이에 윤리주의를 넘어 심미주의로 나아갔음을 시사한다. 그래서 심미에 따른 낙은 다름 아닌 예술을 위한 예술, 심미를 위한 심미를 추구하는 것이고, 현실적인 체험을 넘어선 순수한 자유로운 상태에서만 성취될 수 있는 것이다. 이와 관련하여 양만리楊萬里는 '즐거움이 있은 뒤에야 시가 있게 된다', 즉 낙이유시樂而有詩의 명제를 제기하였다.

> 시를 평론하는 사람들의 무리 중에서 일찍이 시는 사람을 곤궁하게 할 수 있다고 말하는 사람이 있고, 시는 또한 사람을 영달하게 할 수 있다고 말하는 사람이 있으며, 곤궁과 영달은 헤아릴 만한 것이 못 되므로 다만 내가 그것에 즐거워하는 것만으로 시를 짓는다고 말하는 사람도 있다. 그러나 곤궁함에 시달린 자는 그 시가 꺾여 있고(折), 영달함에 기뻐하는 자는 그 시가 지나치도록 현란하다(炫). 꺾여 있으면 무엇을 충분히 드러내기에 부족하고, 지나치게 현란하면 그 깊이가

---

75) 『墨子』, 「非樂上」, "是故子墨子之所以非樂者, 非以大鍾, 鳴鼓, 琴瑟, 竽笙之聲, 以爲不樂也. 非以刻鏤華文章之色, 以爲不美也. 非以犓豢煎炙之味, 以爲不甘也. 非以高臺厚榭邃野之居, 爲不安也. 雖身知其安也, 口知其甘也, 目知其美也, 耳知其樂也, 然上考之不中聖王之事, 下度之不中萬民之利. 是故子墨子曰, '爲樂, 非也.'"

76) 『論語』, 「先進」, "'莫春者, 春服旣成. 冠者五六人, 童子六七人, 浴乎沂, 風乎舞雩, 詠而歸.' 夫子喟然歎曰, '吾與點也!'"

모자라기 때문에, 시라고 할 수 없다. 기다림의 끝에 비로소 즐거운 뒤에야 시가 있게 되고, 즐겁지 않은 뒤나 즐거움이 아직 일어나지 않을 때는 시가 없음을 알게 되었다.[77]

이와 같은 주장에 따르면 시는 현실적인 느낌이나 직접적인 외물의 자극에 의해서 생겨나는 것이 아니라, 낙이라는 심미적 전제를 통해 이루어질 수 있는 것이다.

서양미학에서는 심미 또는 미감을 이성적 인식에 미치지 못한 하위적인 인식 능력으로 간주한다. 그러한 가운데, 비록 칸트는 미감을 감성과 이성 사이에 걸쳐 있는 능력으로 규정하였지만, 여전히 그것을 통해 본체에 이를 수 없고 다만 도덕의 상징으로 볼 수 있다고 주장하였다. 그러나 중화미학에서는 미감으로서의 낙을 체도體道의 방법으로 규정하고, 그것은 감성적인 특징과 더불어 이성적인 특질도 함께 지니고 있음을 강조하였다. 바로 이러한 점이 중화미학과 서양미학의 결정적인 차이라고 할 수 있다. 그러한 까닭에 중화미학에서 말한 낙도도 이성적인 깊이를 지닌 감성적인 형식이라고 할 수 있다. 즉 중화미학에서의 낙도라는 미감적 체험은 감성적인 즐거움과 이성적인 인지의 통일이라는 것이다. 바로 이러한 이유로 공자는 소악韶樂에서 얻은 즐거움이 단순한 감각적 쾌락이 아니라 인지적인 특징을 지닌 지극한 즐거움이라고 주장한 것이다.[78]

한편, 중화미학은 낙뿐만 아니라 유를 사용하여 심미적 활동을 지칭하기도 한다. 서양의 미학은 심미를 일종의 정태적 관조觀照 행위로 취급하는가 하면, 중화미학은 그것을 시간과 공간의 한계를 초월할 수 있는 활동으로 간주한다. 고대 사람들은 인간이 시간과 공간의 제약으로 인해 자유를 터득할 수 없다는 점을 인지하는 동시에, 심미적 활동을 통해 그러한 제약을 벗어날 수 있다는 점도 알았다. 그러한

---

77) 楊萬里, 「陳晞顔和簡齋詩集序」, "詩家者流嘗曰, '詩能窮人', 或曰, '詩亦能達人', 或曰, '窮達不足計, 故吾樂於此則爲之爾.' 且夫茇於窮者, 其詩折. 悎於達者, 其詩炫. 折則不充, 炫則不幽, 是故非詩也. 至俟夫樂而後有詩, 則不樂之後, 未樂之初逢無詩也."
78) 『論語』, 「述而」, "子在齊聞韶, 三月不知肉味. 曰, '不圖爲樂之至於斯也!'"

맥락에서 공자는 "도에 뜻을 두고, 덕에 근거하며, 인仁에 의지하고, 예藝에서 노닐어
야 한다"[79]라고 말하였는데, 이는 이미 노닒, 즉 유가 지닌 자유의 특징을 어느
정도 파악한 것이라고 할 수 있다. 나아가 장자는 더욱 명확한 진술로 유가 곧
신심身心의 자유를 나타내는 활동이라는 점을 밝혔다. 그에 따르면, 인간은 문명과
교화를 제거하여 자연의 본성으로 복귀할 수 있으면, 사물과 주체의 통일을 이루는
자유의 상태 즉 소요의 상태를 성취할 수 있다. 나아가 그는 소요의 상태에서의
노닒, 즉 소요유逍遙遊를 곧 자유의 실현이라고 규정하면서, "끝이 없는 들판에서
노닌다"[80], "육합六合의 밖에서 노닌다"[81], "내 마음을 사물의 시초에서 노닐게
한다"[82] 등의 표현을 통해 그러한 신심의 해방을 이룬 심미적 경계境界를 표현하였다.

장자 이후로, 신심의 해방 상태에서 노니는 것이 곧 심미라는 생각은 중화미학의
사상 전반에 정착하게 되었다. 이와 관련하여 유협은 다음과 같이 말하였다.

> 문장의 구상에 몰두해 있는 사람의 생각(文之思)은 그 정신이 아득한 곳까지 나아갈
> 수 있음을 말한다. 그러므로 고요하게 사려를 집중하면 그 생각은 천 년 동안의
> 일과 이을 수 있고, 얼굴빛을 조금만 바꿔도 만 리 밖에 있는 것을 볼 수 있다.
> 그래서 시문을 읊조리는 가운데서 주옥같은 소리를 들이마시고 내뿜을 수 있고,
> 눈썹 앞에서 바람과 구름의 아름다운 모습을 말고 펼쳐낼 수 있다. 이것이 바로
> 문장을 구사하는 생각의 이치가 이를 수 있는 극치가 아니겠는가! 문장을 구상하는
> 이치의 오묘함은 정신이 사물과 함께 노닐도록 한다. 이때 정신은 가슴속에 머물고,
> 마음의 뜻과 몸의 기력(志氣)이 그것을 통제하는 열쇠가 된다. 그리고 사물은 눈과
> 귀를 따르고, 문사(辭令)가 눈과 귀를 통해 얻은 것을 관장하는 중추(樞機)가 된다.[83]

---

79) 『論語』, 「述而」, "子曰, '志於道, 據於德, 依於仁, 游於藝.'"
80) 『莊子』, 「在宥」, "入無窮之門, 以遊無極之野."
81) 『莊子』, 「徐無鬼」, "今予病少痊, 予又且復遊於六合之外."
82) 『莊子』, 「田子方」, "孔子見老聃, 老聃新沐, 方將被髮而乾, 慹然似非人……老聃曰, '吾遊心於
    物之初.'"
83) 劉勰, 『文心雕龍』, 「神思」, "文之思也, 其神遠矣. 故寂然凝慮, 思接千載. 悄焉動容, 視通萬里.
    吟詠之間, 吐納珠玉之聲. 眉睫之前, 卷舒風雲之色. 其思理之致乎! 故思理爲妙, 神與物游. 神居
    胸臆, 而志氣統其關鍵. 物沿耳目, 而辭令管其樞機."

여기에서의 유는 심미적 의식의 활동을 표현한 것으로, 심미 주체가 시공간의 제한을 벗어나 자유로운 경계에 이르는 상태를 의미한다. 유협은 이러한 상태를 가리켜 '정신이 사물과 함께 노니는'(神與物游) 상태라고 규정하였는데, 후세의 대부분의 미학자들은 그의 생각을 계승한 문맥에서 유의 개념을 인식하였다. 예를 들어 『문부文賦』에는 "정신은 팔극八極을 달리고, 마음은 만인萬仞의 하늘에서 노닌다"[84]라는 말이 있고, 『송서宋書』에는 "종병은 질병 때문에 강릉으로 돌아갔는데, 그는 '노쇠함과 병이 함께 찾아와서 명산名山을 두루 유람할 수 없으니, 오직 마음을 맑게 하여 도를 관하고, 누워서 그것들을 노니는 일을 할 수밖에 없네'라고 탄식하였다"[85]라는 진술이 있다.

다음으로 유는 심미적인 사유뿐만 아니라, 심미 활동의 신체성을 나타내는 개념이기도 하다. 서양의 경우, 포스트모더니즘이 등장하기 이전의 미학은 대부분 심미를 순수의식의 활동으로 인식하고, 그 신체성을 배제하였다. 그리고 포스트모더니즘에 이르러서 신체성이 심미 활동으로 거론되었으나, 그것은 항상 정신성과 대립하는 것, 즉 감성적인 충동과 원시적인 욕망으로 해석되는 경우가 많았다. 그러나 중화미학의 유 개념은 심미 활동의 정신성을 가리키는 동시에 그것이 지닌 신체성도 함께 포섭하고 있으므로, 심미의 신심일체성身心—體性을 강조하는 개념이라고 할 수 있다.

중화미학에서의 심미 활동은 신사神思뿐만 아니라 신유神遊로도 표현된다. 여기에서의 유는 정신적인 의식 활동을 가리키므로, 또한 마음의 노닒 즉 유심遊心이라고 일컬을 수도 있다. 나아가 이와 같은 유심은 심미적인 의식이 주체와 세계 사이의 시공간적 간극을 극복하여, 둘의 일체성이 이루는 자유의 경지를 시사하기도 한다. 그러나 다른 한편으로 유를 통해서 이루어진 심미의식은 동시에 승화된 신체성을 포함한다. 다시 말해 유의 상태에서 구현된 심미 활동에 있어서, 심미 주체의

---

84) 陸機, 『文賦』, "精騖八極, 心游萬仞."
85) 『宋書』, 「宗炳傳」, "(宗炳)以疾還江陵, 歎曰, '老病俱至, 名山恐難徧遊, 惟當澄懷觀道, 臥以遊之'"

신체성은 단순히 원시적인 욕망을 가리키는 것이 아니라, 심미적인 이상을 통해 성취된 자유로운 신체성을 의미한다는 것이다. 그래서 유를 강조한 중화미학의 심미적 체험은 육체의 정신화이자, 정신의 육체화이다. 이러한 맥락에서 중화미학에서 말하는 마음의 노닒 즉 심유心遊는 동시에 몸의 노닒 즉 신유身遊로 이해될 수 있다.

마지막으로 서양의 미학에서 심미를 주체의 활동으로 규정한 것과 달리, 중화미학에서의 유는 심미를 주체와 세계가 서로 추동하고 융합하는 활동, 즉 간주관성(Intersubjektivität)을 지닌 활동으로 인식한다. 예를 들어 "만물이 끝나고 시작하는 바와 더불어 노닌다"[86]라는 말과 "정신이 사물과 함께 노닐도록 한다"[87]라는 주장은 모두 주체와 대상이 상호 추동하는 유희 과정을 통해 일체를 이룰 수 있다는 점을 강조한 것이다. 실제로 도가에 의해서 정초된 유 개념은 앞선 장에서 다룬 감흥感興의 개념과 마찬가지로 간주관성을 함축하고 있다. 그래서 후기 하이데거가 제기한 천天, 지地, 인人, 신神이 공동존재(Mitsein)를 이룬 '세계상놀이'(weltspiel)의 사상은 노자와 장자의 사상에서 영감을 얻었을 가능성이 크다.

요컨대 중화미학에서 미와 문 등의 개념은 심미적 대상의 측면에서 심미의 의의를 규정한 것이고, 낙과 유 등의 개념은 심미적 주체의 측면에서 심미의 의의를 밝힌 것이다. 특히 이 중에서 유는 심미적 주체와 세계가 상호 추동하는 간주관적인 관계를 나타내는 것으로, 심미 활동이 지닌 의의를 가장 전면적으로 규명한 것이라고 평가될 수 있다.

제2절 심미 본질의 규정

중화미학은 심미적인 체험을 통해 미美를 의상意象으로서 현시한다. 그리고

---

86) 『莊子』, 「達生」, "遊乎萬物之所終始."
87) 劉勰, 『文心雕龍』, 「神思」, "神與物游."

이와 같은 현시는 곧 도道의 현현이라고 인식되는 까닭에, 미에 관한 본질적인 규정은 도에 의해서 정초되는 것이라고 할 수 있는데, 그것은 낙도樂道, 흥정興情, 신운神韻 등을 통해 점차 본질에 가까워지는 특징을 갖는다.

1. 낙도: 심미의 본질

앞서 논의한 바에 따르면 현상학의 방법론을 통해 심미적인 본질을 환원하려면 특수한 심미적 체험 상태에 진입하여야 한다. 그렇다면 이러한 심미적인 체험 상태에서 구체적으로 무엇을 얻을 수 있는가? 중화미학에 따르면 인간은 이와 같은 심미적인 상태에서 다름 아닌 도를 체득할 수 있다. 그리고 여기에서의 도는 일반적인 인지를 통해서가 아니라, 특수한 정감적 체험, 즉 낙樂을 통해서 체득할 수 있는 것으로 인식된다. 그래서 중화미학은 심미의 본질이 곧 도를 즐기는 것, 즉 낙도에 있다고 주장한다.

유가는 일상에서 구현되어야 할 도덕적인 규범을 도 또는 천도天道라고 규정하고, 그러한 천도를 체득하는 과정에서 고상한 즐거움을 얻을 수 있다고 주장하는데, 이 즐거움이 곧 낙도의 상태이다. 『논어』에는 "공자가 제齊나라에 있을 때 순舜임금의 음악인 소악韶樂을 듣고, 석 달 동안 고기의 맛을 알지 못하면서 '악樂을 이러한 경지에 이르기까지 만들 수 있는지를 생각하지 못했다'라고 말하였다"[88]라는 기술이 있다. 여기에서 거론된 소악을 통해서 얻은 즐거움은 곧 예술을 통해서 도를 체득한 것으로, 일반적인 감성적 즐거움을 넘어선 득도得道의 즐거움을 의미하는 것이다. 나아가 현행본 『논어』에 포함되어 있지 않지만, 남창南昌 해혼후海昏侯의 묘에서 새롭게 출토한 『논어』「지도智道」에는 도의 아름다움(道之美)이라는 표현이 등장한다.[89] 이로 미루어 보면, 그 당시에는 이미 도가 곧 아름다움이고, 도를 즐기는 것이 곧 심미라는 사상이 나타났음을 가늠할 수 있다.

---

88) 『論語』, 「述而」, "子在齊聞韶, 三月不知肉味, 曰, '不圖爲樂之至於斯也!'"
89) 『論語』, 「智道」, "孔子智道之易也, 易易云者, 三日. 子曰, '此道之美也, 莫之御也.'"

한편 도가는 스스로 그러함의 자연自然 상태로 되돌아감으로써 성취된 낙도의 상태를 소요逍遙, 천락天樂이라고 부른다. 장자는 다양한 우화를 통해 심미적 체험을 묘사하였는데, 그것들은 대부분 인간이 사물과 자아를 모두 잊은 자연의 상태에서 낙도를 성취할 수 있음을 강조한다. 『장자』「천운天運」에는 황제黃帝와 그 신하가 지극한 음악에서 비롯된 즐거움, 즉 '지락至樂'이 어떤 것인지에 관한 대화가 실려 있다. 여기에서 황제는 먼저 지극히 즐거운 음악을 들은 체험을 묘사하고, 나아가 "처음의 음악은 듣는 자에게 두려움의 감정을 갖게 하니, 두려워지므로 불안이 생겼다. 다음으로 또 듣는 자를 나른하게 하는 음악을 연주하니, 나른해지므로 멀리 도망치게 되었다. 마지막으로 듣는 자를 어지럽게 하는 음악을 연주하니, 어지러워지므로 어리석게 되었다. 어리석게 되므로 도와 하나가 되어, 도가 나를 실을 수 있게 되면서 나는 그것과 함께할 수 있었다"90)라고 말하였다. 이러한 논의에 따르면 음악을 듣는 행위, 즉 심미적인 체험을 통해 도를 깨달을 수 있고, 도를 깨닫는 상태가 다름 아닌 천락의 상태이므로, 심미적인 체험이 바로 도를 즐기는 것, 즉 낙도가 된다. 요컨대 중화미학의 본질론은 낙도가 곧 심미라는 점을 강조하는데, 이는 중화철학의 본체론과도 직결된다.

서양의 철학은 천天과 인人을 엄격하게 구분하고, 세계를 실체성이 있는 것으로 인식하기 때문에, 미를 실체성이 있는 개념으로 규정한다. 서양의 고대미학은 미를 주체와 무관한 실체의 속성으로 규정하는데, 이에 따르면 미는 객관성을 지닌 것이다. 나아가 근대미학은 주체가 곧 실체임을 강조하므로, 미는 곧 주체의 의식에서 산출된 관념이 된다. 그러한 까닭에 미학은 사물의 객관적인 속성을 다루는 것이 아니라, 주관의 '감성적 인식에 관한 학문'(Aesthetica)이라고 인식되었다.

그러나 중국에서는 일찍이 천인합일天人合一의 관념이 정착되었기 때문에, 그 철학의 최고 범주인 도는 비실체성을 지닌다. 다시 말해 중화철학에서 도는 만물과

---

90) 『莊子』, 「天運」, "樂也者, 始於懼, 懼故崇. 吾又次之以怠, 怠故遁. 卒之於惑, 惑故愚. 愚故道, 道可載而與之俱也."

인간의 심성心性에서 모두 체현되어 있으므로, 그것은 인식론보다는 존재론의 범주에 가깝다는 것이다. 그래서 도를 체현하는 형식으로서의 미는 비실체성을 지닌 개념으로 인식된다. 중화미학에 따르면 미는 실체가 아니고, 실체의 속성도 아니라 심미, 즉 천인감응天人感應의 활동을 통해서 성취된 결과이다. 따라서 앞서 논의한 낙도가 곧 심미라는 명제는 실질적으로 실체성을 지닌 미의 관념을 배제한 것으로, 미가 그 자체로 이루어질 수 없고, 오직 주체의 참여가 전제되어야만 성립될 수 있음을 강조한 것이라고 할 수 있다.[91]

이와 더불어 고대 중국의 언어적 맥락에서 미는 명사뿐만 아니라, 형용사와 동사의 의미로도 사용될 수 있기 때문에, 그것은 사물의 속성 이외에도 미감美感을 나타내거나 심미 활동 자체를 가리키는 용어로 쓰일 수 있다. 그래서 중화미학에서 말한 미는 존재론의 성격을 지닌 것으로, 인간 존재와 무관한 실체가 아니라 항상 주체의 참여를 필요로 한 심미 활동이자 이상적인 생존 방식을 의미하는 개념이다.

중화미학에 따르면 윤리는 곧 도를 실천하는 것 즉 행도行道이고, 심미는 곧 도를 즐기는 것 즉 낙도이다. 그리고 이와 같은 행도와 낙도는 모두 도를 현시하는 것이므로, 선善과 미는 서로 분리된 것이 아니라 전자가 후자의 규정적 특성으로 인식된다. 나아가 행도는 선을 구현하는 것으로서 현실적인 공리성功利性을 지니는가 하면, 낙도는 미의 경지를 성취하는 것이기 때문에 현실적인 공리성을 기반으로 삼되 그것을 초월하는 특징을 갖는다. 따라서 중화미학에서의 미는 선을 전제로 하지만, 선을 초월하여 미와 선이 서로 어울리는 경지(美善相樂)[92]를 지향한다.

그러나 다른 한편으로 미와 선은 완전히 동일한 것이 아니다. 다시 말해 선은 내용적인 측면을 강조하고, 이성적인 접근을 요구하며, 실용적인 영역에 중심을 두는 것과 달리, 미는 형식적인 측면을 강조하고, 정감적인 접근을 요구하며, 초월적

---

91) 柳宗元,「邕州柳中丞作馬退山茅亭記」, "夫美不自美, 因人而彰. 蘭亭也, 不遭右軍, 則淸湍修竹, 蕪沒於空山矣."

92) 『荀子』,「樂論」, "故樂行而志淸, 禮修而行成, 耳目聰明, 血氣和平, 移風易俗, 天下皆寧, 美善相樂. 故曰, 樂者, 樂也."

인 영역에 중심을 두고 있다. 그러므로 선을 지향하는 행도는 현실적인 윤리를 구현하고자 하지만, 미를 지향하는 낙도는 현실적인 실용성과 공리성을 넘어 정신적인 자유를 성취하고자 한다.

유가의 사상에서 도는 윤리적인 규범을 의미하고, 미는 그러한 도의 형식을 가리킨다. 그리고 이러한 도는 외재적인 형식에만 머물지 않고, 반드시 현실에서 실천되어야 하므로, 유가는 득도를 넘어 행도를 실천함으로써, 즐거움의 경지, 즉 열도悅道와 낙도의 경지를 성취하여야 한다고 주장한다. 이와 관련하여 공자는 다양한 진술을 남겼는데, 그것들은 다음과 같다.

공자가 말하였다. "배우고 때에 맞게 그것을 익히면 기쁘지 않겠는가?"[93]

공자가 말하였다. "어질다, 안회顏回여! 밥 한 그릇과 물 한 바가지를 먹고 마시면서 누추한 시골에 사는 것이여. 사람들은 그 근심을 견뎌 내지 못하는데도 안회는 그 즐거움을 고치지 않으니, 어질다, 안회여!"[94]

공자가 말하였다. "거친 밥을 먹고 물을 마시며, 팔을 굽혀 베더라도 즐거움이 또한 그 가운데 있다. 의롭지 못하면서 부귀함을 누리는 것은 나에게 뜬구름과 같다."[95]

섭공葉公이 자로子路에게 공자에 대해 묻자, 자로는 대답하지 못하였다. 공자가 말하였다. "너는 어찌 그의 사람됨이 모르는 것이 있으면 분발하여 먹는 것도 잊고, 깨달으면 즐거워하여 근심을 잊어서, 늙음이 장차 닥쳐오는 줄도 모른다고 말하지 않았는가?"[96]

---

93) 『論語』, 「學而」, "子曰, '學而時習之, 不亦說乎?'"
94) 『論語』, 「雍也」, "子曰, '賢哉回也! 一簞食, 一瓢飮, 在陋巷. 人不堪其憂, 回也不改其樂. 賢哉回也!'"
95) 『論語』, 「述而」, "子曰, '飯疏食飮水, 曲肱而枕之, 樂亦在其中矣. 不義而富且貴, 於我如浮雲.'"
96) 『論語』, 「述而」, "葉公問孔子於子路, 子路不對. 子曰, '女奚不曰, 其爲人也, 發憤忘食, 樂以忘憂, 不知老之將至云爾.'"

공자가 말하였다. "군자君子는 평탄하고 여유가 있고, 소인小人은 늘 근심한다."97)

사마우司馬牛가 군자에 대해 묻자, 공자가 말하였다. "군자는 근심하지 않고, 두려워하지 않는다." 사마우가 말하였다. "근심하지 않고 두려워하지 않으면 군자라고 할 수 있습니까?' 공자가 말하였다. "내면을 살펴보아 하자가 없으니, 무엇을 근심하고 무엇을 두려워하겠는가?"98)

공자가 말하였다. "…… 군자는 도가 행해지지 않음을 걱정하지, 가난함을 걱정하지 않는다."99)

공자가 말하였다. "하늘을 원망하지 않고 사람을 탓하지 않으며, 일반적인 지식을 배워서 깊은 이치에 통달하였으니, 나를 알아주는 것은 하늘일 것이다!"100)

공자가 말하였다. "그것(도)을 아는 것은 좋아하는 것만 못하고, 그것을 좋아하는 것은 즐거워하는 것만 못하다."101)

공자가 말하였다. "…… 말하는 대로 실천하는 것을 예라고 하고, 실천하면서 즐기는 것을 악이라고 한다."102)

이어서 공자의 사상을 부분적으로 계승한 순자는 "군자는 올바른 도를 터득함을 즐기고, 소인은 사적인 욕망을 채우게 됨을 즐긴다. 올바른 도로써 사적인 욕망을 통제하면 곧 즐거우면서도 어지럽지 않게 되고, 사적인 욕망을 좇아감으로써 도를 망각하게 되면 미혹되고 즐거울 수 없게 된다"103)라고 말하면서, '미와 선은 서로

97) 『論語』, 「述而」, "子曰, '君子坦蕩蕩, 小人長戚戚.'"
98) 『論語』, 「顔淵」, "司馬牛問君子. 子曰, '君子不憂不懼.' 曰, '不憂不懼, 斯謂之君子已乎? 子曰, '內省不疚, 夫何憂何懼?'"
99) 『論語』, 「衛靈公」, "子曰, '……君子憂道不憂貧.'"
100) 『論語』, 「憲問」, "子曰, '不怨天, 不尤人. 下學而上達. 知我者, 其天乎!'"
101) 『論語』, 「雍也」, "子曰, '知之者不如好之者, 好之者不如樂之者.'"
102) 『禮記』, 「仲尼燕居」, "子曰, '……言而履之, 禮也. 行而樂之, 樂也.'"

어울리는 것'104)이라고 강조하여 낙도가 곧 미임을 주장하였다.

마찬가지로 도가도 낙도를 미라고 규정한다. 그러나 도가에서 말한 도는 윤리의 도가 아니라 스스로 그러함, 즉 자연의 도이다. 장자는 인간이 자연의 상태로 되돌아감으로써 소요의 경지에 이를 수 있다고 주장하였는데, 그에 따르면 소요의 정신적 경지에서 노니는 상태가 곧 도를 체득한 즐거움의 상태이다. 그리고 이와 같은 즐거움은 세속적인 즐거움이 아니라, 인간 본성의 자연함에 따른 즐거움(天樂) 또는 지극한 즐거움(至樂)으로 표현된다.105) 도가의 도 개념은 자연의 이치와 인간의 자연스러운 본성을 의미한다. 그래서 행도는 곧 스스로의 본성에 따르는 것, 즉 적성適性을 가리키는 것이 된다. 이러한 맥락에서 보면, 도가에서 주장한 심미는 다름 아닌 적성이고, 이는 곧 도를 체득한 소요의 경지에서 구현되는 낙도의 상태를 의미한다.

도가사상을 변형한 위진현학魏晉玄學에서도 낙도를 미라고 규정한다. 혜강嵇康은 한편으로 육경六經만을 강조한 명교名敎가 인간의 자연스러운 본성을 억제하기 때문에 천도에 어긋난다는 점을 지적하면서도,106) 다른 한편으로는 인간의 정욕을 절제 없이 충족하는 일도 '도의 올바름이 아니다'(非道之正)라는 점을 제기하였다.107) 그에 따르면 오직 중도中道를 터득하여 인간의 본성과 자연의 이치가 '큰 조화'(大和)를 이루어야만 지극한 아름다움을 만끽할 수 있다.108)

그러나 도가는 기본적으로 무정無情과 무욕無欲을 주장하기 때문에, 그 적성 개념도 욕망과 정감을 배제한 것으로 이해되어야 한다. 그러나 이와 같은 적성 개념은 후세에 이르러 유가의 합정론合情論과 융합하게 되면서, 그 결과로 성性과

---

103)『荀子』,「樂論」, "君子樂得其道, 小人樂得其欲. 以道制欲, 則樂而不亂, 以欲忘道, 則惑而不樂."
104)『荀子』,「樂論」, "美善相樂. 故曰, 樂者, 樂也."
105)『莊子』,「田子方」, "夫得是, 至美至樂也. 得至美而遊乎至樂, 謂之至人."
106) 嵇康,「難自然好學論」, "六經以抑引爲主, 人性以從容爲歡. 抑引則違其願, 從欲則得自然."
107) 嵇康,「養生論」, "惟五穀是見, 聲色是耽. 目惑玄黃, 耳務淫哇……謂之不善持生也."
108) 嵇康,「答向子期難養生論」, "以大和爲至樂, 則榮華不足顧也. 以恬澹爲至味, 則酒色不足欽也……故以榮華爲生具, 謂濟萬世不足以喜耳. 此皆無主於內, 借外物以樂之, 外物雖豊, 哀亦備矣. 有主於中, 以內樂外, 雖無鍾鼓, 樂已具矣. 故得志者, 非軒冕也, 有至樂者, 非充屈也."

정情이 병칭되어 정감적 체험을 중심으로 한 중화미학의 기본 이념, 즉 낙도의 이념이 본격적으로 형성되었다.

다음으로 중화의 낙도미학은 덕德과 복福의 일치를 강조한다. 서양철학에서의 덕과 복, 즉 위인爲人의 도덕과 위기爲己의 행복은 항상 긴장 관계에 놓여 있다. 그러나 유가의 미학사상은 집단적인 이성의 산물인 도덕법칙을 따르게 되면, 낙도의 상태에서 비롯된 가장 고상한 즐거움을 얻을 수 있다고 강조한다. 마찬가지로 도가의 미학사상도 자연천성의 도를 따르게 되면 가장 높은 차원의 즐거움을 성취할 수 있다고 주장한다. 그러나 이와 같은 주장 자체는 덕과 복의 긴장 관계를 근본적으로 해결한 것이라 할 수 없다. 다시 말해 중화철학에서의 도는 천인합일의 성질을 지니고 있고, 그러한 연장선상에서 구축된 미학은 초월적인 영역보다 현실적인 영역을 더욱 강조하는 경향을 지니는데, 이러한 점이 곧 중화미학의 한계라는 것이다.

이와 더불어 낙도가 곧 미라는 명제는 정과 리理의 일체성을 강조한다. 그리고 이 중에서 낙은 감성적인 속성을 지니므로 정에 속하고, 도는 이성적인 특징을 지니므로 리에 귀속되니, 둘은 실제로 구분된다. 이러한 의미에서 중화미학이 제기한 낙도 개념은 이성과 감성의 차이를 소거한 것으로, 둘의 통일을 이룩한 것이라고 평가할 수 있다. 그러나 리와 정, 이성과 감성 사이에는 여전히 충돌이 있으므로, 중화미학은 후세에 이르러 리와 정의 분열 국면을 맞이하게 되었다. 이 과정에서 송명리학宋明理學은 리로써 정을 제거하여야 함을 주장하는가 하면, 송대 이후의 주정설主情說 미학은 도본체론道本體論보다 정본체론情本體論을 더욱 강조하였다.

마지막으로 도에 대한 믿음으로 인해 대부분의 중국인에게는 현세에 대한 낙관주의적 정신이 있다. 이택후李澤厚는 이러한 형태의 낙관주의적 정신을 가리켜 낙감문화樂感文化라고 일컬었다. 그에 따르면, 인생의 본질을 고苦로 규정한 인도의 고감문화苦感文化와 달리, 유가의 사상을 정통으로 삼는 중화문화는 낙감문화에 속한다. 그리고 중국의 낙감문화는 초월적인 피안彼岸의 세계가 아니라 현실적인 차안此岸의 세계에서 도를 깨닫고 실천하며 즐거워할 수 있다고 강조한다. 이와 같은 견해는 중화문화에서 현시된 실용이성의 특징을 제시한 것이기 때문에, 합리성을 지닌 것이라 할 수 있다. 특히 그것은 차안과 피안의 구분을 부정함으로써 오직 하나의 세계만이 존재한다는 점을 들어, 비록 이상을 구현하는 데에는 굴곡이 있지만, 그 이상은 반드시 현실에서 실현될 수 있음을 주장한다. 그래서 공자는 평생 뜻을 이루지 못하였지만, 여전히 "인한 자는 근심하지 않는다"(仁者不憂)라고 강조하면서,[109] "그 사람됨이 알지 못한 것이 있으면 분발하여 먹는 것도 잊고, 그것을 알고 나면 즐거워하여 근심을 잊어버리며, 늙음이 장차 다가오는 줄도 모른다"[110]라는 낙관주의적 인생관을 내세웠다.

　　한편 유가와는 차이가 있지만, 도가의 인생관도 기본적으로 비관주의적인 현실관을 배제한 것이라고 이해될 수 있다. 노자는 냉철한 통찰력으로써 생존의 도를 제대로 파악할 수 있으면 스스로 그러한 생명을 보전할 수 있다고 주장하였고, 장자는 노자의 영향을 이어받아 더욱 적극적인 자세로 생존에서의 자유 구현을 역설하였다. 그러나 이와 같은 낙감문화에는 여전히 소극적인 측면이 내포되어 있는데, 그것은 주로 현세를 지나치게 이상화하는 동시에, 초월적인 영역에 대한 사유와 현실에 대한 비판적인 시각을 외면한 형태로 현시되는 경우가 많다. 특히 중국의 낙도정신이 현실을 지나치게 이상화한다는 점은 후세의 미학사상이 점차 도에서 벗어나 정감성이나 초월성을 중시하는 미학으로 전향하는 결과를 낳았는데, 이 중에서 전자는 심미의 흥정설興情說을 정초하고, 후자는 심미의 신운설神韻說을 구현하였다.

---

109) 『論語』, 「子罕」, "子曰, '知者不惑, 仁者不憂, 勇者不懼.'"
110) 『論語』, 「述而」, "葉公問孔子於子路, 子路不對. 子曰, '女奚不曰, 其爲人也, 發憤忘食, 樂以忘憂, 不知老之將至云爾.'"

2. 흥정: 심미의 정감성

중화미학은 현상학적 방법론을 통해 심미적인 체험을 정감으로 환원하였다. 이리하여 도는 곧 정감적인 대상으로 정초하게 되었는데, 이러한 현상은 심미적 체험 자체에서 비롯된 인식과 연관되는 동시에, 앞서 논의한 '낙도가 곧 미'라는 명제와도 관련되어 있다. 낙도로써 심미를 규명하는 것은, 한편으로는 도를 미의 본질로 확정하고, 다른 한편으로는 정감을 심미의 내포로 규정한다. 중화미학은 도를 아는 것 즉 지도知道를 미로 삼지 않고, 낙도를 미로 인식한다. 그렇다면 도를 체현하는 만물은 어떻게 즐거움, 즉 낙의 대상이 될 수 있는가? 이 문제와 관련하여 중화미학은 흥정설을 제기하여 정감을 심미와 예술의 내포로 규정하였다.

중화미학은 서양의 미학과 달리, 인식론을 기반으로 현실을 모방하거나 반영하는 것이 아니라, 가치론을 중심으로 정감을 표현하는 이론이다. 유가의 사상은 정감과 이치의 일체성을 강조함으로써, 심미가 곧 이치에 합치된 정감의 표현임을 주장한다. 도가는 참됨(眞)을 중시하여 심미를 참된 상태로의 복귀로 규정한다. 그러나 이와 같은 참됨은 인식론적인 측면에서 논의되는 것이 아니라, 본성의 참된 상태라는 가치론적인 측면에서 거론되는 것이다. 비록 도가는 참된 상태가 어떤 것인지에 대해 논증할 때 무정설無情說을 주장하였지만, 그러한 참된 상태가 인간의 자연스러운 상태를 가리키는 한, 정감을 배제하기 어렵다. 그래서 후세에 이르러 유가의 정과 도가의 성이 서로 합치되어 최종적으로 흥정설을 정립할 수 있었다. 특히 이와 같은 흥정설은 현실을 있는 그대로 파악하는 대신, 정감과 세계의 회통을 통해 정으로써 도를 체득하여야 한다고 주장하는데, 이는 심미를 감성적인 영역으로 귀속한 칸트의 이론보다 훨씬 이른 것이라고 할 수 있다.

그러나 중화미학은 주체성에서 출발하지 않고, 도에 대한 체득과 연관된 문맥에서 미의 정감성을 규정한다. 중화미학에 따르면, 도는 정과 리의 일체이므로, 인간과 사물에는 모두 정이 있다. 그래서 도의 형식인 미는 자연스럽게 정과 리라는 두 가지 속성을 지니게 된다. 중국어에서의 정은 본래 실제성을 의미하는 개념으로서,

주관의 정감을 가리키는 동시에 객관적인 사물의 실정을 의미하기도 한다. 현대 중국어에서 자주 사용되는 정황情況이라는 개념이 바로 후자의 뜻을 보전한 것이라고 할 수 있다. 그래서 장자가 말한 성인무정聖人無情111)과 만물복정萬物復情의 사상112)은 서로 모순되는 것이 아니라, 각각 주관적인 정감과 객관적인 사물의 정황을 의미하는 것으로 이해되어야 한다. 후세에 이르러 정 개념이 지닌 첫 번째 의미가 점차 부각되었지만, 그렇다고 해서 객관세계의 사물에 정이 없다는 데까지는 이르지 못하였다.

고대 중국인의 사상에서 세계는 정을 지닌 것이므로, 그것은 인간의 정과 서로 감응하고 소통할 수 있다. 그리고 바로 이러한 생각을 기반으로 심미와 예술은 주체와 세계의 정감적 소통 방식으로 이해되었다. 곽점郭店에서 출간된 초간楚簡「성자명출性自命出」에는 "도는 정에서 시작되고"(道始於情)113), "예는 정에서 일어난다"(禮作於情)114)라는 진술이 있는데, 이는 실제로 정을 도의 내포로 삼는 것이다. 나아가 이와 같은 정이 외적으로 현현되는 것을 문文이라고 하는데, 이러한 문은 천지의 문(天地之文)과 인문人文을 모두 포함하므로, 심미와 예술이 나타나게 되었다.

중화미학의 홍정론은 서양미학의 표현론과 달리, 주체성을 지닌 것이 아니라 간주관성(Intersubjektivität)을 함축한 것이다. 즉 그것에 따르면 정감은 주체의 전유물이 아니라, 주체와 세계의 감응을 통해서 산출된 결과이다. 「성자명출」에는 "정은 성에서 비롯되고"(情生於性)115) "희노비애喜怒悲哀의 기질이 곧 성이니, 그것이 밖으로 드러나면 사물은 그것을 취하게(取) 된다"116)라는 진술이 있는데, 이에 따르면

---

111) 『莊子』, 「德充符」, "惠子謂莊子, '人故無情乎? 莊子曰, '然.' 惠子曰, '人而無情, 何以謂之人? 莊子曰, '道與之貌, 天與之形, 惡得不謂之人? 惠子曰, '旣謂之人, 惡得無情? 莊子曰, '是非吾所謂情也. 吾所謂無情者, 言人之不以好惡內傷其身, 常因自然而不益生也.' 惠子曰, '不益生, 何以有其身? 莊子曰, '道與之貌, 天與之形, 無以好惡內傷其身. 今子外乎子之神, 勞乎子之精, 倚樹而吟, 據槁梧而瞑. 天選子之形, 子以堅白鳴!'"

112) 『莊子』, 「天地」, "天地樂而萬事銷亡, 萬物復情, 此之謂混冥."

113) 「性自命出」, "道始於情, 情生於性."

114) 「性自命出」, "禮作於情, 或興之也, 當事因方而制之."

115) 「性自命出」, "道始於情, 情生於性."

정감은 인간의 본성이 사물과 서로 추동하는 가운데서 생겨난 것이다. 그러한 까닭에 중화예술은 사물과 접촉하여 정감이 생긴다는 촉물생정觸物生情, 주관적인 정감과 객관적인 경관이 서로 융합한다는 정경교융情景交融 등의 사상을 강조하면서 물감설物感說이나 감흥론을 그 실질로 삼았는데, 이를 드러내는 진술은 다음과 같다.

> 무릇 음音의 기원은 사람의 마음에서 생기는 것이다. 그리고 사람의 마음이 움직이는 것은 사물이 그러하게 한 것이다. 사람의 마음이 사물에 감응하여 움직이기 때문에, 그것이 소리(聲)로 드러난다. 여러 가지 소리가 서로 부응하여 작용하기 때문에, 변화가 생겨나고, 그 변화가 일정한 규율로 다듬어지게 되면(成方) 음이라고 한다. 이러한 음들을 배열하여(比音) 연주하고, 간척干戚과 우모羽旄 등을 가지고 춤을 추는 데까지 이르게 되면 악樂이라고 한다. 악은 음에서 비롯되는 것이니, 그 근본은 마음이 사물에 감응하는 데 있는 것이다.[117]

> 사물에 감응하여 슬픔(哀)이 일어난다(興).[118]

> 정감은 사물에 감응하여 일어나고…… 사물은 정감으로써 관조된다.[119]

> 기氣가 사물을 움직이고, 사물이 인간을 감동하기 때문에, 성정性情이 흔들려 그것이 춤이나 읊조림으로 드러나게 된다.[120]

> 슬픔과 서운함이 가슴속에 있으니, 사물에 감응하여 생각이 일어난다.[121]

---

116) 「性自命出」, "喜怒哀悲之氣, 性也. 及其見於外, 則物取之也."
117) 『禮記』, 「樂記」, "凡音之起, 由人心生也. 人心之動, 物使之然也. 感於物而動, 故形於聲. 聲相應, 故生變. 變成方, 謂之音. 比音而樂之, 及干戚羽旄, 謂之樂. 樂者, 音之所由生也. 其本在人心之感於物也."
118) 陸機, 『陸士龍文集』, 卷三, 「贈弟士龍詩序」, "感物興哀."
119) 劉勰, 『文心雕龍』, 「銓賦」, "情以物興, ……物以情觀."
120) 鍾嶸, 『詩品』, 「序」, "氣之動物, 物之感人, 故搖蕩性情, 行諸舞詠."
121) 傅亮, 「感物賦序」, 『全宋文』, "悵然有懷, 感物興思."

사물을 보니 정감이 일어나게 되었다.[122]

이러한 진술들은 모두 주체와 사물이 실제로 정감을 지닌 존재이고, 둘 사이가 간주관적인 관계에 놓여 있으므로, 심미현상이 곧 두 주체 간의 소통을 통해 일어난 것임을 주장한 것이다. 따라서 중화미학의 정감론은 간주관성을 지닌 흥정론이나 동정론同情論이지, 주체성과 감정적 이입을 강조하는 표정론表情論이나 이정론移情論이 아니다.

중화미학의 흥정론은 심미의 정감성을 강조하는 동시에, 흥興을 참된 생명의 체험으로 규정하기 때문에, 본체론적 성격을 지닌다. 선진시대에는 부賦, 비比, 흥이 나란히 거론되는 경우가 많으므로, 흥은 일차적으로 시가의 창작기법으로 간주되었다. 그리고 동시에 흥은 시적인 생활 체험을 또한 의미하므로, 세속적인 가치를 초월하는 개념으로 인식되었다. 그래서 공자는 "시는 감흥을 일으킬 수 있고"[123], "시에서 (착한 것을 좋아하고 나쁜 것을 싫어하는 마음을) 일으키고, 예에서 서며, 악에서 (인격의 완성을) 이룬다"[124]라고 말하였다. 여기에서 공자는 흥이 있어야 인간이 예로 나아갈 수 있고, 최종적으로 천인합일의 낙의 상태에 도달할 수 있으므로, 참된 생존의 의미를 구현할 수 있다고 강조하고 있다.

또한 흥은 기에 근원하고, 사물과의 감응을 통해 일어나며, 최종적으로 도로 귀결된다고 인식되었다. 중화미학은 기로써 심미적 정감의 발생을 설명하는데, 이에 따르면 기는 천지 사이에 충만한 존재로서, 인간과 사물에게 생명을 부여하여 정감을 지니도록 한다.[125] 그리고 이와 같은 기는 도에 근본하므로, 원시적인 생명력이자 인간 존재의 참된 근원이다. 그리하여 기를 전제로 하여 흥이 일어나고, 그 흥은 인간을 참된 생존 상태로 복귀하게 한다. 요컨대 중화미학에 따르면,

---

122) 蕭統, 『全梁文』, 「答晉安王書」, "睹物興情."
123) 『論語』, 「陽貨」, "子曰, '小子何莫學夫詩? 詩可以興, 可以觀, 可以群, 可以怨.'"
124) 『論語』, 「泰伯」, "子曰, '興於詩, 立於禮, 成於樂.'"
125) 鍾嶸, 『詩品』, 「序」, "氣之動物, 物之感人, 故搖蕩性情, 行諸舞詠."

홍은 인간이 사물과 감응하여 생겨난 정감이지만, 그것은 일반적인 감정이 아니라 천인합일의 의지를 함축하는 정감이다.

중화미학의 홍정론은 중화예술의 특수성과 연관되어 있다. 중화예술은 본래 시, 악, 무舞 등의 표현예술을 주된 형식으로 삼고, 후세에 서정시와 서정 산문, 풍경화 등의 예술형식을 낳았다. 이는 역사시나 희극戱劇, 소설 등의 재현예술을 기반으로 전개된 서양의 예술형식과 다르다. 특히 중화미학은 재현예술도 정감을 그려 내야 한다고 주장하는데, 다만 이러한 정감은 단순히 인간만의 정감이 아니라 인간의 정감과 사물의 이치, 즉 인정물리人情物理를 통틀어서 말한 것이다. 이와 같은 의미에서 희극의 대가인 이어李漁는 "(기이한 일을 전달하는 것) 즉 전기傳奇는 차가움과 뜨거움이 없고, 오직 인정에 부합하지 않음을 두려워할 뿐이다"126)라고 주장하였고, "이른바 인정물리를 말한 것은 오랜 세월을 통하여 전해지고, 무릇 (그것에 들어맞지 않은) 황당하고 괴이한 것과 관련된 것은 그날에 바로 사라진다"127)라고 강조하였다. 특히 여기에서 거론된 인정물리는 객관적인 사태의 이치와 주관적인 정감의 이치를 함께 지칭한 것으로, '현실'을 재현하는 서양의 예술이념과 다르다.

일부 서양의 예술평론가는 도의 아름다움(道之美)을 강조한 낙도론과 정감의 아름다움(情之美)을 강조한 홍정론 사이에 모순이 있다고 주장한다. 특히 미국학자 유약우劉若愚가 이러한 견해를 내세웠다.128) 그러나 유약우의 주장은 실제로 중화미학의 정감론을 단순히 서양의 표현론으로 귀결한 데에서 비롯된 오독일 뿐이다. 중화미학의 홍정론에서 말한 정감은 오직 주관적인 정감만을 가리키는 것이 아니라, 주체와 세계의 감홍에서 비롯된 정감을 의미한다. 또한 현대의 시각에서 보면, 낙도와 홍정 사이에 구분이 있지만, 그것은 중화미학의 특수한 도론道論에 근원하기 때문에 모순이라고 할 수 없다. 즉 중화미학에서 말한 도는 천인을 관통하는 것으로,

---

126) 李漁, 『閑情偶寄』, 「演習部」, "傳奇無冷熱, 只怕不合人情."
127) 李漁, 『閑情偶寄』, 「詞曲部」, "凡說人情物理者, 千古相傳. 凡涉荒唐怪異者, 當日卽朽."
128) 劉若愚, 『中國文學理論』(中州古籍出版社, 1986) 참조.

정과 리를 모두 함축하고 있기 때문에, 심미는 낙도이면서도 홍정이 될 수 있다는 것이다.

그럼에도 불구하고 도는 이성적인 본질을 갖고 있고, 정은 감성적인 특징을 지니므로, 둘 사이에 여전히 충돌이 있다는 점은 부정할 수 없다. 그래서 전통사회의 초기에서 서로 분리되지 않은 정리일체설情理一體說은 중후기에 이르러 두 갈래, 즉 정을 고양하여 리를 억제하여야 한다는 양정억리설揚情抑理說과 리를 고양하여 정을 억제하여야 한다는 양리억정설揚理抑情說로 분화되었다. 그러나 중화미학의 전체적 흐름은 정의 본체론으로 귀결되므로, 앞서 논의한 낙도론은 실제로 홍정론으로 이행되었다고 말하여도 과언이 아니다.

"시는 뜻을 말하는 것이다"[129]라는 시언지설詩言志說은 중국의 가장 전형적인 예술관이며, 홍정론도 이에 기반하여 발전된 것이다. 그러나 시언지에서의 지는 일반적인 사상이나 정감을 뜻하는 것이 아니라, 도와 연관된 사상이나 정감, 즉 리와 정이 융합된 상태에서의 사상이나 정감을 의미한다. 실제로 시가와 같은 예술형식은 그 자체로 정감에 치우쳐 있기 때문에, 시언지설은 자연스럽게 정감적 경향을 지닌다. 「시대서詩大序」는 언지설에 대한 정감적 설명을 내세웠는데, 이에 따르면 "시는 뜻이 지향하는 바를 가리키는 것이니, 그것이 마음에 있으면 지라고 하고, 말로 발현되면 시가 된다. 정이 마음속에서 움직여 말로 표현되고, 말로 표현하는 것이 부족하니 탄식이 되며, 탄식으로 부족하니 노래로 읊조리는 것이 되고, 노래로 읊조리는 것이 부족하니 자신도 모르게 손으로 춤을 추고, 발로 뛰게 된다."[130]

나아가 『예기禮記』에서는 음악이 아름다울 수 있는 이유를 마음이 사물과 감응하여 일어난 정감 때문이라고 규정하였다.[131] 그러나 여기에서 거론된 정감은

---

129) 『尙書』, 「虞書·舜典」, "詩言志, 歌永言, 聲依永, 律和聲."

130) 「詩大序」, "詩者, 志之所之也. 在心爲志, 發言爲詩, 情動於中而形於言, 言之不足, 故嗟歎之. 嗟歎之不足, 故永歌之. 永歌之不足, 不知手之舞之, 足之蹈之也."

131) 『禮記』, 「樂記」, "凡音之起, 由人心生也. 人心之動, 物使之然也. 感於物而動, 故形於聲. 聲相應, 故生變. 變成方, 謂之音. 比音而樂之, 及干戚羽旄, 謂之樂. 樂者, 音之所由生也. 其本在人

아직 리와 정의 중간에서 균형을 찾는 것으로, 둘 사이의 충돌을 드러내지 않았다. 실제로 정과 리의 충돌을 면하기 위해 유가의 미학은 항상 예술이 "정에서 발현되지만, 예와 의에 그쳐야 한다"(發乎情, 止乎禮義)[132]라는 이리절정설以理節情說을 주장하는데, 이에 관해서 『예기』는 "악은 마음의 공통되는 정감에 의해 성립되고, 예는 어길 수 없는 신분의 이치에 의해서 제정되는 것이니, 악은 공통되는 정감을 통섭하고, 예는 차이를 변별하므로, 예악의 가르침은 인간의 실제 정황(人情)을 관장하는 것이다"[133]라고 진술하였다. 그러나 『예기』는 이리절정설을 주장하는 동시에, 다른 한편으로는 정을 본체화하는 경향을 지닌다. 특히 이러한 점은 "정이 깊어야 문이 밝아지고, 마음의 기가 성대하여야 그 표현(시, 가, 무, 악)이 신묘해진다. 즉 악은 화순한 것이 내면에 축적되고, 그것이 외부로 발현한 것이니, 오직 악만이 거짓된 것으로 만들 수는 없다"[134]라는 진술에서 드러난다. 비록 이와 같은 진술은 여전히 이치로써 정감을 절제하여야 한다는 생각을 함축하고 있지만, 그것은 정감 자체를 참된 실재로 규정하여 거짓된 정감으로 악을 만들 수 없다고 강조하고 있다. 즉 이 진술은 참된 정감, 다시 말해 진정眞情을 음악의 필요조건으로 설정하여 이치보다 더 근본적인 것으로 간주하고 있다는 것이다.

육조六朝시대에 이르러 이성에 대한 절대적 신뢰가 무너지고 심미적 의식이 일어나게 되었다. 이 과정에서 정은 지에서 분리되어 홍정설이 정초되었다. 그래서 육기陸機는 "시는 감정에서 우러나는 것으로 아름다워야 하고, 부는 사물을 몸소 살피는(體察) 것으로 맑고 밝아야 한다"[135]라고 말하면서, 정감성을 시의 본질적 요소로 규정하였다. 나아가 유협劉勰은 도로써 문을 규정하고, 문을 도에서 파생된 것으로 간주하는 동시에, 또한 정이 곧 문의 본질임을 주장하여 정문情文의 개념을

心之感於物也."
132) 「詩大序」, "故變風發乎情, 止乎禮義. 發乎情, 民之性也. 止乎禮義, 先王之澤也."
133) 『禮記』, 「樂記」, "樂也者, 情之不可變者也. 禮也者, 理之不可易者也. 樂統同, 禮辨異, 禮樂之說, 管乎人情矣."
134) 『禮記』, 「樂記」, "是故情深而文明, 氣盛而化神. 和順積中而英華發外, 唯樂不可以爲僞."
135) 陸機, 『文賦』, "詩緣情而綺靡, 賦體物而瀏亮."

정립하였다. 이러한 주장은 정과 도를 서로 어울리게 함으로써 정감의 본체론적 위상을 확보한 것이라고 평가될 수 있다. 『문심조룡』은 전체적으로 이성주의적인 명도론明道論을 주장하고 있으나, 그 세부적 전개에 있어서 항상 감성주의적 주정론 主情論을 강조하고 있다. 구체적으로 유협은 먼저 『문심조룡』의 시작 부분에서 「원도原道」, 「징성徵聖」, 「종경宗經」 세 편의 글을 통해 "도는 성인을 통해 문으로 드리워지고, 성인은 문에 의지하여 도를 밝힌다"136)라는 명제를 논증함으로써, 이성적인 도를 문의 본질로 규정하였다. 그러나 이어지는 장에서 그는 누차 문이 지닌 언지言志와 연정緣情적인 특징을 강조함으로써 그것이 이성적인 도에서 벗어나는 측면이 있음을 시사하였다. 이와 같은 모순적인 진술은 실제로 심미의 정감성과 윤리성 사이의 충돌을 드러낸 것으로, 무의식적으로 윤리성을 강조하는 심미의 주류 사상을 수정한 것이다. 유협은 리와 정의 모순 관계를 조화시키려고 주력하였는데, 그에 따르면 "정감은 문장의 날실이고, 언사는 이치의 씨실이다. 날실이 바로잡아져야 씨실이 이루어지듯이, 이치가 정해져야 문사가 막힘없이 통할 수 있으니, 이것이 바로 문을 세우는 근본이다."137) 특히 여기에서 "정감은 문장의 날실이고, 언사는 이치의 씨실이다. 날실이 바로잡아져야 씨실이 이루어진다"라는 말은 이미 문이 정감론으로 치우치고 있는 경향을 나타내고 있으므로, 향후 중국 문론의 주류 사상이 언지설에서 연정설로 이행하여 정감이 이치를 대신하는 흐름을 어느 정도 시사한 것이라고 평가할 수 있다.

전통사회 후기에 정은 도 또는 리와 분리하여 독립적 의미를 지니게 됨으로써 정의 본체론이 구축되었다. 명나라 중후기에 이르러 육왕심학陸王心學의 학맥을 계승한 이지李贄는 개성과 인욕人欲 등을 도의 차원으로 끌어올림으로써 정의 본체론을 정초하였다. 나아가 풍몽룡馮夢龍은 "천지에 만약 정이 없다면 사물을 낳을 수가 없고, 사물에 정이 없다면 서로를 낳을 수 없으며"138), "만물은 흐트러져

---

136) 劉勰, 『文心雕龍』, 「原道」, "故知道沿聖以垂文, 聖因文以明道."
137) 『文心雕龍』, 「情采」, "故情者文之經, 辭者理之緯. 經正而後緯成, 理定而後辭暢. 此立文之本源也."
138) 馮夢龍, 『情史』, 「敍」, "天地若無情, 不生一切物. 一切物無情, 不能環相生."

있는 동전과 같으니, 하나의 정이 그것을 꿰매는 실이다"[139]라고 주장하면서, 예교禮敎 대신 정교情敎의 타당성을 역설하였다.[140] 이어서 탕현조湯顯祖는 '지정설至情說'을 내세우면서 예술이 지극한 정감에서 비롯된 것임을 주장하는 동시에, 심미적 정감과 일상적인 정감을 구분하여 심미만이 지니는 정감의 특수성을 강조하였다.[141] 그리고 황종희黃宗羲[142]와 원매袁枚[143]는 진실한 정감이야말로 예술을 성립시키는 근본 요소임을 주장하였고, 유희재劉熙載는 정감을 의의義, 즉 이성의 근본으로 삼았는데,[144] 이러한 주장들은 모두 시, 문, 화畵 등 예술형식이 이미 정감론을 중심으로 전개하고 있다는 점을 드러내고 있다.

그러나 다른 한편으로, 도로써 정을 억제하여야 한다는 예술론의 경향도 있었다. 한유韓愈는 정감에 세 등급이 있다는 정삼품론情三品論을 제기하였다. 그에 따르면 가장 높은 상품上品의 정감은 "움직이지만, 항상 그 중을 지킴으로"(動而處其中) 도덕적 규범을 고양하는 것이고, 중품中品의 정감은 "지나칠 때도 있고, 모자랄 때도 있지만, 항상 그 중에 합치함을 구하는 것"(有所甚, 有所亡, 然而求合其中者)이며, 하품下品의 정감은 "모자람과 지나침이 오직 그 정의 상태에 따라서만 실천되는 것"(亡與甚, 直情而行也)으로 도덕적 규범과 무관한 것이다.[145] 이러한 논의는 실제로 두 종류의 이성적인 정감으로써 심미를 규정한 것이므로, 도덕과 무관한 정감을 심미적 범주에서 배제한 것이다. 나아가 소옹邵雍에 따르면 심미에는 이성적인 심미인 명교지락名敎之樂과 정감적인 심미인 인세지락人世之樂이 있는데, 전자는 후자

---

139) 馮夢龍, 『情史』, 「敍」, "萬物如散錢, 一情爲線率."
140) 馮夢龍, 『情史』, 「敍」, "我欲立情敎, 敎海諸衆生."
141) 湯顯祖, 「耳伯麻姑遊詩序」, "世總爲情, 情生詩歌, 而行於神. 天下之聲音笑貌大小生死, 不出乎是……其詩之傳者, 神情合至, 或一至焉. 一無所至, 而必曰傳者, 亦世所不許也."
142) 黃宗羲, 『南雷文定』, 三集卷三, 「論文管見」, "盖情之至眞, 時不我限也. 斯論美矣……凡情之至者, 其文未有不至者也."
143) 袁枚, 『小倉山房文集』, 卷三十, 「答蕺園論詩書」, "且夫詩者, 由情生者也. 有必不可解之情, 而後有必不可朽之情."
144) 劉熙載, 『藝槪』, 卷二, 「詩槪」, "詩或寓義於情而義愈至, 或寓情於景而情愈深."
145) 韓愈, 「原性」 참조.

보다 더욱 고상한 것이다. 마지막으로 정이程頤는 작문해도설作文害道說을 제기하여 "지금 문장을 짓는 사람은 오직 장구章句를 통해 사람들의 눈과 귀를 즐겁게 하는 것에만 힘쓴다. 이미 사람들의 눈과 귀를 즐겁게 하는 것에 힘썼으니, 배우俳優가 아니고 무엇이겠는가?"146)라고 주장하였는데, 주희朱熹는 이 사상의 영향을 받아 "무릇 문장을 지을 때 의미(意)에 전념하지 않으면 정교하지(工) 못하지만, 그렇다고 해서 만약 의미에만 전념하게 되면 뜻(志)은 그것에 국한될 것이니, 어찌 천지와 그 성대함(大)을 같이할 수 있겠는가? 그래서 『서경書經』에 '완물상지玩物喪志'라는 말이 있었다"147)라고 말하였다. 그러나 이와 같은 극단적 이성주의 미학론은 후세 중화미학의 주류를 형성하지 못하였다.

중화미학의 흥정론은 기본적으로 심미의 본질을 정감적인 영역에 한정하고, 정감으로써 이성에 충격을 가하는 특징을 지니는데, 이는 심미가 극단적인 이성주의에 빠지지 않도록 방지하였다. 그러나 동시에 정감성을 강조한 흥정론에도 한계가 있는데, 그것이 바로 심미적인 정감성을 지나치게 강조한 까닭에, 그것의 초월성을 외면하였다는 점이다. 비록 어떤 학자는 지정설을 제기하여 심미적인 정감과 일상적인 정감을 구분하였지만, 그것은 두 가지 정감의 정도 차이를 드러냈을 뿐, 본질적인 차이를 구현하지 못하였다. 따라서 이와 같은 심미의 본질을 해명하는 흥정론의 한계를 보완하기 위해 신운설이 제기되었다.

3. 신운: 심미의 초월성

신운설神韻說은 심미적인 체험에서 비롯된 것이다. 그리고 신운설에 따르면 심미적인 의미에는 충분히 해명될 수 없는 초월적인 부분이 있는데, 그것이 바로 신운이라고 일컬어진다. 본체론의 측면에서 보면, 존재는 현실적인 사물과 달리

---

146) 『二程語錄』, 卷十一, "今爲文者, 專務章句悅人耳目. 旣務悅人, 非俳優而何?"
147) 『近思錄』, 「爲學」, "凡爲文不專意則不工, 若專意則志局于此, 又安能與天地同其大也?「書」曰, '玩物喪志.'"

초월성을 지니고 있다. 그리고 심미는 존재를 지향하는 초월적인 활동이기 때문에, 순수현실적인 활동으로 해명될 수 없다. 그래서 심미적 활동은 초월성을 지닌 활동임이 자명하다. 중화미학은 심미의 초월성을 '신神'이라는 말로 표현하고, 그것을 통해 도를 파악할 수 있다고 주장한다. 중국어에서 신은 주로 두 가지 의미로 쓰인다. 하나는 외부에 있는 신령神靈을 가리키고, 다른 하나는 인간 내면에 있는 정신精神을 뜻하는데, 그것이 후세에 이르러 예술작품에 함축된 정신적 내포를 의미하는 말로 발전하였다. 그럼에도 불구하고 이와 같은 신의 의미들은 기본적으로 중화문화의 천인합일성에 기반을 두고 있다.

유가에서 말한 도는 이성적인 본질을 지닌 도덕적 규범이다. 그래서 이러한 도는 이성으로 파악될 수 있으므로, 신이라고 일컬어질 수 없다. 따라서 유가에서 말한 신은 이성을 통해 파악될 수 없는 신비로운 사물 또는 자연을 초월한 불가지의 사물을 의미한다.[148] 동시에 유가는 인간 내면의 정신을 신이라고 규정하는데, 이에 관해 순자는 "군자가 마음을 기르는 데는 정성을 다하는 것만큼 나은 것이 없다. 정성을 다하면 다른 일이 없을 것이다. 오직 인仁을 지켜야 하는 것으로 삼고, 의를 실천하여야 하는 것으로 삼으면 된다. 마음을 정성스럽게 하여 인을 지킬 수 있으면 그것이 겉으로 드러나게 되고, 그것이 겉으로 드러나게 되면 신묘해지며, 그것이 신묘해지면 사람들을 교화시킬 수 있다"[149]라고 말하였다.

한편, 도가에서 말한 도는 천지에 앞서 존재하는 만물의 자연 본성을 의미한다. 그리고 도가의 견지에서 귀신마저도 도에 의해서 규정되기 때문에, 그러한 도는 신성神性을 지닌 것으로 인식된다. 이에 관해 노자는 "도로써 천하에 임하면 그 귀신도 영험스럽지 못한다"[150]라고 말하였고, 장자는 도가 "귀신과 상제를 신령스럽게 한다"[151]라고 말하였다. 나아가 도가도 신의 개념을 통해 인간의 정신을

---

148) 『周易』, 「繫辭傳」, "陰陽不測之謂神."; 『孟子』, 「盡心下」, "大而化之之謂聖, 聖而不可知之之謂神." 등 참조.
149) 『荀子』, 「不苟」, "君子養心莫善於誠, 致誠則無它事矣. 唯仁之爲守, 唯義之爲行. 誠心守仁則形, 形則神, 神則能化矣."
150) 『道德經』 第60章, "以道莅天下, 其鬼不神."

지시하였는데, 그러한 정신은 감각적 지각을 비롯한 신체성을 넘어서면서도 육체의 온전함을 유지하는 것으로 설명된다. 예를 들어 장자는 "정신을 지켜서 고요함을 유지하면 몸도 저절로 바르게 된다.…… 너의 정신이 몸을 지킬 수 있어야 몸이 비로소 장생長生할 수 있을 것이다"[152]라고 주장하였다. 또한 장자는 도를 체득한 사람을 가리켜 신인神人이라고 불렀는데, 이 신인은 곧 스스로 그러한 본성을 회복하고 신체적인 속박을 초월한 사람을 가리킨다. 그러다가 후세에 이르러 중화철학이 지닌 천인합일의 특성으로 인해, 외부에 있는 신령과 내면에 있는 정신이라는 두 가지 의미가 서로 융합하면서, 주관의 정신과 사물의 본성이 서로 통한다는 사상이 나타나게 되었는데, 예술론에서 강조한 전신傳神이나 신사神似 등 용어가 바로 그러한 맥락에서 비롯된 것이다.

중화미학의 문맥에서 신이라는 개념은 기본적으로 예술의 경험적 초월성을 가리킨다. 그리고 이러한 신 개념이 대상의 견지에서는 주로 대상이 지닌 심미적인 의미를, 주체의 견지에서는 심미 주체가 지닌 창조성과 천재성을 의미한다. 나아가 신은 형形과 대칭되는 개념으로 사용되는 까닭에, 그것들은 구체적인 맥락에서 심미 주체의 정신과 신체, 예술작품의 내용과 형식을 가리키는 경우도 있다. 그래서 중화미학에서는 '형과 신이 모두 갖추어져 있다'(形神兼備), 예술은 '신을 전할 수 있어야 한다'(傳神), '신사는 형사보다 귀하다'(神似貴於形似)라는 말이 생기게 되었다.

중화미학에서 신의 개념이 지닌 모호성은 기본적으로 천인합일의 관념에서 비롯된 것이다. 중화철학에 따르면 하늘과 인간이 서로 감응할 수 있으므로, 인간과 세계는 모두 일종의 신성을 지닌다. 미학의 영역에서 본래 신이라는 개념은 이성적-형식적 초월성을 드러내는 개념으로 사용되었는데, 『주역』은 신과 묘妙를 연결하여[153] 신 개념이 지닌 심미적인 의미를 부각하였다. 이를 기반으로 후세의 미학적 논의에서는 심미적인 상상력과 창조력을 의미하는 신사神思[154]와 신회神會[155] 등

---

151) 『莊子』,「大宗師」, "夫道,……神鬼神帝."
152) 『莊子』,「在宥」, "無視無聽, 抱神以靜, 形將自正.……女神將守形, 形乃長生."
153) 『周易』,「說卦傳」, "神也者, 妙萬物以爲言者也."

개념이 정립되었다. 나아가 엄우嚴羽는 입신入神이라는 개념을 고안하여 그것을 시의 지극한 경지로 규정함으로써 이성에 대항하는 시학 관념을 정초하였다.156) 특히 그는 흥취興趣를 통해 입신을 설명하였다.

> 시에는 별재別材가 있는데, 책과는 관련이 없다. 시에는 별취別趣가 있는데, 이치와는 관련이 없다.…… 이른바 이치의 길을 밟지 않고, 말의 통발에 빠지지 않은 것이 상등이다. 성당盛唐의 시인들은 오직 흥취興趣에 있어서, 영양羚羊이 잠을 잘 때 뿔을 나무에 걸친 것처럼 자취를 찾을 수 없다. 그러므로 그 오묘한 점은 속까지 맑고 산뜻하며(透徹玲瓏) 한곳에 모이게(湊泊) 할 수 없으니, 마치 허공 속의 음音, 형상 속의 색, 강물 속의 달, 거울 속의 상象과 같아서, 말에는 다함이 있지만, 뜻에는 끝이 없다.157)

엄우가 말한 입신은 곧 서적과 이치를 통해서 얻을 수 없고, 말로 전할 수 없는 흥취에서 비롯된 것이다. 그리고 흥취는 현실적인 관념이 아니라, 심미적인 이상으로서, 감각적인 지각이나 이성적인 사유를 통해서 파악할 수 있는 것이 아니므로, 오직 신이라는 개념을 빌려 표현될 수밖에 없다. 그러므로 엄우가 주장한 입신은 경험적인 표상을 초월한 것, 즉 심미적인 의상意象을 가리키는 것으로 이해되어야 한다. 마지막으로 그는 묘오妙悟라는 개념을 창안하여, 그것을 통해 입신의 경지에 이를 수 있다고 주장하였는데,158) 이리하여 묘와 신이 서로 연결되어, 전자는 심미 활동이 지닌 비경험적인 초월성을 강조하는 것이 되고, 후자는 예술이 지닌 비이성적인 초월성을 부각하는 것이 되었다.

---

154) 『文心雕龍』, 「神思」, "神思方運, 萬途競萌."
155) 王昌齡, 『詩格』, "神會於物, 因心而得."
156) 嚴羽, 『滄浪詩話』, 「詩辨」, "詩之極致有一, 曰入神. 詩而入神, 至矣, 盡矣, 蔑以加矣! 惟李, 杜得之, 他人得之蓋寡也."
157) 嚴羽, 『滄浪詩話』, 「詩辨」, "夫詩有別材, 非關書也. 詩有別趣, 非關理也……所謂不涉理路, 不落言筌者, 上也. 盛唐諸人惟在興趣, 羚羊掛角, 無跡可求. 故其妙處, 透徹玲瓏, 不可湊泊, 如空中之音, 相中之色, 水中之月, 鏡中之象, 言有盡而意無窮."
158) 嚴羽, 『滄浪詩話』, 「詩辨」, "大抵禪道惟在妙悟, 詩道亦在妙悟."

이지는 심미 대상의 측면에서 신을 해명하면서 심미 대상이 지닌 신이 심미 주체를 지향하는 가운데 일종의 '친화력', 즉 물지애인物之愛人의 관계가 구현될 수 있다고 주장하였고,[159] 유대괴劉大櫆는 신을 기의 근본으로 설정하고, 그것을 예술적인 풍격이 형성될 수 있는 근원이라고 규정하였다.[160] 그리고 왕사정王士禎은 본격적으로 신운설을 제기하여 신과 운을 결합하였다. 그는 "사물을 읊조리는 것은 특정 기준 없이 산만하고 가없이 아득하게 해서는 안 되니,…… 오직 신운을 주로 삼아야 한다"(詠物不可汗漫……唯以神韻爲主)라고 말하면서 신운을 최고의 심미적 기준으로 정초하였다. '운'은 본래 예술작품이 지닌 심미적 내포를 의미하고, 언어로써 전달할 수 없는 것이다. 그래서 신운이라는 용어는 운이 지닌 심미적인 초월성을 더욱 부각한 것이라고 평가할 수 있다. 따라서 후세의 학자는 신운이라는 개념을 중화미학의 보편적 개념으로 설정하여 미적인 것을 판정하는 데 활용하였다. 나아가 심종건沈宗騫은 영감을 뜻하는 영취靈趣 개념을 통해 신을 해석하였는데, 그에 따르면 신은 곧 영취에서 발현된 심미의 비자각성과 창조성을 의미한다.[161] 마지막으로 엽섭葉燮은 신 개념을 통해 심미 주체가 지닌 천재성을 해명하였다. 그는 "무릇 사물의 아름다움은 천지 사이에 가득 차 있다. 그러나 그것은 반드시 시인의 밝은 정신과 총명한 자질(神明才慧)을 기다리고 나서야 드러날 수 있다"[162]라고 말하였는데, 여기에서의 '밝은 정신과 총명한 자질'이 곧 심미 주체만 지닌 천재성을

---

159) 李贄, 『焚書』, "且天地之間, 凡物皆有神, 況以此君虛中直上, 而獨不神乎! 傳曰, '士爲知己用, 女爲悅己容.' 此君亦然. 其此一遇王子, 則戰詒娛, 自爾神王, 平生挺直凌霜之操, 盡成簫韶鸞鳳之音, 而務欲以爲悅己者之容矣, 彼又安能孑然獨立, 窮年悲瑟, 長抱知己之恨乎? 由此觀之,…… 物之愛人, 自古而然矣, 而其誰能惎之?"

160) 劉大櫆, 『論文偶記』, "行文之道, 神爲主, 氣輔之. 曹子桓, 蘇子由論文, 以氣爲主, 是矣. 然氣隨神轉, 神渾則氣灝, 神遠則氣逸, 神偉則氣高, 神變則氣奇, 神深則氣靜, 故神爲氣之主."

161) 沈宗騫, 『芥舟學畫編』, 卷二, 「山水‧會意」, "今將展素落墨, 心所預計者, 不過何等筆法, 何等局法. 因而洋洋麗麗, 興之所至, 豪端畢達, 其萬千氣象, 都出於初時意計之外. 今日爲之而如是, 明日爲之又是一樣光景. 如必欲若昨日之所爲, 將反有不及昨日者矣. 何者? 必欲如何, 便是阻礙靈趣……若士大夫之作, 其始也曾無一點成意於胸中, 及至運思動筆, 物自來赴. 其機神湊合之故, 蓋有意計之所不及, 語言之所難喻者. 頃刻之間, 高下流峙之神, 盡爲筆墨傳出, 又其位置剪裁, 甚酌盡善."

162) 葉燮, 「滋園記」, "凡物之美者, 盈天地間皆是也, 然必待人之神明才慧而見."

의미하는 것이다. 요컨대 위에서 서술한 입신, 신운 등의 개념은 한편으로 심미적인 의식이 지닌 비경험성과 신비성을 강조하는 동시에, 다른 한편으로는 심미적 의미에 함축된 현실적 초월성을 드러낸 것으로, 중화미학이 이성주의의 독단에서 벗어나 초월성의 미학사상으로 나아가는 데 중요한 역할을 수행하였다.

제3절 심미 본질의 증명

미학이론과 철학이론에는 발견과 증명이라는 두 부분이 있다. 그리고 발견의 논리를 제공하는 것은 현상학인데, 그것은 심미적인 체험과 반성을 통해 미적 의의를 획득한다. 한편, 증명의 논리는 본체론에 의해서 정초되는데, 그것은 존재로부터 미美를 추론하여 심미의 의의를 증명한다. 서양의 전통 형이상학에 따른 미학이론에 증명이 있고 발견은 없다. 그래서 그것은 항상 억측된 존재의 개념으로써 미를 추론하기 때문에, 자칫 독단론에 빠지는 경향을 지닌다. 오직 현대에 이르러서야 서양철학은 현상학의 방법론을 정초하고, 본질직관(Wesensanschauung)을 통해 사물의 본질을 규명하여 독단론에서 벗어날 수 있게 되었다. 그러나 이와 같은 현상학은 발견만 있고 증명이 없는 결함을 또한 내포하고 있다. 즉 그것은 단지 명료성만을 강조한 나머지, 전통 형이상학에 의해서 정초된 증명방법을 외면하였다. 그래서 발견의 논리와 증명의 논리, 다시 말해 현상학과 본체론을 결합할 수 있어야 온전한 철학과 미학 이론을 구축할 수 있다.

중화미학은 고전 현상학의 방법, 즉 심미적인 체험을 통해 미를 파악하였는데, 이는 서양의 미학보다 훨씬 일찍 발견의 논리를 실천적으로 사용한 것이다. 그러나 중화미학은 온전한 증명의 논리를 구현하지 못하였는데, 이는 중화철학에 엄밀한 논리성이 결여되어 있기 때문이다. 그런데 이와 같은 결함은 중화미학에 발견의 논리만 있고, 증명의 논리가 없다는 뜻은 아니다. 실제로 중화미학은 나름의 증명

논리를 갖고 있고, 그것은 주로 두 가지 방식으로 이루어진다. 하나는 명도론明道論으로 진행되는 도道의 아름다움에 대한 증명 즉 도지미道之美의 증명이고, 다른 하나는 홍정론興情論으로 수행되는 정情의 아름다움에 대한 증명 즉 정지미情之美의 증명이다. 그러나 중화미학에서 미의 본질에 관한 규정이 일관되지 않은 형태로 전개되기 때문에, 두 가지 증명방식에는 서로 충돌되는 내용이 있다. 그래서 이 둘을 각각 나누어서 설명할 필요가 있다.

1. 도지미의 증명

논리적인 사유의 빈약함으로 인해, 중화미학은 엄밀한 체계를 형성하지 못하였다. 일반적으로 미학이론은 "미의 본질이 무엇인가?"와 같은 기본적인 명제에 대해 논증할 필요가 있다. 서양의 경우, 고대 그리스 때부터 이미 삼단논법이 있었지만, 중국에서는 적어도 춘추전국시대까지 그 어떠한 논리적 추론방법도 제시되지 않았다. 그래서 중국에서 미의 본질에 대한 논증이 자각적인 형태로 이루어지지 않았다. 불교가 전래된 후, 논리학적 기능을 지닌 인명학因明學이 널리 전파되었지만, 그것도 실용이성에 기반을 둔 중화미학의 사고방식을 크게 바꾸지 못하였다. 예를 들어 중화미학의 대표적 저술, 즉 『문심조룡』은 논리성을 어느 정도 갖추었으나 여전히 경험적인 개괄과 묘사를 통해 미의 본질을 증명하고 있다. 따라서 중화미학은 엄밀한 논리를 기반으로 이론적 체계를 전개하지 않고, 시론詩論, 화론畫論, 희곡과 소설 평론 등의 방식으로 미학적인 관점을 표현하였다. 그럼에도 불구하고 중화미학은 그 내재적 논리를 갖추고 있고, 그것이 특히 『문심조룡』 이후에 자각적으로 발전하였으므로, 우리는 여전히 도지미에 대한 중화미학의 논증 과정을 고찰할 수 있다.

중화미학에 따르면 심미는 곧 도를 체득하는 것, 즉 체도體道의 과정이다. 이러한 결론은 어떻게 증명되었을까? 선진先秦의 제자諸子들은 대부분 엄밀한 논증을 제시하지 않고, 경험적인 인식을 통해 심미가 곧 체도임을 주장하였다. 『상서尚書』

에서 "시는 뜻을 말하는 것이다"163)라는 시언지설詩言志說이 제기되었는데, 이는 중화미학사상의 근원이다. 그리고 「시대서詩大序」는 이러한 사상을 계승하여 "시는 뜻이 지향하는 바를 가리키는 것이니, 그것이 마음에 있으면 지志라고 하고, 말로 발현되면 시가 된다. 정情이 마음속에서 움직여 말로 표현되고, 말로 표현되는 것이 부족하니 탄식이 되며, 탄식으로 부족하니 노래로 읊조리는 것이 되고, 노래로 읊조리는 것이 부족하니 자신도 모르게 손으로 춤을 추고, 발로 뛰게 된다"164)라는 사상을 내세웠다. 이와 같은 진술은 논리적인 논증이 아니라 경험적인 심미 체험을 통해 미를 마음속의 뜻, 즉 심지心志를 표현한 것으로 규정한 것이다. 그러나 여기에서도 잠재적인 논리적 복선이 깔려 있는데, 그것이 바로 시는 뜻을 말하는 것, 즉 언지를 통해 도를 표현한다는 것이다. 실제로 중화미학의 언지설은 명도설과 마찬가지로 모두 인간의 심지를 도에 기반한 것으로 간주하기 때문에, 둘의 관계는 하나의 본체를 지닌 두 가지 쓰임(一體兩用)이라고 할 수 있다. 그래서 중화미학은 주체의 심지라는 측면에서뿐만 아니라, 도의 각도에서도 미를 논술한다. 이에 관해 공자는 "선왕先王의 도가 곧 미이다"165), "마을 사람의 마음이 인후仁厚한 것이 미이다"166), "미는 선善의 실질이다"(美者, 善之實也)167)라고 말하면서, 도를 미의 본질로 삼았다. 그리고 유사한 맥락에서 맹자도 미와 선을 동일시하면서 "충실함을 일컬어 미라고 한다"168)라고 주장하였고, 순자는 "미와 선은 서로 어울리는 것이다"(美善相樂)169)라는 생각을 내세웠다. 그러나 선진시대의 유가는 이와 같은 형이상학적 명제를 논리적으로 증명하지 않고, 다만 그 자체로 주장하였을 뿐이다.

유가에 비해 도가의 미학사상은 논리성이 비교적 강하다. 왜냐하면 도가의

---

163) 『尙書』, 「虞書·舜典」, "詩言志, 歌永言, 聲依永, 律和聲."
164) 「詩大序」, "詩者, 志之所之也. 在心爲志, 發言爲詩, 情動於中而形於言, 言之不足, 故嗟歎之. 嗟歎之不足, 故永歌之. 永歌之不足, 不知手之舞之, 足之蹈之也."
165) 『論語』, 「學而」, "先王之道斯爲美."
166) 『論語』, 「學而」, "子曰, ‘里仁爲美.’"
167) 『論語集註』, 「八佾」, "美者, 聲容之色. 善者, 美之實."
168) 『孟子』, 「盡心下」, "充實之謂美."
169) 『荀子』, 「樂論」, "故樂行而志淸, 禮修而行成, 耳目聰明, 血氣和平, 移風易俗, 天下皆寧, 美善相樂."

미학적 논증은 심미적인 경험에서 출발하는 것이 아니라 본체론, 즉 도의 자연自然 본성으로부터 미의 본질을 추론하는 것이기 때문이다. 노자는 도 또는 덕德을 미의 근거로 삼아 경험적으로 드러난 소리(聲)와 색色을 부정하고, 예술이 자연의 도와 어긋난다고 주장하였다. 특히 그는 미가 도의 속성이기 때문에, 경험 밖에 놓여 있다고 강조하였다. 이에 따르면 도는 이름이 없고 형체가 없으므로(無名無形), 그것의 모습(容)인 미170)는 구체적인 소리와 형상으로 규정될 수 없는, 다시 말해 대음大音이나 대상大象171)과 같은 것이어야 한다. 그래서 노자의 미학사상은 기본적으로 없음 즉 무無를 미의 조건으로 삼기 때문에, 마음의 비어 있음 즉 허정虛靜함이나 작위 없음 즉 무위無爲 등을 미의 본질로 규정한다.

장자의 미학사상은 스스로 그러한 상태, 즉 자연을 미로 삼는다. 그에 따르면 도는 미의 본원이고, 미는 도의 체현이다. 그리고 도는 비경험적인 특성을 갖고 있으므로, 미도 구체적인 대상으로 환원하거나 감각적으로 접근할 수 있는 것이 아니다. 장자는 노자의 입을 빌려 다음과 같이 주장하였다.

> 공자가 말하였다. "만물의 근원에서(物之初) 노닌다고 함은 어떤 것입니까?" 노담老聃이 말하였다. "무릇 이 만물의 근원에서 노니는 경지를 체득할 수 있으면, 지극히 아름답고 지극히 즐거워진다. 지극한 아름다움을 체득하여 지극히 즐거운 경지에 노니는 사람을 일러 지인至人이라고 한다."172)

여기에서 장자는 지극한 아름다움(至美)이 곧 지극한 즐거움(至樂)이고, 그러한 지극한 즐거움이 또한 즐거움이 없는 즐거움의 상태(至樂無樂)라고 규정하였다. 더욱이 이와 같은 결론은 경험적인 인식에서 도출된 것이 아니라, 도의 본질에 입각하여 추론된 것이다. 그러나 장자의 미학 논증은 대부분 우화를 통해서 제시되

---

170) 『道德經』第21章, "孔德之容, 唯道是從."
171) 『道德經』第41章, "大音希聲, 大象無形, 道隱無名."
172) 『莊子』, 「田子方」, "孔子曰, '請問遊是.' 老聃曰, '夫得是, 至美至樂也. 得至美而遊乎至樂, 謂之至人.'"

었기 때문에, 개념 사이의 논리적 관계를 밝힌 것이라기보다는 함축적인 논리적 형태로 진행된 것에 가깝다고 평가하는 것이 적절하다.

동한東漢 이후, 인도의 인명학이 불교와 함께 중국에 수입되면서 중화미학도 논리적인 논증방식을 실제로 사용하게 되었다. 그러한 과정에서 위진남북조시기의 저술, 즉 『문심조룡』은 인명학의 영향을 받아 체계적인 문학이론을 정립하여 중화미학의 전범적 저술로 정초되었다. 『문심조룡』은 자각적으로 논리적 추론방식을 적용하여 미의 본질을 증명하였다. 유협劉勰은 가장 보편적인 도의 개념에서 출발하여 전체 저술의 가장 논리적인 부분, 즉 「원도原道」, 「징성徵聖」, 「종경宗經」 세 장을 구사하였다. 그에 따르면 문장(文)은 도를 본원으로 삼고 있고, 도는 또한 성인聖人에 의해서 파악되고 전파되어 경전이 된다. 그리고 이러한 경전은 도를 설명하는 것이기 때문에, 문장을 짓는 본보기가 되고, 문장은 또한 경전이라는 형식으로 도를 전달하는 매개가 된다. 그래서 유협의 논의는 기본적으로 도 → 성聖 → 경經 → 문文 → 도道의 논리적 단서가 명시되어 있는 것이라고 할 수 있다.

「원도」에서 유협은 문과 도의 관계에 대해 논술하였다. 특히 그는 문이 곧 도를 드러내는 형식이라고 규정하고, 그러한 형식에 자연현상과 인문현상이 모두 포함되어 있다고 주장하였다. 실제로 이와 같은 문의 규정은 문의 본래 의미 즉 문식文飾과 문채文綵에서 비롯된 것이므로, 한편으로는 모호성과 다의성을 지니는가 하면, 다른 한편으로는 심미적 의미를 함축하고 있다. 그렇다면 유협은 어떻게 자연의 문(自然之文)과 인문의 문(人文之文)을 통일하였는가? 그는 무엇보다도 엄밀성이 비교적 떨어진 유비 추론(比附)을 통해서 둘을 통일하였는데, 이에 따르면 자연사물에는 문식이 있으므로, 만물의 영장인 인간에게도 반드시 그것이 있기 마련이다. 그래서 유협은 "의식(識)이 없는 사물도 무성한 문채를 갖고 있는데, 마음이라는 기관을 가진 인간에게 어찌 문채가 없을 수 있겠는가?"[173]라고 말하면서, "그러므로

---

173) 劉勰, 『文心雕龍』, 「原道」, "夫以無識之物, 鬱然有采, 有心之器, 其無文歟?"

도는 성인을 통해 문장으로 드리워지고, 성인은 문장에 의지하여 도를 밝힌다는 것을 알 수 있다"174)라고 결론을 맺었다.

다음으로 「징성」에서 유협은 도가 하늘에서 비롯되었기 때문에, 성인에 의해서만 파악될 수 있다는 점을 강조하면서, 성인의 말이 곧 도를 전달하는 것으로서 경전이 될 수 있다고 주장하였다. 이에 관해 그는 "절묘함의 극치에 이르러 지혜가 생겨나고, 밝은 지혜는 오직 성인에 의해서만 주재될 수 있다"175)라고 말하면서 "그러므로 문장을 논하는 것은 반드시 성인의 말을 증거로 삼아야 하고, 성인의 말을 들여다보는 것은 반드시 경전을 으뜸으로 삼아야 한다"176)라고 결론을 맺었다.

나아가 「종경」에서 유협은 성인의 말이 도를 전달하므로 전범적인 의의를 지닌 경이 될 수 있다고 주장하였다. 그는 "경이라고 하는 것은 항구불변의 지극한 도이고, 덜어 낼 수 없는 큰 가르침이다"177)라고 진술하면서, 경전이 곧 자연의 문과 인문의 문, 즉 도를 해명하는 지극한 문장이라고 주장하였다.178) 그리고 유협은 또한 경전이 도덕적인 문맥에서만 문장의 전범이 되는 것이 아니라, 문체의 측면에서도 본보기가 된다는 점을 설명하기 위해, "그러므로 논論, 설說, 사辭, 서序 등에 관해서는 『주역』이 그 우두머리를 통솔하고, 조詔, 책策, 장章, 주奏 등에 관해서는 『상서』가 그 근원을 발현하며, 부賦, 송頌, 가歌, 찬贊 등에 관해서는 『시경』이 그 근본을 세우고, 명銘, 뇌誄, 잠箴, 축祝 등에 관해서는 『예기』가 그 단서들을 총괄하며, 기紀, 전傳, 맹盟, 격檄 등에 관해서는 『춘추』가 그 근간이 된다"179)라고 말하였다. 이어서 그는 경전에서 제시된 문장의 원칙은 다양한 문체의 규범이 된다는 점을 강조하면서,180) 문장이라면 반드시 경전을 전범으로 삼아 사람들로

---

174) 劉勰, 『文心雕龍』, 「原道」, "故知道沿聖以垂文, 聖因文以明道."
175) 劉勰, 『文心雕龍』, 「徵聖」, "妙極生知, 睿哲惟宰."
176) 劉勰, 『文心雕龍』, 「徵聖」, "是以論文必徵於聖, 窺聖必宗于經."
177) 劉勰, 『文心雕龍』, 「宗經」, "經也者, 恒久之至道, 不刊之鴻教也."
178) 劉勰, 『文心雕龍』, 「宗經」, "故象天地, 效鬼神, 參物序, 制人紀, 洞性靈之奧區, 極文章之骨髓者也."
179) 劉勰, 『文心雕龍』, 「宗經」, "故論說辭序, 則易統其首. 詔策章奏, 則書發其源, 賦頌歌贊, 則詩立其本. 銘誄箴祝, 則禮總其端. 記傳盟檄, 則春秋爲根."
180) 劉勰, 『文心雕龍』, 「宗經」, "故文能宗經, 體有六義."

하여금 성인의 뜻을 파악하고, 나아가 천도天道를 체찰體察할 수 있도록 구현되어야 한다고 주장하였다.

앞선 세 장의 논의에 이어 유협은 또한 「정위正緯」와 「변소辨騷」라는 두 장을 덧붙임으로써, 주류 문체와 다른 유형의 문체들도 도를 밝히는 본질을 갖고 있다는 점에 대해 논의하였다. 이리하여 그는 문학과 심미의 본질에 대한 논증을 마무리하고 책의 마지막 「서지序志」 부분에서 "대체로 『문심조룡』이라는 저술은 도를 근본으로 삼고(1장), 성인의 가르침을 스승으로 삼으며(2장), 경전을 본체로 삼고(3장), 위서緯書의 문체를 참작하며(4장), 「이소離騷」와 같은 문체의 변화를 살폈으니(5장), 문장을 짓는 요점을 모두 설명한 것이다"181)라고 결론을 맺었다.

위에서 다룬 『문심조룡』의 논증에서 알 수 있듯이, 그것은 문의 본질에 대한 명확한 증명 과정을 제시하고 있다. 즉 『문심조룡』은 먼저 도와 문의 관계를 규명하여 그것을 대전제로 삼았다. 그리고 그것은 문이 어떻게 도를 밝히는지에 대해 논술하였는데, 이러한 과정은 성인이 도를 전달하는 것이 경전이 되었다는 논의로 전개되었다. 마지막으로 『문심조룡』은 문이 곧 그러한 경전을 따른 것이므로, 도를 밝히는 것이라고 결론을 맺었다. 이와 같은 논리적 논증 과정은 상당한 완성도를 지닌 것으로, 후세 중화미학의 논저 중에서 그것에 버금갈 만한 저술이 거의 없었다. 그러나 『문심조룡』도 또한 실용이성에 따른 사유방식의 한계로 인해 체계적인 논리학만큼의 엄밀한 논증을 구현하지 못하였다.

우선, 건전한 논리적 추론은 보편 개념에서 출발하여 결론을 도출하여야 한다. 즉 논리적 추론에 따른 결론은 반드시 전제인 보편 개념 속에 포함되어야 한다. 그렇다면 『문심조룡』의 문맥에서 도에는 반드시 문의 내포가 들어 있어야 한다. 이와 더불어 『문심조룡』은 다른 부분에서 문의 내포를 정감, 즉 정이라고 규정한 바가 있다. 그래서 도는 정을 포함한 것이어야 한다. 그러나 『문심조룡』은 끝까지 도의 구체적인 내포에 관해 명석한 설명을 제시하지 않은 채, 다만 그것이 성인에

---

181) 劉勰, 『文心雕龍』, 「序志」, "蓋文心之作也, 本乎道, 師乎聖, 體乎經, 酌乎緯, 變乎騷."

의해 만들어진 경전의 내용이라고만 서술하였다. 이러한 논증방식은 실제로 순환논증의 오류를 범한 것이다. 다시 말해, 그것은 도의 내포가 곧 경전에서 제시된 내용이고, 경전에서 제시된 내용이 곧 도의 내포라는 식으로 구현되어 있다는 것이다. 이와 같은 논증은 도의 내포를 지극히 자명한 것으로 설정하였지만, 논리적인 측면에서 보면 결함이 있는 것이다.

다음으로, 『문심조룡』은 앞선 세 장의 논의를 통해 '문의 본질이 곧 도를 밝히는 것이다'라는 결론에 도달하였다. 그렇다면 그것은 마땅히 이은 부분에서 도로써 다양한 문체의 특성을 설명하여야 한다. 그러나 『문심조룡』은 도로써 여타 문체를 설명하는 대신, 경험적인 인식, 특히 정감에 치우친 심미적인 경험 인식을 통해 문의 본질을 규명하고, 문학(시, 소, 부 등)의 특성을 해명하였다. 이러한 과정에서 그것은 심미적인 경험에서 출발하여 문의 정감성에 관해 논의하였지만, 직접 도의 내포로부터 출발하여 문의 정감성을 도출하지 않았다. 즉 『문심조룡』은 도와 정의 관계에 대해 논술하였지만, 정이 도의 개념 속에 포함되어 있다는 점을 논증하지 못하였다는 것이다. 다만 그것은 문의 한 유형 중에서 정문情文이라는 것이 있는데, 이 정문이 인간의 본성에서 발현되었다는 점만을 언급하였을 뿐이다. 물론 유가의 사상에 따르면 도는 인간 본성에 통하기 때문에, 인간 본성의 차원에서 거론된 정은 곧 도의 개념 속에 정이 포함되어 있다는 점을 반증하는 것일 수 있다. 그렇지만 이와 같은 논증은 타당한 논리적 법칙에 따라 추론된 것이 아니라, 증명되어야 할 결론을 전제로 삼는 역추론에 속하기 때문에, 오류가 있는 것으로 평가되어야 한다.

더 나아가 『문심조룡』의 논리적 빈약함은 또한 동일률을 거스르는 개념의 애매성에서 드러난다. 『문심조룡』에서 말한 도는 천도이자 인도人道이다. 그러나 자연의 법칙과 사회의 규범은 엄연히 다른 것이며, 둘을 매개 없이 혼동하면 동일률을 위반하게 된다. 그리고 『문심조룡』에서 말한 도는 유가에서 제시한 윤리적 규범인 동시에, 도가에서 제시한 자연의 법칙이라는 의미를 함께 지니고 있다. 이렇게 되면 도로 설명되는 문의 본질은 리理와 정이 혼재된 것이 되고, 둘 사이의 충돌을 면할 수 없게 된다.

　마찬가지로 문의 개념도 애매성을 지니므로 동일률을 위반하고 있다. 『문심조룡』은 문의 원시적인 의미, 즉 문식 또는 문채에서 출발하여 천지지문과 인문을 모두 도의 현현으로 규정하였다. 그러나 천지지문이 의미하는 자연현상과 인문이 지시하는 사회현상은 다른 것이기 때문에, 직접 공통적인 개념 속에 포섭될 수 없다. 그리고 인문이라는 범주에 한정하여 말하자면, 이 시기에는 순수문학이라는 관념이 아직 형성되지 않았다. 그래서 인문은 문장뿐만 아니라 인간 문화의 다양한 측면을 포함하는 개념이다. 설령 인문을 문장만 가리키는 것이라고 이해하더라도, 논설문과 응용문, 그리고 문학 등은 서로 다른 성질을 지닌다. 특히 문학은 심미적인 본질을 갖고 있다는 측면에서 여타 유형의 문장과 다르다. 그러나 『문심조룡』은 이러한 차이에 대해 구분하지 않고, 단지 그것들을 통째로 인문이라는 개념 속에 포섭하여 논의하였다. 더 나아가 『문심조룡』은 세 가지 문의 형태, 즉 형문形文, 성문聲文, 정문을 제시하였는데, 앞의 둘은 감각적 대상에 입각한 구분이고, 마지막 것은 심리적 현상에 따른 구분이므로, 직접적으로 병치될 수 없는 것들이다. 요컨대 『문심조룡』에서 제시된 문의 정의는 아직 애매한 단계에 머물러 있는 것으로, 예술과 일반적인 문화 현상의 차이를 간과한 것이라고 평가할 수 있다.

2. 정지미의 증명

　중화미학의 주류 사상은 도를 미의 본체로 삼는다. 그리고 이러한 도는 이치와 정감, 즉 리와 정을 포함한다. 그러나 전통사회 후기에 이르러 리와 정의 통일이 분열되면서 미학 관념도 점차 정감론 또는 흥정론으로 전향하여 미가 곧 정감의 표현이라는 인식이 주류 사상으로 정립되었다. 이러한 맥락에서 보면 중화미학에는 이원성, 즉 미의 정감성과 이성 사이에서 생겨난 이원성이 함축되어 있다. 비록 다양한 형태로 제시된 중화미학의 체계는 모두 정과 리의 통일을 지향하지만, 둘 사이에 엄연한 차이가 있으므로 논리적으로나 현실적으로나 충돌이 있을 수밖에 없다. 그러한 까닭에 유가의 미학사상에서 제기된 도는 정감을 배척하지 않지만, 여전히 그것을 이성에 종속시켜 절제되어야 할 요소로 간주하였다. 그래서 유가의 사상을 비롯한 선진 미학사상은 정본체론의 미학을 구현하지 못하였다. 즉 선진의 제자는 시언지설을 제기하였음에도 불구하고, 정감과 이성을 구분하지 않았고, 나아가 시가의 정감적 특성을 긍정하였는데도 이성으로써 정감을 절제하여야 한다는 생각을 고수하였기 때문에, 정감을 미의 본질로 삼는 데까지 이르지 못하였다는 것이다. 그러다가 위진시대 이후로, 미학사상은 점차 정감론으로 이행하여 정감이 미의 본질로 정초되었다. 이러한 과정에서 심미의 정감적 본질에 대한 증명이 제기되었는데, 그것은 대체로 두 가지 유형으로 나눌 수 있다. 하나는 도의 내포 속에서 직접 정의 근거를 찾아내는 본체론적 증명이고, 다른 하나는 기氣의 운동으로써 심미적 정감이 발생하는 과정을 설명하는 우주론적 증명이다.

본체론적 논증은 정감을 도의 현현으로 규정한다. 중화철학의 따르면 도는 자연과 사회의 객관적인 법칙뿐만 아니라, 인간의 내면적인 본성과도 일치한다. 「중용中庸」에는 "하늘이 명命한 바를 성性이라고 하고, 그 성을 따르는 것을 도라고 하며, 그 도를 닦는 것을 가르침이라고 한다"182)라는 말이 있는데, 여기에서 말한 성은 곧 인간의 본성이자 본질이고, 정감이 곧 그러한 본질의 체현이다. 나아가 거기에는 또한 "희노애락의 정이 발현하지 않은 것을 중中이라고 하고, 발현하여 절도에 맞는 것을 화和라고 한다"183)라는 구절이 있는데, 여기에서의 중은 곧 인간의 본성을 가리키고, 그것에서 발현된 것이 곧 정이다. 이리하여 정은 성을 근본으로 삼게 되어 본체론적 의미를 지니게 되었다. 바로 이러한 논증에 입각하여 심미적인 정감이 실제로 천도와 인성에서 비롯되었다는 결론이 성립하게 되었다.

『문심조룡』은 문의 본질이 곧 도임을 논증하였고,184) 문의 특성 중 하나가 곧 그것이 정감성을 지닌 점이라고 주장하였다.185) 그러나 여기에서 제시된 문의

---

182) 『禮記』, 「中庸」, "天命之謂性, 率性之謂道, 修道之謂敎."
183) 『禮記』, 「中庸」, "喜怒哀樂之未發, 謂之中. 發而皆中節, 謂之和."
184) 劉勰, 『文心雕龍』, 「原道」, "故知道沿聖以垂文, 聖因文以明道."

정감성에 대한 논리적 논증은 아직 충분한 것이 아니다. 『문심조룡』은 본체론적 측면에서 문의 정감적 본질을 논증하였는데, 이에 따르면 도는 문으로 현시되고, 그러한 문에는 형문, 성문, 정문이라는 종류가 있다.[186] 그리고 『문심조룡』은 정문을 통해 문의 정감적 본질을 설명하려고 하였으나, 이 정문은 세 가지 문의 형태 중의 하나에 불과하기 때문에, 다양한 문의 유형은 물론이고, 음악(성문)과 회화(형문)를 비롯한 모든 예술형식을 포함할 수 없다. 따라서 『문심조룡』에서 제시된 본체론적 논증은 정감이 문, 즉 미의 본질임을 입증하지 못한다.

정지미에 관해서 또한 우주론적 논증이 있다. 이러한 논증은 기본적으로 천인합일의 관념에 기반하여 만물의 근원인 기를 통해 자연과 인간을 소통함으로써, 기가 곧 정감이 일어날 수 있는 원인이라고 주장한다. 중화철학의 개념 체계에서 리는 형이상의 범주 즉 도에 속하고, 기는 그것에 종속된 형이하의 범주 즉 기器에 속한다. 그러나 이와 같은 기는 인간을 포함한 만물을 화생하는 것으로 이해되는데, 이에 관해 주희는 다음과 같이 말하였다.

> 하늘과 땅 사이에는 리가 있고 기도 있다. 리는 형이상의 도이니, 살아 있는 사물의 근본이다. 기는 형이하의 기이니, 살아 있는 사물의 기틀(具)이다. 그러므로 인간과 사물의 살아 있음(生)은 반드시 이 리를 품부 받아 성이 있게 되고, 이 기를 품부 받아 형形이 있게 된다.[187]

기는 중화철학의 독특한 개념으로서, 원시적인 생명력을 의미한다. 중화철학의 우주론에 따르면 하늘과 땅은 음陰과 양陽이라는 두 기의 교합으로 생겨났다. 그리고 이러한 두 기는 하늘과 땅을 낳고 그 사이에서 끊임없이 유전하며, 인간과

---

185) 劉勰, 『文心雕龍』, 「情采」, “故情者文之經, 辭者理之緯.”
186) 劉勰, 『文心雕龍』, 「情采」, “故立文之道, 其理有三. 一曰形文, 五色是也. 二曰聲文, 五音是也. 三曰情文, 五性是也.”
187) 朱熹, 『朱文公文集』, 「答黃道夫」, “天地之間, 有理有氣. 理也者, 形而上之道也, 生物之本也. 氣也者, 形而下之器也, 生物之具也. 是以人物之生, 必稟此理, 然後有性, 必稟此氣, 然後有形.”

사물에게 생명을 부여하는 동시에 그 둘을 서로 감응하게 한다.[188] 이 이론에 기반하여 중화미학은 심미가 정적인 세계에서가 아니라, 생명을 지닌 인간과 사물의 역동적인 관계에서 일어나고, 그러한 생명의 역동적 관계를 나타내는 것이 곧 상象이라고 주장하였다. 앞선 장에서 서술하였듯이, 서양의 실체론적 본체론과 달리, 중화미학의 본체론은 감흥론感興論에 속한다. 그리고 이와 같은 감흥론은 범생명론泛生命論적 세계관을 지니고 있고, 그것은 감흥의 원동력을 기라고 규정하는데,[189] 이에 따르면 기의 작용으로 인해 사물과 주체는 서로 감응하여 특수한 정감, 즉 미감을 낳는다.[190] 실제로 이러한 논증은 정감을 초점으로 사물과 주체 사이의 간주관성(Intersubjektivität)을 부각하였지만, 여전히 천인합일의 관념을 고수하고 있으므로, 몽매성蒙昧性을 지닌 논증이라고 할 수 있다.

전통사회 후기에 이르러 이성의 권위가 몰락함에 따라 정감이 본체론적 위상을 갖게 되고, 심미의 정감성은 이성을 대체하여 주도적인 지위에 올라섰다. 명대 중기부터 육왕심학陸王心學이 흥행하였는데, 그것은 맹자의 주관적 관념론(唯心論)을 계승하여 천리天理가 곧 인간 심성心性의 양지良知에 있다고 주장하였다. 육구연陸九淵은 "정, 성, 심心, 재才와 같은 것들은 모두 같은 사물이니, 그것들을 표현하는 말이 우연히 다를 뿐이다"[191]라고 말하였는데, 왕양명王陽明은 이러한 사상을 계승하여 "마음이 곧 성이고, 성이 곧 리이다"[192]라는 명제를 내세웠다. 그들의 본래 취지는 인심人心을 이성화하는 데 있지만, 의도하지 않은 사이에 정감을 강력하게 긍정하려는 반대 사조, 즉 왕학좌파王學左派를 낳았다.

---

188) 董仲舒, 『春秋繁露』, 「天地陰陽」, "天地之間, 有陰陽之氣, 常漸人者, 若水常漸魚也.……是天地之間, 若虛而實, 人常漸是澹澹之中, 而以治亂之氣, 與之流通相也. 故人氣調和, 而天地之化美."

189) 劉勰, 『文心雕龍』, 「物色」, "春秋代序, 陰陽慘舒, 物色之動, 心亦搖焉.……情以物遷, 辭以情發."

190) 劉勰, 『文心雕龍』, 「明詩」, "人稟七情, 應物斯感, 感物吟志, 莫非自然."; 鍾嶸, 『詩品』, 「序」, "氣之動物, 物之感人, 故搖蕩性情, 行諸舞詠."; 陸機, 『陸士龍文集』, 卷三, 「贈弟士龍詩序」, "感物興哀."; 傅亮, 「感物賦序」, 『全宋文』, "悵然有懷, 感物興思."; 蕭統, 『全梁文』, 「答晉安王書」, "睹物興情." 등 참조.

191) 陸九淵, 『象山全集』, 卷三十五, "且如情性心才, 都只是一般物事, 言偶不同耳."

192) 王陽明, 『傳習錄』, "心卽性, 性卽理."

왕학좌파가 본격적으로 정본체론을 정립하였는데, 그 논증 방식은 다음과 같다. 천도가 곧 인성이고, 인성이 곧 인간의 자연 본성이다. 그리고 정감은 인간의 자연 본성에서 발현된 것이고, 문학을 비롯한 예술이 또한 정감의 발현에 기반하기 때문에, 모두 천도에 합치된 것이다. 비록 이 시기에는 천리天理와 인욕人欲을 엄격하게 구분하고, 리와 정을 서로 대립한 것으로 취급하며, 전자로써 후자를 억제하여야 한다는 리학의 이론이 있었으나, 왕학좌파와 그 계승자들은 이러한 사조를 거부하고 리와 정, 성과 정을 동일화하여 정을 본체화시켰다.

이지李贄는 천도를 '들을 수 있고 볼 수 있는 이차', 즉 문견도리聞見道理로 간주하는 이성적인 규정을 거부하여, 천성과 양지가 곧 문견도리로 인해 오염되지 않은 동심童心이라고 주장하였다. 그래서 그는 문장을 짓는 사람(爲文者)이라면 반드시 동심을 회복하여야 한다고 강조하면서 "이미 문견도리를 마음이라고 한다면, 말할 수 있는 바는 모두 문견도리에 관한 것이지, 동심에서 비롯된 것은 아니다. 이런 말은 정교하지만, 나와 무슨 상관이 있겠는가?…… 천하의 지극한 문장은 동심에서 비롯되지 않는 것이 없다"[193]라고 말하였다. 여기에서 이지는 인간의 천성을 의미하는 동심 개념으로써 리의 본체론적 위상을 해체하고, 문의 정감적 본질을 논증하였다.

이지 이후로 정본체론의 미학은 점차 미학의 주류 사상으로 정립되었다. 공안파公安派와 원매袁枚는 성령性靈과 성정性情을 강조하면서 문예 전반을 감성화시켰다. 원매는 "시는 인간의 성정을 말한 것이니, 그 소재는 가까이 몸에서 구하면 충분하다. 시의 언어가 마음을 움직이게 하고, 그 색이 눈을 난란하게 하며, 그 맛이 입을 적합하게 하고, 그 음이 귀를 즐겁게 할 수 있다면, 좋은 시라고 할 수 있다"[194]라고 말하면서 심지어 "정감이 가장 먼저이니, 그것은 남녀 사이의 정감만한 것이 없고"[195], "염시艷詩와 궁체시宮體詩도 나름 시가詩家의 한 풍격이라고 할 수 있다"[196]

---

193) 李贄, 『焚書』, 卷三, 「童心說」, "夫旣以聞見道理爲心矣, 則所言者皆聞見道理之言, 非童心自出之言也, 言雖工, 於我何與?……天下之至文, 未有不出於童心焉者也."
194) 袁枚, 『隨園詩話』, 「補遺卷一」, "詩者, 人之性情也. 近取諸身而足矣. 其言動心, 其色奪目, 其味適口, 其音悅耳, 便是佳詩."
195) 袁枚, 「答蕺園論詩書」, "情在最先, 莫如男女."

라고까지 주장하였다.

왕부지王夫之는 시를 짓는 과정에서 정경교융情景交融의 경지를 이루어야 한다고 강조하였는데, 무엇보다도 주목할 필요가 있는 것은 그가 정본체론을 논증하는 방식이다. 즉 그에 따르면 정은 곧 성이 현시되는 형식이고, 성은 도를 체현하는 것이다. 그래서 그는 맹자가 제시한 관점, 다시 말해 도가 인간의 본성에 있다는 관점을 차용하여 그것을 성정의 관계를 설명하는 데까지 확장하였다.

> 무릇 성은 본체(體)이고, 정은 쓰임(用)이다. 성은 볼 수 없으나, 정을 통해서 (드러나면) 볼 수 있다. 어린아이가 우물로 기어가는 것을 보고 측은의 마음이 생기는 것은 정이지만, 이를 통해서 성의 인함을 볼 수 있다.[197]

왕부지에 따르면 정은 볼 수 있으므로, 그것은 다름 아닌 볼 수 있는 도이다. 이리하여 그의 주정론主情論은 도와 매개하여 본체론적 의미를 지니게 되었다. 그러나 이와 같은 주장은 정감의 범람을 긍정하는 것이 아니다. 왜냐하면 왕부지는 성을 본체로, 정을 쓰임으로 규정하고, 전자로써 후자를 제약하여야 한다고 분명히 강조하고 있기 때문이다.[198]

마지막으로 엽섭葉燮은 비교적 체계적인 미학 저술, 즉 『원시原詩』를 통해 시가의 세 가지 요소를 제기하였는데, 그것이 바로 이치를 의미하는 리, 구체적인 사실을 의미하는 사事, 사물을 접함으로써 생긴 정취를 의미하는 정이다. 나아가 그는 이 세 가지 요소가 모두 기에 의해서 관통된다고 주장하였다.

> 리, 사, 정이라고 한 세 용어는 크게는 하늘과 땅이 그것으로 위치를 정하고, 해와 달이 그것으로 운행을 한다. 작게는 한 자락의 풀과 한 그릇의 나무, 한 마리의

---

196) 袁枚, 「再與沈大宗伯書」, "艶詩宮體, 自是詩家一格."

197) 王夫之, 「書復性書後」, "夫性, 體也. 情, 用也. 性不可見, 於情而見之. 見孺子入井惻然, 此情也, 於以見性之仁."

198) 袁枚, 『詩廣傳』, 「小雅·五一」, "盡其性, 行乎情而貞, 以性正情也."

날짐승과 한 마리의 들짐승까지 이르러 그(리, 사, 정) 가운데 하나를 결여하면 사물이 될 수 없다. 그래서 리, 사, 정을 갖춘 문장은 천지만물의 실정을 드러낼 수 있다. 그러나 이 셋을 두루 구비하되, 또한 그것을 총괄하여 지키고, 분리하여 관통하는 것이 있는데, 그것이 바로 기이다. 리, 사, 정이 쓰임이 되는 근거는 바로 기가 그것을 쓰임으로 삼기 때문이다.[199]

여기에서 알 수 있듯이, 엽섭은 기존 형이하의 존재로 취급받은 기를 본체론의 위치로 올려놓아 리의 위상을 대체하였다. 그 이유는 바로 정의 위상을 높이는 데 있는데, 왜냐하면 전통적인 인식에 따르면 기가 정을 낳기 때문이다. 나아가 엽섭은 정의 위상을 높였을 뿐만 아니라, 그것이 리와 사의 성격을 결정할 수 있다고까지 주장하였다. 그에 따르면 "말할 수 있는 이치(理)는 사람마다 말할 수 있으므로, 어찌 시인이 굳이 말할 필요가 있겠는가? 증명될 수 있는 일(事)은 사람마다 진술할 수 있는데, 어찌 시인이 굳이 진술할 필요가 있겠는가? 반드시 말할 수 없는 이치가 있고, 진술할 수 없는 일이 있으니, 그것을 만날 때 그 의상意象의 겉모습을 통해 묵묵히 깨달으면 리와 사가 명확히 앞에 드러나지 않는 것이 없다."[200] 여기에서 엽섭은 문학 속에서의 리와 사가 이미 현실 속의 그것과 다르다고 강조하면서, 정감화된 리와 사를 지닌 문학에는 말로 표현될 수 없는 미묘한 부분이 있다고 주장하였다. 그러나 엽섭의 논증도 여기에서 그치고, 문학이 지닌 초월적 의미를 더욱 깊은 차원까지 나아가 탐구하지 못하였다. 그럼에도 불구하고 그의 이론은 리의 본체론적 위상을 해체하여 정을 본체로 확립하였다는 점에서 긍정적으로 평가될 수 있다.

---

199) 葉燮, 『原詩』, 「內篇」, "曰理, 曰事, 曰情三語, 大而乾坤以之定位, 日月以之運行, 以至一草一木一飛一走, 三者缺一, 則不成物. 文章者, 所以表天地萬物之情狀也. 然具是三者, 又有總而持之, 條而貫之者, 曰氣. 事, 理, 情之所爲用, 氣爲之用也."

200) 葉燮, 『原詩』, 「內篇」, "可言之理, 人人能言之, 又安在詩人之言之? 可征之事, 人人能述之, 又安在詩人之述之? 必有不可言之理, 不可述之事, 遇之於默會意象之表, 而理與事無不燦然於前者也."

제7장 중화미학의 심미주체론

제1절 심미 주체의 풍격

심미적인 주체는 현실적인 주체와 달리 초월성을 지닌다. 그리고 유가와 도가를 비롯한 각 학파에서는 서로 다른 내포를 지닌 심미적 주체를 규명한 바가 있지만, 그들은 심미적인 주체를 도道와 함께하는 이상적인 인격으로 규정하였다는 점에서 공통점을 갖는다.

1. 문품과 인품

심미 주체에 관한 논의는 먼저 인품人品과 문품文品 사이의 관계, 즉 작가와 작품 사이의 관계를 통해 전개된다. 공자는 문질빈빈文質彬彬을 주장하였는데,[1] 이는 곧 인품(질)과 문품(문)이 서로 어울려야 한다는 사상을 내포하고 있다. 나아가 중화문화는 기본적으로 문품이 인품에서 비롯되므로, 인품의 높고 낮음이 문품의 고하를 결정한다는 사상을 지니고 있다. 여기에서의 인품은 도덕적 품성뿐만 아니라 기질이나 재능을 포함하는 개념이고, 문품은 사상적 내용뿐만 아니라 문장의 풍격과 문채를 포함하는 개념이다. 그러나 일반적으로 말하면, 인품은 주로 도덕적 품성을 가리키고, 문품은 주로 사상적인 내용을 의미하는 방식으로 사용된다.

공자는 "덕德이 있는 자는 반드시 말(言)이 있고, 말이 있는 자는 반드시 덕이

---

1) 『論語』, 「雍也」, "子曰, ‘質勝文則野, 文勝質則史. 文質彬彬, 然後君子.’"

있다고 장담할 수 없다"²⁾라고 말하였는데, 그에 따르면 덕은 말보다 우선되기 때문에, 말을 잘하는 법을 굳이 추구하지 않아도 된다. 그리고 인품과 문품이 서로 어울린다 또는 어울려야 한다는 취지에서 유협劉勰은 "문장과 실질은 서로 어울리는 것이다"(文質相稱)³⁾라고 주장하였다. 나아가 엽섭葉燮은 "그러므로 각각의 시詩는 인간을 통해서 드러나고, 인간은 또한 시를 통해서 드러난다"⁴⁾라고 말하였는데, 왜냐하면 "시는 마음의 소리(心聲)이니, 마음을 거슬러 나올 수 없고, 또한 마음을 거슬러 나오면 안 되기"⁵⁾ 때문이다. 이어서 유희재劉熙載는 인품과 문품의 통일을 강조하는 취지에서 "시품詩品은 인품에서 비롯되는 것이다"⁶⁾라고 말하였고, 인품이 개인이 지닌 재능보다 더 중요하다는 맥락에서 "부賦는 재능을 숭상하기보다는 인간의 풍격을 숭상하여야 한다"⁷⁾라고 주장하였다. 이와 같은 진술들은 모두 문품과 인품이 서로 어울려야 한다는 점을 강조하고 있지만, 실제로는 인품(덕)이 문품(재능)보다 더 중요하다는 점을 동시에 내포하고 있다.

인품과 문품이 서로 연관되어 있다는 사상은 또한 문기설文氣說을 통해서 논증된다. 중화미학에 따르면 "문장은 기氣를 주로 삼는다."⁸⁾ 그리고 여기에서의 기는 천天, 지地, 인人을 관통하는 것으로, 인간의 기질적인 본성을 의미할 뿐만 아니라, 문장의 풍골風骨이나 기운氣韻과 같은 풍격까지도 가리킬 수 있는데, 바로 이러한 맥락에서 문기설이 정립될 수 있었다. 조비曹丕에 따르면 "문장은 기를 주로 삼는다. 기의 맑고 혼탁함에는 정해진 바(體)가 있으므로, 억지로 이르게 할 수 없다. 음악에 비유하자면 비록 곡조가 일정하고 박자가 같은 법식으로 다듬어지더라도, 연주할 때 기를 사용하는 방식이 다름에 따라 능숙함과 서투름이 있게 되고, 이는 부형父兄일

---

2) 『論語』, 「憲問」, "子曰, '有德者, 必有言. 有言者, 不必有德.'"
3) 劉勰, 『文心雕龍』, 「才略」, "荀況學宗, 而象物名賦, 文質相稱, 固巨儒之情也."
4) 葉燮, 『原詩』, 「外篇」, "故每詩以人見, 人又以詩見."
5) 葉燮, 『原詩』, 「外篇」, "詩是心聲, 不可違心而出, 亦不能違心而出."
6) 劉熙載, 『藝槪』, 「詩槪」, "詩品出於人品."
7) 劉熙載, 『藝槪』, 「賦槪」, "賦尙才不如尙品."
8) 曹丕, 『典論·論文』, "文以氣爲主."

지라도 그 자체에게 전할 수 없다."[9] 조비가 말한 기는 곧 기질적인 본성을 의미하고, 그것은 개성을 지닌 동시에 문장 속에서 드러나는 것이다. 이 외에도 『문심조룡』에는 「양기養氣」편이 있는데, 그것은 주로 문장을 짓는 사람이 기를 잘 길러야 그 작품도 기운을 지닐 수 있다는 점을 강조하고 있다.

실제로 인품과 문품의 관계는 두 가지 유형이 있다. 하나는 인품과 문품의 동일성, 즉 인품과 문품이 서로 어울리거나 어울려야 한다는 점에서 둘의 관계를 규명하는 유형이다. 예술작품은 현실을 반영하는 면이 있으므로, 작가의 덕목이나 기질적인 품성을 드러낼 수 있다. 그래서 인품과 문품의 동일성을 강조하는 사상 유형은 기본적으로 작가로 하여금 인격적인 수양을 향상시켜 그 창작 수준을 높여야 한다고 주장한다. 다른 하나는 문품과 인품의 비동일성, 즉 문품이 인품을 초월할 수 있다는 점을 통해 둘 사이의 관계를 규정하는 유형이다. 이에 따르면 예술에는 현실을 반영하는 측면뿐만 아니라, 심미적인 측면 즉 현실을 초월하는 측면도 있다. 이와 같은 견지에서 인품은 주로 인간이 지닌 현실적인 인격, 문품은 심미 또는 예술이 지닌 개성적인 측면을 가리키기 때문에, 문품은 현실적인 인격의 복사가 아니라 그것의 초월 즉 이상적인 인격의 현시로 해석될 수 있다. 즉 이러한 사상은 문품과 일치한 것이 현실적인 인격이 아니라 이상적인 인격이라는 점을 강조한다. 그래서 그것은 문품이 꼭 인품과 일치할 필요가 없고, 나쁜 사람일지라도 좋은 작품을 창작할 수 있다고 주장한다.

중화미학은 기본적으로 문품과 인품을 동일시하는 경향을 지니는데, 이는 그것에 내포되어 있는 천인합일天人合一의 관념이 심미의 초월성을 퇴색하였기 때문이다. 중화철학은 인간의 본성을 도와 합치된 것으로 보고, 그 도를 또한 현실성을 지닌 윤리적 법칙으로 삼기 때문에, 존재의 초월성을 외면하는 경향을 지닌다. 그러한 까닭에, 도에 의해서 규정된 인간은 당연히 윤리적 본성을 갖추고,

---

9) 曹丕, 『典論·論文』, "文以氣爲主, 氣之淸濁有體, 不可力強而致. 譬諸音樂, 曲度雖均, 節奏同檢, 至於引氣不齊, 巧拙有素, 雖在父兄, 不能以移子弟."

초월성이 결여된 존재로 인식된다. 그러나 비록 이러한 사상은 문품과 인품을 동일시하지만, 문文과 인人이 엄연히 다르므로, 그것은 예술의 초월성을 쉽게 소멸하지 못한다. 그래서 심미적인 경험에 대한 반성 과정을 거쳐, 문품과 인품이 일치하다는 설이 자연스럽게 해체를 맞이하게 되었다. 이에 관해 『문심조룡』은 인품의 측면에서 문인文人의 하자를 다음과 같이 지적하였다.

> 문사文士들의 하자를 간략하게 살펴보건대, 사마상여司馬相如는 아내를 훔치고 뇌물을 받은 적이 있고, 양웅揚雄은 술을 지나치게 즐겨서 가계에 대해 계산하는 바가 부족하였으며, 풍연馮衍은 마땅한 규범을 따르지 않았고, 두독杜篤은 청탁하는 것이 한도가 없었으며, 반고班固는 두헌竇憲에게 아첨하여 위세를 떨쳤다.…… 10)

이와 같이 인품에 하자가 있는 문인들을 비판하고 나서 유협은 "대체로 사람은 다섯 가지 재질을 품부 받았지만, 그 길고 짧음에 따라 다르게 쓰이니, 스스로 성인(上哲)이 아닌 이상, 그것들을 모두 구하여서 갖추기는 어렵다"11)라고 결론을 맺었다. 그러나 그는 이에 이어 인품과 문품의 관계를 규명하는 데까지 나아가지 못하고, 문사가 어떻게 자신의 재능을 사용하여야 하는지에 관해 검토하였다.12) 그래서 엄밀한 의미에서 말하자면, 중화미학은 문품과 인품의 관계에 대해 구체적인 해답을 제시하였다고 보기 힘들다.

2. 이상적인 인격과 심미적-예술적 개성

심미 주체에 관한 논의는 또한 심미 주체와 이상적인 인격의 관계 문제를 중심으로 전개된다. 앞서 서술하였듯이, 인품은 일반적으로 현실적인 인격을 의미

---

10) 劉勰, 『文心雕龍』, 「程器」, "略觀文士之疵, 相如竊妻而受金, 揚雄嗜酒而少算, 敬通之不修廉隅, 杜篤之請求無厭, 班固諂竇以作威……"
11) 劉勰, 『文心雕龍』, 「程器」, "蓋人稟五材, 修短殊用, 自非上哲, 難以求備."
12) 劉勰, 『文心雕龍』, 「程器」, "是以君子藏器, 待時而動……窮則獨善以垂文, 達則奉時以騁績."

하고, 심미와 예술 활동에서 체현된 것은 이상적인 인격이다. 즉 중화미학에 따르면 오직 이상적인 인격만이 심미적-예술적인 개성으로 승화될 수 있다. 다시 말해, 모든 사람에게 심미적 가능성이 있으나, 오직 이상적인 인격을 지닌 자만이 심미 주체의 본성을 온전하게 드러낼 수 있고, 그러한 경우 그 심미 주체 자체가 이상적인 인격으로 정립된다는 것이다. 그래서 비록 중화미학은 심미적 주체가 현실적 주체를 초월한다는 점을 분명히 제시하지 않았지만, 심미 주체가 곧 이상적인 인격을 지닌 자임을 확고하게 주장하였다. 그렇다면 어떠한 인격을 이상적인 인격이라고 할 수 있는가?

유가의 미학사상은 심미 주체를 윤리화된 인격, 즉 군자君子로 규정한다. 그리고 이러한 군자는 소인小人과 함께 거론되는데, 그것들은 본래 종법宗法사회에서의 지배계급과 피지배계급을 이르는 말이다. 그러다가 춘추시대에 이르러, 귀족사회가 평민사회로 이행하는 변혁기에 접어들자 소인이 군자가 되고, 군자가 소인으로 몰락하는 현상이 일어났다. 이 과정에서 군자와 소인의 의미 변화도 일어났는데, 즉 사회적 신분의 등급으로 정의되는 두 개념은 도덕적인 수준에 따라 구분되는 개념으로 바뀌었다.

공자의 시대가 바로 이와 같은 사회적 변혁기에 해당한다. 그래서 공자에 따른 군자와 소인의 구분은 이중적인 의미를 지니게 되었다. 하나는 신분적인 등급에 근거하는 구분이고,13) 다른 하나는 도덕적인 문맥에서 진행되는 구분이지만,14) 후세의 유가는 대체로 후자를 중심으로 논의를 전개하였다. 유가에 따르면 군자는 성인의 가르침을 받아 도를 실천하는 사람이고, 예법을 준수하는 동시에 인한 마음을 지닌 자인가 하면, 소인은 성인의 교화를 수용하지 않고, 자칫 예법을 거스르며 인한 마음을 지닌 자와 거리가 먼 사람이다. 이러한 맥락에서 공자의 가르침은 바로 군자를 키워 내는 데 목적을 두고 있다.

---

13) 『論語』, 「陽貨」, "子曰, '唯女子與小人爲難養也.'"
14) 『論語』, 「里仁」, "子曰, '君子喩於義, 小人喩於利.'"

유가의 사상에 따르면 심미 주체는 반드시 군자이어야 한다. 왜냐하면 심미는 곧 도를 즐기는 것, 즉 낙도樂道이므로, 욕망의 충족에서 즐거움을 느끼는 소인에 비해 군자만이 도의 즐거움을 알 수 있고, 그것을 성취할 수 있기 때문이다.[15] 그리고 소인과 달리, 군자는 문화적-심미적 함양을 두루 갖추고, 문질빈빈[16]을 이룩하며, 심미 주체로서 정감과 이치의 조화를 중시하는 심리적 구조를 지니고 있다. 유가의 기본적 논지에 따르면 이치 즉 리理는 윤리적인 신념 또는 법칙을 이르는 말이고, 그것은 정감 즉 정情을 주도하고 절제하는 역할을 하고 있다. 그래서 유가에서 생각하는 심미적 주체는 곧 정과 리의 균형을 이룬 군자라고 할 수 있다.

도가에서 제시한 심미 주체는 스스로 그러한 본성, 즉 자연천성自然天性을 회복한 사람이다. 그리고 도가는 천인天人, 신인神人, 지인至人 등의 말로 도를 체득한 사람을 표현하였는데, 이에 관해 장자는 "근본(宗)에서 떠나지 않는 사람을 천인이라고 하고, 육체와 정신의 순수함(精)에서 떠나지 않는 사람을 신인이라고 하며, 참됨(眞)에서 떠나지 않는 사람을 지인이라고 한다"[17]라고 말하였다. 여기에서 말한 천인, 신인, 지인은 곧 사회적 예법의 속박을 벗어나 자연천성으로 복귀한 사람을 의미하는데, 그러한 사람은 곧 육체와 정신의 해방을 이룬 이상적인 인격이다. 나아가 도가에 따르면 이상적인 인격의 경지에 이른 사람은 자유롭게 노니는 경계境界, 즉 소요유逍遙遊의 경계에 도달한 사람이고, 진정한 심미적 역량을 갖춘 사람이다.

그렇다면 천인, 신인, 지인은 구체적으로 어떠한 모습으로 삶을 영위하는가? 장자에 따르면 그들은 무지無知, 무욕無欲, 무아無我의 상태에서[18] 편안하고 담백하며 (恬淡) 함이 없는 즉 무위無爲의 정신으로 현실에 직면한다.[19] 나아가 장자는 무정설無

---

15) 『禮記』, 「樂記」, "君子樂得其道, 小人樂得其欲. 以道制欲, 則樂而不亂. 以欲忘道, 則惑而不樂."
16) 『論語』, 「雍也」, "子曰, '質勝文則野, 文勝質則史. 文質彬彬, 然後君子.'"
17) 『莊子』, 「天下」, "不離於宗, 謂之天人. 不離於精, 謂之神人. 不離於眞, 謂之至人."
18) 『莊子』, 「齊物論」, "今者吾喪我.";『莊子』, 「大宗師」, "墮肢體, 黜聰明, 離形去知, 同於大通.";『莊子』, 「庚桑楚」, "身若槁木之枝而心若死灰." 등 참조.
19) 『莊子』, 「刻意」, "澹然無極而衆美從之, 此天地之道, 聖人之德也. 故曰, 夫恬惔寂寞, 虛無無爲,

情說을 제기하였는데, 이에 따르면 천인, 신인, 지인은 세속적인 감정이 아니라, 자연천성에 따른 진실한 감정, 즉 진정眞情을 지닌 존재이다.

> 진실이란 순수함과 성실함의 극치이니, 순수하지 않고 성실하지 않으면 사람들을 감동시킬 수가 없다. 그러므로 억지로 곡哭하는 자는 비록 그것이 슬퍼하는 것처럼 보이더라도 애처롭지 아니하고, 억지로 성내는 자는 그것이 비록 위엄이 있다 하더라도 다른 사람이 그 위엄을 느끼지 못하고, 억지로 친하게 행동하는 자는 비록 웃더라도 사람들을 즐겁게 하지 못한다. 그러나 진실한 슬픔은 소리 없이도 애처롭고, 진실한 노여움은 드러나지 않더라도 위엄이 있으며, 진실한 친함은 웃음이 없어도 사람들을 즐겁게 한다. 그것은 진실한 것이 안에 갖추어져 있으면 신묘한 작용이 밖에 드러나기 때문이니, 이것이 곧 진실한 것을 귀하게 여기는 까닭이다.…… 예禮라고 하는 것은 세속에서 인위적으로 만든 것이고, 진실한 것은 자연에서 받은 것이니, 본래 그러하여 바꿀 수 없는 것이다. 그러므로 성인은 자연인 천을 본받고 진실한 것을 귀하게 여겨 세속의 풍속에 구애되지 않는다.[20]

여기에서 장자는 세속적인 정감을 비판하고, 자연천성에 따른 진실한 정감을 긍정하는데, 바로 이러한 진정을 지닌 자만이 이상적인 심미적 주체가 될 수 있음을 강조하였다. 요컨대 도가가 주장한 심미적 주체는 문화와 사회적 속성을 벗어나 자연천성으로 복귀한 존재이다.

진秦대 이후로 유가와 도가의 미학사상이 합류되면서, 심미 주체의 진실한 성정을 강조하는 사상은 점차 정감과 이치의 일체성, 즉 정리일체情理一體의 심리적 구조를 해체하여 정감론으로 전향하였다. 이 과정에서 심미적 주체가 정감적 주체로 해석됨에 따라 이상적인 인격에 관한 문제는 정감을 둘러싼 예술의 개성에

此天地之平而道德之質也.……純粹而不雜, 靜一而不變, 惔而無爲, 動而以天行, 此養神之道也.";『莊子』,「大宗師」, "安時而處順, 哀樂不能入也." 등 참조.
20)『莊子』,「漁夫」, "眞者, 精誠之至也. 不精不誠, 不能動人. 故强哭者雖悲不哀, 强怒者雖嚴不威, 强親者雖笑不和. 眞悲無聲而哀, 眞怒未發而威, 眞親未笑而和. 眞在內者, 神動於外, 是所以貴眞也.……禮者, 世俗之所爲也. 眞者, 所以受於天也, 自然不可易也. 故聖人法天貴眞, 不拘於俗."

관한 문제로 변화하게 되었다. 이러한 문맥에서 조비는 문인의 개성과 사회적 규범 사이의 충돌을 의식하면서, "대체로 문인은 본성의 영특함을 절묘하게 발현하여 오직 마음속에 있는 것만을 뽑아낸다"[21]라고 말하였다.

전통사회 후기에 이르러 이상적인 인격에 관한 논의는 개성적인 인격에 관한 논의로 전향하여 예술적인 개성이 긍정되기 시작하였다. 이 과정 속에서 서위徐渭의 진정설眞情說, 이지李贄의 동심설童心說, 왕부지王夫之의 지정설至情說, 원굉도袁宏道와 원매袁枚의 성령설性靈說 등이 제기되었는데, 그것들은 모두 심미적 개성이 이미 예술의 영역에 정착되었음을 나타낸다. 이지에 따르면 세속적인 가치에 오염된 인간은 좋은 문장을 쓸 수 없고, 오직 동심으로 되돌아가야만 좋은 문장을 구사할 수 있는데,[22] 그에 따르면 "무릇 동심이라는 것은 곧 진심이다.…… 동심은 거짓된 것을 버림으로써 참된 상태로 되돌아가는 것이니, 이는 최초의 일념一念만이 있는 본래의 마음이다."[23] 나아가 원굉도는 "…… 오직 본성의 영특함을 펴내고, 세속적인 격식에 구애되지 않으며, 자신의 마음속에 있는 것이 자연스럽게 흘러나올 때까지 붓을 휘두르지 않는다"[24]라고 말하였고, 원매는 "시는 각자의 성정을 말하는 것이므로, 당송唐宋의 전통과 무관하니,…… 붓을 들 때는 먼저 성정에 묻고 나서야 송宋, 원元, 명明의 풍격과 체제를 참고하여야 한다"[25]라고 말하였는데, 이는 모두 예술적 개성을 지닌 자아를 긍정하는 진술들이다.

마지막으로 엽섭葉燮은 흉금설胸襟說과 면목설面目說을 제기하였는데, 그에 따르면 예술작품은 작가의 흉금과 면목을 드러내는 것이고, 이러한 흉금과 면목은 작가의 이상적인 인격뿐만 아니라 개성까지도 함축한다. 여기에서의 흉금은 곧

---

21) 『梁書』, 「列傳·文學」, "夫文者妙發性靈, 獨拔懷抱."
22) 李贄, 『焚書』, 卷三, 「童心說」, "天下之至文, 未有不出於童心者也."
23) 李贄, 『焚書』, 卷三, 「童心說」, "夫童心者, 眞心也.……夫童心者, 絶假純眞, 最初一念之本心也."
24) 郭紹虞 編選, 『淸詩話續編』(上海古籍出版社, 1983), p.1526, "……獨抒性靈, 不拘格套, 非從自己胸臆流出, 不肯下筆."
25) 袁枚, 『袁枚全集』(江蘇古籍出版社, 1993), 「小倉山房詩集」, p.62, "詩者, 各人之性情耳, 與唐, 宋無與也.……提筆先須問性情, 風裁體劃末元明."

작가의 마음속에 품고 있는 생각을 의미하고, 작품의 격조를 나타내는 것이므로, 작가의 심미적 이상 그 자체와 등치된다.26) 이와 더불어 면목설은 한 걸음 더 나아가 예술적 개성에 대해서 설명하였다. "'시를 짓는 일은 본연의 성정을 펴내는 데 있다'라는 말은 어떤 사람이 시를 알고 그것에 관해서 말할 수 있는 점에 대해서 말하였지만, 그 사람이 시를 '그렇게' 지을 수 있는 점(能然之)에 대해서는 다 말하지 못하였다. '시를 짓는 일은 본연의 성정이 있으면 반드시 그 면목이 있다'라는 말은 사람이 시를 '그렇게' 지을 수 있는 점뿐만 아니라, 시를 알거나 말할 수 있는 점에 대해서도 다 말하지 못하였다."27)

요컨대, 중화미학은 기본적으로 현실적인 인격과 이상적인 인격의 구분에 기반하여 심미적 주체에 관한 논의를 전개하였다. 이 과정에서 그것은 초월성을 지닌 심미적인 개성(이상적 인격)이 현실적인 인격을 넘어선다고 주장하였지만, 이러한 점을 뒷받침하는 명석한 논증을 구현하지 못하였다.

제2절 심미의 내재적 동기

심미의 내재적 동기는 미자설美刺說로 대변된 외재적 동기와 다르다. 그리고 중화미학에서 심미의 내재적 동기에 관한 이론은 '예술이 뜻을 말한다'라는 언지설言志說에서 그것이 '정감에서 발현된다'라는 발호정설發乎情說로 이행하는 과정을 통해 제기되었다. 그러나 인간에게서 발현된 희노애락喜怒哀樂을 모두 정감이라 할 수 있는데, 도대체 어떠한 정감이 심미의 내재적 동기가 될 수 있는가?

---

26) 葉燮, 『原詩』, 「內篇」, "詩之基, 其人之胸襟是也. 有胸襟, 然後能載其性情, 智慧, 聰明, 才辨以出, 隨遇發生, 隨生卽盛."

27) 葉燮, 『原詩』, 「內篇」, "'作者者在抒寫性情.' 此語夫人能知之, 夫人能言之, 而未盡夫人能然之者矣. '作詩有性情必有面目.' 此不但未盡夫人能然之, 并未盡夫人能知之而言之者也."

1. 심미의 내재적 근거: 천성설天性說

도가의 사상은 자연천성自然天性으로 복귀한 상태를 미美라고 한다. 그래서 그것은 심미의 내재적 동기를 정감에서 발현된 것이라 규정하지 않는다. 왜냐하면 도가에서 제시한 이상적인 인격, 즉 진인眞人, 지인至人, 천인天人, 신인神人 등은 모두 '일상적인 정감'을 지니지 않은 존재, 즉 무정無情한 존재이기 때문이다. 나아가 도가에 따르면 심미적인 동기는 곧 세속을 벗어나 스스로 그러한 참된 상태로 복귀하려는 것이다. 그래서 온전한 심미적 주체는 그 어떠한 것에도 의존하지 않고(無待), 욕망의 대상을 갖지 않으며, 함이 없는 상태(無爲), 즉 소요逍遙의 정신적 상태에서 노니는 자이다. 그러나 인간에게는 정감이 일어날 수밖에 없고, 그것은 또한 외면으로 표현되지 않을 수 없기 때문에, 도가의 심미적 동기는 내재적 모순을 내포하게 된다. 즉 그것은 심미적인 동기가 있을 수 없다고 주장하면서도, 다른 한편으로는 그러한 동기가 있다고 강조하고 있는데, 『장자』에 실려 있는 다음과 같은 우화가 그러한 점을 잘 드러낸다.

> 자여子輿와 자상子桑이 벗이었는데, 장맛비가 열흘 동안 내리자, 자여는 "자상은 거의 병이 나게 되었구나! 밥을 싸들고 가서 먹여 주어야겠다"라고 말하고, 자상의 집 문 앞에 이르렀는데, 집안에서 마치 노래를 부르는 듯 곡하는 듯 거문고를 타면서 노래하는 소리가 들렸다. "아버지의 탓인가? 어머니의 탓인가? 하늘의 탓인가? 사람의 탓인가?" 그러면서 그 소리를 감당하지 못하고 시詩를 곡조에 맞추기 힘들 정도로 서둘러 노래를 이끌어 가고 있었다. 자여가 들어가서 말하였다. "그대가 시를 노래함이 어째서 이와 같은가?" 자상이 말하였다. "누가 나를 이 지경에 이르게 하였는지를 생각해 보았지만 알아낼 수가 없었다. 부모는 어찌 내가 가난하기를 바랐겠는가? 그리고 하늘은 사사로이 나를 덮어 줄 리 없고, 땅은 사사로이 나를 실어 줄 리 없으니, 하늘과 땅은 어찌 사사로이 나만 가난하게 할 리가 있겠는가? 그래서 나를 이렇게 만든 존재를 찾아보았지만 알 수 없었다. 그러니 내가 이 지경에 이르게 된 것은 명命 때문일 것이다!"[28]

여기에서 장자는 자상의 심리적 상태를 그려냈는데, 그에 따르면 자상은 그 어떠한 것에도 의존하지 않는 존재가 아니라, 부정적인 정감에 사로잡혀 불행한 운명에 대해 사고하고 추궁하는 자이다. 이러한 형태로 구현된 예술의 내재적 동기는 유가의 발분설發憤說에 근접한 것이다. 그래서 예술의 내재적 동기에 관한 도가의 자연복귀설은 실제로 사회적 교화와 억압에 대한 소극적 도피, 또는 반항을 함축하는 것이라고 할 수 있다.

유가의 사상도 심미의 근원을 천성에 귀결한다. 그러나 이와 같은 천성은 자연천성을 가리키는 것이 아니라, 천도天道에 근원을 둔 성정性情을 의미한다. 「중용中庸」에는 "하늘이 명한 바를 성性이라고 하고, 그 성을 따르는 것을 도道라고 하며, 그 도를 닦는 것을 가르침이라고 한다"29)라는 말이 있는데, 이에 따르면 인간의 성정은 반드시 드러나게 되므로, 심미적 충동은 있을 수밖에 없다. 그래서 「시대서詩大序」에는 "정情이 마음속에서 움직여 말로 표현되고, 말로 표현하는 것이 부족하니 탄식이 되며, 탄식으로 부족하니 노래로 읊조리는 것이 되고, 노래로 읊조리는 것이 부족하니 자신도 모르게 손으로 춤을 추고, 발로 뛰게 된다"30)라는 말이 있게 되었다. 요컨대 유가는 예술이 정감에서 발현되고, 정감이 인간의 본성에 근원하며, 본성이 천도에서 비롯되었다고 주장하면서, 심미의 근거를 마련하였다.

전통사회 후기에 이르러 도가의 사상과 유가의 사상은 상호 충돌을 거쳐 서로 융합하게 되었다. 이 과정에서 새로운 미학사상이 제기되어 자연이라는 개념에 대한 새로운 이해가 정초되었다. 다시 말해, 자연은 더 이상 무지무욕無知無欲의 천성을 가리키는 것이 아니라, 사회적 문화의 속박을 벗어난 자유로운 인격을

---

28) 『莊子』, 「大宗師」, "子輿與子桑友, 而霖雨十日. 子輿曰, ‘子桑殆病矣! 裹飯而往食之.’ 至子桑之門, 則若歌若哭, 鼓琴曰, ‘父邪? 母邪? 天乎? 人乎? 有不任其聲, 而趨擧其詩焉. 子輿入, 曰, ‘子之歌詩, 何故若是? 曰, ‘吾思乎使我至此極者而弗得也. 父母豈欲吾貧哉? 天無私覆, 地無私載, 天地豈私貧我哉? 求其爲之者而不得也. 然而至此極者, 命也夫!'"

29) 『禮記』, 「中庸」, "天命之謂性, 率性之謂道, 修道之謂敎."

30) 「詩大序」, "情動於中而形於言, 言之不足, 故嗟歎之. 嗟歎之不足, 故永歌之. 永歌之不足, 不知手之舞之, 足之蹈之也."

의미하는 개념으로 인식되었다는 것이다. 이지李贄는 미를 곧 자연함의 상태라고 규정하고, 그러한 자연함의 상태가 곧 성정에서 발현된다고 주장하였다. 그래서 그는 한편으로는 유가의 발분설을 강조하면서도, 다른 한편으로는 예술, 특히 시문詩文은 쾌락에 대한 추구에서 비롯된 것이라고 주장하였다.31) 나아가 그는 또한 도가의 사상으로 '공자와 안회顔回가 즐거워하는 바'(孔顔樂處)를 해석하였는데, 이에 따르면 "이러한 즐거움이 나타나게 되면, 곧바로 큰 해탈을 얻게 된다. 그리고 큰 해탈은 곧 큰 자유로움이고, 큰 자유로움은 곧 큰 쾌활이다."32) 여기에서 말한 쾌락은 자유와 등치된 것이므로, 자유에 대한 추구가 바로 이지의 심미적 동기라고 할 수 있다.

2. 심미적 동기: 발분설

중화미학의 감물설感物說은 심미적 동기의 무의식성과 자발성을 강조한다. 그리고 이러한 점은 심미적 의식 그 자체에 대해서 말한 것이다. 그러나 심미적 의식의 기초는 현실적 의식이고, 현실적 의식은 또한 현실적 동기를 내포한다. 그렇다면 심미적 동기는 실제로 현실적 동기에서 비롯되었다고 말할 수 있는데, 도대체 어떠한 충동이 현실적 생존 실태를 격파하여 심미적 의식을 불러일으켰는가?

이에 관해 유가의 미학은 발분설을 제기하였고, 그것에 따르면 현실에 대한 불만이 예술적 활동을 불러일으킨다. 처음으로 발분설을 본격적으로 정초한 사람은 바로 사마천司馬遷이다.

무릇 『시경』과 『상서』가 함축적으로 되어 있는 것은 그 뜻을 널리 이룩하려고 생각하였기 때문이다. 옛적에 문왕(西伯)이 유리(羑里) 땅에 갇혀 있을 때 『주역』을 추연推演하였고, 공자가 진陳나라와 채蔡나라에서 위기를 맞이하였을 때 『춘추』를

---

31) 李贄, 「寄京友書」, "大凡我書, 皆爲求以快樂自己, 非爲人也."
32) 李贄, 『續焚書』, 卷一, 「與陸天溥」, "此樂現前, 則當下大解脫, 大解脫則大自在, 大自在則大快活."

지었으며, 굴원屈原이 추방되자 「이소離騷」를 저술하였고, 좌구명左丘明이 시력을 잃자 『국어國語』가 있게 되었다. 손자孫子는 월형刖刑을 받고 나서야 병법을 논하였고, 여불위呂不韋는 촉蜀 땅으로 옮기고 나서야 『여람呂覽』이 세상에 전해졌으며, 한비韓非가 진秦나라에 구금되자 「설난說難」과 「고분孤憤」을 짓게 되었으니, 『시경』 삼백 편을 비롯한 것들은 대저 성현이 분한 마음을 발현하여 지은 것이라고 할 수 있다.33)

여기에서 사마천은 공자가 제기한 "시는 원망할 수 있다"라는 시가이원설詩可以怨說34)을 계승함으로써, 시가 지닌 인간의 정감을 추동하고 발산하는 기능이 예술의 저술 동기가 될 수 있다고 강조하였다. 후세의 학자도 이러한 사상을 미학적인 문맥에서 확장하였는데, 우선 종영鍾嶸은 "좋은 만남은 시를 빌려 친근함을 드러내고, 무리에서 떠나게 되면 시에 기탁하여 원망할 수 있다. 초楚나라의 신하가 국경을 떠나고 한漢나라의 첩妾들이 궁실을 사별할 때, 혹자는 시체가 북쪽 황야에 널리게 되고, 혹자는 혼백이 날아가는 쑥을 쫓아가게 되며, 혹자는 창을 들고 밖을 지켜 전투의 기운이 변방지역까지 이르게 된다. 변방지역의 나그네는 옷이 얇고, 집안에서 수절하는 그 처들은 애처로움을 다할 정도로 눈물을 흘린다.…… 이와 같은 정경들은 모두 정감이 마음속을 뒤흔드는 것이니, 시로써 진술하지 않으면 어찌 그 뜻을 펼 수 있고, 장가長歌로써 읊조리지 않으면 어찌 그 정감을 내달리게 할 수 있겠는가? 그러므로 '시는 어울리게 할 수 있고, 원망하게 할 수 있다'라고 한 것이다"35)라고 말하였다.

나아가 한유韓愈는 "마음의 못마땅함 때문에 외친다"라는 불평즉명不平則鳴의

---

33) 『史記』, 「太史公自序」, "夫詩書隱約者, 欲遂其志之思也. 昔西伯拘羑里, 演周易. 孔子戹陳蔡, 作春秋. 屈原放逐, 著離騷. 左丘失明, 厥有國語. 孫子臏脚, 而論兵法. 不韋遷蜀, 世傳呂覽. 韓非囚秦, 說難, 孤憤. 詩三百篇, 大抵賢聖發憤之所爲作也."

34) 『論語』, 「陽貨」, "詩, 可以興, 可以觀, 可以群, 可以怨."

35) 鍾嶸, 『詩品』, 「序」, "嘉會寄詩以親, 離群託詩以怨. 至於楚臣去境, 漢妾辭宮, 或骨橫朔野, 或魂逐飛蓬. 或負戈外戍, 殺氣雄邊. 塞客衣單, 孀閨淚盡……凡斯種種, 感蕩心靈, 非陳詩何以展其義, 非長歌何以騁其情? 故曰, '詩可以群, 可以怨.'"

사상을 내세웠는데, 이에 따르면 "대저 사물은 그 마땅함을 얻지 못하면 울거나 외치게 된다. 풀과 나무는 본래 소리가 없으나, 바람이 그것을 건들면 울리게 되고, 물은 본래 소리가 없으나, 바람이 그것을 흔들면 울리게 된다.…… 금석金石은 본래 소리가 없으나, 혹자가 그것을 두드리면 소리가 난다. 사람의 말도 이와 같으니, 마지못하여 할 수밖에 없는 상황에 이른 뒤에야 말로 표현한다. 이때 노래에는 생각함이 있고, 울음(哭)에는 품고 있는 것이 있으니, 무릇 입에서 나와 소리가 되는 것에는 모두 못마땅한 바가 있기 때문이 아닌가!"36)

　　이어서 구양수歐陽修는 "시는 곤궁함을 겪은 뒤에야 정교하게 만들어질 수 있다"라는 시궁이후공詩窮而後工의 문예창작사상을 제기하였고,37) 이지는 사마천이 제기한 발분설을 그대로 적용하여 『수호전水滸傳』을 평가하였는데, 다음과 같다. "고대의 성현들은 분개가 없으면 저술하지 않는다. 분개가 없으면서도 저술을 한다는 것은 마치 춥지 않으면서도 떨고, 병이 없음에도 신음하는 것과 같으니, 비록 저술을 하더라도 어찌 볼만한 것이 있겠는가? 『수호전』은 분개를 발현하여 저술한 작품이다."38) 이와 같은 논의들은 모두 심미적인 동기를 현실에 대한 불만이나 인생의 불행에 귀결한 것이다.

　　마지막으로 예술창작의 동기만이 아니라, 자연 심미의 동기도 분개를 발현하는 데에서 비롯되었다고 주장하는 이론이 있다. 요연廖燕에 따르면, "천하에서 분개를 가장 잘 드러내는 것은 산수山水만한 것이 없으니"(天下之最能憤者莫如山水), 왜냐하면 산수는 "천지의 분개 기운"(天地之憤氣)을 응축한 것으로, 시인은 그것을 "가슴속에

---

36) 韓愈, 「送孟東野序」, "大凡物不得其平則鳴. 草木之無聲, 風撓之鳴. 水之無聲, 風蕩之鳴.…… 金石之無聲, 或擊之鳴. 人之於言也亦然, 有不得已者而後言. 其歌也有思, 其哭也有懷, 凡出乎口 而爲聲者, 其皆有弗平者乎!"

37) 歐陽修, 『梅聖兪詩集序』, "予聞世謂詩人少達而多窮, 夫豈然哉? 蓋世所傳詩者, 多出於古窮人之 辭也. 凡士之蘊其所有而不得施於世者, 多喜自放於山巓水涯之外, 見蟲魚草木, 風雲鳥獸之狀類, 往往探其奇怪. 內有憂思感憤之鬱積, 其興於怨刺, 以道羈臣寡婦之所歎, 而寫人情之難言, 蓋愈 窮則愈工. 然則非詩之能窮人, 殆窮者而後工也."

38) 李贄, 『忠義水滸傳序』, "古之聖賢, 不憤則不作矣. 不憤而作, 譬如不寒而顫, 不病而呻吟, 雖作 何觀乎? 水滸傳者, 發憤之所作也."

수렴하여 기특하고 괴이한 문장을 지음으로써"(收羅於胸中以爲奇怪之文章) "그윽한 두려움의 분개"(幽憂之憤)를 발현하기 때문이다.[39]

그렇다면 왜 분개를 발현하기 위해서 저술 활동을 하는가? 이는 기본적으로 현실의 부조리가 인간의 성정을 억압하고 자유를 속박하기 때문에, 사람들이 예술이나 심미를 통해 분개를 표출하여 해탈에 이르고자 하는 이유에서 비롯되었다. 전통사회의 후기에 이르러, 현실의 불만을 토로하는 심미적 동기는 점차 개성을 뽐내는 쪽으로 이행하였지만, 현실에 대한 반항이라는 이념은 여전히 존속되었다. 그러므로 중화미학의 발분설은 기존에 정립된 온유돈후溫柔敦厚의 시교詩敎를 격파하는 동시에, 낙도설을 해체한 것으로, 심미적 동기를 현실에 대한 반항에 귀결시킨 이론이라고 할 수 있다. 그리고 이러한 발분설의 합리성은 곧 그것이 지닌 현실적 비판성에 있으며, 이로 인해 자유를 지향하는 중화미학의 심미적 이상이 구현되었다고 평가될 수 있다.

3. 심미적 충동: 감물설

심미적인 활동은 내재적인 동기에서 드러나는 동시에, 또한 주체가 세계를 향한 지향성(Intentionalität)에서 체현된다. 중화미학에 따르면 심미 활동의 계기는 주체의 내면에서뿐만 아니라, 사물과 주체 사이의 감응 관계에서도 일어나는데, 이러한 점을 설명한 이론이 바로 감물설이다. 감물설은 기본적으로 천인합일天人合一의 철학적 사상을 기반으로 심미적인 충동의 본질을 드러내는데, 이에 따르면 천인합일의 실현 가능성이나 물아物我 사이의 감응 관계가 전제되어야 주체에게 심미적 충동이 생기고, 인간은 그 감응을 통해 다시 천인합일의 상태로 복귀할 수 있다.

감물설을 형이하의 측면에서 설명한 것이 바로 중화미학의 기론氣論이다. 중화

---

39) 廖燕, 「劉五原詩集序」, 『二十七松堂文集』 卷四(上海遠東出版社, 1999).

미학에 따르면 자연계는 정적인 대상이 모이는 객관적인 물리의 세계가 아니라, 생명성을 지닌 사물들이 응집되어 있는 세계이다. 그리고 사물과 인간은 모두 도에 기반하고, 도는 또한 생명성을 지닌 기氣를 낳기 때문에, 기는 사물과 인간을 화생하여 서로의 감응 관계를 성취한다. 이러한 맥락에서 심미는 곧 인간과 사물 사이에서 일어난 기의 상호 추동으로서, 그러한 과정을 통해 세속적인 인간과 세계는 본체로 복귀할 수 있다고 해석된다.[40]

나아가 중화미학은 기와의 감응 관계를 통해 정감이 생긴다고 주장하는데, 이러한 정감이 바로 미감美感이다. 그리고 이와 같은 미감을 설명하기 위해 여러 가지 진술이 거론되었는데, 그 가운데 가장 대표적인 것이 다음과 같다.

> 인간은 칠정七情의 능력을 품부 받았고, 이 칠정의 능력이 사물의 자극을 받으면 감정이 움직이게 되며, 사물에 감정이 움직이게 되면 그것을(志) 읊조리게 되는데, 이는 모두 스스로 그러한 것(自然)이 아님이 없다.[41]

> 기가 사물을 움직이고, 사물이 인간을 감동하기 때문에, 성정이 흔들려 그것이 춤이나 읊조림으로 드러나게 된다.[42]

> 사물에 감응하여 슬픔(哀)이 일어난다(興).[43]

> 슬픔과 서운함이 가슴속에 있으니, 사물에 감응하여 생각이 일어난다.[44]

> 사물을 보니 정감이 일어나게 되었다.[45]

---

40) 劉勰, 『文心雕龍』, 「物色」, "春秋代序, 陰陽慘舒, 物色之動, 心亦搖焉……情以物遷, 辭以情發."
41) 劉勰, 『文心雕龍』, 「明詩」, "人稟七情, 應物斯感, 感物吟志, 莫非自然."
42) 鍾嶸, 『詩品』, 「序」, "氣之動物, 物之感人, 故搖蕩性情, 行諸舞詠."
43) 陸機, 『陸士龍文集』, 卷三, 「贈弟士龍詩序」, "感物興哀."
44) 傅亮, 「感物賦序」, 『全宋文』, "悵然有懷, 感物興思."
45) 蕭統, 『全梁文』, 「答晉安王書」, "睹物興情."

요컨대 중화미학에 따르면 심미의 내재적 동기는 순수 주관적이거나 객관적인 요인 중 하나에서 비롯되는 것이 아니라, 천인합일의 관념을 기반으로 한 주체와 세계의 감물 관계에서 형성되는 것이다. 그래서 이러한 감물설은 일종의 심미적 간주관성(Intersubjektivität)을 내포한 것으로, 그것은 항상 외물과의 관계 속에서 주체가 지닌 심미적 동기의 비주체성과 무의식성을 보장한다.

제3절 심미의 능력

1. 재능과 영감

서양의 미학은 천재성을 중시한다. 즉 그것은 예술이 천재에 의해 창조되었고, 일반 사람은 예술창작의 주체가 될 수 없음을 강조한다. 천재성은 배움으로써 얻을 수 있는 것이 아니라, 선천적으로 갖춘 재능을 의미한다. 칸트는 선험론을 통해 천재의 개념을 정초하였고, 이 사상은 후설에 이르러 선험적 자아라는 개념으로 발전하였다. 물론 서양의 미학에서도 일반 사람이 특정 유형의 함양을 향상함으로써 예술에 참여할 수 있다고 말하지만, 그것은 능동적인 창작의 차원에서가 아니라 수동적인 감상의 차원에서 거론된 것이다. 따라서 서양의 미학에서 예술창작을 수행할 수 있는 자는 오직 천재에 한정되어 있다. 이러한 생각이 서양의 주류 미학사상으로 발전할 수 있는 이유는 서양의 미학이 심미의 초월성과 비이성적 성격을 강조하기 때문이다. 즉 그것은 일반적인 사람의 힘으로 예술창작에 접근할 수 없다는 점을 일찍이 파악하였다. 예를 들어 서양미학의 기원이 되는 고대 그리스 미학에서 이미 예술의 창작은 인간의 지성에 의해서가 아니라, 신에 사로잡힌 상태에서만 가능하다는 생각이 확고히 정초되었다.

이와 달리 중화미학의 사상은 실용이성實用理性에 기반하여 구축된 것이다. 그래서 중화미학은 심미 활동의 신비성과 초월성 대신, 그것이 지닌 윤리적인 기능에 주목하는 경향을 지닌다. 비록 중화미학도 천재성을 인정하지만, 후천적인 예술적-심미적 수양을 통해 모든 사람이 예술의 창작 주체나 심미의 주체가 될 수 있다는 점을 더욱 강조한다. 따라서 중화미학은 천재성을 거론하는 대신, 항상 배움으로써 얻을 수 있는 재능에 대해 논의한다. 이러한 맥락에서 중화미학에서 말한 예술적-심미적 주체는 선천적인 천재가 아니라 후천적인 인재人才이다.

공자는 성인聖人으로 평가되지만, 그 자신은 스스로가 배우지 않아도 알 수 있는 천재임을 부정한다. 특히 그는 "나는 열다섯 살에 학문에 뜻을 두었고, 서른 살에 스스로 서게 되었으며, 마흔 살에 사리(事理)에 의혹하지 않게 되었고, 쉰 살에 어쩔 수 없는 천명天命을 알게 되었으며, 예순 살에 귀로 들은 것을 편안하게 받아들이게 되었고, 일흔 살에는 마음이 원하는 대로 행동하여도 법도를 벗어나지 않게 되었다"46)라고 말하면서, 자신의 성장은 학문의 축적과 내면의 함양에 따른 결과임을 분명히 밝혔다.

실제로 공자를 태어나면서 아는 자, 즉 생이지지자生而知之者로 자리매김한 것은 후세 유학자의 조작이다. 중화문화에 따르면 오직 성인만이 생이지지자이고, 일반 사람은 모두 후천적인 배움을 거쳐야 하는 학이지지자學而知之者이다. 그래서 일반적인 사람은 오직 성인에 의해서 전해진 문文을 배우고 그 도道를 터득하여야 한다는 관념이 정립되고, 그 과정에서 작가는 창작 주체가 아니라 성인의 문을 그대로 진술하는 자로 이해되므로, 천재보다 후천적인 학습이 더 중요하다는 생각이 정초되었다. 『문심조룡』은 의도적으로 「양기養氣」와 「체성體性」 두 편을 설정하여 작가의 덕목(德), 기질(氣), 선천적인 재능(才), 추천적인 배움(學)에 대해 논술하였는데, 이를 통해 유협劉勰은 인간이 품부 받은 재능에 차이가 있지만,47) 후천적인 학습도 최종 성취에 커다란 영향을 미치므로, 둘이 함께 작가의 자질을 구성한다고 주장하였다.48) 특히 그는 천부적인 재능과 후천적인 배움 중 하나만을 가지고 창작하는

---

46) 『論語』, 「爲政」, "子曰, '吾十有五而志于學, 三十而立, 四十而不惑, 五十而知天命, 六十而耳順, 七十而從心所欲, 不踰矩.'"

47) 劉勰, 『文心雕龍』, 「神思」, "人之稟才, 遲速異分."

경향을 비판하면서 "학식이 천박하면서도 내실이 없이 느리게 창작하거나, 재능이 결여되어 있으면서도 빠르게 창작하여 작품을 완성한다는 말은 이전에 들어 본 적이 없다"[49]라고 말하였다.

다음으로, 중화미학은 예술적 재능의 특수성을 중시하였는데, 그 특수성이 바로 창작의 영감이다. 영감은 일반적인 기예와 달리, 일종의 신비성을 지닌다. 중화미학에 따르면 영감은 천재의 전유물이 아니라 모든 사람이 공통적으로 지니는 재능이다. 영감에 관한 논의를 처음 시작한 사람은 육기陸機이다.

영감이 오는 순간과 통하고 막히는 묘처는, 오는 것을 막을 수 없고, 가는 것을 잡을 수도 없다. 숨어 있을 때는 그림자처럼 보이지 않지만, 움직일 때는 메아리처럼 떠오른다. 조화를 꾸미는 천기天機의 작용처럼 빈틈없이 펼쳐지니, 어찌 분분히 흩어져 조화롭지 않을 수 있겠는가. 생각은 바람처럼 가슴에서 일어나고, 말은 샘물처럼 입술로 흐른다. 그 무성한 생각과 말들은 붓과 종이에 적힌다. 글은 아름다워 눈부시고, 가락은 낭랑하여 귀에 울린다. 그러나 모든 정감이 가라앉는 그 순간, 마음은 나아가려 해도 생각이 멈춰 선다. 시든 나무처럼 움직이지 못하고, 마른 물길처럼 휑하다. 내 혼魂의 그윽한 곳을 돌아보고, 정신을 추슬러 글을 살펴본다. 정신은 아득하게 더욱 잦아들고, 생각을 억지로 뽑아내듯 한다. 이런 까닭에 정성을 다해 적었지만, 더 후회가 많은 경우가 있고, 붓 가는 대로 쉽게 적었지만, 흠이 적은 경우도 있다. 비록 글을 짓는 것은 나에게 달린 일이지만, 내 힘으로 애쓴다고 해서 되는 것은 아니다. 하여 때로는 빈 가슴을 쓸며 혼자 탄식하지만, 영감이 통하고 막히는 이치는 알 수 없다.[50]

---

48) 劉勰, 『文心雕龍』, 「事類」, "文章由學, 能在天資. 才自內發, 學以外成, 有學飽而才餒, 有才富而學貧."

49) 劉勰, 『文心雕龍』, 「神思」, "若學淺而空遲, 才疏而徒速, 以斯成器, 未之前聞."

50) 陸機, 『文賦』, "若夫應感之會, 通塞之紀. 來不可遏, 去不可止. 藏若景滅, 行猶響起. 方天機之駿利, 夫何紛而不理. 思風發於胸臆, 言泉流於唇齒. 紛葳蕤以馺遝, 唯毫素之所擬. 文徽徽以溢目, 音泠泠而盈耳. 及其六情底滯, 志往神留. 兀若枯木, 豁若涸流. 攬營魂以探賾, 頓精爽於自求. 理翳翳而愈伏, 思乙乙其若抽. 是以或竭情而多悔, 或率意而寡尤. 雖茲物之在我, 非餘力之所戮. 故時撫空懷而自惋, 吾未識夫開塞之所由."

여기에서 육기는 영감이 지닌 창조성과 그 걷잡을 수 없는 특성에 대해 묘사하면서 영감의 비자각성과 신비성을 드러냈다. 나아가 청대의 사진謝榛은 엄우嚴羽의 사상을 계승하여 '뜻을 먼저 세워 시를 짓는 일'(立意作詩)에 반대하였다. 그에 따르면 시는 영감의 산물이고, 이러한 영감은 곧 육기가 말한 조화를 꾸미는 천기와 같은 것이므로, 주체의 의지대로 발현되거나 사라지는 것이 아니다.[51] 그리고 심종건沈宗騫도 영감에 대해 논의하였다. 그에 따르면 영감은 천지의 영묘한 기운에서 비롯되었고, 인간은 만물 중에서 가장 영특하기 때문에, 영묘한 기운에 감응하여 영취靈趣를 지니는 동시에, 그러한 영취를 그림의 형식으로 드러낼 수 있다.[52] 이어서 심종건은 신神, 즉 신묘함이라는 말을 통해 영취에 따른 심미의 비자각성과 창조성을 표현하였는데, 이에 따르면 영취에서 비롯된 심미와 창작은 계산된 것이 아니라, 부지불식간 주체의 내면에 모이는 신묘한 힘에 의해서 이루어진 것이다.[53]

마지막으로, 전통사회 후기에 이르러 인간의 개성적 의식이 각성되면서, 천부적인 재능과 후천적 학습을 모두 아우르는 인재설人才說은 점차 선천적인 재능을 강조하는 천재설天才說을 치우치게 되었다. 우선 원대元代의 양유정楊維楨은 "서예와 회화의 오랜 전통(積習)에는 비록 계보와 격식(譜格)에 따른 것이 있으나, 신묘한 작품은 타고난 자질(天質)에서 비롯되니, 대부분 전통을 통해서 얻을 수 없다. 그러므로 회화 작품의 우열優劣은 인간이 품부된 바(人品)의 높고 낮음과 관련되어 있다"[54]라고 말하면서 일종의 천재론적 회화론을 내세웠다.

---

51) 謝榛, 『四溟詩話』, "詩有天機, 待時而發, 觸物而成, 雖幽尋苦索, 不易得也."
52) 沈宗騫, 『芥舟學畫編』, 卷二, 「山水・會意」, "兩間之形形色色, 莫非眞意之所呈.……蓋天地一積靈之區, 則靈氣之見於山川者, 或平遠以綿衍, 或峻拔而崒嵂,……原因人有是心, 爲天地間最靈之物.……故得筆動機隨, 脫腕而出, 一如天地靈氣所成, 而絶無隔礙.……要知在天地以靈氣而生物, 在人以靈氣而成畫, 是以生物無窮盡, 而畫之出於人亦無窮盡. 惟皆出於靈氣, 故得神其變化也."
53) 沈宗騫, 『芥舟學畫編』, 卷二, 「山水・會意」, "今將展素落墨, 心所預計者, 不過何等筆法, 何等局法. 因而洋洋灑灑, 興之所至, 豪端畢達, 其萬千氣象, 都出於初時意計之外.……何者? 必欲如何, 便是阻礙靈趣……若士大夫之作, 其始也曾無一點成意於胸中, 及至運思動筆, 物自來赴. 其機神湊合之故, 蓋有意計之所不及, 語言之所難喩者. 頃刻之間, 高下流峙之神, 盡爲筆墨傳出."
54) 夏文彥, 『圖繪寶鑒』, 「序」, "書畫之積習, 雖有譜格, 而神妙之品, 出於天質, 殆不可以譜格而得也. 故畫品優劣, 關於人品之高下."

이어서 탕현조湯顯祖는 천재와 그의 영감이 예술창작에서 지닌 결정적 역할을 강조하면서 "천하의 문장이 살아 있는 기운을 지닐 수 있는 이유는 모두 기특한 기질을 지닌 선비, 즉 기사奇士에 의해서 창작되었기 때문이다. 선비의 기질이 기특하면 마음이 영특하고, 마음이 영특하면 날아 움직일 수 있으며, 마음이 날아 움직일 수 있으면 천지 사이를 오르내릴 수 있고, 고금을 오갈 수 있으며, 길고 짧은 것을 굽혔다 폈다 할 수 있고, 생멸生滅을 마음대로 할 수 있다. 생멸을 마음대로 할 수 있으면, 모든 것과 같지 않을 수가 없게 된다(無所不如)"55)라고 말하였다. 여기에서의 기특한 기질을 지닌 선비, 즉 기사는 곧 천재를 지시하고, 마음의 영특함, 즉 심령心靈은 곧 영감을 의미하는데, 탕현조는 이러한 논의를 통해 천재가 영감을 기반으로 자유로운 심미적 경지에 들어설 수 있다고 주장하였다.

더 나아가 엽섭葉燮도 천재를 인정하는 맥락에서 "무릇 사물의 아름다움은 천지 사이에 가득 차 있다. 그러나 그것은 반드시 시인의 밝은 정신과 총명한 자질(神明才慧)을 기다리고 나서야 드러날 수 있다"56)라고 말하였다. 여기에서 엽섭은 '밝은 정신과 총명한 자질'이 곧 심미 능력을 지닌 천재의 자질임을 강조하고, 그러한 자질을 통해서만이 자연의 아름다움을 체현할 수 있다고 주장하였다. 물론 이와 같은 주장과 더불어 엽섭은 예술에 후천적인 훈련이 필요하다고 강조하고 있는데, 이는 그의 개인적인 견해라기보다는 중화미학의 공통적인 인식이라고 하는 것이 적절하다.

끝으로 김성탄金聖嘆은 "영특한 눈으로 그것을 엿보아 내고, 영특한 손으로 그것을 잡아낸다"57)라는 주장을 내세웠는데, 이에 따르면 전자는 작가의 영감이 일어나는 방식을 나타내는 것이고, 후자는 영감이 현실적으로 작용하는 방식을 표현한 것으로, 이 둘의 통일을 이루어야만 좋은 문장을 구사할 수 있다.

---

55) 湯顯祖, 『玉茗堂文』, 「序丘毛伯稿」, "天下文章所以有生氣者, 全在奇士. 士奇則心靈, 心靈則能飛動, 能飛動則上天地, 來去古今, 可以屬伸長短, 生滅如意. 如意則可以無所不如."
56) 葉燮, 「滋園記」, "凡物之美者, 盈天地間皆是也, 然必待人之神明才慧而見."
57) 金聖嘆, 「讀第六才子書西廂記評點」, "靈眼覷見, 靈手捉住."

2. 심미의 재능

중화미학에 따르면 심미적 주체는 그에 맞물리는 재능이 필요하다. 그렇다면 심미는 어떠한 재능이 있어야 하는가? 중화미학은 작가의 창조적 재능이 무엇보다도 상상력에서 먼저 드러난다고 강조한다. 서양의 미학과 달리, 중화미학은 예술이 현실을 모방하거나 체현하는 것이 아니라, 심미 주체의 내면을 드러내는 것이라고 주장한다. 이러한 생각에 따르면, 만물의 영장으로서 인간은 상상력을 통해 세계를 구현하고 창조하는 능력을 지니고 있다. 유협은 이 상상력을 신사神思로 규정하여 다음과 같이 말하였다.

> 문장의 구상에 몰두해 있는 사람의 생각(文之思)은 그 정신이 아득한 곳까지 나아갈 수 있음을 말한다. 그러므로 고요하게 사려를 집중하면 그 생각은 천 년 동안의 일과 이을 수 있고, 얼굴빛을 조금만 바꿔도 만 리 밖에 있는 것을 볼 수 있다. 그래서 시문을 읊조리는 가운데서 주옥같은 소리를 들이마시고 내뿜을 수 있고, 눈썹 앞에서 바람과 구름의 아름다운 모습을 말고 펼쳐낼 수 있다. 이것이 바로 문장을 구사하는 생각의 이치가 이를 수 있는 경지가 아니겠는가! 문장을 구상하는 이치의 오묘함은 정신이 사물과 함께 노닐도록 한다.[58]

여기에서 유협은 문장을 짓는 사람의 상상력, 즉 신사는 시간과 공간을 초월하여 주체로 하여금 의식과 사물의 간극을 극복함으로써 노닒, 즉 유游의 상태에 이르게 한다고 주장하였다. 그리고 이러한 사상을 이어받은 고개지顧愷之는 "내면의 상상력을 외부 사물에 옮기면 오묘한 것을 얻을 수 있다"(遷想妙得)[59]라고 말하였는데, 이는 상상력이야말로 심미적 깨달음을 얻을 수 있는 전제임을 강조한 것이다.

---

58) 劉勰, 『文心雕龍』, 「神思」, "文之思也, 其神遠矣. 故寂然凝慮, 思接千載, 悄焉動容, 視通萬里, 吟詠之間, 吐納珠玉之聲. 眉睫之前, 卷舒風雲之色. 其思理之致乎! 故思理爲妙, 神與物游."
59) 顧愷之, 『魏晉勝流畫贊』, "凡畫, 人最難, 次山水, 次狗馬, 台榭一定器耳, 難成而易好, 不待遷想妙得也."

다음으로, 중화미학에 따르면 창작 주체의 재능은 언어의 활용능력에서도 드러난다. 중화미학은 한편으로 "시는 뜻을 말하는 것이다"[60]라는 언지설言志說을 통해 언어의 역할을 강조하였지만, 다른 한편으로는 말, 즉 언어가 생각을 충분히 드러내기 힘들다고 주장하였다. 따라서 작가는 자신의 재능을 통해 언어를 다듬어 활용할 수 있어야 내면을 온전하게 드러낼 수 있다. 유협은 언어 활용이 문학창작에서 지닌 역할을 강조하면서 다음과 같이 말하였다.

이때 정신은 가슴속에 머물고, 마음의 뜻과 몸의 기력(志氣)은 그것을 통제하는 열쇠가 된다. 그리고 사물은 눈과 귀를 따르고, 문사(辭令)는 눈과 귀를 통해 얻은 것을 관장하는 중추(樞機)가 된다. 중추가 통하면 사물이 그 모습을 숨길 수 없게 되지만, 중추가 장차 막히면 정신도 마음에서 달아나게 될 것이다.[61]

나아가 유협은 언어와 예술적 사유 사이의 모순을 의식하여, 그것이 문학의 함축을 훼손할 수 있다고 지적하였다. 이에 따르면, "붓을 쥐고 그것을 펼칠 때는 기운이 평소의 배倍가 되지만, 글을 완성할 때 즈음 되면 마음에서 생각한 것의 절반밖에 이르지 못한다는 것을 알게 된다. 왜 그러한가? 생각이 하늘 높이 날아갈 때는 기이한 것을 쉽게 포착할 수 있지만, 언어로 실제를 드러낼 때는 정교하게 하기가 쉽지 않기 때문이다."[62] 그래서 유협은 문인文人이 언어의 활용 기법을 익혀 그것이 생각과 일치하도록(言意合一) 연마하여야 한다고 강조하면서 "그러므로 마음을 다잡고 언어 활용의 기술을 기르면 힘써 고생할 필요가 없다. 문장으로 품을 수 있는 표현을 잘 살피는 데 힘쓰면 마음을 힘들게 할 필요는 없다"[63]라고

---

60) 『尙書』, 「虞書·舜典」, "詩言志, 歌永言, 聲依永, 律和聲."
61) 劉勰, 『文心雕龍』, 「神思」, "神居胸臆, 而志氣統其關鍵. 物沿耳目, 而辭令管其樞機. 樞機方通, 則物無隱貌. 關鍵將塞, 則神有遁心."
62) 劉勰, 『文心雕龍』, 「神思」, "方其搦翰, 氣倍辭前, 暨乎篇成, 半折心始. 何則? 意翻空而易奇, 言徵實而難巧也."
63) 劉勰, 『文心雕龍』, 「神思」, "是以秉心養術, 無務苦慮, 含章司契, 不必勞情也."

말하였다.

　마지막으로, 중화미학에 따르면 예술의 창작능력과 더불어 심미의 감상능력도 매우 중요한데, 이러한 심미의 감상능력에는 선천적인 요소와 후천적인 요소가 있다. 이에 관해 범온范溫은 "배우는 자에게 중요한 것은 올바른 식識을 주로 삼아야 하는 것인데, 이는 마치 선가禪家에서 말한 법안을 바로잡아야 하는 것(正法眼)과 같다"[64]라고 말하였다. 그리고 원종도袁宗道는 "선비는 반드시 기량과 견식을 쌓고 나서 문예를 하여야 한다"[65]라는 명제를 내세워, 심미적 감상능력인 기량과 견식, 즉 기식器識이 문예창작의 수준을 결정하는 전제라고 강조하였다.[66] 이어서 엽섭은 작가의 재능(才), 담력(膽), 식견(識), 기력(力) 등을 거론하면서, 문예 창작과 감상에서 그 어느 하나도 빠질 수 없음을 주장하였다.[67] 그는 한 걸음 더 나아가 흉금설胸襟說을 제기하였는데, 이에 따르면 "시의 기반은 그 시인의 흉금에 달려 있다. 흉금이 있는 뒤에야 성정性情, 지혜, 총명함, 재능 등을 제대로 실어 드러낼 수 있고, 만나는 바에 따라 발현할 수 있으며, 발현하는 바가 곧 성대해질 수 있다."[68] 여기에서의 흉금은 곧 작가의 드넓은 마음과 그것에 들어 있는 종합적 견식을 아울러 이르는 개념으로서, 예술의 감상과 창작 수준을 결정하는 요소이다.

3. 심미능력의 함양

　중화미학에 따르면 심미적인 능력에는 창작능력과 감상능력이 있는데, 그것들에는 선천적으로 결정된 부분도 있는가 하면, 후천적인 함양을 통해 기를 수 있는

---

64) 范溫, 『潛溪詩眼』, "學者要以識爲主, 如禪家所謂正法眼者."
65) 袁宗道, 『白蘇齋類集』, 卷之七, 「館閣文類・士先器識而後文藝」 참조.
66) 袁宗道, 『白蘇齋類集』, 卷之七, 「館閣文類」, "信乎器識文藝, 表里相須, 而器識猖薄者, 卽文藝並失之矣. 雖然, 器識先矣, 而識尤要焉."
67) 葉燮, 『原詩』, 「內篇」, "曰才, 曰膽, 曰識, 曰力, 此四者所以窮盡此心之神明. 凡形形色色, 音聲狀貌, 無不待於此而爲之發宣昭著. 此舉在我者而爲言, 而無一不如此心以出之者也."
68) 葉燮, 『原詩』, 「內篇」, "詩之基, 其人之胸襟是也. 有胸襟, 然後能載其性情, 智慧, 聰明, 才辨以出, 隨遇發生, 隨生卽盛."

부분도 있다.69) 이러한 점은 곧 배움(學)과 익힘(習)이 문예창작에서 중요한 비중을 차지하고 있음을 의미한다. 이에 관해 육기는 "우주의 가운데 서서 아득한 것을 두루 바라보며, 수많은 서적들 속에서 정감과 뜻을 기른다"70)라고 말하였고, 유협은 재능(才), 기질(氣), 배움, 익힘을 각각 거론하면서, 심미적인 능력을 향상시키려면 선천적인 재능과 기질을 통해 후천적인 배움과 익힘을 자주 연마하여야 한다고 강조하였다.71) 나아가 조익趙翼은 고대 사람의 학문을 배우고, 그것을 자기의 것으로 만들 수 있어야 최종적으로 일가一家를 이룰 수 있다고 말하였고,72) 홍량길洪亮吉은 독서와 같은 후천적인 학습이 정교한 시를 지을 수 있는 전제조건이라고 강조하였다.73)

그리고 엽섭은 식견으로써 재능을 충실하여야 한다고 주장하였는데, 이에 따르면 "그러므로 나는 시 짓기를 배우는 것을 좋아하는 사람에게 다음과 같이 알린다. 반드시 먼저 격물格物에 종사하여, 식견으로써 그 재능을 충실하게 하여야 한다. 그렇게 하면 내용(質)이 구비되고 형식(骨)이 세워지는데,…… 그래야만 겉치레에 머물러 있다는 비난에서 벗어날 수 있다."74) 이에 그치지 않고, 그는 두보杜甫와 왕희지王羲之를 예로 들면서 풍부한 경험을 축적하여 드넓은 흉금을 갖춘 자만이 세상에 전할 수 있는 좋은 작품을 창작할 수 있다고 강조하였다.75) 나아가 흉금설의

---

69) 劉勰, 『文心雕龍』, 「事類」, "文章由學, 能在天資. 才自內發, 學以外成."
70) 陸機, 『文賦』, "佇中區以玄覽, 頤情志於典墳."
71) 劉勰, 『文心雕龍』, 「體性」, "夫才由天資, 學愼始習.……故宜摹體以定習, 因性以練才, 文之司南, 用此道也."
72) 趙翼, 『甌北詩話』(人民文學出版社, 1963), p.1, "(古人)其才高者, 可以擴吾之才. 其功深者, 可以進吾之功. 必將挫籠參會, 自成一家."
73) 洪亮吉, 『北江詩話』(人民文學出版社, 1983), p.47, "詩人之工, 未有不自識字讀書始者."
74) 葉燮, 『原詩』, 「外篇」, "吾故告善學詩者, 必先從事於格物, 而以識充其才, 則質具而骨立,……而免於皮相之譏矣."
75) 葉燮, 『原詩』, 「內篇」, "千古詩人推杜甫, 其詩隨所遇之人之境之事之物,……一一觸類而起, 因遇得題, 因題著情, 因情敷句, 皆因甫有其胸襟以爲基. 如星宿之, 萬源從出. 如鑽燧之火, 無處不發. 如肥土沃壤, 時雨一過, 夭矯百物, 隨類而興, 生意各別, 而無不具足.……此其胸襟之所寄託何如也! 余又嘗謂晉王羲之獨以法書立極, 非文辭作手也.……而羲之此序, 寥寥數語, 託意於仰觀俯察, 宇宙萬彙, 係之感憶, 而極於死生之痛. 則羲之之胸襟, 又何如也!"

영향을 받은 성대사盛大士에 따르면, 시화詩畵의 창작은 심미의 실천 과정을 통해 체득될 수 있는 것으로, 반드시 '강산의 도움을 받아야 한다'(得江山之助). 이러한 맥락에서 그는 "시화에는 모두 강산의 도움을 받은 것이 있기 마련이다. 만약 안방에서 몸을 움츠리면, 자취는 백 리의 밖으로 나아가지 못할 것이고, 천하의 명산名山과 명천名川이 지닌 기이한 경관을 눈여겨보는 과정도 거치지 못할 것이니, 흉금은 무슨 이유로 확장될 수 있는가?"76)라고 말하였다.

끝으로 원매袁枚는 시가를 창작하기 위해 세 가지 조건, 즉 재능, 배움, 식견이 필요하다고 주장하였다. 그리고 그는 세 가지 조건 중에서 재능과 배움에 비해 식견이 가장 중요하다고 강조하였는데, 이에 따르면 식견을 통해서만이 배움과 재능은 그 작용을 발휘할 수 있다.77) 그래서 원매가 말한 식견은 곧 선천적인 재능과 후천적인 배움을 통일할 수 있는 능력이라고 할 수 있다.

실제로 중화미학에서 말한 후천적인 학습은 독서와 같은 이론적인 학습뿐만 아니라 사회적인 실천도 포함한다. 두보의 말, 즉 "만 권의 책을 독파하면, 글을 지을 때 마치 신의 도움을 받은 것처럼 할 수 있다"78)라는 것이 전자를 가리켜 말한 것이라면, 속담에서 "만 리의 길을 걷고 만 권의 책을 읽어야 한다"(行萬里路, 讀萬卷書)라는 것은 후자를 강조하는 것이다. 그러므로 중화미학에서 제시한 심미적인 능력의 함양 방법은 곧 학습과 실천적인 경험을 축적하는 것이라고 할 수 있다.

---

76) 盛大士, 『溪山臥遊錄』, 卷二, "詩畵均有江山之助. 若局促里門, 蹤跡不出百里外, 天下名山大川之奇勝未經寓目, 胸襟何由而開拓?"
77) 袁枚, 『隨園詩話』, 卷三, "作史三長, 才, 學, 識, 缺一不可. 餘謂詩亦如之, 而識最爲先. 非識, 則才與學俱誤用矣."
78) 杜甫, 「奉贈韋左丞丈二十二韻」, "讀書破萬卷, 下筆如有神."

제8장 중화미학의 심미대상론

제1절 미의 형태

중화미학은 주로 인물, 예술과 문화, 자연이라는 세 가지 유형의 심미 대상을 고찰함으로써 미美의 형태를 확정하였는데, 인물미人物美, 예술미藝術美와 심미문화, 자연미自然美가 그것이다.

1. 인물미

중화미학은 도道를 미의 본질로 삼고, 그것을 천天, 지地, 인人의 근본으로 규정하였다. 그렇다면 만물의 영장으로서 인간은 반드시 천지만물과 마찬가지로 미적 속성을 지니고, 심미적 대상이 될 수 있다. 심미적 의식이 처음 나타날 때, 인간은 대부분 인물, 특히 이성異性을 먼저 심미적 대상으로 삼는 경우가 많았다. 그러한 까닭인지 『시경』에서는 미인美人을 읊조리는 구절이 많지만, 자연풍경을 아름다움의 대상으로 표현하는 구절이 거의 없다. 다시 말해, 『시경』에서의 자연풍경은 감정을 표현하는 매개로 활용되었으나, 독립적인 심미 대상으로 이해되지 않았다는 것이다.

미인은 헌걸차다, 비단옷에 얇은 겉옷.
제나라 제후의 따님이요, 위나라 제후의 아내로다.
동궁의 누이, 형나라 제후의 처제, 담나라 제후의 형부.

손은 보드라운 삘기 같고, 피부는 엉긴 기름 같네.

목은 굼벵이 같고, 이는 박씨 같네.

매미 이마 나방 눈썹, 생긋 웃는 입매 어여쁘고, 아름다운 눈은 서늘하네.

미인은 늘씬하다, 농사짓는 교외에 머무르네.

씩씩한 말 네 마리, 붉은 비단 장식 재갈 물리고, 꿩깃 수레 타고 조정으로 가네.

대부들은 일찍 물러나 군주를 노고스럽게 하지 말지어다.

황하 물은 넘실넘실, 북쪽으로 콸콸 흘러간다.

첨벙첨벙 그물 던지니, 전어 유어 팔딱인다.

갈대 어색 쭉쭉 뻗었고, 시녀들 화사하고, 관원들은 당당하네.[1]

그러나 『시경』에서 표현된 인물의 아름다움은 아직 인물의 외연적 모습에 머물러 있는 경우가 많다. 춘추시대에 이르러 공자는 인물을 심미적 대상으로 규정하는 동시에, 그 심미의 기준을 인격적인 차원까지 끌어올렸다. 그는 "문文과 질質이 적절하게 어울린 뒤에야 군자君子라고 할 수 있다"[2]라고 말하였는데, 여기에서의 질은 곧 인격적 함양을 가리키고, 문은 그 외면적인 풍도風度를 의미하므로, 공자사상을 비롯한 유가의 사상에 있어서, 문과 질이 서로 어울려야 미인이라고 부를 수 있다. 나아가 공자는 또한 인물이 지닌 숭고함의 아름다움에 대해 거론하였는데, "위대하도다, 요堯의 임금됨이여! 높고 크도다, 오직 하늘이 위대한데, 오직 요임금만이 그와 같으니, 그 공덕功德이 넓고 넓어 백성들은 그것을 이루 다 말할 수 없구나"[3]라고 토로한 것이 이러한 점을 잘 드러내고 있다.

---

1) 『詩經』,「衛風・碩人」, "碩人其頎, 衣錦褧衣. 齊侯之子, 衛侯之妻, 東宮之妹, 邢侯之姨, 譚公維私. 手如柔荑, 膚如凝脂. 領如蝤蠐, 齒如瓠犀. 螓首蛾眉, 巧笑倩兮, 美目盼兮. 碩人敖敖, 說于農郊. 四牡有驕, 朱幩鑣鑣, 翟茀以朝. 大夫夙退, 無使君勞. 河水洋洋, 北流活活. 施罛濊濊, 鱣鮪發發. 葭菼揭揭, 庶姜孽孽, 庶士有朅."『시경』의 번역문은 류종목・송용준・이영주・이창숙 역해, 『詩經・楚辭』(명문당, 2012)를 저본으로 삼았다.

2) 『論語』,「雍也」, "子曰, '質勝文則野, 文勝質則史. 文質彬彬, 然後君子.'"

3) 『論語』,「泰伯」, "子曰, '大哉, 堯之爲君也! 巍巍乎, 唯天爲大, 唯堯則之. 蕩蕩乎, 民無能名焉.'"

364　중화미학사상

전국시대에 이르러 인격적인 측면이 본격적으로 심미의 대상으로 정초되었다. 맹자는 "누구나 좋아하고 따를 만한 것을 선善이라고 하고, 선을 자기 몸에서 찾는 것을 신信이라고 하며, 그 신을 충실하게 실천하는 것을 미美라고 하고, 충실하게 실천하여 밖으로 광채가 드러나는 것을 대大라 하며, 대이면서도 스스로 변화하는 것을 성聖이라 하고, 성이면서도 알 수 없는 것을 신神이라 한다"[4]라고 말하였는데, 여기에서 충실함이 곧 인격의 온전함을 의미하고, 미, 대, 성, 신은 모두 숭고한 인격을 심미적 범주로 삼는 것이다. 나아가 맹자는 또한 "부귀가 마음을 방탕하게 하지 못하고, 빈천이 절개를 바꾸게 하지 못하며, 위무威武가 지조志操를 굽히게 할 수 없는"[5] 대장부大丈夫의 형상을 구현하여, 그러한 대장부가 곧 천지의 드넓고 올바른 기운, 즉 호연지기浩然之氣를 기르는 자라고 주장하였다.[6]

순자는 인물의 아름다움이 겉모습에 있지 않고, 마음이 지닌 행동 규범의 올바름, 즉 심술지선心術之善에 달려 있다고 주장하였다.[7] 이와 더불어 그는 또한 군자의 아름다움은 내면에만 한정되지 않고, 예禮에 합치되는 행동으로 드러날 수 있어야 미의 기준, 즉 우아함(雅)에 다다를 수 있다고 강조하면서, "겉모습과 몸가짐, 나아감과 물러남, 달림과 걸어감 등은 예를 따르면 우아해지고, 예를 따르지 않으면 오만하고 편벽되며 저속하면서도 조야해진다"[8]라고 말하였다.

한편, 도가의 미학사상은 세속적인 미를 배제하는 경향을 지닌다. 즉 그에 따르면 세속적인 미는 참된 의미에서의 미, 즉 자연천성自然天性에 따른 진미眞美가 아니다. 도가는 지인至人, 신인神人, 천인天人이 지닌 아름다움을 강조하여 그들만이

---

4) 『孟子』, 「盡心下」, "可欲之謂善, 有諸己之謂信, 充實之謂美, 充實而有光輝之謂大, 大而化之之謂聖, 聖而不可知之之謂神."
5) 『孟子』, 「滕文公下」, "富貴不能淫, 貧賤不能移, 威武不能屈, 此之謂大丈夫."
6) 『孟子』, 「公孫丑上」, "'敢問夫子惡乎長? 曰, '我知言, 我善養吾浩然之氣.' '敢問何謂浩然之氣? 曰, '難言也. 其爲氣也, 至大至剛, 以直養而無害, 則塞于天地之間. 其爲氣也, 配義與道, 無是, 餒也. 是集義所生者, 非義襲而取之也. 行有慊於心, 則餒矣.'"
7) 『荀子』, 「非相」, "故相形不如論心, 論心不如擇術. 形不勝心, 心不勝術. 術正而心順之, 則形相雖惡而心術善, 無害爲君子也. 形相雖善而心術惡, 無害爲小人也."
8) 『荀子』, 「修身」, "容貌, 態度, 進退, 趨行, 由禮則雅, 不由禮則夷固, 僻違, 庸衆而野."

미인이라고 주장한다. 신인에 관해 『장자』에는 다음과 같은 대화가 실려 있다.

> 술원述苑이 물었다. "신인에 대해 듣고 싶습니다." 순망諄芒이 말하였다. "신인은
> 자기의 정신을 하늘 위로 올라가게 하여, 해와 달의 빛을 타고 형체와 함께 완전히
> 무無로 돌아가나니, 이것을 일러 밝은 공허(照曠)라고 한다. 그처럼 될 수 있으면,
> 천명을 극진히 하고 자신의 성정性情을 다하여 천지자연의 질서가 즐겁게 보전되고,
> 인간사회의 모든 재앙이나 불상사가 다 소멸되어 없어지며, 만물이 본래의 모습으
> 로 돌아가는데, 이것을 일러 혼명混冥이라고 한다."9)

나아가 장자는 또한 세속적인 미에 대해서도 거론하였는데, 그에 따르면 세속적
인 미와 추醜는 모두 사회적－문화적－인위적으로 규정된 것이므로, 상대적인
미와 추에 불과하다.10) 이러한 점을 구체적으로 설명하기 위해 장자는 다음과
같은 우화를 내세웠다.

> 양자陽子가 송宋나라에 갔다가 여관에서 하룻밤 묵게 되었다. 여관 주인에게 두
> 명의 첩妾이 있는데, 그중 한 명은 미인이고 다른 한 명은 추녀이었다. 그런데
> 추녀가 귀한 대접을 받고 미녀가 박대받고 있었다. 양자가 그 까닭을 물었더니,
> 여관의 머슴이 다음과 같이 말하였다. "미인은 스스로 아름답다고 여기는 것이므로
> 내가 오히려 아름다운지를 알지 못하겠고, 추녀는 스스로 추하다고 여기는 것이므
> 로 내가 추한지를 알지 못하겠다."11)

이어서 장자는 아름다움에 대한 세속적인 사람과 천인의 평가가 반대되는
점을 들어, 천인의 아름다움이 세속적인 사람의 눈에는 추한 것으로 비칠 수 있다고

---

9) 『莊子』,「天地」, "'願聞神人.' 曰, '上神乘光, 與形滅亡, 此謂照曠. 天地樂而萬事銷亡, 萬物復
情, 此之謂混冥.'"
10) 『莊子』,「齊物論」, "物固有所然, 物固有所可. 無物不然, 無物不可. 故爲是擧莛與楹, 厲與西施,
恢恑憰怪, 道通爲一."
11) 『莊子』,「山木」, "陽子之宋, 宿於逆旅. 逆旅有妾二人, 其一人美, 其一人惡, 惡者貴而美者賤.
陽子問其故, 逆旅小子對曰, '其美者自美, 吾不知其美也. 其惡者自惡, 吾不知其惡也.'"

강조하였는데, 이에 따르면 "기인畸人은 세속 사람들과 다르지만, 하늘과 비슷한 사람이다. 그 때문에 '하늘의 소인小人은 인간세계의 군자이고, 하늘의 군자는 인간세계의 소인이다'라고 말한다."12)

끝으로 장자는 세속에 살고 있는 미인, 즉 신인의 아름다움을 표현하였다. "막고야藐姑射의 산에 신인이 살고 있는데, 그 피부는 빙설처럼 희고, 몸매가 부드러운 것은 처녀처럼 사랑스럽다. 곡식은 먹지 않고, 바람을 들이키고 이슬을 마시며, 구름 기운을 타고 비룡飛龍을 몰아 사해四海의 밖에 노닌다. 신인의 신묘한 정기精氣가 모이면, 사물을 상처 나게 하거나 병들게 하지 않고 성장시키며, 해마다의 곡식을 풍성하게 영글도록 한다."13)

위진남북조시대에 이르러, 주류의 위상을 지닌 유가사상의 지배력이 쇠퇴함에 따라 현학玄學의 풍조가 일어났다. 그래서 인물에 대한 심미는 새로운 양상을 지니게 되었다. 즉 이 시기에 유가의 심미 관념이 몰락함에 따라, 인물미의 평가 기준은 점차 도덕에서 자연천성으로 초점을 옮기게 되었다. 따라서 유가에서 강조한 문질빈빈의 인격과 달리, 성정을 방임하고, 예법을 멸시하며, 방달放達한 성격을 지닌 인격이 각광을 받게 되었는데, 죽림칠현竹林七賢이 바로 그러한 인격을 몸소 실천한 사람들이다. 이러한 배경에서 『세설신어世說新語』는 다양한 '미인'의 형상을 그려냈는데, 그 사례는 다음과 같다.

세상 사람들이 이응李膺에 대해 평가하기를, "그는 우뚝 솟은 소나무 밑에 솔솔 부는 바람과 같다"14)라고 하였다.

그 당시 사람들이 왕희지王羲之에 대해 평가하기를, "그는 유연히 흘러가는 구름처럼 표일飄逸하고, 경계하는 용처럼 굳건하다"15)라고 하였다.

---

12) 『莊子』, 「大宗師」, "畸人者, 畸於人而侔於天. 故曰, '天之小人, 人之君子. 人之君子, 天之小人也.'"
13) 『莊子』, 「逍遙遊」, "藐姑射之山, 有神人居焉, 肌膚若冰雪, 淖約若處子, 不食五穀, 吸風飲露. 乘雲氣, 御飛龍, 而遊乎四海之外. 其神凝, 使物不疵癘而年穀熟."
14) 劉義慶, 『世說新語』, 「賞譽」, "世目李元禮, '謖謖如勁松下風.'"

의젓한 자태와 신묘한 모습(風姿神貌).[16]—형체의 아름다움.

그윽하고 고원함(玄遠).[17]—내면의 아름다움.

표정과 얼굴빛의 태연함(神色自若).[18]—마음과 자태의 아름다움.

이를 잡으며 담화를 나눔(捫虱而談)[19], 배를 드러내 동쪽 침대에서 편안히 누움(坦腹東床)[20].—자연천성에 따른 방탕함의 아름다움.

미학적 사상의 측면에서 위진시대의 사인士人들은 자연천성을 숭상하고, 순수 참된 본성에 따르는 것(純眞)을 미로 삼는다. 완적阮籍은 예법의 속박에서 비롯된 전통적인 군자를 지목하여, 그것이 곧 인위적인 거짓에 따라 규정된 형상임을 비판하면서,[21] 대인大人이라는 미적 형상을 구축하였다. 그에 따르면 "무릇 대인이란 조물자와 몸을 같이하고, 천지와 함께 살아 있으며, 유유자적하게 속세에서 떠돌아다니고, 도와 함께 이루며, 변화와 함께 흩어지고 모이며, 일정한 형체를 갖지 않는 자이다."[22] 나아가 혜강嵇康은 자신이 생각하는 미인의 형상을 다음과 같이 구현하였다.

군자라고 부를 만한 사람은 마음이 시是와 비非의 어느 쪽에도 두지 않고, 행동이

---

15) 劉義慶, 『世說新語』, 「容止」, "時人目王右軍, '飄如遊雲, 矯若驚龍.'"

16) 劉義慶, 『世說新語』, 「容止」, "庾風姿神貌, 陶一見便改觀."

17) 劉義慶, 『世說新語』, 「規箴」, "王夷甫雅尚玄遠, 常嫉其婦貪濁, 口未嘗言錢字."

18) 劉義慶, 『世說新語』, 「任誕」, "籍飮噉不輟, 神色自若."

19) 『晉書』, 「王猛傳」, "桓溫入關, 猛被褐而詣之, 一面談當世之事, 捫虱而言, 旁若無人."

20) 劉義慶, 『世說新語』, 「雅量」, "王家諸郎, 亦皆可嘉, 聞來覓婿, 或自矜持, 唯有一郎在東床上, 坦腹臥, 如不聞."

21) 阮籍, 「大人先生傳」, "此非汝君子之爲乎? 汝君子之禮法, 誠天下殘賊, 亂危, 死亡之術耳! 而乃目以爲美行不易之道, 不亦過乎!"

22) 阮籍, 「大人先生傳」, "夫大人者, 乃與造物同體, 天地並生, 逍遙浮世, 與道俱成, 變化散聚, 不常其形."

도에 어긋나지 않는 사람을 가리킨다. 왜 그렇게 말할 수 있는가? 무릇 기질이
고요하고, 정신이 비어 있는 자는 마음속에서 스스로를 고상하다고 연연하지 않는
다. 본체가 밝고 마음이 통달한 자는 정감이 욕망하는 바에 매달리지 않는다.
마음속에서 스스로를 고상하다고 연연하지 않기 때문에, 명교名教를 넘어 스스로를
자연에 맡길 수 있다. 정감이 욕망하는 바에 매달리지 않기 때문에, 귀천貴賤을
잘 살펴서 사물의 실정에 통달할 수 있다. 사물의 실정에 순응하고 통달하므로,
대도大道에 어긋나지 않는다. 명교를 넘어 스스로를 자연에 맡길 수 있으므로,
시와 비의 어느 쪽에도 마음을 두지 않는다. 그러므로 군자는 시와 비의 어느
쪽에도 마음을 두지 않음을 주로 삼고, 사물의 실정에 통달함을 미로 삼는다.[23]

이와 같은 논의들을 거쳐 인물미에 대한 판단 기준은 대개 두 극단으로 나누어졌
는데, 하나는 유가에서 강조한 ―문질빈빈을 이룬― 도덕적 모범의 형상이고,
다른 하나는 도가의 사상에 따른 ―隱士적인 기질을 지닌― 현실 초탈적 출세간의
형상이다. 이러한 인물 형상의 대립은 한편으로 중화미학의 역사를 관통한 리理와
정情의 모순을 내포하고 있는가 하면, 다른 한편으로는 인물의 외연적 아름다움을
도덕적 품성과 분리하여 나름의 독립성을 지니게 하였다.

전통사회 후기에 이르러 희극戱劇과 소설을 비롯한 재현예술이 흥기하면서,
인물 형상에 관한 심미의 폭은 더욱 확장되었다. 그러나 이와 같은 논의는 이미
인물미 자체의 범주를 벗어나 있으므로, 이어지는 예술미의 영역에서 다루는 것이
더욱 적절해 보인다.

2. 예술미와 심미문화

중화미학에 따르면 도의 표현형식, 즉 도지문道之文에는 천지지문天地之文과

---

23) 嵇康, 「釋私論」, "夫稱君子者, 心無措乎是非, 而行不違乎道者也. 何以言之? 夫氣靜神虛者, 心
不存於矜尙. 體亮心達者, 情不系於所欲. 矜尙不存乎心, 故能越名教而任自然. 情不系於所欲, 故
能審貴賤而通物情. 物情順通, 故大無違. 越名任心, 故是非無措也. 是故言君子則以無措爲主, 以
通物爲美."

인문人文이라는 두 가지 형식이 있다. 그리고 그것들은 모두 심미적인 속성을 지니는데, 전자는 자연미로 이해되고, 후자는 예술미와 문화미文化美, 현대의 용어로는 심미문화로 해석된다. 『문심조룡』은 천지만물이 모두 심미적인 속성을 지닌 도지문이라고 규정하였다. 그리고 인간은 만물의 영장으로서 당연히 심미적 속성을 지닌 존재로 인식된다. 다만 인간은 의식을 갖춘 존재이기 때문에, 능동적인 창조를 통해 문화예술을 비롯한 인문을 구현할 수 있는 존재일 뿐이다.[24]

심미적 대상으로서의 예술과 심미문화는 중화문명의 초기 단계부터 이미 발생하였다. 즉 원시적인 무술巫術에 함축된 신비로운 특징이 점차 퇴색되는 가운데, 그것이 예술로 전환하여 심미적 의미를 지니게 되었다. 그리고 예술미에 대한 자각적인 인식은 춘추시대를 거쳐 정초되었다. 특히 이 과정에서 예술은 예악禮樂 체계에서 분리되어 심미적인 대상으로 인식되었다. 예를 들어 공자가 소악韶樂에 대해 선과 미를 모두 다하였고, 무악武樂에 대해 미를 다하였으나 선을 다하지 못하였다고 평가한 것[25]은 그가 이미 음악과 무용을 심미적 대상으로 삼았다는 사실을 드러낸다.

공자 이후로 시, 악樂, 무舞, 회화 등 예술형식은 각각 독립적인 영역으로 발전하게 되었다. 한漢나라 초기에 편찬된 「악기樂記」는 음악의 심미적 의미에 대해 면밀히 검토하였는데, 이는 그 당시 음악이 이미 심미적 대상으로 정초되었을 뿐만 아니라, 이론적 해석의 대상이 되었음을 의미한다. 이어서 『문심조룡』은 문의 심미적 의미에 대해 논증하였는데, 그것은 도를 기점으로 삼아 천지지문과 인문을 도출하고, 인문에 속한 시와 부賦를 비롯한 문학을 심미적 대상으로 규정하였다. 육조六朝 이후로, 회화의 흥기와 더불어 화론畵論도 본격적으로 등장하게 되었다. 나아가 송원宋元시대에 이르러 희극과 소설을 비롯한 재현예술이 나타나게 되었는데, 그것들은 모두 심미적 대상으로 규정되어 중화미학의 예술형식과 이론의 폭을 확장하였

---

24) 劉勰, 『文心雕龍』, 「原道」, "惟人參之, 性靈所鍾, 是謂三才. 爲五行之秀, 實天地之心, 心生而言立, 言立而文明, 自然之道也. ……夫以無識之物, 鬱然有采, 有心之器, 其無文歟?"
25) 『論語』, 「雍也」, "子謂韶, ‘盡美矣, 又盡善也.’ 謂武, ‘盡美矣, 未盡善也.’"

다. 이와 더불어 전통사회의 질서를 지탱하는 예악문화는 점차 주류의식에서 벗어나 심미문화로 이행하였는데, 그러한 배경에서 인간의 일상적 활동이 모두 심미적 색채를 띠게 되었다. 그래서 심미문화에는 복식문화服飾文化, 원림문화園林文化, 서예문화(書法文化), 다도문화茶道文化, 무술문화武術文化 등이 나타나게 되어, 심미적 대상의 폭은 전례 없이 확장하게 되었다.

예술미와 심미문화에 대한 중화미학의 인식은 서양의 미학과 다르다. 서양의 미학은 인식론을 기반으로 삼고 있는 까닭에, 예술을 현실에 대한 모방 또는 반영이라고 간주하고, 그것의 객관성을 강조한다. 그러나 중화미학은 가치론을 근본으로 삼는다. 그래서 중화미학에 따르면 예술은 인식의 형식이 아니라, 정감의 표현이다. 따라서 중화미학에서의 예술은 객관성이 아니라 정감성을 지니고, 정감을 표현하거나 정감을 불러일으키는 것, 즉 흥정興情의 산물 또는 대상을 위주로 논의를 전개한다. 이러한 점이 바로 예술미에 관한 중화미학의 첫째 관념이다.

예술미와 심미문화에 관한 중화미학의 둘째 관념은 예술미가 객관적인 대상이 아니라 심미 주체와 분리될 수 없는 대상이라는 점을 주장하는 것이다. 이러한 생각에 따르면 예술미는 객관적인 차원에서 규정된 것이 아니라 주체의 참여에 의해서 창조된 것이다. 이 관념을 처음 제기한 것은 도가의 미학사상이다. 도가의 미학사상은 참된 미(眞美)가 세속에 존재하지 않는다고 주장한다. 그래서 세속적인 미는 심미 주체의 선호에 따라 다를 수밖에 없고, 상대적인 미에 지나지 않으므로, 주체의 조건에 따라 다르게 파악되기 마련이다.

한편, 유가의 미학사상은 미를 도의 현시라고 규정한 까닭에, 그것은 확정적인 성격을 지니고, 미와 추는 서로 혼동될 수 없다. 그러나 다른 한편으로, 유가미학은 심미 주체와 대상이 서로 분리되거나 대립할 수 없는 관계에 놓여 있다는 점을 들어, 그 일체성을 강조한다. 그래서 예술의 의의는 그 자체로 고정되는 것이 아니라, 주체와 대상 사이의 상호 추동에서 비롯된 것으로 이해된다. 이에 관해 맹자는 일찍이 '주관적인 이해만으로 작가의 뜻을 해치지 말아야 한다'라는 이의역지설以意逆志說[26])을 제기하여 문장의 의미와 작가, 그리고 독자 사이의 사상적 연관성을 밝힌 바가 있다. 그러다가 '『시경』에 관해서 그 누구에게나 통달할 수 있는 해석은 없다'라는 시무달고詩無達詁[27])의 명제는 한 걸음 더 나아가 예술작품에 관한 이해가 해석자에 따라 다를 수 있고, 그 어느 주체에 의해서도 완전히 파헤쳐질 수 없다는 점을 분명히 드러냈다.

명대에 이르러 경릉파竟陵派는 "『시경』은 살아 있는 것이다"라는 시위활물설詩爲活物說을 제기함으로써, 예술작품의 의미가 고정되어 있는 것이 아니라, 해석자에 따라 끊임없이 변화될 수 있다고 주장하였는데, 이러한 견해는 실제로 현대 해석학의 입지와 매우 근사한 것으로 평가된다. 이에 관해 종성鍾惺은 다음과 같이 말하였다.

> 『시경』은 살아 있는 것이다. 자유子游와 자하子夏 이후로, 한나라에서 송나라에 이르기까지 『시경』에 관해서 말하지 않은 사람이 없었는데, 그들은 반드시 『시경』의 내용에 모두 들어맞지 않아도, 그것에 관해 말할 수 있었다. 그들이 『시경』에 관해서 말할 수 있는 것은 바로 반드시 『시경』의 내용에 모두 들어맞지 않아도 된다는 것 속에 있다. 이는 『시경』에 관해서 말하는 자가 이렇게 할 수 있기 때문이 아니라, 『시경』이라는 문헌 자체(詩之爲物)가 이렇게 하지 않을 수가 없기 때문이다.[28])

종성은 한 걸음 더 나아가 "무릇 나 한 사람의 생각(心目)만을 놓고 봐도, 그 전후가 이미 억지로 같을 수가 없다. 하필이면 후세 사람이 지금의 사람을 보는 것은 마치 지금의 사람이 옛날 사람을 보는 것과 같으니, 어찌 새로운 것이 있으면 안 되는가?"[29])라고 말하였는데, 이러한 사상을 이어받은 담원춘譚元春은 "시인의

---

26) 『孟子』, 「萬章上」, "故說詩者, 不以文害辭, 不以辭害志. 以意逆志, 是爲得之."
27) 董仲舒, 『春秋繁露』, 「精華」, "難晉事者曰, '春秋之法, 未逾年之君稱子, 蓋人心之正也. 到裡克殺奚齊, 避此正辭而稱君之子, 何也?' 曰, '所聞詩無達詁, 易無達佔, 春秋無達辭, 從變從義, 而一以奉人.'"
28) 鍾惺, 「詩論」, "詩, 活物也. 游, 夏以後, 自漢至宋, 無不說詩者, 不必皆有當於詩, 而皆可以說詩. 其皆可以說詩者, 卽在不必皆有當於詩之中. 非說詩者之能如是, 而詩之爲物, 不能不如是也."
29) 鍾惺, 「詩論」, "夫以予一人心目, 而前後已不可强同矣. 後之視今, 猶今之視前, 何不能新之有?"

작품은 그 오묘함에 있어서 본래 특정한 어떤 것으로 정할 수 없으니, 이는 후세 사람들이 각각 자신의 생각으로 그것에 합치하는 데 달려 있다"[30]라고 주장하였다. 끝으로 김성탄金聖嘆도 유사한 해석학적 견해를 내세웠는데, 그에 따르면 작가의 본래 뜻은 알기 어려우므로, 작품에 대한 이해는 그것을 접한 시기와 개인에 따라 다를 수밖에 없다.[31]

마지막으로, 예술이 주체의 참여를 전제로 한 것이라면, 그것에 의해서 구현된 것은 현실의 사물과 다를 수밖에 없다는 추론이 가능해진다. 이러한 맥락에서 중화미학은 의상意相과 의경意境이라는 개념을 제기하였는데, 이에 따르면 예술과 심미의 대상은 현실적 대상과 달리 허무성虛無性을 지닌다. 그리고 이러한 사상은 정판교鄭板橋의 논의에서 더욱 명확하게 드러났다. 그는 회화에 대해 거론하는 과정에서 각각 '눈 안의 대나무'(眼中竹), '가슴속 대나무'(胸中竹), '손 안의 대나무'(手中竹)를 구분하면서 다음과 같이 말하였다.

맑은 가을 강변 관사에서 이른 아침에 일어나 대나무를 바라보니, 안개 빛과 해 그림자, 이슬의 기운은 함께 성긴 대나무 줄기와 빽빽한 이파리들 사이에서 넘실거리고 있었다. 그래서 가슴속에 그림을 그리고 싶은 뜻이 강렬하게 일어났다. 사실 '가슴속 대나무'는 결코 '눈 안의 대나무'가 아니다. 그리하여 묵을 갈아 종이를 펼치고 붓을 들어 그 변화하는 모습을 재빨리 그렸지만, '손 안의 대나무'는 또한 '가슴속 대나무'가 아니었다. 요컨대 그리고자 하는 뜻이 붓질보다 먼저인 것(意在筆先), 이것이 정해진 법도이다. 정취가 그 법도를 벗어나는 것, 이것이 변화의 핵심 계기(化機)이다. 어찌 그림만 그렇다고 말하겠는가!(32]

---

30) 譚元春, 「答袁述之書」, "詩人詩作, 其佳妙者原不能定爲何處, 在後人各以心目合之."
31) 金聖嘆, 『金批西廂』, 「序二·留贈後人」, "我眞不知作西廂記者之初心其果如是, 其果不如是也. 設其果如是, 謂之今日始見西廂記可. 設其果不如是, 謂之前日久見西廂記, 今日又別見西廂記可."
32) 鄭燮, 『鄭板橋集』, 「題畵·竹」, "江館淸秋, 晨起看竹, 煙光, 日影, 露氣, 皆浮動於疏枝密葉之間. 胸中勃勃, 遂有畵意. 其實胸中之竹, 並不是眼中之竹也. 因而磨墨展紙, 落筆倏作變相, 手中之竹, 又不是胸中之竹也. 總之, 意在筆先者, 定則也. 趣在法外者, 化機也. 獨畵云乎哉?" 번역문은 정섭 지음, 양귀숙 옮김·이등연 해제, 『鄭板橋集』(소명출판, 2017)을 저본으로 삼았다.

여기에서 거론된 '눈 안의 대나무'는 심미적 대상 이전의 경험적 대상을 의미하지만, 그것은 심미적인 속성을 지니기 때문에 그림을 그리려는 뜻, 즉 화의畵意를 촉발할 수 있다. 그리고 '가슴속 대나무'는 미완성이지만, 구상 단계에서 점차 생성되는 심미적 의상이다. 마지막으로 '손 안의 대나무'는 곧 완성된 심미적 의상, 즉 이미 경험적인 현실을 벗어나 심미적인 경계에 들어선 의상이다.

3. 자연미

중화미학에 따르면 도의 현시로서의 문, 즉 도지문은 천지지문과 인문으로 구분되며, 그중에서 천지지문은 곧 자연미를 대변한다. 자연에 대한 심미는 그 나름의 발전역사를 지니고 있다. 다시 말해, 중화미학에서 자연에 대한 심미는 비교적 이른 시기에 나타났지만, 그것이 독립성을 획득하는 데까지는 긴 역사의 과정을 거쳤다는 것이다. 그러한 까닭에, 자연 심미에 관한 중화미학의 이론적 진술도 여러 단계를 거쳐 이루어질 수밖에 없었다.

『시경』에서 자연사물은 독립적인 대상으로 표현되지 않았다. 즉 그것은 단지 비흥比興의 소재만으로 활용되었을 뿐이다. 그리고 『초사楚辭』에 이르러 자연경관을 빌려 심정을 드러내는 기법이 등장하였고, 자연사물에 대한 묘사도 사물 자체의 모양을 그려내는 데에(狀物) 그치지 않고, 전체 경관을 구현하는 데까지(寫景) 확장하였다.[33] 그러나 이 과정에서도 자연의 경관은 여전히 독립적인 심미 대상으로 정립되지 않았다.

비흥에서의 비比는 하나의 사물을 가지고 다른 사물에 견주는 것, 즉 사물 사이의 연관성이나 유사성을 기반으로 상징적인 표현을 수행하는 기법이다. 유협劉勰에 따르면 "그러므로 비는 덧붙인다(附)는 뜻이다.…… 이치를 덧붙인다는 것은 적절한 유형의 것(이치 또는 사물)으로 사물을 가리킨다는 것이다."[34] 그래서 중화미학

---

33) 錢鍾書, 『管錐篇』 第二冊(中華書局, 1979), p.613 참조.
34) 劉勰, 『文心雕龍』, 「比興」, "故比者, 附也.……附理者, 切類以指事."

은 종종 자연적인 사물을 통해 인문적인 사물을 상징하여 도덕적인 비덕설比德說을 정립할 수 있었다.

공자는 "지자智者는 물을 즐기고, 인자仁者는 산을 즐긴다"[35]라고 말하였다. 그리고 여기에서 산과 수水가 심미의 대상이 될 수 있는 이유는 산의 후중厚重함과 숭고함이 인의仁義의 덕목을 상징하고, 물의 부드러운 흐름이 지혜의 덕목을 상징할 수 있기 때문이다. 나아가 공자는 또한 "날씨가 추워진 뒤에야 소나무와 잣나무가 늦게 시드는 것을 알 수 있다"[36]라고 말하였는데, 여기에서 그는 추위에 강한 소나무와 잣나무의 자연적인 특징을 빌려 어려운 상황에서의 굳센 정신을 상징하였다.

순자도 유사한 비덕설을 내세운 바가 있다. 즉 그는 자공子貢이 공자에게 옥玉을 귀하게 여기는 이유를 묻는 일화를 다음과 같이 진술하였다.

> 자공이 공자에게 물었다. "군자는 옥을 귀하게 여기고 민珉을 천하게 여기는 이유가 무엇입니까? 옥은 적고 민은 많기 때문입니까?' 공자가 대답하였다. "…… 옥이란 군자의 덕德과 견줄 만한 것이다. 온화하고 윤택이 있는 것은 어짊(仁)을 뜻하고, 분명히 드러나는 문리文理가 있는 것은 지혜(知)를 뜻하며, 굳세고 굽히지 않는 것은 의로움(義)을 뜻하고, 모가 나면서도 남을 다치게 하지 않는 것은 행실(行)을 뜻하며, 꺾일지언정 굽히지 않는 것은 용기(勇)를 뜻하고, 티와 아름다움을 모두 드러내는 것은 진실함(情)을 뜻하며, 두드리면 소리가 맑고 멀리까지 들리며, 두드림을 멈추면 딱 그치는 것은 말을 그렇게 함(辭)을 뜻한다."[37]

나아가 이와 같은 비덕설은 한대에 이르러 『예기禮記』, 『춘추번로春秋繁露』, 『설원說苑』 등 다양한 문헌을 통해 서술되었는데, 그 과정에서 자연사물은 항상

---

35) 『論語』, 「雍也」, "子曰, '知者樂水, 仁者樂山.'"
36) 『論語』, 「子罕」, "子曰, '歲寒, 然後知松柏之後彫也.'"
37) 『荀子』, 「法行」, "子貢問於孔子曰, '君子之所以貴玉而賤珉者, 何也? 爲夫玉之少而珉之多邪? 孔子曰, '……夫玉者, 君子比德焉. 溫潤而澤, 仁也. 栗而理, 知也. 堅剛而不屈, 義也. 廉而不劌, 行也. 折而不撓, 勇也. 瑕適並見, 情也. 扣之, 其聲淸揚而遠聞, 其止輟然, 辭也.'"

군자의 덕목과 연계되는 형태로 설명되었다. 이렇게 보면 비덕설은 곧 춘추전국시대에서 한대에 이르기까지의 자연미를 대변하는 관념이라고 할 수 있다. 그러나 이는 다른 한편으로 자연미가 독립성을 획득하지 못하였음을 함축하고 있는데, 왜냐하면 그것은 항상 도덕적인 덕목과 연관되는 측면에서만 표현되었기 때문이다.

한편, 비흥에서의 흥興은 민가民歌나 민요民謠에서 자주 보이는 시가의 창작기법이다. 서한西漢의 모형毛亨은 "흥은 일으키는 것을 뜻한다"[38]라고 말하였고, 동한東漢의 정현鄭玄은 "흥은 사태를 사물에 기탁하는 것을 뜻한다"[39]라고 말하였다. 여기에서 전자는 흥이 정감을 일으키는 작용을 중시하는 것이라면, 후자는 흥의 구체적 기법을 강조하는 것이라고 할 수 있다. 그 뒤로 유협은 두 가지 견해를 종합하여 "흥은 일으킨다는 것을 뜻한다.…… 감정을 일으킨다는 것은 작은 사물에 의지하여 논의를 헤아리는 것이다"[40]라고 주장하였다. 실제로 흥은 곧 자연사물을 통해 어떠한 감정을 일으키는 것이다. 예를 들어 "꽥꽥 물수리, 물가 섬에 있구나. 아리따운 숙녀는 군자의 좋은 짝"[41]에서는 짝을 구하는 관저, 즉 자연경관을 통해 숙녀에 대한 그리운 정감이 일어났음을 서술하고 있다.

실제로 자연사물과 그것으로 인한 정감 사이에는 필연적인 관계가 없다. 그럼에도 불구하고 그러한 연상이 가능한 이유는 무엇일까? 이러한 점을 설명하기 위해 결국 원시문화의 만물유령론萬物有靈論, 즉 '만물에 모두 혼魂이 있다'라는 사상으로 거슬러 올라갈 수밖에 없다. 만물유령론으로 인해, 원시사회에서 자연사물은 모두 초자연적인 존재로 해석되고, 그것은 초기의 시가 속에도 반영되고 있다. 그러나 후세에 이르러 만물유령론의 신비성이 퇴색됨에 따라, 그 신비적 믿음은 점차 심미적 정감으로 치환되어 흥이라는 기법으로 발전하였다.[42] 요컨대 원시사회와 초기 전통사회에서 자연의 심미는 사회와 인물의 심미에서 독립되지 않기 때문에,

---

38) 毛亨, 『毛詩故訓傳』, "興, 起也."
39) 鄭玄, 『周禮注疏』, 卷二十三, 「周禮·春官」, "興者, 託事於物."
40) 劉勰, 『文心雕龍』, 「比興」, "興者, 起也.……起情者, 依微以擬義."
41) 『詩經』, 「周南·關雎」, "關關雎鳩, 在河之洲. 窈窕淑女, 君子好逑."
42) 趙沛霖, 『興的緣起─歷史積淀與詩歌藝術』(中國社會科學出版社, 1987) 참조.

온전한 자연미의 관념이 정립되지 못하였다. 그렇지만 흥이라는 기법을 통한 자연 묘사는 자연미의 관념이 본격적으로 정초될 수 있는 계기를 제공하였다고 평가할 수 있다.

유가의 비덕설은 항상 자연사물의 아름다움을 도덕에 한정시키므로, 자연에 대한 심미를 협소화하였다. 그리고 비흥설은 자연사물에 대한 묘사를 어느 정도 확장하였으나, 여전히 예술적 표현기법에 치중하였기 때문에, 자연을 독립적인 심미 대상으로 정초하지 못하였다. 자연사물이 본격적으로 심미 대상으로 독립된 것은 도가사상의 기여가 크다. 도가의 미학사상은 기본적으로 문명과 교화를 부정하여 자연천성의 회복을 주장한다. 그래서 그것은 문화적인 현상과 관련된 심미를 배제함으로써 자연에 대한 심미의 가능성을 열어 두었다. 장자는 "천지에는 큰 아름다움이 있지만, 말을 하지 않는다"[43]라고 말하였는데, 여기에서의 천지는 이중적인 의미를 지니고 있다. 첫째는 자연물로서의 하늘과 땅, 다시 말해 우주만물을 가리킨다. 이러한 것들은 모두 있음, 즉 유有의 범주에 속한다. 둘째는 도의 존재, 즉 무無의 영역을 의미한다. 장자에 따르면 진정한 아름다움은 무이지 유가 아니다. 그러므로 세속의 아름다움은 참된 아름다움이 아니라 인위적인 아름다움에 불과하다. 진정한 아름다움, 즉 진미와 대미大美는 오직 형태도 없고 소리도 없는(無形無聲) 천지의 아름다움(天地之美)일 뿐이다.

실제로 이와 같은 사상은 유의 범주에 속한 자연사물의 아름다움을 부정한 것으로, 자연 심미를 독립적인 영역으로 정초할 수가 없다. 그렇지만 도가는 다른 한편으로 사회와 문화적인 영역에서 물러나 자연으로 복귀하여야 한다는 피세사상을 내세웠는데, 바로 이 점이 자연 심미의 가능성을 확보할 수 있었다. 특히 이러한 사상은 유가의 사상과 도가의 사상이 상호 침투하는 과정에서 형성된 것으로, 두 사상의 한계를 극복한 것이라 평가된다. 구체적으로 그것은 도가에서 말한 천지의 큰 아름다움을 자연사물의 아름다움으로 전향하여, 형태도 없고 소리도

---

43) 『莊子』, 「知比遊」, "天地有大美而不言, 四時有明法而不議, 萬物有成理而不說."

없는 아름다움을 형태와 소리를 갖춘 사물의 아름다움(有形有聲之美)으로 변화시킨 동시에, 정감이 없는 미감 즉 무정지미無情之美를 정감이 있는 아름다움 즉 유정지미 有情之美로 탈바꿈시켰다. 말하자면 유가의 천인합일天人合一사상과 도가의 '소박함 과 참된 상태로 되돌아가는'(返璞歸眞) 사상이 서로 합류되어 최종적으로 자연사물을 본격적인 심미적 대상으로 정초하였다는 것이다.

유가사상과 도가사상이 합류하는 전환점은 동중서董仲舒의 사상에서 시작되었 다. 동중서는 천인합일을 대전제로 삼고, 유가에서 강조한 "천지의 화육에 참여하 는"(贊天地之化育)[44] 정신을 기반으로 하여 자연만물의 심미적 속성을 긍정하였는데, 그 사례는 다음과 같다.

천지가 행한 바는 아름답다.[45]

천지의 조화가 정성스러우면(精) 만물의 아름다움은 일어난다.[46]

봄과 가을이 서로 섞게 되어 사물은 그 조화로움을 얻게 되고, 겨울과 여름이 서로 교체하게 되어 복장은 그 마땅한 바를 얻었으니, 이는 천지의 아름다움을 적절하게 얻은 것이다.[47]

여기에서의 아름다움, 즉 미는 아직 선의 의미가 배어 있지만, 이미 사물의 아름다움을 가리키는 쪽으로 치우치기 시작하였다. 이에 그치지 않고, 동중서는 한 걸음 더 나아가 천지의 아름다움이 조화, 즉 화和에 근본하기 때문에, 미는 곧 만물이 화를 이룬 상태라고 주장하였다. 그에 따르면 "중中은 하늘의 쓰임이고,

---

44) 『禮記』, 「中庸」, "自誠明, 謂之性. 自明誠, 謂之教. 誠則明矣, 明則誠矣. 唯天下至誠, 爲能盡其 性. 能盡其性, 則能盡人之性. 能盡人之性, 則能盡物之性. 能盡物之性, 則可以贊天地之化育. 可 以贊天地之化育, 則可以與天地參矣."

45) 董仲舒, 『春秋繁露』, 「天地之行」, "天地之行美也."

46) 董仲舒, 『春秋繁露』, 「天地陰陽」, "天地之化精, 而萬物之美起."

47) 董仲舒, 『春秋繁露』, 「循天之道」, "春秋雜物其和, 而冬夏代服其宜, 則當得天地之美."

화는 그 쓰임의 공적(功)이다. 하늘과 땅의 도를 받들고 화에서 아름다움을 이루게 되니, 사물이 살아나게 되었다."[48] 요컨대 동중서는 추상적인 천지를 자연만물로 구체화하여 그것을 심미적 대상으로 정초하였는데, 그 이후로 자연사물은 점차 심미적 대상으로 인식되면서 이론적 논의의 대상으로 승격되었다.

자연에 대한 심미의 독립성은 위진남북조시대를 거쳐 본격적으로 확립되었다. 전통적인 예법의 구속력이 약화된 배경에서, 사령운謝靈運과 도연명陶淵明을 비롯한 사족문인士族文人들은 인사人事의 부조리에 통감하여, 예법의 속박에서 벗어나 산수나 전원田園 속에서 정신적 해방을 추구하는 풍조를 일으켰다. 그러한 까닭에, 자연은 윤리에서 벗어나 그 자체로서의 심미적 의의를 지니게 되었다. 이리하여 자연사물과 경관은 비덕이나 감정 표현의 수단에 그치지 않고 심미 대상 그 자체로 승화되었다.

손작孫綽은 유량庚亮을 평가하면서 "유량은 마음이 맑고 투철하였기 때문에, 그윽함(玄)으로써 산수를 대할 수 있었다"[49]라고 말하였는데, 여기에서 "그윽함으로써 산수를 대한다"(以玄對山水)라는 것은 곧 세속적인 관념을 버리고 허정한 마음을 통해 자연의 심미적 의의를 체득하는 것을 의미한다. 이어서 『세설신어』도 산수의 아름다움에 대해 다양하게 표현하였다.

> 고개지顧愷之가 회계會稽에서 돌아왔다. 사람들이 회계의 산과 강(山川)에 관해서 묻자, 그는 "천 개의 산에서 바위가 빼어남을 다투고, 만 개의 골짜기에서 강이 흐름을 다투는데, 풀과 나무가 그 위를 짙게 뒤덮어서, 마치 구름이 피어오르고 노을이 끼는 것 같다"라고 말하였다.[50]

---

48) 董仲舒, 『春秋繁露』, 「循天之道」, "中者天之用也, 和者天之功也. 舉天地之道, 而美於和, 是故物生."

49) 孫綽, 「庚亮碑文」, "方寸湛然, 固以玄對山水."

50) 劉義慶, 『世說新語』, 「言語」, "顧長康從會稽還, 問山川之美, 顧云, '千巖競秀, 萬壑爭流, 草木蒙籠其上, 若雲興霞蔚.'"

왕헌지王獻之가 말하였다. "산의 북쪽(山陰) 길을 따라 올라가면, 산과 강이 스스로 서로를 비추어 주고 드러내는데, 이는 사람으로 하여금 하나하나 볼 틈을 갖지 못하게 한다. 만약 가을철과 겨울철이 맞물리는 때에 이르면, 마음속의 품은 바를 더욱 표현하기 어렵게 된다."[51]

왕호지王胡之가 오흥吳興의 인저印渚에 가서 풍경을 보았는데, "인간의 마음을 깨끗이 씻어지게 할 뿐만 아니라, 해와 달까지도 더욱 명랑하게 느껴지도록 한다"라고 감탄하였다.[52]

이리하여 자연의 풍경은 중요한 심미적 대상과 예술의 표현 대상으로 정착되었다. 송대의 곽희郭熙는 한 걸음 더 나아가 "산수를 보는 데에도 적절한 규범(體)이 있으니, 은거하는 사람의 마음(林泉之心)으로 접하면 그 가치가 높아지고, 거만하고 사치스러운 세속 사람의 눈으로 접하면 그 가치가 낮아진다"[53]라고 말하였는데, 여기에서 그는 스스로 그러한 마음으로, 즉 자연의 마음으로 자연사물을 바라보아야 하는 예술적-심미적 의식을 강조하였다.

명대 이후, 자연사물에 대한 이론적 논의는 더욱 자각적인 형태로 발전하였다. 특히 그 과정에서 시학詩學이론은 정情과 경景의 관계 규명을 핵심 과제로 삼았다. 사진謝榛은 정경이라는 개념을 제기하여 "경은 시의 중매(媒)이고, 정은 시의 씨앗(胚)이니, 둘이 합해서 시가 되는데, 시는 몇 마디의 말로써 만 가지의 형태를 통섭하여 마치 원기元氣가 만물을 혼성하는 것처럼 하니, 그 드넓음에는 끝이 없구나"[54]라고 말하였다. 그리고 왕부지王夫之는 "경은 멈추어 있는 경이 아니라, 항상 정을 함축하고 있다"[55]라고 주장하였는데, 이는 자연풍경이 이미 일반적인 심미 대상을 넘어

---

51) 劉義慶, 『世說新語』, 「言語」, "王子敬云, '從山陰道上行, 山川自相映發, 使人應接不暇. 若秋冬之際, 尤難爲懷.'"
52) 劉義慶, 『世說新語』, 「言語」, "王司州至吳興印渚中看. 歎曰, '非唯使人情開滌, 亦覺日月淸朗.'"
53) 郭熙, 『林泉高致』, 「山水訓」, "看山水亦有體, 以林泉之心臨之則價高, 以驕侈之目臨之則價低."
54) 謝榛, 『四溟詩話』, 卷三, "景乃詩之媒, 情乃詩之胚, 合而爲詩, 以數言而統萬形, 元氣渾成, 其浩無涯矣."

주된 서정적인 대상으로 정착되었음을 의미한다.

지금까지 논의한 인물미, 예술미와 심미문화, 자연미는 존재방식에 입각한 심미 대상의 구분방식이다. 그러나 중화미학에는 또한 지각방식에 따른 심미 대상의 구분방식이 있다. 『문심조룡』은 심미의 대상, 즉 문을 오음五音과 같은 성문聲文, 오색五色과 같은 형문形文, 오성五性과 같은 정문情文으로 구분한 바가 있다.[56] 여기에서 성문은 주로 음악, 형문은 주로 회화나 자연 대상의 형식, 정문은 주로 정감을 표현하는 문학을 가리킨다. 그러나 이와 같은 구분 방식은 일관되지 않은 기준에 따른 것이므로, 자주 논리적인 혼란을 불러일으킨다. 다시 말해, 성문과 형문은 감각적으로 지각되는 대상을 기준으로 구분한 것이라면, 정문은 그렇지 않고 인간의 의식 유형(인지 또는 정감)에 따라 구분한 것이다. 그리고 이와 같은 논리적 혼란은 최종적으로 문의 중첩된 분류결과를 초래하였는데, 왜냐하면 오직 정문(문학)만이 정감을 표현할 수 있는 것이 아니라, 성문(음악)과 형문(회화)도 그러한 기능을 수행할 수 있기 때문이다.

제2절 내용과 형식

1. 질質과 문文

미美의 내용과 형식에 관해서 유가와 도가는 서로 다른 견해를 내세웠다. 유가는 내용과 형식의 통일을 주장하는가 하면, 도가는 형식이 없는 내용을 강조한다. 공자는 "질이 문을 이기면 거칠고, 문이 질을 이기면 겉치레만 화려하게 되니, 문과 질이 서로 어울린 뒤에야 군자라고 할 수 있다"[57]라는 주장을 내세운 바가

---

55) 王夫之, 『古詩評選』, 卷五, 「謝靈運登上戍石鼓山評語」, "景非滯景, 景總含情."
56) 劉勰, 『文心雕龍』, 「情采」, "故立文之道, 其理有三. 一曰形文, 五色是也. 二曰聲文, 五音是也. 三曰情文, 五性是也."

있다. 이 말은 본래 인물의 내면적 품성과 외재적 풍도風度 사이의 관계를 논한 것이지만, 예술의 내용과 형식의 관계를 설명하는 데까지 확장할 수 있다. 그래서 후세의 미학자들은 대부분 문과 질이 서로 어울려야 한다는 주장을 하게 되었다.

유가의 문질 관계에 대해 도가는 비판적인 시각을 지녔다. 도가에 따르면 도道는 형태도 없고(無形) 이름도 없으므로(無名), 진정한 미 즉 대미大美도 그러한 것이어야 한다. 그래서 도가는 "천지에는 큰 아름다움이 있지만, 말을 하지 않는다"[58]라고 주장하면서 일정한 형식을 지닌 예술 전체를 부정한다. 장자는 스스로 그러한 자연천성自然天性을 참된 미 즉 진미眞美로 규정하고, 문화적 현상에서 비롯된 미를 인위적인 거짓에 따른 미 즉 위미僞美로 규정하였다. 이러한 생각에 기반하여 그는 미가 형식이 아니라, 정신精神에 있다고 설명하였다. 그러한 까닭에, 그는 자신의 우화에서 기형적인 외모를 지닌 인물을 다양하게 등장시켜, 진미는 내면적 천성의 드러남이지 외연적 형식과 무관하다는 점을 누차 강조하였다.

진秦나라 이후, 주류의 미학사상은 대부분 문과 질이 서로 어울려야 한다는 생각을 지지하는 동시에, 도가 문의 근본이므로 내용이 형식보다 중요하다는 생각을 강조하였다. 유협劉勰은 '문은 도를 밝히는 것이다'(文以明道)라는 생각을 내세웠고, 당송唐宋시대 고문운동古文運動에 참여한 문인文人들은 대부분 "문은 도를 실어야 한다"(文以載道)라는 견해를 견지하였다. 대표적으로 한유韓愈는 "그 문사(辭)를 닦음으로써 그 도를 밝힌다"[59]라고 말하였고, 이고李翶는 한편으로 도를 중시하면서도 다른 한편으로는 "비록 뜻은 깊고, 이치는 마땅하나, 문사가 정교하지 않으면 문이 될 수 없다"[60]라고 말함으로써, 문사의 중요성도 함께 강조하였다. 나아가 구양수歐陽修는 "성인의 문장에는 비록 미칠 수 없으나, 대저 도가 훌륭한 자에게는 문이 스스로 이르는 것이 어렵지 않다"[61]라고 말하였다.

---

57) 『論語』, 「雍也」, "子曰, '質勝文則野, 文勝質則史. 文質彬彬, 然後君子.'"
58) 『莊子』, 「知北遊」, "天地有大美而不言, 四時有明法而不議, 萬物有成理而不說."
59) 韓愈, 「爭臣論」, "修其辭以明其道."
60) 李翶, 「答朱載言書」, "義雖深, 理雖當, 詞不工者不成文."
61) 歐陽修, 「答吳充秀才書」, "聖人之文, 雖不可及, 然大抵道勝者文不難自至也."

문이명도文以明道의 전통 속에서 문과 질의 어울림은 대부분 이성주의적 윤리관에 기반하고 있다. 이러한 사상은 미의 내포를 윤리적 함축으로, 그 형식을 예악문화禮樂文化로 귀결하는 경향을 지닌다. 그러나 심미는 윤리적 활동과 일치한 것이 아니므로, 윤리적인 사상은 심미적인 의식을 규정할 수 없고, 예악문화도 미의 형식을 완전히 규범 지을 수 없다. 그래서 이성주의적 윤리관을 통해 심미 활동을 설명하려는 사상은 필연적으로 내재적 모순을 함축할 수밖에 없다. 그러한 까닭에, 후세 미학사상의 발전 과정에서 예술의 내용과 형식 사이의 충돌이 일어날 수밖에 없었다. 그리고 이러한 충돌은 다양한 미학사상을 낳았지만, 그중에는 주로 윤리적인 내용으로써 예술의 형식을 제한하려는 사상과, 예술형식을 윤리적 내용에서 벗어나게 하려는 사상이 있는데, 전자는 윤리주의 미학이라고 부르고, 후자는 형식주의 미학이라고 일컬을 수 있다.

유가의 윤리주의 미학은 질을 본질 또는 내용으로 삼고, 문을 형식으로 규정하는데, 이에 따르면 질은 곧 윤리적 사상이고, 문은 그 사상의 표현이다.[62] 그러나 이러한 문질관文質觀은 기본적으로 미를 선의 외재적 형식으로 격하함으로써, 예술의 심미적 본질을 퇴색시키기 때문에, 내용과 형식 사이의 충돌을 불러일으키기 마련이다. 그래서 주류 사상의 반기로서 형식주의적 미학이 등장하게 되었다. 형식주의 미학에 따르면 예술(주로 문학)의 근본은 형식이지, 윤리적 내용에 있지 않다.

육조六朝시대에 이르러 형식미에 대한 자각이 일어났다. 그 과정에서 문인들은 본격적으로 문사文辭를 비롯한 형식적인 미문美文으로써 전통적인 윤리 중심의 미학 관념을 비판하기 시작하였다. 그래서 문과 필筆의 구분이 생기고, 실용적인 응용문(筆)과 아름다움을 구현하는 문, 즉 운문韻文의 차이가 나타나게 되었다. 육기陸機는 형식의 아름다움을 강조하는 맥락에서 "시는 정감에서 우러나온 것이므로 비단에 그려진 그림처럼 아름다워야 하고, 부는 사물의 외형을 몸소 살피는

---

62) 『論語集註』, 「八佾」, "美者, 聲容之色. 善者, 美之實."

것이므로 맑고 밝아야 한다"[63]라고 말하면서, 문학의 다양한 형식적 특징에 대해 논술하였다.[64]

위진시기의 혜강嵇康은 '소리에는 슬픔과 즐거움이 없다'라는 성무애락론聲無哀樂論을 제기하였는데, 그에 따르면 "성음聲音은 마땅히 듣기 좋음과 나쁨을 주로 삼아야 하니, 애락哀樂과 관계가 없다. 애락은 마땅히 정감을 주로 삼아야 하니, 성음과 관계가 없다."[65] 여기에서 혜강은 음악의 형식(성음)과 내용(애락)을 갈라놓고, 형식 즉 성음에는 듣기 좋음과 나쁨의 차이가 있는 것이 사실이지만, 사상적 내용과 무관하다는 점을 분명히 밝혔다. 그러나 이와 같은 사상은 합리성을 지닌 것이라고 할 수 없다. 왜냐하면 혜강은 성음을 순수물리적인 현상으로 간주하여 그것을 정감과 완전히 분리함으로써 성음에 지닌 정감적-심미적 의의를 밝히지 못하였기 때문이다.

이러한 사상과 다른 방식으로 다듬어지고, 더욱 강한 생명력을 지닌 형식주의 미학도 있는데, 그것이 바로 예술의 심미적 가치를 강조함으로써 심미를 윤리와 철저하게 구분하는 사상이다. 소통蕭統은 『문선文選』을 편찬하였는데, 이에 따르면 경전(經), 사서(史), 제자집(子) 등은 문이라고 할 수 없고, 오직 형식미를 기준으로 한 문장만을 문이라고 할 수 있다. 이러한 규정은 오늘날의 문학 개념과 매우 유사한 것으로, 문학의 독립성을 확보하는 동시에 형식미에 대한 자각을 분명하게 드러낸 것이라고 할 수 있다.

당송시대에 이르러 형식주의 미학에 대한 반발이 고문운동이라는 형태로 제기되었다. 고문운동은 대부분 도가 문의 본질이라는 면을 강조하지만, 둘 사이의 대립을 주장하는 극단적 윤리주의로 발전하는 경우도 있다. 송대의 리학자들이 바로 이 윤리주의의 대변가들이다. 주돈이周敦頤는 "문은 도를 싣는 것이다"[66]라고

---

63) 陸機, 『文賦』, "詩緣情而綺靡, 賦體物而瀏亮."
64) 陸機, 『文賦』, "其爲物也多姿, 其爲體也屢遷. 其會意也尙巧, 其遣言也貴姸. 暨音聲之迭代, 若五色之相宣."
65) 嵇康, 「聲無哀樂論」, "聲音自當以善惡爲主, 則無關於哀樂. 哀樂自當以情感, 則無系於聲音."
66) 周敦頤, 『通書』, 「文辭」, "文所以載道也."

말하면서 "문사는 기예이고, 도덕은 실질이다"[67]라고 주장하였다. 정이程頤는 한 걸음 더 나아가 '문장을 짓는 것은 도를 해친다'라는 작문해도설作文害道說을 제기하였는데, 이에 따르면 "『상서』에는 '사물을 완미하면 뜻을 잃게 된다'(玩物喪志)라는 말이 있는데, 문장을 짓는 것도 또한 뜻을 잃게 한다."[68] 이 지점에서 문질 관계는 경직된 상태에 이르게 되었다.

그럼에도 중화미학의 주류는 여전히 문질합일의 관념을 견지하였다. 전통적인 문질관은 질을 도덕, 문을 형식으로 설정함으로써 문질 관계의 이원론을 낳았다. 그러나 예술에서 거론되는 대상은 심미적인 대상이므로, 내용과 형식에서 모두 심미적인 속성을 지녀야 한다. 따라서 내용과 형식의 충돌을 해결하기 위해서 새로운 형태의 이론이 제기되었다. 이 형태의 이론은 문질합일의 대전제를 긍정하면서도 질에 대한 새로운 규정을 내렸는데, 그에 따르면 문의 질은 윤리적인 도덕이 아니라, 특수한 미적 본질 즉 미질美質이다. 이에 관해 청대의 심종건沈宗騫은 '아름다운 것 속에 숨어 있는 것', 즉 미지중장자美之中藏者라는 개념을 정초하여 다음과 같이 진술하였다.

무릇 화려함이라는 것은 미가 외부로 드러나는 것이다. 외부로 드러나는 것은 사람들이 알 수 있다. 만약 외부로 드러나는 것이 있고, 내면에 아무것도 없으면 사람들은 그것을 알 수 없을 것이다. 질이라는 것은 아름다운 것 속에 숨어 있는 것이다. 숨어 있는 것은 오직 그림을 아는 사람만이 알 수 있으니, 다른 사람은 그것을 볼 수 없다.…… 질 속에 무궁한 묘취妙趣가 숨어 있으니, 사람에게 완미하면 할수록 다함이 없게 하는 것은 경계境界의 지극함과 기예의 절묘함 때문이다.[69]

---

67) 周敦頤, 『通書』, 「文辭」, "文辭, 藝也. 道德, 實也."
68) 『二程語錄』, 卷十一, "書云, '玩物喪志', 爲文亦喪志也."
69) 沈宗騫, 『芥舟學畫編』, 卷二, 「山水・存質」, "夫華者, 美之外現者也. 外現者, 人知之. 若外現而中無有, 則人不能知也. 質者, 美之中藏者也. 中藏者惟知畫者知之, 人不得而見也.……質中藏得無窮妙趣, 令人愈玩而愈不盡者, 境之極而藝之絶也."

이리하여 전통적인 문질관, 즉 도덕을 내용으로 삼고, 문장을 형식으로 한 문질관은 심미적 내용을 본질로 삼는 질의 등장으로 인해 수정되고, 진정한 미학적 영역에서의 문질합일이 성취되었다.

2. 신神과 형形

문질 관계에 관한 논의는 곧 문도文道의 문제를 다루는 것이다. 그리고 거기에서 질(도)은 윤리적인 품성으로 인식되고, 문은 질(도)의 외면적 형식으로 규정된 까닭에, 그것은 심미 대상이 지닌 내용과 형식의 '미학적 실질'을 밝히기 어렵다. 왜냐하면 예술의 내용과 형식은 '모두' 심미적인 함축을 지녀야 하고, 그 가운데서 내용은 심미적인 의의, 형식은 심미적인 의상意象을 의미하므로, 전자는 후자를 통해서 온전히 드러나야 하기 때문이다.

위진남북조시대에 예술의 내용과 형식에 관한 규정은 새로운 국면을 맞이하였는데, 이는 개념의 전환에서 비롯된 것이라 할 수 있다. 그리고 이러한 개념의 전환은 주로 문학에서 이루어진 문질 관계에 관한 논의가 미술 영역에서의 형신形神 관계에 관한 논의로 전향하는 과정에서 제기되었다. 바로 이와 같은 개념의 전환이 내용과 형식 사이의 관계 규정을 '성인의 논의'(윤리적인 논의)라는 속박에서 벗어나게 하였다. 형신 관계는 미술 영역에서 본격적으로 제기되었다. 비록 그것은 내용과 형식이라는 틀을 유지하고 있지만, 신은 애초부터 ─윤리적인 품성이 아닌─ 예술의 심미적 내포로 규정되었기 때문에, 예술이 윤리와 구분된다는 점을 함축하고 있다.

신이라는 개념은 본래 도가에 의해서 제기되었다. 그것은 초자연적이고 신비로운 힘을 의미하는 동시에, 주체의 자유로운 정신이라는 내포도 지니고 있다. 미학적인 맥락에서 보면, 신은 특히 예술의 정신과 내용을 가리키기 때문에, 그것은 유가가 제기한 문질 관계의 맥락에서 벗어난 것, 즉 심미적인 속성을 지닌 개념이라고 할 수 있다. 나아가 형신 관계에 관한 논의는 주로 두 가지 측면에서 이루어졌다.

하나는 형식과 내용의 관계, 즉 형과 신 중에서 어느 것이 더 근본적인가 라는 측면에서 진행되는 논의이고, 다른 하나는 예술적인 형상과 경험적인 대상 사이의 관계, 즉 신사神似와 형사形似의 문제라는 측면에서 전개되는 논의이다.

우선 첫째 측면에서 진행된 논의를 살펴보도록 하자. 유가의 사상은 기본적으로 형신합일을 강조하지만, 그중에서도 형보다 신을 더욱 중시한다. 그러나 이와 달리 도가는 신을 더욱 중요시하지만, 형이 없는 신, 즉 유신무형有神無形의 관념을 강조한다. 그리고 이 두 가지 사상의 결합방식에 따라 서로 다른 사상적 경향이 나타나게 되었다.

유가는 신이 형을 결정하고, 형은 신을 드러낸다고 주장한다. 『회남자淮南子』는 형, 기氣, 신의 관계에 대해 논술하였는데, 이에 따르면 "무릇 형은 살아 있음(生)의 집(舍)이고, 기는 살아 있음의 충만함(充)이며, 신은 살아 있음의 주재(制)이다."[70] 나아가 그것은 또한 '형의 임금 되는 자'(君形者)[71]라는 개념을 제기하여, 신이 형을 지배하는 사상을 정초하였다.

그러나 도가사상의 영향으로 인해 형신합일의 관념은 변형되었는데, 특히 현학玄學에서 제기된 형신분수形神分殊의 사상은 형을 경시하는 사조를 낳았다. 위진남북조시대에 이르러, 고개지顧愷之는 전신傳神의 개념을, 종병宗炳은 창신설暢神說을 제기함에 따라 '형을 수단으로 신을 그려내야 한다'라는 이형사신以形寫神의 관념이 형성되었다. 여기에서의 신은 여전히 도를 가리키지만, 그 내포는 예전과 다르다. 즉 그것은 유가에서 말한 윤리적인 내용이 아니라, 현학에서 강조한 천지와 인문의 정신이다(天地人文之精神).

왕필王弼은 장자가 말한 '뜻을 얻으면 말을 잊어야 한다'라는 득의망언得意忘言의 사상[72]을 계승하여, '뜻을 얻으면 상象을 잊어야 한다'라는 득의망상得意忘象의 사상

---

70) 『淮南子』, 「原道訓」, "夫形者, 生之舍也. 氣者, 生之充也. 神者, 生之制也."
71) 『淮南子』, 「覽冥訓」, "精神形於內, 而外諭哀于人心, 此不傳之道. 使俗人不得其君形者而效其容, 必爲人笑."; 「說山訓」, "畫西施之面, 美而不可說. 規孟賁之目, 大而不可畏. 君形者亡焉."; 「說林訓」, "古之所爲不可更, 則推車至今無蟬匷, 使但吹竽, 使工厭竅, 雖中節而不可聽. 無其君形者也." 등 참조.

을 제기함으로써,[73] 사상적인 내용이 외면적인 형식보다 근본적이라는 점을 분명하게 밝혔다. 그리고 고개지는 전신사조傳神寫照의 사상을 내세워, 예술의 근본 목적이 정신을 전달하는 데 있다고 주장하였는데, 장언원張彥遠은 이에 관해 다음과 같이 진술하였다.

> 고개지는 사람을 그리면서 수년 동안 눈동자를 찍지 않았다. 사람들이 그 까닭을 묻자, 그는 "사지를 비롯한 육체가 아름답고 추한 것은 본디 작품의 오묘함과 무관하니, 정신을 옮기고, (정신이 밖으로) 비치는 것을 그리는 것傳神寫照은 바로 눈동자에 달려 있다"라고 말하였다.[74]

여기에서 고개지는 그림을 그릴 때, 육체보다 눈으로 전달되는 정신이 더욱 중요하다는 점을 분명히 밝히고 있다. 나아가 명대의 왕리王履는 형을 경시한 이전 화론畵論을 수정하면서 형신합일의 사상을 제기하였는데, 이에 따르면 "그림은 비록 사물의 모습을 그리지만, 뜻을 주로 삼으니, 뜻이 부족하면 형이 좋다고 말할 수 없다. 그러나 비록 뜻이 형에 있지만, 형을 버리고 어떻게 뜻을 추구할 수 있겠는가? 그러므로 그 형을 성취한 그림은 뜻이 밖으로 넘쳐 나고, 그 형을 잃은 그림은 형이라고 말할 수 있겠는가!"[75] 이어서 동기창董其昌도 유사한 맥락에서 "신을 전달하는 것은 반드시 형으로써 해야 하니, 형이 마음이나 손과 서로 모이고 잊는 것은 신이 기탁한 바이기 때문이다"[76]라고 말하였다. 끝으로 청대의 추일계鄒

---

72) 『莊子』,「外物」, "荃者所以在魚, 得魚而忘荃. 蹄者所以在兔, 得兔而忘蹄. 言者所以在意, 得意而忘言. 吾安得忘言之人而與之言哉?"

73) 王弼, 『周易略例』,「明象」, "象生於意而存象焉, 則所存者乃非其象也. 言生於象而存言焉, 則所存者乃非其言也. 然則忘象者, 乃得意者也. 忘言者, 乃得象者也. 得意在忘象, 得象在忘言. 故立象以盡意, 而象可忘也. 重畵以盡情僞, 而畵可忘也."

74) 張彥遠, 『歷代名畵記』, 第五卷, "顧愷之, 字長康……畵人嘗數年不點目睛, 人問其故, 答曰, '四體姸蚩, 本亡關於妙處, 傳神寫照, 正在阿堵之中.'" 번역문은 장언원 지음, 조송식 옮김, 『역대명화기』(시공사, 2008)를 저본으로 삼았다.

75) 王履, 『華山圖冊』,「華山圖序」, "畵雖狀物, 主乎意, 意不足謂之非形可也. 雖然, 意在形, 舍形何所求意? 故得其形者, 意溢乎形, 失其形者, 形乎哉!"

一桂도 형신이 모두 갖추어져야 좋은 그림이라고 할 수 있다는 점을 강조하면서 "형이 실재 사물과 유사하지 않으면서도(形不似) 오히려 그 신을 성취할 수 있는 그림은 있지 않다"[77]라고 말하였다.

다음으로 형사와 신사의 문제에 대해 살펴보도록 하자. 실제로 형사와 신사의 문제는 곧 예술적인 형상과 경험적인 대상의 일치 문제로 치환될 수 있다. 서양의 미학은 예술을 현실의 모방으로 인식하므로, 예술작품과 경험적 대상의 유사성을 강조한다. 그러나 중화미학은 예술(문)이 현실을 재현하는 것이 아니라, 도를 현시하는 것이라고 주장한다. 그래서 중국의 예술은 형사를 추구하는 것이 아니라, 신사를 구현하는 것을 목적으로 삼는다. 신사는 일반적으로 '도를 체득하여 정감을 전달하는 일'(體得傳情)로 이해된다. 그리고 중화미학에서의 예술적 형상은 —현실의 재현이 아니라— 주체와 세계가 서로 융합하는 전제에서 창조되거나 표현되는 '정감적인 세계'를 의미한다. 그래서 중화화론을 비롯한 예술이론은 모두 형사보다 신사를 더욱 중시하고, 형으로써 신을 전달하는 미학사상을 견지하고 있다.

저자가 아직 밝혀지지 않는 송대의 문헌『선화화보宣和畵譜』에는 "그림 그리는 일에서 형사를 추구하고, 단청丹靑, 주황朱黃, 연분鉛粉과 같은 소재가 결여되면 그림이 의미를 잃는다고 한다는 것은 어찌 그림의 귀한 바를 아는 것이라고 할 수 있겠는가?"[78]라는 말이 있다. 그리고 소식蘇軾은 시와 화의 관계를 논하는 과정에서 형사의 문제를 거론하였는데, 그에 따르면 "그림을 논할 때 형사로써 논하는 것은 그 견해가 어린아이와 가까운 것이다. 시를 지을 때 반드시 이런 시를 지어야 한다는 것도 기필코 시인을 아는 것은 아니다."[79] 이어서 남송南宋의 등춘鄧椿은 신사를 드러내는 것이 곧 회화의 수준을 결정하는 요소임을 강조하면서 다음과 같이 말하였다.

---

76) 董其昌, 「仿高克恭山水」, "傳神者必以形, 形與心手相湊而相忘, 神之所托也."
77) 鄒一桂, 『小山畵譜』, 卷下, "未有形不似而反得其神者."
78) 『宣和畵譜』, 卷十九, "繪事之求形似, 舍丹靑朱黃鉛粉則失之, 是豈知畵之貴乎?"
79) 蘇軾, 「書鄢陵王主簿所畵折枝二首・其一」, "論畵以形似, 見與兒童鄰. 賦詩必此詩, 定非知詩人."

그림의 쓰임됨은 크도다. 천지 사이의 가득 찬 만물에 대해, 모두 붓을 물고 심사숙고하여 그 모습을 자세히 그려 내야 하니, 그렇게 할 수 있는 근거는 단지 하나의 방법 때문일 뿐이다. 하나의 방법이란 무엇인가? 말하자면 "신을 전달하는 것 따름이다!" 세상 사람들은 단지 사람에게만 신이 있음을 알고, 사물에 신이 있음을 모르는데, 이는 마치 비어 있고 깊은 척하면서(虛深) 여러 정교한 것들을 천시하는 것과 같으니, 말하자면 "그림이면서 그림이라고 할 수 없는 것은 대개 그 형을 전달하는 데 그쳐, 그 신을 전달할 수 없는 것들이다." 그러므로 그림을 그리는 방법은 기운의 생동함(氣韻生動)을 가장 으뜸으로 삼아야 한다.[80]

나아가 원대의 탕후湯垕는 회화에서 신사가 형사보다 중요하다는 점을 지적하면서 "지금 사람들은 그림을 볼 때 대부분 형사를 취하니, 이는 고대 사람들이 형사를 말단으로 여기는 것을 모르는 것이다.…… 대개 그(그림의) 오묘한 점은 필법筆法, 기운, 신채神采에 있으니, 형사는 말단일 뿐이다"[81]라고 말하였다.

더 나아가 청대의 심종건은 질을 '아름다운 것 속에 숨어 있는 것'(美之中藏者)이라고 규정함으로써, 예술은 마땅히 형사가 아닌 신사를 추구하여야 한다고 주장하였다.

무릇 화려함이라는 것은 미가 외부로 드러나는 것이다. 외부로 드러나는 것은 사람들이 알 수 있다. 만약 외부로 드러나는 것이 있고, 내면에 아무것도 없으면 사람들은 그것을 알 수 없을 것이다. 질이라는 것은 아름다운 것 속에 숨어 있는 것이다. 숨어 있는 것은 오직 그림을 아는 사람만이 알 수 있으니, 다른 사람은 그것을 볼 수 없다.…… 질 속에 무궁한 묘취妙趣가 숨어 있으니, 사람에게 완미하면 할수록 다함이 없게 하는 것은 경계境界의 지극함과 기예의 절묘함 때문이다. 이 점을 살피면, 배우는 자에게 절대로 드러나는 것에만 힘쓰고 숨어 있는 것을 돌보지 않으면 안 된다는 점이 자명할 것이다.[82]

---

80) 鄧椿, 『畫繼』, 卷九, 「雜說·論遠」, "畫之爲用大矣. 盈天地之間者萬物, 悉皆含毫運思, 曲盡其態, 而所以能曲盡者, 止一法耳. 一者何也? 曰, '傳神而已矣!' 世徒知人之有神, 而不知物之有神, 此若虛深鄙乘工, 謂, '雖曰畫而非畫者, 蓋止能傳其形, 不能傳其神也.' 故畫法以氣韻生動爲第一."

81) 湯垕, 『畫鑒』, "今之人看畫, 多取形似, 不知古人以形似爲末節.…… 蓋其妙處在筆法, 氣韻, 神采, 形似末."

이어서 심종건은 또한 "무릇 사물은 천지의 기를 받아 이루어진 것으로, 각각 그 신을 지니지 않은 것이 없다. 그래서 필묵筆墨으로 그것들의 닮은 꼴을 그려내려면 (肖) 마땅히 형이 아닌 신에 대해서 생각하여야 한다"83)라고 말하였는데, 이는 형과 신이 모두 중요하다는 점을 주장하는 동시에, 형사는 단순히 현실 사물의 모방이 아니라 도에 근본한 심미적 창조임을 강조하는 것이다. 그러한 까닭에 같은 시대의 추일계는 이러한 사상을 계승하여 "그림이 사물의 형상을 본뜨는 것은 도(造物)에서 취한 것이니, 스승으로부터 전수 받은 것은 아니다"84)라고 주장하였다.

제3절 풍격

1. 풍격론風格論의 역사와 범주

풍격은 서양미학의 개념이고, 그것은 주로 내용과 형식이 통일된 대상이 갖는 개성적인 특징을 가리킨다. 실제로 중화미학에서는 본격적으로 풍격이라는 개념을 정립하지 않았지만, 그 개념 자체에 지닌 보편성은 여전히 중화미학에 적용될 수 있다. 그리고 풍격과 완전히 일치하지 않지만, 중화미학에서도 그에 상응할 수 있는 개념, 즉 심미 대상의 개성적인 특징을 나타내는 개념들이 있다. 초기의 중화미학에서 제기된 심미 대상에 관한 논의는 아직 역사적이고 개성적인 영역에

---

82) 沈宗騫, 『芥舟學畫編』, 卷二, 「山水·存質」, "夫華者, 美之外現者也. 外現者, 人知之. 若外現而中無有, 則人不能知也. 質者, 美之中藏者也. 中藏者惟知畫者知之, 人不得而見也.……質中藏得無窮妙趣, 令人愈玩而愈不盡者, 境之極而藝之絶也. 審乎此, 則學者萬萬不可務外現而不顧中藏也明矣."

83) 沈宗騫, 『芥舟學畫編』, 卷一, 「山水」, "凡物得天地之氣以成者, 莫不各有其神. 欲以筆墨肖之, 當不惟其形惟其神也."

84) 鄒一桂, 『小山畫譜』, 卷上, "畫以象形, 取之造物, 不假師傳."

진입하지 못하였다. 즉 그것은 주로 전체적인 차원에서 미美의 성질에 대해 고찰하고, 그 본질이 낙도樂道나 연정緣情에 있다고 규명하는 동시에, 거시적인 차원에서 우미優美나 장미壯美와 같은 미의 범주를 확정하였을 뿐이다. 이러한 점은 역사의식과 개성의 자각이 아직 일어나지 않았음을 시사한다. 풍격의 탄생은 주로 두 가지 요소가 전제되어야 한다. 하나는 역사 속에서 진행된 예술의 변천이 일정한 사회적인 특성을 형성하여야 하고, 다른 하나는 창작의 개성이 정초되어 일정한 개체적인 특징이 부각되어야 한다. 이와 같은 두 가지 조건이 동시에 구비되어야 풍격에 관한 이론이 정립될 수 있다.

육조六朝시대에 이르러 중화미학은 비로소 문학의 영역에서 앞서 서술한 두 가지 조건, 즉 예술의 사회적 특성 구비와 개성적인 의식의 각성이라는 조건을 충족하였다. 그래서 문론가文論家들은 풍격의 문제를 다루기 시작하였다. 우선 조비曹丕는 "문장은 기氣를 주로 삼는다. 기의 맑고 혼탁함에는 정해진 바(體)가 있으므로, 억지로 이르게 할 수 없다"[85]라고 말하였다. 여기에서 기는 곧 작가에게 품부된 기질이고, 문장의 풍격을 결정하는 요소로 설명된다. 그리고 조비는 한 걸음 더 나아가 기로써 그 당시 작가의 풍격을 평가하였는데,[86] 이는 그가 이미 풍격이 지닌 개별성을 의식하였음을 말해 준다.

육기陸機도 개성을 문학의 영역으로 도입하였는데, 그에 따르면 "그러므로 과시하는 것을 좋아하는 자는 화려함을 숭상하고, 마음의 만족을 중시하는 자는 마땅함을 귀하게 여긴다. 언어 사용을 극진히 하는 자는 글에 막힘이 없고, 논변에 통달한 자는 글이 드넓다."[87] 그러나 이와 같은 개성에 대한 설명은 아직 초보적인 단계에 머물러 있으므로, 전문적인 개념을 형성하는 데 이르지 못하였다.

---

85) 曹丕, 『典論·論文』, "文以氣爲主, 氣之淸濁有體, 不可力强而致."
86) 曹丕, 『典論·論文』, "王粲長於辭賦, 徐幹時有齊氣, 然粲之匹也. 如粲之初征, 登樓, 槐賦, 征思. 幹之元猿, 漏卮, 員扇, 橘賦, 雖張蔡不過也. 然於他文, 未能稱是. 琳瑀之章表書記, 今之雋也. 應瑒和而不壯, 劉楨壯而不密. 孔融體氣高妙, 有過人者, 然不能持論, 理不勝辭, 以至於雜以嘲戲. 及其所善, 楊班儔也."
87) 陸機, 『文賦』, "故夫誇目者尚奢, 愜心者貴當. 言窮者無隘, 論達者唯曠."

『문심조룡』에 이르러야 풍격에 관한 논의가 본격적으로 시작되었다. 그것은 독립적인 「체성體性」편을 설정하여 재성才性이라는 개념을 제시함으로써, 이러한 재성이야말로 풍격을 결정하는 요소임을 강조하였다. 이와 더불어 유협劉勰은 「시서時序」편을 통해 역사적인 문맥에서 풍격을 고찰하였는데, 이에 따르면 풍격은 특정 시대의 사회적 모습을 드러내지만, 역사적인 변천에 따라 변화를 거듭한다.[88] 실제로 후세의 왕사정王士禎이 제기한 신운神韻, 심덕잠沈德潛이 강조한 격조格調 등도 풍격의 내포를 지니는 것이라 할 수 있다. 그러나 그것들은 모두 풍격을 단일한 특정 유형으로만 이해하였고, 심미의 절대적 기준을 한정적으로 인식하였기 때문에, 한계를 지닐 수밖에 없었다. 요컨대 문학의 역사적 변천과 예술의 개성에 대한 자각이 함께 이루어진 까닭에, 중화미학에서는 풍격에 관한 논의를 전개할 수 있었다.

마지막으로 문학 풍격의 양태에 관해서, 유협은 팔체설八體說을 제기하였는데, 전아典雅, 원오遠奧, 정약精約, 현부顯附, 번욕繁縟, 장려壯麗, 신기新奇, 경미輕靡 등이 그것이다.[89] 이러한 여덟 가지 풍격은 일반적인 분류일 뿐이며, 그 안에 또한 세부적인 양태가 있다. 유협에 이어 사공도司空圖는 『시품詩品』에서 풍격을 스물네 가지로 구체화하였고,[90] 교연皎然은 『시식詩式』에서 열아홉 자를 통해 시의 체제를 규명하였으며,[91] 편조금강遍照金剛은 『문경비부文鏡秘府』에서 여섯 가지 강목綱目으로 문풍文風을 귀류하였다.[92] 엽섭葉燮은 역사적으로 제기된 예술의 풍격을 여덟 가지로 종합하여 "시에는 단일한 풍격이 없다"(詩無一格)라는 사상을 정립함으로써,

---

88) 劉勰, 『文心雕龍』, 「時序」, "贊曰, '蔚映十代, 辭采九變.'"; 「時序」, "時運交移, 質文代變……故知歌謠文理, 與世推移, 風動於上, 而波震於下者也."
89) 劉勰, 『文心雕龍』, 「體性」, "若總其歸途, 則數窮八體. 一曰典雅, 二曰遠奧, 三曰精約, 四曰顯附, 五曰繁縟, 六曰壯麗, 七曰新奇, 八曰輕靡."
90) 스물네 가지 풍격은 다음과 같다. 雄渾, 沖淡, 纖穠, 沈著, 高古, 典雅, 洗練, 勁健, 綺麗, 自然, 含蓄, 豪放, 精神, 縝密, 疏野, 淸奇, 委曲, 實境, 悲慨, 形容, 超詣, 飄逸, 曠達, 流動.
91) 열아홉 가지 시의 체제는 다음과 같다. 高, 逸, 貞, 忠, 節, 志, 氣, 情, 思, 德, 誠, 閑, 達, 悲, 怨, 意, 力, 靜, 遠.
92) 여섯 가지 강목은 다음과 같다. 博雅, 淸典, 綺艷, 宏壯, 要約, 切至.

풍격은 다양한 특징을 갖고 있으므로, 사람마다 시대마다 다를 수 있다는 생각을 내세웠다.93) 끝으로 원매袁枚도 풍격의 다양성을 강조하고, 특정 풍격이 가치론적으로 우월하다고 평가할 수 없다는 주장을 제기하였는데, 이에 따르면 "시는 마치 천연적인 화초 모음(花卉)과 같고, 봄날의 난초(春蘭)와 가을철의 국화(秋菊)처럼 각각 한때의 빼어남이 있으니, 사람이 우열을 가리는 것을 허용하지 않는다. 시의 음률과 풍취가 사람의 마음(心目)을 움직이게 할 수 있다면 곧 훌륭한 시라고 할 수 있으니, 어느 것이 으뜸가는 것이고, 어느 것이 둘째인 것이라고 가릴 필요는 없다."94)

2. 풍격의 객관적인 요소

풍격에는 객관적인 요소와 주관적인 요소가 포함되어 있다. 그리고 객관적인 요소에는 두 가지가 있는데, 하나는 예술창작에 대한 사회적인 제약이고, 다른 하나는 창작 주체의 개성에 대한 문학 체제의 제약이다. 이와 달리 주관적인 요소는 주로 작가의 개성적인 특징을 의미한다.

객관적인 측면에서 말하자면, 풍격은 사회 환경과 문학 체제의 제약을 받는다. 작가는 특정 시대와 사회에 몸담고 있으므로, 그 사상은 시대적–사회적 분위기의 영향을 받을 수밖에 없다. 이러한 점은 작가의 창작 개성에 영향을 끼침으로써 작품의 풍격을 좌우할 수 있다. 중화미학에 따르면 예술적인 풍격은 개인의 사상적 표현인 동시에, 시대정신의 체현이기도 하다. 물론 여기에서의 시대정신은 항상 작품 속에서만 드러나는 것이 아니라, 작가에게 간접적으로 영향을 줄 수 있는 요소도 포함된다. 그렇다면 예술적인 풍격은 결국 창작 주체와 사회 현실 사이의 관계에 기반하여 생겨난 것이라 할 수 있다.

---

93) 葉燮, 『已畦文集』, 卷九, 「汪秋原浪齋二集詩序」, "平, 奇, 濃, 淡, 巧, 拙, 淸, 濁, 無不可爲詩而無不可以爲雅, 詩無一格, 而雅亦無一格."
94) 袁枚, 『隨園詩話』, 卷三, "詩如天生花卉, 春蘭秋菊, 各有一時之秀, 不容人爲軒輊. 音律, 風趣能動人心目者, 卽爲佳詩. 無所爲第一, 第二也."

『문심조룡』은 시대의 변천에 따른 문학 풍격의 변화에 대해 고찰한 바가 있다. 그에 따르면 시대의 분위기는 문학창작에 결정적인 영향을 미치는 면이 있다.95) 「시서」편은 문학의 변천사를 집중적으로 고찰하였는데, 예를 들어 그것은 위魏나라 초기의 문학 풍격에 관해 "그러므로 그 당시의 문장時文을 살펴보면, 올바른 사람은 강개慷慨함을 좋아하였다. 이는 진실로 세상에 혼란과 괴리가 쌓여 있었고, 풍속은 쇠퇴하고, 원망으로 가득 차 있었기 때문이었다. 아울러 사람들의 생각이 깊어짐에 따라 글을 잘 짓게 되었으므로, 문풍이 굳세고 기운이 두터워졌다"96)라고 평가하였다. 그러나 사회 환경에 대한 유협의 진단은 대부분 정치적인 형세와 문학에 대한 통치자의 중시 정도에 치우쳐 있는 까닭에, 문학 풍격에 영향을 줄 수 있는 더욱 광범위한 영역 즉 일반적인 사회생활의 영역을 주목하지 못하였다.

다음으로 풍격은 또한 예술체제의 영향을 받는다. 예술체제는 수동적인 그릇과 같은 것이 아니라, 능동적인 규범성을 갖춘 것이다. 그리고 예술체제 자체에 풍격적인 요소가 다분히 들어 있으므로, 작가의 풍격 형성에 영향을 끼칠 수밖에 없다. 중화미학은 체제가 풍격에 끼친 영향을 충분히 인식하였다. 조비는 "대체로 문장은 근본이 같아도, 끝은 다르다. 무릇 주奏와 의議는 규범적이어야 하고, 서書와 논論은 조리가 있어야 하며, 명銘과 뢰誄는 사실을 숭상하여야 하고, 시와 부賦는 아름다워야 한다"97)라고 말하였고, 육기는 "시는 감정에서 우러나는 것으로 아름다워야 하고, 부는 몸소 사물을 살피는 것으로 맑고 밝아야 한다. 비碑는 문채文彩를 걸쳐 실제 내용을 북돋는 것이고, 뢰는 애통한 사연으로 애달픈 마음을 적는 것이다. 명은 드넓은 내용을 간략하게 하여 온유하고 돈후하게 적어야 하고, 잠箴은 기복이 있되 맑고 장중하게 적어야 한다. 송頌은 우아하면서도 격조가 있어야 하고, 논은 이치가 치밀하고 어조가 유창하여야 한다. 주는 평이함과 고상함이 함께 있어야

---

95) 劉勰, 『文心雕龍』, 「時序」, "故知文變染乎世情, 興廢系乎時序, 原始以要終, 雖百世可知也."
96) 劉勰, 『文心雕龍』, 「時序」, "觀其時文, 雅好慷慨, 良由世積亂離, 風衰俗怨, 並志深而筆長, 故梗概而多氣也."
97) 曹丕, 『典論·論文』, "夫文本同而末異, 蓋奏議宜雅, 書論宜理, 銘誄尚實, 詩賦欲麗."

하고, 설說은 수사가 화려하면서도 괴상하여야 한다"98)라고 주장하였다.

나아가 유협은 체제가 풍격에 미치는 영향을 의식하는 동시에,99) 문학의 체제와 풍격의 관계를 고찰하면서, 체세體勢가 곧 풍격을 규정하는 객관적인 요소임을 강조하였다. 그에 따르면 "인간의 정조와 풍취가 다르기 때문에, 문장 짓기의 변화와 기술도 다르게 나타난다. 그러나 그것은 정조에 따라 체體가 세워지고, 체에 따라 세勢가 형성되지 않는 것이 없다. 세는 곧 스스로 편한 바에 따라 형성된 규범(制)이다."100) 여기에서의 체는 곧 문학의 체제를 가리키고, 세는 곧 문학의 풍격을 의미하므로, 체제가 풍격을 결정하는 논의가 자연스럽게 성립된다. 이에 그치지 않고 유협은 작가가 반드시 일정한 체제를 기반으로 삼아야 스스로의 창작 개성을 드러낼 수 있고, 나아가 자기만의 문학적 풍격을 이룰 수 있다고 주장하였다.

3. 풍격의 주관적인 요소

풍격의 주관적인 요소는 객관적인 요소에 비해 더욱 근본적이다. 왜냐하면 외재적인 사회적 요소와 달리, 풍격의 주관적인 요소는 '심미 주체의 개성'으로 인해 결정된 표현방식이기 때문이다. 중화미학에 따르면 창작 주체의 인격과 능력은 문장의 풍격을 결정하므로, 문장이 곧 그 인간됨을 나타내는 것이다(文如其人). 조비는 기를 강조하였는데, 여기에서의 기는 곧 인간이 품부 받은 기질적인 본성을 의미한다.101) 나아가 그는 "문장은 기를 주로 삼는다. 기의 맑고 혼탁함에는

---

98) 陸機, 『文賦』, "詩緣情而綺靡, 賦體物而瀏亮. 碑披文以相質, 誄纏綿而凄愴. 銘博約而溫潤, 箴頓挫而淸壯. 頌優游以彬蔚, 論精微而朗暢. 奏平徹以閑雅, 說煒曄而譎誑."

99) 劉勰, 『文心雕龍』, 「定勢」, "章表奏議, 則準的乎典雅. 賦頌歌詩, 則羽儀乎淸麗. 符檄書移, 則楷式於明斷. 史論序注, 則師範於核要. 箴銘碑誄, 則體制於弘深. 連珠七辭, 則從事於巧豔."

100) 劉勰, 『文心雕龍』, 「定勢」, "夫情致異區, 文變殊術, 莫不因情立體, 卽體成勢也. 勢者, 乘利而爲制也."

101) 曹丕, 『典論・論文』, "文以氣爲主, 氣之淸濁有體, 不可力強而致."

정해진 바가 있으므로, 억지로 이르게 할 수 없다. 음악에 비유하자면 비록 곡조가 일정하고 박자가 같은 법식으로 다듬어지더라도, 연주할 때 기를 사용하는 방식이 다름에 따라, 능숙함과 서투름이 있게 되고, 이는 부형父兄일지라도 그 자제에게 전할 수 없다"102)라고 말하면서, 문장을 짓는 기질의 개체성을 강조하였다.

유협은 재기才氣 또는 재성才性이 풍격을 형성하는 근본이라고 주장하면서 다음과 같이 진술하였다.

> 무릇 정감이 움직이면 언어가 이루어지고, 이치가 발현하면 문장이 드러난다. 이것들은 마음속에 숨겨진 것에 따라 나타난 것이므로, 내면에 근원을 두고 있는 것이 외부로 드러난 것이다. 그러나 재능에는 평범함과 빼어남이 있고, 기질에는 군건함과 유순함이 있으며, 배움에는 얕음과 깊음이 있고, 익힘에는 올바름과 음탕함이 있다. 아울러 성정性情에 의해서 녹인 것이 있고, 기르고 물든 것도 있으니, 문장은 변화하는 구름이나 솟구치는 파도처럼 기이하게 되는 법이다.103)

여기에서 유협은 개인의 재성에 선천적인 부분과 후천적인 부분이 있고, 그것들이 합쳐서 문장의 풍격과 특색을 구현한다고 주장하였다.

다음으로 이지李贄는 주관적인 개성이 음악의 풍격을 결정한다고 강조하면서 "성격이 맑고 투철한 사람은 음조音調가 스스로 드넓고 후련하며, 성격이 편안하고 느긋한 사람은 음조가 스스로 완만하며, 트이고 구애받지 않은 자는 스스로 장대하고, 씩씩하고 호방한 자는 스스로 장렬하다.…… 이러한 격格이 있기 때문에, 이러한 조調가 있으니, 이는 모두 성정의 스스로 그러함(自然)을 말한 것이다"104)라고 진술하였다.

---

102) 曹丕,『典論·論文』, "文以氣爲主, 氣之淸濁有體, 不可力强而致. 譬諸音樂, 曲度雖均, 節奏同檢, 至於引氣不齊, 巧拙有素, 雖在父兄, 不能以移子弟."

103) 劉勰,『文心雕龍』, 「體性」, "夫情動而言形, 理發而文見, 蓋沿隱以至顯, 因內而符外者也. 然才有庸俊, 氣有剛柔, 學有淺深, 習有雅鄭, 并情性所鑠, 陶染所凝, 是以筆區雲譎, 文苑波詭者矣."

104) 李贄, 「讀律膚說」, "故性格淸徹者, 音調自然宣暢, 性格舒徐者, 音調自然舒緩, 曠達者自然浩蕩, 雄邁者自然壯烈……有是格, 便有是調, 皆情性自然之謂也."

마지막으로, 중화미학은 개성이 풍격을 결정한다고 주장하였는데 이는 합리성을 지닌 것이다. 그러나 예술적인 풍격은 예술적인 개성의 체현이지, 현실적인 개성의 현시와 완전히 등치할 수 없다. 그래서 현재까지 거론된 중화미학의 논의는 실제로 현실적인 개성이나 인격과 예술적인 풍격의 차이 내지 대립을 설명할 수가 없다. 『문심조룡』은 동일한 작가가 서로 다른 풍격의 작품을 창작하는 문제를 제기하였으나, 그것에 관한 해답을 제시하지 못하였다.105) 이러한 점을 설명하기 위해 엽섭은 면목面目이라는 개념을 제기하였다.

"시를 짓는 일은 본연의 성정을 펴내는 데 있다"라는 말은 어떤 사람이 시를 알고 그것에 관해서 말할 수 있는 점에 대해서 말하였지만, 그 사람이 시를 '그렇게' 지을 수 있는 점(能然之)에 대해서는 다 말하지 못하였다. "시를 짓는 일은 본연의 성정이 있으면 반드시 그 면목이 있다"라는 말은 사람이 시를 '그렇게' 지을 수 있는 점뿐만 아니라, 시를 알거나 말할 수 있는 점에 대해서도 다 말하지 못하였다.106)…… 이 외의 여러 대가大家들은 비록 각각 성취한 바가 다르지만, 그 면목만이 시에서 드러나지 않은 것이 없다. 그중에는 모두 드러난 것이 있는가 하면, 절반 정도 드러난 것도 있다.…… 나는 일찍이 최근에 명망이 높은 사람(聞人) 한두 명과 함께 그 시책詩冊을 펼쳐 놓고, 처음부터 끝까지 보았는데, 그것이 또한 정교하지 않음이 없었다. 그러나 몇 번 읽은 뒤에도 끝내 그 면목이 어떠한지를 보지 못하였으므로, 스스로 감히 작가는 이와 같은 자라고 말할 수가 없었다.

여기에서 제시된 면목 개념은 '작품 속에서 현시된 '이상적인 인격' 또는 '심미적인 개성'을 의미하는 것이지, 현실적인 인격을 가리키는 것이 아니다. 그리고 어떤

---

105) 劉勰, 『文心雕龍』, 「體性」, "卽一人之作, 或典而不麗, 或奧而且狀, 或繁而兼麗, 或密而能雅, 其異己多."

106) 葉燮, 『原詩』, 「內篇」, "'作詩者在抒寫性情.' 此語夫人能知之, 夫人能言之, 而未盡夫人能然之者矣. '作詩有性情必有面目.' 此不但未盡夫人能然之, 并未盡夫人能知之而言之者也.……此外諸大家, 雖所就各有差別, 而面目無不於詩見之. 其中有全見者, 有半見者.……余嘗於近代一二聞人, 展其詩卷, 自始自終, 亦未嘗不工. 乃讀之數過, 卒未能睹其面目何若, 竊不敢謂作者如是也."

사람의 면목을 찾을 수 없거나 면목이 없다는 것은 진실로 그 작가가 인격이 없다는 뜻이 아니라, 작품 속에서 그 이상적인 인격이 체현되지 않았다는 의미이다. 이와 같은 면목설은 예술적인 풍격을 통해 예술적인 개성을 가늠할 수 있고, 그러한 개성이 현실적인 개성과 다르다는 것을 강조하였다는 점에 관해서 높이 평가될 수 있다. 그러나 전체적으로 중화미학은 그 내재적인 비초월성으로 인해 현실적인 개성과 심미적 – 예술적인 개성을 구분하지 못하였기 때문에, 끝내 개성과 풍격 사이의 차이를 규명하지 못하였다. 그래서 중화미학은 항상 "문장은 그 사람됨과 같다"(文如其人)라는 진술과 "문장은 그 사람됨과 다르다"(文異其人)라는 진술을 함께 겨안을 수밖에 없었다. 이러한 점이 곧 중화미학의 한계 중 하나가 아닌가 싶다.

제9장 중화미학의 심미의식론

제1절 심미적 의식의 요소

중화미학은 심미 의식과 완전히 대응하는 개념을 내세우지 않았다. 그러나 그것은 의意, 사思, 정情 등 일반적인 개념으로써 심미적 의식이 지닌 특수한 의미를 지시한 바가 있다. 이와 관련하여 특히 주목할 만한 것은 유협劉勰이 신묘한 생각, 즉 신사神思라는 개념을 제시한 점이다. 신사는 기본적으로 심미적인 상상력을 가리키지만, 심미적인 의식의 의미까지도 포함한다. 심미적인 의식은 특수한 유형의 의식 전체를 의미하지만, 그것은 몇몇 요소로 나누어 고찰될 수 있다. 그래서 이 절에서는 그것을 심미적 이상(審美理想), 심미적 상상(審美想象), 심미적 정감(審美情感), 심미적 직관(審美直覺)으로 나누어 논의한다. 중화미학은 이와 같은 요소에 대해 모두 논술하였을 뿐만 아니라, 그것과 더불어 심미적 의식의 존재 방식, 즉 심미적 의상(審美意象)에 관해서도 자세히 검토한 바가 있다.

1. 심미적 이상─흥취興趣

욕망과 의지 등이 특정 활동의 계기가 되듯이, 심미적 활동은 곧 심미의 내재적 동기 즉 심미적 이상을 통해 추동된다. 심미적 이상은 심미적 의식의 원동력으로서, 그것은 현실적인 의식이 심미적인 의식으로 승화하는 데 결정적인 역할을 한다. 그리고 심미적인 이상은 또한 심미적인 의상의 씨앗이다. 왜냐하면 심미적인 의상은 곧 특정 심미적인 이상이 실현되는 것이기 때문이다.

자유로운 의식으로서의 심미적 의식은 무의식 속에 응축된 자유를 지향하는 욕구에 기반한다. 이러한 자유를 지향하는 욕구는 대부분 잠재적인 형태로 존재하지만, 특정 외부의 자극을 받게 되면 심미적 상상력을 추동하여 현실적인 표상을 심미적인 의상으로 구현하도록 요구한다. 그러므로 내재적인 자유 지향적 욕구가 심미적인 이상의 근거이고, 그러한 욕구가 구체화된 것이 곧 심미적 이상이라고 할 수 있을 것이다.

이와 같이 심미적인 이상이 현실적인 욕망이 아니라 자유를 지향하는 내재적인 욕구이므로, 그것은 세속적인 공리功利와 구분된다. 중화미학에서 심미가 공리와 무관하다는 사상을 처음 제기한 학파는 도가이다. 도가는 "도道는 스스로 그러한 자연을 본받는다"[1]라고 말하면서 무지무욕無知無欲을 통해서만이 도를 체득할 수 있다고 주장하였다. 여기에서 도를 체득하는 상태, 즉 체도體道의 상태가 미美로 해석되기 때문에, 그것이 곧 도가에서 생각하는 심미적 이상이라고 할 수 있다. 그러나 도가의 사상은 자연주의적 요소를 함축하고 있으므로, 그 심미적 이상도 현실을 초월하는 것이 아니라 그것에서 도피하는 경향을 지니는데, 이러한 점이 도가미학사상의 한계라고 할 수 있다.

한편, 유가의 심미적 이상은 내면적인 도덕본성의 성취를 통해 윤리적인 인격을 완성하는 것이다. 그래서 유가의 심미 이상은 기본적으로 윤리주의에 한정되어 있으므로, 도가와 유사하게 현실을 초월하지 못한 한계를 지닌다. 그리고 이와 같은 한계는 중화미학의 발전 과정에서 유가와 도가의 미학사상이 서로 융합되면서 어느 정도 극복될 수 있었다.

그렇다면 중화미학은 심미적 이상을 어떻게 규정하고 있는가? 초기의 중화미학은 단순히 "시는 뜻을 말하는 것이다"(詩言志)[2], "마음에 있으면 뜻이라고 하고,

---

1) 『道德經』 第25章, "人法地, 地法天, 天法道, 道法自然."
2) 『尚書』, 「虞書·舜典」, "詩言志, 歌永言, 聲依永, 律和聲."

말로 드러나면 시라고 한다"(在心爲志, 發言爲詩)3) 등의 진술을 통해 심미적인 이상에 관한 설명을 시도하였다. 그러나 이와 같은 논의들에서는 뜻, 즉 지志에 관한 검토가 구체적으로 이루어지지 않은 것으로 보인다. 다시 말해, 이 단계에서 지는 아직 심미적 활동의 계기인 심미적 이상으로 인식되어 본격적으로 고찰되지 않았다는 것이다.

중화미학은 주로 감흥론感興論을 통해 심미 활동이 일어나는 과정에 대해 설명한다. 감흥론에 따르면 심미적인 정감이 일어나는 것은 외물과 주체 사이의 감응 관계에서 비롯된다. 흥興은 일찍이 중화미학, 특히 시학詩學의 중요한 개념으로 인식되었다. 예를 들어 공자는 "시는 정감을 불러일으킬 수 있다"(詩可以興)4)라는 명제를 제시하였고, 『시경詩經』에 관한 학자들의 해석도 항상 부賦, 비比, 흥興에 기반하고 있었다. 그렇다면 우리는 흥에 대한 분석을 통해 심미적 이상을 추출할 수도 있을 것이다.

흥은 심미적인 원동력으로서, 기본적으로 정감의 흥기興起 즉 일어남을 의미한다. 그렇다면 흥은 어떻게 일어나는가? 중화미학에 따르면 인간과 사물은 모두 기氣에 의해서 생명력을 지니게 되므로, 동질적인 기를 매개로 외물이 인간을 자극하여 흥, 즉 정감을 일으킨다. 이러한 점에 관해서 종영鍾嶸은 "기가 사물을 움직이고, 사물이 인간을 감동하기 때문에, 성정性情이 흔들려 그것이 춤이나 읊조림으로 드러나게 된다"5)라고 말하였다. 이렇게 보면 감흥은 심미적 이상이 실제로 일어나는 과정을 설명할 수 있지만, 아직 그것의 의미를 명확하게 밝히지 못하고 있다. 즉 이 경우에 심미적 이상은 아직 몽롱한 상태인 심미적 정취情趣로 이해되고

---

3) 劉勰, 『文心雕龍』, 「明詩」, "大舜云, '詩言志, 歌永言.' 聖謨所析, 義已明矣. 是以 '在心爲志, 發言爲詩.'" 실제로 "在心爲志, 發言爲詩"라는 진술은 『文選』 「卜商·詩序」에 가장 먼저 실려 있었고, 그 뒤로 『文心雕龍』 「明詩」나 『文鏡秘府論』 南卷 「論文意」 등에 옮겨진 것으로 판명되었다. 이에 관해, 朱祖延 編著, 『引用語大辭典』(增訂本, 武漢出版社, 2010), p.860 참조.

4) 『論語』, 「陽貨」, "子曰, '小子何莫學夫詩? 詩可以興, 可以觀, 可以群, 可以怨.'"

5) 鍾嶸, 『詩品』, 「序」, "氣之動物, 物之感人, 故搖蕩性情, 行諸舞詠."

있는 것 같다. 그리고 이러한 정취는 경우에 따라, 주체가 심미적 활동을 통해 축적된 심미의 관념을 가리킬 수도 있지만, 다른 한편으로는 심미의 감흥 과정 속에서 점차 명확해지는 심미적 추구를 의미할 수도 있다.

심미적 이상 또는 심미적 정취는 중화미학에서 홍취興趣, 고치高致, 흉차胸次, 흉금胸襟 등의 말로 불리는 경우가 많다. 위진시대 이후, 사인士人들 사이에서는 산수山水를 즐김으로써 마음을 도야하는 풍조가 일어났는데, 이를 가리켜 '숲과 샘 또는 은거隱居의 뛰어난 홍취', 즉 임천고치林泉高致라고 일컫는다. 여기에서의 고치는 곧 심미적인 이상이자 취미인 동시에, 자연을 포섭하여 형성된 심미적 의상이기도 하다. 엄우嚴羽는 홍취설興趣說을 제기하여 시가詩歌가 시인의 홍취에서 비롯된다고 주장하였을 뿐만 아니라, 그러한 취미는 일반적인 취미와 구분되는 별취別趣임을 강조하였다.

> 시에는 별재別材가 있는데, 책과는 관련이 없다. 시에는 별취가 있는데, 이치와는 관련이 없다.…… 이른바 이치의 길을 밟지 않고, 말의 통발에 빠지지 않은 것이 상등이다. 성당盛唐의 시인들은 오직 홍취에 있어서, 영양羚羊이 잠을 잘 때 뿔을 나무에 걸친 것처럼 자취를 찾을 수 없다. 그러므로 그 오묘한 점은 속까지 맑고 산뜻하며(透徹玲瓏) 한곳에 모이게(湊泊) 할 수 없으니, 마치 허공 속의 음音, 형상 속의 색, 강물 속의 달, 거울 속의 상象과 같아서, 말에는 다함이 있지만, 뜻에는 끝이 없다.[6]

여기에서 강조된 별취가 바로 심미적 정취 또는 이상을 가리킨다. 엄우에 따르면 별취는 외재적인 이념이 아니라, 자유를 지향하는 내면적 욕구이므로, "이치와는 관련이 없고"(非關理也), 언어로 명확히 설명될 수도 없다(言有盡而意無窮).

전통사회의 후기에 이르러, 취미는 점차 이성적인 도에서 벗어나, 심미적인

---

6) 嚴羽, 『滄浪詩話』, 「詩辨」, "夫詩有別材, 非關書也. 詩有別趣, 非關理也.……所謂不涉理路, 不落言筌者, 上也. 盛唐諸人惟在興趣, 羚羊掛角, 無跡可求. 故其妙處, 透徹玲瓏, 不可湊泊, 如空中之音, 相中之色, 水中之月, 鏡中之象, 言有盡而意無窮."

계기와 기준으로 정착되었다. 이지李贄는 진실한 자아를 의미하는 동심童心을 기반으로 취미의 실현이 예술의 가장 높은 지향임을 강조하면서, 취미로써 이성의 압박에 반항하였다.[7] 이에 이어 도융屠隆은 "문장에는 오직 묘취妙趣만이 있어야 한다"[8]라고 말하였고, 탕현조湯顯祖는 "무릇 문장은 의취意趣와 신색神色을 주로 삼는다"[9]라고 주장하였다.

원굉도袁宏道는 취미를 인생의 의미 차원까지 승화시켰는데, 그에 따르면 공적과 이익(功利)을 추구하는 인생은 의미 없고, 오직 취미의 실현을 위한 삶만이 온전한 삶이다. 나아가 그는 "세상 사람들이 얻기 어려운 것은 오직 취미의 실현이다. 취미는 마치 산 위에 아름다운 경치, 샘물의 단맛, 꽃의 현란한 빛깔, 여성의 우아한 자태와 같은 것이다"[10]라고 말하면서, 예술이 곧 이러한 취미 실현을 추구하는 가장 적절한 활동임을 강조하였다. 그리고 원굉도는 또한 취미의 실현을 추구하는 예술이 비이성적인 활동이라고 주장하면서,[11] '안회顔回와 증점曾點의 즐거움'[12]과 같은 고아한 취미가 있는가 하면 그렇지 않은 취미도 있다는 점을 들어, 취미에는 등급이 있다는 점까지 논하였다.[13] 다른 한편으로, 그는 통속적인 예술도 독창성을 지닐 뿐만 아니라, 스스로 그러한(自然) 본성에서 비롯되었기 때문에, 참된 의미에서

---

7) 施耐庵, 羅貫中 撰, 李贄批 注, 『李卓吾先生批評忠義水滸傳』(上海古籍出版社, 1995), 第五十三回總批, "天下文章當以趣味爲第一."

8) 屠隆, 『鴻苞節錄』, 卷六, 「論計文」, "文章只要有妙趣."

9) 湯顯祖, 『湯顯祖詩文集』(上海古籍出版社, 1982), 卷四十七, 「答呂姜山」, "凡文章以意趣神色爲主."

10) 袁宏道, 『袁中郎全集』(台北偉文圖書出版有限公司, 鍾伯敬增訂本, 1976), 卷一, 「敍陳正甫會心集」, "世人所難得者唯趣. 趣如山上之色, 水中之味, 花中之光, 女中之態."

11) 袁宏道, 『袁中郎全集』(台北偉文圖書出版有限公司, 鍾伯敬增訂本, 1976), 「文抄·西京稿序」, "夫詩以趣爲主, 致(思)多則理批"; 『袁中郎全集』, 卷一, 「敍陳正甫會心集」, "夫趣得之自然者深, 得之學問者淺……入理愈深, 然其去趣愈遠矣." 등 참조.

12) 『論語』, 「雍也」, "子曰, '賢哉回也! 一簞食, 一瓢飮, 在陋巷. 人不堪其憂, 回也不改其樂. 賢哉回也!'"; 「先進」, "(曾點)曰, '莫春者, 春服旣成. 冠者五六人, 童子六七人, 浴乎沂, 風乎舞雩, 詠而歸.' 夫子喟然歎曰. '吾與點也!'" 등 참조.

13) 袁宏道, 『袁中郎全集』(台北偉文圖書出版有限公司, 鍾伯敬增訂本, 1976), 卷一, 「敍陳正甫會心集」, "趣之正等正覺最上乘也. 山林之人, 無拘無縛, 得自在度日, 故雖不求趣而趣近之. 愚不肖之近趣也, 以無品也. 品愈卑, 故所求愈下." 참조.

의 취미라고 볼 수 있다고 주장하면서 다음과 같이 말하였다.

지금 민간의 부녀나 어린아이가 부르는 「벽파옥擘破玉」,「타조간打棗竿」과 같은
민요도 그 작가가 누구인지를 모르지만, 진정한 정감을 지닌 사람이 창작한 것이므
로, 진심 어린 소리를 느낄 수 있다. 이는 한위漢魏를 모방하지 않고, 성당盛唐을
배우지 않으면서도 진솔한 본성에 맡긴 채, 사람의 희노애락喜怒哀樂, 기호嗜好와
정욕情欲에 통달할 수 있으니, 참으로 만족스러울 만하다.[14]

이어서 왕부지王夫之는 심미적인 계기로서의 흥이 인간으로 하여금 평범한
일상에서 벗어나 고상한 인생 이상을 추구하도록 부추긴다고 주장하였다.

기취氣趣를 일으킬 수 있는 자(能興者)를 호걸이라고 한다. 일으킨다는 것은 본성이
기에서 생겨난 것을 말한다. 꾸물꾸물하고 순응할 줄만 알아서 세상 사람들이
그렇다고 하는 것을 그렇다고만 하고, 그렇지 않다고 하는 것을 그렇지 않다고만
하며, 종일토록 수고롭게 살지만, 봉록과 지위, 토지와 집, 아내와 자식 가운데에서
벗어나지 못하고, 쌀을 헤아리고 땔감을 계산하며, 날마다 그 뜻을 굽히고 하늘을
우러러 쳐다봐도 그 높음을 알지 못하고, 땅을 내려다봐도 그 두터움을 모르며,
깨어 있지만 꿈에 있는 것 같고, 볼 수 있지만 눈이 먼 것 같으며, 사지를 부지런히
움직이지만 마음이 영특하지 못하는 이 모든 것은 오직 기취를 일으키지 못하였기
때문이다. 그래서 성인은 『시경』으로 가르쳐 그 혼탁한 마음을 깨끗이 씻어 내고,
그 쇠퇴한 기운(暮氣)을 흔들어 호걸이 되는 길로 끌어들이고, 향후 성현됨을 기약하
도록 하니, 이것이 난세에서 인간의 도(人道)를 구제하는 큰 헤아림(大權)이다.[15]

---

14) 袁宏道,『袁中郎全集』, 卷一,「敍小修詩」, "今閭閻婦人孺子所唱擘破玉, 打棗竿之類, 猶是無聞
無識, 眞人所作, 故多眞聲. 不效顰於漢魏, 不學步於盛唐, 任性而發, 尚能通於人之喜怒哀樂, 嗜
好情欲, 是可喜也."

15) 王夫之,『俟解』, "能興者謂之豪傑. 興者, 性之生乎氣者也. 托沓委順, 當世之然而然, 不然而不
然, 終日勞而不能度越於祿位田宅妻子之中, 數米計薪, 日以挫其志氣, 仰視天而不知其高, 俯視地
而不知其厚, 雖覺如夢, 雖視如盲, 雖勤動其四體而心不靈, 惟不興故也. 聖人以詩教以蕩滌其濁
心, 震其暮氣, 納之於豪傑, 而後期之以聖賢, 此救人道於亂世之大權也."

마지막으로, 심미적인 취미가 심미적인 정신의 수준을 드러낸다는 의미에서 중화미학은 후기에 이르러 흥차와 흉금 등의 개념을 정립하여 심미적 이상을 설명하였다. 왕부지에 따르면 창작 주체는 스스로의 안(眼)과 흥차를 통해서만이 미적인 것을 발견하고, 그것을 특정 예술형식으로 구현할 수 있다. 여기에서의 안은 심미적인 안목을 의미하는데, 이에 관해 그는 "'해가 서쪽으로 지는 동시에 두 겹의 구름은 천천히 좌우로 흩어지고, 바람이 불어오자 멀리 있는 정원에 나뭇잎이 휘날리는 모습이 보이네'(日落雲傍開, 風來望葉園)라는 말은 또한 진실한 경관이다. 그러나 이 시구는 그 경관을 누구도 표현하지 못하는 방식(未嘗有)으로 드러내면서도 눈앞(眼前)의 경관이 단지 이러하다고 말하고 있을 뿐이다. 이른바 눈(眼)이라고 한다면, 어떠한 눈인지를 물어야 한다. 만약 범속한 자의 육안이라면 크더라도 척장(尺丈)을 넘어가지 못하고, 소의 눈처럼 거칠 것이니, 눈에 보이는 경관을 어떻게 다른 사람에게 생동하게 말할 수 있겠는가?'16)라고 말하였다. 여기에서 거론된 '안'은 심미적인 인식 능력에 치우친 것이라고 한다면, 이어서 설명된 흥차는 더욱 깊은 차원에서 심미적 이상의 핵심을 드러내고 있는 것이라 할 수 있다. 즉 왕부지는 사령운(謝靈運)과 도연명(陶淵明)의 시를 평가하면서 심미적인 흥차(드넓은 마음)를 갖춰야만 아름다운 시를 창작할 수 있다고 강조하였다.

> "못에서 봄날의 풀이 싱싱하게 자라나네"(池塘生春草), "나비는 남원을 향해 날아가네"(胡蝶飛南園), "밝은 달이 새하얗게 쌓인 눈에 비치네"(明月照積雪) 등의 구절은 모두 마음속에서 (눈에 보이는) 형상(相)과 융합한 것이니, 말이 나오자마자 바로 구슬처럼 둥글고 옥처럼 매끄러운 시구가 된다. (그러나) 만약 그 마음속에 품고 있는 것과 눈에 들어온 것을 각각 보면, 이 시구들은 마음으로 경관을 맞이하는 것임을 알 수 있다. (한편) "날이 저물 무렵 구름 한 점 없는 하늘, 봄바람이 산들산들 부는 따스한 날"(日暮天無雲, 春風扇微和)과 같은 구절은 그 당시 도연명의 드넓은

---

16) 王夫之, 『古詩評選』, 「陳後主臨登高評語」, "'日落雲傍開, 風來望葉園', 亦固然之境. 道出得未嘗有, 所謂眼前光境此耳. 所云眼者, 亦問其何如眼. 若俗子肉眼, 大不出尋丈, 粗俗如牛, 目所取之景亦何堪向人道出?'"

흥차를 바로 엿볼 수 있는 것이니(마음으로 경관을 맞이하는 것이 아니라, 드넓은 마음이 경관 자체를 포섭하고 있는 것이니), 이는 어찌 생각이 혼잡하고 양생술에만 몰두하는 도사(鉛汞人)가 지을 수 있는 구절이겠는가?[17]

이어서 심종건沈宗騫은 흉금설을 제기하면서 "무릇 그림의 필묵筆墨은 본래 사람의 흉금을 그리는 것이다. 흉금이 이미 확 트일 정도로 드넓으면, 뜻을 세우는 것(立意)에도 자연스럽게 범상함과 근사함이 없을 것이다"[18]라고 주장하였다. 엽섭 葉燮은 한 걸음 더 나아가 흉금이야말로 작가의 풍격을 결정하는 근본이라고 강조하였다.

이러한 흉금이 기반으로 있는 뒤에야 시와 문장을 지을 수 있다.…… 시의 기반은 그 시인의 흉금에 달려 있다. 흉금이 있는 뒤에야 성정, 지혜, 총명함, 재능 등을 제대로 실어 드러낼 수 있고, 만나는 바에 따라 발현할 수 있으며, 발현하는 바가 곧 성대해질 수 있다.[19]

여기에서의 흉금은 그대로 갖추어진 성정, 지혜, 총명함, 재능 등이 아니라, 그것들이 제대로 작용을 발휘할 수 있는 기초로 설명되고 있다. 이러한 점은 곧 흉금이 일종의 이상적인 인격 또는 심미적인 이상임을 나타내고 있다. 다시 말해, 흉차와 흉금은 모두 심미적인 이상을 의미하고, 그것들은 심미적인 의식의 형성을 부추김으로써 예술의 창작과 감상의 기반을 이루고 있다는 것이다.

---

17) 王夫之, 『薑齋詩話』, 卷二, "'池塘生春草', '胡蝶飛南園', '明月照積雪', 皆心目中與相融浹, 一出語時, 卽得珠圓玉潤. 要亦各視其所懷來, 而與景相迎者也. '日暮天無雲, 春風扇微和', 相見陶令當時胸次, 豈夾雜鉛汞人能作此語?"
18) 沈宗騫, 『芥舟學畵編』, 卷二, 「山水・會意」, "蓋筆墨本是寫人之胸襟. 胸襟旣開闊, 則立意自無凡近."
19) 葉燮, 『原詩』, 「內篇」, "詩之基, 其人之胸襟是也. 有胸襟, 然後能載其性情, 智慧, 聰明, 才辨以出, 隨遇發生, 隨生卽盛."

2. 심미적 상상─신사

심미적인 의식 속에는 또한 상상이라는 심리적 요소가 포함되어 있다. 중화미학은 상당히 이른 시기에 심미적 활동에서의 상상 기능을 발견하였다. 상상은 비자각적인 의식으로서, 시공간의 제한을 초월하여 대상을 현시하도록 한다. 그러한 까닭에 사르트르(Sartre)는 상상을 자유의 의식이라고 규정하였다. 실제로 현실의 의식 속에서 상상은 또한 자각적인 의식의 제한을 받으므로, 충분히 발휘될 수 없는 경우가 많다. 그러나 심미적인 이상이 전제되면 그것은 해방을 맞이하여 심미적인 상상으로 승화될 수 있다. 즉 심미적인 상상은 현실 사유의 한계를 극복하여 심미 주체로 하여금 자유의 경계境界로 진입할 수 있게 한다.

장자는 풍부한 상상력을 기반으로 「소요유逍遙遊」를 지어 후세 미학사상에 심원한 영향을 끼쳤다. 특히 육기陸機는 심미적 상상이 지닌 시공간을 초월하는 자유의 특징에 관해 상세하게 묘사하였다.

생각은 별처럼 높은 곳에서 조용히 흐르다가, 물길에 휩쓸려 땅속 깊이 가라앉기도 한다.[20]

한순간에 고금을 모두 살피고, 순식간에 사해四海를 모두 섭렵한다.[21]

몸속에 천지天地를 담고, 붓끝에 만물을 꺾어 낸다.[22]

유협은 심미적 상상력을 의미하는 신사 개념을 본격적으로 제시하였는데, 이에 따르면 "옛사람은 '몸은 비록 강이나 바다 위에 머물러 있지만, 마음은 큰 궁궐 앞에 두고 있다'라고 말하였는데, 이는 곧 신사를 가리켜 말한 것이다."[23]

---

20) 陸機, 『文賦』, "浮天淵以安流, 濯下泉而潛浸."
21) 陸機, 『文賦』, "觀古今於須臾, 撫四海於一瞬."
22) 陸機, 『文賦』, "籠天地於形內, 挫萬物於筆端."

여기에서의 신사는 일상적인 생각, 이성적인 사유와 구분되는 심미적 상상력으로서, 시공간을 초월하여 심미적 영역에 들어설 수 있는 매개로 설명되고 있다. 나아가 그는 신사를 통해 모든 사물이 심미적 대상이 될 수 있다는 점을 강조하면서 다음과 같이 말하였다.

> 문장의 구상에 몰두해 있는 사람의 생각(文之思)은 그 정신이 아득한 곳까지 나아갈 수 있음을 말한다. 그러므로 고요하게 사려를 집중하면 그 생각은 천 년 동안의 일과 이을 수 있고, 얼굴빛을 조금만 바꿔도 만 리 밖에 있는 것을 볼 수 있다. 그래서 시문을 읊조리는 가운데 주옥같은 소리를 들이마시고 내뿜을 수 있고, 눈썹 앞에서 바람과 구름의 아름다운 모습을 말고 펼쳐낼 수 있다. 이것이 바로 문장을 구사하는 생각의 이치가 이를 수 있는 극치(思理之致)가 아니겠는가! 그러므로 문장을 구상하는 이치의 오묘함은 정신이 사물과 함께 노닐도록 한다. 이때 정신은 가슴속에 머물고, 마음의 뜻과 몸의 기력(志氣)이 그것을 통제하는 열쇠가 된다. 그리고 사물은 눈과 귀를 따르고, 문사가 눈과 귀를 통해 얻은 것을 관장하는 중추(樞機)가 된다. 중추가 막힘없이 통하게 되면 사물은 그 모습을 숨길 수 없게 될 것이지만, 그것이 막히게 되면 정신은 마음에서 달아날 것이다.24)

이와 더불어 유협은 또한 다음과 같은 진술을 남겼다.

> 신사가 사방으로 움직이게 되면, 만 가지 사물이 다투어 모습을 드러내기 시작하고, 비어 있는 곳에도 규구(規矩)가 생기며, 형체가 없는 곳에도 무엇이 생기게 된다. 산에 올라가면 정(情)은 산에 가득 차게 되고, 바다를 바라보면 의(意)는 바다에서 넘치게 된다.…… 왜 그러한가? 생각이 허공에서 날아다닐 때는 신기한 것을 쉽게 표현할 수 있지만, 언어로써 그 실재를 표현하는 것은 정교하게 하기 어렵기 때문이다.25)

23) 劉勰, 『文心雕龍』, 「神思」, "古人云, '形在江海之上, 心存魏闕之下.' 神思之謂也."

24) 劉勰, 『文心雕龍』, 「神思」, "文之思也, 其神遠矣. 故寂然凝慮, 思接千載, 悄焉動容, 視通萬里, 吟詠之間, 吐納珠玉之聲. 眉睫之前, 卷舒風雲之色. 其思理之致乎! 故思理爲妙, 神與物遊. 神居胸臆, 而志氣統其關鍵. 物沿耳目, 而辭令管其樞機. 樞機方通, 則物無隱貌. 關鍵將塞, 則神有遁心."

25) 劉勰, 『文心雕龍』, 「神思」, "夫神思方運, 萬塗競萌, 規矩虛位, 刻鏤無形. 登山則情滿于山, 觀海

여기에서 유협은 "생각의 이치가 이를 수 있는 극치"(思理之致), 즉 신사가 지닌 현상학적 특징을 강조하는 데에서 그치지 않고, 더 나아가 "생각이 허공에서 날아다 닐 때는 신기한 것을 쉽게 표현할 수 있지만, 언어로써 그 실재를 표현할 때 정교하게 하기 어렵다"(意翻空而易奇, 言徵實而難巧也)라는 진술을 통해, 심미적 상상력 의 초월성은 시공간뿐만 아니라, 언어의 규정성도 뛰어넘는다는 점까지 거론하였 다. 이러한 신사의 특징은 현상학에서 말한 직관, 즉 개념적 사유를 거치지 않고 직접적으로 현상 자체를 직시할 수 있는 직관과 유사한 것이라 할 수 있다.

위 인용문에서 유협은 또한 신사의 정감적 특징을 거론하였는데, 이는 서양의 현상학적 직관론과 구분된다. 서양철학은 언어를 중시하는 까닭에, 그것을 매개로 삼지 않는 한, 그 어떠한 형식의 인식도 불가능하다고 주장한다. 그래서 서양에서는 심미 활동이 대부분 언어를 매개로 한 수사적인 활동으로 해석되기 때문에, 형식주 의적 심미이론이 우세를 차지하고 있다. 그리고 이러한 관념은 현대 현상학에 입각한 미학이론이 제기되어서야 어느 정도 수정될 수 있었다. 그러나 중화미학은 언어를 중시하지만, 그것을 심미적인 본질로 삼지 않았다. 즉 중화미학에 따르면 진정한 심미적 본질은 언어가 아니라, 그것으로 해명될 수 없는 직관적 감오感悟와 정감적 체험에 있다. 그래서 중화미학은 언어를 매개로 하되 최종적으로 그것을 지양할 수 있어야 심미의 참된 본질, 즉 도를 체득할 수 있다고 주장한다.

위진시대 이후로 언어가 뜻을 온전히 전달할 수 있는지에 관한 논변, 즉 언의지 변言意之辨이 일어났다. 이 과정 중에서 주류 사상은 항상 언부진의言不盡意와 득의망 상得意忘象의 주장을 견지하였는데, 이것은 다름 아닌 현상학의 논리라고 할 수 있다. 그래서 육기는 "항상 생각이 사물에 부합하지 않을까, 또 글이 생각을 정확하 게 표현하지 못할까를 걱정하게 된다. 대체로 이것은 알기 어려운 것이 아니라, 실제로 할 수 있는 것이 어려운 것이다"[26]라고 말하였다. 여기에서 그는 두 가지

則意溢于海……何則? 意翻空而易奇, 言徵實而難巧也."
26) 陸機, 『文賦』, "恒患意不稱物, 文不逮意, 蓋非知之難, 能之難也."

문제를 제기하였는데, 하나는 의식과 대상의 일치성에 관한 문제이고, 다른 하나는 의식과 언어표현 사이의 일치성에 관한 문제이다. 이와 같은 문제에 관해서 유협은 "그러므로 뜻은 생각에서 주어지고, 언어는 뜻에서 주어진다"[27]라고 주장하였다. 여기에서 그는 생각, 즉 사思를 언어(言)와 뜻(意)의 근본으로 규정하였는데, 이러한 사를 충분히 발휘한 것이 바로 신사라고 할 수 있다. 요컨대 유협에 따르면 심미적인 신사를 통해 사-의-언 사이의 간극을 해소할 수 있다.

유협이 제기한 신사는 언어가 아니라 의상을 통해서 이루어진다. 그래서 그는 「신사」편의 말미에서 "정신(神)은 의상(象)을 사용하여 사물에 통하고, 생각(情)의 변화는 그 가운데에서 잉태된다. 사물은 모습으로 구해지고, 마음은 이치로써 그것과 감응한다. 감응한 바(의상)를 성률에 따라 새기면 비와 흥이 싹트고, 생각의 매듭을 잘 지어 적합하게 정감이나 뜻을 전달하면(司契), 휘장을 드리우고도 승리를 거둘 수 있다"[28]라는 말을 남겼다.

심미적인 상상은 심미적인 이상의 지배를 받으므로, 현실을 초월하는 예술적 구현을 통해 허구성을 지니게 된다. 이러한 점을 인지한 상태에서 김성탄金聖嘆은 문학창작의 실질이 "문文을 위해 사태를 낳는 것"(因文生事)이지, 역사서술과 같이 '문을 통해 사태를 나르는 것'(以文運事)이 아니라고 강조하였다.

> 내가 항상 말하기를 『수호전水滸傳』은 『사기史記』만큼 뛰어난 작품인데, 사람들은 모두 이를 믿으려고 하지 않고, 의외로 내가 함부로 말한 것이 아님을 좀처럼 알지 못한다. 실제로 『사기』는 문을 통해서 사태를 나르는 것이고, 『수호전』은 문을 위해 사태를 낳는 것이다. 문을 통해 사태를 나르는 것은 이러저러한 일이 먼저 있은 다음에야 그것을 한 편의 문자로 헤아려 내는 것인데, 이는 사마천司馬遷 이 비록 뛰어난 재능을 지니더라도 많은 고충을 먹어야만 할 수 있다. 그러나 문을 위해 사태를 낳는 것은 그렇지 않으니, 저술하는 자의 특성(筆性)에 따라

27) 劉勰, 『文心雕龍』, 「神思」, "是以意授於思, 言授於意."
28) 劉勰, 『文心雕龍』, 「神思」, "神用象通, 情變所孕. 物以貌求, 心以理應. 刻鏤聲律, 萌芽比興. 結慮司契, 垂帷制勝."

높은 것을 깎아 내고 낮은 것을 보태는 것은 모두 나에게서 비롯되기(由我) 때문이다.29)

　여기에서 말한 '문을 위해서 사태를 낳는 것'은 창작의 필요에 따라 사태를 허구적으로 재구성할 수 있을 뿐만 아니라, 스스로가 지닌 심미적 이상에 따라 사태를 새롭게 생성할 수 있는 점을 함께 강조하고 있다. 이리하여 심미적 상상은 예술의 허구성을 구현하여, 심미적 의상과 사물의 표상(물상)을 구분 지을 수 있게 하는데, 유희재劉熙載는 이러한 예술적 상상력을 '허구에 의지하여 상을 구현하는 것'(憑虛構象)이라고 규정하였다.30)

　마지막으로 심미적 상상은 창조성을 지니므로, 경험적인 표상을 심미적 의상으로 승화할 수 있다. 다시 말해, 심미적 상상 속에서 주체와 사물의 간극이 사라지고 일체가 되면서, 모든 사물은 심미적 의상이 될 수 있다는 것이다. 이에 관해 장언원張彦遠은 그림을 논하면서 "정신을 집중하고, 상상력을 무한히 발휘하여 자연의 이치를 오묘하게 터득하면 사물과 자아를 모두 망각하고, 형체에서 벗어나 인위적인 지식을 제거하게 된다.…… 이것이 곧 회화의 도이다"31)라고 말하였다. 나아가 왕창령王昌齡은 "정신으로써 사물을 만나면 마음이 원하는 바에 따라 얻을 수 있다"32)라고 말하면서 심미적인 상상을 통해 주체와 객체가 서로 융합될 수 있다는 점을 강조하였고, 사공도司空圖는 "상 밖에 상이 있고, 경물 밖에 경물이 있다"33)라고 진술하면서, 심미적인 상상을 통해서만이 표상을 넘어 의상을 파악할 수 있다고 주장하였다. 이와 유사한 맥락에서 유우석劉禹錫은 "경계는 상의 밖에서 생겨난다"34)라는 명제를

---

29) 金聖嘆, 「讀第五才子書法」, 『中國歷代文論選』 第3冊(上海古籍出版社, 1980), pp.244~255, "某嘗道水滸勝似史記, 人都不肯信, 殊不知某卻不是亂說. 其實史記是以文運事, 水滸是因文生事. 以文運事, 是先有事生成如此如此, 卻要算計出一篇文字來, 雖是史公高才, 也畢竟是吃苦事. 因文生事卻不然, 只是順著筆性去, 削高補低都由我."

30) 劉熙載, 『藝槪』, 「賦槪」, "賦以象物, 按實肖象易, 憑虛構象難. 能構象, 象乃生生不窮矣."

31) 張彦遠, 『歷代名畫記』, "凝神遐想, 妙悟自然, 物我兩忘, 離形去智.……所謂畫之道也."

32) 王昌齡, 『詩格』, "神會於物, 因心而得."

33) 司空圖, 『司空圖表聖文集』, 卷三, 「與極浦書」, "象外之象, 景外之景."

제기하여 심미적인 경계와 표상을 구분하는 동시에, 그것의 초월성을 강조하였다.

이 지점에서 주의해야 할 점이 있다. 즉 서양미학이 정감과 상상을 분리하여
상상을 감성적인 인식의 범주로 귀결하는 것과 달리, 중화미학은 둘이 항상 합치되
어 있다는 생각을 견지하고 있다. 다시 말해, 중화미학에서 정감은 상상의 힘을
빌려 사물에 접근하고, 상상은 또한 정감에 따라 움직인다는 것이다. 그러므로
중화미학에서 심미적 상상과 정감은 동시에 일어나는 것이다. 이러한 점에 관해서
육기는 "정신이 극치에 이르면 어렴풋하던 정감이 점점 뚜렷해지고, 만물이 분명해
짐에 따라 창작구상도 명확해진다"[35]라고 말하였고, 유협은 심미적 상상이 정감의
매개라는 점을 강조하는 맥락에서 "신사가 사방으로 움직이게 되면, 만 가지 사물이
다투어 모습을 드러내기 시작하고, 비어 있는 곳에도 규구가 생기며, 형체가 없는
곳에도 무엇이 생기게 된다. 산에 올라가면 정은 산에 가득 차게 되고, 바다를
바라보면 의는 바다에서 넘치게 된다"[36]라고 말하였다. 요컨대 중화미학은 심미적
상상의 정감성을 강조하였는데, 이에 따르면 심미적 상상은 다름 아닌 정감적
상상이다.

3. 심미적 정감―진정眞情

심미적 정감은 심미적 이상의 실현을 통해 획득된 만족 또는 흡족의 심리적
상태를 가리킨다. 그러한 의미에서 심미적 정감도 심미적 의식의 중요한 요소로
꼽힐 수 있다. 서양의 미학이 정감을 감성적 '인식'의 영역으로 귀속하는 것과
달리, 중화미학은 심미의 정감성 그 자체를 기반으로 흥정론興情論을 정초하였다.
즉 중화미학에 따르면 심미적인 의식은 정감의 표현이고, 그러한 정감이 곧 낙樂이라

---

34) 劉禹錫, 『董氏武陵集記』, "境生於象外."
35) 陸機, 『文賦』, "其致也, 情瞳瞳而彌鮮, 物昭晣而互進."
36) 劉勰, 『文心雕龍』, 「神思」, "夫神思方運, 萬塗競萌, 規矩虛位, 刻鏤無形. 登山則情滿于山, 觀海
則意溢于海."

고 부른다. 그렇다면 심미적인 정감의 근원은 무엇이고, 그것이 일상적인 정감과 어떻게 구분되는가?

심미적인 정감은 본래 도를 즐기는 것, 즉 낙도樂道에서 비롯되었다. 중화미학에 따르면 천도天道는 곧 인도人道이고, 인도는 곧 인성人性이므로, 인성과 천도는 서로 연결되어 있다.[37] 한대漢代 유가는 대부분 성이 선하고 정이 악하다는 생각을 지녔으므로, 심미적인 정감은 충분히 긍정되지 못하였다. 위진남북조에 이르러 정감이 이성의 속박에서 벗어나 성선정악性善情惡의 전통 관념이 해체됨으로써, 정은 곧 인성의 표현이고, 도를 체득하는 방식으로 정초되었다. 이러한 맥락에서 홍정론의 미학은 본격적으로 심미를 낙도로 규정하고, 그것을 곧 '사물에 감응하여 정감을 일으키는(感物興情) 과정'으로 설명하였다. 이리하여 심미적 정감은 본체론本體論적 위상을 지니게 되었다.[38]

서양미학에서 말한 정감은 주체의 고유한 능력이다. 그러나 중화미학은 정감이 주체에서 비롯되는 것이 아니라, 생명력을 지닌 주체와 사물이 서로 소통하는 과정에서 일어난 것이라고 주장한다. 이에 따르면 인간을 비롯한 만물은 모두 기를 지니고, 둘은 기를 매개로 감응하여 정감이 일어난다.[39] 그래서 중화미학에서의 정감은 사물에 정감을 이입하는 주체만의 의식적 활동이 아니라, 주체와 사물의 공생共生, 소통, 융합 과정에서 비롯된 것, 즉 일종의 심미적 동정同情을 의미한다. 바로 이러한 심미적 동정을 통해 인간과 사물은 하나로 융합되는 천인합일을 성취하여 자유로운 심미적 경계에 들어설 수 있다.

나아가 서양미학은 미적 정감, 즉 미감美感을 지성과 상상력(구상력)의 관계에서 비롯된 쾌감이라고 규정한다. 그러한 의미에서 미감 자체는 그 어떠한 작용도 없는 수동적인 정서로 설명된다. 그러나 중화미학은 의식적인 심미 활동 자체가 곧 정감적인 체험임을 주장하므로, 미감은 소극적인 즐거움이 아니라 능동적인

---

37) 『禮記』, 「中庸」, "天命之謂性, 率性之謂道, 修道之謂敎."
38) 陸機, 『文賦』, "詩緣情而綺靡."; 劉勰, 『文心雕龍』, 「原道」, "情者, 文之經." 등 참조.
39) 鍾嶸, 『詩品』, 「序」, "氣之動物, 物之感人, 故搖蕩性情, 行諸舞詠."

역할을 지닌다. 중화미학은 기본적으로 심미적 정감을 통해 인간과 만물이 물아일체物我一體의 경지를 성취할 수 있다고 강조한다.[40] 그리고 심미적인 정감은 또한 대상의 본질을 현시할 수 있는 기능을 지닌다. 이러한 점을 설명하기 위해 왕부지는 "문장의 정감이 다다르면 그 본래의 영화가 현시되니, 마치 사물이 보전하고 있는 것을 스스로 드러내는 것과 같다"[41]라고 말하였다.

다음으로, 중화미학은 심미적인 정감과 일상적인 정감을 구분하여, 그것을 충분히 실현된 자유로운 정감이라고 인식하였다. 그러나 이러한 구분은 개념적인 차원에서 이루어진 것이 아니다. 다시 말해, 중화미학은 심미적인 정감과 일상적인 정감을 아울러 정이라고 일컬었지만, 미학의 구체적인 맥락에서 전자의 특성을 논의하였다는 것이다. 중화미학에 따르면 심미적 정감은 곧 진정 또는 지정至情이다.

장자는 심미적인 인간을 진인眞人, 지인至人, 신인神人, 성인이라고 규정하여, 그들은 세속적인 정감을 지니지 않지만(無情) 진정을 지닌 사람이라고 주장하면서 다음과 같이 말하였다.

> 진실함이란 순수함과 성실함의 극치이니, 순수하지 않고 성실하지 않으면 사람들을 감동시킬 수가 없다. 그러므로 억지로 곡哭하는 자는 비록 그것이 슬퍼하는 것처럼 보이더라도 애처롭지 아니하고, 억지로 성내는 자는 그것이 비록 위엄이 있다 하더라도 다른 사람이 위엄을 느끼지 못하며, 억지로 친하게 행동하는 자는 비록 웃더라도 사람들을 즐겁게 하지 못한다. 그러나 진실한 슬픔은 소리 없이도 애처롭고, 진실한 노여움은 드러나지 않더라도 위엄이 있으며, 진실한 친함은 웃음이 없어도 사람들을 즐겁게 한다. 그것은 진실한 것이 안에 갖추어져 있으면 신묘한 작용이 밖에 드러나기 때문이니, 이것이 곧 진실한 것을 귀하게 여기는 까닭이다. …… 예禮라고 하는 것은 세속에서 인위적으로 만든 것이고, 진실한 것은 자연에서 받은 것이니, 본래 그러하여 바꿀 수 없는 것이다. 그러므로 성인은 자연인 천을 본받고 진실한 것을 귀하게 여겨 세속의 풍속에 구애되지 않는다.[42]

---

40) 劉勰, 『文心雕龍』, 「神思」, "登山則情滿于山, 觀海則意溢于海."
41) 王夫之, 『古詩評選』, 卷五, "文情赴之, 貌其本榮, 如所存而顯之."

실제로 소수의 경우를 제외하면 전통사회 초기에서 심미적 정감과 일상적 정감을 구분하지 않은 것은 일반적인 경향이었다. 그러나 후기에 이르러 거의 모든 학자는 둘 사이를 의식적으로 구분하기 시작하였다. 서위徐渭는 심미적인 정감의 진실함을 강조하는 맥락에서 "고대 사람의 시는 진실한 정감에 근본하고 있는 것으로, 이는 인위적으로 세워서 하는 것이 아니니, 시는 있고 시인이 없다"[43) 라고 말하였고, 또한 훌륭한 시는 반드시 진정에서 비롯되어야 함을 주장하면서 "시는 정감을 진실하게 표현하면 할수록 사람을 더욱 감동하고, 세상에 더욱 널리 전해진다"[44)라고 말하였다. 나아가 황종희黃宗羲는 좋은 문장과 진정 사이의 관계를 논하면서 "무릇 정감이 지극히 진실함에 이르는 자는 그 문장이 지극한 경지에 이르지 않음이 없다"[45)라고 주장하였다.

이어서 명말明末의 장기張琦는 '정감의 씨앗' 즉 정종情種이라는 개념을 제시하였는데, 그에 따르면 "인간은 정감의 씨앗이다. 인간에게 정감이 없으면 인간됨 자체에 이르지 못하니, 어찌 그를 지인이라고 기대할 수 있겠는가?"[46) 여기에서 장기는 정감을 인간의 본질로 규정함으로써 기존의 이성주의 인성론을 거부하여 정본체론情本體論을 확립하였다. 그리고 그는 정감의 힘이 모든 것을 주재할 수 있다는 문맥에서 "정감은 귀와 눈을 사역할 수 있고, 신과 리理를 바꿀 수 있으며, 어둠과 밝음을 망각하게 할 수 있고, 배고픔과 추위를 버리게 할 수 있으며, 구주九州를 궁진할 수 있게 하고, 팔황八荒을 넘어서게 하며, 금석金石을 꿰뚫을 수 있게 하고, 천지를 움직일 수 있게 하며, 백물百物을 통솔할 수 있을 뿐만 아니라"[47),

---

42) 『莊子』, 「漁夫」, "眞者, 精誠之至也. 不精不誠, 不能動人. 故强哭者雖悲不哀, 强怒者雖嚴不威, 强親者雖笑不和. 眞悲無聲而哀, 眞怒未發而威, 眞親未笑而和. 眞在內者, 神動於外, 是所以貴眞也. ……禮者, 世俗之所爲也. 眞者, 所以受於天也, 自然不可易也. 故聖人法天貴眞, 不拘於俗."

43) 『徐渭集』, 「肖甫詩序」, "古人之詩本乎情, 非設以爲之者也, 是以有詩而無詩人."

44) 『徐渭集』, "摹情彌眞則動人彌易, 傳世亦彌遠."

45) 黃宗羲, 『南雷文定』, 三集卷三, 「論文管見」, "凡情之至者, 其文未有不至者也."

46) 張琦, 「情癡寱言」, 葉朗總 主編, 『中國歷代美學文庫·明代卷』 下(高等敎育出版社), p.218, "人, 情種也. 人而無情, 不至於人矣, 曷望其至人乎?"

47) 張琦, 「情癡寱言」, 葉朗總 主編, 『中國歷代美學文庫·明代卷』 下(高等敎育出版社), p.218,

"살아 있는 것을 계속 살아 있게 하고, 죽어 가는 것을 바로 죽게 하며, 죽어 가는 것을 살아나게 할 수 있고, 살아 있는 것을 죽어 가게 할 수 있으며, 죽은 것을 또한 죽지 않게 할 수 있고, 살아 있는 것이 또한 살아 있음을 망각하게 할 수 있다"[48]라고 말하였다.

나아가 왕부지는 "문장으로 진실한 정감을 명백하게 밝힌다"[49]라는 명제를 제기함으로써, 시문은 주체가 지닌 진실한 정감을 모두 표현할 수 있음을 강조하였고, 원매袁枚는 심미적 정감이 곧 진실한 정감임을 주장하고,[50] 그것이 좋은 시뿐만 아니라,[51] 시를 짓는 일 자체의 선결 조건이라고 규정하였다.[52] 유희재는 진정을 강조하는 맥락에서 도연명과 두보杜甫의 시를 비교하면서 다음과 같이 말하였다.

시는 수년간 한 수 짓지 않아도 되지만, 한 수라도 진실하게 짓지 않으면 안 된다. 도연명은 경자년부터 병신년까지 십칠 년 동안 시를 아홉 수만 지었으니, 그 시의 진실함에 관해서 더 물을 필요가 있겠는가![53]

두보는 시에서 "다른 사람이 나의 진실함을 싫어하는 것이 두렵네"라고 말하였고, 또한 "직접 진실한 성정에서 취하네"라고 말하였는데, 하나는 스스로 읊조리는 것이고, 다른 하나는 사람에게 증여하는 것이니, 모두 시를 논하는 것과 무관하지만, 여전히 그 시의 숭상하는 바를 알 수 있다.[54]

"役耳目, 易神理, 忘晦明, 廢飢寒, 窮九州, 越八荒, 穿金石, 動天地, 率百物."

48) 張琦, 「情痴寱言」, 葉朗總 主編, 『中國歷代美學文庫·明代卷』下(高等教育出版社), p.218, "生可以生, 死可以死, 死可以生, 生可以死, 死又可以不死, 生又可以忘生."

49) 王夫之, 『詩廣傳』, 「周南」, "白情以其文."

50) 袁枚, 「寄程魚門」, "性情得其眞."

51) 袁枚, 『小倉山房文集』, 卷十九, 「答尹相國書」, "情似眞而愈篤."

52) 袁枚, 『隨園詩話』, 卷一, "味欲其鮮, 趣欲其眞. 人必如此, 而後可與論詩."

53) 劉熙載, 『藝槪』, 「詩槪」, "詩可數年不作, 不可一作不眞. 陶淵明自庚子距丙辰十七年間, 作詩九首, 其詩之眞, 更須問耶!"

54) 劉熙載, 『藝槪』, 「詩槪」, "杜詩云, '畏人嫌我眞.' 又云, '直取眞性情.' 一自詠, 一贈人, 皆於論詩無與, 然其詩之所尙可知."

마지막으로 김성탄은 희곡戲曲과 소설에도 진정眞情이 있어야 한다는 점을 강조하면서 "예술적 재능이 뛰어난 자에게는 반드시 이르러야만 하는 정감의 상태가 있다"[55]라고 말하였고, 왕국유王國維는 일상적인 정감과 구분되는 심미적 정감 즉 진정감眞情感 개념을 내세워, 그것이 진경물眞景物과 함께 심미적 경계를 형성한다고 주장하였다.

> 경계는 경물만을 가리켜 말한 것이 아니다. 희노애락도 또한 사람 마음속의 한 경계이다. 그러므로 진경물과 진정감을 함께 드러내는 것을 가리켜 경계가 있다고 하고, 그렇지 않은 것을 경계가 없다고 한다.[56]

4. 심미적 직관—묘오妙悟

심미적 의식은 비자각적인 의식이고, 그것은 정감과 의지뿐만 아니라 상상과 직관도 포함한다. 이 가운데에서 심미적 직관은 심미적 의상을 통해 자아와 사물을 소통하여 심미적 대상의 본질을 직접 파악하는 능력을 가리킨다. 서양의 경우, 근현대에 이르러서야 직관으로써 사물의 본질을 파악할 수 있다는 사상이 정립되었다. 그러나 중화미학은 일찍이 심미적 의식에 직관성이 있다는 점을 인지하여, 개념의 힘을 빌리지 않고서도 대상의 본질을 포섭할 수 있다는 점을 파악하였다.

도가는 직관을 중시하여 관觀이라는 개념을 제기하였는데, 이에 따르면 관은 개념의 힘을 빌리지 않고 상을 통해 사물의 본질을 포착할 수 있다. 노자는 도가 언어로 표현될 수 없지만[57] 황홀한 상을 통해 드러날 수 있다고 주장하였다.[58]

---

55) 金聖嘆, 「琴心總評」, "彼才子有必至之情."
56) 王國維, 『人間詞話』, "境非獨謂景物也. 喜怒哀樂, 亦人心中之一境界. 故能寫眞景物, 眞感情者, 謂之有境界. 否則謂之無境界."
57) 『道德經』 第1章, "道可道, 非常道."
58) 『道德經』 第21章, "道之爲物, 唯恍唯惚. 忽兮恍兮, 其中有象. 恍兮忽兮, 其中有物. 窈兮冥兮, 其中有精. 其精甚眞, 其中有信."

그래서 인간은 '마음을 거울처럼 깨끗이 하여 아득히 비춰 봄', 즉 척제현람(滌除玄覽)[59]이라는 직관 방식을 통해 도를 포착할 수 있다. 그리고 장자는 또한 상망(象罔)이 현주(玄珠)를 찾는 우화를 통해 의상이 지닌 직관성을 강조하였다.[60]

중화미학에 따르면 개념은 비록 의미를 나타내는 도구이지만, 다른 한편으로 그 추상성으로 인해 의미를 온전하게 드러낼 수(盡意) 없다. 그래서 언어로써 드러난 의미는 의식이 지닌 의미 자체에 비해 제한적이므로 상의 힘을 빌릴 수밖에 없다. 상은 언어적인 내포를 지닐 뿐만 아니라, 그것을 넘어서는 기능까지 있으므로, 직접적으로 주체의 사상과 정감을 전달할 수 있는 것으로 설명되는데, 이를 가리켜 "상을 세워 뜻을 다한다"(立象以盡意)[61]라고 일컫는다.

종병(宗炳)은 상 또는 의상의 직관성을 관도(觀道)의 차원까지 승화시켰다. 특히 그는 노자가 제기한 척제현람의 사상을 계승하여 '마음을 맑게 하여 상을 맛본다', 즉 징회미상(澄懷味象)[62]이라는 명제를 제시하였다. 여기에서의 상은 도의 현현이므로, 징회미상은 곧 징회관도(澄懷觀道)[63]와 같은 것이다. 그리고 유협이 제기한 신사 개념은 주로 심미적 상상력을 의미하지만, 심미적 직관을 가리킬 경우도 있다. 다시 말해, "정신을 사물과 함께 노닐도록 하면(神與物游)…… 사물은 그 모습을 숨길 수 없게 된다(物無隱貌)"[64]라는 말이 곧 심미적 직관으로써 사물의 본질을 남김없이 드러낼 수 있다는 점을 강조하는 것이다.

마지막으로 선종(禪宗)은 이성적 사유를 배제하여야 한다는 의미에서 깨달음 즉 오(悟)의 개념을 제기하여, 이를 통해 불법(佛法)을 직접 파악할 수 있다고 주장하였다. 이러한 사상도 중화미학에 침투하였는데, 엄우는 묘오를 통해 심미의 직관성을

---

59) 『道德經』 第10章, "滌除玄覽, 能無疵乎?"
60) 『莊子』, 「天地」, "黃帝遊乎赤水之北, 登乎崑崙之丘而南望, 還歸, 遺其玄珠, 使知索之而不得. 使離朱索之而不得, 使喫詬索之而不得也. 乃使象罔, 象罔得之. 黃帝曰, '異哉! 象罔乃可以得之乎!'"
61) 『周易』, 「繫辭上」, "子曰, '書不盡言, 言不盡意.' 然則聖人之意, 其不可見乎? 子曰, '聖人立象以盡意.'"
62) 宗炳, 「畵山水序」, "聖人含道暎物, 賢者澄懷味像."
63) 『宋書』, 「宗炳傳」, "(宗炳)以疾還江陵, 歎曰, '老病俱至, 名山恐難遍遊, 惟當澄懷觀道, 臥以遊之.'"
64) 劉勰, 『文心雕龍』, 「神思」, "神與物游.……則物無隱貌."

설명하였다. 묘오는 본래 불교佛敎의 개념이고, 그것은 개념과 이성적 사유의 매개 없이 깨달음을 얻는 방법으로 해석된다. 비록 심미와 불교적 깨달음에는 차이가 있고, 전자는 정감을 강조하는가 하면, 후자는 정감의 배제를 주장하고 있지만, 엄우는 묘오의 직관성, 비자각성을 간파하여 그것을 심미적인 직관으로 적용하였다. 나아가 엄우가 정초한 묘오 개념의 영향으로, 불교의 개념들이 대폭 심미적 영역에서 활용되기 시작하였는데, 종영이 제기한 직심直尋과 즉목卽目[65], 왕부지가 주장한 현량現量[66] 등이 그것이다.

제2절 심미적 의식의 존재형식─의상

중화미학의 의상론意象論에 따르면 심미적인 의식은 의상의 형태로 존재한다. 즉 현대 이전의 서양미학이 대상을 표상表象으로 삼아 그것을 주체와 분리하는 것과 달리, 중화미학은 일찍이 대상을 심미적인 의상으로 파악하여, 그것이 심미적인 대상인 동시에 심미적 의식이라는 생각을 갖추었다. 그리고 서양미학이 심미적인 대상 또는 예술창작을 감성적인 '인식'으로 취급하는 것과 달리, 중화미학은 심미적인 의상이 정감적인 내용을 지닌다고 주장한다.

1. 象의 원초적인 의미

인간의 인식은 대체로 원시시대의 의상적인 사유(意象思惟)에서 문명시대의 기호적인 사유(符號化思惟)로 발전하는 경향을 지닌다. 그러나 문명시대에 이르러서도

---

65) 鍾嶸, 『詩品』, 「序」, "至乎吟詠情性, 亦何貴於用事? '思君如流水', 旣是卽目. '高臺多悲風', 亦惟所見. '淸晨登隴首', 羌無故實. '明月照積雪', 詎出經史. 觀古今勝語, 多非補假, 皆由直尋."
66) 王夫之, 『相宗絡索』, 「三量」, "現量, '現'者有現在義, 有現成義, 有顯現眞實義. '現在', 不緣過去作影. '現成', 一觸卽覺, 不假思量計較. '顯現眞實', 乃彼之體性如此, 顯現無疑, 不參虛妄."

의상적인 사유는 사라지지 않는 채 비자각적인 인식의 형태로 존재한다. 그리고 기호적인 사유는 이러한 의상적 사유의 반성적 형식으로서, 자각적인 의식으로 귀류된다. 그래서 자각적인 의식은 비자각적인 의식을 지배하게 되어, 비자각적인 의식은 독립성을 지니지 못하고 충분히 실현될 수 없게 되었다. 그런데 중화문명은 비자각적인 의식의 전통을 보전하는 데 성공하였고, 그것이 미학의 영역에서 특징적인 의상적 사유를 정초하였다.

의상의 개념은 본래 상 개념에서 비롯되었다. 상은 본래 도상道象, 즉 도道를 현시하는 것으로 설명된다. 노자에 따르면 도는 형체도 없고 이름도 없는 존재이다.[67] 그리고 그는 "도의 사물됨은 오직 있는 듯 없는 듯 황홀하니, 황홀함이여 그 안에 상이 있고, 황홀함이여 그 가운데에 무언가 있으며, 그윽하고 깊숙함이여, 그 안에 정미한 것이 들어 있도다"[68]라고 말하였는데, 여기에서의 상이 곧 도상을 가리키는 것이다. 나아가 이와 같은 도상은 일반적인 물상物象 또는 표상과 달리, 형이상적 초월성을 지닌다.

장자는 노자의 사상을 계승하여 도가 감각적 지각이나 언어를 통해 포착될 수 없다는 점을 강조하였다.[69] 그리고 그는 상망象罔이 현주玄珠를 찾는 우화를 구현하였는데, 여기에서의 상망은 곧 상의 인격화이고, 현주는 곧 도를 상징하는 것이다.[70] 그래서 이 우화의 실질은 오직 상(도상)을 통해서만이 도를 파악할 수 있다는 점을 암시하는 것이 된다.

다음으로 『주역』도 상에 관해서 논의하였는데, 이 경우의 상은 각 괘卦의 의미를 함축하는 괘상卦象으로 언급된다. 이에 따르면 "성인聖人은 천하의 이치(隨)를 꿰뚫어

---

67) 『道德經』第41章, "大象無形, 道隱無名."
68) 『道德經』第21章, "道之爲物, 唯恍唯惚. 忽兮恍兮, 其中有象. 恍兮忽兮, 其中有物. 窈兮冥兮, 其中有精."
69) 『莊子』,「知北遊」, "道不可聞, 聞而非也. 道不可見, 見而非也. 道不可言, 言而非也. 知形形之不形乎? 道不當名."
70) 『莊子』,「天地」, "黃帝遊乎赤水之北, 登乎崑崙之丘而南望, 還歸, 遺其玄珠. 使知索之而不得. 使離朱索之而不得, 使喫詬索之而不得也. 乃使象罔, 象罔得之. 黃帝曰, '異哉! 象罔乃可以得之乎!'"

보고, 그 꼴(形容)을 헤아려 사물의 마땅한 바에 따라 형상화하였기 때문에, 상이라고 부른다."71) 여기에서의 상, 즉 괘상은 구체적인 상이라는 기호로써 특정 괘의 의미를 제시하는 것이므로 상징성을 지니지만, 후세에서 말하는 의상에는 미치지 못한다. 나아가 상은 또한 어떠한 추상적인 사물을 지시하거나 상징하는 방식으로 사용되었는데, 예를 들어 순자는 악樂에 대해서 논의할 때, "그러므로 악의 맑고 밝음은 천天을 상징하고(象), 그 넓고 큰은 땅을 상징한다"72)라고 말하였다. 요컨대, 초기의 상 개념은 표상이나 구체적인 물상이 아니라, 감성 초월적 의미를 지닌 것으로, 도나 추상적인 관념을 상징하는 개념으로 사용되었다는 것이다.

중화문화의 초기에서는 개념이 아니라 상을 통해서 철학적인 사유를 수행하는 경우가 많았다. 그 이유는 한편으로 논리적 사유가 발달하지 않아서 철학적 개념과 범주가 아직 구체적인 상을 벗어나지 못하였기 때문이고, 다른 한편으로는 중화문화의 의상적 사유가 다른 문화에 비해 발달하였기 때문이다. 그리고 바로 후자의 특징이 현상학과 미학으로 이어졌다. 그러나 초기의 상 개념에는 여전히 구체성과 추상성 사이의 모순을 함축하고 있다. 다시 말해, 그것은 아직 구체적인 상으로써 추상적인 사상을 어떻게 드러낼 수 있는지를 설명하지 못한다는 것이다. 바로 이러한 문제를 해결하는 과정에서 상은 미학적 영역으로 진입하고, 심미적 의상으로 전환하게 됨으로써, 감각적 구체성을 지닌 동시에 추상적인 도를 파악할 수 있는 개념으로 발전하게 되었다.

2. 의상 개념의 정립

비자각적인 의식으로서의 의상은 감성적─지성적인 면에서 모두 독립성을 지니지 못하기 때문에, 항상 기호(표상, 개념)의 지배를 받는다. 그래서 의상을 감성적─지성적인 면에서 기호의 제약에서 벗어나게 할 수 있어야, 그것이 사물의 본질

---

71) 『周易』, 「繫辭上」, "聖人有以見天下之蹟, 而擬諸其形容, 象其物宜, 是故謂之象."
72) 故其淸明象天, 其廣大象地.

즉 도를 파악할 수 있는 심미적 의식으로 발전할 수 있다. 중화미학의 개념 체계에서 상이 심미적인 영역으로 진입함에 따라 의상 개념이 정초되었다. 그리고 최초로 상을 예술영역으로 끌어들인 사람은 서진西晉의 지우摯虞이다.

> 부賦는 상세하게 서술하는(敷陳) 글을 가리키는데, 고시古詩의 한 유별이다. 고대에 시를 짓는 사람은 정감에서 발현한 것을 예의禮義에서 그치도록 한다. 정감에서 발현한 것은 문사를 통해 나타나고, 예의의 핵심 내용(旨)은 사태를 통해서 밝혀질 필요가 있다. 그러므로 부가 있게 되었으니, 그것은 상을 빌려 문사를 다할 수 있고, 뜻을 상세하게 서술할 수 있기 때문이다.[73]

여기에서 거론된 "상을 빌려 문사를 다한다"(假象盡辭)라는 말은 부가 상을 통해서 언어적인 의미를 충분히 표현할 수 있음을 암시한다. 이어서 육기陸機는 물物, 의意, 문文 사이의 관계를 고찰하여 의상 개념이 형성되는 계기를 마련하였고, 유협劉勰은 "그런 뒤에야 심오한 이치를 지닌 사람(玄解之宰)처럼 성률을 찾아서 그 먹줄을 정할 수 있게 되고, 독특한 안목을 지닌 장인(獨照之匠)처럼 의상만 보고 도끼를 휘두를 수 있게 된다"[74]라고 말하면서, 본격적으로 미학적 영역에서 의상 개념을 제기하였다. 나아가 유협은 또한 의와 상 사이의 관계에 대해 검토함으로써, "정신이 사물과 함께 노닐도록 한다"(神與物游)[75], "정신은 의상을 사용하여 사물에 통한다"[76] 등의 명제를 정립하여 의상의 개념을 심화하였다. 이와 같이 상이 의상으로 발전하는 과정에서 가장 주목할 만한 점은 곧 '추상적인' 도상과 '상징적인' 괘상을 의미하는 상이 '구체적이고 선명한' 의상으로 변화하였다는 점이다. 바로 이러한 구체적이고 선명한 의상 개념의 정립이 예술의 존재 방식뿐만 아니라,

---

73) 摯虞,「文章流別論」, "賦者, 敷陳之稱, 古詩之流也. 古之作詩者, 發乎情, 止乎禮義. 情之發, 因辭以形之. 禮義之旨, 須事以明之. 故有賦焉, 所以假象盡辭, 敷陳其志."
74) 劉勰, 『文心雕龍』,「神思」, "然後使玄解之宰, 尋聲律而定墨. 獨照之匠, 窺意象而運斤."
75) 劉勰, 『文心雕龍』,「神思」, "故思理爲妙, 神與物游."
76) 劉勰, 『文心雕龍』,「神思」, "神用象通, 情變所孕."

그 본질까지도 설명해 줌으로써, 중화미학의 현상학적 본질직관(Wesensanschauung)에서 비롯된 문제를 해결하는 계기를 제공하였다.

3. 의상의 생성

앞서 서술하였듯이, 의상은 비자각적인 의식(의상적 사유)인 까닭에 그 반성 형식인 자각적 의식(기호적 의식)과 대립적인 관계에 놓여 있다. 동시에 그것은 반드시 감성적-지성적 차원을 넘어서야만 초월성과 독립성을 획득하여 심미적 의식으로 발전할 수 있다. 따라서 의상의 생성 과정은 곧 표상 또는 물상에서 심미적 의상(예술적 형상)으로 전환하는 과정이라고 할 수 있다. 중화미학에 따르면 의상은 주체가 지닌 고유한 심상心象도 아니고, 객체가 지닌 특정 물상도 아니라, 심미적인 체험 속에서 생성된 심미의식이다. 그리고 이와 같은 심미의식 또는 의상은 정감적인 체험의 방식을 통해 생성되는데, 이 과정을 가리켜 감흥感興이라고 부른다. 감흥은 인간과 사물 사이의 정감적 '상호' 추동을 가리키며, 그것을 통해 인간은 둘 사이의 간극을 해소하여 현실을 초월함으로써, 심미적인 의상을 획득할 수 있다. 이러한 의미에서 의상은 또한 흥상興象이라고 부르기도 한다.

심미적인 의상은 영감적인 창조에 따른 것이다. 서양미학에서 주로 천재설天才說을 매개로 영감을 설명하는 경향과 달리, 중화미학은 천과 인 사이의 감응 관계를 통해 그것을 해명한다. 감응 관계로서의 영감이 일어나는 일에 관해 육기는 다음과 같이 논의하였다.

> 영감이 오는 순간과 통하고 막히는 묘처는, 오는 것을 막을 수 없고, 가는 것을 잡을 수도 없다. 숨어 있을 때는 그림자처럼 보이지 않지만, 움직일 때는 메아리처럼 떠오른다. 조화를 꾸미는 천기天機의 작용처럼 빈틈없이 펼쳐지니, 어찌 분분히 흩어져 조화롭지 않을 수 있겠는가. 생각은 바람처럼 가슴에서 일어나고, 말은 샘물처럼 입술로 흐른다.[77]

여기에서 "영감이 오는 순간과 통하고 막히는 묘처"(應感之會, 通塞之紀)는 곧 영감이 이성적인 사유의 속박에서 벗어나고, 의상이 잠재적인 의식에서 튀어나오는 장면을 해명한 것이다. 그리고 유협도 유사한 맥락에서 "정신은 의상을 사용하여 사물에 통하고, 생각(情)의 변화는 그 가운데서 잉태된다. 사물은 모습으로 구해지고, 마음은 이치로써 그것과 감응한다. 감응한 바(의상)를 성률에 따라 새기면 비比와 흥興이 싹트고, 생각의 매듭을 잘 지어 적합하게 정감이나 뜻을 전달하면(司契), 휘장을 드리우고도 승리를 거둘 수 있다"[78]라고 말하면서, 영감이라는 감응 관계에서 심미적인 의상이 발생하는 과정을 설명하였다.

마지막으로 서양미학은 인식론에서 출발하여 예술적인 형상이 현실에 대한 모방이므로, 진실성을 갖추어야 한다고 주장하지만, 중화미학은 가치론에 기반하여 의상 개념을 정초하였기 때문에, 그 정감성을 강조한다. 중화미학에 따르면 상은 의미를 나타내지만, 그 의미는 정감에 치우쳐 있으므로, 당연히 상도 정감성을 주된 특징으로 갖는다. 의상이 지닌 정감적 특성을 분명하게 드러내기 위해, 중화미학은 보완적으로 의상과 별도로 흥상의 개념을 제시하였다. 흥상 개념은 의상 개념의 의미와 유사하지만, 정감의 일어남이라는 뜻을 갖는 흥興과 상의 관계를 더욱 강조한다. 나아가 중화미학은 또한 심미적 의상 또는 흥상이 주체가 객체를 지향하는 인식 과정에서 생성되는 것이 아니라, 둘 사이의 정감적 소통에서 비롯되는 것이라고 주장하였다. 이러한 점을 설명하기 위해 종영鍾嶸은 "기氣가 사물을 움직이고, 사물이 인간을 감동하기 때문에, 성정性情이 흔들려 그것이 춤이나 읊조림으로 드러나게 된다"[79]라고 말하였고, 육기는 "정신이 극치에 이르면 어렴풋하던 정감이 점점 뚜렷해지고, 만물이 분명해짐에 따라 창작구상도 명확해진다"[80]라고

---

77) 陸機, 『文賦』, "若夫應感之會, 通塞之紀. 來不可遏, 去不可止. 藏若景滅, 行猶響起. 方天機之駿利, 夫何紛而不理. 思風發於胸臆, 言泉流於唇齒."
78) 劉勰, 『文心雕龍』, 「神思」, "神用象通, 情變所孕. 物以貌求, 心以理應. 刻鏤聲律, 萌芽比興. 結慮司契, 垂帷制勝."
79) 鍾嶸, 『詩品』, 「序」, "氣之動物, 物之感人, 故搖蕩性情, 行諸舞詠."
80) 陸機, 『文賦』, "其致也, 情曈曨而彌鮮, 物昭晰而互進."

말하였다. 다시 말해, 중화미학에서 의상 또는 홍상의 생성은 주체와 객체 사이의 간주관성(Intersubjektivität)에 기반하고 있다. 즉 이와 같은 간주관성으로 인해 주체의 내면(情 또는 神)과 대상의 형식(文 또는 形)이 통일되어 심미적 의상이 생성된다는 것이다.

제3절 심미적 의식의 특징

1. 심미적 의식의 비자각성

심미적 의식은 비자각적이고 초월성을 지닌 의상적인 사유(意象思惟)이다. 여기에서의 비자각인 의식은 자각적인 의식에 상대하는 말이다. 자각적인 의식은 기호적인 사유(符號化思惟)로서, 논리에 합치되고 통제 가능한 방식으로 대상을 파악하는 사유방식을 의미한다. 그리고 이와 같은 사유방식은 감성적 표상表象, 지성적 개념, 초월적 범주 등의 단계로 나누어져 있는데, 이론적인 체계를 갖춘 철학과 과학이론이 이에 속한다. 한편 비자각적인 의식은 의상적 사유로서 언어기호를 필요 수단으로 삼지 않기 때문에 통제 불가능성을 지니며, 주로 정감적인 의지(情感意志)와 직관적인 상상(直覺想象) 등의 활동으로 현시된다. 자각적인 의식과 마찬가지로 비자각적인 의식에도 감성, 지성, 초월성이라는 단계적 구분이 있는데, 심미적 의식은 바로 초월성의 영역에 속한다. 왜냐하면 현실적인 영역에서 비자각적인 의식은 대부분 자각적인 의식의 지배를 받는 반면, 심미적 영역에서 그 관계가 해체되면서 비자각적인 의식이 독립성을 획득하여 자유로운 의식으로 승화하기 때문이다.

중화미학은 일찍이 현실적인 의식의 자각성과 심미적인 의식의 비자각성 사이의 충돌을 인지하였다. 육기陸機는 심미적인 의식과 이성적인 의식의 차이를 간파한 맥락에서, 심미적인 의식은 무엇을 아는 것이 아니라, 무엇을 할 수 있는 문제와 연관되어 있다고 주장하였다. 그래서 그는 문장을 짓는 방법(作文之道)에 관하여 "대체로 이는 알기가 어려운 것이 아니라, 실제로 할 수 있는 것이 어려운 것이다"(蓋 非知之難, 能之難也)[81]라고 말하였다. 나아가 교연皎然과 엄우嚴羽도 작시作詩의 비이성 적인 요소에 주목하면서 각각 다음과 같이 진술하였다.

> 시의 작용이 살아나려면 생각을 기특하게 널리 펴야 하고, 구절의 형식을 어렵게 정하여야 하니, 이는 내 안에서 취한 것이기는 하지만, 마치 신神이 표현한 바에서 얻은 것 같다. 자연스럽고 진술하며 빼어난 시구에 이르면, 조물자와 기량을 겨룰 만한 것이 되는데, 이는 마음으로 아득히 깨달을 수 있으나(意冥), 말로 나타나기 어려우니, 작가가 아니면 알 수 없다.[82]

> 시에는 별재別材가 있는데, 책과는 관련이 없다. 시에는 별취別趣가 있는데, 이치와 는 관련이 없다.…… 이른바 이치의 길을 밟지 않고, 말의 통발에 빠지지 않은 것이 상등이다. 성당盛唐의 시인들은 오직 흥취興趣에 있어서, 영양羚羊이 잠을 잘 때 뿔을 나무에 걸친 것처럼 자취를 찾을 수 없다. 그러므로 그 오묘한 점은 속까지 맑고 산뜻하며(透徹玲瓏) 한곳에 모이게(湊泊) 할 수 없으니, 마치 허공 속의 음音, 형상 속의 색, 강물 속의 달, 거울 속의 상象과 같아서, 말에는 다함이 있지만, 뜻에는 끝이 없다.[83]

여기에서 엄우는 시가詩歌 창작의 심미적 의식이 지닌 비이성적 특징을 포착하 여, 그것이 특별한 재능(別材), 특별한 흥취(別趣)에서 비롯되는 것이라고 강조하였다. 그리고 그는 좋은 시가 "이치의 길을 밟지 않고, 말의 통발에 빠지지 않은"(不涉理路,

---

81) 陸機, 『文賦』, "余每觀才士之所作, 竊有以得其用心. 夫放言遣辭, 良多變矣, 妍蚩好惡, 可得而 言. 每自屬文, 尤見其情, 恒患意不稱物, 文不逮意, 蓋非知之難, 能之難也."
82) 皎然, 『詩式』, 「序」, "其作用也, 放意須險, 定句須難, 雖取由我衷, 而得若神表. 至如天眞挺拔之 句, 與造化爭衡, 可以意冥, 難以言狀, 非作者不能知也."
83) 嚴羽, 『滄浪詩話』, 「詩辨」, "夫詩有別材, 非關書也. 詩有別趣, 非關理也.……所謂不涉理路, 不 落言筌者, 上也. 盛唐諸人惟在興趣, 羚羊掛角, 無跡可求. 故其妙處, 透徹玲瓏, 不可湊泊, 如空 中之音, 相中之色, 水中之月, 鏡中之象, 言有盡而意無窮."

不落言筌) 특징을 들어, 심미적 의식의 비개념성과 의상성意象性을 나타내기도 하였다.

나아가 엽섭葉燮도 시의 비이성적인 특징을 인정하면서 "말할 수 있는 이치(理)는 사람마다 말할 수 있으므로, 어찌 시인이 굳이 말할 필요가 있겠는가? 증명될 수 있는 일(事)은 사람마다 진술할 수 있는데, 어찌 시인이 굳이 진술할 필요가 있겠는가? 반드시 말할 수 없는 이치가 있고, 진술할 수 없는 일이 있으니, 그것을 만날 때 그 의상의 겉모습을 통해 묵묵히 깨달으면 리理와 사事가 명확히 앞에 드러나지 않는 것이 없다"[84]라고 말하였다. 여기에서 그는 의상, 즉 심미적 의식이 현실적인 이치와 일을 넘어선다고 주장하는 동시에, 그것이 초월적인 리와 사를 드러낸다고 암시하였다. 그리고 이러한 초월적인 리와 사에 대해서 그는 다음과 같이 말하였다.

> 오직 이름이나 말로 표현할 수 없는 이치, 드러내거나 볼 수 없는 일, 지름길로 이를 수 없는 정감 등에 대해서, 그윽함과 아득함을 이치로 삼고, 상상을 일로 삼으며, 망연함과 황홀함을 정감으로 삼아야 비로소 이치의 이름(理至), 일의 이름(事至), 정감의 이름(情至)의 글을 쓸 수 있다.[85]

여기에서 엽섭은 "그윽함과 아득함을 이치로 삼고, 상상을 일로 삼으며, 망연함과 황홀함을 정감으로 삼는 것"을 심미적 의상의 법칙으로 제시하고, 이지理至, 사지事至, 정지情至 등의 개념을 통해 심미적 의식의 초월성을 표현하였다.

중화미학의 문맥에서 자각적인 의식과 비자각적인 의식의 충돌은 정情과 리의 충돌로 설명된다. 일상적인 정감은 자각적인 의식의 통제를 받아 자유롭게 발현될 수 없으므로, "이치로써 정감을 절제한다"(以理節情)라는 말이 있게 되었다. 그러나 심미적인 의식에서 정감은 이성적인 속박을 벗어나 자유로운 정감으로 정립된다.

---

84) 葉燮, 『原詩』, 「內篇」, "可言之理, 人人能言之, 又安在詩人之言之? 可征之事, 人人能述之, 又安在詩人之述之? 必有不可言之理, 不可述之事, 遇之於默會意象之表, 而理與事無不燦然於前者也."

85) 葉燮, 『原詩』, 「內篇」, "惟不可名言之理, 不可施見之事, 不可徑達之情, 則幽渺以爲理, 想象以爲事, 惝怳以爲情, 方爲理至事至情至之語."

이러한 관념은 특히 전통사회의 후기에 이르러 사람들에게 명확하게 간파되었다. 탕현조湯顯祖는 정감을 가장 본위적인 위치에 올려놓고, 이치와 대립시킴으로써 그 독립성을 강조하였는데, 이에 따르면 "정이 있으면 리가 반드시 없고, 리가 있으면 반드시 정이 없다는 말은 진실로 한칼에 두 동강이를 내는 말이다."[86] 그리고 명청시대의 미학자들이 진정眞情, 지정至情 등을 숭상하는 것도 심미적 정감이 이성의 속박에서 벗어나는 점을 강조한 것인데, 이러한 경향은 결국 정과 리가 분리됨으로써 심미적 의식이 독립성을 획득하였다는 점을 드러내는 것이라고 할 수 있다.

2. 심미적 의식의 초월성

심미적인 의식은 현실적인 지성적-감성적 인식의 지배를 벗어나기 때문에, 초월성을 지닌다. 공자가 소악韶樂을 듣고 고기 맛을 잃었다는 일화에서 알 수 있듯이,[87] 전통사회 초기부터 이미 심미적 의식에는 감각적 쾌락을 초월하는 요소가 있다는 점이 거론되었다. 그 뒤로 대부분 미학자들은 심미를 고아한 취미, 즉 아취雅趣로 규정하였는데, 이 아취가 바로 감성적 초월성을 함축하는 개념이다. 그러나 이와 달리, 주류 미학은 여전히 심미가 이성적 초월성을 지닌다는 점에 대해 자각적인 인식을 갖지 못하였다. 이는 도道를 윤리적인 법칙으로, 미美를 그것의 형식으로 규정함으로써, 미가 도의 제약을 받을 수밖에 없다는 유가의 정통사상이 여전히 견지되고 있었기 때문이다. 이와 더불어 도가는 감성과 이성을 초월하는 미의 개념을 정초하였으나, 그것은 자연주의에 치우쳐 있으므로, 현실로부터의 도피에 가까운 것이지 심미적 초월성에 미치지 못한 것이다.

전통사회 후기에 이르러 미학사상은 점차 이성에서 벗어나 심미적 초월성을 긍정하는 쪽으로 이행하였다. 그러나 이와 관련된 진술들은 충분히 자각적인 형태

---

86) 湯顯祖, 「寄達觀禪師」, "情有者, 理必無. 理有者, 情必無. 眞是一刀兩斷語."
87) 『論語』, 「述而」, "子在齊聞韶, 三月不知肉味. 曰, '不圖爲樂之至於斯也!'"

로 이루어지지 않았으므로, 모호성을 지니는 면이 많다. 심미적 의식의 초월성은 주로 경계境界와 의경意境 등 개념을 통해서 설명된다. 경境은 본래 불교佛敎의 개념이고, 마음이 만들어 낸 공空과 무無의 세계를 의미한다. 중화문화는 입세간적 경향을 지니기 때문에, 초월성 자체를 의미하는 개념이 결여되어 있다. 그래서 중화미학은 경이라는 개념을 빌려 현실적인 초월성을 설명하는 과정에서 경계 개념을 정립하였다. 나아가 중화철학은 또한 경계가 공의 상태에 있는 마음(心境)에서 이루어지고, 그것이 실경實境이 아니라는 점을 강조하기 위해 의경이라는 개념까지 고안해 냈다.

이와 같은 경계와 의경 개념이 미학의 영역으로 도입되자, 심미적 의식은 초월성을 갖게 되었을 뿐만 아니라, 자각적인 형태로 표현되기 시작하였다. 탕현조는 "정감으로 말미암아 꿈이 생기고, 꿈으로 말미암아 희곡이 생긴다"(因情成夢, 因夢成戱)[88]라는 미학사상을 제기하였는데, 여기에서의 정과 몽夢이 곧 현실을 초월하는 심미적 의식을 가리키는 것이다. 나아가 왕부지는 전통적인 시언지설詩言志說과 '주관적인 의지를 주로 삼는'(以意爲主) 시론을 비판하여, 시가 주체의 의지를 초월하고 있다고 주장하였는데, 이에 따르면 "또한 이뿐만 아니라, 시는 성聲과 색色으로써 사람을 감동시키기 때문에, 비록 천박한 사람이더라도 그것을 실속 없는 것으로 볼 수 없다. 그러므로 주관적인 의지를 주로 삼는 설은 참으로 생각이 낡은 유생(腐儒)의 견해이다. 그리고 시가 뜻을 말한다고는 하지만, 어찌 뜻이 곧 시라고 할 수 있겠는가?"[89] 왕부지는 시와 주체의 의지가 다르다는 부분을 "성과 색으로써 사람을 감동시키는"(聲色動人) 데에서 찾고, 그 이유를 자세히 설명하지 않았다. 그렇지만 이러한 진술에는 여전히 심미적 의식의 초월성을 인정하고 있다는 생각이 함축되어 있다. 마지막으로 그는 또한 흥興에 관한 해석을 통해 심미적인 초월성을 표현하였다.

---

88) 湯顯祖, 「復甘義麓」, "性無善無惡, 情有之, 因情成夢, 因夢成戱"

89) 王夫之, 『古詩評選』, 卷四, 「郭璞游仙詩評語」, "亦但此耳, 乃聲色動人, 雖淺者不致目之以浮華, 故知以意爲主之說, 眞腐儒也, 詩言志, 豈志卽詩乎?"

기취氣趣를 일으킬 수 있는 자(能興者)를 호걸이라고 한다. 일으킨다는 것은 본성이 기에서 생겨난 것을 말한다. 꾸물꾸물하고 순응할 줄만 알아서 세상 사람들이 그렇다고 하는 것을 그렇다고만 하고, 그렇지 않다고 하는 것을 그렇지 않다고만 하며, 종일토록 수고롭게 살지만, 봉록과 지위, 토지와 집, 아내와 자식 가운데에서 벗어나지 못하고, 쌀을 헤아리고 땔감을 계산하며, 날마다 그 뜻을 굽히고 하늘을 우러러 쳐다봐도 그 높음을 알지 못하고, 땅을 내려다봐도 그 두터움을 모르며, 깨어 있지만 꿈에 있는 것 같고, 볼 수 있지만 눈이 먼 것 같으며, 사지를 부지런히 움직이지만 마음이 영특하지 못하는 이 모든 것은 오직 기취를 일으키지 못하였기 때문이다. 그래서 성인은 『시경』으로 가르쳐, 그 혼탁한 마음을 깨끗이 씻어 내고, 그 쇠퇴한 기운(暮氣)을 흔들어 호걸이 되는 길로 끌어들이고, 향후 성현聖賢됨을 기약하도록 하니, 이것이 난세에서 인간의 도(人道)를 구제하는 큰 헤아림(大權)이 다.90)

왕부지에 따르면 시인들이 일상생활에 매몰되고, 활기와 개성이 없는 것은 오직 기취를 일으키지 못하였기 때문이고(惟不興故也), 흥을 통해 "그 혼탁한 마음을 깨끗이 씻어 내고, 그 쇠퇴한 기운을 흔들리면" 모두 호걸이 될 수 있는데, 이러한 진술도 심미적 의식이 지닌 초월성을 긍정하는 것이라고 이해될 수 있다.

요컨대, 후기 중화미학은 심미적인 의식이 지닌 초월성을 인지하였지만, 아직 그것을 충분히 자각적인 형태로 고찰하지 못하였다.

3. 심미적 의식의 개체성

중화미학은 미를 도의 현시로 규정하는 동시에, 그것을 특수한 대상이나 대상의 성질로 인식하기 때문에, 심미적 체험은 저마다 다른 개체성을 갖추게 된다. 그러한

---

90) 王夫之, 『俟解』, "能興者謂之豪傑. 興者, 性之生乎氣者也. 托杳委順, 當世之然而然, 不然而不然, 終日勞而不能度越於祿位田宅妻子之中, 數米計薪, 日以挫其志氣, 仰視天而不知其高, 俯視地而不知其厚, 雖覺如夢, 雖視如盲, 雖勤動其四體而心不靈, 惟不興故也. 聖人以詩教以蕩滌其濁心, 震其暮氣, 納之於豪傑, 而後期之以聖賢, 此救人道於亂世之大權也."

까닭에 의상의 형식으로서 존재하는 심미적인 의식은 사물의 표상과 달리 개체적인 독자성을 지닌다. 중화미학은 일찍이 심미적 의상의 독자성을 의식하여 그 개체성을 강조하였다. 상수向秀와 곽상郭象은 『장자』를 주석하면서 다음과 같은 말을 남겼다.

> 비록 아름답다고 여기는 바(所美)는 서로 다르지만, 아름답다고 여기는 바가 있다는 것은 같다. 각각 그 아름답다고 여기는 바를 아름답게 여기면 만물은 하나의 아름다움(一美)이 된다.[91]

여기에서 곽상은 한편으로는 "아름답다고 여기는 바가 다르다"(所美不同)라는 점을 들어 미의 개체성을 주장하였지만, 다른 한편으로는 "아름답다고 여기는 바가 있다는 것은 같다"(同有所美)라고 말하면서 미의 보편성, 즉 "만물은 하나의 아름다움이 된다"(萬物一美)라는 것을 강조하였다. 그리고 "만물은 하나의 아름다움이 된다"라는 것은 곧 도에 근본한 미의 본질을 의미하는 것으로 이해될 수 있다.

다음으로, 심미적인 의식의 개체성에 관해 유협劉勰은 "독특한 안목을 지닌 장인(獨照之匠)처럼 의상만 보고 도끼를 휘두를 수 있게 된다"[92]라고 말하였고, 사공도司空圖는 "의상이 곧 생성될 무렵에 조화造化의 기특함(奇)은 이미 갖추어져 있다"[93]라고 진술하였는데, 여기에서의 기특함 즉 기奇는 바로 일반적이지 않은 개체성을 지시하는 말이다. 나아가 원굉도袁宏道는 "독자적인 본성의 영민함을 펴고, 격식에 구애받지 않는다"[94]라는 생각을 제기함으로써, 심미적 의식을 철저히 개성주의 쪽으로 나아가도록 부추겼다. 이어서 엽섭도 유사한 취지에서 다음과 같은 진술을 남겼다.

---

91) 郭象, 『莊子注』, 「德充符注」, "雖所美不同, 而同有所美. 各美其所美, 則萬物一美也."
92) 劉勰, 『文心雕龍』, 「神思」, "然後使玄解之宰, 尋聲律而定墨. 獨照之匠, 窺意象而運斤."
93) 司空圖, 『詩品』, 「縝密」, "意象欲生, 造化已奇."
94) 袁宏道, 『袁中郎全集』, 卷一, 「敍小修詩」, "大都獨抒性靈, 不拘格套."

시에 미루어 봐도 어찌 그렇지 않은가? 시는 드넓은 마음속의 생각(胸襟)을 펼쳐 씀으로써 경물을 떨쳐서 드러내는 것이니, 그 경계는 스스로 얻은 것이고, 생각도 자연스럽게 이루어진 것이다. 그래서 사람에게 읊조리면서 여러 번 탄식하게 하고, 맛을 찾더라도 궁진할 수 없게 하며, 그것에 대한 익숙함을 잊게 하고, 스스로 유익함을 얻어(轉益) 새로운 것을 보게 하며, 어디에 간들 불가함이 없도록 한다.[95]

나아가 왕부지는 의상이 물상物象이 아니라 주체와 사물이 만나서 생긴 것이라는 점을 들어, 사람의 정감과 심미적 의상은 각기 다르다고 주장하였는데, 이에 따르면 "인간 정감의 노넓은 또한 끝이 없고, 각기 그 정감으로 사물을 만나게 되니, 이것이 곧 시가 귀하다고 여겨지는 이유이다."[96] 끝으로 왕부지는 또한 의상이 생성되는 시점에 관해서 논술하면서, 영감과 의상은 독특성을 지니기 때문에, 기존의 규범을 고수하거나 모방하는 데에서 얻을 수 없다는 점을 강조하였다.

대개 자연적인 영감(天籟)이 발현될 경우, 그것은 매우 찰나의 일이니, 무엇을 휘어잡고 기어 올라가는(기존의 규범에 의지하는) 길이 끊어지고, 독특한 경지에 이른 쓰임(獨至之用)이 넓어진다. 만약 이때 다시 다른 것을 섞게 되면, 이 영감(當事)은 반드시 위태로워지고, 정감과 경물이 분리되어 진정한 정감이 사라지게 될 것이다. 진정한 정감이 느슨해지고 사라지게 되면 시라고 할 수 없다.[97]

마지막으로, 중화미학은 옛사람의 심미적 경험을 학습하고 계승하는 것을 강조하는 동시에, 예술을 독특한 창조적 행위로 규정하여 모방하는 일에 반대하였다. 특히 전통사회 후기, 개체적인 심미의식이 각성함에 따라 독창성에 관한 미학적 논술이 대폭 제기되었는데, 그 관련 진술은 다음과 같다.

---

95) 葉燮, 『原詩』, 「外篇」, "推之詩, 獨不然乎? 舒寫胸襟, 發揮景物, 境皆獨得, 意自天成, 能令人永言三歎, 尋味不窮, 忘其爲熟, 轉益見新, 無適而不可也."
96) 王夫之, 『薑齋詩話』, "人情之游也無涯, 而各以其情遇, 斯所貴於有詩."
97) 王夫之, 『古詩評選』, 卷一, 「潘岳哀詩評語」, "蓋當其天籟之發, 因於俄頃, 則攀援之徑絶而獨至之用弘矣. 若復參伍他端, 則當事必怠. 分疆情景, 則眞感無存. 情懈感亡, 無言詩矣."

표절하고 모방하는 것은 시의 큰 병폐이다. 그렇지만 정신이 사물의 영역(境)과 접촉하고, 스스로의 마음을 스승으로 삼아 독자적으로 창작하였으나, 우연히 옛사람의 말과 합치된 것도 또한 있다.[98]

옛사람이 앞에서 창작할 수 있으니, 내가 어찌 그 뒤에서 창작할 수 없겠는가?[99]

시라는 것은 옛사람이 지을 수 있고 나도 또한 지을 수 있다. 내 스스로부터 시를 짓는 것이니 옛사람의 시를 따르는 것은 아니다.…… 반드시 옛사람이 말하지 않는 바를 말하고, 옛사람이 드러내지 않는 것을 드러낼 수 있는 뒤에야, 나만의 시를 지을 수 있다.[100]

사詞는 맑고 새로워야 하니, 절대로 다른 사람의 입에서 흘러나온 지혜를 줍는 일을 삼가야 한다.[101]

내가 나를 행하게 되면(爲我) 자연스럽게 내가 있게 된다.[102]

4. 심미적 의식의 신심일체성身心一體性

서양의 미학에 따르면 심미는 신체와 무관한 순수의식적인 활동이다. 이러한 생각은 포스트모더니즘 시기에 이르러서야 일부 수정되면서 의식과 신체의 동일성이 어느 정도 긍정되기 시작하였다. 그러나 포스트모더니즘 사상에는 또한 의식을 신체화하여 둘 사이의 구분을 무화시키는 경향이 있다. 한편, 중화미학은 심미의식이 비록 정신성을 지니지만 동시에 신체성을 갖춘 것으로, 신심일체성을 지닌다고

---

98) 王士禎, 『藝苑卮言』, 卷四, "剽竊模擬, 詩之大病. 亦有神與境觸, 師心獨造, 偶合古語者."
99) 葉燮, 『原詩』, 「外篇」, "昔人可創之於前, 我獨不可創於後乎?"
100) 葉燮, 『原詩』, 「內篇」, "若夫詩, 古人作之, 我亦作之, 自我作詩, 而非述詩也.……必言前人所未言, 發前人所未發, 而後爲我之詩."
101) 劉熙載, 『藝槪』, 「詞曲槪」, "詞要淸新, 切忌拾人牙慧."
102) 石濤, 『石濤畵語錄』, 「變化章第三」, "我之爲我, 自有我在."

제9장 중화미학의 심미의식론　435

주장한다. 그리고 이와 같은 신체와 의식의 통일성은 주로 통감通感이라는 형식으로 체현된다. 통감이란 인체의 다양한 감각(시각, 청각, 후각, 촉각, 미각 등)이 각각 그 한계를 넘어서 서로 소통하고 융합되는 현상을 가리킨다. 이러한 현상은 기본적으로 인간의 비자각적인 의식의 체험 속에 존재하는 동물적인 의식의 잔여라고 일컬어지기도 한다. 나아가 통감은 심미 활동 속에서 가장 분명하게 드러난다. 왜냐하면 의상은 본래 분열된 의식이 아니라 완전성을 갖춘 심미적 의식이므로, 다양한 감각 사이의 간극을 극복하여 통감을 형성할 수 있기 때문이다.

중화미학은 일찍이 심미적 경험이 신심을 모두 동원하는 활동임을 파악하였고, 그 과정에서 다양한 기관의 참여가 필요하다는 점도 간파하였다. 따라서 중화미학은 심미적인 통감을 나타내기 위해, 신체성을 의미하는 개념을 대폭 사용하였다. 종영鍾嶸은 자미滋味의 개념을 제기하여 문학작품을 품평하는 데 적용하였다. 이에 따르면 "오언시五言詩는 문文과 사詞의 가장 중요한 위치에 있으므로, 다양한 작품 중에서 가장 자미가 있는 것이다."[103] 이어서 종병宗炳은 "마음을 맑게 하여 상을 맛본다"라는 징회미상澄懷味象[104]의 개념으로써 심미적인 의식을 설명하였고, 유협도 맛을 나타내는 미味를 통해 심미적인 체험을 드러낸 바가 있었다.[105]

자미와 미 이외에도 중화미학은 또한 '노닐다'를 의미하는 유遊(또는 游) 개념을 통해 심미적 의식을 해명하는 경우가 많은데, 그 사례는 다음과 같다.

> 공자가 말하였다. "만물의 근원에서(物之初) 노닌다고 함은 어떤 것입니까?" 노담老
> 聃이 말하였다. "무릇 이 만물의 근원에서 노니는 경지를 체득할 수 있으면, 지극히
> 아름답고 지극히 즐거워진다. 지극한 아름다움을 체득하여 지극히 즐거운 경지에
> 노니는 사람을 일러 지인至人이라고 한다."[106]

---

103) 鍾嶸, 『詩品』, 「序」 "五言居文詞之要, 是衆作之有滋味者也."
104) 宗炳, 「畵山水序」, "聖人含道暎物, 賢者澄懷味像."
105) 劉勰, 「文心雕龍」, 「情采」, "繁采寡情, 味之必厭."
106) 『莊子』, 「田子方」, "孔子曰, '請問遊是.' 老聃曰, '夫得是, 至美至樂也. 得至美而遊乎至樂, 謂之
    至人.'"

정신은 팔극八極을 달리고, 마음은 만인萬仞의 하늘에서 노닌다.107)

종병은 질병 때문에 강릉으로 돌아갔는데, 그는 '노쇠함과 병이 함께 찾아와서
명산名山을 두루 유람할 수 없으니, 오직 마음을 맑게 하여 도를 관觀하고, 누워서
그것들을 노니는 일을 할 수밖에 없네'라고 탄식하였다.108)

정신이 사물과 함께 노닐도록 한다.109)

마지막으로, 중화미학은 예술의 구체적인 창작기법에서도 통감 현상을 활용하
였다. 두보杜甫의 시구에 "아침의 종소리가 구름 밖까지 적신다"(晨鍾雲外濕)110)라는
구절이 있는데, 여기에서 그는 촉각을 나타내는 '적시다'(濕)와 청각을 나타내는
종소리를 소통하고 치환하여 예술적인 표현력을 강화하였다. 엽섭은 이 시구에
관해 다음과 같이 평가하였다.

소리는 형체가 없는데, 어떻게 적실 수 있는가?…… 범속한 유자들은(俗儒) 그가
구름을 사이에 두고 종鍾을 보고, 그 소리 속에서 적심을 듣자 오묘한 깨달음이
하늘을 연 것처럼 일어나, 지극한 이치와 실제 사태 속에서 깨달아서 이 경지를
얻었음을 알지 못한다.111)

여기에서 말한 '지극한 이치와 실제 사태'(至理實事)는 일상적인 리와 사가 아니라,
예술적인 의상으로 구현된 리와 사이므로, 개별적인 감각의 간극을 격파하여 통감을
형성할 수 있다.

---

107) 陸機, 『文賦』, "精騖八極, 心游萬仞."
108) 『宋書』, 「宗炳傳」, "(宗炳)以疾還江陵, 歎曰, '老病俱至, 名山恐難遍遊, 惟當澄懷觀道, 臥以遊之'"
109) 劉勰, 『文心雕龍』, 「神思」, "故思理爲妙, 神與物游."
110) 杜甫, 「船下夔州郭宿, 雨濕不得上岸, 別王十二判官」, "依沙宿舸船, 石瀨月娟娟. 風起春燈亂,
江鳴夜雨懸. 晨鍾雲外濕, 勝地石堂煙. 柔櫓輕鷗外, 含凄覺汝賢."
111) 葉燮, 『原詩』, 「內篇」, "聲無形, 安能濕?……俗儒不知其於隔雲見鐘, 聲中聞濕, 妙悟天開, 從至
理實事中領悟, 乃得此境界也."

제4절 심미적 의식과 언어

1. 언言과 의意의 관계론

중화철학과 미학은 의상意象과 언어 사이의 관계를 검토한 바가 있는데, 이에 따르면 의 즉 사상과 정감은 그 전달 과정에서 언어 즉 언의 힘을 빌려야 한다. 그러나 노자를 비롯한 도가의 사상가들은 언어라는 매개가 도道를 온전하게 전달할 수 없다고 주장하였다.[112]

노자의 사상을 부분적으로 계승한 장자는 한 걸음 더 나아가 언어의 매개 없이 직접 도를 직관할 수 있다고까지 주장하였다.[113] 특히 장자는 "말로 논할 수 있는 것은 사물 가운데 큰 것(粗)이고, 마음(意)으로 파악할 수 있는 것은 사물 가운데 작은 것(精)이며, 말로 논할 수도 없고 마음으로 파악할 수도 없는 것은 큰 것과 작은 것으로 헤아릴 수 없는 것이다"[114]라고 말하였는데, 이에 따르면 언어는 오직 '사물 가운데 큰 것'(物之粗), 즉 사물의 표상表象만을 표현할 수 있고, 의식은 그보다는 본질에 가까운 것, 즉 '사물 가운데 작은 것'(物之精)을 파악할 수 있지만, 둘 모두가 현묘한 도를 포착할 수 없다.

이에 그치지 않고 장자는 또한 언과 의 사이의 관계를 직접 검토하면서 "언은 의를 알기 위한 수단에 불과하기 때문에, 의를 알고 나면 언을 잊어야 한다. 그러나 나는 어디에서 언을 잊은 사람을 만나고 그와 함께 이야기할 수 있겠는가?"[115]라는 진술을 남겼다. 이 말이 곧 후세에서 자주 거론된 언부진의言不盡意, 득의망언得意忘言의 시원인데, 그것은 일상적인 언어가 의미를 온전하게 전달하거나 도를 체득할

---

112) 『道德經』第1章, "道可道, 非常道. 名可名, 非常名."

113) 『莊子』, 「田子方」, "若夫人者, 目擊而道存矣, 亦不可以容聲矣."

114) 『莊子』, 「秋水」, "可以言論者, 物之粗也. 可以意致者, 物之精也. 言之所不能論, 意之所不能察致者, 不期精粗焉."

115) 『莊子』, 「外物」, "言者所以在意, 得意而忘言. 吾安得忘言之人而與之言哉?"

수 있는가에 관한 문제, 다시 말해 일상 언어와 현실 세계 또는 존재의 일치성 문제를 제기하고 있다. 장자의 기본 생각에 따르면 일상 언어는 추상적인 개념으로 구성된 기호체계이고, 의미와 사상은 구체성과 개별성을 지닌 것이므로, 언어로써 의미를 온전하게 드러낼 수 없다. 그리고 다른 한편으로, 일상 언어는 현실 세계에서 구현된 기호체계이므로, 제한성을 가질 수밖에 없는 까닭에, 그것을 통해 참된 도를 파악할 수도 없다.

그렇다면 어떻게 해야 사상을 온전하게 드러낼 수 있는가? 이에 관해 『주역』은 '상象을 세워 뜻을 다한다', 즉 '입상이진의立象以盡意'라는 사상을 내세웠다.[116] 여기에서의 상은 단지 내용을 전하는 매개가 아니라 성인聖人의 뜻, 다시 말해 참된 도를 전달할 수 있는 수단으로 설명된다.

위진시대에 이르러 언과 의 사이의 관계 논쟁은 본격적으로 전개되었다. 이 중에서는 언능진의설言能盡意說과 언부진의설言不盡意說이 공존하고 있는데, 왕필王弼의 견해가 가장 대표적이다. 그는 구체적으로 의－상－언의 논리적 구조를 제시하면서 다음과 같이 말하였다.

> 무릇 상은 의에서 나온 것이고, 언은 상을 밝히는 것이다. 의를 다하는 데 있어서 상만큼 되는 것은 없고, 상을 다하는 데 있어서 언만큼 되는 것은 없다. 언은 상에서 나오기 때문에, 언을 따라 찾으면 상을 살필(觀) 수 있고, 상은 의에서 나오기 때문에, 상을 따라 찾으면 의를 살필 수 있다. 의는 상을 통해 온전하게 드러나고, 상은 언을 통해 더욱 명확해진다. 그러므로 언이 상을 밝힐 수 있는 근거는 상을 얻으면 언이 잊히기 때문이고, 상이 의를 보전할 수 있는 근거는 의를 얻으면 상이 망각되기 때문이다.[117]

---

116) 『周易』, 「繫辭上」, "子曰, '書不盡言, 言不盡意. 然則聖人之意, 其不可見乎? 子曰, '聖人立象以盡意, 設卦以盡情僞, 繫辭以盡其言, 變而通之以盡利, 鼓之舞之以盡神.'"

117) 王弼, 『周易略例』, 「明象」, "夫象者, 出意者也. 言者, 明象者也. 盡意莫若象, 盡象莫若言. 言生於象, 故可尋言以觀象. 象生於意, 故可尋象以觀意. 意以象盡, 象以言著. 故言者所以明象, 得象而忘言. 象者所以存意, 得意而忘象."

그러나 여기에서 왕필은 의, 상, 언의 관계를 지나칠 정도로 이상화하고 있다. 즉 그는 셋의 동일성을 강조한 나머지, 그 사이의 비동일성을 외면하였다는 것이다. 물론 본원적인 언어와 본원적인 의식, 그리고 본원적인 의상은 동일성을 갖는 까닭에, 셋은 근원적인 동일성을 지닌 것이라 할 수 있다. 그러나 현실적인 영역에서 셋의 관계는 파열된 것으로, 의는 유한적인 사상으로서의 현실적인 의식으로, 상은 의를 충분히 전달하지 못한 표상이나 물상物象으로, 언은 의·상과 분리되고 제한적인 의미나 사상만을 전달할 수 있는 일상 언어로 각각 존재한다. 이러한 의미에서 셋의 현실적 한계를 파악한 노자와 장자의 논의가 그 동일성만을 강조한 왕필의 논의보다 합리적인 것이라고 할 수 있다. 그러나 왕필의 논의가 중요한 것은 의, 상, 언의 본원적 동일성을 명확하게 제시하였다는 점에 있는데, 이에 따르면 본원으로 되돌아가는 심미적인 영역에서 셋의 동일성이 성취될 수 있다. 즉 심미적인 영역에서 현실적인 의식은 심미적인 의식으로 승화하여 순수한 의식으로 존재하고, 사물의 표상은 의상의 형태로 존립하여 심미적인 의식을 표현하는 것이 되며, 언어를 비롯한 기호는 개념을 전달하는 것이 아니라 의상을 구성하는 것으로 정립된다는 것이다. 그러한 까닭에, 중화미학과 예술론은 '입상立象'을 통해 뜻을 온전하게 전달할 수 있다고 주장한다. 나아가 미학적인 영역에서 상은 의상으로 정립됨으로써, 상은 의와 합일된 것이 되므로, 그것은 주체적인 의식뿐만 아니라 대상의 본질까지도 시사하는 것이 되기 때문에, 상과 의가 분리되는 득의망상의 명제를 원천적으로 부정할 수 있다.

2. 문학적인 언어의 특성

본원적인 언어와 의식(또는 의상)은 동일성을 지니지만, 그것들이 현실적인 영역에 전락되면 언과 의의 분리가 나타난다. 그래서 중화철학은 진정한 언어는 본원으로 되돌아가 도를 전달하여야 한다고 주장한다. 마찬가지로 중화미학도 일상 언어의 제한성을 인지하여, 그것이 의를 충분히 표현하지 못한 까닭에, 상으로써 의를 드러내야 한다는 사상을 정초하였다. 그러나 언어에는 일상적인 언어뿐만 아니라, 예술기호 일반을 대표할 수 있는 문학적인 언어도 있다. 중화미학은 바로 후자에서 충분한 의상화가 구현될 수 있으므로 언, 의, 상의 융합이 성취될 수 있다고 주장한다.

육기陸機는 예술창작을 수행하려면 반드시 예술적 사유와 언어 사이의 충돌을 직면하여야 한다는 의미에서 "나는······ 스스로 글을 짓다 보면······ 항상 생각(意)이 사물의 참모습에 부합하지 않을까, 또 글이 생각을 따라잡지 못할까 걱정하게 된다"118)라고 말하였다. 여기에서 알 수 있듯이 언과 의는 자연스럽게 합치되는 것이 아니다. 그래서 유협劉勰은 한편으로 "붓을 꽉 쥐고, 글을 쓰기 전에는 기운이 배가 되지만, 글을 완성할 때 즈음 되면, 처음 마음에서 생각하였던 것의 절반밖에 이루지 못하였음을 알게 된다. 왜 그러한가? 생각이 허공에서 날아다닐 때는 신기한 것을 쉽게 표현할 수 있지만, 언어로써 그 실재를 표현하는 것은 정교하게 하기 어렵기 때문이다"119)라고 말하면서 언부진의言不盡意를 강조하는 듯하지만, 다른 한편으로는 "사물은 눈과 귀를 따르고, 문사가 눈과 귀를 통해 얻은 것을 관장하는 중추(樞機)가 된다. 중추가 막힘없이 통하게 되면 사물은 그 모습을 숨길 수 없게 된다"120)라고 말하면서 문학적 언어가 의를 온전하게 드러낼 수 있음을 주장하고 있다. 이와 같이 모순처럼 설명되는 진술은 실제로 유협이 일상적인 언어와 문학적인 언어의 차이를 인지하였음을 보여 준다. 다시 말해, 유협은 일상적인 언어의 한계가 의식에 미치지 못하는 점을 인지하면서도, 문학적인 언어가 그것을 보완하여 심미적 의식의 차원까지 승화시킴으로써 언능진의言能盡意를 성취할 수 있음을 인식하였다는 것이다.

문학에서 표현된 의미는 현실적인 의미가 아니라, 심미적인 의미이다. 그래서 유협은 또한 '숨어 있는 것과 빼어난 것', 즉 은수隱秀의 개념을 제기하였다. 그에

---

118) 陸機, 『文賦』, "余······每自屬文,······恒患意不稱物, 文不逮意."

119) 劉勰, 『文心雕龍』, 「神思」, "方其搦翰, 氣倍辭前, 暨乎篇成, 半折心始. 何則? 意翻空而易奇, 言徵實而難巧也."

120) 劉勰, 『文心雕龍』, 「神思」, "物沿耳目, 而辭令管其樞機. 樞機方通, 則物無隱貌."

따르면 문학적인 언어는 언표된 의미 이외에도 숨어 있는 의미가 있는데, 그것이 바로 은수로 해명되는 심미적인 의미이다.

> 그러므로 문장이 화려한 꽃처럼 피게 될 때(英蕤), 빼어난 것과 숨어 있는 것이 있다. 숨어 있는 것은 문장 너머의 쌓이는 뜻(重旨)을 의미하고, 빼어난 것은 문장에 있는 특출한 표현을 가리킨다. 숨어 있는 것은 '문장 넘어 쌓이는 뜻(復意)을 훌륭한 것으로 삼고, 빼어난 것은 표현의 뛰어남을 정교한 것으로 삼는다.[121]

여기에서 빼어난 것은 문장 표현의 언사 활용을 의미하고, 숨어 있는 것은 문장의 언사 너머에 있으면서도 계속 쌓이고 확장할 수 있는 뜻(復意), 즉 심미적 의미를 가리킨다. 유협에 따르면 심미적 의미는 현실 너머의 의미를 현시하는 것이고, 언어는 경험적인 의미를 지니므로, 전자는 반드시 후자를 초월하는 측면이 있다. 그래서 문학적인 언어를 통해 구현된 쌓이는 뜻, 즉 복의는 예술적 의미의 다중성多重性과 형이상학적 특성을 드러내는 것이라 할 수 있다.

이렇게 보면, 중화미학은 실제로 고대부터 이미 심미적 의미가 지닌 현실적인 초월성에 대해 감지하였다. 이에 관해 종영鍾嶸은 "문장은 다하였지만, 뜻은 아직 남아 있다"[122]라는 명제를 통해 문장 너머의 심미적 의미를 시사한 바가 있고, 사공도司空圖는 '상 너머의 상, 경景 너머의 경'[123], '운韻(언어) 너머의 정취(致)'[124], '맛 너머의 취지'[125] 등의 개념을 내세워 의상이 물상(표상)을 초월한다는 점을 강조하였다. 나아가 교연皎然은 마치 유협이 제기한 중지重旨와 복의 개념에 주석을 붙이듯이, "이중의 뜻 이상을 갖추면, 모두 문장 너머의 취지를 지닌 것이다"[126]라고

---

121) 劉勰, 『文心雕龍』, 「隱秀」, "是以文之英蕤, 有秀有隱. 隱也者, 之重旨者也. 秀也者, 篇中之獨拔者也. 隱以復意爲工, 秀以卓絶爲巧."
122) 鍾嶸, 『詩品』, 「序」, "文已盡而意有餘."
123) 司空圖, 「與極浦書」, "象外之象, 景外之景, 豈容易可譚(談)哉!"
124) 司空圖, 「與李生論詩書」, "近而不浮, 遠而不盡, 然後可以言韻外之致耳."
125) 司空圖, 「與李生論詩書」, "倘復以全美爲工, 卽知味外之旨矣."
126) 皎然, 『詩式』, 「重意詩例」, "兩重意以上, 皆文外之旨."

주장하였는데, 이는 문학적인 언어 자체가 지닌 다의성을 시사하는 동시에, 그 초월성을 강조하는 것이기도 하다. 끝으로 유우석劉禹錫은 "경境은 상의 너머에서 생겨난다"[127]라는 명제를 제기하였는데, 여기에서의 경은 곧 심미적 경계境界를 의미하고, 상은 의상이 아닌 물상을 지시한다. 요컨대 이와 같은 사례들은 모두 심미적-문학적인 언어로 구현된 경계와 의상이 일상적인 경험 표상을 넘어서고 있다는 점을 강조한 것이다.

---

127) 劉禹錫, 『董氏武陵集記』, "境生於象外."

제10장 중화미학의 세간성과 함축적 초월성

평민문화와 평민예술이 주된 배경이라는 맥락에서, 서양의 미학은 심미의 초월성과 피안성彼岸性을 강조하는가 하면, 중화미학은 심미의 세간성과 차안성此岸性에 초점을 맞추고 있다. 그러한 까닭에 중화미학은 신체성과 심미적인 의식을 구분하는 서양미학의 논의방식과 달리, 신심합일身心合一의 미학적 체험을 논제로 삼는다.

제1절 중화미학의 세간성

1. 중화철학은 인생에 관한 철학이다

서양철학은 그 탄생 초기부터 '지혜에 대한 사랑'이라는 규정을 가졌다. 그래서 그것은 세계의 본원을 탐구하고 절대적으로 타당한 인식을 정초하려는 특징을 지닌 까닭에, 피안성을 갖고 있다. 나아가 서양철학은 기본적으로 인식론을 중심으로 전개되었기 때문에, 사회나 인생과 일정한 거리가 있고, 인생의 가치적 규범을 직접적으로 규정하지 않는 경향을 지니고 있다. 그러나 중화철학은 순수한 사변이 아니라, 인생의 경험을 포괄적으로 검토하는 전통에서 시작되었다. 그래서 그것은 인간됨의 도(爲人之道)를 비롯한 세간의 윤리를 주된 탐구 영역으로 삼고, 인생 피안에 관해 큰 관심을 두지 않는다.

중화철학은 기본적으로 도를 본체로 규정하는데, 그것은 경우에 따라 윤리적인 법칙과 스스로 그러한 자연천성自然天性 등으로 해석된다. 그러나 어떠한 의미를 가리키든 간에, 도는 항상 인생의 지침으로 설명되므로, 세간성과 차안성을 지닌 것이라고 할 수 있다. 그래서 중화철학은 다름 아닌 인생에 관한 철학이다. 유가는 윤리적인 근거를 정초하여 인생의 가치와 사회의 질서를 확립하는 데 주안점을 둔다. 그래서 그것은 인간 사이의 화목한 관계를 구축할 수 있는 인仁을 핵심 범주로 삼는다. 한편, 도가道家는 사회와 문화의 억압에서 벗어나 자유를 획득할 수 있는 마음의 법칙과 생활 태도를 지향한다. 그럼에도 불구하고 둘은 모두 형이상학적인 고민보다는 인생의 문제를 해결하기 위해 주된 논의를 전개하였다는 점에서 동일하다. 따라서 중화철학의 중요한 특징 중 하나인 실용이성實用理性도 이 배경에서 고양된 것이라 할 수 있다.

서양철학은 천天과 인人을 양분하여 그것을 각각 본체와 현상이라는 두 세계로 설정하였다. 그리고 철학은 주로 본체에 관한 사유를 기반으로 전개되므로, 초월성을 지닌다. 그러나 중화철학은 천인합일天人合一의 세계관을 견지하고, 체용불이體用不二의 생각에 기반하여 도를 일상적인 인륜 관계 속에서 구현된 것이라고 간주하기 때문에, 세간성을 지닌다. 그러한 맥락에서 주희朱熹는 "본체(體)와 쓰임(用)은 하나의 근원을 지니니, 현시되는 것(顯)과 숨어 있는 것(微) 사이에는 간극이 없다"[1]라고 말하였고, 왕양명王陽明은 "본체에 즉卽하여서 말하자면 쓰임은 본체에 있고, 쓰임에 즉하여서 말하자면 본체는 쓰임에 있다. 이를 가리켜 본체와 쓰임은 하나의 근원을 갖고 있다고 한다"[2]라고 주장하였다. 나아가 도가가 주장한 대통大通의 세계도 비록 세속을 벗어나 있지만, 그것은 현실을 초월하는 다른 세계가 아니라 주체의 마음에 의해서 자아와 사물이 모두 자연화된 세계이다. 따라서 유가와 도가는 모두 차안과 피안을 구분하지 않았고, 다만 하나의 세계를 설정하였기 때문에,

---

1) 『朱子語類』, 「綱領下・程子易傳」, "體用一原, 顯微無間."
2) 『傳習錄』, "卽體而言, 用在體. 卽用而言, 體在用. 是謂體用一源."

중화철학은 기본적으로 세간성을 지닌 것이라고 할 수 있다.

다음으로, 서양의 고대철학은 본체론, 근대철학은 인식론을 중심으로 전개하였기 때문에, 그것들은 모두 실체론에 기반하고 있다. 이 유형의 사상에 따르면 존재는 실체성을 지닌 것이고, 실체는 또한 인간과 독립되어 있는 절대적인 객관 사물이므로, 인간은 그것의 지배를 받거나 그것을 지향하는 인식적인 존재로 존립한다. 그러나 중화철학은 천도天道와 인도人道의 합일을 강조하고, 인륜적인 가치(개체적인 가치가 아닌 집단적인 가치)를 중시하기 때문에, 서양과 다른 철학의 유형, 즉 생활철학과 생명철학을 정초하였다. 중화철학에 따르면 세계는 인간과 독립되어 있는 실체가 아니라, 인간과 서로 소통하는 생명성 있는 존재이다.

천지의 큰 덕德을 가리켜 살아 있음(生)이라고 한다.3)

물과 불은 기氣를 가지고 있지만, 생명(生)은 없다. 초목은 생명은 가지고 있지만, 지각(知)은 없다. 금수는 지각은 있지만, 의로움(義)이 없다. 인간은 기, 생명, 지각을 가지고 있고, 또한 의로움도 가지고 있다. 그러한 까닭에 세상의 가장 귀한 존재가 된다.4)

도는 인간과 멀리 있지 않다. 그러나 만약 어떤 사람이 도를 행하되 인간과 멀리하게 되면, 그가 행한 것을 도라고 부를 수 없다.5)

나아가 도가에게도 생명을 귀하게 여기는 귀생貴生사상이 있다. 실제로 도가에 의해서 제시된 스스로 그러한 도는 곧 윤리적인 억압에 반항하여 자연스러운 생명 상태에 대한 긍정을 나타내는 개념이다. 그러한 맥락에서 노자는 "그러므로

---

3) 『周易』,「繫辭下」,"天地之大德曰生."
4) 『荀子』,「王制」,"水火有氣而無生, 草木有生而無知, 禽獸有知而無義, 人有氣, 有生, 有知, 亦且有義, 故最爲天下貴也."
5) 『禮記』,「中庸」,"道不遠人. 人之爲道而遠人, 不可以爲道."

도가 크고, 천이 크고, 지가 크고, 사람도 또한 크다. 이 세상에는 네 가지 큰 것이 있으니, 사람은 그중 하나에 해당한다"6)라고 말하였는데, 이에 따르면 인간은 천지와 더불어 공존하고 있으므로, 그 존립과 생명성 자체는 천지 못지않게 중요하다. 따라서 중화철학은 비록 천인 관계를 다루지만, 그 실질은 인학人學에 있으므로, 고전적인 인문정신을 대변한 것이라 할 수 있다. 바로 이와 같은 인문정신을 기반으로 중화철학은 인식론이 아닌 윤리학을 중심으로 전개하게 되었다.

그다음으로, 중화철학은 실천이성에 기반한 지행합일知行合一의 특징을 갖고 있다. 서양철학과 달리, 중화철학은 순수사변을 중시하지 않았으므로, 사상과 더불어 실천의 지침을 확립하는 데 초점을 맞추었다. 특히 유가의 철학은 지행합일, 내성외왕內聖外王을 강조하면서 수신修身, 제가齊家, 치국治國, 평천하平天下를 단계적으로 실현하는 방법7)을 고안하고자 하였다. 이에 따르면 좋은 학설은 현실에 적용하여 그것을 개선할 수 있는 학설이고, 그 좋음의 기준을 판가름하는 것은 다름 아닌 사회적 실천성의 효과이므로, 철학체계 자체의 무모순성은 그것에 비해 크게 중요하지 않다. 나아가 도가의 철학도 인생의 태도와 밀접하게 연관되어 있다. 노자와 장자, 그리고 후세의 은사隱士들은 모두 도가에서 제시한 인생관을 실천적인 지침으로 삼았다.

존재의 개념을 둘러싸고 지속적인 논쟁을 벌인 서양철학과 달리, 중화철학은 진대秦代 이후로 도의 본질에 관한 논의를 적극적으로 수행하지 않았는데, 이는 마치 도의 내포가 이미 보편적으로 규정된 것처럼 보이기도 한다. 한편, 중화철학은 집중적으로 도를 깨닫고 그것을 현실적으로 실천하는 문제에 몰두하였다. 예를 들어 동중서董仲舒의 천인감응론天人感應論은 천도를 몸소 살피고, 그것을 덕정德政에 적용하고자 하였고, 송명리학宋明理學은 도와 기, 리理와 사事, 심心과 성정性情 등에

---

6) 『道德經』第25章, "故道大, 天大, 地大, 人(王)亦大. 域中有四大, 而人(王)居其一焉."

7) 『禮記』, 「大學」, "古之欲明明德於天下者, 先治其國. 欲治其國者, 先齊其家. 欲齊其家者, 先修其身. 欲修其身者, 先正其心. 欲正其心者, 先誠其意. 欲誠其意者, 先致其知, 致知在格物. 物格而後知至, 知至而後意誠, 意誠而後心正, 心正而後身修, 身修而後家齊, 家齊而後國治, 國治而後天下平."

관한 문제를 검토함으로써, 최종적으로 천도를 인간세에 실천하는 방법을 구현하려고 하였다.

더 나아가 중화철학의 역사도 인생철학의 궤적에 따라 발전한 것으로 보인다. 선진先秦시대의 제자철학諸子哲學은 유가, 도가, 묵가, 명가名家 등의 사상을 두루 포함하고 있으나, 후세에 이르러 유가의 사상만이 주류로 고양하게 되었고, 도가의 사상은 그것을 보완하는 지류로 존립하였으며, 묵가와 명가의 사상은 전승맥락 자체가 끊어졌다. 이는 유가의 사상이 다른 사상보다 탁월하기 때문이 아니다. 실제로 유가의 사상은 논리성에 있어서 도가의 사상에 비해 손색하고, 초월성과 사변성에 있어서 선종禪宗의 사상에 미치지 못한다. 그러나 그것은 중국 전통사회에서 인륜적인 질서를 구현하는 근거를 제공하고, 가족의 윤리질서를 확장하여 정치적 영역에 적용하려는 요구에 가장 잘 충족하였기 때문에, 지속적인 전승과 발전을 이룩할 수 있었다. 한편, 도가와 선종의 사상에도 존속될 수 있었던 이유가 있다. 즉 그것들은 지나칠 정도로 구현된 윤리적 이성주의 억압에 맞서, 인간의 자유로운 천성을 확보하는 데 근거를 제공할 수 있기 때문에, 명맥을 계속 이어갈 수 있었다. 다시 말해, 도가와 선종의 사상에는 윤리적 범주를 벗어나 인생에 자유로운 공간을 마련해 줄 수 있는 내포가 있었다는 것이다.

마지막으로, 중화철학의 세간성은 그 나름의 결함을 지니고 있는데, 그것이 바로 초월성의 결여이다. 철학은 사회나 인생의 경험을 총괄하고, 가치적인 규범만을 제시하는 학문이 아니라, 초월적인 사고로써 그것들을 반성하고 비판적으로 검토하여야 하는 학문이다. 그러나 유가의 사상을 주류로 삼는 중화철학은 현실 윤리적인 범주에 한정되는 경향이 있는 까닭에, 인식론이 발전할 수 없었다. 더욱이 그것이 스스로의 가치 관념에 치중하여 그러한 것들에 대한 반성은 물론이고, 다른 사상을 비판적으로 바라보는 역량을 충분히 갖추지 못하였으므로, 도덕론으로 진리의 탐구를 대체하는 결함을 함축하고 있다.

2. 중화미학의 현실적 관심

세간성을 기반으로 한 철학에서 발전한 중화미학은 유사한 세간성을 지니므로, 인생에 관한 미학사상에 가깝다. 서양의 미학은 심미의 초월성을 강조하고, 미를 실체의 속성으로 간주하며, 심미적인 활동을 통해 자유로운 영역에 진입할 수 있다고 주장한다. 그러나 중화미학은 미를 일상생활 속에 있는 것으로 규정하고, 심미의 초월성보다 인륜적인 영역에서의 윤리성을 강조하여 낙도樂道가 곧 심미임을 주장한다.

중화미학에서 제기된 미에 대한 질문이나 그 해답도 모두 세간성의 차원에서 이루어진 것이므로, 인문성을 지닌 것이라고 할 수 있다. 서양의 미학은 두 가지 전통을 지니고 있는데, 하나는 신학에 따른 전통이고, 다른 하나는 과학에 따른 전통이다. 전자의 대표로서는 플라톤의 이데아(Idea)설이 먼저 있었고, 중세의 신학적 미학이 그 뒤를 따랐는데, 이러한 사상들은 모두 초월적인 이념이나 신성神性을 미로 삼는다. 한편, 후자에는 피타고라스(Pythagoras)의 수적 조화설, 아리스토텔레스의 자연모방설 등이 있는데, 이들은 미를 인간과 독립된 객관적인 사물의 속성으로 간주한다. 그러나 중화미학은 신학과 무관하고 종교에도 의지하지 않았을 뿐만 아니라, 과학적인 탐구를 통해 사물의 객관적인 속성에 관한 탐구도 수행하지 않았다. 즉 중화미학은 현실 인간의 가치적인 문제에 초점을 맞춰 인생에 관한 미학을 고찰하는 쪽으로 발전하였다는 것이다.

유가의 미학에 따르면 미의 본질은 선善이므로, 미는 항상 선과 어우러져 있는 것(美善相樂)이다.[8] 이러한 미학사상은 무엇보다도 인격의 수양과 그것에 관한 교육을 중시한다. 춘추시대에 유가는 가장 먼저 극기복례克己復禮[9]를 제기하여 건전한 인격 교육에 주목하였다. 공자가 강조한 시교詩敎는 기본적으로 흥興, 관觀, 군群,

---

8) 『荀子』, 「樂論」, "故樂行而志清, 禮修而行成, 耳目聰明, 血氣和平, 移風易俗, 天下皆寧, 美善相樂."
9) 『論語』, 「顏淵」, "顏淵問仁, 子曰, '克己復禮爲仁. 一日克己復禮, 天下歸仁焉. 爲仁由己, 而由人乎哉!'"

원怨[10]을 통해 도덕적 정감을 풍부하게 하고, 인간관계를 조화롭게 하며, 정치적 사태에 관한 올바른 평가 역량을 함양하는 것이다. 공자의 사상을 이은 맹자는 양기설養氣說을 인격 수양의 방법으로 제시하였는데, 그에 따르면 인간은 무엇보다도 내면의 호연지기浩然之氣를 길러 대장부大丈夫로 우뚝 설 수 있어야 한다.[11] 그래서 그는 내면적 인격의 충실함을 지향한 맥락에서 "충실함이 곧 미이다"[12]라는 명제를 내세웠다. 여기에서 충실은 곧 내재적인 정신의 원만함과 인격의 건전함을 의미하고, 미는 곧 일종의 장미壯美 또는 숭고를 가리킨다.

심지어 철학적 사변을 상대적으로 중시한 도가의 미학도 인격의 확립을 주된 목적으로 삼았다. 그러나 도가에서 제시한 이상적인 인격은 윤리적으로 건전한 인격이 아니라, 세속을 초탈하고, 청정무위淸淨無爲의 내면을 지닌 인격이다. 특히 도가는 참된 인격을 확립하는 것은 윤리적인 문제가 아니라, 미학적인 문제라고 강조하는데, 이에 따르면 인간은 세속을 초탈하여야 내면이 정화되고, 진인眞人, 신인神人, 지인至人과 같은 아름다운 내면을 지닌 인간으로 존립할 수 있다.

다음으로, 중화미학에 따르면 미는 실체를 비롯한 객관적인 인식의 대상이 아니라, 생활의 실천 속에서 구현된 특수한 생존 상태이다. 유가는 도덕규범을 실천하여 도달한 고상한 상태, 그리고 충실하고 건전한 인격의 완성 상태를 미라고 규정하였는데, 이러한 미는 곧 도덕적인 성취를 통해 구현된 심미적인 인생을 의미하는 것이다. 이에 관해서, 공자는 "마을의 인심人心이 인한 것을 가리켜 아름다움이라고 한다"[13]라고 말하였고, 맹자는 "충실함이 곧 미이다"[14]라고 말하였으며, 주희는 "미는 소리와 모습의 성대함이고, 선은 미의 실질이다"[15]라고 진술하였다. 이렇게 보면 유가가 추구하는 이상적인 인생은 곧 도덕적이면서도 심미적인 것으

---

10) 『論語』, 「陽貨」, "子曰, '小子何莫學夫詩? 詩可以興, 可以觀, 可以群, 可以怨.'"
11) 『孟子』, 「滕文公下」 7; 「公孫丑上」 1 등 참조.
12) 『孟子』, 「盡心下」, "充實之謂美."
13) 『論語』, 「里仁」, "子曰, '里仁爲美.'"
14) 『孟子』, 「盡心下」, "充實之謂美."
15) 『論語集註』, 「八佾」, "美者, 聲容之色. 善者, 美之實."

로, 미와 선이 통일된 상태이다. 그래서 공자는 "시에서 (착한 것을 좋아하고 나쁜 것을 싫어하는 마음을) 일으키고, 예에서 서며, 악에서 (인격의 완성을) 이룬다"[16]라고 주장하였는데, 여기에서 심미는 생활과 독립된 것이 아니라, 올바른 정감을 고양하고, 규범을 확립하며, 인격을 완성하는 과정에 모두 삼투되는 것으로 설명된다.

나아가 중화미학이 인생미학이라는 점은 심미가 지닌 사회적 기능에 관한 논의에서도 드러난다. 서양의 미학은 심미를 통해 이성의 억압에서 해방할 수 있다고 강조하는가 하면, 중화미학은 그것을 기반으로 윤리적 교화를 보완할 수 있다고 주장한다. 선진시대에서 시, 악, 무舞를 비롯한 예술은 예교禮敎로 귀속되어, 그 교화의 기능이 강조되었다. 이러한 맥락에서 앞서 거론된 공자의 시론은 궁극적으로 조화로운 인륜사회를 구축하는 목표를 지향하는 것이다. 이 전통은 후세의 유가미학사상에 그대로 적용되는 동시에, 다른 유형의 예술이념을 규정하는 데까지 확장하였다.[17] 한편, 도가의 미학은 예술적인 교화에 반대하지만, 예술에는 여전히 성정을 기르고 양생養生을 수행할 수 있는 역할이 있다고 주장하면서, 그것이 지닌 세간성의 기능을 강조하였다.

인생미학으로서의 유가미학은 서양의 형식주의 미학과 달리, 미를 순수한 형식으로 생각하지 않는다. 즉 유가의 미학에 따르면 미는 순수형식이 아니라, 인륜적인 내용을 갖고 있고, 심지어 도덕에 종속되고 있다. 그러한 까닭에 공자는 문질빈빈文質彬彬[18]과 더불어 다음과 같은 진술들을 남겼다.

사람으로서 인하지 못하면 예를 어떻게 행할 수 있고, 사람으로서 인하지 못하면

---

16) 『論語』, 「泰伯」, "子曰, '興於詩, 立於禮, 成於樂.'"
17) 『禮記』, 「樂記」, "是故先王之制禮樂也, 非以極口腹耳目之欲也, 將以敎民平好惡而反人道之正也."; "樂也者, 聖人之所樂也, 而可以善民心, 其感人深, 其移風易俗, 故先王著其敎焉."; "樂者所以象德也."; "德成而上, 藝成而下."; 「詩大序」, "故正得失, 動天地, 感鬼神, 莫近於詩. 先王以是經夫婦, 成孝敬, 厚人倫, 美敎化, 移風俗." 등 참조.
18) 『論語』, 「雍也」, "子曰, '質勝文則野, 文勝質則史. 文質彬彬, 然後君子.'"

악을 어떻게 할 수 있겠는가?[19]

예이니 예이니 하지만, 어찌 옥과 비단을 이르는 것이겠는가? 악이니 악이니 하지만,
어찌 종과 북을 이르는 것이겠는가?[20]

또한 중화미학은 서양의 포스트모더니즘(post-modernism)에서 제기한 생활미학
과도 다르다. 왜냐하면 후자는 심미를 단지 감성적인 쾌락으로 전락시키고, 그
사상적 의미를 소거하는 경향이 있기 때문이다. 그러나 중화미학에 따르면 심미의
의미는 감성적인 쾌락이 아니라, 낙도에 있다. 다시 말해, 중화미학은 일상적인
생활을 이상화하여 그 속에서 도덕적 의미를 발견함으로써 정신적인 즐거움을
성취하려고 한다.[21] 한편, 도가는 도덕적인 미를 거부하지만, 세속을 초탈하는
체험 속에서 '천지의 아름다움에 근원한 미'(原天地之美)[22]를 획득할 수 있다고 강조하
면서, 인격과 신심의 해방 상태, 즉 소요逍遙의 상태에서 구현된 미를 지향한다.
　마지막으로 서양의 미학은 예술철학이고, 그것은 예술을 주요 연구대상으로
삼는다. 예술은 대부분 일상생활과 독립된 초월성을 지니므로, 그것에 관한 접근은
철학적 사변과 논리적 체계의 구축이 필요하다. 그러나 중화미학은 예술적 경험에
의지하는 면이 있지만, 현실적인 생활에 더욱 주목한다. 그래서 미학의 연구대상은
예술뿐만 아니라, 생활의 전반 영역까지 포함한다. 중국에서 초기의 예술은 독립성
을 갖추지 못한 채, 예악의 체계 속에 귀속되어 있었다. 그리고 예악 체계는 생활의
규범을 제시하는 것이므로, 예술도 윤리적인 특정을 지니고 현실 생활 전반을
심미화하는 경향이 있다. 바로 이러한 이유로 중국어의 어휘 속에서 미는 심미적인

---

19) 『論語』, 「八佾」, "子曰, '人而不仁, 如禮何? 人而不仁, 如樂何?'"
20) 『論語』, 「陽貨」, "禮云禮云, 玉帛云乎哉? 樂云樂云, 鍾鼓云乎哉?"
21) 『論語』, 「子路」, "子曰, '君子……說(悅)之不以道, 不說(悅)也.……小人……說(悅)之雖不以
道, 說(悅)也.'"; 「述而」, "子曰, '飯疏食飮水, 曲肱而枕之, 樂亦在其中矣.'"; 『禮記』, 「樂記」,
"樂者, 樂也. 君子樂得其道, 小人樂得其欲." 등 참조.
22) 『莊子』, 「知北遊」, "聖人者, 原天地之美而達萬物之理."

대상만이 아니라, 생활 속에서의 좋은 사물 일반을 가리키는 경우가 많다. 예를 들어 미식美食, 미언美言, 미사美事, 미의美意, 미덕美德 등 개념에서 알 수 있듯이, 미는 실질적으로 좋음(善)과 같은 의미로 쓰이고 있다. 그래서 중화미학에서 거론된 미는 대부분 아름다움이라는 의미가 아니라, '윤리학적 선'[23]이나 '내면의 좋은 상태'[24]라는 의미이다. 그럼에도 불구하고 중화미학에서의 미 개념은 단순히 선 개념을 대체하는 것이 아니다. 즉 그것은 (중국문화에서의) 미의 본래 의미와 서로 맞물려 있다. 왜냐하면 중화미학은 현실 생활 속에서 도덕성이 충만한 상태나 자연 본성으로 되돌아간 상태에 이르게 되면 실제로 미감美感이 일어난다고 생각하기 때문이다. 그러한 까닭에 중화미학은 생활의 경험에서 벗어나 예술철학을 정립하는 대신, 더욱 광범위한 생활미학을 구현할 수 있었다.

제2절 중화미학의 함축적 초월성

심미는 자유로운 생존의 상태이자, 본연의 존재 상태로 복귀하는 활동이다. 존재는 생존의 근거로서, 본연의 진실성(本眞性)을 지닌다. 그러나 존재가 실제 생존의 형태로 이행함에 따라 그 본연의 진실성은 현실성으로 전락하게 된다. 그렇지만 존재가 지닌 본연의 진실성은 그대로 사라지는 것이 아니라, 현실 속에서 특수한 형태로 보전되기 때문에, 현실 생존은 여전히 존재를 지향하는 초월성을 갖는다.[25] 중화미학의 세간성世間性은 심미의 초월성을 가렸지만, 심미가 자유라는 본질을 갖고 있는 한, 스스로를 표현하고자 한다. 그러한 까닭에, 중화미학은 특수한 형태의

---

23) 『論語』, 「顔淵」, "子曰, '君子成人之美, 不成人之惡. 小人反是.'"
24) 『莊子』, 「知北遊」, "聖人者, 原天地之美而達萬物之理.";「刻意」, "澹然無極而衆美從之." 등 참조.
25) 심미의 초월성에 관해 楊春時, 『作爲第一哲學的美學─存在, 現象與審美』(人民出版社, 2015) 참조.

초월적 사상을 함축하고 있고, 이 점이 미학사상의 내부에서 충돌을 일으킨다.

1. 중화문화의 심미화審美化와 중화철학의 심미주의적 경향

중화미학의 함축적인 초월성(隱超越性)은 중화문화의 심미화와 관련이 있다. 모든 문화에는 현실적인 측면과 초월적인 측면이 있다. 여기에서 전자는 주로 일상적인 생활영역의 문화 현상을 가리키는데, 실증적인 과학지식과 실용성을 지닌 윤리적 규범 등이 이에 속한다. 한편, 후자는 형이상학적인 영역에서 구축된 문화를 가리키는데, 예술(심미), 종교, 철학과 같은 경험 초월적이고 반성적이며 비판적인 정신들이 이에 속한다. 특히 이 중에서 문화의 초월적인 측면은 현실적인 측면을 반성하고 비판하는 역할을 지니므로, 인간의 정신을 현실 문화의 억압에서 벗어나 자유로운 영역에 진입하도록 한다.

서양의 문화에서는 현실적인 측면과 초월적인 측면이 비교적 철저하게 분리되어 있다. 그래서 그러한 문화에서는 예술, 종교, 철학 등이 반성적이고 현실 비판적인 역할을 온전하게 수행할 수 있다. 그러나 중화문화는 천인합일天人合一의 관념을 기본적인 전제로 삼고 있기 때문에, 차안此岸과 피안彼岸의 구분이 없고, 모든 것이 윤리화된 형태로 구현되는 특징을 지닌다. 이와 같은 경향은 구체적으로 세 가지 측면에서 드러난다. 첫째, 종교적인 신앙심이 빈약하고, 세속윤리가 사회와 인간의 정신세계를 모두 지배하는 것으로 이해된다. 둘째, 철학은 윤리화된 철학으로서, 윤리를 위해 논증하는 데 치우친 나머지, 객관적인 존재에 대한 사유와 현실에 대한 비판정신을 고양할 수가 없다. 셋째, 심미적인 예술도 윤리화되어, 심미는 주로 도덕에 종속되는 영역으로 취급된다.

그러나 다른 한편으로, 중화문화는 잠재성을 지닌 심미주의적 풍격을 내포하고 있다. 다시 말해, 중화문화가 지닌 천인합일의 성질은 비록 문화의 현실적인 측면과 초월적인 측면을 구분하지 않았고, 종교의 초월성과 철학의 비판성을 정초하지 못하였으나, 여전히 심미의 사조를 낳았다는 것이다. 특히 이러한 사조는 윤리를 상위선으로 삼는 문화적인 강압이 사람들의 정신을 지나칠 정도로 속박하기 때문에, 그것에서 벗어나려는 정신적 욕구가 촉발되어 최종적으로 현실화된 심미적 추구로 발전하는 형태로 구현되었다. 이 과정에서 주체는 의식하지 않는 상태에서 초월적 욕구로 이행하고, 비자각적인 심미적 영역을 구현하여 그 정신적 추구를 실현하는 발판을 마련하였다. 비록 중국에서 예술과 같은 심미적 영역은 예교禮教에 의해서 규정되는 측면이 있지만, 그럼에도 비자각적인 초월성에 대한 추구는 그 속에서 잉태되고 확장되어 최종적으로 광범위한 심미영역으로 확충됨으로써, 중국 특유의 심미문화를 정초할 수 있었다.

서양철학은 그 발전 과정에서 진眞, 선善, 미美의 분리를 성취하였고, 현실적인 영역(차안)과 초월적인 영역(피안)을 명확히 구분하는 데 성공하였다. 그러나 중화미학은 그 세간성으로 인해, 차안과 피안을 구분하지 못하였다. 그래서 초월적인 영역에 속한 심미는 항상 현실적인 도덕규범에 종속되는 것으로 취급되는 까닭에, 중화미학은 선을 통해 미를 해명하거나 정감情으로써 미를 설명하는 이론들을 낳았다. 나아가 이와 같은 미학사상은 또한 일상생활의 범심미화泛審美化적 경향을 낳았는데, 그것은 기본적으로 일상생활을 미화하거나 예술화하는 이론과 실천 활동들로 현시되었다. 다시 말해, 중국 사람은 현실에 대한 비판이나 초월을 통해 심미적인 경계境界를 구현하는 것이 아니라, 현실을 이상화하고 정교화하는 과정에서 심미적인 영역을 창출하였다는 것이다. 이러한 전통에서 구축된 중화미학은 두 가지 한계를 지니고 있다. 하나는 미를 윤리적인 선 그리고 일상적인 정감과 구분하지 않아서 미의 본질을 해명하지 못하는 것이다. 다른 하나는 심미를 낙도樂道나 정감 표현의 수단으로 규정한 까닭에, 그것의 초월성을 은폐하는 것이다. 즉 중화미학은 심미가 실질적으로 도덕과 일상적인 정감을 초월하는 자유로운 활동이고, 그 속에는 또한 현실에 대한 반성과 비판이 함축되어 있음을 자각하지 못하였다는 것이다.

다음으로, 중화문화의 심미적인 풍격은 대체로 일상생활에서 수행되는 예술에 대한 추구에서 드러난다. 이는 구체적으로 일상생활을 고아한 풍취로 각색하는 아치화雅致化와 경계를 추구하는 사상을 통해서 구현된다. 사대부士大夫에게 있어서, 아雅는 예술적인 범주뿐만 아니라 일상생활의 취미를 고양하는 기준이고, 경계는 심미의 범주뿐만 아니라 일상생활 자체를 승화하는 기준이다. 그것들은 일상생활에 심미적인 정취를 제공하는 동시에, 사대부로 하여금 세속에서 벗어나 오묘한 정신적 경지에 이르도록 한다. 그러한 까닭에, 공자는 비록 문도聞道와 행도行道를 가장 중요한 사명으로 삼았지만, 여전히 그것에서 벗어나 심미를 최고의 지향으로 규정하였다. 특히 증점曾點의 정취26)를 가장 높게 평가한 사례에서, 공자는 이미 부지불식간에 실용이성을 벗어난 인생, 즉 심미적인 인생이야말로 삶의 가장 이상적인 귀결임을 강조하였다.

바로 이러한 이유 때문에, 중화문화는 심미적인 내포를 지닌 것으로, 일종의 심미문화라고 일컬을 수 있다. 서양과 달리, 중화문화는 일찍이 위진시대부터 산수山水의 아름다움을 발견하였다. 특히 문인들은 산천山川의 유람을 통해 체득한 자연의 아름다움을 기반으로 인생의 정취를 실현하는 풍조를 낳았다. 이리하여 그 뒤로 중국인에게는 전형적인 심미적 인생 정취들이 형성되었는데, 예를 들어 인생의 수양에는 금琴, 기棋, 서書, 화畵의 연마가 필요하고, 거처에는 아름다운 원림園林이 있어야 하며, 음식에는 색色, 향香, 미味, 형形이 두루 갖추어져야 하고, 차나 술을 마실 때는 시적인 의경意境이 마련되어야 하며, 문장은 문채文采와 성운聲韻이 갖춰진 미문美文을 지향하여야 하고, 무술武術에는 무용의 요소가 온전하게 구비되어야 한다는 심미적 정취들은 분야를 가리지 않고 일상생활의 다양한 영역에서 나타났다는 것이다.

이와 같은 심미성 문화를 기반으로 형성된 중화철학도 자연스럽게 심미주의적인 경향을 지니게 되었다. 중화철학은 도道를 본체로 삼는다. 그리고 유가儒家에서는 도를 윤리적인 법칙으로, 도가道家에서는 그것을 스스로 그러한 상태에서의 자연법칙으로 각각 규정하였는데, 두 학파는 모두 도를 미로 정의하지 않았다. 그러나

---

26) 『論語』,「先進」, "莫春者, 春服旣成, 冠者五六人, 童子六七人, 浴乎沂, 風乎舞雩, 詠而歸."

다른 한편으로, 중화철학은 또한 문文을 중시하는 전통을 갖고 있다. 즉 그것은 문을 도의 형식이라고 간주하는데, 바로 이러한 생각에 심미주의적인 사상이 함축되어 있다는 것이다.

그렇다면 문은 무엇일까? 중화문화의 맥락에서 문은 단지 도를 전달하는 형식뿐만 아니라, 심미적 속성을 지닌 개념인데, 이 점이 서양에서 제기한 형식 또는 기호의 개념과 다르다. 중화문화는 모든 형상적인 특징을 지닌 자연적-인문적 사물의 표상表象을 문이라고 지칭하므로, 그것은 광범위한 내포를 지닌 개념이다. 이와 더불어 문은 특별히 문화를 가리키는 경우도 있는데, 공자가 강조한 문질빈빈文質彬彬27)의 인격적 형상이 바로 그러한 의미에 기반한 것이다. 마지막으로 문은 넓은 의미에서의 문학을 지칭하는 경우도 있는데, 여기에서의 문은 곧 아름다운 문체文體를 의미한다. 비록 문의 구체적인 의미는 다양하게 풀이될 수 있지만, 그 공통점은 모두 심미적인 내포를 지니는 데 있다.

문의 심미적인 내포로 인해 도도 심미적인 내용을 지니게 되었다. 중화철학에서 문은 도를 드러내는 형식으로 규정된다. 이 가운데에서 천지지문天地之文은 자연의 도(自然之道)를 나타내고, 인문은 인간의 도(人道)를 현시한다. 그러나 천인합일의 관념에 따르면 자연의 도와 인간의 도는 둘이 아니라 하나의 도이다. 그러므로 천지지문과 인문은 같은 도의 형식, 즉 도지문道之文이 된다. 이리하여 문의 심미적인 내포로 인해 도도 심미적인 내용을 갖춘 것으로 이해된다.

실제로 이와 같은 논의에는 매우 모호한 점이 있다. 우선 문 개념에 관해서, 자연의 아름다운 형식과 문화의 아름다운 형식은 직접적으로 동일시될 수 없다. 마찬가지로 도의 개념에 관해서도 자연법칙과 사회법칙은 완전히 합치되는 것이 아니다. 그러나 바로 이러한 문과 도의 모호성으로 인해, 심미주의는 의식되지 않는 상태에서도 싹틀 수가 있었다. 그래서 자연의 아름다움과 사회생활의 아름다움은 모두 도를 현시하는 것으로 이해되면서, 형이상학적인 의미를 갖추게 되었다.

---

27) 『論語』, 「雍也」, "子曰, '質勝文則野, 文勝質則史. 文質彬彬, 然後君子.'"

유협劉勰은 이 점을 지목하여 다음과 같이 말하였다.

> 문의 덕이 됨은 크고, 그것이 천지와 나란히 생겨났다고 함은 어째서인가? 무릇 하늘의 흑적색과 땅의 누런색이 서로 섞인 데에서 네모난 것과 둥근 것의 형체가 구분되었다. 이리하여 해와 달은 겹쳐 놓은 둥근 옥벽처럼 아름다운 하늘의 형상을 드리워 내고, 산과 강은 꽃무늬를 새겨 놓은 비단처럼 땅의 형체를 조리 있게 펼쳐 낸다. 이것이 모두 도에 따른 문이다. 위로 우러러보면 하늘은 밝은 빛을 드러내고, 아래로 굽어 살펴보면 땅은 아름다운 문의를 머금고 있으며, 하늘의 높음과 땅의 낮음이 위치가 정하게 되니, 음양陰陽이 생겨난다. 오직 인간만이 그것에 참여하여 영특한 본성으로써 그것들을 모을 수 있으니, 천지와 더불어 삼재三才라고 부를 수 있다. 인간은 오행五行의 빼어남을 드러내고, 천지의 마음(天地之心)을 충실하게 표현할 수 있으니, 천지의 마음을 표현하는 마음이 생기면 말이 세워지고, 말이 세워지면 문이 분명해지는데, 이것은 다름 아닌 자연의 도이다.[28]

그러나 중화미학은 다음과 같은 두 가지 충돌을 내포하고 있다. 즉 중화미학은 한편으로 주류의 의식형태(유가사상)가 미를 규정하는 맥락에서 미를 선의 하위 범주로 삼는 경향이 있다. 이는 공자가 선과 미를 모두 실현한 소악韶樂이 미만 성취한 무악武樂보다 우월하다고 평가한 사례에서 잘 드러난다.[29] 그러나 다른 한편으로, 중화미학은 미와 예술을 도의 형식으로 삼으면서, 선과 미가 동질적이라고 강조하는 동시에, 미는 또한 선에서만 구현될 수 없는 특징, 즉 정감성과 자유성을 지닌다고 주장한다. 이와 같은 두 가지 견해의 충돌을 어느 정도 보완하려면, 미를 도의 충분한 현시로 규정하는 동시에, 도덕보다 심미가 인간의 본성을 더욱 적합하게 드러낼 수 있다는 결론을 정당화할 수 있어야 한다. 그래서 후기 중화미학

---

28) 劉勰, 『文心雕龍』, 「原道」, "文之爲德也大矣, 與天地幷生者何哉? 夫玄黃色雜, 方圓體分, 日月疊璧, 以垂麗天之象, 山川煥綺, 以鋪理地之形. 此蓋道之文也. 仰觀吐曜, 俯察含章, 高卑定位, 故兩儀旣生矣. 惟人參之, 性靈所鍾, 是謂三才. 爲五行之秀, 實天地之心, 心生而言立, 言立而文明, 自然之道也."

29) 『論語』, 「八佾」, "子謂韶, '盡美矣, 又盡善也.' 謂武, '盡美矣, 未盡善也.'"

에서는 신운神韻과 경계 등의 개념을 내세워 예술이 지닌 현실 초월적 가치를 강조함으로써, 그 자유의 본질을 드러내는 쪽으로 이행하였다. 이와 더불어 중화철학도 심미적인 삶이 가장 이상적인 생존 방식임을 긍정함으로써, 의식되지 않은 상태에서 윤리주의를 벗어나 심미주의로 전향하게 되었는데, 이를 가리켜 중화미학의 함축적 초월성이라고 부른다.

2. 함축적인 심미적 초월 사상

중화미학에도 심미적인 초월 사상이 있지만, 그것은 함축적인 형태로 표현되는 경우가 많다. 이는 천도와 인도가 모두 현실적인 윤리의 법칙으로 규정되고, 문이 도의 형식으로 인식되는 까닭에, 형식으로서의 미는 윤리적인 속성을 갖게 되어 그 초월성이 가려지기 때문이다. 그러나 중화미학에서의 심미적인 경험은 또한 현실적인 윤리를 초월하는 방식으로도 진술되고 있는데, 이러한 경향이 점차 심미적인 초월 사상으로 발전하게 되었다.

앞서 논의한 바에 따르면 중화미학은 주로 신사神思, 신운 등의 개념을 통해 심미적인 경험을 표현하였다. 여기에서의 신神은 곧 현실 초월적, 경험 초월적 내포를 지닌 개념이다. 이 외에도 전통사회의 후기에서는 진정眞情, 진아眞我 등의 개념을 사용하여 심미적 주체의 의식을 나타냈는데, 이 개념들은 모두 현실적 주체와 심미적 주체를 구분하여 후자의 초월성을 강조하는 것이다.

그러나 중화미학의 심미적 초월 사상은 무엇보다도 의경 또는 경계 개념을 통해 가장 잘 드러난다. 경계는 본래 불교佛敎의 개념으로서, 세속적인 세계와 구분된 공空적인 마음의 세계를 의미하는 용어이다. 중화문화는 세간성을 주된 특징으로 삼기 때문에, 초월적인 차원을 표현하는 용어가 결여되어 있다. 그래서 중화미학은 불교의 '두 세계 이론'을 흡수하여 경계 개념을 통해 현실 세계를 초월한 심미적인 세계를 표현하게 되었다. 교연皎然은 '문장 너머의 취지', 즉 문외지지文外之旨라는 개념을 제기하여 "이중의 뜻 이상을 갖추면, 모두 문외지지를 지닌 것이다.…… 그러한 작품들에서는 작가의 성정性情만이 보일 뿐, 문자는 볼 수 없으니, 이는 모두 도의 지극함에 이른 것들이다"30)라고 말하였다. 여기에서 문외지지는 곧 문학이 지닌 초월적 경계를 가리키는 것이다. 나아가 교연과 유사한 맥락에서 사공도司空圖는 '상 너머의 상'(象外之象)31), '운(언어) 너머의 정취'(韻外之致)32), '맛 너머의 취지'(味外之旨)33) 등 개념을 내세웠고, 유우석劉禹錫은 "경境은 상象의 너머에서 생겨난다"34)라는 명제를 제기하였다. 그들은 모두 경계가 상—의상이 되기 이전의 물상 또는 표상—을 넘어선 것이라고 주장하였다.

다음으로 왕창령王昌齡은 가장 먼저 의경의 개념을 제시하였다.

시에는 세 가지 경계가 있는데, 첫째는 물경物境이고, 둘째는 정경情境이며, 셋째는 의경이다. 첫 번째 물경에 관해서, 만약 산수시山水詩를 지으려면 샘, 돌, 구름, 봉우리 등의 실제 모습을 펼쳐 내야 하니, 먼저 그 가운데 가장 아름답고 빼어난 경물을 정신 속에 모아야 한다. 그리고 몸을 그 경물 속에 두는 것처럼 하여, 마음속에서 그 경물을 잘 살핀다. 이리하여 그 경물은 확연한 상태로 손안에 들어오는데, 그 뒤에 생각을 운용하여 경물의 상을 더욱 자세히 이해하면, 형사形似를 얻을 수 있다. 두 번째 정경에 관해서, 주체를 안정하게 하는 것, 즐겁게 하는 것, 근심하게 하는 것, 원망하게 하는 것들을 모두 마음속에 펼쳐 몸 안에 둔 뒤 생각을 내달리게 하면 그 정감을 더욱 깊이 얻을 수 있다. 세 번째 의경에 관해서, 이 또한 (물경과 정경을 융합한 것을) 마음속에 펼쳐서, 마음속에서 그것을 되풀이하여 생각하면 그 참된 실상을 얻을 수 있다.35)

---

30) 皎然, 『詩式』, 「重意詩例」, "兩重意以上, 皆文外之旨.……蓋詣道之極也."
31) 司空圖, 「與極浦書」, "象外之象, 景外之景, 豈容易可譚(談)哉!"
32) 司空圖, 「與李生論詩書」, "近而不浮, 遠而不盡, 然後可以言韻外之致耳."
33) 司空圖, 「與李生論詩書」, "儻復以全美爲工, 卽知味外之旨矣."
34) 劉禹錫, 『董氏武陵集記』, "境生於象外."
35) 王昌齡, 『詩格』, "詩有三境, 一曰物景, 二曰情境, 三曰意境. 物境一. 欲爲山水詩, 則張泉石雲峰之境, 極麗絶秀者, 神之於心. 處身於境, 視境於心, 瑩然掌中, 然後用思, 了解境象, 故得形似. 情境二. 娛樂愁怨, 皆張於意而處於身, 然後馳思, 深得其情. 意境三. 亦張之於意, 而思之於心, 則得其眞矣."

왕창령은 의경에 관한 설명을 통해 심미적인 활동 과정에서 일어나는 의식과 대상의 동일성을 밝히고 있지만, 그것은 아직 주체의 의식과 대상의 관계를 논의하는 단계에 머물러 있고, 심미 활동 자체가 지닌 초월성에 관한 논의까지 나아가지 못하였다. 그러나 의경 또는 경계 등 개념의 제기 자체는 이미 중화미학이 심미의 초월성을 어느 정도 인지하고, 실용이성의 속박에서 벗어나 점차 현실을 초탈하는 경지로 이행하고 있음을 시사한다.

비록 후기 중화미학은 심미의 초월성에 관한 사상을 제기하였지만, 여전히 실용이성에 기반한 주류 미학사상을 극복하지 못하였다. 그러다가 이러한 상황은 서양의 미학사상이 전래된 이후 본격적으로 변화를 맞이하게 되었다. 왕국유王國維는 한편으로 중화미학의 경계 개념을 활용하고, 다른 한편으로는 칸트와 쇼펜하우어의 초월론적 미학사상까지 수용함으로써, 전통미학의 세간성을 해체하여 경계 개념의 초월성을 부각하였다. 그는 특히 '진眞'을 강조하면서, 경계가 곧 진경물眞景物과 진정감眞情感을 드러내는 것이라고 주장하였는데, 이에 따르면 "경계는 경물만을 가리켜 말한 것이 아니다. 희노애락喜怒哀樂도 또한 사람 마음속의 한 경계이다. 그러므로 진경물과 진정감을 함께 드러내는 것을 가리켜 경계가 있다고 하고, 그렇지 않은 것을 경계가 없다고 한다."[36] 여기에서 진은 인식론적인 의미에서의 진이 아니라, 존재론적 의미에서의 진 즉 본연의 진실함(本眞)을 가리킨다. 그리고 진경물은 현실적인 대상이 아니라, 심미적 체험을 통해 구현된 심미적인 대상을 의미하고, 진정감은 곧 그러한 대상과의 소통 과정에서 회복된 심미적인 정감을 지시한다. 이러한 생각은 심미화된 경물과 정감이 현실적인 그것들과 달리, 초월적이고 자유로운 특징을 지닌다는 점을 강조한 것이다. 이에 그치지 않고, 그는 시인의 세계관에 대해 논의하면서 경계 개념이 지닌 초월성을 더욱 명시적인 형태로 드러냈다.

---

36) 王國維, 『人間詞話』, "境非獨謂景物也. 喜怒哀樂, 亦人心中之一境界. 故能寫眞景物, 眞感情者, 謂之有境界. 否則謂之無境界."

시인은 우주와 인생에 마주하여 그것들 속에 들어갈 수 있어야 하고 또한 그것들 밖으로 나아갈 수 있어야 한다. 그것들 속에 들어갈 수 있으므로, 그것들을 묘사할 수 있고, 그것들 밖으로 나아갈 수 있으므로, 그것들을 관조할 수 있다. 그것들 속에 들어갈 수 있으므로, 묘사에는 살아 있는 기운(生氣)이 있고, 그것들 밖으로 나아갈 수 있으므로, 관조에는 높은 경지의 정취(高致)가 있다.[37]

여기에서 '그 속에 들어갈 수 있음'(入乎其內)은 곧 심미 활동의 기초인 현실적인 체험을 의미하고, '그것들 밖으로 나아갈 수 있음'(出乎其外)은 곧 현실적인 체험을 초월한 심미적인 체험을 가리키는 것이다. 그리고 '그것들을 관조할 수 있음'(能觀之)은 도를 깨달은 상태에서의 사물 관조를 의미하고, '높은 경지의 정취가 있음'(有高致)은 곧 경계가 있다는 것을 가리킨다.

마지막으로 현대 학자 종백화宗白華도 의경 개념에 관해 검토하였다. 그는 방사서方士庶의 말을 인용하면서 경험적 세계인 실경實境과 예술적 세계인 허경虛境을 다음과 같이 구분하였다.

산과 강, 풀과 나무는 조화造化의 이치에 따른 자연사물이니, 이는 실경이다. 마음에 따라 경계가 만들어지고, 손으로써 마음의 경계를 옮기는 것을 허경이라고 한다.[38]

이와 같은 명확한 규정을 통해 종백화는 예술이 실경이 아니라 허경에 속하므로, 초월성을 지닌다고 강조하였다.

---

37) 王國維, 『人間詞話』, "詩人對宇宙人生, 須入乎其內, 又須出乎其外. 入乎其內, 故能寫之. 出乎其外, 故能觀之. 入乎其內, 故有生氣. 出乎其外, 故有高致."
38) 宗白華, 『美學散步』(上海人民出版社, 1981), p.59, "山川草木, 造化自然, 此實境也. 因心造境, 以手運心, 此虛境也."

제11장 중화미학의 간주관성

중화미학은 그동안 서양미학의 인식론적인 미학과 비교된다는 점에서 정감을 표현하는 표정론表情論이라고 규정되어 왔다. 이러한 견해는 어느 정도 합리성을 지닌 것이라고 할 수 있는데, 왜냐하면 시언지설詩言志說[1]로부터 시연정설詩緣情說[2] 까지 이어지는 중화미학은 확실히 정감 표현을 주된 키워드로 삼고 있기 때문이다. 그러나 중화미학의 표정론은 서양의 표정론과 다르므로, 그것을 단순히 표정론이라고 규정하면 오해의 여지, 즉 중화미학을 주체성의 미학으로 간주하는 오해가 생길 수 있다. 서양미학의 표정론은 대체로 낭만주의시기에 제기되었고, 그것은 심미를 주체로부터 시작되는 정감적 이입이라고 정의한다. 다시 말해, 이와 같은 표정론에서 주체와 대상의 관계는 주체가 대상을 향해 정감을 이입하거나, 주체가 대상(객체)을 수단으로 삼아 스스로를 확장하고 실현하는 형태로 구현되어 있다. 그러한 맥락에서 서양미학의 표정론은 주체성 철학의 기반 위에서 정립된 것이라고 할 수 있다.

그러나 중화미학에서의 심미는 세계(대상)가 주체를 자극하고, 주체가 또한 동시에 그것에 감응感應하는 과정에서 일어나는 것으로 설명된다. 이는 주체와 세계 사이의 감응 '관계'를 기반으로 성립된 것이므로, 그것에는 주체성의 철학이라는 기반이 없다. 따라서 단지 표정론이라는 개념으로는 중화미학의 성격을 충분히 규명할 수 없다.

---

1) 『尙書』, 「虞書·舜典」, "詩言志, 歌永言, 聲依永, 律和聲."
2) 陸機, 『文賦』, "詩緣情而綺靡, 賦體物而瀏亮."

이러한 점을 고려하여 최근에는 감흥론感興論과 천인합일론天人合一論을 통해 중화미학의 특징을 분석하는 경향이 있다. 감흥론에 따르면 중화미학의 핵심 범주는 감흥이고, 감흥은 곧 객체에 대한 감응에서 비롯된 주체의 정취를 의미한다.[3] 그리고 천인합일론은 기본적으로 중화철학의 기초가 천인합일의 관념에 있다는 점을 들어 관련 미학사상을 해석한다.[4] 이 중에서 감흥론은 표정론보다 중화미학의 특질을 더욱 정확하게 파악하였다고 평가할 수 있고, 천인합일론은 중화미학과 중화철학의 관계를 명석하게 제시하였기 때문에, 둘 모두가 중화미학에 접근하는 입각점이 될 수 있다. 그러나 감흥과 천인합일의 관념 자체가 중화미학 또는 철학의 범주 중 하나이므로, 그것은 중화미학의 특질을 통해 설명되어야 할 대상이지, 중화미학의 전체 특징을 규정짓는 것이 되기에는 재고의 여지가 있다.

그래서 우리에게 남는 길은 곧 현대미학의 이론을 통해 감흥과 천인합일의 관념에 대해 해석하고, 나아가 중화미학의 전체적 특징을 해명하는 것이다. 만약 이러한 방법이 실천 가능한 것이라면, 우리는 천인합일과 감흥이라는 범주는 간주관성(Intersubjektivität)의 철학을 기초로 삼는 데에서 성립되고, 이와 같은 간주관성이야말로 중화미학의 근본적 특질임을 주장할 수가 있다.

제1절 중화미학의 간주관성 사상

1. 간주관성이 드러나는 방식

현대철학은 근대철학의 주체성을 비판하여 간주관성 철학으로 전향하였다. 간주관성의 개념은 후설(Husserl)에 의해 제기되었다. 그는 선험적 현상학이 유아론

---

3) 葉朗 主編, 『現代美學體系』(北京大學出版社, 1999) 참조.
4) 朱立元, 王振復 主編, 『天人合一──中華審美文化之魂』(上海文藝出版社, 1998) 참조.

에 빠지는 위험을 피하기 위해, 의식의 지향성(Intentionalität)을 갖춘 주체 사이의 관계적 동일성에 대해 고찰하였는데, 이러한 작업은 최종적으로 과학성과 본질 확정성을 지닌 현상학적 환원(phänomenologische Reduktion) 개념을 정초하는 데 성공하였다. 그러나 이와 같은 고찰을 통해 정초된 주체 사이의 관계적 동일성, 즉 간주관성은 인식론적 간주관성이지 본체론적 간주관성은 아니다. 왜냐하면 의식의 지향성을 지닌 주체와 그것이 아닌 대상 사이의 관계는 여전히 주체성에 따른 관계에 머물러 있고, 그러한 전제에서 규정된 현상은 순수의식(Reines Bewußtsein) 또는 선험적 자아에 의해서 구현된 구조물에 불과하기 때문이다.

후설과 달리, 하버마스(Habermas)는 사회생활 속에서의 인간관계에 대해 고찰하였는데, 이에 따르면 인간은 서로를 수단으로 삼는 '도구적 관계'에서 벗어나 상대를 이성적인 주체로 정립하는 '소통의 관계'로 고양하여야 한다. 이는 일종의 사회학적 간주관성을 정초한 이론이지만, 아직 본체론적 간주관성의 이론에는 이르지 못한다. 왜냐하면 그것은 인간 사이의 관계적 동일성에 대해 고찰하였지만, 근원적인 차원에서 인간과 세계, 인간과 자연의 관계를 거론하지 않았기 때문이다.

본체론적 간주관성은 '존재'의 동일성을 기반으로 정립되는 이론인데, 이에 따르면 존재는 곧 인간과 세계의 공동존재(Mitsein)이므로, 둘 사이는 동일성을 지닌다. 그러나 존재가 '생존'으로 현실화하면, 그러한 동일성에는 분열이 생겨난다. 이와 같은 분열에서 한편으로는 주체가 주도성을 지니지만 객체와 대립되는 형태로 나타나고, 다른 한편으로는 주체와 세계의 동일성이 미약하게 보전된 형태로 드러난다. 나아가 이 상태에서 주체가 존재의 본연적 동일성으로 복귀하려면 오직 심미적인 간주관성의 힘을 빌려야 한다. 심미는 자유로운 생존 방식으로서, 주체성의 한계를 극복할 수 있을 뿐만 아니라, 객체를 다른 주체로 정립할 수 있으므로, 두 주체 사이의 자유로운 소통을 가능케 할 수 있기 때문이다. 그리고 이와 같은 소통은 대상을 수단화하여 그것을 규정하는 이성적인 소통이 아니라, 충분한 이해에 기반한 정감적 융합, 즉 동정同情을 통해서만이 성취될 수 있다. 이것이 바로 본체론적 간주관성이 시사하는 바이다.[5] 그렇다면 간주관성은 초월성과 함께 심미의 기본적 속성으로 정립될 수 있을 것이다.

중화미학의 간주관성은 중화철학의 천인합일성과 간주관성에 기반하고 있다. 서양의 고대미학은 예술을 현실에 대한 모방, 인식, 반영 등으로 규정하므로 객체성을 지닌 미학이라고 할 수 있다. 그리고 근대에 이르러 이와 같은 미학적 경향은 주체의 정감과 창조성을 강조하는 쪽으로 이행하여 주체성의 미학으로 정립되었다. 나아가 근대미학을 비판적으로 계승한 현대미학은 심미를 생존에 기반한 것으로 인식하였는데, 이러한 유형의 미학도 현존재(Dasein)를 중심으로 구현되었기 때문에, 주체성의 미학이라고 할 수 있다. 그러나 중화미학은 서양의 고대 인식론, 근대 표정론表情論, 현대 생존론生存論의 미학과 달리, 심미를 주체와 세계의 정감적 소통 관계로 규정하기 때문에, 그 출발 단계부터 간주관성을 지닌다.

우선 심미의 발생론적 측면에서 보면, 중화미학은 감흥론感興論에 속한다. 이에 따르면 심미는 곧 외부 세계가 주체의 정감을 유발하는 동시에, 주체가 그것에 감응하는 활동이다. 그리고 심미적 객체로서의 세계(사회와 자연 등)는 정靜적인 존재가 아니라 주체와 더불어 생명성을 지닌 것으로 이해된다. 예를 들어 공자가 말한 "시에서 정감이 일어난다"(興於詩)[6], "시는 정감을 불러일으킬 수 있다"(詩可以興)[7] 등 진술에서 흥興은 단순히 주관적인 정감만이 아니라 외부 세계의 자극과 주체의 감응을 모두 포함하는 것이다. 나아가 장자는 심미를 주체와 세계의 조화로운 소통 관계로 규정하고 그것을 화和로 표현하였는데, 이에 따르면 "사람과 조화를 이루는 것을 인간의 즐거움(人樂)이라고 하고, 하늘과 조화를 이루는 것을 스스로 그러한 자연에 따른 즐거움(天樂)이라고 한다."[8]

이어서 『예기禮記』는 "악樂이란 천지天地의 조화를 본떠서 만든 것이다"[9]라고

---

5) 심미의 간주관성에 관해 楊春時, 『作爲第一哲學的美學—存在, 現象與審美』(人民出版社, 2015) 참조.
6) 『論語』, 「泰伯」, "子曰, '興於詩, 立於禮, 成於樂.'"
7) 『論語』, 「陽貨」, "子曰, '小子何莫學夫詩? 詩可以興, 可以觀, 可以群, 可以怨.'"
8) 『莊子』, 「天道」, "與人和者, 謂之人樂. 與天和者, 謂之天樂."
9) 『禮記』, 「樂記」, "樂者, 天地之和也."

규정하면서 "큰 악은 천지와 마찬가지로 조화의 작용을 수행하고, 큰 예禮는 천지와 마찬가지로 인간을 적절하게 규제한다"[10]라고 진술하였다. 이는 음악에 관한 본체론적 논술로서, 정감적 산물인 음악과 천지를 지배하는 법칙의 동일성을 강조한 것이다. 이와 더불어 『예기』는 또한 발생론적 측면에서 음악이 지닌 간주관성에 관해 다음과 같이 논의하였다.

> 무릇 음音의 기원은 사람의 마음에서 생기는 것이다. 그리고 사람의 마음이 움직이는 것은 사물이 그러하게 한 것이다. 사람의 마음이 사물에 감응하여 움직이기 때문에, 그것은 소리(聲)로 드러난다. 여러 가지 소리가 서로 부응하여 작용하기 때문에, 변화가 생겨나고, 그 변화가 일정한 규율로 다듬어지게 되면(成方) 음이라고 한다. 이러한 음들을 배열하여(比音) 연주하고, 간척干戚과 우모羽旄 등을 가지고 춤을 추는 데까지 이르게 되면 악이라고 한다. 악은 음에서 비롯되는 것이니, 그 근본은 마음이 사물에 감응하는 데 있는 것이다.[11]

유협劉勰은 다양한 진술을 통해 감흥론을 설명하면서,[12] 문학은 단지 주관적인 정감의 표현이 아니라 '사물에 감응하여 정감이 일어나는'(感物生情) 데에서 비롯된 것이라 주장하였다. 그러나 그는 정감을 사물에 감응한 결과라고 규정하였지만, 왜 사물에 감응하면 정감이 일어나는지를 해명하지 않았다. 나아가 종영鍾嶸은 감물설感物說을 강조하였을 뿐만 아니라, 기氣 개념을 통해 감흥이 일어나는 이유에 관해서도 설명하였다. 기는 중화철학의 우주론적 범주이고, 만물을 이루는 기본적인 단위이면서 원초적인 생명력을 의미하는 개념이다. 종영은 바로 이와 같은

---

10) 『禮記』, 「樂記」, "大樂與天地同和, 大禮與天地同節."
11) 『禮記』, 「樂記」, "凡音之起, 由人心生也. 人心之動, 物使之然也. 感於物而動, 故形於聲. 聲相應, 故生變. 變成方, 謂之音. 比音而樂之, 及干戚羽旄, 謂之樂. 樂者, 音之所由生也. 其本在人心之感於物也."
12) 劉勰, 『文心雕龍』, 「銓賦」, "情以物興, ……物以情觀."; 「物色」, "一葉且或迎意, 蟲聲有足引心. 況淸風與明月同夜, 白日與春林共朝哉!"; 「物色」, "是以詩人感物, 聯類不窮."; 「物色」, "情以物遷, 辭以情發."; 「明詩」, "人稟七情, 應物斯感, 感物吟志, 莫非自然." 등 참조.

기 개념을 빌려 인간의 감물 과정을 설명하였는데, 이에 따르면 "기가 사물을 움직이고, 사물이 인간을 감동하기 때문에, 성정性情이 흔들려 그것이 춤이나 읊조림으로 드러나게 된다."[13]

이지李贄도 발생론적 측면에서 심미의 간주관성에 관해 논의하였는데, 그는 특히 심미 대상이 지닌 주체성의 각도에서 심미의 간주관성을 강조하였다.

> 무릇 천지 사이의 사물은 모두 신神을 가지고 있으니, 어찌 이와 같은 중간이 비어 있고 곧게 치솟은 대나무(此君)에 유독 신이 없다고 할 수 있는가! 『사기史記』의 「자객열전刺客列傳」에 "선비는 자기를 알아주는 사람(知己)을 위해 쓰이고, 여자는 자기를 좋아할 줄 아는 사람을 위해 용모를 단장한다"라는 말이 있으니, 이 대나무도 또한 그러하다. 이것이 바로 그가 왕휘지王徽之를 만나자 절개를 반듯하게 하고, 기특한 기운을 뿜내며, 스스로의 신을 통해 왕휘지를 사로잡고, 평생 꿋꿋하게 서리에 견딘다는 절조를 지키며, 아름다운 음악(簫韶鸞鳳之音)을 모두 이루면서, 자기를 좋아할 줄 아는 자를 위해 모습을 단장하는 이유이다. 이러니 왕휘지(彼)는 어찌 고독하게 홀로 서서, 세월을 다해가면서 적막하게 있고, 항상 자기를 알아주는 자의 한恨을 안고만 있을 수 있겠는가? 이로부터 미루어 보면…… 사물이 사람을 사랑하는 것은 옛날부터 그러하니, 누구 그것을 견딜 수 있겠는가?[14]

이지는 천인합일의 관념을 기반으로 만물이 모두 정신을 지닌다는 명제로부터 출발하여, 대나무가 왕휘지를 사랑하고 왕휘지가 대나무를 선호하는 것은 두 '주체'가 서로를 향해 소통하는 과정에서 비롯되었다고 주장하였다. 특히 그는 위와 같은 진술을 통해 역사에서 처음 "사물은 사람을 사랑한다"(物之愛人)라는 명제를 명확히 제시하고, 심미 대상을 정감적이고 능동적인 주체로 규정하였다. 비록

---

13) 鍾嶸, 『詩品』, 「序」, "氣之動物, 物之感人, 故搖蕩性情, 行諸舞詠."
14) 李贄, 『焚書』, 卷三, "且天地之間, 凡物皆有神, 況以此君虛中直上, 而獨不神乎! 傳曰, '士爲知己用, 女爲悅己容.' 此君亦然. 此其一遇王子, 則疏節奇氣, 自爾神王, 平生挺直凌霜之操, 盡成簫韶鸞鳳之音, 而務欲以爲悅己者之容矣. 彼又安能孑然獨立, 窮年悲悲, 長抱知己之恨乎? 由此觀之,……物之愛人, 自古而然矣, 而其誰能堪之?"

이러한 세계관에는 몽매성蒙昧性이 들어 있지만, 여전히 선명한 간주관성의 사상을 함축하는 것으로 평가될 수 있다. 이렇게 되면 주체와 사물은 모두 정감을 지닌 존재가 되고, 둘은 서로를 향한 주체적 소통을 통해 자아와 대상의 합일을 성취한다.

이지와 유사하게 당지계唐志契는 화론畫論을 전개하면서 "무릇 산수山水를 그리려면 그 요령은 산수의 성性과 정情을 얻는 데 있다.…… 자연물인 산의 정은 곧 나의 정이 되고, 산의 성은 곧 나의 성이 된다.…… 자연물인 물의 정도 곧 나의 정이 되고, 물의 성도 곧 나의 성이 되니,…… 그렇지 않으면 그림은 어떻게 기운氣韻이라는 것을 얻을 수 있겠는가?"[15]라고 말하였다. 나아가 왕부지王夫之는 주체의 정감과 객체 사물인 경물 사이의 간주관적 동일성을 강조하면서 "무릇 경물과 정감은 서로 융합되어 있고, 정감은 경물을 통해 생겨난다. 둘은 애초부터 갈라진 것이 아니고, 모두 뜻을 적합하게 표현하기 위해서 융합되어 있는 것이다. 만약 둘을 말뚝처럼 절단하면 정감은 일으키기에 부족하고, 경물도 그 경물이 아니게 된다"[16]라는 진술을 남겼다. 여기에서 그는 특히 정감과 경물, 다시 말해 주관과 객관을 나누는 것을 반대하면서, 둘은 서로를 추동하는 관계에 놓여 있음을 강조하였다. 끝으로 왕국유王國維의 논의에 이르게 되면 "모든 경물의 언어가 곧 정감의 언어이다"[17]라는 명제가 정초되는데, 이는 주체와 객체 사이의 동일성을 가장 직설적으로 표현한 것이라 할 수 있다.

요컨대 감흥론은 객체인 세계를 생명성을 지닌 주체로 간주하여 자아주체와 세계주체 사이의 정감적 감응을 통해 심미적 활동이 일어난다는 점을 실질로 삼고 있다. 이에 따르면 심미는 주체가 객체를 지향하는 과정에서 형성된 인지도 아니고, 주체가 객체를 통해 스스로를 실현하는 것도 아니라, 두 주체 사이의 동질성을 기반으로 구현된 정감적인 융합이다.

---

15) 祁志祥, 『中華美學通史』第三卷(人民出版社, 2008), p.295 재인용, "凡畫山水, 要得山水性情.……自然山情即我情, 山性即我性……自然水情即我情, 水性即我性,……不然, 何所得氣韻耶?"

16) 王夫之, 『薑齋詩話』, 「夕堂永日緒論內篇」, "夫景以情合, 情以景生, 初不相離, 惟意所適. 截分兩橛, 則情不足興, 而景非其景."

17) 王國維, 『人間詞話刪稿』, "昔人論詩詞, 有景, 情語之別, 不知一切景語皆情語也."

다음으로 창작론의 측면에서 보자면, 중화미학은 예술 활동을 감성적인 인지가 아니라, 주체와 객체 사이의 간주관적 소통 또는 체험으로 규정한다. 이에 관해 유협은 "정신(神)은 의상(象)을 사용하여 사물에 통하고, 생각(情)의 변화는 그 가운데에서 잉태된다"[18], "정신이 사물과 함께 노닐도록 하면(神與物游)…… 사물은 그 모습을 숨길 수 없게 된다(物無隱貌)"[19] 등의 말을 통해 작가와 작품 사이의 소통 관계를 강조하였다. 그리고 사공도司空圖는 "생각은 경물과 함께 될 수 있어야 한다"(思與境偕)[20]라고 말하였는데, 여기에서의 함께 있음 즉 '해偕'는 곧 예술창작에서 주체와 객체의 공존 관계를 주장한 것이다.

소식蘇軾은 '마음속에 온전한 대나무가 있음'(胸有成竹), '몸은 대나무와 하나가 됨'(身與竹化) 등의 용어를 고안하여 대나무를 그릴 때, 심미 주체와 대상이 융합하는 현상에 대해 고찰하였다. 그는 "그러므로 대나무를 그리려면 반드시 온전한 대나무를 먼저 마음속에서 얻어야 한다"[21]라고 주장하였는데, 이는 심미 주체가 내면에서 대상과 융합하여 그 외재성을 소거하여야 함을 강조한 것이다. 나아가 소식은 또한 다음과 같은 유명한 시구를 남겼다.

문동文同(與可)이 대나무를 그릴 때, 대나무는 보이지만, 사람은 보이지 않네.
어찌 유독 사람만 보이지 않는가? 몸과 마음을 모두 잊은 데에 이르러서 그렇네.
그 몸은 대나무와 하나가 되어, 끊임없이 맑고 새로운 것을 창출하는데,
세상에 장주莊周 같은 사람이 없으니, 누가 그 신묘한 경지를 알겠는가?[22]

여기에서 말한 '몸은 대나무와 하나가 됨'은 곧 심미 주체가 대상으로 들어가

---

18) 劉勰, 『文心雕龍』, 「神思」, "神用象通, 情變所孕. 物以貌求, 心以理應. 刻鏤聲律, 萌芽比興. 結慮司契, 垂帷制勝."

19) 劉勰, 『文心雕龍』, 「神思」, "神與物游.……則物無隱貌."

20) 司空圖, 「與王駕評詩書」, "長於思與境偕, 乃詩家之所尙者."

21) 蘇軾, 「文與可畫篔簹谷偃竹記」, "故畫竹必先得成竹於胸中."

22) 蘇軾, 『蘇東坡集』, 卷十六, 「書晁補之所藏與可畫竹三首」, "與可畫竹時, 見竹不見人. 豈獨不見人, 嗒然遺其身. 其身與竹化, 無窮出淸新. 莊周世無有, 誰知此凝神."

그것을 스스로의 내면과 융합하여 주객 사이의 간주관성을 성취한 상태를 가리킨다. 끝으로 사진謝榛은 주체의 정감과 객체 경물이 서로 혼합하여 하나로 융합되는 정경혼화情景渾化의 개념을 내세워, 그러한 경지에 이르러서야 좋은 시를 지을 수 있다고 주장하였다.

> 시를 짓는 것은 정감과 경물에 근본하기 때문에, 어느 하나만을 가지고도 이룰 수 없으니, 둘은 서로 배치되는 것이 아니다.…… 시는 정감과 경물을 묘사하는 수단이니, 정감은 내면으로 녹아든 것이므로 깊고 길며, 경물은 밖으로 빛나는 것이므로 멀고 크지만,…… 혼합되어 융합되는 경지(渾化)에 이르게 되면 둘은 하나가 된다.[23]

그다음으로 수용론의 측면에서 보자면, 중화미학은 예술감상을 주체와 작가 사이의 대화나 소통으로 규정한다. 예를 들어 맹자는 일찍이 '보는 자의 뜻을 작가의 뜻에 거슬러 맞추어야 작품의 의미를 제대로 파악할 수 있다'라는 이의역지설以意逆志說[24]을 제기하였다. 이러한 진술은 실제로 문헌 작품을 통해 수용자와 작가 사이의 소통이 가능하고, 수용자가 이 소통을 통해 작가의 뜻을 그대로 이해할 수 있음을 강조한 것이다. 이 외에도 중화미학은 또한 지음설知音說을 제기하였는데, 이에 따르면 예술적인 수용은 작가와 감상자가 지음이 되어, 상호 이해와 정서 공유를 바탕으로 삼아야 온전하게 성취될 수 있다.[25]

주관성과 객관성을 대립시키는 주체성 철학의 영향으로 인해, 서양미학은 심미의 주체와 대상을 분리하는 경향이 있다. 그래서 서양미학에는 현상, 형상, 전형 등 객관성을 지닌 개념과 자아, 의식, 미감美感 등 주관성을 지닌 개념 사이의 대립이 있을 뿐만 아니라, 미는 객관적인 속성인가 아니면 주관적인 관념인가에

---

23) 謝榛, 『四溟詩話』, "作詩本乎情景, 孤不自成, 兩不相背.……詩乃模寫情景之具, 情融乎內而深且長, 景耀乎外而遠且大.……至於渾化則一也."

24) 『孟子』, 「萬章上」, "故說詩者, 不以文害辭, 不以辭害志, 以意逆志, 是爲得之."

25) 劉勰, 『文心雕龍』, 「知音」, "夫志在山水, 琴表其情, 況形之筆端, 理將焉匿?"

관한 논쟁도 있다. 그러나 주체 사이의 조화 관계를 중시한 중화미학은 그것이 지닌 간주관성으로 인해 의상意象과 의경意境 개념을 고안하여 주체와 객체의 대립을 해소하였다. 의경과 의상은 주관적인 관념도 아니고 객관적인 속성도 아니라, 둘이 하나로 융합된 심미적 존재를 의미한다.

왕필王弼은 언言, 의意, 상象을 구분하여 그 관계를 규명하였고,26) 교연皎然은 '상 속에 포섭된 의미'(象下之意)라는 개념을 제기하여 의와 상을 결합시켰다.27) 나아가 사공도司空圖는 "의상이 막 나오려고 할 때 조화造化는 이미 그 신기함을 다하고 있다"28)라고 말하였는데, 여기에서 그는 이미 의상을 심상心象과 물상物象이 융합된 것으로 이해하고 있다.

의경 개념은 의상과 유사하지만, 후자보다 심미적인 초월성을 더욱 강조한다는 맥락에서 약간 구분된다. 권덕여權德輿는 처음으로 '뜻이 경물과 함께 모인다'(意與境會)29)라는 명제를 제기하였고, 이 진술은 주관적인 사상과 외부 사물이 서로 교합되어 있다는 점을 표현한 것이다. 이와 더불어 유협이 제기한 "정신이 사물과 함께 노닐도록 한다"(神與物游)30), 사공도가 주장한 "생각은 경물과 함께 될 수 있어야 한다"(思與境偕)31) 등도 모두 의경 개념의 선행 논의로 볼 수 있다.

후세의 학자들이 의와 경을 하나의 용어로 합성하여 사용함에 따라, 의경 개념은 비로소 널리 전파하게 되었다. 명나라의 주승작朱承爵은 "시를 짓는 일의 오묘함은 모두 의와 경(意境)이 하나로 융화되는 데 있다"32)라고 말하였고, 청나라 말기의 왕국유는 의경 개념을 통해 예술에서의 주객 동일성을 강조하였을 뿐만

---

26) 王弼, 『周易略例』, 「明象」, "夫象者, 出意者也. 言者, 明象者也. 盡意莫若象, 盡象莫若言. 言生於象, 故可尋言以觀象. 象生於意, 故可尋象以觀意. 意以象盡, 象以言著. 故言者所以明象, 得象而忘言. 象者所以存意, 得意而忘象."

27) 皎然, 『詩式』 "今且於六義之中, 略論比興. 取象曰比, 取義曰興. 義卽象下之意."

28) 司空圖, 『二十四詩品』, 「縝密」, "意象欲出, 造化已奇."

29) 『全唐文』(中華書局影印本), 卷四九, 「左武衛冑曹許君集序」 참조.

30) 劉勰, 『文心雕龍』, 「神思」, "神與物游."

31) 司空圖, 「與王駕評詩書」, "長於思與境偕, 乃詩家之所尙者."

32) 何文煥 輯, 『歷代詩話』(中華書局, 1981), p.792, "作詩之妙, 全在意境融徹."

아니라, 의경을 예술 품평의 기준으로 정착시켰다.

　　문학을 하는 일이 내적으로 스스로의 생각을 펴놓기에 족하고, 외적으로 사람을
　　감동시키기에 족한 이유는 오직 의와 경이 함께 있기 때문이다. 상등의 작품은
　　의와 경이 서로 융합되는 것이고, 그다음 등급은 경이 의를 이기거나 의가 경을
　　이기는 것이며, 만약 둘 중 하나라도 결여되면 문학이라고 부르기에 부족하다.[33]

　　이와 같이 예술작품에서 구현된 의와 경의 동일성(渾)을 강조하고 나서, 왕국유
는 한 걸음 더 나아가 의경으로써 원나라의 희극(戲劇)을 평가하였다.

　　그러나 원나라 희극의 가장 뛰어난 점은 사상적인 구조가 아니라 그 문장에 있다.
　　그 문장의 오묘함을 한마디로 덮어 말하자면 의경이 있을 따름이다. 왜 그것을
　　의경이 있다고 말할 수 있는가? 말하자면, 그것은 정을 묘사함에 있어서 마음속에
　　깊이 스며들어 감동을 주고, 경을 묘사함에 있어서 마치 사람의 귀나 눈앞에 있는
　　것처럼 하고, 사태를 진술함에 있어서 마치 지금 그 입에서 직접 말하는 것처럼
　　하기 때문이다. 고대의 시와 사(詞) 중에 으뜸가는 것은 이와 같지 않은 것이 없으니,
　　원나라 희곡(戲曲)도 또한 그러하다.[34]

　　요컨대 의경과 의상은 모두 심미 주체와 대상 간의 동일성을 드러낸 것이고,
그러한 동일성은 다름 아닌 둘 사이의 간주관성에 기반한 것이다.
　　중화미학의 간주관성은 또한 '중화지미(中和之美)'라는 심미 규범에서 드러난다.
중화(中和)의 개념은 중용지도(中庸之道)에서 기원하였다. 중용지도는 유가철학의 가장
중요한 가치규범 중의 하나로서, 그것은 '어느 한쪽에도 치우치지 않는 조화를

---

33) 王國維, 『人間詞話乙稿』, 「序」, "文學之事, 其內足以攄己, 而外足以感人者, 意與境二者而已.
　　上焉者意與境渾, 其次或以境勝, 或以意勝. 苟缺其一, 不足以言文學."
34) 王國維, 『宋元戲曲史』, 第十二章, 「元劇之文章」, "然元劇最佳之處, 不在其思想結構, 而在其文
　　章. 其文章之妙, 亦一言以蔽之, 曰, 有意境而已矣. 何以謂之有意境? 曰, 寫情則沁人心脾, 寫景
　　則在人耳目, 述事則如其口出是也. 古詩詞之佳者, 無不如是, 元曲亦然."

지켜야 함'을 의미한다. 이러한 중용지도가 미학에 적용됨으로써 중화지미라는 관념이 생겨났는데, 그것은 두 가지 측면의 내포를 함축하고 있다. 하나는 인간과 세계의 조화를 강조하는 측면인데, 「악기樂記」에서 '만물이 화합하는 원리' 즉 중화지기中和之紀35)가 이에 속한다. 다른 하나는 정감과 이치(理)의 조화를 강조하는 측면인데, 「중용中庸」에서 제기한 치중화致中和36)의 사상이 바로 그것이다. 나아가 이 중에서 전자의 중화는 심미 주체와 대상 사이의 간주관성을 강조하는 것이라면, 후자는 전자의 간주관성을 내면에 적용하는 것 즉 자아가 지닌 이성과 감성의 조화를 지시한 것이다.

마지막으로 중화미학의 간주관성은 심미와 예술이 지닌 사회적 기능의 측면에서도 드러난다. 서양미학은 주체성에서 출발하기 때문에, 심미와 예술은 개체가 지닌 인지적인 기능과 정신적인 해방 기능을 강조하는 경향이 있다. 그러나 간주관성을 기점으로 삼는 중화미학은 심미와 예술이 지닌 인간관계의 조절 기능을 가장 중시하는데, 그 사례는 다음과 같다.

> 공자가 말하였다. "너희들은 어찌하여 시를 배우지 않느냐? 시는 정감을 일으킬 수 있고, 정치나 사람들의 잘잘못을 살필 수 있게 하며, 다른 사람들과 어울릴 수 있게 하고, 잘못된 정책을 원망할 수 있게 한다. 가까이는 어버이를 섬길 수 있고, 멀리는 임금을 섬길 수 있게 한다."37)

> 그러므로 음악은 종묘 안에서 군신상하君臣上下가 함께 들으면 화합하고 경애하는 마음이 생기지 않은 자가 없고, 족장族長이 통솔한 향리鄕里 안에서 어른과 젊은이가 함께 들으면 화합하고 온순한 마음이 생기지 않은 자가 없으며, 가정 안에서 부모와 자식, 형제가 함께 들으면 화합하고 친애한 마음이 생기지 않은 자가 없다.38)

---

35) 『禮記』, 「樂記」, "故樂者天地之命, 中和之紀, 人情之所不能免也."
36) 『禮記』, 「中庸」, "喜怒哀樂之未發, 謂之中. 發而皆中節, 謂之和. 中也者, 天下之大本也. 和也者, 天下之達道也. 致中和, 天地位焉, 萬物育焉."
37) 『論語』, 「陽貨」, "子曰, '小子何莫學夫詩? 詩可以興, 可以觀, 可以群, 可以怨. 邇之事父, 遠之事君.'"

한편, 도가는 심미와 예술이 지닌 인간관계의 조절 기능을 부정한다. 그러나 도가는 여전히 심미와 예술을 통해 인간과 자연의 친화적인 관계를 구축할 수 있다고 주장한다. 따라서 도가의 사상도 자연과 인간을 매개하는 간주관적 기능을 내포하는 것으로 평가될 수 있다. 끝으로 유가와 도가는 모두 심미와 예술을 기반으로 천天·신神과 인人을 소통하고 화해시킬 수 있다고 주장하는데,[39] 이는 실질적으로 초월적 존재를 인간과 매개하는 주체로 삼는 사고방식으로서, 현실에서 이루어진 심미의 초월적 기능을 강조한 것이라고 할 수 있다.

2. 동정론同情論의 간주관성 미학

서양의 현대철학은 주체성 철학을 극복하여 간주관성의 철학으로 이행하였다. 그러나 그것은 인지적인 방법, 즉 직관을 통해 간주관성을 실현하였다. 이와 달리 중화미학은 정감의 방법, 즉 심미동정審美同情을 기반으로 간주관성을 성취하였다. 여기에서 동정이란 주체와 세계 사이의 가치적 소통과 정감적 공유 또는 맞울림(共鳴)을 의미한다. 중화철학도 간주관성을 지닌 동정관의 기초 위에서 정립되었다. 그것은 인식론보다 가치론에 더 큰 무게를 두며, 바람직한 인생 가치의 탐구와 인간관계의 구현을 목적으로 한다.

유가철학은 인仁을 핵심 범주로 규정하였는데, 이러한 인은 곧 인간이 타자에 대한 동정을 전제로 성립되는 것이다.[40] 나아가 유가는 이와 같은 윤리관을 인간과 세계의 관계까지 확장하여 '사람과 사물을 모두 사랑해야 한다'(仁民愛物)라는 사상을

---

38) 『禮記』,「樂記」, "是故樂在宗廟之中, 君臣上下同聽之, 則莫不和敬. 在族長鄕里之中, 長幼同聽之, 則莫不和順. 在閨門之內, 父子兄弟同聽之, 則莫不和親."

39) 『尙書』,「虞書·舜典」, "詩言志, 歌永言, 聲依永, 律和聲. 八音克諧, 無相奪倫, 神人以和.";『莊子』,「天道」, "與人和者, 謂之人樂. 與天和者, 謂之天樂." 등 참조.

40) 『論語』,「顔淵」, "樊遲問仁. 子曰, '愛人.'";『孟子』,「公孫丑上」, "孟子曰, '人皆有不忍人之心. 先王有不忍人之心, 斯有不忍人之政矣. 以不忍人之心, 行不忍人之政, 治天下可運之掌上. 所以謂人皆有不忍人之心者, 今人乍見孺子將入於井, 皆有怵惕惻隱之心.'" 등 참조.

정초하였다. 예를 들어 장재張載가 "백성은 나의 동포요, 사물은 나와 더불어서 함께 있는 자이다"[41]라고 말하였는데, 이것이 바로 만물에 대한 동정관을 나타내는 진술이다.

한편, 도가는 인간과 사물의 동일화, 즉 물화설物化說을 주장한다. 이는 정감 대신 직관을 더 중시하는 경향이 있지만, 여전히 인식적인 차원보다는 인간이 지닌 자연천성自然天性의 상태를 강조한 것이므로, 자연과의 함께 있음, 다시 말해 동정을 지향한 것이라고 할 수 있다. 그러한 까닭에 유가와 도가의 사상이 합류되는 후세에 이르러, 도가의 천성 개념은 유가의 성정에 쉽게 포섭될 수 있었고, 직관론도 선종禪宗의 돈오설頓悟說과 공존할 수 있었다. 물론 유가와 도가를 비롯한 동정론은 천인합일의 관념을 기반으로 삼고 있기 때문에, 비이성적 몽매성을 함축하고 있는 것은 사실이다. 그럼에도 불구하고 그 속에 내포된 동정론은 여전히 현대철학의 간주관성 논의에 사상적 자양분을 제공할 수 있다.

다른 한편으로, 중국의 예술 중에서 표현예술과 서정문학은 재현예술과 서사문학보다 더욱 발전된 형태로 나타났다. 그리고 그 과정에서 시가詩歌, 산문, 산수화山水畵 등이 주된 예술형식으로 성장하면서, 중화미학은 표현성과 서정성의 심미 모델을 구현하였다. 그러한 까닭에 중화미학에서 주관적인 인지나 이해 대신, 심미 동정이 심미적인 간주관성을 구성하는 핵심 요소가 되었다. 심미동정설에 따르면 천지 사이의 만물은 모두 정감을 지닌 존재이고, 그것들은 상호 추동을 통해 감응 관계를 형성하는데, 심미는 곧 이 관계를 기반으로 한 인간과 세계 사이의 정감적 소통이다. 나아가 중화미학은 이러한 정감적 소통 관계를 감흥이라고 부르고, 그것은 다름 아닌 심미적인 동정론의 기반 위에서 정립된 것인데, 감흥론에 따르면 정감을 지닌 주체와 세계는 그 정감적 소통을 기반으로 동일성을 이룩하여 심미적인 의경을 구현한다.

심미동정론의 집대성자라고 평가되는 왕부지는 "군자君子의 마음은 천지와

---

41) 張載, 「西銘」, "民吾同胞, 物吾與也."

정감을 함께하는 것(同情)이 있고, 금수와 물고기, 나무와 풀과 정감을 함께하는 것이 있으며, 여인과 소인小人과 정감을 함께하는 것이 있고, 도와 정감을 함께하는 것이 있다.…… 그러한 정감을 모두 얻어 헤아려서 쓰게 되면, 크게는 천지의 변화를 체득할 수 있고, 작게는 금수와 물고기, 나무와 풀의 기미까지 모두 갖출 수 있다"42)라고 말하였고, 주정진朱庭珍은 "…… 그러면 사람의 성정으로 산수의 성정과 회통할 수 있고, 사람의 정신으로 산수의 정신과 회통할 수 있으며, 더불어 천지의 성정, 정신과 회통하고 서로 합치할 수 있다"43)라고 말하였다. 바로 이와 같은 심미동정론의 연장선상에서 중국의 고전문학은 경물을 묘사하여 정감을 펴내는 기법 즉 사경서정寫景抒情의 기법을 고안함으로써, 정경교융情景交融, 심물일체心物一體의 경계를 구현할 수 있었다.

중화미학에서 동정론의 간주관성 사상은 주로 서정문학과 표현예술의 이론 속에서 드러난다. 그러나 전통사회 후기에 이르러 희극戲劇과 소설 등이 유행하게 되자, 동정론의 간주관성 사상은 또한 서사문학과 재현예술에서도 나타나기 시작하였다. 김성탄은 소설 속의 인물을 구현하는 방법에 대해 논의하면서 동정론을 제기하였는데, 이에 따르면 "격물格物의 방법은 충서忠恕를 관문(門)으로 한다. 충忠이란 무엇인가? 천하의 만물은 연緣에 따라 법도가 생기는데,…… 내가 이미 충하면 다른 사람도 충할 것이고, 도적도 충할 것이며, 개나 쥐도 충할 것이다. 도적과 개, 쥐 등이 충하지 않은 자가 없으면 곧 서恕가 된다. 그런 뒤에 물격物格을 이룰 수 있다."44) 여기에서의 충은 곧 작가의 진실한 마음, 즉 진심眞心이나 성심誠心을 의미하고, 서는 곧 타인에 대한 이해와 동정을 가리키는데, 김성탄은 이러한 논의를 통해 진심과 동정이 있어야 작품 속의 인물과 주체를 서로 회통할 수 있음을

---

42) 王夫之, 『詩廣傳』, 「召南」, "君子之心, 有與天地同情者, 有與禽魚鳥木同情者, 有與女子小人同情者.……悉得其情, 而皆有以裁用之, 大以體天地之化, 微以備禽魚草木之幾."

43) 朱庭珍, 『筱園詩話』, 卷一, "則以人之性情通山水之性情, 以人之精神合山水之精神, 竝與天地之性情, 精神相通相合矣."

44) 金聖嘆, 『金聖嘆批評水滸傳』, 「序三」, "格物之法, 以忠恕爲門. 何爲忠? 天下因緣生法,……吾旣忠, 則人亦忠, 盜賊亦忠, 犬鼠亦忠. 盜賊犬鼠無不忠者, 所謂恕也. 夫然後物格."

주장하고 있다.

나아가 김성탄은 심미 주체와 대상 사이의 간주관적 동일성에 관해서도 논의하였다. 그는 시내암施耐庵에 의해서 구현된 호걸, 간웅奸雄, 음탕한 여인(淫婦), 도적 등의 사례를 들면서, 시내암은 실제로 그들이 아닌데 어떻게 살아 있는 듯한 인물을 창작해 낼 수 있는지를 질문하고, 다음과 같이 답하였다.

> 아아, 나는 알겠네!······ 시내암은 세 치의 붓과 한 폭의 종이에서 실제로 마음을 움직여 음탕한 여인이 되고, 도적이 되고 있다.······ 시내암이 『수호전』을 지을 때 단지 실제 생활에서의 인연因緣을 그 문자의 법도(總持)로 삼았으니, 이는 참으로 인연에 통달한 것이다.······ 호걸과 간웅에 대해서 묘사할 때도 그 문장은 인연에 따라 일어나니, 이것이 바로 시내암이 다른 작가와 다른 점이다.45)

이어서 김성탄은 용수龍樹의 학문에 통달한 시내암을 보살菩薩이라고 칭하면서 "보살은 진실로 격물을 통해 치지致知를 성취할 수 있는 자이다"46)라고 말하였다. 여기에서 김성탄은 한편으로 작가가 특정 인물로 변신할 수 있다는 점을 주장하면서도, 다른 한편으로는 작가와 작품 속 인물이 다르다는 점을 강조하였다. 그리고 이와 같은 모순을 해결하기 위해, 그는 불교에서의 인연 개념을 차용하였는데, 이에 따르면 훌륭한 작가는 보살과 같은 마음을 지닌 자로서, 스스로 다른 인물의 내면으로 다가가 동정심을 갖출 수 있으므로, 자신의 정체성을 유지하는 동시에 진실성이 있는 예술적 형상을 구현할 수 있다. 실제로 문학작품을 해석하는 데 있어서, 중화미학의 심미적 동정론은 서양의 인식론보다 더욱 합리적인 면을 지닌다.

그다음으로, 중국 현대의 미학자 종백화宗白華는 서양의 생명철학사상, 특히 쇼펜하우어의 '생명의지'사상과 베르그송의 '생명충동'사상을 수용하는 동시에,

---

45) 金聖嘆, 『金聖嘆批評水滸傳』, 「序三」, "噫嘻, 吾知之矣.······惟耐庵於三寸之筆, 一幅紙之間, 實親動心而爲淫婦, 親動心而爲偸兒.······而施耐庵作水滸一傳, 直以因緣生活爲其文字總持, 是達因緣也.······寫豪傑, 奸雄之時, 其文亦隨因緣而起, 則是耐庵固無與也."

46) 金聖嘆, 『金聖嘆批評水滸傳』, 「序三」, "菩薩也者, 眞能格物致知者也."

중화철학의 천인합일사상을 계승하면서 스스로의 우주관을 정립하였다. 그에 따르면 "대자연 속에는 일종의 불가사의한 활력이 있고, 그것은 생명이 없는 것들의 세계를 유기적인 세계로 진입하도록 추동하는데, 이는 무기물로부터 최초의 생명체, 이성적−정서적−감각적 존재를 모두 아우른다. 이러한 활력이야말로 모든 생명의 원천인 동시에 또한 미의 원천이다."[47] 이러한 '우주적 활력'(宇宙活力) 사상에 기반하여 그는 자신의 동정설을 내세우면서 "여러분이여! 예술적인 생활이 곧 동정의 생활이라네! 무한한 동정이 자연에 대하여, 인생에 대하여, 별이 반짝이는 하늘과 구름 사이에 낀 달, 새가 지저귀고 샘물이 출렁거리는 것에 대하여, 삶과 죽음과 이별과 상봉, 즐거워서 웃고 슬퍼서 우는 것에 대하여, 이 모든 것이 예술적 감각의 발생이자, 예술적 창조의 목적이라네!"[48]라고 호소하였다.

마지막으로, 현대 미학자 방동미方東美는 중화철학에 내포된 동정교감同情交感의 특질을 추출하여 그것으로부터 중화예술의 정신을 귀납하였다. 그는 우선 철학적인 맥락에서 "중화철학에서 보자면, 인간과 우주의 관념은 오히려 원융圓融함과 조화로움이 충만한 것이다. 인간이라는 소아小我의 생명이 일단 우주라는 대아大我의 생명 속에 녹아들면, 둘은 동정교감을 통해 일체를 이루고 함께 변화하게 되어, 혼연하게 한 몸을 이루고 드넓게 함께 흐르게 되니, 절대로 적대적이거나 모순되지 않는다.……"[49]라고 말하였고, 나아가 미학적인 측면에서 "천지의 큰 아름다움(大美)은 곧 보편적인 생명의 유행과 변화 속에 있으니, 그 창조는 멈출 줄을 모른다. 우리가 만약 천지의 아름다움을 근원으로 삼을 수 있다면, 직관적으로 그 도를

---

47) 宗白華, 『宗白華全集』 第1卷(安徽敎育出版社, 1996), p.310, "大自然中有一種不可思議的活力, 推動無生界以入於有機界, 從無機界以至於最早的生命, 理性, 情緖, 感覺. 這個活力是一切生命的源泉, 也是一切美的源泉."

48) 宗白華, 『宗白華全集』 第2卷(安徽敎育出版社, 1996), p.523, "諸君! 藝術的生活就是同情的生活呀! 無限的同情對於自然, 無限的同情對於人生, 無限的同情對於星天雲月, 鳥語泉鳴, 無限的同情對於生死離合, 喜笑悲涕, 這就是藝術感覺的發生, 這也是藝術創造的目的!"

49) 方東美, 『中國人生哲學』(中華書局, 2012), p.161, "在中華哲學看來, 人與宇宙的觀念, 却是充滿圓融和諧的. 人的小我生命一旦融入宇宙的大我生命, 兩者同情交感一體俱化, 便渾然同體浩然同流, 絶無敵對矛盾.……"

파악할 수 있는데, 달리 말해 우주와 조화롭게 될 수 있고, 그 화육에 참여하여 천인합일의 도를 깊이 있게 체득할 수 있을 것이다. 이렇게 되면 도와 함께 변화하고 그것과 같은 창조를 드러내며 같은 활기를 내뿜길 수 있을 것이다.…… "50)라고 말하였다.

이상에서 다룬 중화미학의 동정설은 현대미학의 사상적 자양분으로 활용될 수 있는 측면에서 매우 중요한 가치를 지닌다고 할 수 있다. 그러나 이와 같은 동정설은 전현대적인 사상이므로, 분명한 한계를 또한 갖고 있다. 즉 그것은 천인합일의 관념 위에서 세워진 것이므로, 몽매성을 지니고 있다. 그래서 심미적 동정론은 다른 한편으로 인간과 자연 사이의 매개 관계를 신비롭게 만드는 까닭에, 그 사회성과 초월성은 모두 위기에 직면하게 된다. 이러한 한계를 해결하려면 중화철학은 반드시 서양의 현대철학과 소통하여, 그 현대성을 성공적으로 자신의 범주에 도입할 수 있어야 한다.

3. 미의 주객 동일성

미는 주관적인 감각인가 아니면 객관적인 사물의 속성인가에 관한 논쟁은 전통미학에서 항상 제기되어 왔다. 서양의 고대미학은 미를 객관적인 사물의 속성이라고 인식하고, 근대미학은 그것을 주관의 관념이라고 규정한다. 중국에서도 20세기 50년대에 이르러 유사한 논쟁이 일어났다. 그러나 이와 같은 문제를 근본적으로 해결하려면 무엇보다도 심미의 성격이 어떠한 것인지를 먼저 밝혀야만 한다. 만약 심미를 현실 생활 속에서 수행되는 활동으로 간주한다면, 그것은 결국 주관과 객관 사이에서 일어난 활동이 될 것인데, 이렇게 되면 심미는 주관적이면서도 객관적이라는 역설이 생기게 된다. 그러나 심미를 자유로운 생존의 방식으로 규정

---

50) 方東美, 『中國人生哲學』(中華書局, 2012), p.196, "天地之大美卽在普遍生命之流行變化, 創造不息. 我們若要原天地之美, 則直透之道, 也就是協和守宙, 參贊化育, 深體天人合一之道, 相於浹而俱化, 以顯露同樣的創造, 宣泄同樣的生香活意.……"

한다면, 심미 주체와 객체는 더 이상 주관과 객관이라는 분리된 관계에 놓여 있는 것이 아니라, 주체와 주체 사이의 관계로 변모될 수 있다. 그리고 그것들은 상호 소통과 융합을 통해 최종적으로 통일될 수 있다. 특히 이와 같은 간주관적 관계에 놓여 있는 두 주체는 현실 영역의 주객 관계를 넘어선 것이므로, 심미도 또한 주객 동일성을 구현한 활동이라고 할 수 있다.

중화미학은 서양미학보다 일찍이 미에 관한 주객 동일성의 문제를 해결하였다. 중화미학에 따르면 심미는 곧 주체가 그와 동질적인 정감성을 지닌 세계와의 소통을 기반으로 둘의 합일을 지향하는 활동이므로, 주관적이지도 않고 객관적이지도 않은 간주관적인 활동이다. 그래서 유종원柳宗元은 "무릇 아름다움은 스스로 아름다워지는 것이 아니라, 사람을 만나서 그 아름다움이 드러나는 것이다. 난정蘭亭이 왕희지王羲之를 만나지 않았더라면, 맑은 여울과 빼어난 대나무는 그저 어지럽게 빈 산에 파묻히게 될 것이다"[51]라고 말하였는데, 이에 따르면 아름다움은 주관적인 것도 아니고 객관적인 것도 아니라, 주체와 객체가 만나서 구현된 심미의 차원에서 파생된 것이다.

물론 중화미학에서도 자연의 아름다움을 인정하지만,[52] 그것은 서양에서 말하는 미의 객관론이 아니다. 중화미학은 미가 도道에 근본하고, 기氣에서 생겨난 것이라고 주장한다. 그리고 도는 천과 인에 두루 통하고, 기가 천지 사이에서 유행하기 때문에, 미는 자연적이면서도 주관적인 요소를 함축한 것, 즉 정과 경이 융합된 존재로 설명된다. 그래서 유협은 한편으로는 천지의 문(天地之文)을 긍정하면서도, 다른 한편으로는 "사물은 정으로써 관조하는 것이다"(物以情觀)[53]라는 주정론主情論을 내세웠다. 나아가 엽섭葉燮은 비록 미를 천지자연의 속성이라고 규정하지만, 모든 사물에 리理, 사事, 정이 있으므로, 심미와 예술에는 사물의 속성과 더불어,

---

51) 柳宗元, 「邕州柳中丞作馬退山茅亭記」, "夫美不自美, 因人而彰. 蘭亭也, 不遭右軍, 則淸湍修竹, 蕪沒於空山矣."
52) 『莊子』, 「知北遊」, "天地有大美而不言."; 葉燮, 「滋園記」, "凡物之美者, 盈天地間皆是也, 然必待人之神明才慧而見." 등 참조.
53) 劉勰, 『文心雕龍』, 「銓賦」, "物以情觀."

인간의 역할도 반드시 개입되어 있음을 강조하였다.[54] 특히 여기에서 엽섭이 강조한 정은 객관적인 사물의 정황뿐만 아니라, 주체의 정감도 의미한다. 그래서 그는 시와 화畵의 관계를 논하는 대목에서, 둘은 모두 객관적인 형形과 주관적인 정을 통일한 것이라고 강조하면서 "그림은 형을 묘사하는 것이니, 형은 사물의 실제 정황(情)에 의거하여야 더욱 깊어진다. 시는 정감을 드러내는 것이니, 진실한 정감에 부합되어야 더욱 잘 드러난다"라고 말하였다. 이러한 진술은 실질적으로 미의 주객 동일성을 인정한 것이다. 끝으로 왕부지에 따르면 아름다움은 반드시 주관적인 정감이 개입된 상태에서만 현시될 수 있기 때문에, 정감이 곧 미가 존재할 수 있는 선결 조건이다.[55] 이러한 논의에서 보면, 중화미학에서의 미는 객관적인 사물의 속성이 아니라, 주관의 정감과 사물의 속성이 통일된 상태에서 구현되는 것이다.

중화미학에서 미는 실체가 아니라, 의상으로서 존재하는 심미 대상이다. 그리고 의상은 철학적인 개념, 즉 도를 표현하는 상에서 유래된 개념이다. 의상 개념은 기본적으로 주객의 동일성, 물아의 일체성을 강조한다. 그래서 그것은 일반적인 물상이나 표상과 다르다. 주객의 분리를 전제로 한 물상과 표상은 객관성을 지니며, 주체의 의지에 따라 변화하지 않는다. 그러나 의상은 의와 상의 합성어로서, 내재적인 심상과 외재적인 물상을 융합한 것이다. 그러한 까닭에, 의상 개념은 심상적인 요소와 물상의 특징을 모두 간직하고 있으므로, 주객으로 나눌 수 없는 것이다. 예를 들어 "상을 세워 뜻을 다한다"(立象以盡意)[56]라는 명제는 곧 의상의 주관성을 가리켜 말한 것이고, "사물을 관조하여 상을 취한다"(觀物取象)[57]라는 명제는 의상의

---

54) 葉燮, 『原詩』, 「內篇」, "曰理, 曰事, 曰情三語, 大而乾坤以之定位, 日月以之運行, 以至一草一木一飛一走, 三者缺一, 則不成物. 文章者, 所以表天地萬物之情狀也. 然具是三者, 又有總而持之, 條而貫之者, 曰氣. 事, 理, 情之所爲用, 氣爲之用也."

55) 王夫之, 『古詩評選』, 卷五, 「謝莊北宅秘園詩語」, "兩間之固有者, 自然之華, 因流動生變而成綺麗. 心目之所及, 文情赴之, 貌其本榮, 如所存而顯之, 即以華奕照耀, 動人無際矣. 古人以此被之吟詠, 而神采卽絶."

56) 『周易』, 「繫辭上」, "子曰, '書不盡言, 言不盡意.' 然則聖人之意, 其不可見乎? 子曰, '聖人立象以盡意.'"

객관성을 지시하는 말이다. 마찬가지로 중화미학의 다른 개념, 즉 의경도 주객의 동일성을 강조하는 개념이다. 여기에서 의는 주관적인 심지心志를 의미하고, 경은 외재적인 환경을 가리키므로, 의경은 곧 주관과 객관을 융합하여 현실 세계를 초월하는 경지를 뜻한다.

다음으로, 중화미학에서 강조한 정경교융사상도 의상과 의경 개념이 지닌 주객 동일성의 특징을 창작론적인 측면에서 적용한 것이다. 이에 관해 왕부지는 "정과 경은 비록 마음에 있고, 사물에 있는 구분이 있으나, 경은 정을 낳고, 정은 경을 낳으므로, 슬픔·즐거움의 촉발됨과 무성함·시듦의 맞이함은 서로를 수용해 주는 집이다"[58]라고 말하였다. 나아가 정판교鄭板橋는 '눈 안의 대나무'(眼中之竹), '가슴속의 대나무'(胸中之竹), '손 안의 대나무'(手中之竹)를 각각 구분하여 그 관계에 대해 검토하였다. 그에 따르면 '손 안의 대나무'는 곧 객관적인 물상이고, '가슴속의 대나무'는 곧 주관적인 심상이며, '손 안의 대나무'는 곧 둘을 통일한 심미적인 의상이다.[59]

마지막으로, 중화미학은 예술의 수용론적 측면에서도 주객의 동일성을 주장한다. 종성鍾惺은 시의 아름다움이 시 자체에 있을 뿐만 아니라, 독자의 창조적 해석과 평가에도 있다는 점을 강조하면서 "시의 좋음과 오묘함은 본래 어디에 있는지 정할 수 없으니, 모두 후세 사람들이 스스로의 생각(心目)으로써 그것에 합치하는 데 있다"[60]라고 말하였다. 이러한 생각은 작품이라는 객체가 오직 주체의 생각과 융합되는 한에서 가치를 지닐 수 있다는 점을 강조한 것으로, 현대 서양해석학의 미학사상과 상당히 가까운 것이라 평가될 수 있다. 끝으로 왕국유는 격隔과 불격不隔

---

57) 『周易』, 「繫辭上」, "古者包犧氏之王天下也, 仰則觀象於天, 俯則觀法於地, 觀鳥獸之文, 與地之宜, 近取諸身, 遠取諸物, 於是始作八卦."

58) 王夫之, 『唐詩評選』(河北大學出版社, 2008), 卷三, 「杜甫喜達行在所評語」, "情景雖有在心在物之分, 而景生情, 情生景, 哀樂之觸, 榮悴之迎, 互藏其宅."

59) 鄭燮, 『鄭板橋集』, 「題畵·竹」, "江館淸秋, 晨起看竹, 煙光, 日影, 露氣, 皆浮動於疏枝密葉之間. 胸中勃勃, 遂有畵意. 其實胸中之竹, 並不是眼中之竹也. 因而磨墨展紙, 落筆倏作變相, 手中之竹, 又不是胸中之竹也. 總之, 意在筆先者, 定則也. 趣在法外者, 化機也. 獨畵云乎哉?"

60) 鍾惺, 「詩論」, "其佳妙者原不能定爲何處, 在後人備以心目合之."

이라는 개념을 제시하여, 그것을 주관적인 정감과 객관적인 경물이 심미적 의상 또는 의경으로 융합되었는지를 판단하는 기준으로 정립하였다. 이에 따르면 둘이 하나의 의상으로 합치되면 불격의 경지를 성취한 작품이 되고, 그렇지 않으면 격의 단계에만 머무르는 작품이 된다.[61]

4. 중화미학 간주관성 이론의 해체

중화미학의 간주관성은 주로 명대 이전의 이론에서 드러난다. 전통사회 후기에 이르러, 이성에 대한 확신을 강조하는 전통사상이 약화되고, 개성을 중시하는 경향이 일어나 천인합일의 관념은 점차 해체되기 시작하였다. 이러한 과정에서 왕양명을 대표로 한 심학心學 계열의 사상가들이 등장하여 중화철학은 주체성 철학으로 이행하면서 고전적인 간주관성 사상이 해체를 맞이하였다. 왕양명은 천인합일을 새롭게 해석함으로써, 만물의 존재를 모두 심心에 귀결시키면서 다음과 같이 말하였다.

> 인간이란 천지만물의 마음(心)이다. 마음이란 천지만물의 주재자이다. 마음이 곧 천이고, 마음에 대해 말하면 천지만물을 모두 들추어낼 수 있다.[62]

> 사물의 이치는 내 마음 밖에 있지 않으니, 내 마음 밖에서 사물의 이치를 구한다면 사물의 이치는 없다.[63]

> 마음 밖에 사물이 없고, 마음 밖에 사태가 없으며, 마음 밖에 이치가 없고, 마음 밖에 의로움이 없으며, 마음 밖에 선함이 없다.[64]

---

61) 王國維, 『人間詞話』, "問隔與不隔之別, 曰, 陶謝之詩不隔, 延年則稍隔已. 東坡之詩不隔, 山谷 則稍隔矣."

62) 王陽明, 「答季明德書」, "人者, 天地萬物之心也. 心者, 天地萬物之主也. 心卽天, 言心則天地萬 物皆擧之矣."

63) 王陽明, 「答顧東橋書」, "物理不外於吾心, 外吾心而求物理, 無物理也."

나아가 그는 이러한 사상을 미학에 적용하면서 미를 주관성에 귀속시켰다.

선생이 남진南鎭을 유람할 때 한 벗이 바위 사이에 있는 꽃과 나무를 가리키면서 물었다. "천하에 마음 밖에 있는 사물이 없다고 하였는데, 이처럼 꽃과 나무가 깊은 산 속에서 스스로 피고 시드는 것은 내 마음과 또한 무슨 관계가 있습니까?" 선생이 대답하였다. "당신이 꽃을 보지 않았을 때, 이 꽃은 당신의 마음과 함께 정적한(寂) 상태에 있었지. 그러나 당신이 이 꽃을 보러 올 때, 이 꽃의 색깔은 순간 분명해지게 되니, 이를 통해 이 꽃이 당신의 마음 밖에 있지 않음을 알 수 있네."[65]

이와 같은 심학의 충격으로 인해 전통사회를 지배하였던 천인합일과 물아일체의 미학사상은 쇠퇴하고, 자아와 주체의 심성心性을 강조하는 사상이 성행하게 되었다. 특히 그중에서 왕학좌파王學左派의 흥기는 자연 본성을 긍정하고 자아의식의 각성을 강조하는 심학 풍조를 정초하였다.[66] 서위徐渭는 진아설眞我說을 주장하고, 진아를 자아가 지닌 본색本色 또는 본심本心으로 규정하여 "상색相色을 천하게 여기고, 본색을 귀하게 여겨야 한다"(賤相色, 貴本色)라는 명제를 제기하였다.[67]

나아가 이지李贄는 동심설童心說을 주장하면서 "무릇 동심이라는 것은 곧 진심이다. 동심의 상태에 있는 것이 불가능하다고 한다면, 곧 진심의 상태에 있는 것이

---

64) 王陽明, 「與王純甫」, "心外無物, 心外無事, 心外無理, 心外無義, 心外無善."

65) 王陽明, 『傳習錄』, "先生游南鎭, 一友指巖中花樹問曰, '天下無心外之物, 如此花樹, 在深山中自開自落, 於我心亦何相關?' 先生曰, '你未看此花時, 此花與汝心同歸於寂, 你來看此花時, 則此顏色一時明白起來, 便知此花不在你的心外.'"

66) 李澤厚는 이러한 풍조를 낭만주의라고 규정하였는데, 이는 다소 적절하지 않은 견해이다. 왜냐하면 이 시기에 현대성이 일어나지 않았으므로, 그 사상적 깊이는 낭만주의의 차원에 이르지 못하고 특정 미학적 사조도 형성하지 않았기 때문이다. 나아가 그것은 낭만주의가 지닌 예리한 비판성을 갖추지 못하고, 다만 초보적인 자아의식의 각성을 강조하는 차원에 머물러 있었다.

67) 徐渭, 「西廂序」, "世事莫不有本色, 有相色, 本色猶俗言正身也, 相色, 替身也. 替身者, 卽書評中婢作夫人終覺羞澀之謂也. 婢作夫人者, 欲塗抹成主母而多插帶, 反掩其素之謂也. 故余於此本中賤相色, 貴本色, 衆人嘖嘖責我呴也."

불가능하다고 한 것과 같다. 무릇 동심은 거짓된 것을 버림으로써 참된 상태로 되돌아가는 것이니, 이는 최초의 일념一念만이 있는 본래의 마음 상태이다"[68]라고 진술함으로써, "천하의 지극한 문장은 동심에서 비롯되지 않는 것이 없다"[69]라고 말하였다. 이어서 그는 또한 동심이 모방할 수 없는 개성임을 강조하면서 "사람은 모두 나름의 정이 없는 자가 없고, 나름의 성性이 없는 자가 없으니, 그것을 똑같이 구할 수 있겠는가?"[70]라고 말하였다.

이어서 원굉도袁宏道는 성령설性靈說을 제기하면서 "…… 오직 본성의 영특함(性靈)을 펴내고, 세속적인 격식에 구애되지 않으며, 자신의 마음속에 있는 것이 자연스럽게 흘러나올 때까지 붓을 휘두르지 않는다"[71]라고 말하였고, 탕현조湯顯祖는 지정설至情說을 내세워 정감과 이치를 철저하게 구분함으로써 정감이 지닌 독특한 위상을 강조하였는데, 이에 따르면 "정이 있으면 리가 반드시 없고, 리가 있으면 반드시 정이 없다는 말은 진실로 한칼에 두 동강이를 내는 말이다."[72]

끝으로, 청대淸代의 학자들은 명대의 미학사상을 충실하게 계승하여, 전통적인 이성주의 시교詩敎에 반기를 들었다. 그중 원매袁枚는 성령을 주장하면서 온유돈후溫柔敦厚의 시교에 반대하여 "염시艶詩와 궁체시宮體詩도 나름 시가詩家의 한 풍격이라고 할 수 있다"[73]라고 말하였고, 공자진龔自珍은 동심설을 긍정하여 존정설尊情說을 주장함으로써 이성주의 시학을 철저히 거부하였다.

요컨대, 명청시대 이후로 개성을 숭상하고, 주체성을 강조하는 미학사상이 성행함에 따라 간주관성의 미학은 점차 몰락의 길로 들어서게 되었다. 그러나 이와 같은 사조들은 여전히 전통문화에 속박되어 온전한 주체성 미학을 구축하지

---

68) 李贄, 『焚書』, 卷三, 「童心說」, "夫童心者, 眞心也. 若以童心爲不可, 是以眞心爲不可也. 夫童心者, 絶假純眞, 最初一念之本心也."

69) 李贄, 『焚書』, 卷三, 「童心說」, "天下之至文, 未有不出於童心焉者也."

70) 李贄, 『焚書』, 卷三, 「讀律膚說」, "莫不有情, 莫不有性, 而可一律求之哉?"

71) 郭紹虞 編選, 『淸詩話續編』(上海古籍出版社, 1983), p.1526, "……獨抒性靈, 不拘格套, 非從自己胸臆流出, 不肯下筆."

72) 湯顯祖, 「寄達觀禪師」, "情有者, 理必無. 理有者, 情必無. 眞是一刀兩斷語."

73) 袁枚, 「再與沈大宗伯書」, "艶詩宮體, 自是詩家一格."

못하였다. 그래서 중국의 간주관성 미학은 몰락하게 되었지만 소실되지는 않았고, 5·4혁명 이후에야 본격적인 해체를 맞이하였다.

여기에서 주목할 필요가 있는 것은 중화미학의 간주관성이 고전적인 간주관성이지 현대적인 간주관성은 아니라는 점이다. 즉 그것은 현대적인 미학의 범주가 아니라, 고전적인 미학의 범주에 속한 것이다. 현대미학의 범주에 속한 서양의 간주관성과 달리, 중화미학의 간주관성은 그 자체만의 특징을 갖고 있다. 첫째, 중화미학의 간주관성은 주체와 객체가 충분히 분화되지 않는 전제에서 구현된 간주관성이다. 이와 달리 서양의 간주관성은 근대철학을 통해 확립된 주체성을 제한적으로 수정한 기반 위에서 세워진 것이다. 따라서 중화미학의 간주관성은 필연적으로 해체되어 주체성으로 이행하고, 다시 현대적인 간주관성에 의해 재구축되는 운명에 놓여 있는데, 이러한 경향이 5·4혁명 이후에 비로소 나타나게 되었다.

둘째, 중화미학에 의해 구현된 간주관성은 불충분성을 지니고 있다. 이러한 불충분성은 특히 중화미학의 간주관성이 개체의 독립성을 정초하지 못하고, 주체성을 확립하지 못한 데에서 비롯된다. 그러한 까닭에 중화미학에서 말한 주체 사이의 소통(인간과 인간, 인간과 자연의 소통)은 항상 원시적인 조화 수준에 머물러 있고, 그 미학적인 이상은 자주 전원생활田園生活을 지향하는 소박한 차원에서 벗어나지 못하며, 심미와 예술의 성질 등에 관한 설명도 단지 감흥론에 견지에서 이루어졌다. 즉 그것은 현대미학과 예술이론처럼 개체와 인간의 깊은 생존 영역에 침투하여 심미적 의의를 고찰하지 못하였다는 것이다.

셋째, 중화미학의 간주관성은 주체 사이의 인식적인 관계가 아니라, 정감적인 소통 관계를 통해 구축된 것이다. 서양의 미학은, 특히 해석학에 따른 미학은 인식론적 간주관성에 가깝고, 그것은 '이해'를 기반으로 주체 사이를 소통하는 특징을 지니고 있다. 그러나 중화미학은 정감적 체험을 강조하고, 심미적 동정을 통해 주체 사이의 간주관성을 구축하는데, 이는 서양의 인식론적 간주관성과 대립하면서도 상호 보완적인 관계를 이루고 있다. 다시 말해, 중화미학의 간주관성은 서양미학의 간주관성을 통해 스스로가 지닌 인식론적 약점을 극복할 수 있는 동시에, 서양미학에서 깊이 있게 다루어지지 않는 가치론적 결함을 보완할 수도 있다는 것이다.

넷째, 중화미학의 간주관성은 심미 활동을 통해 구현된 물아일체의 경지가 천인합일의 관념에 기반하고 있다고 주장한다. 이러한 생각은 중화철학의 특유한 도기론道氣論을 기초로 삼고 있기 때문에, 이성적인 학설이 아니라 몽매성을 지닌 사상이라고 할 수 있다. 그러므로 그것은 반드시 현대미학과 철학의 이성적 검증을 받고 재구축되어야 온전한 학문으로 정립될 수 있다. 요컨대 중화미학의 전현대적 간주관성은 반드시 현대성을 지닌 미학사상의 세례를 거쳐, 현대적인 간주관성으로 나아갈 필요가 있다는 것이다. 그리고 이와 같은 과정에서 특히 중요한 것은 중화미학의 간주관성이 지닌 역사적-문화적 특수성을 간과하고, 무조건 서양의 간주관성을 수용하는 자세를 지양하여야 한다는 점이다.

5·4혁명 전후로 서양의 근대미학이 수입되자, 중화미학의 고유한 간주관성은 해체를 맞이하여 주체성 미학으로 전향하였다. 그러한 배경에서 문학을 비롯한 예술의 영역에서는 인간의 개성 해방과 자아실현을 강조하는 사조가 일어나, 전통적인 명도론明道論과 흥정론興情論을 대체하게 되었다. 그래서 인륜적인 교화와 전원생활을 읊조리는 생각은 진화론, 혁명론, 자아론自我論을 호소하는 미학사상에게 주류의 자리를 내주게 되었다.

5·4혁명 시기, 중화미학에 영향을 끼친 사상은 주로 칸트, 실러, 쇼펜하우어 등이 내세운 주체성 철학이었다. 그러나 그것들은 오래 지속되지 못한 채, 혁명 후기에 전래된 소련의 반영론反映論과 의식형태론意識形態論 미학으로 대체되었다. 바로 이러한 과정에서 중화미학이 어렵게 구축한 주체성과 개체성은 점차 힘을 잃게 되었다. 그러다가 20세기 중반에 이르러, 중국학계에서는 미의 주관성과 객관성 사이의 논쟁이 일어났다. 소련 미학의 강력한 영향으로 인해, 논쟁은 네 학파의 미학사상을 낳으면서 마무리되었다. 그중에서 여영呂瑩, 고이태高爾泰의 주관론과 주광잠朱光潛의 주객통일론主客統一論은 주류 사상으로 인정받지 못한 채 신랄한 비판을 받았고, 채의蔡儀의 자연속성론自然屬性論과 이택후의 사회속성론社會屬性論은

객관론에 속한 까닭에 보다 널리 받아들여졌다.

20세기 80년대에 이르러, 다양한 사상적 해방운동의 배경에서 중화미학은 전통적인 반영론과 의식형태론에 대한 반성을 통해 다시 주체성의 미학을 정립하였다. 이와 같은 주체성 미학은 중국의 특수한 상황에 걸맞게 마르크스 실천주의 철학의 기반 위에서 구축된 것이므로, 실천미학이라고 불렸다. 나아가 이 시기의 실천미학은 쇠퇴한 주체성을 다시 확립하는 역사적 과제를 충분히 수행하였다는 점에서 큰 공적을 세운 사상이라고 평가될 수 있다. 그러나 다른 한편으로, 그것은 현대성의 역사 조건에서 주체성의 미학이 지닌 한계도 또한 드러냈기 때문에, 새로운 비판적 사조를 촉발하기도 하였다.

20세기 90년대에 저자는 실천미학에 대한 전반적인 비판을 발동하였다. 그 결과로 후실천미학後實踐美學이라는 학파가 형성되고, 기존의 주체성 이론은 간주관성 이론의 도전을 받게 되었다. 비판이 진행되는 초기, 저자의 간주관성 사상이 아직 확립되지 않았기 때문에, 실천미학에 대한 비판은 그 주체성에 집중하지 않았다. 그러다가 21세기 초반에 이르러, 저자의 제안을 기반으로 후실천미학은 간주관성 이론에 관한 수정과 보완74)을 통해 주체성 미학을 포기하고 간주관성의 미학으로 전향하였다. 현재, 학계에서 간주관성 미학에 관한 연구가 어느 정도 성숙한 단계에 이르렀기 때문에, 그것을 자각적으로 적용하여 중화미학 전체의 간주관적 전향을 도모할 때가 되지 않았을까 생각된다.

제2절 심미적인 시공간

앞선 장에서 서술하였듯이, 존재는 주체와 세계의 공동존재(Mitsein)를 의미하는

---

74) 이와 같은 간주관성의 수정과 보완은 인식론적–사회학적 간주관성을 본체론적 간주관성으로 정초하는 연구들로 이루어졌다.

개념이고, 그 공동존재를 확정할 수 있는 동일성 범주는 곧 시간과 공간이다. 즉 시간과 공간은 존재를 한정하는 구성요소로서 주체와 세계를 매개한다는 것이다. 나아가 현실적인 시공간은 본원本源의 시공간을 근거로 삼고 있기 때문에, 그것은 곧 본원의 시공간이 다른 형식으로 이화異化된 것이라고 할 수 있다. 한편, 현실 세계에서 이루어진 심미는 자유로운 생존의 방식으로서, 자유로운 시간과 공간을 산출함으로써 본원의 시공간으로 복귀하여 주체와 세계의 동일성을 회복할 수 있다.

1. 심미적 시간의 자유성

본원의 시공간은 존재 그 자체의 구성요소이고, 존재의 동일성을 확정함으로써 주체와 세계의 통일을 가능하게 한다. 본원의 시간에는 과거, 현재, 미래라는 분열이 없고, 그것은 영원한 현재 즉 '항시적인 당즉'(永恒的當卽)으로서 존재한다. 그리고 이와 같은 항시적인 당즉 속에는 과거, 현재, 미래의 구분이 없고, 주체와 객체는 항시적인 일체를 이루고 있다. 그러나 본원의 시간이 현실적인 시간으로 이화하게 되면 과거, 현재, 미래라는 분열로 이어지는데, 이는 곧 주체와 세계 사이에서도 분화가 생겨난다는 것을 의미한다. 그러나 심미는 본원적인 시간으로 회귀하고, 과거와 미래를 당즉에 통일시키며, 주체와 객체의 거리를 해소하여 존재로 복귀하게 하는 활동이다. 그래서 심미적인 시간은 현실적인 시간을 극복하여 '순간적인 항시성'(瞬間的永恒)을 구현함으로써, 본원적인 시간으로 복귀하는 것이라 할 수 있다.

그러나 시간에 대한 중화철학의 인식은 아직 자연 시간에 머물러 있는 까닭에, 본격적인 '역사의식'을 구축하지 못하였다. 그것은 역사를 단순히 순환적인 것, 다시 말해 현재가 곧 과거의 중복이고, 미래는 곧 현재의 연장이라고 규정하여 역사의 본질 즉 현대성에 입각한 단계적 진보를 구현하지 못하였다. 이러한 점은 중화철학이 오직 자연적인 시간만 인정하고, 그와 구분된 사회적인 시간을 외면함으로써 역사적인 의식에 대한 자각을 이룩하지 못하였음을 시사한다.

그런데 이는 중화미학의 시간도 세속적인 시간을 그대로 연용하고 있음을 의미하지 않는다. 왜냐하면 중화미학에서 심미는 자유로운 생존 방식으로서, 현실적인 시간을 초월하여 항시적인 당즉에 이르는 활동으로 이해되기 때문이다. 중화미학의 심미적 시간관은 주로 그것이 지닌 자연 시간의 초월성에서 드러난다. 공자의 시대부터 사람들은 시간이 한번 지나가면 다시 되돌아오지 않음을 의식하였다.75) 그렇다면 어떻게 자연 시간을 초월하여 심미적 시간의 자유성을 드러낼 수 있는가? 중화미학에 따르면 심미는 일종의 신사神思, 즉 상상력에 따른 활동으로서, 사람들로 하여금 자연 시간을 초월하여 자유로운 경지에 이를 수 있게 한다. 육기陸機는 심미가 자연적인 시공간을 초월한다는 점을 발견하여 "한순간에 고금을 모두 살피고, 순식간에 사해四海를 모두 섭렵한다"76)라고 말하였고, 유협劉勰은 그 연장선상에서 "문장의 구상에 몰두해 있는 사람의 생각(文之思)은 그 정신이 아득한 곳까지 나아갈 수 있음을 말한다. 그러므로 고요하게 사려를 집중하면 그 생각은 천 년 동안의 일과 이을 수 있고, 얼굴빛을 조금만 바꿔도 만 리 밖에 있는 것을 볼 수 있다.…… 그러므로 문장을 구상하는 이치의 오묘함은 정신이 사물과 함께 노닐도록 한다"77)라는 진술을 남겼다. 나아가 왕부지王夫之는 불교의 용어를 빌려 현량現量이라는 개념을 제기하여 심미적인 시공간의 당즉성當卽性을 설명하였는데, 그에 따르면 "현량의 현現은 '현재'라는 의미도 있고, '현재 시점에서 바로 이루어져 있는 것' 즉 '현성現成'이라는 의미도 있으며, '진실을 현시한다'라는 의미도 있다. 그중에서 '현재'는 과거의 것에 따라 그림자를 만들지 않음을 의미하는 것이고, '현성'은 한 번 접하면 바로 그 자리에서 알아차려 그 어떠한 사색이나 헤아림도 개입하지 않음을 의미하는 것이며, '진실을 현시한다'라는 것은 그것의

---

75) 『論語』, 「子罕」, "子在川上, 曰, '逝者如斯夫! 不舍晝夜.'"
76) 陸機, 『文賦』, "觀古今於須臾, 撫四海於一瞬."
77) 劉勰, 『文心雕龍』, 「神思」, "文之思也, 其神遠矣. 故寂然凝慮, 思接千載, 悄焉動容, 視通萬里.……故思理爲妙, 神與物游."

본체의 본성이 원래 그러하다는 것을 남김없이 드러내고, 그 어떠한 허황하고 망령된 것을 섞지 않음을 의미하는 것이다."[78] 이와 같은 '현량' 개념이 곧 자연적인 시간의 거리를 극복하여 주체와 사물을 서로 만나게 함을 의미하는 것이다.

또한 역사적인 전개 과정에서 드러난 중화미학의 심미적 시간관도 심미의 당즉성을 긍정하였다. 그러나 이와 같은 긍정은 현대성에 대한 인식이 형성되기 이전에 이루어진 것이므로, 아직 자각적인 상태에서 이룩한 긍정이라고 할 수 없다. 다시 말해, 중화미학은 역사적인 변화가 주체와 세계 사이의 간격을 조성한다는 점을 인지하지 않은 상태에 있었기 때문에, 심미 활동은 쉽게 그러한 시간적인 간극을 초월하여 당즉성을 구현할 수 있다고 믿었다는 것이다. "하늘이 변하지 않으면 도도 역시 변하지 않는다"[79]라는 세계관으로 인해 중화미학은 역사적인 차원에서 과거와의 분리를 의식하지 않았다. 그래서 중화미학은 역사가 인간의 마음이나 문화 등을 변화시킬 수 없다고 여겨, 과거의 문헌도 영원한 심미적 가치를 지닌다고 주장한다.

이와 같은 맥락에서 유협은 문文이 영원한 도에 근본하므로, 그 아름다움도 변하지 않는다는 점을 강조하면서, "대체로『문심조룡』이라는 저술은 도를 근본으로 삼고, 성인의 가르침을 스승으로 삼으며, 경전을 본체로 삼고, 위서緯書의 문체를 참작하며,「이소離騷」와 같은 문체의 변화를 살폈으니, 문장을 짓는 요점을 모두 설명한 것이다"[80]라고 진술하였다. 나아가 유협은 변하지 않는 문장의 아름다움과 그 뜻이 지속적으로 계승될 수 있는 이유에 관해서도 설명하였는데, 이에 따르면 비록 작가와 감상자는 시간적인 거리가 있지만, 영원한 도에 기반한 인정人情이 서로 통하기 때문에, 문장의 아름다움과 뜻도 그대로 전달될 수 있다.[81] 따라서

---

78) 王夫之,『相宗絡索』,「三量」, "現量, '現'者有現在義, 有現成義, 有顯現眞實義. '現在', 不緣過去作影. '現成', 一觸郎覺, 不假思量計較. '顯現眞實', 乃彼之體性如此, 顯現無疑, 不參虛妄."
79)『漢書』,「董仲舒傳」, "天不變, 道亦不變."
80) 劉勰,『文心雕龍』,「序志」, "蓋文心之作也, 本乎道, 師乎聖, 體乎經, 酌乎緯, 變乎騷."
81) 劉勰,『文心雕龍』,「知音」, "夫綴文者情動而辭發, 觀文者披文以入情, 沿波討源, 雖幽必顯. 世遠莫見其面, 覘文輒見其心."

유협에게 심미는 인간으로 하여금 역사를 초월하여 과거를 당즉에 합치하는 활동이 된다.[82]

2. 심미적 공간의 자유성

심미적인 공간은 현실적인 공간에 대한 초월이자 본원적인 공간으로의 회귀이다. 그렇다면 본원적인 공간이란 무엇인가? 그것은 곧 존재의 구성요소이자, 주체와 세계의 동일성을 드러내는 것이다. 따라서 본원적인 공간에는 '여기'와 '저기'의 구분이 없으며, 오직 '무한한 여기'(無限的這里)만이 있다. 한편, 현실적인 공간은 본원적인 공간의 이화로서, 여기와 저기의 구분이 있을 뿐만 아니라, 주체와 객체를 분리시키는 것을 본질로 갖는다. 그러나 이와 달리 현실적인 공간에서 구현되는 심미적인 공간은 자유로운 생존 방식의 구성요소로서, 주체와 세계의 거리를 극복하여 둘 모두의 자유를 실현할 수 있다.

중화미학은 일찍이 이와 같은 심미적 공간의 자유성을 인지하여, 그러한 자유성을 자연공간과 사회공간 모두에서 드러낸 바가 있다. 우리는 먼저 자연공간에서 구현된 심미적 공간에 대해 논의하고, 다음 절에서 그것이 사회공간에서 어떻게 작용하는지를 다룰 것이다.

심미는 반드시 주체와 세계의 거리를 극복하는 전제에서 이루어질 수 있는 활동이다. 그렇다면 어떻게 현실적 공간을 초월하여 둘 사이의 거리를 무화시킬 수 있는가? 중화미학에 따르면 심미적인 상상력을 통해 인간은 주체와 객체의 거리를 극복할 수 있다. 이에 관해 장자는 '소요유逍遙遊'의 사상을 제기하였는데, 그에 따르면 인간은 허정무위虛靜無爲의 정신적 경지에 이를 수 있으면, 자연공간과 사회공간의 거리를 무화하고, 심신心身의 자유를 성취하여 천지 사이를 내키는 대로 오갈 수 있게 된다.[83] 장자가 말한 소요의 정신적 경지는 곧 심미적인 경계境界

---

82) 劉勰, 『文心雕龍』, 「時序」, "終古雖遠, 曖焉如面."

83) 『莊子』, 「逍遙遊」, "若夫乘天地之正, 而御六氣之辯, 以遊無窮者, 彼且惡乎待哉! 故曰, 至人無

를 가리키는 것으로, 후세의 미학자들에게 직접적인 영향을 미쳤다.

우선 육기는 "한순간에 고금을 모두 살피고, 순식간에 사해를 모두 섭렵한다"[84] 라고 말하면서, 심미가 시간적인 간극뿐만 아니라, 공간적인 거리도 초월할 수 있다고 강조하였다. 나아가 유협은 심미적인 상상력을 의미하는 신사 개념을 정립하여 그것을 통해 사람이 시공간적 거리를 무화할 수 있다고 주장하면서 다음과 같은 진술을 남겼다.

> 옛사람은 "몸은 비록 강이나 바다 위에 머물러 있지만, 마음은 큰 궁궐 앞에 두고 있다"라고 말하였는데, 이는 곧 신사를 가리켜 말한 것이다. 문장의 구상에 몰두해 있는 사람의 생각은 그 정신이 아득한 곳까지 나아갈 수 있음을 말한다. 그러므로 고요하게 사려를 집중하면 그 생각은 천 년 동안의 일과 이을 수 있고, 얼굴빛을 조금만 바꿔도 만 리 밖에 있는 것을 볼 수 있다.…… 그러므로 문장을 구상하는 이치의 오묘함은 정신이 사물과 함께 노닐도록 한다.[85]

그러나 중화미학은 심미적 상상력이 자연공간을 무화시키는 데에서 그치지 않고, 그것이 심미적인 정감과 결합하여 자연공간을 심미적인 공간으로 전환하는 점까지 강조하였는데, 이에 관해 유협은 다음과 같이 말하였다.

> 신사가 사방으로 움직이게 되면, 만 가지 사물이 다투어 모습을 드러내기 시작하고, 비어 있는 곳에도 규구規矩가 생기며, 형체가 없는 곳에도 무엇이 생기게 된다. 산에 올라가면 정情은 산에 가득 차게 되고, 바다를 바라보면 의意는 바다에서 넘치게 되니, 나의 재능이 많고 적음에 따라 장차 바람이나 구름과 함께 내달릴 수 있게 된다.[86]

己, 神人無功, 聖人無名."

84) 陸機, 『文賦』, "觀古今於須臾, 撫四海於一瞬."

85) 劉勰, 『文心雕龍』, 「神思」, "古人云, '形在江海之上, 心存魏闕之下.' 神思之謂也. 文之思也, 其神遠矣. 故寂然凝慮, 思接千載, 悄焉動容, 視通萬里.……故思理爲妙, 神與物游."

86) 劉勰, 『文心雕龍』, 「神思」, "夫神思方運, 萬塗競萌, 規矩虛位, 刻鏤無形. 登山則情滿于山, 觀海

한편, 현실공간에는 자연공간 이외에도 사회공간도 있다. 그래서 중화미학은 심미가 자연공간뿐만 아니라, 사회적-문화적 공간도 초월할 수 있다고 주장하였다. 지금까지 자연공간에 대한 심미적 공간의 초월성을 다루었기 때문에, 이제는 그것의 사회적-문화적 공간에 대한 초월성을 논의할 차례이다. 중화문화는 기본적으로 은정문화恩情文化에 속하므로, 심미는 바로 이와 같은 은정문화를 해체하여 자유로운 공간을 구축하였다.

제3절 간주관성 미학사상에 따른 은정문화의 해체

문화는 인간과 세계를 매개하는 사회화된 공간에서 형성된 것이다. 앞서 누차 언급하였듯이 중화문화는 정감을 주로 삼는(主情) 문화이다. 그리고 여기에서의 정감, 즉 정情은 두 가지 의미를 갖고 있는데, 하나는 의식형태로 규정된 은정恩情이라는 의미이고, 다른 하나는 자유로운 정감으로서의 심미적 정감이라는 의미이다. 그리고 전자와 달리, 후자는 간주관성(Intersubjektivität)을 지닌 것으로 이해되는데, 바로 이와 같은 심미적 문화의 간주관성으로 인해 중화문화는 은정문화를 해체하여 자유로운 심미적 공간을 창출할 수 있었다.

1. 중화문화의 핵심 가치—은정관념恩情觀念

중화문화의 핵심적 가치는 무엇인가? 필자가 생각하기에 그것은 곧 은정문화이다. 중국의 윤리사상은 실질적으로 은정문화의 관계 위에서 세워진 까닭, 은정관념이야말로 중국문화의 핵심이라고 할 수 있다. 중국문화는 은정문화를 기반으로 한 윤리 본위적인 경향을 지닌다. 그리고 이러한 은정문화는 한편으로 인간과

則意溢于海, 我才之多少, 將與風云而幷驅矣."

세계, 인간과 인간 사이의 상호성과 정감성을 강조하여 일방적이고 폭력적인 지배관계를 견제하는가 하면, 다른 한편으로는 시혜자와 수혜자 사이의 특정 지배관계를 형성하여 불평등한 구조를 조성하기도 한다.

중화문화는 이성(理)과 감성(情)이라는 두 측면의 내용을 지닌다. 이성적인 측면에서 그것은 천리天理와 인욕人欲을 구분하여 삼강오상三綱五常을 강조함으로써 종법宗法제도를 구축하였다. 한편, 감성적인 측면에서 중화문화는 천성天性과 인정人情을 중시하는 까닭에, 예악禮樂을 비롯한 교화 방법을 고안하였다. 그러나 중화문화에서 이성과 감성, 즉 리와 정은 서로 분화되지 않았기 때문에, 본래 이성적인 범주에 속하는 도덕, 정치, 법률 등 의식체계는 정감성을 지니게 되어, 중국의 인정사회人情社會를 구현하였다.

정감을 중시하는 중화문화의 핵심은 은정관념에 있다. 유가는 비록 가족애를 기반으로 사회관계를 유지하려고 하지만, 이러한 가족애는 신유가新儒家가 말한 사랑이 아니라 은정이다. 바로 이와 같은 은정을 정감의 핵심으로 삼았기 때문에, 은정의 시혜자와 수혜자 사이의 관계가 복잡한 형태로 발전하여 중화문화의 기저를 구성하였다. 이른바 은정문화는 기본적으로 인간관계에서 일어난 시혜—보답을 준칙으로 시혜자가 수혜자에게 지배적 권리를 갖고, 수혜자는 시혜자에게 보답의 의무를 갖는 문화체계를 의미한다. 이러한 문화체계에서 은정은 항상 사랑을 대체하여 보편적인 권력을 지탱하는 요소로 작용한다.

중국의 은정문화는 조상숭배사상에서 기원하였다. 중국의 경우, 원시사회부터 세 가지 숭배사상이 차례대로 나타났는데, 자연숭배, 도등숭배圖騰崇拜, 조상숭배가 그것이다. 그리고 중국 사회는 원시사회에서 벗어났음에도 문명과 종교를 통해 조상숭배를 대체하지 않고 오히려 조상숭배를 종교화함으로써, 그것을 보편적인 사회윤리로 정착시켰다. 특히 주周나라 이후, 중국 사회는 덕치德治로써 귀치주의鬼治主義를 대체하였는데, 이 과정에서 '하늘을 공경히 여기고 조상을 본받아야 한다'(敬天法祖)라는 사상이 이념화되어 조상이 신격화됨으로써, 조상은 천도天道와 함께 숭배의 대상으로 인식되었다. 이리하여 신에 따른 은덕恩德은 인간(조상)에 의한 은덕으로 변모하고, 조상의 은덕에 감사하고 그것에 보답하여야 한다는 생각이 규범으로 정초되었다. 동시에 이와 같은 사상은 조상에 머물러 있지 않고, 가장을 비롯한 살아 있는 연장자까지 확장함으로써, 효孝를 기반으로 한 은정문화 체계가 형성되었다.

은정문화의 사회적 기초는 가족제도에서 찾을 수 있다. 중국 사회가 원시사회에서 문명사회로 진입할 때, 개체의 독립성을 성취하지 못하였기 때문에, 가족은 해체되지 않고 사회적 기본 단위가 되었다. 그래서 종법사회에서는 혈연적 정감이 사회를 유지하는 기본적인 요소가 되고, 가족윤리가 보편적인 사회규범으로 인식되었다. 나아가 가족윤리의 핵심은 효이고, 그것과 연관된 맥락에서 제悌, 자慈, 정貞 등의 덕목도 자주 거론된다. 가족윤리의 틀 안에서 부모는 자식을 낳고 양육하는 존재이므로, 둘 사이에서는 일종의 은정 관계가 구현된다. 이와 같은 맥락에서 부모에게는 자녀를 평생 돌봐야 하는 책임이 주어지는 동시에, 자식의 혼인, 학업, 직업 등 면을 지배하는 권리를 부여받게 되는데, 이는 심지어 "부모가 자식더러 죽어라 하면 자식은 죽지 않으면 안 된다"(父要子亡, 子不得不亡)라는 관념까지 형성하였다. 이와 더불어 자식은 평생에 걸쳐 부모의 은덕에 보답하고, 부모에 종속되며, 복종하여야 하는데, 유가는 이에 관해 "부모가 살아 있을 때는 멀리 가지 않고"[87], 죽으면 "삼 년 동안 부모의 도를 바꾸지 말아야 한다"[88]라는 신조를 강조하였다. 나아가 이러한 관계는 형제와 부부 사이까지 확장하는데, 이에 따르면 형이 동생에게 사랑을 베푸는 동시에 동생은 형에 복종하여야 하고, 남편이 아내에게 사랑이라는 은덕을 베풀면 아내는 그 은덕에 보답하여야 한다. 바로 이와 같은 시혜-보답의 윤리적 모델이 사회적으로 확장하여 중국의 전통사회를 지배하는 보편 관념으로 정착되었다. 그리고 그것에는 항상 불평등한 관계가 내포되어 있는데, 그것이 바로 은정 관계는 단순한 사랑 관계에서 그치지 않고 일종의 지배 관계를 형성한다

---

87) 『論語』, 「里仁」, "子曰, '父母在, 不遠遊.'"
88) 『論語』, 「學而」, "子曰, '父在, 觀其志. 父沒, 觀其行. 三年無改於父之道, 可謂孝矣.'"

는 것이다.

효를 가장 중시하는 가족윤리의 핵심은 인仁이고, 그 연장선상에서 충忠, 의義, 렴廉, 치恥, 신信, 지智 등의 윤리적 범주들이 수반된다. 공자는 "인은 사람을 사랑하는 것이다"[89]라고 말하였는데, 여기에서의 인은 마치 사랑(愛)처럼 거론되는 것처럼 보인다. 그러나 인은 현대에서 말하는 평등한 사랑이 아니라, 은에서 비롯된 사랑, 즉 은애恩愛를 의미한다. 그래서 이러한 사랑의 핵심은 은에 있고, 그것은 사랑을 통해 특정 지배적 권리를 획득하는 윤리적인 관념이다. 이 관념에 따르면 사랑을 베푸는 자는 받은 자에게 은을 지니며, 그에게 보답을 요구하는 권리를 갖는 동시에, 사랑을 받은 자는 그 은을 보답하지 않으면 불인不仁한 사람이 된다. 이와 같은 가족윤리가 사회적으로 확장되면 인간과 인간 사이의 의로움이 형성되는데, 그러한 맥락에서 민간에서 자주 언급되는 의기義氣는 곧 시혜자와 수혜자의 지배적 관계를 나타내는 것이지, 평등한 우정은 아니다.

다음으로, 은이 정치적–윤리적 범주로 확장하게 되면, 그것은 곧 후기 봉건사회를 지탱하는 충의 관념을 형성한다. 중국의 후기 봉건사회에서 가족과 사회, 국가 사이는 긴밀하게 연결되어 있는데, 그 핵심 고리를 담당하는 것이 바로 은정 관계에 따른 윤리 관념이다. 군주가 신하와 백성에게 인정仁政을 베푸는 것이 은덕으로 인식되기 때문에, 그는 통치적 권력을 얻고 심지어 신하와 백성의 재산마저 지배하는 데까지 나아간다. 그래서 "군주가 신하더러 죽어라 하면 신하는 죽지 않으면 안 된다"(君要臣死, 臣不得不死)라는 관념이 형성되었다. 동시에 신하는 충성으로써 군주의 은덕을 보답하여야 하고, 그렇지 않으면 신하의 도리를 하지 못한 자로 취급받는다.

중국의 전제제도專制制度는 서양과 다르다. 즉 그것은 신神의 명예를 빌리는 것이 아니라, 가장의 명의로 통치를 진행한다. 그래서 중국의 전제제도는 군주와 백성 사이의 윤리적 관계를 중시하고, 그에 따른 정치적 압박과 수탈도 부모와

---

89) 『論語』, 「顏淵」, "樊遲問仁. 子曰, '愛人.'"

자식 사이의 은정 관계로 치장되는 경우가 많은데, 이런 맥락에서 군부君父와 자민子民이라는 관념이 형성되었다. 나아가 사회적 엘리트 계열에 속한 지식인, 즉 사士와 군주 사이의 관계도 은정 관계로 해석되는데, 이에 따르면 군주가 사를 신뢰하고 등용하는 것이 은이고, 사가 군주를 위해 충성을 다하는 것이 그러한 은을 보답하는 것이다.[90] 그리고 지방의 벼슬과 백성 사이의 관계도 은정 관계로 매개되는데, 이에 따르면 벼슬은 부모관父母官이자 목수牧守이며, 백성은 자민이자 우양牛羊이다. 그러한 까닭에, 벼슬은 스스로의 의무를 이행하여 '백성을 자식처럼 사랑하게 되면'(愛民如子), 백성의 보답을 얻는 동시에, 도덕적 우월감과 통치적 합법성을 함께 획득한다. 요컨대, 중화문화를 지탱하는 삼강오상은 바로 이러한 은정 관념이라는 일상적‒심리적 요소를 기반으로 삼기 때문에, 봉건사회를 굳건히 유지할 수 있었다.

마지막으로, 은을 핵심으로 한 윤리 관념은 그 현실적 근거와 합법성을 갖추고 있지만, 모든 의식형태와 마찬가지로 역사적인 한계를 또한 지니고 있다. 순수한 사랑은 가장 높은 차원의 가치이지만, 은은 순수한 사랑이 아니라 그것의 기형적인 형태이다. 다시 말해, 순수한 사랑은 이익과 관계없고, 보답을 강요하지 않는 데 비해, 은정에는 사랑이라는 정감적 요소가 있으나, 일종의 권력과 지배 관계도 함축되어 있다. 특히 그러한 은정 관념은 중국에서 윤리적 법칙으로 정착되면서 타자를 지배하는 수단으로 작용하여, 그것에 함축된 사랑이라는 요소는 더욱 왜곡된 형태로 변질하였다.

철학적인 측면에서 보자면, 은정 관계는 일종의 권력 형식이다. 푸코(Foucault)에 따르면 권력 체계는 그 어디에도 있는 것으로, 인간과 사회의 모든 영역을 지배하고 있다. 중국의 윤리는 바로 이와 같은 권력 체계에 속한 것으로, 그것은 집단적인 가치와 규범을 제시함으로써 인간을 지배하고 교화한다. 그러나 다른 한편으로 윤리적인 권력 체계를 해체하는 힘도 존재하는데, 그것이 바로 진정한 사랑이다.

---

90) 『論語』, 「八佾」, "定公問, '君使臣, 臣事君, 如之何?' 孔子對曰, '君使臣以禮, 臣事君以忠.'"

사랑의 핵심은 다름 아닌 정감적 공유, 즉 동정同情에 있다. 그것은 주체와 객체 사이의 간주관성(Intersubjektivität)을 구현하여 사랑을 베푸는 자와 받는 자를 모두 긍정하고, 사랑의 동등한 소통을 가능하게 한다. 이러한 구조 속에서 사랑을 베푸는 자는 지배자가 될 수 없고, 그것을 받는 대상도 자아를 잃어가면서까지 종속적인 존재로 전락하지 않는다. 따라서 진정한 사랑으로서의 동정은 인간과 인간 사이의 지배 구조를 해소하여 윤리적인 긍정 요소로 작용할 수 있다.

그러나 중국의 윤리는 이와 같은 해체의 힘을 결여하고 있다. 왜냐하면 그것은 사랑을 은덕으로 간주하기 때문이다. 은덕으로서의 사랑은 실질적으로 사랑으로써 권력을 교환하는 것이고, 사랑의 권력화이다. 물론 유가도 '다른 사람에게 차마 하지 못하는 마음'(不忍人之心) 즉 동정에 대해 언급하지만, 그것은 항상 은정 관념의 제약을 받아 본연의 힘을 발휘하지 못한다. 요컨대 은정문화는 정감과 윤리에서 시혜자를 주인으로 삼고, 수혜자를 노예로 강등하는 내포를 지니므로, 일종의 부드러운 노역(溫柔的奴役) 문화라고 할 수 있다. 바로 이와 같은 문화 속에서 중국인은 점차 자아를 잃게 되고 자유를 상실하게 되었다.

2. 유가와 도가 사상에 따른 은정 관념의 구축과 해체

은정문화의 영향으로 인해, 중화미학도 그것을 인정하고 심미적인 정감을 윤리화된 은정으로 규정하는 경향이 있다. 그리고 이러한 경향은 주로 유가의 미학사상에서 드러나고 있다. 유가미학에 따르면 미美의 본질은 선善이고, 이 선은 곧 은정 관념을 핵심으로 한 윤리적 가치이다. 따라서 유가에서 말한 인륜적인 정감은 주로 은정에 따른 정감을 의미하고, 그것은 가족 정감, 고을 정감(鄕情), 애국적인 정감 등을 포함한다. 나아가 이와 같은 정감에는 모두 효제孝悌와 충의忠義 등 관념이 삼투되어 있으므로 평등한 정감이 아니다. 즉 그것은 특정 인간과 그 인간을 둘러싼 친소 관계에 따라 다르게 나타나는 정감이라는 것이다.

유가의 미학은 악樂, 즉 시, 음악, 무용(舞) 등을 모두 예禮에 귀속시키고, 그것이

"인륜을 두텁게 하고 교화를 아름답게 하는"(厚人倫, 美教化)[91] 사회적 기능을 발휘하여야 한다고 주장한다. 그리고 유가에 따르면 예는 서로 다른 것을 구분하는 것(禮別異)이고, 악은 같은 것을 합치하는 것(樂合同)으로,[92] 전자는 장유長幼와 존비尊卑의 등급적인 차이를 규정하지만, 후자는 정감으로써 그러한 등급적 차이에서 비롯된 대립을 완화하여 나아가 그러한 차이를 인정하는 것이다. 바로 이와 같은 맥락에서 유자有子는 "예의 쓰임(用)은 화和를 귀하게 여기니, 선왕의 도는 이로 인해 아름답다고 할 수 있다"[93]라고 말하였다.

유가의 미학에 따르면 심미의 본질과 쓰임은 '화'에 있다. 그리고 이러한 화는 무엇보다도 은정 관념에 입각하여 말한 것으로, 시혜자와 수혜자 사이의 정감적 조화를 가리킨다.

> 너희들은 어찌하여 시를 배우지 않느냐? 시는 정감을 일으킬 수 있고, 정치나
> 사람들의 잘잘못을 살필 수 있게 하며, 다른 사람들과 어울릴 수 있게 하고, 잘못된
> 정책을 원망할 수 있게 한다. 가까이는 어버이를 섬길 수 있게 하고, 멀리는 군주를
> 섬길 수 있게 하며, 날짐승과 들짐승, 풀과 나무의 이름을 많이 알게 한다.[94]

여기에서 공자는 시가 정감을 불러일으킬 수 있는 작용에 관해서 강조하고 있다. 그리고 그중 하나가 곧 시는 사람들과 어울리게 하는(群) 정감을 일으킬 수 있는 것인데, 이러한 어울림은 바로 대중과 조화를 이루는 것(和衆)이고, 그것은 구체적으로 효제와 충의 등 은정을 통해 구현된 조화로운 인간관계를 의미한다. 나아가 「악기樂記」와 「시대서詩大序」에도 유사한 진술이 있는데, 그것들은 다음과 같다.

---

91) 「詩大序」, "經夫婦, 成孝敬, 厚人倫, 美教化, 移風俗, 莫善乎詩."
92) 『荀子』, 「樂論」, "樂合同, 禮別異, 禮樂之統, 管乎人心矣."
93) 『論語』, 「學而」, "有子曰, '禮之用, 和爲貴. 先王之道斯爲美.'"
94) 『論語』, 「陽貨」, "子曰, '小子何莫學夫詩? 詩可以興, 可以觀, 可以群, 可以怨. 邇之事父, 遠之事君. 多識於鳥獸草木之名.'"

악에는 조화가 필요하고, 예에는 온순이 필요하다.[95]

그러므로 악은 종묘 안에서 군신상하君臣上下가 함께 들으면 화합하고 경애하는
마음이 생기지 않은 자가 없고, 족장族長이 통솔한 향리鄕里 안에서 어른과 젊은이가
함께 들으면 화합하고 온순한 마음이 생기지 않은 자가 없으며, 가정 안에서 부모와
자식, 형제가 함께 들으면 화합하고 친애하는 마음이 생기지 않은 자가 없다.
그러므로 악은 일정한 기준을 명시하여 조화를 규정하는 것이다.[96]

그러므로 정치적인 성취와 과실을 바로 잡음으로써 천지와 귀신을 감동하는 것은
시만 한 것이 없다. 그래서 선왕은 그것을 통해 부부 사이의 도리를 바로잡고,
효도와 공경의 마음을 이루게 하며, 인륜을 두텁게 하고, 교화를 아름답게 하여
풍속을 올바르게 바꾼다.[97]

이와 같이 유가의 미학사상은 기본적으로 윤리사상의 제약을 받는다. 그것은
심미적인 정감의 성격을 규정하였지만, 그러한 정감을 윤리적인 은정으로 취급한
까닭에, 독립적이고 자유로운 심미적인 정감을 정초하지 못하였다. 나아가 다른
한편으로, 유가의 미학은 심미를 도덕적인 의식으로 제한하는 동시에, 심미적인
정감을 이성화하였다. 그래서 그것은 윤리의 범주에서 벗어난 심미적 정감을 자연
스럽게 배척하고, 심지어 그러한 정감을 올바르지 않은 것(不雅)으로 치부하였다.
따라서 유가의 미학사상은 결국 예술과 심미를 윤리의 도구로 전락하는 것이라고
할 수 있다.

한편, 도가의 미학사상은 스스로 그러한 자연천성으로의 복귀를 강조함으로써
은정 관념을 해체하였다. 우선 도가는 자연천성을 통해 예교禮敎에 저항하여 스스로

---

95) 『禮記』, 「樂記」, "樂極和, 禮極順."
96) 『禮記』, 「樂記」, "是故樂在宗廟之中, 君臣上下同聽之, 則莫不和敬. 在族長鄕里之中, 長幼同聽
之, 則莫不和順. 在閨門之內, 父子兄弟同聽之, 則莫不和親. 故樂者, 審一以定和."
97) 「詩大序」, "故正得失, 動天地, 感鬼神, 莫近於詩. 先王以是經夫婦, 成孝敬, 厚人倫, 美敎化, 移
風俗."

그러한 정감(自然之情)을 기반으로 윤리적인 정감을 부정한다. 도가에 따르면 인륜적인 규범은 모두 스스로 그러한 자연의 상태와 대립된 것(僞)이다. 그래서 인간은 자연천성을 훼손하는 문명과 규범을 제거하여 스스로의 본성에 적합한 인생을 영위함으로써, 세속을 초월하고 천지와 나란히 할 수 있는 경지 즉 심미적인 경지를 지향하여야 한다.

장자는 '지극한 인은 친근함이 없다'(至仁無親)라는 사상을 제기하여 윤리화된 정감을 부정하였는데, 그는 노자에게 인의를 설교하는 공자를 향해 "선생은 또한 본래 갖추어진 덕德에 따라 행동하고 도를 따라 나아간다면 그것으로 이미 충분할 것인데, 또 무엇 때문에 애써 인의를 내걸고 마치 북을 두드리며 잃어버린 자식을 찾듯이 하는가? 아! 선생은 사람의 참다운 본성을 어지럽히고 있구나!"98)라고 말하였다. 나아가 장자는 인의와 도덕에 기반을 둔 세속적인 가치가 인간의 자연스러운 정감을 왜곡하는 데에서 비롯되었다고 강조하면서, 그것에 어긋나는 기인畸人을 표방하였는데, 이에 따르면 "기인이란 세속 사람들과는 다르지만 하늘(天)과는 비슷하다. 그 때문에 '하늘의 소인小人은 인간세계의 군자君子이고, 하늘의 군자는 인간세계의 소인이다'라고 말한다."99) 끝으로 그는 또한 유가의 예의 규범에 어긋난 상사喪事를 다음과 같이 거론하면서, 이러한 형식의 상사가 곧 인간의 자연스러운 정감에 따른 것이라고 주장하였다.

아무 일 없이 얼마 지난 뒤 자상호子桑戶가 죽어서 아직 장례를 치르지 않았는데, 공자가 그 소식을 듣고, 자공子貢으로 하여금 가서 장사葬事를 도와주게 하였다. 자공이 가 보니 한 사람은 노래를 부르고, 나머지 한 사람은 거문고를 타면서 서로 화답하면서 노래하고 있었다. "아! 상호여. 아! 상호여. 그대는 이미 참된 세계로 돌아갔는데 우리는 아직 사람으로 남아 있구나. 아!" 자공이 종종걸음으로 그들 앞에 나아가 말하였다. "감히 묻겠습니다. 시신을 앞에 놓고 노래하는 것이

---

98) 『莊子』, 「天道」, "夫子亦放德而行, 循道而趨, 已至矣. 又何偈偈乎揭仁義, 若擊鼓而求亡子焉? 意! 夫子亂人之性也!"

99) 『莊子』, 「大宗師」, "畸人者, 畸於人而侔於天. 故曰, '天之小人, 人之君子. 人之君子, 天之小人也.'"

예입니까?' 두 사람이 서로 마주 보고 웃으면서 말하였다. "이 사람이 어찌 예의 본뜻을 알겠는가!"[100]

안회顔回가 공자에게 물었다. "맹손재孟孫才는 자기 어머니가 돌아가셨는데, 곡할 때 눈물을 흘리지 않았고, 마음속에 슬픔을 느끼지 않았으며, 상을 치르면서 서러워하지도 않았습니다. 이 세 가지가 없었는데도 상례喪禮를 잘 치렀다는 명성이 노魯나라를 뒤덮었습니다. 본래 그 명성에 해당하는 실제의 행위가 없는데도 명성을 얻는 경우가 있는 것입니까? 저는 오로지 그게 이상합니다."[101]

노담老耼이 죽었는데 진실秦失이 조문하러 가서 세 번 호곡하고는 나와 버렸다. 노담의 제자가 말하였다. "선생님의 친구분이 아니십니까?" 진일이 대답하였다. "그렇다." 제자가 말하였다. "그렇다면 조문을 이렇게 해도 됩니까?" 진일이 말하였다. "그렇다. 처음에 나는 그를 훌륭한 사람이라고 생각했는데 지금 보니 아니다. 조금 전에 내가 들어가 조문하였는데, 늙은이는 마치 자기 자식을 잃은 듯 울며, 어린아이들은 마치 자기 어미를 잃은 듯 울었다. 저 노담이 사람들을 모이게 한 데에는 반드시 말로는 위로하는 말을 바라지 않는다고 하면서도, 실제로는 위로하는 말을 하게 하고, 말로는 곡하기를 바라지 않는다고 하면서도, 실제로는 곡하게 함이 있었을 것이다. 이것은 천리天理를 저버리고 인정에 어긋나 하늘로부터 받은 바를 잃어버린 것이다. 옛날에는 이것을 일러 천리를 저버리는 죄라고 하였다. 그가 때마침 이 세상에 태어난 것은 태어날 때였기 때문이고, 때마침 세상을 떠난 것은 갈 때였기 때문이니, 태어나는 때를 편안히 맞이하고 죽는 때를 편안히 따르면 슬픔이나 즐거움 따위의 감정이 그 사람의 마음에 들어갈 수 없다. 옛날에는 이것을 일러 '꼭지에 거꾸로 매달렸다가 풀려난 것'(懸解)이라고 하였다. 이 말이 가리키는 뜻은 땔나무가 다 타 버려도 불은 다른 나무로 옮겨가기 때문에 결코 꺼질 줄을 모른다는 것이다."[102]

---

100) 『莊子』, 「大宗師」, "莫然有間, 而子桑戶死, 未葬. 孔子聞之, 使子貢往侍事焉. 或編曲, 或鼓琴, 相和而歌曰, '嗟來桑戶乎! 嗟來桑戶乎! 而已反其眞, 而我猶爲人猗!' 子貢趨而進曰, '敢問臨尸而歌, 禮乎?' 二人相視而笑曰, '是惡知禮意!'"
101) 『莊子』, 「大宗師」, "顔回問仲尼曰, '孟孫才, 其母死, 哭泣無涕, 中心不戚, 居喪不哀. 無是三者, 以善處喪蓋魯國. 固有無其實而得其名者乎? 回壹怪之.'"

다음으로, 도가는 또한 무정無情의 사상으로 유가에 의해 구축된 은정 관념을 해체하고자 하였는데, 이에 따르면 스스로 그러한 자연천성에 복귀한 자로서, 지인至人, 신인神人, 진인眞人과 같은 존재는 모두 세속적인 정감을 초월하여 무지무욕無知無欲하고 허정무위虛靜無爲한 경지에 이른 자이므로, 생사生死, 영욕榮辱, 궁달窮達에 흔들리지 않고, 인간세의 희노애락喜怒哀樂에도 좌우하지 않는다. 장자는 "사물을 사물이 되게 하면서도 사물에 얽매이지 아니함"(物物而不物於物)103)이라는 사상을 내세워 주체의 정감과 욕망을 제거함으로써 스스로 그러한 자아의 상태에서 사물과 인간을 직면할 수 있으면 무정의 경지를 성취할 수 있다고 주장하였다. 이러한 마음의 경지가 바로 다름 아닌 심미적인 경지이고, 그것은 곧 정리일체情理一體의 유가미학사상을 부정한 것으로 이해될 수 있다. 나아가 장자는 혜시惠施와의 대화를 통해 무정설을 다음과 같이 전개하였다.

혜자惠子가 장자에게 물었다. "인간은 본래 감정이 없는가?" 장자가 말하였다. "그렇다." 혜자가 말하였다. "사람이면서 감정이 없다면 어떻게 사람이라 일컬을 수 있겠는가?" 장자가 말하였다. "도가 모습을 주었고 하늘이 형체를 주었으니, 어떻게 사람이라고 일컫지 못하겠는가?" 혜자가 말하였다. "이미 사람이라고 말한 다면 어떻게 감정이 없을 수 있겠는가?" 장자가 말하였다. "이것은 내가 말하는 감정이 아니다. 내가 감정이 없다고 말한 것은 사람이 좋아하고 싫어하는 감정을 가지고 안으로 자신을 해치지 않고, 항상 자연의 도를 따라 무리하게 삶에 무엇을 보태려고 하지 않는 것(不益生)을 의미한다." 혜자가 말하였다. "삶에 무엇을 보태려 고 하지 않으면 어떻게 그 몸을 보존할 수 있겠는가?" 장자가 말하였다. "도가 모습을 주었고 하늘이 형체를 주었으면, 좋아하고 싫어하는 감정 때문에 안으로

---

102) 『莊子』, 「養生主」, "老聃死, 秦失弔之, 三號而出. 弟子曰, '非夫子之友邪?' 曰, '然.' '然則弔焉 若此, 可乎?' 曰, '然. 始也, 吾以爲其人也, 而今非也. 向吾入而弔焉, 有老者哭之, 如哭其子. 少者哭之, 如哭其母. 彼其所以會之, 必有不蘄言而言, 不蘄哭而哭者. 是遁天倍情, 忘其所受, 古 者謂之遁天之刑. 適來, 夫子時也. 適去, 夫子順也. 安時而處順, 哀樂不能入也, 古者謂是帝之縣 解. 指窮於爲薪, 火傳也, 不知其盡也.'"
103) 『莊子』, 「山木」, "物物而不物於物, 則胡可得而累邪!"

자신을 해치지 않아야 할 터인데, 이제 그대는 그대의 마음을 밖으로 향하게 하며 그대의 정신을 고달프게 해서 나무에 기대 신음소리나 내고 말라 버린 오동나무로 만든 안석에 기대 졸기나 하고 있다. 하늘이 그대의 육체를 잘 갖추게 해 주었는데, 그대는 견백론堅白論 따위의 궤변을 떠들고만 있네!"[104]

그다음으로, 도가는 만물평등의 사상을 통해 유가에 의해 구축된 등급제도와 은정 관념을 해체하고자 하였다. 도가에 따르면 인간과 사물은 본래 가지런한 상태에 있으므로, 둘 사이에는 그 어떠한 등급적인 차이도 없다.[105] 그래서 등급적인 차이를 정당화하는 윤리는 인간과 사물의 자연 관계를 훼손하는 인위적이고 거짓된 것이기 때문에, 마땅히 부정되어야 한다. 그래서 노자는 존재의 불평등이 발생할 수 없는 소국과민小國寡民의 사회를 구축하여야 한다고 주장하였고, 장자는 한 걸음 더 나아가 인간과 짐승이 같이 사는 원시적인 사회를 이상사회로 규정하였다.

무릇 지극한 덕이 구현된 시대(至德之世)에서는 짐승들과 함께 살면서, 무리 지어 만물과 나란히 살았으니, 어찌 군자와 소인의 차별을 알았겠는가! 인간과 사물이 함께 무지하였으니, 지극한 덕이 사라지지 않았고, 함께 무욕하였으니, 소박함(素樸) 의 상태에 있었다고 할 수 있는데, 소박함을 지키면 사람은 본성을 유지하게 된 다.[106]

장자에 따르면 바로 이와 같은 세상에서 군자와 소인의 등급적 차이가 없으므로, 도덕적 교화도 있을 수 없다.

---

104) 『莊子』, 「德充符」, "惠子謂莊子曰, '人故無情乎?' 莊子曰, '然.' 惠子曰, '人而無情, 何以謂之 人?' 莊子曰, '道與之貌, 天與之形, 惡得不謂之人?' 惠子曰, '旣謂之人, 惡得無情?' 莊子曰, '是 非吾所謂情也. 吾所謂無情者, 言人之不以好惡內傷其身, 常因自然而不益生也.' 惠子曰, '不益生, 何以有其身?' 莊子曰, '道與之貌, 天與之形, 無以好惡內傷其身. 今子外乎子之神, 勞乎子之精, 倚樹而吟, 據槁梧而瞑. 天選子之形, 子以堅白鳴!'"
105) 『道德經』 第25章, "故道大, 天大, 地大, 人(王)亦大. 域中有四大, 而人(王)居其一焉."
106) 『莊子』, 「馬蹄」, "夫至德之世, 同與禽獸居, 族與萬物竝, 惡乎知君子小人哉! 同乎無知, 其德不 離. 同乎無欲, 是謂素樸. 素樸而民性得矣."

지극한 덕이 구현된 시대에서는 어진 사람을 숭상하지 않았고, 능력 있는 자를 부리지 않았다. 그래서 윗사람은 마치 나뭇가지 끝과 같았고, 백성들은 마치 들에 있는 사슴과 같아서 단정하게 행동하면서도 그것을 의義라고 자랑할 줄 몰랐고, 서로 사랑하면서도 그것을 인이라 자랑할 줄 몰랐으며, 진실하게 행동하면서도 그것을 충이라 자랑할 줄 몰랐고, 마땅하게 행동하면서도 그것을 신信이라 자랑할 줄 몰랐으며, 벌레처럼 부지런히 움직여 서로 도와주면서도 그것을 베푸는 것이라 여기지 않았다. 이 때문에 행동함의 자취가 없었고, 일을 해도 후세에 전해지지 않았다.[107]

여기에서 장자는 스스로 그러한 자연 상태의 세상에 예법과 윤리 관념이 있을 수 없다는 점을 강조하였을 뿐만 아니라, 특히 그러한 세상에서 인간과 인간, 인간과 사물 사이에 서로 도우면서도 불평등한 은정 관념이 일어날 수 없음을 주장하였다. 끝으로, 장자는 또한 건덕지국建德之國이라는 이상사회에 대해 묘사하였다.

남월南越에 어떤 고을이 있는데, 이름은 건덕지국이라고 합니다. 그 백성들은 우직하고 소박하여 사사로움과 욕망이 적습니다. 그래서 그들은 묵묵히 일할 줄만 알고 자기 몫으로 숨길 줄 모르며, 남에게 무엇을 주고도 그 보답을 바라지 않으며, 의에 꼭 맞출 줄 모르고 예를 받들 줄도 모르며, 미친 듯 제멋대로 행동하는데도 큰 규범(大方) 벗어나지 않았습니다. 삶을 즐길 줄 알고, 죽음을 자연스럽게 받아들일 줄 아니, 저는 임금이 나라를 떠나 세속을 버리고, 도와 더불어 서로 도우면서 이 나라로 떠나가기를 바랍니다.[108]

여기에서도 장자는 특히 건덕지국의 사람들이 "남에게 무엇을 주고도 그 보답을

---

107) 『莊子』, 「天地」, "至德之世, 不尙賢, 不使能. 上如標枝, 民如野鹿. 端正而不知以爲義, 相愛而不知以爲仁, 實而不知以爲忠, 當而不知以爲信, 蠢動而相使, 不以爲賜. 是故行而無迹, 事而無傳."
108) 『莊子』, 「山木」, "南越有邑焉, 名爲建德之國. 其民愚而朴, 少私而寡欲. 知作而不知藏, 與而不求其報. 不知義之所適, 不知禮之所將. 猖狂妄行, 乃蹈乎大方. 其生可樂, 其死可葬. 吾願君去國捐俗, 與道相輔而行."

바라지 않는다"(與而不求其報)라는 점을 강조하고 있는데, 이는 앞선 인용문에서 말한 "벌레처럼 부지런히 움직여 서로 도와주면서도 그것을 베푸는 것이라 여기지 않았다"(蠢動而相使, 不以爲賜)라는 말과 동일한 취지로, 모두 은정 관념을 부정한 것이다.

그럼에도 불구하고 도가의 미학사상이 은정 관념을 해체하는 방식은 적극적인 차원에서 이루어진 것이라 할 수 없다. 왜냐하면 그것은 자연주의적 지향을 기반으로 현실에서 도피하고, 그러한 현실 자체에서 구현될 수 있는 자유로운 심미적 의식을 통해 은정 관념을 부정하지 못하였기 때문이다. 바로 이와 같은 현실적 도피성으로 인해, 도가사상은 끝내 유가의 사상을 대체하여 주류 사상으로 정립되지 못하였다.

한편 법가法家는 인간 본성의 사욕에 초점을 맞춘 형상刑賞 제도를 기반으로 사회관계를 구축하여 은정 관념을 해체하고자 하였다. 그러나 법가의 사상을 통치 이념으로 삼은 진秦나라가 짧은 기간 내에 멸망을 맞이하였기 때문에, 후세 사람들은 그러한 사상을 받아들이지 않았다. 법가사상은 비록 은정 관념을 해체하였지만, 그와 동시에 인간 사이에 있는 사랑조차도 일괄적으로 제거하여 최종적으로 순수한 성악론性惡論에 이르렀다. 실제로 이와 같은 해체는 은정 관념을 부정하는 것보다는 오히려 은정 관념의 부재가 사회의 존립을 위협할 수 있다는 점을 반증하는 것에 가까우므로, 성공적이라고 할 수 없다.

이 외에도 불가사상은 공空과 무無에 입각하여 유가에 의해서 구축된 은정문화를 해체하려고 하였다. 이에 따르면 인생과 존재의 실질은 공이고, 모든 정욕과 은정 관념을 비롯한 예의 규범은 허상에 불과하기 때문에, 주체는 스스로의 수련을 통해 그러한 허상을 제거하여 고苦에서 벗어나 자유로운 해탈의 경지에 이르러야 한다. 그러나 이와 같은 은정 관념의 해체는 인생이 고라는 관념을 전제로 하여 정립된 것이므로, 현실과 떨어진 금욕이나 출세에 대한 비판을 적극적으로 제시할 수 없다. 그래서 도가의 자연주의적 도피사상과 유사한 맥락에서, 불가의 사상도 근본적으로 은정문화를 해체하는 데 성공을 거두지 못하였다.

3. 간주관성 미학사상에 따른 은정 관념의 해체

은정문화는 비록 그 사회적 맥락과 역사적 근거를 지닌 것이지만, 여전히 변이된 의식형태로서 존재자들 사이의 간주관성을 성취할 수 없다. 이는 또한 은정 관념과 심미적인 간주관성 사이에 필연적으로 모순이 일어날 수밖에 없음을 시사하기도 한다. 그리하여 심미적인 간주관성은 자연스럽게 은정 관계를 해체하여 인간의 자유와 해방을 구현하여야 하는 과제를 떠맡기게 되었다. 후기 봉건사회에 서 중화미학은 유가와 도가의 사상이 합류하는 국면을 맞이하였다. 이 과정에서 심미적인 정감은 한편으로 이치에서 벗어나는 동시에, 다른 한편으로는 윤리적인 정감, 즉 은정 관념으로부터 자유로워지기 시작하였다. 그리고 이와 같은 현상은 주로 두 가지 이유에서 비롯되는데, 하나는 전통사회 후기에 사회적 관계의 고착화 가 극단에 이르면서 예술과 윤리의 충돌이 발생하여 정리일체의 전통미학사상이 위기를 맞이하게 되었기 때문이고, 다른 하나는 전통미학사상의 내부에서 리와 정, 예와 악 사이의 모순이 정면으로 부상하였기 때문이다.

심미적 정감은 본래 자유로운 정감이므로, 그것은 윤리화된 은정 관념과 완전히 합치하기 힘들다. 그래서 역사적 발전에 따라, 그것은 필연적으로 스스로의 본질에 걸맞게 은정 관념과 충돌할 수밖에 없다. 중화미학은 예술(악)과 윤리규범(예)을 통일하여 예악이라고 합칭하였는데, 그중에서 예는 주도적인 역할을 지닌 것으로 이해되었다. 그러나 중화미학은 또한 둘 사이의 차이에 대해 어느 정도 인지하였는 데, 이에 따르면 예는 외부에서 주어진 이성적인 규범인가 하면, 악은 내면의 성정性情에서 비롯된 정감이다.[109] 이렇게 보면 악은 인간이 지닌 천성을 가리키는 것이고, 예는 그 천성의 드러남이 지나치거나 모자라는 것을 제어하는 것이다. 나아가 예는 신분에 따라 등급을 나누고 사람들로 하여금 그것을 따라야 함을 강조하는가 하면, 악은 예에 의해서 규정된 등급적 차이에서 비롯된 대립을 조화롭

---

109) 『禮記』, 「樂記」, "樂也者, 動於內者也. 禮也者, 動於外者也. 故禮主其減, 樂主其盈."

게 다듬는 기능을 지닌다.[110] 따라서 악에는 예를 보좌하는 역할이 있는 동시에, 예가 규정한 사회적 등급에서 벗어나 자유로운 성정을 구현하는 특질도 갖추고 있는 것이라고 할 수 있다. 바로 이와 같은 점을 가리켜 채원배蔡元培는 다음과 같이 말하였다.

> 예는 인간이 정한 법을 통해 (외면에서) 그 몸과 마음을 절제하는 것이니, 소극적인 것이다. 악은 스스로 그러함의(自然) 아름다움을 통해 (내면에서) 그 영특한 성정을 변화하고 감동하는 것이니, 적극적인 것이다. 그래서 예의 덕은 방정하고 이지적이며(方而智), 악의 덕은 원활하고 신묘하다(圓而神).[111]

이러한 배경에서 미학사상이 발전함에 따라, 정과 악은 점차 리와 예에서 벗어나 전통사회 후기에 이르러 보다 자유로운 성격을 지니게 되었다. 이와 더불어 자유로운 심미적 정감에 대한 반성적인 고찰이 다수 등장하였는데, 그것들은 다양한 각도에서 기존의 은정 관념을 해체하여 새로운 미학사상을 형성하였다. 봉건사회 후기에서 나타난 은정 관념에 대한 반항은 대체로 다음과 같은 몇 가지 방식으로 이루어졌다.

우선, 중화미학은 자연 심미를 통해 자유로운 심미적 정감을 표현하여 윤리화된 은정 관념을 제거하였다. 주류의 의식형태가 정감을 은정으로 변질시켜 심미적 정감의 자유로운 발현을 저해하였기 때문에, 중화예술은 육조六朝시대 이후부터 윤리화된 정감을 직접적으로 나타내는 대신, 자연을 심미적인 대상으로 삼아 진실한 정감을 드러내는 쪽으로 이행하였다. 특히 홍정설興情說의 제기와 더불어 심미 대상은 점차 자연으로 옮겨졌는데, 이 영향으로 인해 미학사상도 변화를 맞이하게 되었다. 그렇다면 왜 육조 이후로 중국의 고전 예술(특히 시, 화, 산문)은 인사人事

---

110) 『禮記』, 「樂記」, "樂極和, 禮極順."
111) 蔡元培, 『蔡元培哲學論著』(河北人民出版社, 1985), p.25, "禮者, 以人定之法, 節制其身心, 消極者也. 樂者, 以自然之美, 化感其性靈, 積極者也. 禮之德方而智, 樂之德圓而神."

대신 경물을 묘사하여 정감을 펼쳐 내는(寫景抒情) 쪽으로 변화하였는가? 그 이유는 바로 자연의 심미 활동 속에서 인간과 자연이 윤리화된 은정 관계가 아니라 자유로운 심미적인 관계에 놓일 수 있기 때문이다. 그러한 까닭에, 인간은 자연을 묘사하고 정감을 표현하는 과정에서 자신의 정감을 자유롭게 드러냄으로써, 윤리적인 관계에서 벗어나 보다 조화롭고 평등한 인간-자연의 관계를 구축할 수 있었다.

인간과 세계의 관계에 관한 중화미학의 논의는 대부분 정과 경景을 통해서 구현된다. 그리고 심미는 곧 이러한 정과 경의 간주관적 상호 추동 관계로 인식된다. 이에 관해 명대의 사진謝榛은 "시를 짓는 것은 정감과 경물에 근본하기 때문에, 어느 하나만 가지고도 이룰 수 없으니, 둘은 서로 배치되는 것이 아니다"112)라고 말하였고, 청대의 왕부지王夫之는 "경에 관한 말을 지을 수 없으면, 어찌 정에 관한 말을 지어낼 수 있는가!"113)라고 말하였는데, 이는 모두 예술에서의 심미적 정감과 실제 경물을 연결하는 것이다. 왕국유王國維는 한 걸음 더 나아가 아예 정과 경을 문학의 두 기본 요소로 규정하였고,114) 교연皎然은 자연 심미를 통해 인사의 번잡함을 제거하여야 한다는 예술이념을 명확히 제시하였다.115)

중화미학은 주로 물감설物感說과 감흥론感興論에 기반하여, 자연에 대한 심미 체험을 통해 정을 인간의 천성으로 해석하고, 그것을 사물과 소통하는 간주관적 매개로 규정함으로써, 윤리적인 은정 관념을 회피하거나 부정하였다. 이에 따르면 정감은 스스로 일어나는 것이거나 인간만의 전유물이 아니라, 마음이 자연경물에 반응하는 과정에서 생겨나는 것이다.116) 물감설과 감흥론은 최종적으로 홍정설의 미학사상으로 정초되어, 심미적 정감을 인간과 자연 대상의 소통 과정에서 비롯된

---

112) 謝榛, 『四溟詩話』, "作詩本乎情景, 孤不自成, 兩不相背."
113) 王夫之, 『薑齋詩話』, 卷二, "不能作景語, 又何能作情語耶?"
114) 王國維, 『文學小言』, "文學中有二原質焉, 曰景, 曰情."
115) 皎然, 『詩式』, 「序」, "世事喧喧, 非禪者之意, 假使有宣尼之博識, 胥臣之多聞, 終朝目前, 聆道侈義, 適足以擾我眞性, 豈若孤松片雲, 禪坐相對, 無言而道合, 至靜而性同哉!"
116) 劉勰, 『文心雕龍』, 「物色」, "是以詩人感物, 聯類不窮."; 「物色」, "情往似贈, 興來如答."; 鍾嶸, 『詩品』, 「序」, "氣之動物, 物之感人, 故搖蕩性情, 行諸舞詠."; 劉熙載, 『藝概』, 「賦概」, "在外者物色, 在我者生意, 二者相摩相蕩而賦出焉." 등 참조.

평등한 정감으로 규정하였다. 다시 말해 홍정설에 따르면 정감은 서로 독립된 주체와 객체 사이에서 일어나는 것이 아니라, 간주관성에 따른 '두 주체' 사이에서 형성된 것이다. 이렇게 심미적 정감을 기반으로 정립된 심미적 의식은 주류 의식에서 규정한 은정 관계와 달리, 주체와 객체 사이의 불평등한 사역 관계를 배제함으로써 둘의 간주관적이고 자유로운 관계를 구축하였다. 그러나 비록 중화미학은 정과 경의 관계를 중시하지만, 그것이 인간 사이의 관계를 외면하였다고는 말할 수 없다. 왜냐하면 중화미학은 간주관적인 정경 관계를 구축하는 동시에, 인간 사이의 관계를 그 속에 함축시킴으로써 심미적 정감을 통해 평등하고 순수한 인간 사이의 관계를 구현하여 등급적으로 매겨진 윤리적 은정 관계를 해체하였기 때문이다.

다음으로, 중화미학은 심미적인 의식의 지상성至上性과 심미적인 정감의 진실성(純眞性)을 강조하면서, 그것들이 일상적인 의식과 정감을 초월한다는 점을 들어 은정 관념을 해체하였다. 심미적인 간주관성의 확립은 곧 중화미학이 인간과 인간의 관계, 인간과 세계(자연)의 관계를 비지배적인 관계로 설정하였음을 의미하고, 나아가 두 종류의 관계에서—특히 후자의 관계에서— 비롯된 불평등한 은정 관념을 거부하였음을 시사한다. 이와 같은 경향은 송대 이후부터 집중적으로 나타났는데, 그것은 주로 송명리학宋明理學에 의해서 극단적으로 치우친 윤리화-이성화된 정감에 대한 반발 차원에서 이루어진 것이라고 평가된다.

먼저 엄우嚴羽는 예술이 도덕적인 의식형태와 독립된 특질을 지니므로, 시가로 표현되는 주제와 정취情趣는 윤리와 구분된다고 주장하면서 "시에는 별재別材가 있는데, 책과는 관련이 없다. 시에는 별취別趣가 있는데, 이치와는 관련이 없다"[117] 라고 말하였다. 나아가 명나라 중엽부터 미학사상이 큰 전향을 맞이하였는데, 그러한 과정에서 도덕적인 의식에 대한 심미적 의식의 반기가 본격적으로 제기되었다. 서위徐渭는 진정설眞情說을 제기하여 정감을 본체로 규정하였고,[118] 이지李贄는

---

117) 嚴羽, 『滄浪詩話』, 「詩辨」, "夫詩有別材, 非關書也. 詩有別趣, 非關理也."
118) 徐渭, 『徐渭集·補篇』(中華書局, 1983), "人生墮地, 便爲情使.……怠終身涉境觸事, 夷拂悲愉, 發爲詩文騷賦,……無他, 摹情彌眞則動人彌易, 傳世亦彌遠."

동심설童心說을 주장하면서 다음과 같이 말하였다.

　　무릇 동심이라는 것은 곧 진심이다.…… 무릇 동심은 거짓된 것을 버림으로써
　참된 상태로 되돌아가는 것이니, 이는 최초의 일념一念만이 있는 본래의 마음
　상태이다.…… 동심이 이미 막혔으니, 이를 말로 발현하면 말은 곧 마음속에서
　나온 것이 아니게 되고, 정사政事로 드러내면 정사는 곧 근본이 없는 것이 되며,
　문사文辭로 현시하면 문사는 곧 널리 통달할 수 없게 된다. 동심은 아름다운 문장
　속에 내포되어 있는 것도 아니고, 독실함을 지켜 빛내서 나타나는 것도 아니니,
　한마디의 득이 되는 말(有德之言)을 구해 봤자, 얻을 수 없는 이유는 무엇 때문인가?
　동심이 이미 막혔으니, 밖으로부터 들어온 듣고 볼 수 있는 도리(聞見道理)를 핵심으
　로 삼았기 때문이다.119)

　　여기에서 이지는 동심과 듣고 볼 수 있는 도리, 즉 문견도리의 근본적인 충돌을
명확히 제시하였는데, 이러한 문견도리가 곧 종법과 예교에 따른 가르침을 의미하는
것이다. 이어서 탕현조湯顯祖는 정과 리를 대립시켜, 정감은 이치나 예법에 종속된
것이 아니라, 예술 특유의 성질임을 강조하면서 "정이 있는 것은 리가 반드시
없고, 리가 있는 것은 반드시 정이 없다고 하니, 이는 정말로 한칼에 두 동강이를
내는 분명한 말이다"120)라고 진술하였다. 이와 같은 논의들의 연장선상에서 원굉도
袁宏道와 공안파公安派는 예술의 창작에 있어서 "오직 본성의 영특함(性靈)을 펴내고,
세속적인 격식에 구애되지 않아야 한다"121)라고 주장하였고, 원매袁枚는 본연의
성령性靈과 성정性情을 그대로 드러내는 것을 강조하는 문맥에서 "시는 각자의
성정을 말하는 것이므로, 당송唐宋의 전통과 무관하니,…… 붓을 들 때는 먼저

---

119) 李贄,『焚書』, 卷三,「童心說」, "夫童心者, 眞心也.……夫童心者, 絶假純眞, 最初一念之本心
　　也.……童心旣障, 於是發而爲言語, 則言語不由衷. 見而爲政事, 則政事無根柢. 著而爲文辭, 則
　　文辭不能達. 非內含於章美也, 非篤實生輝光也, 欲求一句有德之言, 卒不可得, 所以者何? 以童心
　　旣障, 而以從外入者聞見道理爲之心也."
120) 湯顯祖,「寄達觀」, "情有者, 理必無. 理有者, 情必無, 眞是一刀兩斷語也."
121) 郭紹虞編選,『淸詩話續編』(上海古籍出版社, 1983), p.1526, "獨抒性靈, 不拘格套."

성정에 묻고 나서야 송宋, 원元, 명明의 풍격과 체제를 참고하여야 한다"[122]라고 말하였다. 이러한 논의들은 모두 심미적인 정감과 의식형태적인 이치를 구분하고, 전자로써 후자를 제거하려는 시도로 이해될 수 있는 까닭에, 그것들의 제기는 곧 중화미학이 이미 전통의식과 명확하게 분리되었음을 시사한다.

그다음으로, 중화미학은 심미적인 정감론을 동정론同情論의 형태로 제기하여 심미적인 동정을 통해 은정 관념을 제거하였다. 칸트 이후로 서양의 인식론적 미학은 정감론으로 전향하기 시작하였지만, 그러한 정감론은 주체성에 치중된 것으로서, 주체의 정감을 대상에 이입하여 대상을 주체의 확장으로 규정하는 데 그쳤다. 그러나 중화미학에 따르면 심미는 '자아라는 주체'와 '대상이라는 주체' 사이의 정감적 소통이고, 그것은 두 주체가 상호 추동을 통해 구현된 동정에 기반하여 성립되는 활동이다. 이와 같은 구조에서 주체와 대상 사이의 정감은 평등성을 지니므로, 지배적인 권력 위계를 바탕으로 구현된 세속적인 은정과 다르다. 중화미학의 견지에서 인간과 인간의 관계는 물론이고, 인간과 자연의 관계도 심미적인 동정에 귀속된다. 그래서 그것은 예술로 하여금 의식형태를 초월하여 모든 심미적인 대상을 은정 관계의 속박에서 해방하게끔 한다.

도가는 자연천성으로 복귀하여 세속에서 구축된 지배 관계를 해체하여야 한다고 주장하는데, 이에 따르면 심미는 곧 주체와 만물이 동정을 이룬 상태이고, 그러한 동정은 인륜적인 은정 관념을 초탈한 정감 없는 정감(無情之情)을 기반으로 이루어지는 것이다. 한편, 유가는 심미의 윤리성을 강조하지만, 그럼에도 불구하고 그 미학사상에는 무의식적으로 은정 관념을 초월하는 면이 있다. 예를 들어 공자는 "인은 사람을 사랑하는 것이다"[123]라고 말하였고, 맹자는 "측은해하는 마음(惻隱之心)은 인의 단서이다"[124]라고 말하였는데, 비록 이 진술들이 후세에 이르러 은정

---

122) 袁枚, 『袁枚全集』(江蘇古籍出版社, 1993), 「小倉山房詩集」, p.62, "詩者, 各人之性情耳, 與唐, 宋無與也.……提筆先須問性情, 風裁體劃宋元明."
123) 『論語』, 「顔淵」, "樊遲問仁. 子曰, '愛人.'"
124) 『孟子』, 「公孫丑上」, "惻隱之心, 仁之端也."

관념에 입각한 해석으로 변질되었으나, 미학적인 영역에서는 여전히 그 속에 내포된 평등한 동정의 요소를 환원하고 확장하였다.

중화미학에서 동정론의 미학사상은 자연 심미의 예술영역에서 나타나고 있을 뿐만 아니라, 인간관계를 묘사한 예술형식에서도 드러나고 있다. 그리고 그러한 예술들은 대부분 심미적인 동정을 통해 윤리적인 은정 관계를 해체하고 있다. 왕부지는 심미적인 동정을 인륜적인 영역으로 명확하게 확장하였는데, 그에 따르면 "군자의 마음은 천지와 정감을 함께하는 것(同情)이 있고, 금수와 물고기, 나무와 풀과 정감을 함께하는 것이 있으며, 여인과 소인小人과 정감을 함께하는 것이 있고, 도와 정감을 함께하는 것이 있다.…… 그러한 정감을 모두 얻어 헤아려서 쓰게 되면, 크게는 천지의 변화를 체득할 수 있고, 작게는 금수와 물고기, 나무와 풀의 기미까지 모두 갖출 수 있다."[125]

나아가 유희재劉熙載에 따르면, 심미적 동정에는 인간에 대한 동정이 포함되어 있고, 그러한 동정이 바로 예술을 통해 구현될 수 있다.

신분이 낮은 일반 서민(匹夫匹婦)들을 대신하여 말하는 것이 가장 어렵다. 무릇 굶주림, 추위, 수고로움, 곤궁함과 같은 것은 비록 다른 사람에게 알려줄 수 있으나, 사람들은 그것을 모를 것이고, 그것을 아는 사람은 반드시 나와 사물이 분별없음을 아는 사람일 것이다. 두보杜甫, 원결元結, 백거이白居易 등은 마치 몸소 서민들 속에 들어가 그들의 일을 직접 목격하는 것처럼 표현하였기 때문에, 직접 그러한 질병을 앓고 있는 자와 다름없다. 그래서 그들의 시를 읽으면 어찌 그러한 사람들을 알지 못하겠는가?[126]

---

125) 王夫之, 『詩廣傳』, 「召南」, "君子之心, 有與天地同情者, 有與禽魚鳥木同情者, 有與女子小人同 情者.……悉得其情, 而皆有以裁用之, 大以體天地之化, 微以備禽魚草木之幾."

126) 劉熙載, 『藝槪』, 「詩槪」, "代匹夫匹婦語最難. 蓋飢寒勞困之苦, 雖告人, 人且不知, 知之, 必物我 無間者也. 杜少陵, 元次山, 白香山不但如身入閭閻, 目擊其事, 直與疾病之在身者無異. 頌其詩, 顧可不知其人乎?"

심미적인 동정이 전통 윤리의 은정 관념을 해체한 가장 전형적인 예시는『홍루몽』을 통해서 드러난다.『홍루몽』 속에서 가보옥賈寶玉과 임대옥林黛玉의 사랑, 가보옥의 여성에 대한 동정 등이 가장 높은 가치를 지닌 정감으로 그려지고 있는데, 이 정감은 가족윤리와 정치윤리를 포함한 모든 은정 관계를 해체한 것으로 평가될 수 있다. 왕국유는『홍루몽』의 비극적 결말에 대해 논의하면서, 그러한 비극을 초래한 원인을 "통념에 따른 인간 정감, 통념에 따른 도덕, 통념에 따른 사정"(通常之人情, 通常之道德, 通常之境遇)이라고 규정하였다. 즉 그에 따르면『홍루몽』이라는 작품의 핵심은 무엇보다도 비극적인 결말을 통해 전통 인륜 관념을 비판하는 데 있다.

여기에서 가보옥과 임대옥의 일로 한번 말을 해 보자면, 가보옥의 어머니는 설보채薛寶釵의 유순함과 아름다움을 선호하고(婉嫺), 임대옥의 괴팍함(孤僻)을 혐오하며, 금과 옥이 인연(가보옥과 설보채의 인연)을 맺어야만 한다는 사설邪說을 믿고, 가보옥이 병들어 가는 것을 싫어하였다. 더불어 왕희봉王熙鳳마저도 진실로 설보채를 더 좋아하였다.…… 비록 가보옥은 임대옥에게 굳은 사랑의 맹세를 하였으나, 그것을 가장 사랑하는 조모祖母에게마저 말할 수 없는 것은 일반적인 도덕관념이 그렇게 만든 것이니, 하물며 한갓 여성에 불과한 임대옥이 무엇을 할 수 있겠는가! 이와 같은 여러 원인으로, 가보옥과 설보채(金玉)는 인연을 맺게 되고, 가보옥과 임대옥(木石)은 서로를 떠나게 된 것이니, 어찌 또한 뱀과 전갈 같은 마음을 지닌 사람, 범상치 않은 변고가 그들 사이에 오갔기 때문이겠는가! 오직 통념에 따른 인간 정감, 통념에 따른 도덕, 통념에 따른 경우가 그렇게 만들었을 뿐이다. 이로 보면『홍루몽』은 진실로 비극 중의 비극이라고 할 수 있겠다.127)

왕국유는 이러한 논의를 통해 가보옥과 임대옥의 비극이 일어난 원인을 깊이

---

127) 王國維,『紅樓夢評論』, "妨就寶玉, 黛玉之事言之, 賈母愛寶釵之婉嫺, 而惡黛玉之孤僻, 又信金玉之邪說, 而思厭寶玉之病. 王夫人固親於薛氏.……寶玉之於黛玉, 信誓旦旦, 而不能言之於最愛之祖母, 則普通之道德使然, 況黛玉一女子哉! 由此種種原因, 而金玉以之合, 木石以之離, 又豈有蛇蝎之人物, 非常之變故, 行於其間哉! 不過通常之人情, 通常之道德, 通常之境遇爲之而已. 由此觀之, 紅樓夢者, 可謂悲劇中之悲劇也."

있게 검토하였다. 그에 따르면 두 사람의 운명적 비극은 어떠한 사악한 사람이나 특수한 상황으로 인한 것이 아니라, 은정 관계에 기반을 둔 전통사회의 윤리 관념 때문에 일어난 것이다. 가보옥의 어머니, 왕희봉, 가정賈政 등은 모두 가보옥을 사랑하지만, 이와 같은 사랑은 일종의 권력 관계에 가까운 것이었다. 그래서 그들은 자신의 의지를 가보옥에게 강제적으로 부가하여 가보옥과 임대옥의 사랑을 갈라놓음으로써 최종적으로 비극을 조성하였다. 그러므로 비극적인 이야기를 통해 전통 관념을 비판한 『홍루몽』에는 심미로써 은정 관념을 해체하려는 깊은 의도가 들어 있다고 평가할 수 있다.

마지막으로 중화미학이 지닌 간주관성의 사상은 예술의 감상 영역에서 지음설 知音說을 낳았다. 그리고 이와 같은 지음설도 심미적인 동정론에 기반하여 은정 관념을 부정함으로써, 평등하고 자유로운 주체 간의 관계를 구축하였다. 전통적인 윤리 관념에 따르면 인간 사이의 이해 또는 동정은 모두 단일한 방향으로 진행되는 것으로, 이는 마치 백락伯樂과 천리마의 관계와 유사하다. 그러한 까닭에 감상자는 일종의 시혜자에 가깝고, 감상을 받는 자는 수혜자에 해당하므로, 둘 사이의 관계는 평등한 것이 아니다. 그러나 심미적인 관계 속에서 창작자와 감상자는 심미적인 이해를 통해 서로를 감상할 수 있고, 이 과정에서 그 어떠한 시혜와 수혜의 관계도 성립할 수 없으므로, 둘 사이에서는 진정한 우정이 구현될 수 있다. 춘추시기 종자기鍾子期와 유백아兪伯牙는 음악을 통해 우정을 맺었는데, 이러한 우정이 바로 간주관적인 심미를 기반으로 전통 윤리 관념을 해체한 사례라고 볼 수 있다. 특히 그들은 같은 지취志趣를 통해 미감美感을 공유하는 가운데, 세속적인 정감을 넘어서 은정 관념을 타파하였다. 이러한 맥락에서 유협은 "작가는 정감의 움직임을 통해 문사를 창작하고, 그 문사를 살피는 자는 문장을 통해 작가의 정감에 들어가는데, 이는 물결을 따라서 그 근원을 찾는 것과 같으니, 비록 그윽한 곳에 있지만, 반드시 드러나게 되어 있다"[128]라고 말하였다. 이 진술에 따르면 심미적인 동정은 평등하고

---

128) 劉勰, 『文心雕龍』, 「知音」, "大綴文者情動而辭發, 觀文者披文以入情, 沿波討源, 雖幽必顯."

자유로운 정감을 매개로 창작자와 감상자를 이어 줌으로써, 지음군자知音君子의 우정을 맺을 수 있도록 한다.

제12장 중화미학의 심미 규범과 범주

제1절 심미 규범

심미 규범은 특정 사회 환경에서 심미 주체가 갖는 예술적인 창작과 평가에 대한 기준을 의미한다. 그것은 심미적인 이상을 현실화하는 동시에, 사회적 공동체가 공유한 심미적인 관념을 나타낸다. 이러한 심미 규범은 대체로 이중성을 지니고 있는데, 하나는 심미적 의의를 드러내는 초월성이고, 다른 하나는 시대의 한계를 현시하는 역사성이다. 구체적으로 중화미학의 기본적인 심미 규범은 중화지미中和之美와 아속지별雅俗之別로 나눌 수 있고, 그중 특히 중화지미는 중용지도中庸之道의 철학사상을 근거로 삼는다.

1. 중용中庸과 중화中和

중용지도는 유가철학의 중요한 사상이다. 그렇다면 중용지도란 무엇인가? 이에 관해 『예기禮記』에는 "공자가 말하였다. '순임금의 큰 지혜여! 순임금은 묻기를 좋아하고, 천근淺近한 말을 살피는 것을 좋아하되, 악惡을 숨기게 하고 선善을 드러나게 하며, 두 끝을 잡아 중中을 백성에게 쓰니, 이 때문에 순임금이 된 것이다'"[1]라는 진술이 있다. 그리고 여기에서 제기된 중 개념에 대해 정이程頤는 "치우치지 않음을

---

1) 『禮記』, 「中庸」, "子曰, '舜其大知也與! 舜好問而好察邇言, 隱惡而揚善, 執其兩端, 用其中於民, 其斯以爲舜乎!'"

중이라고 하고, 변하지 않음을 용庸이라고 한다"2)라고 해석을 붙였다. 중용지도는 유가의 가치론적 범주이지, 인식론적 범주는 아니다. 인식론적인 측면에서 말하자면, 중용지도는 있을 수 없다. 왜냐하면 진리는 절충을 허용할 수 없고, 참과 거짓은 혼동될 수 없기 때문이다. 그러나 가치론적인 측면에서 보면, 특정 가치는 서로 다른 집단의 소망을 대변하는 것으로, 각각 합리성을 지닐 수 있기 때문에, 겸하여 고려될 수 있다.

유가에 따르면 특정 상황에서 두 가치의 극단을 취하지 않는 것을 선善이라고 하는데, 이것이 바로 '그 두 끝을 잡는다'(執其兩端)라는 원칙이다. 공자는 중용을 도덕적인 범주로 규정하여 "중용의 덕德이 됨이 지극하구나!"3)라고 말하였고, "군자는 중용을 지키고, 소인은 중용의 반대로 행동한다"4)라고 말하였다. 이와 같이 설명되는 중용지도는 실질적으로 유가가 지향하는 조화의 이념을 드러내는 것이므로, 중은 곧 조화 즉 화和와 연결되고, 중화라는 개념이 성립되었다.

구체적으로 중화라는 개념은 두 가지 의미를 갖추고 있는데, 하나는 인간과 세계의 조화라는 의미이고, 다른 하나는 인간의 내면적인 조화라는 의미이다. 인간과 세계의 조화는 곧 인간이 세계를 강압적으로 대하거나 세계가 인간을 강압적으로 대하는 것이 아니라, 천天과 인人이 서로 화해를 이룬 상태를 가리킨다. 이와 관련하여 순자는 "그러므로 악樂은 천하를 크게 가지런하게 하는 것이고, 만물과 인간이 화합하는 기강(中和之紀)이며, 사람의 정情으로서 반드시 면할 수가 없는 것이다"5)라고 말하였는데, 『예기』는 이러한 사상을 반영하여 거의 유사한 진술, 즉 "악은 천지天地가 명命한 바이고, 만물이 화합하는 기강이며, 사람의 정으로서 면할 수 없는 것이다"6)라는 말을 남겼다. 나아가 인간과 세계의 조화를 의미하는 중화 개념은 대체로 음양陰陽의 조화 관념에서 근거를 얻고 있다.

---

2) 『論語集註』, 「雍也」, "程子曰, '不偏之謂中, 不易之謂庸.'"
3) 『論語』, 「雍也」, "子曰, '中庸之爲德也, 其至矣乎!'"
4) 『禮記』, 「中庸」, "君子中庸, 小人反中庸."
5) 『荀子』, 「樂論」, "故樂者, 天下之大齊也, 中和之紀也, 人情之所必不免也."
6) 『禮記』, 「樂記」, "故樂者, 天地之命, 中和之紀, 人情之所不能免也."

땅의 기氣가 위로 올라가고, 하늘의 기가 아래로 내려가, 음기陰氣와 양기陽氣가 서로 접하고, 하늘과 땅이 서로 흔들리며, 천둥으로써 두드리고, 풍우風雨로써 떨치며, 사시四時의 순환으로써 움직이고, 해와 달의 교체로써 따뜻하게 하니, 마침내 만물이 화생하게 되었다. 이리하여 악은 천지의 조화를 본뜬 것이라고 할 수 있다.[7]

한편, 중화 개념에는 또한 내면적인 조화의 의미가 있다. 「중용」에는 "희노애락 喜怒哀樂의 정감이 발현하지 않은 것을 중이라고 하고, 발현하여 모두 절도에 맞는 것을 화라고 하니, 중은 천하의 큰 근본이고, 화는 천하에 통달하는 도이다. 중화를 지극히 하면 천지가 제자리를 잘 보전하고, 만물이 잘 화육된다"[8]라는 진술이 있다. 여기에서의 중은 앞서 언급한 "그 두 끝을 잡아 중을 쓴다"(執其兩端而用中)라는 의미와 달리, 인간의 내면적인 성정性情을 가리켜 말한 것이다. 그리고 성정은 천명天命에 근본하기 때문에, 중을 '천하의 큰 근본'(天下之大本)이라고 할 수 있다. 나아가 이 진술에서 거론된 '중화를 지극히 함', 즉 치중화致中和의 화도 앞서 말한 인간과 만물이 화합하는 기강, 즉 중화지기中和之紀의 화와 다른 뜻을 지닌다. 다시 말해, 치중화의 화는 성정이 이성의 절도에 맞는 내면적인 조화 상태를 의미하는가 하면, 중화지기에서의 화는 인간과 만물의 조화로운 상태를 일컫는 것이다. 그럼에 도 불구하고 이와 같은 두 가지 화의 의미는 서로 매개될 수 있다. 왜냐하면 중화철학은 천인합일天人合一의 관념에 따라 인간의 내면적인 조화를 외면적인 조화의 근거로 설정하고 있기 때문이다. 그러나 중화지미라는 심미적 규범은 중화 개념의 두 가지 뜻을 명시하지 않은 채 사용되는 경우가 많다.

---

7) 『禮記』, 「樂記」, "地氣上齊, 天氣下降, 陰陽相摩, 天地相蕩, 鼓之以雷霆, 奮之以風雨, 動之以四 時, 暖之以日月, 而百化興焉. 如此則樂者天地之和也."
8) 『禮記』, 「中庸」, "喜怒哀樂之未發, 謂之中. 發而皆中節, 謂之和. 中也者, 天下之大本也. 和也 者, 天下之達道也. 致中和, 天地位焉, 萬物育焉."

2. 중화지미

　철학에서 제기된 중화 관념이 미학영역에 적용되면서 중화지미라는 개념이 정립되었다. 중화지미는 주체와 세계의 조화 관계(외면적 조화)뿐만 아니라, 정과 리理가 균형을 이룬 심리적 상태(내면적 조화)도 의미한다. 그것은 주체가 객체를 정복하는 것에 반대하는 동시에, 객체가 주체를 압도하는 것도 거부함으로써 둘 사이의 평등한 조화가 자유로운 경지를 구현할 수 있다고 주장한다. 다른 한편으로 중화지미는 또한 정감과 이치가 조화된 상태를 추구하기 때문에, 이성의 극단화는 물론이고 균형을 잃은 정감의 범람도 배척한다.

　심미적인 규범으로서의 중화는 무엇보다도 주체와 세계의 조화 관계를 지향하는데, 이를 성취한 것이 바로 천인합일의 경지이다. 이에 관해 『예기』에는 다음과 같은 진술들이 있다.

　악은 천지의 조화를 본뜬 것이다.[9]

　큰 악은 천지와 함께 조화를 이루는 것이고, 큰 예禮는 천지와 함께 절도에 맞는 것이다.[10]

　악은 천지가 명한 바이고, 만물이 화합하는 기강이다.[11]

　여기에서의 화는 모두 내면적인 조화가 아니라, 외면적인 조화, 즉 천과 인의 조화를 가리키는 것이다. 이와 같은 조화 사상은 천과 인 사이의 일종의 간주관성(Intersubjektivität)을 드러내는 것으로, 본체론적인 성격을 지닌다.

　중화라는 심미 규범은 또한 정과 리 사이의 조화를 나타낸다. 그것은 기본적으로

---

　9) 『禮記』, 「樂記」, "樂者, 天地之和也."
　10) 『禮記』, 「樂記」, "大樂與天地同和, 大禮與天地同節."
　11) 『禮記』, 「樂記」, "故樂者, 天地之命, 中和之紀."

"정에서 발현하되 예와 의義에서 그쳐야 한다"[12]라는 관념을 강조하기 때문에, 정이 리를 넘어 범람에 이르거나 리가 정을 억압하여 그 발현을 불가능하게 만드는 것에 모두 반대하는데, 이러한 심미적 정감을 기반으로 이르는 경지가 바로 '생각에 사특함이 없는'(思無邪)[13] 경지이다. 나아가 중화지미는 정감의 드러남이 지나치거나 부족함이 없고,[14] 온유돈후溫柔敦厚를 보전하여야 한다고 강조하는데, 이와 관련하여 공영달孔穎達은 다음과 같이 말하였다.

> "온유돈후는 『시경詩經』의 가르침이다"라는 말에서, 온溫은 얼굴색이 부드럽고 화기가 있음을 이르는 것이고, 유柔는 내면의 성정이 온화하고 유순하다는 것을 일컫는 것이다. 『시경』은 넌지시 말함으로써 잘잘못을 고치도록 하여 구체적인 사태를 직접 지적하지 않은 것을 따르니, "온유돈후는 『시경』의 가르침이다"라고 말한 것이다.[15]

다음으로 중화지미는 정과 리의 조화 관계, 즉 온유돈후의 정감적 상태에서만 드러나는 것이 아니라, 예술의 형식과 내용의 조화에서도 현시된다. 이러한 맥락에서 공자는 "질質(내용)이 문文(형식)을 이기면 거칠고, 문이 질을 이기면 겉치레만 화려하게 되니, 문과 질이 적절하게 어울린 뒤에야 군자君子라고 할 수 있다"[16]라고 주장하였다. 공자의 문질론文質論이 제기된 이후, 문과 질이 서로 어울려야 한다는 문질빈빈文質彬彬 또는 형신겸비形神兼備의 이념은 중화미학의 심미 원칙으로 정착되었다.

그다음으로, 중화지미는 예술의 풍격에 대해서도 심미적인 기준을 제시하였는

---

12) 「詩大序」, "發乎情, 止乎禮義."
13) 『論語』, 「爲政」, "子曰, 詩三百, 一言以蔽之, 曰, 思無邪.'"
14) 『論語』, 「八佾」, "子曰, '關雎, 樂而不淫, 哀而不傷.'"; 『史記』, 「屈原賈生列傳」, "國風好色而不淫, 小雅怨誹而不亂." 등 참조.
15) 戴聖 編, 鄭玄 注, 孔穎達 疏, 『禮記正義』, 卷五十, 「經解」, "'溫柔敦厚, 詩教也.'者, 溫, 謂顏色溫潤柔, 謂情性和柔. 詩依違諷諫不指切事情, 故云, '溫柔敦厚, 是詩教也.'"
16) 『論語』, 「雍也」, "子曰, '質勝文則野, 文勝質則史. 文質彬彬, 然後君子.'"

데, 이에 따르면 예술은 굳건함과 유순함을 겸비하는 강유병제剛柔並濟를 성취하고, 지나침과 모자람이 없는 적중適中의 풍격을 지향하여야 한다. 고대 사람은 음양의 기를 세계의 본원으로 삼았고, 만물이 모두 그러한 두 기가 교감하는 과정에서 화생된 것이라고 믿었다. 그래서 『주역』에는 "한 번 음이 되고, 한 번 양이 되는 것을 가리켜 도道라고 한다"17)라는 진술이 있고, 노자도 "만물은 음을 지고 양을 품으며, 비어 있는 충기沖氣로써 조화를 이룬다"18)라는 진술을 남겼다. 나아가 음과 양에 대응하는 표현형식이 곧 강剛과 유柔로 설명되는데, 이에 관해 공영달은 "강유는 곧 음양이다. 그 기에 대해서 논할 때 음양이라고 하고, 그 형체(體)에 대해서 말할 때 강유라고 한다"19)라고 해석하였다. 공영달의 사상을 계승한 청대의 요내姚鼐는 강유병제의 예술적 풍격을 다음과 같이 논술하였다.

나는 일찍이 문장의 원천이 천지에 근본을 둔다고 말한 바가 있다. 그리고 천지의 도는 음양·강유일 뿐이다. 만약 음양·강유의 정수를 얻는다면 모두 문장의 아름다움을 성취할 수 있다. 음양·강유는 함께 가야지 치우치거나 버려지면 안 된다. 만약 문장에 음양·강유의 한쪽만이 있고, 다른 한쪽이 아예 없다면, 양·강은 긴장되고 격렬하여 거역하고 사나운 데에 이르게 되고, 음·유는 쇠퇴하여 어그러져 어둡고 닫혀 있는 데까지 이르게 되니, 기필코 좋은 문장이 될 수가 없다. 그러나 옛날의 군자가 문장의 지극함을 칭찬할 때, 비록 두 가지의 쓰임을 모두 갖추고 있지만, 또한 둘 사이에 어느 한쪽에 기울이게 됨을 면하지 못하는 것은 어째서인가? 천지의 도는 조화를 본체로 삼지만, 때로는 특수한 변화를 일으켜(發奇出) 쓰임으로 삼으니, 이치는 본래 이와 같은 것이다. 그러한 이치가 천지의 쓰임으로 작용할 때, 양을 숭상하고 음을 폄하하며, 강을 늘리고 유를 물리치기 때문에, 사람들도 천지의 도를 이와 같이 터득한다. 그래서 웅장하면서도 기운이 가득 찬 문장은 반드시 부드럽고 온순한 문장보다 귀하다. 부드럽고 온순한 문장을

---

17) 『周易』, 「繫辭上」, "一陰一陽之謂道."
18) 『道德經』 第42章, "萬物負陰而抱陽, 沖氣以爲和."
19) 王弼 著, 孔穎達 疏, 『周易正義』, 卷八, 「繫辭下」, "剛柔卽陰陽也. 論其氣卽謂之陰陽, 語其體卽謂之剛柔也."

짓는 재능은 얻기가 힘들지만, 그보다 더 어려운 것은 천하의 웅장하고 기운이 가득 찬 재능을 터득하는 것이다.[20]

나아가 유희재劉熙載도 『예개藝槪』를 통해 강유상제의 예술적 풍격을 강조하였다. 구체적으로 그는 『시경』에 대해서 "질을 보전하면서도 문을 갖추었고, 내용을 직접 전할 수 있으면서도 완곡함을 구비하는 것이 아雅의 훌륭함이다"[21]라고 평가하였고, 『전국책戰國策』에 대해 '문장이 시사하는 바가 무거우면서도 전개가 명쾌하며(沈而快), 그 기세가 웅장하면서도 의미심장하다(雄而雋)'라고 평가하였으며,[22] 고대의 부賦에 대해서 "음조가 억눌려 있으나 조화를 이루고, 문사가 담백하지만 아름다우며, 정감이 감추어져 있지만 명확하게 드러나고, 체세體勢가 올바르지만 기특하다"[23]라고 평가하였고, 서예에 대해서 "필획筆劃은 굳세고 질박하게 하여야 하고, 체세는 기특하면서도 안정하게 하여야 하며, 장법章法은 변화가 있되 일관되게 하여야 한다"[24]라고 주장하였다. 끝으로, 『여씨춘추呂氏春秋』는 음악의 아름다움이 적합함(適)을 구현하여야 한다고 주장하였는데, 이에 따르면 "소리는 화에서 나오고, 화는 적합함에서 비롯된다."[25] 그리고 적합함에 관해서 『여씨춘추』는 다음과 같은 해석을 남겼다.

---

20) 姚鼐, 「海愚詩抄・序」, "吾嘗以謂文章之原, 本乎天地. 天地之道, 陰陽剛柔而已. 苟有得乎陰陽 剛柔之精, 皆可以爲文章之美. 陰陽剛柔並行而不容偏廢, 有其一端而絶亡其一, 剛者至於僨强而 拂戾, 柔者至於頹廢而暗幽, 則必無與於至文者矣. 然古君子稱爲文章之至, 雖兼其二者之用, 亦 不能無所偏優於其間. 其故何哉? 天地之道, 協合以爲體, 而時發奇出以爲用者, 理固然也. 其在 天地之用也, 尙陽而下陰, 伸剛而絀柔, 故人得之亦然. 文之雄偉而勁直者, 必貴於溫深而徐婉. 溫 深徐婉之才不易得也, 然其尤難得者, 必在乎天下之雄才也."

21) 劉熙載, 『藝槪』, 「詩槪」, "質而文, 直而婉, 雅之善也."

22) 劉熙載, 『藝槪』, 「文槪」 "文之快者每不沈, 沈者每不快, 國策乃沈而快. 文之雋者每不雄, 雄者每 不雋, 國策乃雄而雋."

23) 劉熙載, 『藝槪』, 「賦槪」, "調拗而諧, 采淡而麗, 情隱而顯, 勢正而奇."

24) 劉熙載, 『藝槪』, 「書槪」, "筆劃要堅而渾, 體勢要奇而穩, 章法要變而慣."

25) 『呂氏春秋』, 「仲夏紀・大樂」, "聲出於和, 和出於適."

적합함이란 무엇을 말하는가? 음이 알맞은 것(衷音)을 적합함이라고 한다. 알맞음(衷)이란 무엇을 말하는가? 그것은 크기가 均鈞을 넘어서지 않고, 무거움이 석石을 넘어서지 않은 것으로, 크고 작음과 무겁고 가벼움의 알맞음이라는 것이다. 황종지궁黃鐘之宮이 음의 근본이자, 맑음과 혼탁함의 알맞음이다. 알맞음이 곧 적합함이고, 적합함의 기준을 통해 적합한 것(음악)을 듣게 되면 화를 이룰 수 있다.[26]

전통사회 후기에 이르러, 주체적인 의식의 각성으로 인해 예술창작의 영역에서 중화지미에 대한 반항이 일어나고, 그것은 중화지미의 관념 자체에 대한 회의로 이어졌다. 원매袁枚는 온유돈후의 시교詩敎를 부정하면서 "온유돈후 네 글자도 시교의 한 부분에 불과하니, 반드시 편마다 그렇게 하여야 함을 의미하지 않는다.……그래서 내가 생각하기에, 공자가 『시경』에 대해서 논한 것 중에 믿을 수 있는 것은 흥興, 관觀, 군群, 원怨에 관한 논의이고, 믿을 수 없는 것은 온유돈후에 관한 논의이다"[27]라고 말하였는데, 이 사상은 그 당시에 주류 사상으로 받아들여지지 못하였다. 그러다가 5·4혁명 이후, 이러한 사상은 서양의 근대미학사상과 만나게 되었는데, 그 과정에서 온유돈후를 비롯한 고전적인 중화지미의 관념은 주체성의 미학사상으로 인해 본격적으로 해체를 맞이하게 되었다.

마지막으로 중화의 심미 규범은 중화미학과 서양미학을 구분하는 중요한 요소로 평가될 수 있다. 우선 근대 이후의 서양미학은 주체성의 미학으로서, 심미는 의지를 자유롭게 하고 자아를 실현하는 매개로 이해되었다. 그러나 이와 달리, 중화미학은 간주관성의 미학이기 때문에, 심미는 주체와 객체의 대립을 초월하고, 천인합일을 실현하는 수단으로 인식되었다. 나아가 서양미학은 심미를 이성과 감성을 초월하는 신성神性에 따른 활동(중세미학), 이성과 충돌하는 감성의 학문(근대미학), 비이성적 초월성을 지닌 활동(현대미학) 등으로 규정하였는데, 이 사상들은 항상

---

26) 『呂氏春秋』, 「仲夏紀·適音」, "何謂適? 衷音之適也. 何謂衷? 大不出鈞, 重不過石, 小大輕重之衷也. 黃鐘之宮, 音之本也, 淸濁之衷也. 衷也者適也, 以適聽適則和矣."

27) 袁枚, 「再答李少鶴書」, "溫柔敦厚四字亦不過詩敎之一端, 不必篇篇如是.……仆以爲孔子論詩可信者, 興, 觀, 群, 怨也. 不可信者, 溫柔敦厚也."

감성과 이성의 긴장을 내포하고 있다. 바로 이와 같은 긴장 관계로 인해 서양미학은 우미優美, 숭고崇高, 황탄荒誕, 추루醜陋, 비극, 희극喜劇 등의 심미 범주를 정초할 수 있었다. 그러나 중화미학은 중화의 심미적 규범을 중심으로 수미秀美, 장미壯美, 애원哀怨, 해학諧謔 등 다른 성격의 심미 범주를 낳았다. 끝으로 중화의 심미적 규범은 중화미학 전체의 기본적인 풍격을 결정하고, 심미적 범주를 제약하며, 모든 예술이 중화지미를 드러내도록 부추겼다. 예를 들어 온유돈후의 규범으로 인해 중국의 희극과 비극은 그 자체로 격렬하게 전개하는 것이 아니라, 보다 평이하고 안정적인 형태로 서술되는데, 이러한 전개 방식은 중화미학의 애원과 해학 등의 심미적 범주를 정립하였다. 이와 더불어 강유상제의 규범은 수미와 장미라는 심미적 범주 사이의 대립성을 소거함으로써 그것들이 서로 보완될 수 있는 계기를 제공하였는데, 이는 서양미학에서의 우미와 숭고 범주가 항상 대립적인 것으로 구현되는 경향과 다르다.

3. 아속지별

중화미학에서 중화라는 심미적 규범은 주로 감성과 이성의 관계를 규명하는 측면에서 드러난다. 이와 달리, 중화미학은 심미적 취미의 측면에서도 규범을 제시하였고, 그것이 바로 아雅와 속俗이라는 규정인데, 이에 따르면 심미적 취미가 높은 것을 아라고 부르고, 낮은 것을 속이라고 일컫는다. 아는 중화미학에서 최고의 규범으로 인식되었다. 이는 아가 한편으로는 수미, 장미, 애원, 해학 등의 심미적 범주보다 더욱 넓은 보편성을 지니고, 다른 한편으로는 그것들을 제약하고 있음을 함축하므로, 가장 전범적인 차원에서 중화미학의 심미적 이상을 드러내고 있다는 것을 의미한다.

심미 규범으로서의 아는 본래 예악문화의 범주에 귀속되었는데, 그것은 구체적으로 아언雅言의 형태로 거론되었다. 아언은 주周나라 초기부터 춘추시대에 이르기까지 궁정에서 공식적으로 사용하는 언어이다. 그리고 각 제후국에서 사용되는 방언에 비해 그것은 오늘날의 '보통화普通話'에 가까운 개념이라고 할 수 있다. 이러한 맥락에서 『논어』에는 "공자가 평소 하는 말이 아언이니, 『시경』, 『서경書經』, 예를 지키는 것에 관한 말들이 모두 아언이다"28)라는 진술이 실리게 되었다.

아언과 더불어 아악雅樂이라는 말도 있다. 그것은 궁정의 음악, 사대부들이 즐기는 음악 등을 의미하고, 정성鄭聲과 같은 민간음악과 구분된다. 『시경』에는 풍風, 아, 송頌의 분류가 있는데, 그중에서 아시雅詩는 지식인들의 작품을 가리키고, 그것은 민간에서 비롯된 풍시風詩나 조상과 신에게 제사를 올릴 때 쓰이는 송시頌詩와 구분되는 것으로 이해되었다. 이러한 전통에서 아는 주로 고아한 시가의 유형을 가리키게 되었다.

예악, 언어 사용, 음악 등의 측면에서 정립된 아라는 규정은 속문화俗文化와 구분되는 아문화雅文化를 형성하였다. 아문화의 원류는 귀족문화에 있다. 귀족 중심의 사회에서 귀족문화는 아로, 하층 노동자의 문화는 야野로 표현되었다. 그리고 둘은 서로 대립을 이루면서 혼동될 수 없는 것으로 이해되었는데, 구체적으로 주나라 시대에서 전승된 문물과 전적들은 모두 아의 범주에 속하고, 민간의 가요와 풍속 등은 모두 야의 범주에 속한다. 그러다가 춘추시대에 이르러, 귀족이 몰락함에 따라 그 문화도 쇠퇴하는 동시에 평민문화와 융합하게 되었다. 특히 이 과정에서 아와 야의 경계가 무너지면서 귀족문화는 평민문화에 의해 흡수되어 기존의 예악문화도 평민성을 띠게 되었다. 그래서 아문화는 평민문화 속에 고아한 부분을 가리키는 말로 변화하고, 그 이외의 부분은 속이라고 불리게 되었다.

『시경』에는 풍, 아, 송의 구분이 있는데, 그것들은 시의 기원과 등급의 차이를 나타낼 뿐만 아니라, 서로 다른 심미적인 이상도 드러낸다. 그중에서 선비(士)의 작품으로 알려진 아는 민간의 풍시보다 뛰어난 것으로 인식되었기 때문에, 아는 점차 최고의 심미적 취미를 나타내는 말로 쓰이게 되었다. 「시대서詩大序」에는 "천하의 일에 대해서 말하고, 사방四方의 풍속을 드러내는 것을 아라고 한다. 아는

---

28) 『論語』, 「述而」, "子所雅言, 詩, 書, 執禮, 皆雅言也."

곧 올바름(正)이다"29)라는 말이 있는데, 정현鄭玄은 이에 관해 "아는 곧 올바름이니, 이는 지금의 올바른 것을 후세의 법도로 삼아야 함을 말하는 것이다"30)라고 주석을 붙였다. 여기에서 올바름, 즉 정正으로써 아를 해석하는 것은 바로 아가 귀족문화에서 기원하였음을 시사한다. 이러한 배경에서 미학에서도 아의 범주가 정립되고, 그것은 이천여 년 동안 중화미학의 심미를 지배하게 되었다. 중화미학사에서 여러 차례 복고운동이 일어났는데, 그것들은 한결같이 풍아風雅를 기준으로 삼아 현실의 폐단을 교정하고자 하였다.

아는 구체적인 풍격이 아니라, 다양한 미학적 범주 속에서 체현된 정신을 가리키는 것으로, 중화민족의 가장 높은 심미적 이상을 의미하는 개념이다. 그것은 중화지미의 구체적인 현현이며, 이성과 감성의 조화 상태를 뜻한다. 즉 아는 감성에 대한 이성의 주도성을 강조함으로써, 감성이 지나치거나 모자라지 않도록 조율하고, 저속함에 빠지는 것을 견제하는데, 이를 가리켜 '이치로써 정감을 절제한다'(以理節情)라고 부른다. 그래서 그것은 자주 '생각에 사특함이 없다'31)라는 사무사思無邪, 온유돈후, "즐거우면서도 지나치지 않고, 슬프면서도 마음을 상하게 하지 않는다"32)라는 낙이불음樂而不淫, 애이불상哀而不傷, '농담하되 도를 지나치지 않는다'라는 학이불학謔而不虐33) 등의 용어로 달리 표현된다.

나아가 형식적인 측면에서 아는 '문'을 숭상하고 야를 배제하는 특징을 지닌다. 그래서 공자는 기질과 수양의 측면에서 문질빈빈文質彬彬34)을 강조하였고, 언어 표현의 측면에서 "『시』를 배우지 않으면 말을 할 수가 없다"35)라고 주장하였다. 아가 최고의 심미 규범으로 정착한 까닭에, 중화미학에서는 서양미학과 달리 추醜와

---

29) 「詩大序」, "言天下之事, 形四方之風, 謂之雅. 雅者, 正也."
30) 鄭玄注, 『周禮』, 「春官・大師」 "雅, 正也, 言今之正者以爲後世法."
31) 『論語』, 「爲政」, "子曰, 詩三百, 一言以蔽之, 曰, 思無邪.'"
32) 『論語』, 「八佾」, "子曰, 關雎, 樂而不淫, 哀而不傷.'"
33) 『詩經』, 「衛風・淇奧」, "善戱謔兮, 不爲虐矣."
34) 『論語』, 「雍也」, "子曰, '質勝文則野, 文勝質則史. 文質彬彬, 然後君子.'"
35) 『論語』, 「季氏」, "不學詩, 無以言."

같은 부정적인 심미 범주를 독립적으로 정립하지 못하였다. 심지어 이러한 추는 대부분 미와 상대되는 말로도 사용될 자격이 없는 것으로 인식되었는데, 이에 따르면 미는 추가 아니라 악惡과 대조되는 개념이다.

왕국유는 칸트의 미학사상과 중화미학에서 제기한 심미적 경험에 관한 사상을 종합하여 고아古雅라는 심미적 범주를 제시한 바가 있다. 그에 따르면 고아는 우미나 숭고와 같은 위상을 지닌 심미 범주이지만, 우미와 숭고가 선험적 종합판단(a priori synthetic judgment)에 속한 것과 달리, 고아는 경험적인 판단(a posteriori judgment)에 속한다.36) 동시에 왕국유는 고아의 위상을 승격시켜 그것을 제2의 형식미(第二形式之美)라고 규정하고, 우미나 숭고와 같은 제1의 형식미는 고아를 통해서만이 표현될 수 있다고까지 주장하였다.37) 이리하여 왕국유의 체계에서 고아는 심미 범주의 기반으로 정착되어, 우미와 숭고보다 더욱 근본적인 위상을 지니게 되었다.

또한 아는 속과 대조되는 개념으로서, 세속적인 문화를 초월하는 사대부의 심미적 정취를 드러내는 개념으로 이해된다. 이러한 맥락에서 공자는 "정성鄭聲이 아악雅樂을 어지럽히는 것을 싫어한다"38)라고 말하였다. 그러나 다른 한편으로, 아는 세속성을 초월하여야 한다고 강조하지만, 현세에서 완전히 이탈하는 것을 부추기지는 않는다. 즉 그것은 '현세 속에서의 초월'을 긍정하여 중화지미의 실현을 주장하는 것이다. 아에 비해 속이라는 미학적 범주는 비교적 늦게 나타났다. 가장 이른 시기에 아와 대조되는 개념은 속이 아니라 풍이었는데, 여기에서의 풍은 곧 풍시와 같은 민간의 예술을 지칭하는 것이다. 풍은 본래 이중적인 의미를 지니고 있는데, 하나는 '민간에서 유래된 것'이라는 의미이고, 다른 하나는 '저속함'이라는

---

36) 王國維, 「古雅之在美學上之位置」, "然古雅之性質, 有與優美及宏壯異者. 古雅之但存於藝術而不存於自然, 卽如上文所論矣. 至判斷古雅之力與判斷優美與宏壯之力不同. 後者先天的, 前者後天的, 經驗的也."

37) 王國維, 「古雅之在美學上之位置」, "優美與宏壯必與古雅合, 然後得其固有之價値. 不過優美及宏壯之原質愈顯, 則古雅之原質愈蔽. 然吾人所以感如此之美且壯者, 實以表出之之雅故, 卽以其美之第一形式, 更以雅之第二形式表出之故也."

38) 『論語』, 「陽貨」, "子曰, '惡紫之奪朱也, 惡鄭聲之亂雅樂也, 惡利口之覆邦家者.'"

의미이다. 그 뒤로 공자가 풍시를 산정하고 아화雅化하였기 때문에, 풍은 저속함의 의미를 벗겨 내고 '민간에서 유래된 것'이라는 의미만을 보전하게 되었다. 이리하여 공자에 의해 아화되지 않은 민간예술은 더 이상 풍이 아니라 속이라고 불리기 시작하였다. 그래서 사대부의 예술과 주류 예술은 아의 범주에 귀속되고, 민간예술 이나 통속예술은 속의 범주에 분류되었다. 이렇게 보면, 아와 속의 구분은 실질적으로 예술적인 품위에 입각한 구분이고, 이에 따르면 세속적인 미가 곧 속이고, 초월적인 미가 곧 아이다.

전통사회에서의 주류 미학은 아를 숭상하고 속을 억누르는 경향을 지닌다. 구양수歐陽修는 '욕망의 충족에서 얻은 아름다움'(得欲之美)과 '욕망을 초월하여 성취한 아름다움'(超欲之美)을 구분하여, 후자는 산수에 마음을 기탁함으로써 체득될 수 있는 아름다움이라고 주장하였는데, 그에 따르면 두 종류의 아름다움은 동시에 얻을 수 없다. 그리고 소옹邵雍은 '명교에 따른 즐거움'(名敎之樂)과 '인간 속세의 즐거움'(人世之樂)을 구분하여 전자를 아, 후자를 속이라고 규정하였다. 나아가 심종건沈宗騫은 인격의 높고 낮음을 통해 아와 속을 구분하였는데, 이에 관해 그는 "붓 기술의 풍격(筆格)은 또한 인품과 같다.…… 무릇 높은 풍격을 추구하려면 그 방법은 네 가지가 있다. 첫째는 마음을 맑게 하여 속세의 사려를 줄이는 것이고, 둘째는 책을 잘 읽어 이치에 밝아지는 것이며, 셋째는 빨리 명성을 얻고자 하는 마음을 물리쳐 향후의 큰 성취를 기약하는 것이고, 넷째는 풍아風雅에 가까이하여 체제를 바로잡는 것이다"[39]라고 말하였다. 나아가 그는 회화에서 다섯 가지 속(五俗)과 다섯 가지 아(五雅)를 열거하였는데, 오속은 곧 격속格俗, 운속韻俗, 기속氣俗, 필속筆俗, 도속圖俗이고, 오아는 곧 고아高雅, 전아典雅, 준아儁雅, 화아和雅, 대아大雅이다.

그러나 전통사회 후기에 이르러, 한편으로는 정감이 이치의 규범을 벗어나 독립성을 지니게 되었고, 다른 한편으로는 희극戲劇과 소설을 비롯한 세속예술이

---

39) 沈宗騫, 『芥舟學畫編』, 卷二, 「立格」, "筆格之高下, 亦如人品……夫求格之高, 其道有四. 一曰 淸心地以消俗慮, 二曰善讀書以明理境, 三曰卻早譽以幾遠到, 四曰親風雅以正體裁."

홍기하여 세속적인 아름다움이 긍정되기 시작하였는데, 그 결과로 속은 본격적으로 미학의 범주에 편입하게 되었다. 미학의 이론적인 측면에서 보자면, 이 시기에는 취미설趣味說이 등장하였는데, 그것은 감성적인 취미를 예술의 최고 기준으로 삼아 이성화된 아의 기준을 타파하였다. 탕현조湯顯祖는 의취意趣 개념을 제기하여 "무릇 문장은 의취와 신색神色을 주로 삼아야 한다"[40]라고 주장하였고, 청나라 초기의 황주성黃周星은 "모든 언어와 문자는 취미가 없고서 사람을 감동할 수 있는 것이 없다"[41]라고 말하면서 "희곡을 만드는 비결은…… 오로지 한 글자로 개괄할 수 있는데, 그것이 바로 취趣라고 한다"[42]라고 강조하였다. 끝으로 이어李漁는 기취機趣의 개념을 내세워 "기취라는 두 글자는 사詞를 채우는 자에게 없어서는 안 될 자질이다. 기機는 전기傳奇의 정신이고, 취는 전기의 풍치風致이다. 이 두 가지가 결여되면, 작품은 진흙으로 만들어진 인간이나 말과 같아서, 살아 있는 형체는 있어도, 살아 있는 기운(氣)은 없다"[43]라고 주장하였다.

이와 같이 전통사회 후기를 거쳐 속은 점차 열등적인 위상에서 벗어나 미학의 중심 범주로 정립되었다. 희극사상의 측면에서 보자면, 명대에서는 본색本色 개념이 제기되고, 이에 따른 본색파本色派도 형성되었다. 바로 이러한 본색파의 성립이 통속예술과 속이라는 미학 범주가 본격적으로 역사의 무대에 등장하였음을 시사한다. 본색파는 기본적으로 희곡의 통속적 – 세속적 본질에 입각하여 진실한 정감, 즉 진정眞情의 자연스러운 표현을 강조하고, 일상 언어의 활용을 주장한다. 이개선李開先은 사와 곡曲이 "명백하고 알기 쉽게 만들어져야 한다"[44]라고 주장하면서 심지어 시정市井에서 남녀 사이의 정감을 읊은 염사艶詞까지도 긍정하였다.

---

40) 湯顯祖, 「答呂姜山」, "凡文以意趣神色爲主."
41) 黃周星, 『制曲枝語』, "一切語言文字, 未有無趣而可以感人者."
42) 黃周星, 『制曲枝語』, "制曲之訣,……仍可以一字括之, 曰趣."
43) 李漁, 『閑情偶奇』, 「詞曲部・結構第一・重機趣」, "機趣二字, 塡詞家必不可少. 機者, 傳奇之精神. 趣者, 傳奇之風致. 少此二物, 則如泥人土馬, 有生形而無生氣."
44) 李開先, 「西野春游詞序」, "明白而不難知."

그것들에 실린 언어도 마음속에서 직접 나오고, 조각되어 있지 않으며, 남녀 사이에서 서로 주고받는 솔직한 정감을 지니고 있으니, 비록 군신君臣이나 붕우朋友의 관계마저도 이에 기탁하는 바가 많다. 그러한 정감으로써 사람을 더욱 감동할 수 있기 때문에, 풍風이 민요(謠)를 부르는 입에서 나오고, 진정한 시는 오직 민간에 있다.[45]

서위徐渭는 "상색相色을 천하게 여기고, 본색을 귀하게 여겨야 한다"(賤相色, 貴本色)라는 사상을 제기하였는데,[46] 여기에서 본색은 인간의 진실한 정감을 의미하고, 상색은 인위적으로 꾸며진 정감을 가리킨다. 이어서 원굉도袁宏道는 통속예술이 인간의 자연스러운 정감에서 비롯된 것이므로, 진정한 취미를 지닌 것이라고 강조하였다.

지금 민간의 부녀나 어린아이가 부르는 「벽파옥擘破玉」, 「타조간打棗竿」과 같은 민요에 관해서, 그 작가가 누구인지는 모르지만, 진정한 정감을 지닌 사람이 창작한 것이므로, 진심 어린 소리를 느낄 수 있다. 이는 한위漢魏를 모방하지 않고, 성당盛唐을 배우지 않으면서도 진솔한 본성에 맡긴 채, 사람의 희노애락喜怒哀樂, 기호嗜好와 정욕情欲에 통할 수 있으니, 참으로 만족스러울 만하다.[47]

여기에서 그치지 않고, 그는 한 걸음 더 나아가 통속적인 연의演義가 사서史書만큼 우월한 가치를 지닌다고 주장하면서 "문은 통하지 않지만, 속은 통할 수 있다"(文不能通而俗可通)[48]라는 명제를 내세웠다. 이러한 진술은 결국 속문학俗文學을 아문학雅

---

45) 李開先, 『李開先集·閑居集』之六(中華書局, 1956), "語意直出肺腑, 不加彫刻, 俱男女相與之情. 雖君臣朋友, 亦多有託此者. 以其情尤足感人也, 故風出謠口, 眞詩只在民間."

46) 徐渭, 「西廂序」, "世事莫不有本色, 有相色, 本色猶言正身也, 相色, 替身也. 替身者, 卽書評中婢作夫人終覺羞澀之謂也. 婢作夫人者, 欲塗抹成主母而多插帶, 反掩其素之謂也. 故余於此本中賤相色, 貴本色, 衆人嘖嘖者我响响也."

47) 袁宏道, 『袁中郎全集』, 卷一, 「敍小修詩」, "今閭閻婦人孺子所唱擘破玉, 打棗竿之類, 猶是無聞無識, 眞人所作, 故多眞聲. 不效顰於漢魏, 不學步於盛唐, 任性而發, 尙能通於人之喜怒哀樂, 嗜好情欲, 是可喜也."

文學과 동일한 가치를 지닌 것으로 병치하는 것이다.

풍몽룡馮夢龍은 심지어 통속적인 연의가 『논어』를 비롯한 경전보다 더 효과적인 교화 기능을 지닌다고 주장하였고,[49] 이어는 속을 변호하기 위해 "요컨대, 전기는 문장과 나란히 거론될 수 없다(不比). 문장은 책을 읽는 사람을 위해 지은 것이므로, 그 깊이가 있음을 탓할 수가 없다. 희문戱文은 책 읽는 사람과 읽지 않은 사람, 또한 부인婦人과 어린아이가 함께 볼 수 있도록 지은 것이므로, 천근淺近함을 귀하게 여기고, 깊음을 귀하게 여기지 않는다.…… 천근한 것 속에서 그 재능을 드러낼 수 있어야 비로소 문장의 고수라고 일컬을 수 있다"[50]라고 말하였다. 끝으로, 김성탄金聖嘆은 새롭게 흥기한 통속적인 희곡과 소설을 높이 평가하면서 성적 묘사가 들어 있는 『서상기西廂記』를 가리켜 음서淫書가 아니라 묘문妙文이라고 규정하였다.

> 어떤 사람이 『서상기』를 음서라고 하는데, 그는 단지 책 중간에 있는 한 부분의 일을 가지고 말한 것이다. 그러나 이 일에 대해서 자세히 생각하면 어느 날에 그러한 일이 없는가? 또한 어느 곳에 그러한 일이 없는가? 아니면 천지 사이에 그러한 일이 있다고 해서 천지를 버릴 것인가? 이 몸이 어디에서 왔다는 것을 자세히 생각하면 이 몸까지 버려야 하지 않는가?[51]

이리하여 전통사회의 후기에서는 속문학뿐만 아니라, 전통사회에서 아의 범주에 결코 들어설 수 없는 염사나 염시艶詩까지도 긍정되어 심미적 가치를 지닌

---

48) 袁宏道, 「東西漢通俗演義序」, "今天下自衣冠以至村哥里婦, 自七十老翁以至三尺童子, 談及劉季起豊沛, 項羽不渡烏江, 王莽篡位, 光武中興等事, 無不能悉數顛末, 詳其姓里居. 自朝至暮, 自昏徹旦, 幾忘食忘寢, 訟言之不倦. 及擧漢書, 漢史示人, 毋論不能解, 卽解亦多不能竟, 幾使聽者垂頭, 見者却步.……文不能通, 而俗可通, 則又通俗演義之所由名也."

49) 馮夢龍, 「古今小說序」, "雖小誦孝經論語, 其感人未必如之捷且深也. 噫! 不通俗而能通之乎?"

50) 李漁, 『閑情偶奇』, 「詞采部・第二・忌塡塞」, "傳奇不比文章, 文章做與讀書人看, 故不怪其深. 戱文做與讀書人與不讀書人同看, 又與不讀書之婦人小兒同看, 故貴淺不貴深.……能於淺處見才, 方是文章高手."

51) 金聖嘆, 「讀第六才子書西廂記法」, "人說西廂記是淫書, 他止爲中間有此一事耳. 細思此一事, 何日無之? 何地無之? 不成天地之間有此一事, 便廢却天地耶? 細思此身自何而來, 便廢却此身耶?"

예술형식으로 정립되었다. 이에 관해 이개선은 "그것(艷詩)들에 실린 언어도 마음속에서 직접 나오고, 조각되어 있지 않으며, 남녀 사이에서 서로 주고받는 솔직한 정감을 지니고 있으니, 비록 군신이나 붕우의 관계도 이에 기탁하는 바가 많다. 그러한 정감으로써 사람을 더욱 감동할 수 있기 때문에, 풍이 민요를 부르는 입에서 나오고, 진정한 시는 오직 민간에 있다"[52]라고 말하였다. 그리고 원매袁枚는 유가의 시교에 반대하여 "정감이 가장 먼저이니, 그것은 남녀 사이의 정감만한 것이 없고"[53], "음양陰陽과 부부夫婦의 일을 말한 것이 곧 염시의 근원이니,…… 염시와 궁체시宮體詩도 나름 시가詩家의 한 풍격이라고 할 수 있다"[54]라고 주장하였다.

중화미학의 규범에는 아와 속의 구분이 있지만, 둘의 절대적 분리는 없다. 서양의 미학에서는 귀족화된 고아한 예술과 평민화된 저속한 예술 사이의 철저한 분리가 있고, 둘은 서로 대립되는 것으로 인식되었다. 그러나 중국은 평민사회가 주된 사회형태로 발전하였기 때문에, 아와 속을 구분하였으나 단절된 것이 아닌 서로 소통할 수 있는 것으로 규정하였다. 예를 들어 『시경』 속의 국풍國風은 속의 예술이지만, 여전히 경전으로 취급되고, 민간의 악부樂府와 죽지사竹枝詞 등도 고아한 예술로 다듬어졌다. 그러므로 '아와 속을 함께 감상할 수 있는 것'(雅俗共賞)이 중화미학의 심미적 이상이라고 할 수 있다. 이러한 문맥에서 도융屠隆은 "전기의 절묘함은 고아한 취미(雅)와 세속적인 취미(俗)가 함께 있고, 뜻(意)과 곡조(調)가 모두 아름다우며, 음악(聲)도 있고 여색(色)도 있으며, 마음속의 정감(情)도 있고 그것을 몸짓으로 드러낸 양태(態)도 있는 데 있다"[55]라고 말하였고, 장무순臧懋循은 "희곡은 고아한 취미와 세속적인 취미를 함께 수렴하고, 그 둘을 서로 꿰뚫어 합치하게 하여 사람을 즐겁게 한다"[56]라고 말하였으며, 이어는 "희극은 고아한 취미를 지닌 사람과 세속적

---

52) 李開先, 『李開先集·閑居集』之六(中華書局, 1956), "語意直出肺腑, 不加彫刻, 俱男女相與之情. 雖君臣朋友, 亦多有託此者. 以其情尤足感人也, 故風出謠口, 眞詩只在民間."
53) 袁枚, 「答蕺園論詩書」, "情在最先, 莫如男女."
54) 袁枚, 「再與沈大宗伯書」, "陰陽夫婦, 艷詩之祖 …… 艷詩宮體, 自是詩家一格."
55) 屠隆, 「章臺柳玉合記敍」, "傳奇之妙, 在雅俗竝陳, 意調双美, 有聲有色, 有情有態."
56) 臧懋循, 『元曲選』, 「序二」, "雅俗兼收, 串合無痕, 乃悅人耳."

인 취미를 지닌 사람을 모두 즐겁게 하고, 지혜로운 사람과 어리석은 사람이 함께 감상할 수 있도록 한다"[57]라고 강조하였다.

제2절 심미 범주

심미 범주는 심미적인 관념이 응축된 미적 형식을 가리킨다. 그리고 심미적인 관념은 민족성을 지닌 까닭에, 중화미학의 심미 범주에도 중화민족의 민족성과 정신이 함축되어 있다.

1. 수미秀美와 장미壯美

중화미학의 수미와 장미는 대체로 서양미학의 우미優美와 숭고崇高에 해당하는 심미 범주라고 할 수 있지만, 완전히 똑같은 것은 아니다. 심미적인 범주로서의 우미와 숭고는 성별적인 내용을 함축하고 있는데, 전자는 여성적인 특징을 갖고 있는가 하면, 후자는 남성적인 특성을 지니고 있다. 그러나 중국에서 이와 같은 생각은 음양陰陽의 관념을 통해 표현된다. 예를 들어 황종희黃宗羲는 음양의 대립과 조화를 통해 문학적 기운, 즉 문기文氣의 강유剛柔를 설명한 바가 있고, 위희魏禧는 그것을 통해 수미와 장미를 설명한 적이 있었다.

> 그(黃澤望)의 문장은 무릇 천지의 양기陽氣를 부여받은 것이라고 할 수 있다. 양기가 밑에 있고, 무거운 음기陰氣가 그것을 막을 때 서로 격돌하여 우레가 생기는 듯한 문풍이 되고, 음기가 밑에 있고, 무거운 양기가 그것을 감쌀 때 서로 부딪쳐 바람이 생기는 듯한 문풍이 된다.[58]

---

57) 李漁, 『閑情偶寄』, 「詞曲部・科諢第五」, "雅俗同歡, 智愚共賞."
58) 黃宗羲, 『南雷文定』, 卷一, 「縮齋文集序」, "其文蓋天地之陽氣也. 陽氣在下, 重陰錮之, 則擊而

물(水)은 하늘에서 생겨나고 땅에서 흐르며, 바람(風)은 땅에서 일어나고 하늘에서 움직인다. 하늘에서 생겨나고 땅에서 흐르는 것은 양기가 밑으로 건너가고 음기가 그것을 받은 것이며, 땅에서 일어나고 하늘에서 움직이는 것은 음기가 올라가고 양기가 그것을 품은 것이다. 음기와 양기가 서로를 타는 과정에서 뒤섞여 문文이 생기게 되니, 그 만남으로 인해 문이 생겨났다고 할 수 있다. 그러므로 바람과 물이 서로 만나서 문을 이룬다고 할 수 있다. 그러나 물과 바람의 기세는 강하고 약할 때가 있으므로, 그 만남에도 가벼운 것과 무거운 것이 있으니, 문에도 크고 작은 것이 있게 된다. 무거운 것은 사람을 놀라게 하고 통쾌하게 만들며, 호방한 선비의 기질을 발현하여, 사해를 채찍질하는 마음을 갖추게 한다. 가벼운 것은 사람을 즐겁게 하고 놀이하게 만들며, 또한 세속을 버려 자득함을 추구하도록 한다. 그럼에도 음양의 자연스러운 움직임을 본받아 천지의 지극한 문을 지으려면 그 어느 것에 치우치거나 한쪽을 버려서는 안 된다.59)

여기에서 '사람을 놀라게 하고 통쾌하게 만드는 것'(人驚而快之)은 곧 장미를 일컫는 것이고, '사람을 즐겁게 하고 놀이하게 만드는 것'(人樂而玩之)은 곧 수미를 가리켜 말한 것이다. 그리고 유희재劉熙載는 음양의 기운이 문장의 기본적인 풍격을 결정한다고 주장하면서 "하늘이 세운 도道를 음陰과 양陽이라고 부르고, 땅이 세운 도를 강剛과 유柔라고 부른다. 문장은 천지의 경위經緯에 따른 것이므로, 그 도는 오직 음양과 강유를 통해서만이 두루 포괄할 수 있다"60)라고 말하였다. 나아가 그는 서예를 들어 음과 양의 풍격에 관해서 설명하였는데, 이에 따르면 "서예는 음양의 두 기氣를 두루 갖추어야 한다. 대체로 침착하고 구부러지며 울창하게

爲雷. 陰氣在下, 重陽包之, 則搏而爲風."

59) 魏禧, 『魏叔子文集』, 卷十, 「文瀁序」, "水生於天而流於地, 風發於地而行於天. 生於天而流於地者, 陽下濟而陰受之也. 發於地而行於天者, 陰上升而陽蓄之也. 陰陽互乘有交錯之文, 故其遭也而文生焉. 故曰, 風水相遭而成文. 然其勢有强弱, 故其遭有輕重, 而文有大小. 洪波巨浪, 山立而洶湧者, 遭之重者也. 淪漣漪瀫, 皴皺而密理者, 遭之輕者也. 重者人驚而快之, 發豪士之氣, 有鞭笞四海之心. 輕者人樂而玩之, 又遺世自得之慕. 要爲陰陽自然之動, 天地之至文, 不可以偏廢也."

60) 劉熙載, 『藝槪』, 「經義槪」, "立天之道曰陰與陽, 立地之道曰柔與剛. 文, 經緯天地者也, 其道惟陰陽剛柔之可以該之."

얽히는 것을 음이라고 하고, 기발하고 굳세며 널리 뻗어 나가는 것을 양이라고
한다."[61] 끝으로 하이손賀貽孫은 시를 두 가지 유형으로 나누고, 그것을 각각 영분英分
과 웅분雄分이라고 규정하였다.

> 시에는 또한 영분과 웅분의 구분이 있다. 영분은 일반적으로 가벼우니, 가벼운
> 것은 뼈(骨)가 아니고 손목(腕)에 달려 있다. 손목의 가벼움이 거듭되면 호탕해지고
> (宕), 호탕함이 거듭되면 거리낌이 없어지며(逸), 거리낌이 없어지므로 영특함(靈)이
> 일어나고, 영특함이 일어나므로 바뀌는 모습이 거듭되며(變), 바뀌는 모습이 거듭되
> 면 차원의 다름(化)이 성취된다. 차원이 다름의 경지에 이르게 되면 빼어남(英)의
> 특징(分)이 비로소 온전해지니, 이백李白이 이에 속한다. 웅분은 일반적으로 무거우
> 니, 무거운 것은 살(肉)이 아니라 뼈에 달려 있다. 뼈의 무거움이 거듭되면 침착해지
> 고(沈), 침착함이 거듭되면 질박해지고(渾), 질박함이 거듭되면 노련함이 생기고,
> 노련함이 축적되면 바뀌는 모습이 거듭되며, 바뀌는 모습이 거듭되면 차원의 다름
> 이 성취된다. 차원이 다름의 경지에 이르게 되면 담력(雄)의 특징이 비로소 온전해지
> 니, 두보杜甫가 이에 속한다.[62]

여기에서 거론된 영분은 곧 수미(우미)를, 웅분은 곧 장미(숭고)를 가리키는
것이다.

서양미학의 우미 범주와 중화미학의 수미 범주는 서로 대응하지만, 완전히
일치한 것은 아니다. 우미 범주에는 초월적 이성의 요소가 포함되어 있고, 심지어
그것은 현실적인 이성 또는 도덕과 충돌하는 부분이 있으므로, 자극성과 충격성을
지닌다. 예를 들어 『일리아드』(Iliad) 속에 등장한 헬렌(Hellen)의 경우, 그녀가 트로이
의 왕자와 사통하여 도망쳤기 때문에 나라의 멸망을 초래하였지만, 여전히 서양
사람들에게 아름다움의 전형으로 간주되고, 나아가 지금까지도 많은 여성이 그녀와

---

61) 劉熙載, 『藝槪』, 「書槪」, "書要兼備陰陽二氣. 大凡沈着屈郁, 陰也. 奇拔豪達, 陽也."
62) 賀貽孫, 『詩筏』, "詩亦有英分雄分之別. 英分常輕, 輕者不在骨而在腕, 腕輕故宕, 宕故逸, 逸故
靈, 靈故變, 變故化, 至於化而英之分始全, 太白是也. 雄分常重, 重者不在肉而在骨, 骨重故沉,
沉故渾, 渾故老, 老故變, 變故化, 至於化而雄之分始全, 少陵是也."

같은 이름을 쓰고 있다. 이러한 점은 우미의 범주가 심미적인 초월성을 지니므로, 그것을 지향하는 예술도 윤리적인 영역에 국한되지 않음을 여실하게 보여 준다.

　그러나 중화미학의 수미 범주는 현실적 이성에 어긋난 요소를 배제하는 경향을 지닌다. 즉 그것은 도덕과 충돌되는 것을 미라고 보지 않는다. 예를 들어 달기妲己, 반금련潘金蓮, 양옥환楊玉環 등은 비록 절세의 미모를 가졌지만, 바로 전통윤리에 들어맞지 않은 인격을 지녔다는 이유로 추醜와 악惡의 상징으로 규정되고, 그들과 이름을 함께한 사람도 없다. 수미는 함축적이고 직설적이지 않은 특징을 지닌 까닭에, 자극성과 충격성을 내포한 우미 범주와 구분된다. 서양인이 다이아몬드와 보석의 현란한 아름다움을 좋아하는 것과 달리, 중국인은 옥석玉石의 부드럽고 윤택한 아름다움을 더욱 선호한다. 옥이 지닌 현란함이 없고 단아한 아름다움이 군자君子의 덕德을 상징하듯이, 중화미학의 수미는 고전 시대의 조화 이념을 함축하고 있다. 그리고 이와 같은 조화는 곧 인간과 자연, 사회 사이의 조화 관계뿐만 아니라, 인간 자체가 지닌 정감과 이성의 조화도 함축한다. 그러나 현대미학의 범주들은 인간과 세계의 분리, 심지어 대립의 기초 위에서 세워졌기 때문에, 그것의 조화는 고전적인 조화가 아니라 초월성을 거쳐 성취한 조화이다. 그래서 현대미학의 각도에서 보면, 중화미학의 수미 범주는 고전적인 심미 이상을 반영한 것으로, 심미적인 초월성에 대한 자각이 부족하거나, 심지어 현실을 지나치게 미화하는 경향을 지닌다.

　다음으로 중화미학의 장미 범주와 서양미학의 숭고 범주도 서로 대응하며, 둘은 모두 거대한 힘과 거센 기세를 지닌 미적 형식을 나타낸다. 그러나 장미와 숭고도 완전히 일치한 것은 아니다. 숭고는 기본적으로 주체와 객체의 대립을 전제로 성립된 범주이므로, 그것은 주체성을 극복함으로써 심미적인 초월성을 성취하는 한에서 정립될 수 있다. 칸트에 따르면 숭고는 주체가 거대한 힘을 지닌 대상에 직면할 때 느끼는 경외감이고, 그것은 주체에게 대상에 대한 거부와 자아에 대한 긍정의식을 함께 유발한다. 그래서 숭고는 그 어떠한 자연계의 사물 속에서도 찾아질 수 없고, 오직 주체가 스스로의 내면적 의식이 외재적인 자연을 초월하고 있음을 자각하였을 때 비로소 성취될 수 있다.[63] 나아가 서양미학은 인간과 세계의 대립을 근간으로 구축되었기 때문에, 숭고는 항상 비극과 연결되어 비극성을 지닌 개념으로 인식되는데, 프로메테우스(Prometheus)가 바로 숭고한 인물의 전형이다.

한편, 중화미학의 장미 범주는 천인합일天人슘一의 조화 관계를 기반으로 구현된 개념이다. 그래서 장미의 범주에는 인간과 세계의 대립 대신, 세계와 인간 본성에 대한 긍정이 내포되어 있다. 중화미학에 따르면 장미는 숭고한 인격과 위용이 있는 대상에 대한 이중적인 긍정이다. 그래서 장미는 경외나 두려움의 느낌을 불러일으키지 않을뿐더러 주체에 대한 강압과 반항을 유발하지 않는다. 공자는 "지혜로운 자(知者)는 물을 좋아하고 인한 자(仁者)는 산을 좋아한다"[64]라고 말하였는데, 여기에서 그는 산수가 지닌 우미·장미를 인격의 지혜로움·인함과 등치시키고 있다. 또한 그는 "위대하도다, 요堯의 임금됨이여! 높고 크도다, 오직 하늘이 위대한데, 오직 요임금만이 그와 같으니, 그 공덕功德이 넓고 넓어 백성들은 그것을 이루다 말할 수 없구나! 높고도 높은 성공이여, 찬란한 그 문장이여!"[65]라는 진술을 남겼는데, 여기에서의 위대함 즉 대大는 숭고한 인격뿐만 아니라 찬란한 문장을 함께 지칭하므로, 미적 속성을 지닌 것이다. 그리고 무엇보다도 이러한 대는 인간의 두려움이 아니라 추앙의 정감을 유발하는 것으로 설명되고 있다.

이어서 맹자는 "누구나 좋아하고 따를 만한 것을 선善이라고 하고, 선을 자기 몸에서 찾는 것을 신信이라고 하며, 그 신을 충실하게 실천하는 것을 미라고 하고, 충실하게 실천하여 밖으로 광채가 드러나는 것을 대大라고 한다"[66]라고 말하였는데, 여기에서의 대도 장미를 의미하는 것이다. 나아가 이러한 장미는 선과 신 등 인간 윤리의 규범들과 연결되어 설명하는 것으로 미루어 보면, 맹자가 말한 장미도 인격과 관련된 아름다움을 지칭하는 개념이라는 것을 알 수 있다. 또한

---

63) 康德, 宗白華 譯, 『判斷力批判』 上卷(商務印書館, 1964), p.104 참조.

64) 『論語』, 「雍也」, "子曰, 知者樂水, 仁者樂山.'"

65) 『論語』, 「泰伯」, "子曰, '大哉, 堯之爲君也! 巍巍乎, 唯天爲大, 唯堯則之, 蕩蕩乎, 民無能名焉. 巍巍乎, 其有成功也. 煥乎, 其有文章!'"

66) 『孟子』, 「盡心下」, "可欲之謂善, 有諸己之謂信, 充實之謂美. 充實而有光輝之謂大."

서양미학의 숭고와 달리, 중화미학의 장미는 비극성과 연결되지 않고 낙관적인 정신을 함축하고 있는데, 이는 중화민족이 지닌 이성적 낙감문화樂感文化와 관련이 있다. 비록 중국 고대의 신화에도 비극성을 지닌 숭고한 인물 형상이 있었지만, 후세에 이르러 그것들은 모두 덕성을 지닌 제왕(삼황오제)으로 이성화되었다.

도가의 미학사상에도 장미의 범주가 있는데, 그것은 주로 대나 대미大美로 표현 된다. 노자와 장자는 대의 범주를 제기하여 도를 지칭하였는데, 그것은 철학적인 의미뿐만 아니라, 미학적인 의미도 지니고 있다. 노자는 "나는 그 이름을 알지 못하니, 글자를 붙이자면 도라 하고, 억지로 이름을 지어 대라고 한다"[67]라는 진술을 남겼는데, 여기에서의 대는 곧 도가 현시되는 대상大象을 의미하는 것이다. 나아가 장자에 따르면 도는 스스로 그러한 자연을 본받기 때문에, '천지의 아름다움을 근본으로 삼으면'(原天地之美)[68] 현실을 초월하는 대를 체득할 수 있다. 또한 그는 도와 대 또는 대미를 연결하면서 "대저 도란 만물을 덮어 주고 실어 주는 것이다. 넓고도 크구나!"[69], "천지는 큰 아름다움을 지니고 있으면서도 그것을 말로 표현하 지 않는다"[70]라고 말하였다. 이어서 장자는 큰 아름다움, 즉 대미를 설명하기 위해 북해약北海若이 황하 물의 넘쳐 남을 자랑하는 하백河伯에게 드넓은 바다의 아름다움을 보여 주는 우화를 구사하였고,[71] 그러한 우화에서 강조된 대미를 큰 즐거움, 다시 말해 대락大樂과 연결하였는데,[72] 여기에서 거론된 대미와 대락이 곧 진정한 아름다움이자 장미를 의미하는 것이다. 끝으로, 장자가 말한 대는 기본적 으로 자연의 아름다움을 가리키지만, 그러한 아름다움은 인간을 배제한 것이 아니 다. 다시 말해, 장자에 따르면 인간은 스스로의 자연화를 통해 소요逍遙의 상태에

---

67) 『道德經』 第25章, "吾不知其名, 字之曰道, 強爲之名曰大."
68) 『莊子』, 「知北遊」, "聖人者, 原天地之美而達萬物之理."
69) 『莊子』, 「天地」, "夫道, 覆載萬物者也, 洋洋乎大哉!"
70) 『莊子』, 「知北遊」, "天地有大美而不言."
71) 『莊子』, 「秋水」, "北海若曰, ‘井蛙不可以語於海者, 拘於虛也. 夏蟲不可以語於冰者, 篤於時也. 曲士不可以語於道者, 束於教也. 今爾出於崖涘, 觀於大海, 乃知爾醜, 爾將可與語大理矣.’"
72) 『莊子』, 「秋水」, "夫千里之遠, 不足以擧其大. 千仞之高, 不足以極其深……夫不爲頃久推移, 不以多少進退者, 此亦東海之大樂也."

이를 수 있고, 이 상태에서 인간은 천지의 아름다움과 함께할 수 있다(與天地同美).

서양의 고전미학에 따르면 숭고는 이성의 정신을 더욱 잘 현시할 수 있으므로, 미보다 더욱 높은 가치를 지닌다. 그러나 중화미학은 중화지미中和之美라는 심미적 이상으로 인해, 그것은 장미와 수미 사이의 균형 및 조화를 강조한다. 이러한 취지에서 공자는 살벌殺伐의 기운을 다소 지닌 무악武樂보다 선과 미의 조화를 두루 갖춘 소악韶樂이 더욱 우월하다고 주장하였고,73) 『문심조룡』은 과장된 수식(夸飾)으로 장미를 지나치게 표현하는 것에 대해 비판적으로 평가하였다.74) 그러나 전통사회 후기에 이르러 이와 같은 균형 또는 조화는 점차 분열하게 되어, 장미도 그 자체로 충분히 긍정되기 시작하였다. 이 과정에서 황종희는 특히 문장이 지닌 장미의 특질을 중요시하면서 다음과 같이 말하였다.

> 무릇 문장은 천지의 원기元氣에 따른 것이다. 원기는 평소에 드넓고 성대한 기세를 지니고, 소리와 기운이 화순和順하여 조정에서 발현되더라도 아득하고 먼 곳까지 막힘없이 통달할 수 있으니, 괴상함으로 드러나지 않는다. 그러나 역경과 위태로울 때 이르게 되면, 천지가 서로 막히게 되어 원기는 그 사이에서 격동하여 나타나게 되며, 울적함으로 인해 제대로 유행할 수 없으니, 격렬하고 직접적인 울분이 되어 최종적으로 문장을 낳는 데까지 이른다.75)

끝으로 요내姚鼐는 비록 양강지미陽剛之美76)와 음유지미陰柔之美77)를 구분하고,

---

73) 『論語』, 「雍也」, "子謂韶, '盡美矣, 又盡善也.' 謂武, '盡美矣, 未盡善也.'"

74) 劉勰, 『文心雕龍』, 「夸飾」, "至如氣貌山海, 體勢宮殿, 嵯峨揭業, 熠耀焜煌之狀, 光采煒煒而欲然, 聲貌岌岌其將動矣. 莫不因夸以成狀, 沿飾而得奇也."

75) 黃宗羲, 『南雷文約』, 卷四, 「謝皐羽年譜游錄注序」, "夫文章, 天地之元氣也. 元氣之在平時, 昆侖旁薄, 和聲順氣, 發自廊廟, 而騰泆於幽遐, 無所見奇. 逮夫厄運危時, 天地閉塞, 元氣鼓蕩而出, 擁勇鬱遏, 坌憤激訐, 而後至文生焉."

76) 姚鼐, 「復魯絜非書」, "其得於陽與剛之美者, 則其文如霆, 如電, 如長風之出谷, 如崇山峻崖, 如決大川, 如奔驥驥. 其光也, 如杲日, 如火, 如金鏐鐵. 其於人也, 如憑高視遠, 如君而朝萬衆, 如鼓萬勇士而戰之."

77) 姚鼐, 「復魯絜非書」, "其得於陰與柔之美者, 則其文如升初日, 如清風, 如雲, 如霞, 如煙, 如幽林曲澗, 如淪, 如漾, 如珠玉之輝, 如鴻鵠之鳴而入廖廓. 其於人也, 漻乎其如歎, 邈乎其如有思, 暖

둘 사이의 조화 관계를 강조하였지만, 여전히 그 각각의 특징에 대해서 긍정하였다.

　요컨대 중화미학의 장미 범주는 중국 고대에서 강조된 조화의 심미적 이상을 함축하는 것으로, 그것은 인간과 세계의 동일성을 근간으로 삼는다. 그래서 숭고의 범주와 달리, 장미 범주는 고전적인 이상에 머물러 있는 까닭에, 현실에 대한 반성과 비판이 결여되어 있는 한계를 지니고 있다.

2. 애원哀怨과 해학諧謔

　서양미학의 비극과 대응하는 중화미학의 심미 범주는 애원이라고 할 수 있지만, 둘은 완전히 일치한 것이 아니다. 비극은 일반적으로 인간과 세계의 충돌을 근간으로 삼고, 자유의지가 역사의 필연성과 충돌되는 방식으로 드러나며, 인간 개체의 소멸을 결말로 구현되는 경우가 많다. 고대 그리스의 비극은 바로 이와 같은 운명의 불운함을 그려내는 비극의 전형이라고 할 수 있다. 고대 그리스 이후로 비극은 역사성을 지니게 되었고, 그 주된 서사 내용도 인간의 의지와 역사에 의해 규정된 운명 사이의 충돌로 변화하였다. 이러한 전통에서 현대미학의 비극은 현실 인생의 불합리성을 현시하여 역사에 대한 비판과 반성 의식을 낳았다. 그래서 서양의 비극 범주는 인간의 운명에 대한 반성 의식과 관련된 것으로, 자각적인 자유 의지를 내포하는 것이라고 할 수 있다.

　한편, 중화미학은 서양미학에서 말한 비극 범주를 형성하지 못하였는데, 그 이유는 다음과 같다. 우선 중화문화가 지닌 낙관적인 이성 정신은 비극적인 의식을 소거하였다. 이택후李澤厚에 따르면 중화문화는 낙감문화에 속하며, 그것은 역사와 인생 전체에 대해 낙관적인 태도를 지닌다. 유가문화는 세계와 인생이 모두 이성에 의해서 주재되고, 비록 그 발전 과정에서 일시적인 굴곡이 있지만, 이성의 힘이 최종적으로 실현될 수 있다고 주장한다. 그리고 도가는 생사生死, 궁달窮達, 화복禍福

乎其如喜, 愀乎其如悲."

등에 대해 스스로 그러함에 맡기는 자연이연自然而然의 입장을 견지하고, 심지어 그것들을 대립적인 것으로 설명하기 때문에, 비극적인 의식을 낳지 못하였다.

다음으로, 중화문화의 집단이성 정신은 생존의 비극성을 은폐하였다. 서양에서는 인간의 개체적인 가치가 일찍이 독립성을 획득하였기 때문에, 그러한 가치의 상실이 곧 비극성을 지닌 것이라고 인식되었다. 그러나 중화문화에서는 개체적인 의식을 형성하지 못하고, 개인은 항상 가족과 국가의 범주 속에 포함된 존재로 이해되었다. 그러한 까닭에, 중화문화에서 개체의 생존, 그리고 집단적 가치를 위한 개체의 희생은 비극성을 지닌 것으로 간주되지 않았다.

그다음으로, 중화문화는 윤리를 절대화, 등급화하여 인간과 윤리 규범의 충돌을 은폐하였다. 서양문화는 종교를 최고의 신앙으로 삼는 까닭에, 세속적인 윤리는 절대성을 지니지 않는다. 그래서 서양예술에서 현실적 생존에 직면한 인간 개체의 선택은 항상 모순을 내포하는 형태로 구현된다. 신고전주의 비극에서 자주 거론되는 개체의 사랑·생명과 가족 영예·국가 책임 사이의 비극적 충돌이 그 예시가 될 수 있다. 그래서 헤겔은 비극이 이념의 분열이고, 이 분열에서 대치하는 두 범주가 합리성을 지니지만, 모두 단편성에 머물러 있다고 주장하였다. 그러나 중화문화에 따르면 윤리는 절대적인 가치이고, 선과 악은 양립할 수 없다. 나아가 그것은 개인의 가치보다 가족과 국가의 가치를 우선시하여야 한다는 견지에서 충忠, 효孝, 의義 등의 등급적인 가치를 구축하였다. 이리하여 개체의 선택은 도덕적인 규범에 따라야 하고, 현실에서 발생하는 다양한 모순은 자연스럽게 도덕적인 권위에 의해 해소된다. 그래서 인간과 도덕 사이의 충돌, 충·효·정情·의 등 가치들 사이의 충돌 등은 깊이 있는 논의를 거치지 않은 채 가려지게 되었다.

이어서 중화미학이 강조한 중용지도中庸之道와 중화지미는 비극적인 의식의 탄생을 저해하였다. 중화미학에 따르면 이치와 정감은 균형을 이루어야 하고, 과도한 정감의 분출이 이성을 해치면 안 된다. 그래서 그것은 항상 이성으로 정감을 절제하여야 한다고 주장하기 때문에, 슬픔이라는 정감에 치우친 비극적인 의식을 정초하지 못하였다.

마지막으로, 중화미학이 비극을 낳지 못한 가장 근본적인 이유는 중화민족이 자유에 대한 자각적인 추구 의식을 형성하지 못하였다는 것이다. 그래서 중화미학은 자유의지를 통해 역사적인 필연성에 대항하는 전통을 정립하지 못하고, 다양한 충돌을 선과 악의 충돌로만 귀결하였다. 이러한 계기들로 인해 중화미학에서 제기된 인생의 고통과 좌절에 대한 반성은 최종적으로 비극 대신 애원의 심미 범주를 낳았다.

중화미학의 애원 범주는 천인합일이라는 고전적 심미 이상의 기반 위에서 세워졌고, 그것은 이성적인 제약에서 표출된 슬픈 정감을 의미한다. 그래서 이와 같은 애원에는 운명에 대한 반성과 반항뿐만 아니라 현실에 대한 절망적인 태도도 함축하지 않는다. 공자는 "시는 원망할 수 있다"(詩可以怨)[78]라는 명제를 내세운 바가 있는데, 여기에서의 원怨은 곧 애원의 정감을 가리킨다. 그리고 이러한 애원은 현실 생존 상태에 대한 불만을 내포하고 있지만, 항상 이성적인 제약을 받는 것으로, '원망하지만 성내지 않은'(怨而不怒) 특징을 지니고 있다. 후세학자는 대부분 공자가 제기한 애원의 미학사상을 계승하였는데, 이에 관해 종영鍾嶸은 다음과 같이 진술하였다.

좋은 만남은 시를 빌려 친근함을 드러내고, 무리에서 떠나게 되면 시에 기탁하여 원망할 수 있다. 초楚나라의 신하가 국경을 떠나고 한漢나라의 첩妾들이 궁실을 사별할 때, 혹자는 시체가 북쪽 황야에 널리게 되고, 혹자는 혼백이 날아가는 쑥을 쫓아가게 되며, 혹자는 창을 들고 밖을 지켜 전투의 기운이 변방지역까지 이르게 된다. 변방지역의 나그네는 옷이 얇고, 집안에서 수절하는 그 처들은 애처로움을 다할 정도로 눈물을 흘린다.…… 이와 같은 정경들은 모두 정감이 마음속을 뒤흔드는 것이니, 시로써 진술하지 않으면 어찌 그 뜻을 펼 수 있고, 장가長歌로써 읊조리지 않으면 어찌 그 정감을 내달리게 할 수 있겠는가? 그러므로 "시는 어울리게 할 수 있고, 원망하게 할 수 있다"라고 한 것이다.[79]

---

78) 『論語』, 「陽貨」, "詩, 可以興, 可以觀, 可以群, 可以怨."
79) 鍾嶸, 『詩品』, 「序」, "嘉會寄詩以親, 離群託詩以怨. 至於楚臣去境, 漢妾辭宮, 或骨橫朔野, 或魂

나아가 『예기禮記』는 사회의 치란治亂과 관련된 문맥에서 애원의 음악에 대해서 거론하였는데, 이에 따르면 "어지러운 세상의 음악이 원망하고 분노하는 정감을 나타내는 것은 그 정치가 괴상하기 때문이고, 멸망하는 나라의 음악이 슬프고 시름에 잠기는 것은 백성이 고난을 겪고 있기 때문이다."[80] 여기에서 '원망하고 분노하는'(怨以怒) 음악과 '슬프고 시름에 잠긴'(哀以思) 음악은 모두 이치의 제약에서 벗어난 애원을 나타낸 것으로, 좋은 음악이라고 설명되지 않는다. 그리고 『문심조룡』은 애조哀弔하는 문장의 유형을 고찰하면서 애원에 관해 설명하였는데, 이에 따르면 "본래 죽음을 애도하는 글의 큰 체제는 정감의 비통함이 주가 되고, 그 문사(辭)는 슬프고 아까워하는 마음을 다하여야 한다."[81] 이는 비록 죽음을 애도하는 정감은 비통할 수 있으나, 그것을 나타내는 조문弔文만큼은 비통함 대신 슬프고 아까운 마음을 온전하게 드러내는 데에서 그쳐야 함을 주장하는 것이다.

이와 같은 애원은 슬픈 정감을 통해 인생에 대한 불평을 현시하고 있지만, 동시에 "슬퍼하되 몸과 마음이 상하지 않을 정도로 해야 한다"(哀而不傷)[82]라는 제약을 받기 때문에, 사회와 인생에 대한 절망은 물론이고, 이성에 대한 반항도 내포하지 않는다. 바로 이러한 특징으로 인해, 현대미학의 관점에서 보면 중화미학의 애원 범주에는 심미적인 초월성과 현실적인 비판성이 결여되고 있다.

한편, 중화미학의 해학은 유머, 익살, 풍자 등 심미적 의미를 지닌 범주로, 서양미학의 희극喜劇 범주와 서로 대응한다. 그러나 해학은 희극과 완전히 등치될 수 없다. 서양 희극의 풍자성과 비판성은 인간과 세계의 대립에서 구현된 심미적 초월성을 근간으로 삼고 있으므로, 그것은 현실적 정감뿐만 아니라 심지어 이성을 벗어나 골계滑稽와 추괴醜怪를 현시한다. 그러나 중화미학은 고전적 심미 이상의 제약으로 인해 인간과 세계의 조화 관계를 중시하므로, 해학은 중화지미를 드러내는

逐飛蓬. 或負戈外戌, 殺氣雄邊. 塞客衣單, 孀閨淚盡……凡斯種種, 感蕩心靈, 非陳詩何以展其義, 非長歌何以騁其情? 故曰, '詩可以群, 可以怨.'"
80) 『禮記』, 「樂記」, "亂世之音怨以怒, 其政乖. 亡國之音哀以思, 其民困."
81) 『文心雕龍』, 「哀弔」, "原夫哀辭大體, 情主於痛傷, 而辭窮乎愛惜."
82) 『論語』, 「八佾」, "子曰, '關雎, 樂而不淫, 哀而不傷.'"

데에서 그친다. 그리고 중화미학에서 현실 세계를 주재하는 것은 이성이고, 그 외의 부조리나 불행은 일시적인 것으로 이해되는 까닭에, 현실에 대한 비판도 여지를 남겨야 하는 방식으로 서술된다. 이와 같은 전통에서 중화미학은 서양미학의 괴탄怪誕 범주 대신, "농담하되 도를 지나치지 않는다"라는 학이불학謔而不虐83)의 심미 원칙을 정초하였다. 『문심조룡』은 해학을 '해은諧讔'이라고 풀이하면서, 그것에는 이중적인 내포가 들어 있다고 강조하였다. 하나는 비판이나 비평이 함축적이고 완곡하게 진행되어야 하는 내포이고,84) 다른 하나는 비평이 공격적인 형태가 아니라 권유와 훈계에서 그쳐야 한다는 내포이다.85) 또한 중화미학은 예술이 지닌 찬미하고 풍자하는 기능, 즉 미자美刺의 기능을 중시하는데, 이는 예술이 현실에 관여하고 그것을 비판하는 정치적 효용을 수행하여야 한다는 취지에서 정립된 것이다. 그러나 현대미학의 관점에서 보면, 해학의 범주와 그 미자의 기능은 모두 이성적인 제약을 받기 때문에, 깊이 있는 비판성을 지니지 못한다.

3. 추와 괴怪

중화미학의 해학 범주는 추를 포함하지만, 그것은 서양미학에서 제시한 추의 개념과 달리, 독립적인 심미 범주를 형성하지 않았다. 다시 말해, 중화미학은 추 자체를 강조하거나 직접 드러내는 것을 주장하지 않고, 단지 그것을 수미와 장미가 현시되는 보조 요소로 간주하였다는 것이다. 서양미학에서 추와 우미는 서로 대립적인 관계에 놓여 있다. 그리고 이러한 추는 현실적인 심미 가치에 대한 철저한 부정으로서, 일종의 배타성을 지닌 심미 체험으로 이해되었다. 그러나 중화미학은 중화지미를 심미적인 규범으로 삼기 때문에, 추는 수미와 장미에서 벗어난 것이 아니라, 둘을 보완하는 것으로 인식된다. 장자는 상대주의적 견지에서 미와 추의

---

83) 『詩經』, 「衛風·淇奧」, "善戲謔兮, 不爲虐矣."
84) 『文心雕龍』, 「諧讔」, "讔者, 隱也. 遁辭以隱意, 譎譬以指事也."
85) 『文心雕龍』, 「諧讔」, "古之嘲隱, 振危釋憊……空戲滑稽, 德音大壞."

동일성을 다음과 같이 설명하였다.

> 사람의 삶은 기氣가 모인 것이니, 기가 모이면 살고 흩어지면 죽게 된다. 만약
> 삶과 죽음이 같은 무리임을 안다면 나는 또한 무엇을 근심하겠는가! 무릇 만물은
> 하나인데, 자기가 아름답다고 여기는 것을 신기하다고 하고, 자기가 싫어하는
> 것을 냄새나고 썩었다고 하지만, 냄새나고 썩은 것이 다시 신기한 것으로 바뀌고,
> 신기한 것이 다시 냄새나고 썩은 것으로 바뀌곤 한다. 그 때문에 "천하를 통틀어
> 하나의 기(一氣)일 뿐이다"라고 말한 것이니, 성인은 이 때문에 하나를 중시한다.[86]

이러한 진술에 따르면 미와 추는 모두 도에서 파생된 기의 산물이기 때문에,
서로 전환할 수 있다. 그래서 둘은 본질적인 차원에서 대립하는 범주가 아니다.
나아가 추에 관한 중화미학의 규정은 특수한 형태의 수미나 장미에 가깝다. 이에
관해 정판교鄭板橋는 다음과 같은 진술을 남겼다.

> 소동파蘇東坡는 또한 "돌은 문의가 있으면서도 추하다"라고 말하였다. 이는 '추라는
> 한 글자에서 돌의 천태만상이 모두 나온다고 할 수 있다. 미원장米元章은 단지
> 좋은 것의 좋은 점만을 알 뿐, 추하고 못난 것 속에도 지극히 좋은 것이 있음을
> 알지 못하였다. 소동파의 가슴속(胸次)은 참으로 만물의 조화를 담금질하는 화로이
> 구나! 내(燮)가 그린 이 돌은 추한 돌이다. 추하지만 기백이 있고, 추하지만 수려하
> 다.[87]

여기에서 거론된 추는 수미와 장미와 격리된 추가 아니라, 둘 모두에서 찾아지는
추이므로, 중화지미의 심미 규범에서 벗어나지 않은 추이다. 나아가 중국의 예술작

---

86) 『莊子』,「知北遊」, "人之生, 氣之聚也, 聚則爲生, 散則爲死. 若死生爲徒, 吾又何患! 故萬物一
  也, 是其所美者爲神奇, 其所惡者爲臭腐. 臭腐復化爲神奇, 神奇復化爲臭腐. 故曰, '通天下一氣
  耳.' 聖人故貴一."

87) 鄭燮, 『鄭板橋集』下,「板橋題畵・石」, "東坡又曰, '石文而醜.' 一醜字則石之千態萬狀皆從此
  出. 彼米元章但知好之爲好, 而不知醜劣中有至好也. 東坡胸次, 造化之爐冶乎! 燮畵此石, 醜而
  雄, 醜而秀."

품에서도 사람의 반감을 일으키는 추악한 캐릭터들이 있는데, 그것들은 대부분 긍정적인 캐릭터를 돋보이게 하는 수단으로 설정되는 경우가 많다. 다시 말해, 이와 같은 캐릭터는 지나치게 정형화되고 기호화된 까닭에, 살아 있는 예술적인 형상이라기보다는 도덕적인 비판의 대상으로만 구현되는 것에 가깝다는 것이다. 그래서 중국의 예술작품은 대부분 현실에 대한 비판성을 결여하고, 통속적인 해피엔딩에 그치는 경우가 많다.

다음으로, 중화미학에서 추는 해학의 범주 속에 포함되고, 해학은 또한 골계의 의미를 지니므로, 추와 괴는 서로 연결되어 추괴의 범주를 형성하였다. 유희재는 "기괴한 돌(怪石)은 추를 미로 삼는데, 추가 극치에 이르면 곧 미가 극치에 이른 것이 된다. '추'라는 한 글자 속에 함축된 심원한 의미(丘壑)는 쉽게 말로 다 표현할 수 없다"[88]라고 말함으로써, 추와 괴를 함께 사용하여 추괴라는 심미적 범주를 현시하였다. 그러나 여기에서 거론된 추괴는 서양미학에서 제시한 괴탄의 범주와 다르다. 즉 후자는 생존의 무의미성과 이성의 허구성을 강조하는 데 주로 쓰인다면, 전자는 대체로 부정성이나 비판성보다 긍정성을 나타내는 데 사용된다.

요컨대 중화미학의 심미 범주는 중화미학의 특질을 드러내고 있을뿐더러 고전적인 심미 이상의 제약을 받고 있다. 그러므로 이러한 심미 범주의 합리적인 부분을 계승하는 동시에 시대에 뒤떨어진 부분을 지양할 수 있어야 동서미학의 대화를 통해 중화미학의 현대적 전환을 이룩할 수 있고, 중화미학을 현대인의 심미적 이상에 걸맞도록 개진할 수 있다.

---

88) 劉熙載, 『藝槪』, 「書槪」, "怪石以醜爲美, 醜到極處, 便是美到極處. 一醜字中丘壑未易盡言."

제13장 중화미학의 기능론

중화미학은 미美와 선善을 철저하게 구분하지 않았기 때문에, 그 심미적 기능도 다중성을 지닌다. 다시 말해, 중화미학은 심미 자체의 기능 이외에도 윤리적 기능을 비롯한 다양한 기능이 함축되고 있다는 것이다. 나아가 학파마다 제기한 미학사상이 다른 까닭에, 그 심미적 기능에 관한 논의도 다양한 방식으로 전개된다.

제1절 윤리적 교화론

1. 본체를 드러내는 기능: 명도설明道說

'도를 즐기는 것, 즉 낙도樂道가 곧 미이다'(樂道爲美)라는 미학관에서 출발하여 중화미학은 심미와 예술의 가장 중요한 기능을 도를 밝히는 것, 즉 명도明道라고 규정하였다. 이러한 규정에 따르면 미 또는 문文은 도道의 형식이고, 도는 예술의 본체이다. 그래서 문은 도를 몸소 살피는 수단이 된다. 이와 같은 명도설은 겉보기에 서양미학에서 강조한 예술의 인식적 기능과 유사한 것처럼 보인다. 그러나 서양미학에서 말한 예술의 인식적 기능은 현실에 대한 인식이므로, 이념적인 의식형태성意識形態性을 지니지 않는다. 한편 중화미학은 도를 윤리적인 본체로 삼기 때문에, 심미의 명도설은 일종의 이념성과 의식형태성을 갖춘다.

명도설은 심미와 예술의 기본적인 기능을 도에 대한 체득으로 귀결한다. 이러한 전제에서 문을 창조하고 감상하는 행위는 도를 전파하고 수용하는 행위로 해석된다. 중화미학에 따르면 천리天理와 인륜은 세상사의 근본이지만, 천도天道가 정미(微)하기 때문에 쉽게 파악될 수 없다. 그래서 그것은 성인聖人의 말을 통해서 더욱 분명하게 드러나는데, 그러한 말을 실은 것이 바로 경전(經)이다. 그래서 후세에서 문은 경전을 종주로 삼아 도를 밝히는 매개로 설명되고, 예술의 목적은 명도를 실현하는 것으로 인식되었다. 이와 같은 구조에서 문은 명석하고 감화력이 강한 형식으로 도를 전달하고, 도는 문을 통해서 그 기능을 온전히 발휘한다는 생각이 정립하게 되었다.

공자는 천도가 문을 통해서 현시된다고 주장하였다. 그는 "황하에서 도圖가 나오지 않고, 낙수洛水에서 서書가 나오지 않으니,…… 우리의 도가 이미 끊어졌구나!"[1]라고 감탄하였는데, 여기에서 그는 도나 서와 같은 문을 도의 체현으로 보고 있다. 그리고 공자가 소악韶樂이 선과 미를 다하였다고 칭찬[2]하는 이유도 그것이 도를 온전하게 드러냈기 때문이었다. 나아가 공자는 평생을 거쳐 『시경詩經』을 정리하였는데, 그 근본적인 목적도 도를 전달하는 데 있다. 여기에서 그는 특히 시의 윤리적인 본질을 역설하고, 그것을 통해 도를 깨달을 수 있다는 점을 강조하였다. 마지막으로 『문심조룡』의 첫 편이 바로 「명도」인데, 그것은 "도는 성인을 통해 문으로 드리워지고, 성인은 문에 의지하여 도를 밝힌다"[3]라는 명제를 제기하였다.

후세의 이르러 주류의 미학자는 항상 '문이 도를 밝히는 것이다'(文以明道)라는 사상을 견지하였다. 송대의 리학자 주돈이周敦頤는 문이재도설文以載道說을 제기하여 다음과 같이 말하였다.

문은 도를 싣는 것이다. 수레의 바퀴와 끌채가 장식되어 있어도 사람들이 쓰지

---

1) 『史記』, 「孔子世家」, "河不出圖, 洛不出書,……吾道窮矣!"
2) 『論語』, 「八佾」, "子謂韶, 盡美矣, 又盡善也. 謂武, 盡美矣, 未盡善也."
3) 劉勰, 『文心雕龍』, 「原道」, "故知道沿聖以垂文, 聖因文以明道."

않는다면, 헛된 장식일 뿐이다. 하물며 (사물을 싣지 않은) 빈 수레의 경우는 어떻겠는가? 문사는 기예이고, 도덕은 실질이다. 그 실질을 돈독히 하면, 기예가 있는 사람은 그 실질을 글로 쓰니, (그것이) 아름다우면 (사람들이) 좋아하고, 사람들이 좋아하면 (널리) 전해진다.[4]

이리하여 명도론과 재도론載道論은 주류의 미학사상으로서, 수천 년 동안 예술의 이념을 지배하였다. 그러나 이와 같은 이론은 도를 도덕으로 규정한 까닭에, 그에 따른 심미적 기능도 오직 도를 밝히는 수단으로서만 존립할 수 있었다. 그래서 명도론은 도덕과 구분되는 심미의 특수한 기능을 정초하지 못하고, 심미의 초월성을 구현하지 못하였다.

2. 도덕적 교화의 기능: 수신설修身說

명도설은 반드시 수신설로 이어지게 되는데, 왜냐하면 명도의 목적 중 하나가 바로 수신이기 때문이다. 유가의 사상은 내성외왕內聖外王을 강조하므로, 문명과 교화를 통해 군자의 인격을 구현하여 수신-제가-치국-평천하를 지향한다.[5] 그렇다면 어떻게 군자의 인격을 구현할 수 있는가? 유가미학에 따르면 심미는 정감의 도야를 통해 군자의 인격을 양성할 수 있다. 중국예술의 가장 원초적인 형식은 예악문화禮樂文化이다. 그리고 예악은 종교, 정치, 윤리, 예술을 모두 포함한 문화체계이다. 그래서 예악은 일찍이 교육의 수단으로 활용되고, 인격 수양의 기능을 발휘하였다. 이에 관해 『상서』에는 다음과 같은 진술이 있다.

---

4) 周敦頤, 『通書』, 「文辭」, "文所以載道也. 輪轅飾而人弗庸, 徒飾也, 況虛車乎? 文辭, 藝也. 道德, 實也. 篤其實而藝者書之. 美則愛, 愛則傳焉." 번역문은 인문정보학 Wiki에 탑재되어 있는 「文辭第二十八」을 인용하였다.
5) 『禮記』, 「大學」, "古之欲明明德於天下者, 先治其國. 欲治其國者, 先齊其家. 欲齊其家者, 先修其身. 欲修其身者, 先正其心. 欲正其心者, 先誠其意. 欲誠其意者, 先致其知, 致知在格物. 物格而后知至, 知至而后意誠, 意誠而后心正, 心正而后身修, 身修而后家齊, 家齊而后國治, 國治而后天下平."

순(舜)임금이 말하였다. "기(蘷)야, 너에게 전악(典樂)을 주관하여 왕실의 맏아들을 교육하노라 명한다. 정직하면서 온화하고, 너그러우면서 장엄하며, 강하되 포악함이 없고, 간소하되 오만함이 없게 하라. 시는 뜻을 말하는 것이고, 노래는 말소리를 길게 뽑아서 읊는 것이며, 소리는 그 읊은 것의 가락에 맞추는 것이고, 운율은 그 소리에 화합하는 것이니, 팔음(八音)이 잘 어울려 서로의 차례를 빼앗지 않으면 신(神)과 사람이 조화를 이루게 될 것이다."[6]

여기에서 순임금이 기에게 전악을 주관하도록 하는 일은 전설에 가깝다. 그러나 이와 같은 진술은 주(周)나라 때부터 귀족 자제에게 이미 예술(심미)적 교육이 행해졌음을 분명히 말해 준다. 바로 이와 같은 전통이 춘추시대에 이르러 육예(六藝)를 비롯한 시교(詩敎)와 악교(樂敎)를 낳았다.

예술은 정감을 쉽게 움직이는 특징이 있으므로, 교화의 효과적인 수단으로 인식되었다. 유가의 미학에 따르면 미와 선은 서로 어울리고(美善相樂)[7], 예술은 선을 본질로 삼는 동시에 정감성을 지니고 있기 때문에, 사람의 마음을 감동하고 성정(性情)을 함양할 수 있다. 공자는 "질(質)이 문을 이기면 거칠고, 문이 질을 이기면 겉치레만 화려하게 되니, 문과 질이 서로 어울린 뒤에야 군자라고 할 수 있다"[8]라고 말하였는데, 여기에서의 문은 곧 군자의 인격을 양성하는 수단, 즉 문화와 예술을 통한 수양을 의미하는 것이다. 나아가 자로(子路)가 완성된 사람(成人)에 대해 묻자, 공자는 "장무중(臧武仲)의 지혜, 맹공작(孟公綽)의 탐욕하지 않음, 변장자(卞莊子)의 용기, 염구(冉求)의 재예(才藝)에 예악으로 문식을 가한다면 또한 완성된 사람이라 할 수 있다"[9]라고 대답하였다. 여기에서 공자는 예술을 완성된 사람이 되기 위한 필요수단으로 규정하고 있다. 더 나아가 그는 "도에 뜻을 두고, 덕(德)을 굳게 지키며,

---

6) 『尙書』, 「虞書·舜典」, "帝曰, '蘷, 命汝典樂, 敎胄子. 詩言志, 歌永言, 聲依永, 律和聲, 聲謂五聲, 宮商角徵羽, 律謂六律六呂, 十二月之音氣, 言當依聲律以和樂. 八音克諧, 無相奪倫, 神人以和.'"

7) 『荀子』, 「樂論」, "故樂行而志淸, 禮修而行成, 耳目聰明, 血氣和平, 移風易俗, 天下皆寧, 美善相樂."

8) 『論語』, 「雍也」, "子曰, '質勝文則野, 文勝質則史. 文質彬彬, 然後君子.'"

9) 『論語』, 「憲問」, "子路問成人. 子曰, '若臧武仲之知, 公綽之不欲, 卞莊子之勇, 冉求之藝, 文之以禮樂, 亦可以爲成人矣.'"

인仁에 의지하고, 예藝에서 노닐어야 한다"10)라고 주장하였고, "시에서 (착한 것을 좋아하고 나쁜 것을 싫어하는 마음을) 일으키고, 예에서 서며, 악에서 (인격의 완성을) 이룬다"11)라고 강조하였다. 여기에서 전자는 예술이 곧 인격 완성의 최종 단계임을 밝힌 것이고, 후자는 시를 통해 성정을 함양할 수 있고, 악을 통해 사상적인 경지를 승화할 수 있음을 역설한 것이다.

맹자는 "충실함을 미라고 한다"12)라고 주장하였는데, 이는 인격적 충실함을 미로 규정하는 동시에, 심미적 활동을 통해 인격을 충실하게 할 수 있음을 강조하는 것이다. 나아가 그는 또한 "나는 나의 호연지기浩然之氣를 잘 기른다"13)라고 말하였는데, 여기에서 호연지기를 기르는 것은 곧 인격의 충실함을 실현하는 방법이므로, 예술도 양기養氣의 수단으로 해석될 수 있다.

유가의 주류 사상은 기본적으로 인간의 본성이 선하므로, 예술은 그러한 본성을 회복하고 함양하는 데 도움이 된다고 주장한다. 그러나 순자는 인간의 본성이 본래 악한 쪽으로 흘러가기 쉬우므로, 반드시 인위적–후천적인 교화를 통해서만이 그것을 선하게 만들 수 있다고 강조하였다.14) 그래서 그는 본성의 교화수단으로서 예술을 거론하였는데, 이에 따르면 인간의 정감은 욕구의 충족을 넘어 향락으로 나아가기 쉬우므로, 도를 현시하는 예술(악)을 통해 그것을 통제하고 긍정적인 방향으로 인도하여야 한다.15)

3. 사회적 화목을 실현하는 기능: 합군설合群說

중화미학에 따르면 문은 도를 밝히는 것이고, 도는 또한 윤리적 법칙이므로,

---

10) 『論語』, 「述而」, "志於道, 據於德, 依於仁, 游於藝."
11) 『論語』, 「泰伯」, "子曰, '興於詩, 立於禮, 成於樂.'"
12) 『孟子』, 「盡心下」, "充實之謂美."
13) 『孟子』, 「公孫丑上」, "我善養吾浩然之氣."
14) 『荀子』, 「禮論」, "無僞則性不能自美."
15) 『荀子』, 「樂論」, "樂者, 樂也. 君子樂得其道, 小人樂得其欲. 以道制欲, 則樂而不亂, 以欲忘道, 則惑而不樂. 故樂者, 所以道樂也. 金石絲竹, 所以道德也."

예술은 인류 관계를 추진하는 기능을 지닌다. 유가의 미학사상은 심미를 인격 양성의 수단뿐 아니라, 사회적 화목을 실현하는 수단으로 규정하는데, 이 둘은 비록 내외의 구분이 있으나 서로 연결되어 있다. 왜냐하면 인격의 수양이 뒷받침되어야 사회적-인륜적 관계를 제대로 처리할 수 있고, 수신-제가-치국-평천하[16]라는 내성외왕의 이념을 실현할 수 있기 때문이다. 중화문화의 체계 속에서 예와 악은 일체를 이루고, 그 목적은 친족 관계와 군신 관계를 포함한 조화로운 사회적 관계를 구축하는 데 있다. 그러한 까닭에 ─예악의 체계에서 비롯되었지만, 아직 철저한 독립성을 획득하지 못한─ 예술과 심미는 자연스럽게 사회의 화목을 실현하는 기능을 갖추게 되었다.

공자는 성선론性善論에 입각하여 예술이 인간의 정감을 일으킴으로써 사회적 조화를 추진할 수 있다고 주장하였다.

> 너희들은 어찌하여 시를 배우지 않느냐? 시는 정감을 일으킬 수 있고, 정치나 사람들의 잘잘못을 살필 수 있게 하며, 다른 사람들과 어울릴 수 있게 하고, 잘못된 정책을 원망할 수 있게 한다. 가까이는 어버이를 섬길 수 있게 하고, 멀리는 군주를 섬길 수 있게 하며, 날짐승과 들짐승, 풀과 나무의 이름을 많이 알게 한다.[17]

여기에서 거론된 '어울리게 할 수 있음'(可以群)에 관해서, 공안국孔安國은 '함께 모여 학문과 도덕을 닦는다'(群居而相切磋)라고 설명하였고, 주희는 '함께 어울리지만 동화되지 않는다'(和而不流)라고 해석하였다. 이렇게 보면 공자의 말은 실제로 시교를 통해 사람들이 서로 어울리고, 조화로운 인륜적-사회적 관계를 구축할 수 있다는

---

16) 『禮記』, 「大學」, "古之欲明明德於天下者, 先治其國. 欲治其國者, 先齊其家. 欲齊其家者, 先修其身. 欲修其身者, 先正其心. 欲正其心者, 先誠其意. 欲誠其意者, 先致其知, 致知在格物. 物格而後知至, 知至而後意誠, 意誠而後心正, 心正而後身修, 身修而後家齊, 家齊而後國治, 國治而後天下平."

17) 『論語』, 「陽貨」, "子曰, '小子何莫學夫詩? 詩可以興, 可以觀, 可以群, 可以怨. 邇之事父, 遠之事君. 多識於鳥獸草木之名.'"

점을 강조한 것이다.

한편, 순자는 성악론性惡論에 기반하여 예술의 심미적 의의 대신, 그 통치적 기능에 주목하였다.

> 그러므로 옛날의 임금이나 성인은…… 사람들을 위에서 통치하는 자로서, 아름답
> 게 하지 않고 장식하지 않고서는 백성들을 하나로 뭉칠 수 없음을 알기 때문에,……
> 반드시 큰 종鐘을 두드리고, 잘 울리는 북을 치며, 생황笙簧과 우竽를 불고, 금琴과
> 슬瑟을 뜯게 하여 그들의 귀에 가득 차게 하였다. 그리고 반드시 다양한 문양을
> 새기고, 보불黼黻 무늬를 그려 그들의 눈에 가득 차게 하였다.…… [18]

순자에 따르면 미와 예술은 통치자의 위엄을 나타내는 동시에, 백성들을 통제하는 외재적인 수단이다. 특히 그는 예술이 도로써 욕망을 제어할 수 있다(以道制欲)는 점을 들어, 그것을 통해 사람을 다스릴 수 있다고 강조하였다.[19]

나아가 『예기禮記』에서는 예와 악이 서로를 빛나게 하는 점에 관해서 설명하였는데, 이에 따르면 전자는 인간의 신분적 차이에 따라 등급을 구분하는 것이고, 후자는 그 등급으로 인한 분열을 봉합하는 것이므로, 둘이 조화되어야 통치적 효과를 높일 수 있다.[20] 그리고 『예기』는 또한 "음악을 지극히 익히고, 그것으로 마음을 다스려야 한다"(致樂以治心)라는 명제를 내세웠는데, 이는 음악이 일으키는 심리적 효과가 백성의 마음과 사회의 안정을 추진하는 데 도움이 된다는 점을 강조한 것이다. 특히 "음악을 익히고 그것에 의해 마음을 다스리게 된다면……
즐거움이 우러나 마음이 편안해지고, 편안함이 오래 지속되면 마음이 하늘에 미치

---

18) 『荀子』, 「富國」, "故先王聖人,……知夫爲人主上者, 不美不飾之不足以一民也,……故必將撞大
鐘, 擊鳴鼓, 吹笙竽, 彈琴瑟, 以塞其耳. 必將鋼琢刻鏤, 黼黻文章, 以塞其目."

19) 『荀子』, 「樂論」, "樂行而民鄕方矣. 故樂也者, 治人之盛者也."

20) 『禮記』, 「樂記」, "樂者爲同, 禮者爲異. 同則相親, 異則相敬, 樂勝則流, 禮勝則離. 合情飾貌者,
禮樂之事也. 禮義立, 則貴賤等矣. 樂文同, 則上下和矣.……樂至則無怨, 禮至則不爭. 揖讓而治
天下者, 禮樂之謂也. 暴民不作, 諸侯賓服, 兵革不試, 五刑不用, 百姓無患, 天子不怒, 如此則樂
達矣. 合父子之親, 明長幼之序, 以敬四海之內, 天子如此, 則禮行矣."

며, 하늘에 미치면 신에게까지 통하는 데 이른다. 마음이 하늘에 미치는 자는 아무 말을 하지 않아도 사람들에게 믿음을 받고, 신에게 통하는 자는 분노를 표출하지 않아도 위엄이 있다"[21]라는 진술은 음악의 윤리적 기능과 더불어 종교적 기능까지 거론한 것으로 이해될 수 있다.

끝으로 「시대서詩大序」에도 다음과 같은 유사한 진술이 있다.

정감이 소리로 발현되고 그것이 형식(文)을 이루게 되면 음악이라고 부른다. 다스리는 세상의 음악이 편안하고 즐거운 정감을 드러내는 것은 그 정치가 조화롭기 때문이고, 어지러운 세상의 음악이 원망하고 분노하는 정감을 나타내는 것은 그 정치가 괴상하기 때문이며, 멸망하는 나라의 음악이 슬프고 시름에 잠기는 것은 백성이 고난을 겪고 있기 때문이다. 그러므로 정치적인 성취와 과실을 바로 잡음으로써, 천지와 귀신을 감동하는 것은 시만 한 것이 없다. 그래서 선왕은 그것을 통해 부부 사이의 도리를 바로잡고, 효도와 공경의 마음을 이루게 하며, 인륜을 두텁게 하고, 교화를 아름답게 하여 풍속을 올바르게 바꾼다.[22]

여기에서 전반부의 내용은 『예기』를 거의 그대로 인용하여 시와 사회의 관계를 설명한 것인데, 이를 통해 시, 악, 무舞의 일체성을 엿볼 수 있다. 그리고 후반부는 시에 정감을 일으키는 특징이 있으므로, 그에 따른 교화적 기능을 충분히 발휘하면 풍속을 바로잡을 수 있다는 점을 강조하고 있다.

마지막으로 도가의 심미도 조화, 즉 화和를 지향한다. 그러나 이러한 화의 개념은 인간 사이의 조화 관계(人和)만이 아니라, 하늘(자연)과의 조화 관계(天和)를 함께 지칭한다. 도가에 따르면 사람은 인간의 즐거움(人樂)을 통해 인간 사이의 조화에 이를 수 있지만, 인간의 즐거움은 하늘의 즐거움(天樂)에 미치지 못한다.

---

21) 『禮記』, 「樂記」, "致樂以治心,……樂則安, 安則久, 久則天, 天則神."
22) 「詩大序」, "情發於聲, 聲成文謂之音. 治世之音安以樂, 其政和. 亂世之音怨以怒, 其政乖. 亡國之音哀以思, 其民困. 故正得失, 動天地, 感鬼神, 莫近於詩. 先王以是經夫婦, 成孝敬, 厚人倫, 美教化, 移風俗."

그러므로 오직 하늘의 즐거움을 이룩할 수 있어야, 인간은 하늘과 조화되는 경지에 이를 수 있다. 이에 관해 장자는 다음과 같이 말하였다.

> 천지의 덕을 분명히 아는 것을 일러 큰 근본(大本), 큰 종주(大宗), 하늘과 조화된 자(與天和者)라고 부르고, 천하를 고르게 다스리는 것을 일러 사람들과 조화된 자(與人和者)라고 부른다. 사람들과 조화된 것을 사람의 즐거움이라 하고, 하늘과 조화된 것을 하늘의 즐거움이라 한다.23)

> 나의 스승이시여, 나의 스승이시여! 만물을 산산이 조각내면서도 스스로 사납다고 여기지 않고, 은택이 만세에 미쳐도 스스로 어질다 여기지 않으며, 아득히 먼 상고上古보다도 더 오래되었으면서도 스스로 장수하였다고 여기지 않고, 하늘과 땅을 덮어 주고 실어 주며 뭇 사물의 모양을 새기고서도 스스로 기술이 뛰어나다고 여기지 않으니, 이것을 일컬어 하늘의 즐거움이라고 한다.…… 그 때문에 하늘의 즐거움을 아는 사람은 하늘의 원망을 받지도 않고, 사람의 비난을 받지도 않으며, 사물의 얽매임도 받지 않고, 귀신의 책망도 받지 않는다.24)

이와 같은 논의에 따르면 인간은 심미를 통해 천인합일을 실현하고, 스스로 그러한 본성에 복귀하여 자유로움을 성취할 수 있다.

제2절 정치적 공리론

유가의 사상이 정치를 윤리화하였기 때문에, 그것에 함축된 심미의 기능도 윤리의 영역에서 정치의 영역으로 확장하게 되었다. 중화미학의 주류 사상에 따르

---

23) 『莊子』, 「天道」, "夫明白於天地之德者, 此之謂大本大宗, 與天和者也. 所以均調天下, 與人和者也. 與人和者, 謂之人樂. 與天和者, 謂之天樂."
24) 『莊子』, 「天道」, "吾師乎, 吾師乎! 韲萬物而不爲戾, 澤及萬世而不爲仁, 長於上古而不爲壽, 覆載天地, 刻雕衆形而不爲朽, 此之謂天樂.……故知天樂者, 無天怨, 無人非, 無物累, 無鬼責."

면 심미와 예술에는 직접적인 사회적 – 정치적 가치가 포함되어 있는데, 이와 관련된 진술은 다음과 같다.

대저 문장은 나라를 경영하는 대업이며, 불후의 성대한 사업이다. 수명은 때가 되면 다하고, 영화榮華와 물질적인 즐거움도 그 스스로의 한 몸에서 끝난다. 이 두 가지는 반드시 이르는 기한이 있으니, 문장의 무궁함만이 못하다.[25]

(문장의 쓰임은) 실추되어 가는 문왕文王과 무왕武王의 도道를 구제하고, 교화(風聲) 가 사라지지 않도록 밝힌다.[26]

오직 문장의 쓰임은 진실로 경전의 가지와 같으니, 오례五禮도 그것을 바탕으로 형식을 이루고, 육전六典도 그것으로 말미암아 쓰임을 극진히 하게 되며, 군신君臣 사이의 관계도 뚜렷하게 밝아지고, 군사와 국가의 일도 훤하게 명백해진다.[27]

1. 백성의 정황을 몸소 살피는 기능: 관풍설觀風說

유가의 미학사상은 예술과 사회의 관계를 중시하기 때문에, 예술을 통해 백성의 정황을 살펴 정치를 보완하여야 한다고 주장한다. 중화미학에 따르면 예술은 천도天 道를 현시하는 것이다. 그리고 천도와 인도人道는 본래 합일된 것이므로, 천도는 인도 또는 인문人文을 통해서 체현된다. 그래서 인문의 영역에 속한 예술은 사회의 풍속과 인심人心의 향배向背를 나타내기 때문에, 통치자가 정치를 바로잡음으로써 천도에 합치하는 데 도움이 된다. 『주역』에는 "천문天文을 살펴서(觀) 때의 변화를 통찰하고, 인문을 살펴서 천하를 화육한다"[28]라는 말이 있는데, 여기에서 '살피다',

---

25) 曹丕, 『典論·論文』, "蓋文章, 經國之大業, 不朽之盛事. 年壽有時而盡, 榮樂止乎其身, 二者必 至之常期, 未若文章之無窮."
26) 陸機, 『文賦』, "濟文武於將墜, 宣風聲於不泯."
27) 劉勰, 『文心雕龍』, 「序志」, "唯文章之用, 實經典枝條, 五禮資之以成文, 六典因之致用, 君臣所 以炳煥, 軍國所以昭明."

즉 관觀의 개념이 처음 제기되었다. 그리고 이러한 관은 기본적으로 문예(文) 현상을 통해 정치를 살핀다는 생각을 함축하고 있다. 이렇게 보면 주周나라 때 제후나 관리官吏가 시를 채집하여 민풍을 살피는 관념이 바로 『주역』에서 제기한 관의 사상에 기반을 둔 것이라고 할 수 있다. 그러나 이와 같은 논의는 아직 천인합일天人合一의 형이상학적 진술에 머물러 있다. 형이하의 맥락에서 말하자면, 백성의 정황은 시, 악樂 등 예술을 통해서 드러나는데, 이에 관해 『예기』는 다음과 같이 진술하였다.

> 정감이 소리로 발현되고 그것이 형식(文)을 이루게 되면 음악이라고 부른다. 다스리는 세상의 음악이 편안하고 즐거운 정감을 드러내는 것은 그 정치가 조화롭기 때문이고, 어지러운 세상의 음악이 원망하고 분노하는 정감을 나타내는 것은 그 정치가 괴상하기 때문이며, 멸망하는 나라의 음악이 슬프고 시름에 잠기는 것은 백성이 고난을 겪고 있기 때문이다.29)

「시대서詩大序」는 이와 같은 진술을 직접 인용하고 나서 "그러므로 정치적인 성취와 과실을 바로 잡음으로써, 천지와 귀신을 감동하는 것은 시만 한 것이 없다"30)라고 주장하였다. 이리하여 예술은 풍속을 살핌으로써 정치를 바로잡는 기능을 지닌다는 사상이 본격적으로 정립되었다. 공자는 시의 쓰임에 대해 논의하면서 "너희들은 어찌하여 시를 배우지 않느냐? 시는 정감을 일으킬 수 있고, 정치나 사람들의 잘잘못을 살필 수(觀) 있게 하며, 다른 사람들과 어울릴 수 있게 하고, 잘못된 정책을 원망할 수 있게 한다"31)라고 말한 바 있다. 여기에서 나온 관에 대해서 정현鄭玄은 "풍속의 성쇠盛衰를 살핀다"32)라고 해석하였고, 주희는 "득실을 상고해 본다"33)라고 풀이하였다. 이러한 설명은 모두 시가에 민간의 목소리를

---

28) 『周易』, 「象傳」, 賁, "觀乎天文, 以察時變. 觀乎人文, 以化成天下."
29) 『禮記』, 「樂記」, "情發於聲, 聲成文謂之音. 治世之音安以樂, 其政和. 亂世之音怨以怒, 其政乖. 亡國之音哀以思, 其民困."
30) 「詩大序」, "故正得失, 動天地, 感鬼神, 莫近於詩."
31) 『論語』, 「陽貨」, "子曰, '小子何莫學夫詩? 詩可以興, 可以觀, 可以群, 可以怨.'"
32) 何晏, 『論語集解』, 「陽貨」, "觀風俗之盛衰."

반영하는 정치적 기능이 있음을 강조한 것이다.

2. 정치에 직접 관여하는 기능: 풍간설諷諫說

유가의 미학사상은 실천성을 지니므로, 예술로써 정치에 관여하여야 함을 주장한다. 이에 따르면 예술은 민간의 정황을 살펴 정치를 바로잡는 역할을 갖춘 동시에, 직접적으로 정치에 관여하는 기능도 지닌다. 여기에서 전자는 민간의 가요를 수집하는 측면에서 언급된 것이고, 후자는 시가의 창작 목적에 대해서 말한 것이다. 공자가 제기한 흥興, 관, 군群, 원怨의 시학 이론[34] 중에서, 원은 원망하는 마음을 표현하는 것 이외에도, 정치에 대한 풍자로 해석될 수 있다. 이리하여 시가는 정치를 직접적으로 풍자하는 기능을 지니게 되었는데, 이에 관해 「시대서」에는 "윗사람(통치자)은 풍風으로써 아랫사람(백성)을 교화하고, 아랫사람은 풍으로써 윗사람을 풍자한다. 문의 형식을 주로 하되 완곡하게 간하기 때문에, 말하는 자는 죄가 없고, 듣는 자는 경계하는 데 족하니, 풍이라고 부른다"[35]라는 진술이 있다.

당唐대에 이르러 백거이白居易와 원진元稹 등은 특히 시가의 정치적 기능에 대해 강조하였다. 백거이는 시가가 풍속을 제대로 반영하여 통치자로 하여금 정치를 바로잡는 데 도움이 된다는 점을 긍정하는 동시에,[36] 시는 직접적으로 정치에 관여하도록 지어야 한다고 주장하였다.

문과 장章이 합하여 때(時)를 위해 지어져야 하고, 가歌와 시가 합하여 사태를

---

34) 『論語』,「陽貨」, "子曰, '小子何莫學夫詩? 詩可以興, 可以觀, 可以群, 可以怨.'"
35) 「詩大序」, "上以風化下, 下以風刺上. 主文而譎諫, 言之者無罪, 聞之者足以戒, 故曰風."
36) 白居易,『白香山集』, 卷四十八,「策林六十九」, "故國風之盛衰, 由斯而見也. 王政之得失, 自斯而聞也. 人情之哀樂, 由斯而知也. 然後君臣親覽而斟酌焉, 政之廢者修之, 闕者補之, 人之憂者樂之, 勞者逸之."

위해 지어져야 한다.37)

나의 문장은 군주君主, 신하, 백성, 사물, 사태를 위해서 지은 것이지, 문장 자체를
위해서 지은 것은 아니다.38)

이와 같은 미학사상은 한편으로 예술의 정치적 기능을 강조함으로써 그 현실적
의의를 부각하였지만, 다른 한편으로는 예술의 기능을 협소화하여 그 심미적 본질을
퇴색하였다고 평가될 수 있다.

3. 언사言辭를 수식하는 기능: 교왕수단설交往手段說

수사학이 지닌 사회적 기능이 고대 그리스에서 중요시된 사실과 마찬가지로,
중화미학도 수사적 기능에 기반한 예술의 사회적 소통 역할을 매우 중시하였다.
중화미학에 따르면 예술은 문이라고 통칭될 수 있고, 그것은 질質을 수식하는 역할을
지닌다. 그러한 맥락에서 공자는 "문과 질이 서로 어울린 뒤에야 군자라고 할
수 있다"39)라고 말하였다. 이리하여 후세에 이르러 예술, 특히 언어예술은 수사적
기능을 지닌 것으로, 사회적 소통을 건전하게 구현하는 수단으로 인식되었다.
초기의 중국 사회는 귀족사회와 평민사회가 구분된 사회이었다. 그래서 문화적
수양 또는 교양을 나타내는 예술은 비록 사회적 소통 기능을 지니지만, 아雅와
속俗의 차이가 있었다. 특히 언어예술의 측면에서 군자가 사용하는 언어는 아언雅言
이고, 야인野人이 사용하는 언어는 속어俗語라고 간주되었다. 이러한 배경에서 『시경』
의 언어가 전형적인 아언의 규범으로 정립되고, 귀족들 사이의 소통 수단이 되었다.
그래서 공자는 『시경』의 언어를 미문美文이라고 규정하여, 그것을 배우지 않으면

---

37) 白居易, 『白香山集』, 卷二十八, 「與無微子書」, "始知文章合爲時而著, 歌詩合爲事以作."
38) 白居易, 『白香山集』, 卷三, 「新樂府序」, "爲君爲臣爲民爲物爲事而作, 不爲文而作也."
39) 『論語』, 「雍也」, "文質彬彬, 然後君子."

말을 제대로 할 수 없다[40]고 주장하였다. 또한 『시경』은 귀족들 사이의 소통 수단에 머물지 않고, 정치적 소통 수단으로 확장하였는데, 시는 "가까이는 어버이를 섬길 수 있게 하고, 멀리는 군주를 섬길 수 있게 한다"[41]라는 말이 그 예시이다.

제3절 인성의 해방론

현대미학에 따르면 세속적인 생활은 인간의 본성을 해칠 수 있지만, 예술과 심미는 인간의 자유로운 본성을 회복하는 기능을 지니고 있다. 이와 같은 사상은 중화미학에서도 나름의 방식으로 설명되고 있다.

1. 천성天性을 보전하는 기능: 반박귀진설反璞歸眞說

도가철학에 따르면 인간은 문명과 교화를 제거하면 스스로 그러한 자연 본성으로 복귀할 수 있고, 지극한 참됨과 아름다움(至眞至美)의 경지에 이를 수 있다. 이러한 주장은 문명이 인간의 본성을 해치고, 지극한 참됨과 아름다움에 대한 추구가 그것을 회복할 수 있음을 의미한다. 이에 관해 장자는 심미를 통해 인간이 '정신을 기르는 도'(養神之道)와 '삶을 보전하는 도리'(衛生之經)를 실현할 수 있다고 강조하였다.

> 담담히 끝없는 작용을 이루면 모든 아름다움이 따르게 될 것이니, 이것이 바로
> 천지자연의 도道이고 성인에게 갖추어진 덕德이다. 그러므로 욕심 없는 담백함과
> 고요함(恬淡寂漠), 허무함과 무위함(虛無無爲)이 천지의 근본이고 도와 덕의 본질이라
> 고 한다.…… 그러므로 순수함을 지켜 잡념을 섞지 않고, 고요히 한결같음을 지켜
> 변하지 않으며, 담담함을 유지하여 무위하고, 움직일 때 하늘이 운행하는 바를

---

40) 『論語』, 「季氏」, "不學詩, 無以言."
41) 『論語』, 「陽貨」, "邇之事父, 遠之事君."

따르는 것이 정신을 기르는 도라고 한다.[42]

너의 몸을 온전히 지키고, 너의 삶을 끌어안아서 너의 생각이 움직이게 하지 말아야 한다.…… (그러면) 길을 떠나도 가는 곳을 알지 못하고, 머물러 있어도 무엇을 해야 할지 모르며, 다른 사물과 자연스럽게 어울리고, 그 물결치는 대로 함께 흘러가게 된다. 이것을 일러 삶을 보전하는 도라고 한다.[43]

도가에서 말한 도는 정감이 없는 것이므로, 그것은 세속적인 심미를 배제하여 예술이 불러일으키는 즐거움, 즉 낙樂을 거부한다. 그러나 다른 한편으로 도가는 또한 참된 아름다움이 곧 도에 복귀한 상태에서 성취될 수 있다고 주장하므로, 세속을 초월한 지극한 즐거움, 즉 지락至樂에 대해서 강조한다.

내가 저 세속 사람들의 즐거워하는 바를 살펴보았는데, 온 세상 사람들이 무리 지어 달려가는 것이 죽을 둥 살 둥 마치 장차 그만두려야 그만둘 수 없어서 하는 것 같다. 그러나 세상 사람들이 모두 '즐겁다'라고 하는 것을, 나는 그게 즐거운 줄 모르겠고, 그렇다고 해서 또한 그것이 즐겁지 않은 줄도 모르겠으니, 과연 정말 즐거움이란 게 있는 것인가, 없는 것인가? 나는 무위를 참된 즐거움이라고 생각하는데, 이 무위는 또한 세속 사람에게 큰 고통이라고 여겨진다. 그러므로 지극한 즐거움은 즐거움이 없는 것이고, 지극한 영예는 영예가 없는 것이라고 말하는 것이다.[44]

여기에서 거론된 지락은 세속적인 즐거움을 초월하여 자연천성에 복귀한 상태에서 성취된 참된 즐거움이다. 후세에 이르러 이와 같은 도가사상은 불교와 유가의

---

42) 『莊子』, 「刻意」, "澹然無極而衆美從之, 此天地之道, 聖人之德也. 故曰, 夫恬惔寂寞, 虛無無爲, 此天地之平而道德之質也.……純粹而不雜, 靜一而不變, 惔而無爲, 動而以天行, 此養神之道也."

43) 『莊子』, 「庚桑楚」, "全汝形, 抱汝生, 無使汝思慮營營.……行不知所之, 居不知所爲, 與物委蛇, 而同其波. 是衛生之經已."

44) 『莊子』, 「至樂」, "吾觀夫俗之所樂, 擧群趣者, 誙誙然如將不得已, 而皆曰樂者, 吾未之樂也, 亦未之不樂也. 果有樂無有哉? 吾以無爲誠樂矣, 又俗之所大苦也. 故曰, 至樂無樂, 至譽無譽."

사상 등과 합류하여 주류 미학사상의 내부에서 변화를 일으켰다. 특히 그러한 변화는 심미를 통해 본성을 회복할 수 있고, 그 본성을 보전할 수 있다는 생각을 낳았다. 이러한 문맥에서 종병宗炳은 심미가 세속에 사로잡힌 정신을 자유롭게 할 수 있다는 창신설暢神說을 제기하였고, 이지李贄는 예술의 기능이 곧 본연의 마음 상태, 즉 동심童心을 회복하는 데 있다고 강조하였다.

2. 사회적 억압을 해소하는 기능: 설분설泄憤說과 인정성몽설因情成夢說

자유로운 정신의 활동으로서, 심미는 심리적인 억압을 물리쳐 정신적 세계의 균형을 성취할 수 있다. 전통사회 초기에 사람들은 이미 이와 같은 심미의 기능을 어느 정도 인지하였다. 예를 들어 공자는 "너희들은 어찌하여 시를 배우지 않느냐? 시는 정감을 일으킬 수 있고, 정치나 사람들의 잘잘못을 살필 수 있게 하며, 다른 사람들과 어울릴 수 있게 하고, 잘못된 정책을 원망할 수 있게 한다. 가까이는 어버이를 섬길 수 있게 하고, 멀리는 군주를 섬길 수 있게 하며, 날짐승과 들짐승, 풀과 나무의 이름을 많이 알게 한다"45)라고 말하였는데, 여기에서 '원망하게 할 수 있음', 즉 원怨은 곧 심미에 심리적 억압을 해소하여 정감을 적절하게 표출시키는 사회적 기능이 있음을 강조한 것이다. 그러나 전통사회의 초기에서 이러한 심미적 기능은 아직 충분히 주목받는 단계에 이르지 못하였다.

전통사회 후기에 이르러, 미학사상의 변화로 인해 다양한 이단異端사상이 제기되었다. 이러한 이단사상들은 주류 사상에 반항하면서 문이명도文以明道의 이념을 거부하여 예술이 인성의 자유와 해방을 추진할 수 있다고 강조한다. 이 과정에서 이지는 동심설童心說을 제기하였는데, 이에 따르면 예술은 사람들로 하여금 세속적인 문화를 물리치고, 순전한 본연의 마음 상태로 되돌아가 마음속에 맺힌 불평을 해소함으로써 자유로운 심경心境을 이룩하도록 한다.

45) 『論語』, 「陽貨」, "子曰, '小子何莫學夫詩? 詩可以興, 可以觀, 可以群, 可以怨. 邇之事父, 遠之事君. 多識於鳥獸草木之名.'"

또한 세상에서 정말로 문장을 잘 짓는 사람은 모두 처음부터 문장을 짓는 것에 뜻을 두지 않았다. 그의 가슴속에 형용하지 못할 수많은 괴이한 일이 있고, 그의 목 사이에 토해 내고 싶지만 감히 토해 내지 못하는 수많은 사물이 있으며, 그의 입에 또한 때때로 말하고 싶지만 말할 수 없는 수많은 것이 있어, 이것이 오랫동안 쌓이고 쌓여, 도저히 막을 수 없는 형세가 되는 것이다. 그러다가 한번 어떤 정경을 보고 정감이 일고, 어떤 사물이 눈에 들어와 감탄이 생기면, 다른 사람의 술잔을 빼앗아 자기 가슴속에 쌓인 응어리에 뿌려 씻어 내고, 마음속의 불평不平함을 호소하여, 사나운 운수를 만난 사람을 천년만년 감동시킨다. 그의 글은 옥을 뿜고 구슬을 내뱉는 듯하고, 별이 은하에서 빛을 발하면서 맴돌아 하늘에 찬란한 무늬를 새기는 듯하다. 마침내 스스로도 대단하게 여겨서, 발광하여 크게 소리치며 눈물을 흘리고 통곡하니, 멈추려고 해도 멈출 수가 없다. 차라리 이를 보거나 듣는 사람들이 이를 바득바득 갈고 어금니를 깨물면서 글을 쓴 사람을 죽이고 싶어 할지언정, 차마 그것을 끝내 명산名山에 감추거나 물이나 불 속에 던질 수는 없다.[46]

나아가 탕현조湯顯祖는 유정설唯情說이라는 예술관을 내세우면서 "세상일은 모두 정감에서 비롯되니, 정감이 시가를 낳고, 정신 속에서 거닌다"[47]라고 주장하였다. 그에 따르면 인간은 정감이라는 씨앗(情種)을 갖고 있지만, 그것은 항상 세속적인 사회의 법法(예법)에 의해 억압된 상태에 있다. 그래서 현실 세계는 '정감이 있는 세계'(有情之天下)가 아니라 '법이 있는 세계'(有法之天下)이므로, 정감적 추구는 직접 실현될 수 없고, 오직 '정감으로 말미암는 꿈'(因情成夢)을 통해서만이 성취될 수 있다. 나아가 탕현조는 '정감으로 말미암는 꿈' 중에서 가장 아름다운 것이 곧 예술, 특히 희극戲劇이라고 주장하면서, '꿈으로 말미암는 희극'(因夢成戲)이 인간의

---

46) 李贄, 『焚書』, 卷三, 「雜說」, "且夫世之眞能文者, 比其初, 皆非有意於爲文也. 其胸中有如許無狀可怪之事, 其喉間有如許欲吐而不敢吐之物, 其口頭又時時有許多欲語而莫可所以告語之處, 蓄極積久, 勢不能遏. 一旦見景生情, 觸目興嘆, 奪他人之酒杯, 澆自己之壘塊. 訴心中之不平, 感數奇於千載. 旣已噴玉唾珠, 昭回雲漢, 爲章於天矣, 遂亦自負, 發狂大叫, 流涕慟哭, 不能自止. 寧使見者聞者切齒咬牙, 欲殺欲割, 而終不忍藏於名山, 投之水火." 원문 번역은 〈中國學@中心 (2022년 3월 2일/팔보)〉에 실려 있는 번역문을 저본으로 하였다.

47) 湯顯祖, 「耳伯麻姑遊詩序」, "世總爲情, 情生詩歌, 而行於神."

정감적 추구를 궁극적으로 현실화하고, 자유에 대한 추구를 충족한다고 강조하였다.[48] 이와 같은 '꿈으로 말미암는 희극', 즉 인몽성희설因夢成戱說은 프로이트(Freud)가 제기한 백일몽(daydream) 사상과 매우 유사하지만, 전자는 인간의 인식 능력에서 비롯된 꿈을 가리키는 것이라면, 후자는 무의식에 따른 꿈을 의미하는 것이다.

제4절 감성적 오락론

예술에는 현실적인 측면과 심미적인 측면을 반영하는 부분이 있다. 그리고 심미는 감성적인 영역과 그것을 초월하는 영역을 포함하는데, 이러한 특징이 곧 예술과 심미에는 감성적 오락이라는 기능이 있음을 함축한다. 중화미학도 일찍이 이와 같은 기능을 포착하여 그것에 대한 논의를 전개하였다.

1. 감성을 만족하는 기능: 오락설娛樂說

예술은 감성적인 측면을 지니므로, 오락의 기능을 갖추고 있다. 『예기』에 따르면 "사람은 즐거움(樂)이 없음을 참을 수 없고, 그 즐거움이 외부에 드러나지 않음(形)을 참을 수가 없지만, 드러남이 규범(道)으로 통제되지 않으면, 어지러움에 빠지지 않을 수가 없으므로"[49], "성왕聖王은 예禮를 닦아서 갈고, 의義를 베풀어서 씨앗을 뿌리며, 학문을 강론하여 김을 매고, 인仁을 근본으로 삼아 거두어들이며, 악樂을 뿌려서 편안하게 한다."[50] 여기에서 즐거움, 즉 낙樂은 곧 감성적인 만족을 가리키고, "악을 뿌려서 편안하게 한다"(播樂以安之)라는 말은 곧 예술이 사람들의 감성적 욕구를 적절하게 충족하여 마음의 균형을 성취한다는 뜻이다.

---

48) 湯顯祖, 『玉茗堂尺牘』之四, 「復甘義麓」 참조.
49) 『禮記』, 「樂記」, "人不耐無樂, 樂不耐無形. 形而不爲道, 不耐無亂."
50) 『禮記』, 「禮運」, "修禮以耕之, 陳義以種之, 講學以耨之, 本仁以聚之, 播樂以安之."

『회남자』는 도가의 양생養生사상을 계승하는 동시에, 유가의 생명철학사상을 흡수하여, 한편으로는 '즐거움 없는 즐거움' 즉 무락지락無樂之樂을 강조하는가 하면[51] 다른 한편으로는 예술이 인간의 '본성적'인 감성 욕구를 충족하기 위한 것이라고 주장하였다.[52] 이와 같은 양가성은 결국 그 이론의 다원성과 모순성을 나타내는 것이다. 그러다가 위진남북조시대에 이르러, 감성을 강조하는 사조가 부각됨에 따라 심미는 점차 여가를 즐기는 방식으로 변화하였는데, 이러한 맥락에서 소통蕭統은 "(예술은) 경전을 담론하거나 공적 업무를 재단하는 여가에서 즐기는 것이다"[53]라고 말하였다.

전통사회 후기에 이르러, 이성적인 절제를 강조하는 학문의 쇠락으로 인해, 감성의 중요성을 주장하는 사상이 대두하였다. 그래서 심미와 예술이 지닌 감성적 오락의 기능은 한층 더 긍정되기 시작하였다. 명대의 서유정徐有貞은 완물상지설玩物喪志說에 대항하여 완물득취설玩物得趣說을 제기하였는데, 이에 따르면 "사물을 완미하여 뜻을 잃는 자(玩物喪志者)가 있고, 사물을 완미하여 정취를 얻는 자(玩物得趣者)가 있다. 대개 사물을 완미하는 것은 같지만, 뜻을 잃거나 정취를 얻는 구분이 있다는 것이다. 그러므로 사물을 완미하는 것을 잘하는 자는 사물의 이치를 완미하고, 사물을 완미하는 것을 잘못하는 자는 사물의 형색形色을 완미하니, 이치를 완미하는 자는 그 마음을 기르고, 형색을 완미하는 자는 그 마음을 방탕하게 한다."[54] 비록 여기에서 서유정은 '사물의 이치를 완미하는 것'(玩物之理)과 '사물의 형색을 완미하는 것'(玩物之形色)을 구분하였지만, 여전히 완미함 즉 완玩을 통해 주체와 사물의 관계를 해석하였기 때문에, 그의 완물설玩物說은 이미 이성주의에서 벗어난 것이라고 할

---

51) 『淮南子』, 「原道訓」, "能至於無樂者, 則無不樂. 無不樂, 則至極樂矣."
52) 『淮南子』, 「原道訓」, "民有好色之性, 故有大婚之禮. 有飮食之性, 故有大饗之誼. 有喜樂之性, 故有鐘鼓管弦之音. 有悲哀之性, 故有衰絰哭踊之節. 故先王之制法也, 因民之所好而爲之節文者也. 因其好色而制婚姻之禮, 故男女有別. 因其喜音而正雅頌之聲, 故風俗不流."
53) 蕭統, 「答湘東王求文集詩苑書」, "談經之暇, 斷務之餘."
54) 徐有貞 撰, 『武功集』, 卷一, 「蒙學稿」, "有玩物喪志者, 有玩物得趣者. 夫玩物一也, 而有喪志得趣之分焉. 故善玩物者, 玩物之理. 不善玩物者, 玩物之形色. 玩理者養其心, 玩形色者蕩其心."

수 있다.

나아가 김성탄은 소설과 희극戲劇을 비평하면서 예술이 감성적 즐거움을 충족하는 기능에 대해 논의하였다. 그에 따르면,『서상기西廂記』를 비롯한 예술작품에 대해서 도덕적 잣대로 판단하면 안 된다. 특히 그는『서상기』가 도덕적 의미에서의 음서淫書가 아니라, 인간의 자연스러운 욕구를 충족하는 묘문妙文이라고 주장하면서 다음과 같이 말하였다.

> 어떤 사람이『서상기』를 음서라고 하는데, 그는 단지 책 중간에 있는 한 부분의 일을 가지고 말한 것이다. 그러나 이 일에 대해서 자세히 생각하면 어느 날에 그러한 일이 없는가? 또한 어느 곳에 그러한 일이 없는가? 아니면 천지 사이에 그러한 일이 있다고 해서 천지를 버릴 것인가? 이 몸이 어디에서 왔다는 것을 자세히 생각하면 이 몸까지 버려야 하지 않는가?[55]

그러나 이와 같은 감성적 기능을 강조하는 예술론은 대부분 예술작품을 비평하는 가운데에서 제기되었고, 온전한 미학이론의 형태로 발전하지 못하였다. 이는 감성적 기능을 중시하는 예술론이 그 당시에 충분한 합리성을 획득하지 않은 채, 아직 정통적인 미학사상과 대결할 만한 정도로 발전하지 못하였음을 시사한다.

2. 성정性情을 온전하게 기르는 기능: 양생설養生說

도가의 사상은 형이상의 측면에서 심미의 기능을 다루었을 뿐만 아니라, 형이하의 측면에서도 그것에 대해 논의하였는데, 이러한 논의는 바로 심미의 양생론으로 대변된다. 심미의 양생론이 가능한 이유는 예술이 신체성을 지닌 동시에, 성정을 즐겁게 함으로써 몸과 마음을 기를 수 있기 때문이다. 현대 인류학의 계열에서

---

55) 金聖嘆,「讀第六才子書西廂記法」, "人說西廂記是淫書, 他止爲中間有此一事耳. 細思此一事, 何日無之? 何地無之? 不成天地之間有此一事, 便廢却天地耶? 細思此身自何而來, 便廢却此身耶?"

발전된 미학이론에 따르면 예술은 인간의 몸과 마음을 조율하여 심리적인 질환을 치료하는 데 도움이 된다. 중국의 경우, 도가의 이론에는 본래 귀생貴生과 양생의 사상이 있었으므로, 그것은 자연스럽게 예술과 심미가 양생의 기능을 지닌다는 주장으로 이어지게 되었다. 『여씨춘추呂氏春秋』는 도가의 귀생과 양생의 사상을 흡수하여 심미의 기능을 규정하였지만, 이는 실제로 심미가 형이하의 신체적 차원으로 전락한 것이라고 평가된다.

음악에 정감이 있는 것은 마치 피부와 형체에 정성情性이 있는 것과 같으니, 피부와 형체에 정성이 있으면 반드시 그것을 기르는 방법(性養)이 있다.[56]

외적인 사물은 본성을 기르는(養性) 수단이다.[57]

그러므로 성인은 아름다운 소리(聲)와 색色, 그리고 좋은 맛(滋味)에 있어서 본성에 이로우면 취하고, 해로우면 버리니, 이것이 본성을 보전하는 도道이다.[58]

(부모를) 봉양하는(養) 도는 다섯 가지가 있다. 가옥과 방을 잘 가꾸고, 침대와 대자리를 편안하게 하며, 음식을 적절하게 드리는 것은 몸을 봉양하는 도이다. 오색五色을 세우고, 다섯 가지 빛깔의 채색(五采)을 펼쳐 무늬를 가지런히 하는 것은 부모의 눈을 봉양하는 도이다. 육률六律을 바로잡고, 오성五聲을 조화롭게 하며, 팔음八音을 두루 갖추도록 하는 것은 부모의 귀를 봉양하는 도이다. 오곡五穀을 익히고, 육축六畜을 삶으며, 지지고 볶는 것을 잘 조율하는 것은 부모의 입을 봉양하는 도이다. 얼굴빛을 온화하게 하고, 말을 즐겁게 하며, 나아감과 물러남을 공경하게 하는 것은 부모의 뜻을 봉양하는 도이다.[59]

---

56) 『呂氏春秋』, 「仲夏紀·侈樂」, "樂之有情, 譬之若肌膚形體之有情性也, 有情性則必有性養矣."
57) 『呂氏春秋』, 「孟春紀·本生」, "物也者, 所以養性也."
58) 『呂氏春秋』, 「孟春紀·本生」, "是故聖人之於聲色滋味也, 利於性則取之, 害於性則舍之, 此全性之道也."
59) 『呂氏春秋』, 「孝行覽·孝行」, "養有五道, 修宮室, 安床第, 節飮食, 養體之道也. 樹五色, 施五采, 列文章, 養目之道也. 正六律, 龢五聲, 雜八音, 養耳之道也. 熟五穀, 烹六畜, 龢煎調, 養口之

유가의 경우, 순자에게도 심미의 양생사상이 있다. 순자의 미학사상에는 이성론이 있는가 하면 감성론도 있다. 즉 그에 따르면 미에는 감성과 이성이라는 두 형태, 또는 두 차원이 있다. 순자는 심미의 이성적인 측면에서 낙도설樂道說을 긍정하였고, 감성적인 측면에서는 양생설을 주장하였다. 순자는 "무릇 음악이라는 것은 즐거움을 일으키는 것이니, 사람의 정감으로서 반드시 면할 수 없는 것이다. 그러므로 사람에게는 음악이 없어서는 안 된다"[60]라고 말하면서, 인간에게는 본성적으로 음악과 즐거움을 추구하는 경향성이 있음을 강조하였다. 여기에서의 즐거움은 일차적으로 감성적인 즐거움을 의미하는데, 이에 관해 그는 "눈이 색을 좋아하고, 귀가 소리를 좋아하며, 입이 맛을 좋아하고, 마음이 이로움을 좋아하며, 몸은 유쾌하고 편안함을 좋아하는 것은 모두 인간의 성정에서 생겨난 것이다. 이는 느껴서 스스로 그러한 것이니, 어떤 일이 있은 뒤에야 생기는 것은 아니다"[61]라고 말하였다.

인간의 본성이 즐거움을 선호하는 경향성에서 출발하여, 순자는 음악이 일차적으로 인간의 감각적 욕망을 만족시켜 준다고 주장한다. 그러나 그는 이어서 예의 규범을 넘어선 욕망이 악惡으로 흐르기 쉬우므로, 예에 걸맞은 음악이 인간의 욕망을 절제하여 그 감성적 즐거움을 충족하는 동시에, 몸과 마음을 보전할 수 있다고 강조한다. 이리하여 예술은 욕망을 절제함으로써 그것이 합리적으로 발현되거나 충족될 수 있도록 하는 매개로 정립되는데, 이에 관해 순자는 다음과 같은 진술을 남겼다.

무릇 백성에게 좋아하고 싫어하는 정감만 있고, 그것에 대해 기뻐하고 분노하는 반응이 없다면 곧 어지러워진다. 선왕先王은 그 어지러움을 싫어하였기 때문에, 그들에게 행실을 닦게 하였고, 그들의 음악을 바로잡았으니, 천하가 순조로워졌다.[62]

道也. 鹹顏色, 說言語, 敬進退, 養志之道也."
60) 『荀子』, 「樂論」, "夫樂者, 樂也, 人情之所必不免也."
61) 『荀子』, 「性惡」, "若夫目好色, 耳好聽, 口好味, 心好利, 骨體膚理好愉佚, 是皆生於人之情性者也. 感而自然, 不待事而後生之者也."

선왕이 그 어지러움을 싫어하였기 때문에, 예의禮義를 제정하여 그 차이를 나눔으로
써, 사람들의 욕망을 기르고, 구하고자 하는 것을 공급해 주었으니,…… 이것이
예의와 문리文理가 정감을 기를 수 있는(養情) 이유이다.[63]

이와 같은 순자의 양욕설養欲說 또는 양정설養情說은 도가에서 주장한 소박한
마음 상태로 되돌아가는 양성설이나, 전통유가에서 강조한 윤리적 양성설과 다르
다. 다시 말해, 순자의 양욕설은 욕망의 제거나 윤리화보다는 그것의 합리적인
충족을 통해 양생의 효과를 성취하고자 하는 것이다.

전통사회 후기에 심미의 양생사상은 한층 발전하게 되었는데, 그것은 주로
문인文人들이 여가의 문화를 주체적으로 창조하고 추구하는 과정에서 체현된다.
중국 문인의 여가문화는 일찍이 나타났으나, 송대에 이르러 가장 번창한 형태를
갖추게 되었다. 예를 들어, 원림을 구축하는 일, 차를 마시며 꽃구경을 하는 일(飮茶賞
花), 시를 읊거나 술을 마시면서 벗과 함께 시간을 보내는 일(詩酒會友), 금기서화琴棋書
畵를 즐기는 일들은 문인 사이에서 거의 빼놓을 수 없는 여가 활동으로 정착되었다.
특히 이 시기의 문인들은 오직 공적을 이루는 데에만 머물지 않고 여가문화를
즐김으로써, 생활의 의미를 재발견하려는 이상을 정초하였다. 바로 이와 같은
삶의 이상이 그들의 미학사상에 반영되어 독특한 심미양생론을 구축하였다. 물론
심미의 양생사상은 고대의 은사隱士에게서도 찾아질 수 있다. 그러나 문인들의
양생사상은 은사들의 양생론과 달리, 반항정신과 고결한 정취를 내포하기보다는
더욱 세속화되고 오락적인 형태로 구현되었다.

소식蘇軾은 「영벽장씨원정기靈壁張氏園亭記」를 통해 다음과 같은 말을 남겼다.

지금 보니 장씨張氏 집안의 선조가 자손 후대를 위해 고려한 바는 멀고도 빈틈없다.

---

62) 『荀子』, 「樂論」, "夫民有好惡之情, 而無喜怒之應則亂. 先王惡其亂也, 故修其行, 正其樂, 而天
下順焉."
63) 『荀子』, 「禮論」, "先王惡其亂也, 故制禮義以分之, 以養人之欲, 給人之求,……禮義文理之所以
養情也."

그래서 집과 원림을 변수卞水와 사수泗水 사이에 지었는데, 이곳은 배와 마차, 관리들이 왕래하는 요충지이다. 따라서 일상적인 수요를 위한 봉록은 물론이고, 연회유람과 같은 여가의 즐거움도 굳이 힘들게 구하지 않아도 충족될 수 있다. (집과 원림을 이곳에 지은 것은) 자손들로 하여금 집의 문을 열고 관직에 나아가고 싶을 때, 몇 걸음만 걸으면 조정 위에 이를 수 있게 하고, 문을 닫고 관직에서 물러서고 싶을 때, 바로 산림 밑에서 노닐 수 있게 한다. 이는 삶을 기르고 성정을 도야하며, 인의仁義를 행하는 동시에 지조를 지키는 데에 적합하지 않음이 없다.[64]

이러한 진술에서 알 수 있듯이, 소식은 이미 '삶을 기르고 성정을 도야하는'(養生治性) 심미의 기능을 문인 생활의 목표 중 하나로 설정하고 있다. 유사한 맥락에서 범순인范純仁도 문인들이 여가에서 성취되는 '자유롭게 노니는 즐거움'(遊適之樂), '청아하고 한가로움을 만끽하는 행복'(淸閑之福) 등을 심미의 중요한 기능으로 규정하였는데,[65] 이러한 사상은 명대의 문인, 예를 들어 문징명文徵明[66]과 반윤단潘允端[67]에게까지 영향을 미쳤다.

3. 완물상지玩物喪志: 해도설害道說

중화미학에는 심미의 기능을 감성적인 오락으로 규정하는 사상이 있는가 하면, 이에 맞서 심미 자체를 부정하는 사상도 있다. 우선 묵가는 평민주의의 입장에서 반심미적인 사상, 즉 비악非樂의 사상을 내세웠는데, 이에 따르면 심미는 일종의

---

64) 蘇軾,「靈壁張氏園亭記」, "今張氏之先君, 所以爲子孫之計慮者遠且周, 是故築室藝園於汴, 泗之間, 舟車冠盖之沖. 凡朝夕之奉, 燕遊之樂, 不求而足. 使其子孫開門而出仕, 則跬步市朝之上. 閉門而歸隱, 則俯仰山林之下. 於以養生治性, 行義求志, 無適而不可."

65) 范純仁,「薛氏樂安莊園亭記」, "蓋盡得夫郊居之道. 或霽色澄明, 開軒極望. 或落花滿徑, 曳杖行吟. 或解榻留賓, 壺觴其醉. 或焚香啟合, 圖書自娛. 逍遙遂性, 不覺歲月之改, 而年壽之長也. 此其遊適之樂, 居處之安, 又稱其莊之名矣. 今士大夫或身老食貧, 而退無以居. 或高門大第, 而勢不得歸. 自非厚積累 之德, 鍾淸閑之福, 安能享此樂哉!"

66) 文徵明,「王氏拙政園記」, "築室種樹, 灌園鬻蔬, 逍遙自得, 享閑居之樂."

67) 潘允端,「豫園記」, "大抵是園不敢自謂輞川, 平泉之比, 而卉石之適觀, 堂室之便體, 舟楫之沿泛, 亦足以送流景而樂餘年矣."

사치이자 낭비이므로, 절용節用의 원칙에 어긋나는 동시에 백성의 생계에 아무런 도움이 되지 않는다.

> 백성에게는 세 가지 걱정이 있으니, 첫째는 굶주리는 자가 먹을거리를 얻지 못하는 것이고, 둘째는 추위에 시달리는 자가 옷을 구하지 못하는 것이며, 셋째는 수고로운 자가 쉬지 못하는 것이다. 이러한 세 가지가 백성의 큰 걱정거리이다. 그런데 만약 큰 종을 두드리고, 북을 치며, 거문고를 타고, 피리나 생황(竽笙)을 불면서 간척干戚을 휘둘러 춤을 추는 데 열중하게 되면, 백성이 먹고 마시는 재화는 장차 어디에서 얻을 수 있겠는가?[68]

이러한 진술을 통해 묵자는 실용주의적인 견지에서 예술의 기능을 부정하였는데, 그에 따르면 악기를 만드는 데에는 재화의 낭비가 일어나고, 예술을 공연하는데에는 인력의 소모가 발생하며, 예술을 감상하는 일에 열중하게 되면 정무政務와 생산에 모두 지장이 된다. 그래서 묵자가 보기에, 통치자가 한낱 자신만의 즐거움을 위해 예술(악)을 즐기는 것은 실질적으로 백성에게서 먹고 입는 재화를 빼앗는 일이므로, 지양되어야 한다.[69] 그러나 이와 같은 견해는 단지 예술의 비생산적인 측면에만 주목한 나머지, 그것에 인간의 정신적 욕구를 충족시키는 기능이 있음을 철저히 외면한 것이다. 그러한 까닭에 순자는 묵자를 지목하여 "묵자는 쓰임에만 가려져 문식(文)을 몰랐다"[70]라고 비판하였다.

다음으로, 법가法家는 통치자의 입장을 대변하는 정치적 실용주의의 입장에서 심미와 예술을 부정하였다. 한비자韓非子는 유가에서 강조한 예악禮樂문화가 법치를 방해한다는 맥락에서 "문을 배우는 것은 쓰임이 되지 못하니, 그것을 쓰면 법을

---

68) 『墨子』, 「非樂上」, "民有三患. 飢者不得食, 寒者不得衣, 勞者不得息, 三者民之巨患也. 然卽當 爲之撞巨鍾, 擊鳴鼓, 彈琴瑟, 吹竽笙而揚干戚, 民衣食之財將安可得乎?"
69) 『墨子』, 「非樂上」, "今王公大人唯毋爲樂, 虧奪民衣食之財, 以拊樂如此多也. 是故子墨子曰, '爲 樂, 非也.'"
70) 『荀子』, 「解蔽」, "墨子蔽於用而不知文."

어지럽히게 된다"71)라고 주장하면서, "유자(儒)가 문으로써 법을 어지럽히고 있는데, 군주가…… 그들을 예우하니, 이것이 법이 어지러워지는 이유이다"72)라고 말하였다. 이와 같은 사상은 인간의 정신적 욕구를 철저히 무시한 것으로서, 인간 자체를 다름 아닌 수단과 도구로 전락시키는 것이다.

그다음으로, 도가는 세속적인 예술이 스스로 그러한 본성에 어긋나기 때문에, 감각적인 욕망만을 충족할 뿐, 참된 아름다움(眞美)을 현시할 수 없다고 주장하였다.73) 그래서 도가의 사상가들은 세속적 – 인위적인 예술이 인간과 사회의 존립에 해롭다고 강조하면서 반심미주의적인 경향을 드러냈다.

마지막으로, 유가의 주류 사상은 심미의 교화 작용을 중시하였지만, 송대에 이르러 그것은 예술이 지닌 긍정적인 기능을 부정하는 논의로 전향되었다. 정호程顥와 정이程頤에 의해 구축된 리학理學은 이성으로써 감성과 심미를 부정하여 "천리를 보전하여 인간의 욕망을 없애야 한다"(存天理, 滅人欲)라는 생각을 정초하였다. 특히 정이는 제자와의 대화를 통해 예술(문)이 도를 해친다는 주장을 다음과 같이 제기하였다.

제자가 물었다. "문장을 짓는 것은 도를 해치는 것입니까?" 정이가 대답하였다. "그렇다. 대개 문장을 지을 때 의미(意)에 전념하지 않으면 정교하지(工) 못하지만, 그렇다고 해서 만약 의미에만 전념하게 되면 뜻(志)은 그것에 국한될 것이니, 어찌 천지와 그 공평무사함(公)을 같이할 수 있겠는가? 그래서 『상서』에는 '사물을 완미하면 뜻을 잃게 된다'(玩物喪志)라는 말이 있는데, 문장을 짓는 것도 또한 뜻을 잃게 한다.…… 고대의 배우는 자는 오직 정성情性을 기르는 데에만 힘쓰고, 다른 것은 배우지 않았다. 그러나 지금 문장을 짓는 사람은 오직 장구章句를 통해 사람들의 눈과 귀를 즐겁게 하는 일에만 힘쓴다. 이미 사람들의 눈과 귀를 즐겁게 하는 일에 힘썼으니, 배우俳優가 아니고 무엇이겠는가?"74)

---

71) 『韓非子』, 「五蠹」, "文學者非所用, 用之則亂法."
72) 『韓非子』, 「五蠹」, "儒以文亂法,……人主……禮之, 此所以亂也."
73) 『道德經』第12章, "五色令人目盲, 五音令人耳聾."

이와 같이 정이는 문학(문)과 표현예술(배우)을 모두 완물의 영역으로 귀속시키고, 그것들이 예외 없이 도를 해친다고 강조하였는데, 이는 예술과 도덕을 완전히 대립시킨 것으로, 도덕과 구분되는 심미적 가치를 근원적으로 부정하는 사상이다.

---

74) 『二程語錄』, 卷十一, "問, '作文害道否?' 曰, '害也. 凡爲文不專意則不工, 若專意則志局于此, 又安能與天地同其公也? 書云, 玩物喪志. 爲文亦喪志也.……古之學者, 惟務養情性, 其他則不學. 今爲文者, 專務章句悅人耳目. 旣務悅人, 非俳優而何?'"

나오는 말: 중화미학의 현대적 의의와 재구축 가능성

1. 중화미학의 전현대성前現代性

중화미학은 몽매성蒙昧性과 합리성뿐만 아니라, 전현대성과 현대적 의의를 동시에 지니고 있다. 몽매성은 천인합일天人合一의 관념이 지닌 비이성적인 특징을 의미하는데, 바로 그러한 특징으로 인해 중화미학사상은 현대적 이성 정신을 갖추지 못하였다. 그리고 합리성은 중화미학사상에 합리적인 부분이 있음을 가리키는데, 그것은 곧 중화미학에 고전이라는 시간적인 한계를 넘어 항시적인 가치를 지닌 내용이 함축되어 있음을 의미한다. 나아가 전현대성은 중화미학사상이 고전적인 심미 관념을 체현하는 동시에, 여전히 현대사회의 심미적인 관념에 온전히 적응할 수 없는 부분이 있음을 의미한다. 끝으로 현대적 의의는 중화미학에 합리적인 내용이 내포되어 있으므로, 그 속에 혼재된 몽매사상을 제거할 수 있다면, 현대의 미학이론과 소통하여 새로운 미학사상으로 정립될 수 있음을 의미한다.

그렇다면 중화미학의 몽매성과 전현대성은 구체적으로 어떤 부분에서 나타나고 있는가?

첫째, 중화미학의 몽매성은 천인합일의 사상에서 드러난다. 중화철학은 천인합일의 세계관을 기반으로 구축되었기 때문에, 그것은 서양철학처럼 천天과 인人을 철저히 구분하지 못하였다. 여기에서의 천은 두 가지 의미를 함께 지닌 개념으로서, 그것은 신神을 가리킬 뿐만 아니라 자연계를 의미하기도 한다. 그래서 천인합일은 천도天道가 곧 인도人道임을 의미하는 동시에, 인간과 자연이 상호 소통하여 서로 감응할 수 있음을 시사한다. 이와 같은 천인합일의 관념은 천인감응의 기초 위에서 세워졌고, 그것은 원시시대의 만물유령론萬物有靈論에서 비롯되었기 때문에, 몽매성을 지닌다.

천인합일의 우주론은 기론氣論을 근거로 삼는다. 중화철학에 따르면 기氣는 세계의 본원으로서, 우주와 인간에게 산재되어 있는 원초적인 생명력이다. 그것은 순수물질적인 것도 아니고 정신적인 것도 아니다. 그리고 중화철학은 또한 기의 운동으로 인해, 인간과 자연이 서로 소통할 수 있다고 주장한다. 이러한 과정에서 자연과 인간은 모두 생명과 정감을 지닌 존재로 규정되고, 나아가 그러한 동질성으로 말미암아 둘은 동등한 관계에서 서로를 감응할 수 있는 것으로 설명된다.

중화미학은 천인합일의 관념을 기저로 삼고 있기 때문에, 심미를 통해 원초적인 생명력을 지닌 인간과 자연이 서로 소통하고 감응하여 최종적으로 천인합일의 경지에 이를 수 있다고 강조한다. 비록 이러한 천인합일의 관념은 간주관성(Intersubjektivität)의 사상을 내포하고 있지만, 그것은 모호한 형태로 표현되고 있다. 특히 온전한 간주관성의 사상은 주체성의 기초 위에서 구축되어야 하는데, 중화미학의 간주관성 사상은 천인합일의 관념으로 인해 인간의 주체성을 독립적으로 정초하기는커녕 오히려 그것을 말살하고 있다. 따라서 천인합일의 관념이 지닌 몽매성을 지양하고, 주체와 세계의 동질성을 구현할 수 있는 이성적인 근거를 확보하여 현대철학에 입각한 본체론을 정립할 수 있어야 중화미학의 간주관성 사상을 합리적으로 재구축할 수 있다.

둘째, 중화미학의 전현대성은 그것의 비초월적 세간성世間性에서도 드러난다. 현대성은 기본적으로 차안此岸(현실 영역)과 피안彼岸(초월적 영역)의 구분, 나아가 진眞, 선善, 미美의 분리를 전제로 삼는다. 그러나 천인합일의 세계관으로 인해, 중화철학은 차안과 피안을 엄밀하게 구분하지 않았으므로, 미학사상도 초월적인 영역에 대한 사유로 나아가지 못하였다. 중화미학에는 오직 차안이라는 세속적인 세계가 있고, 피안이라는 초월적인 영역이 별도로 존재하지 않는다. 그것은 특히 도를 일상 속에 실재하는 것으로 설정하여, 심미를 윤리적인 이념을 실현하거나(유가미학) 현실에서 스스로의 자연천성自然天性을 회복하는(도가미학) 매개로 규정한다. 이리하여 중화미학은 형이상학적 본체론의 근거와 더불어 현실을 초월하는 힘을 갖지 못하였다. 이와 같은 특징으로 인해 중국의 고전 예술론은 윤리적인 설교나 성정性情을 기르는 기능을 지니고 있지만, 현실을 비판함으로써 그것을 초월하여 존재의 의의를 파악하는 단계로 나아가지 못하였다. 물론 중화미학사상에는 함축적인 초월성(隱超越性)을 지니고 있고, 그것은 심미적 체험에 현실을 넘어선 측면이 있음을 제한적으로 드러냈다. 그러나 이러한 초월성은 중화미학의 역사를 통틀어 자각적이고 명석한 형태로 진술되지 않았다. 따라서 우리는 중화미학에서 강조한 실용이성實用理性의 도를 참된 존재의 도로 정립하여, 그것을 통해 존재(초월성)와 생존(현실성)을 구분함으로써, 심미의 초월성을 새롭게 정초할 필요가 있다. 이러한 작업이 이루어져야만 심미가 지닌 자유성을 확보할 수 있고, 나아가 중화미학이 현대미학으로 전향할 수 있다.

셋째, 중화미학의 전현대성은 또한 개념의 모호성과 논증의 불명확성, 다시 말해 이성적 사유의 미진함에서도 드러난다. 중화철학은 실용이성의 특징을 지니므로, 추상적인 사유를 통해 논의를 전개할 수 있었지만, 그것에 대한 논리적 사변 과정을 명확하게 제시하지 못하였다. 특히 그것은 모호한 개념의 사용으로 인해, 이성적인 사유와 감성적인 체험을 엄밀하게 구분하지 못하고, 논리적인 논증보다는 경험적인 접근과 직관적인 깨달음을 중시하는 사조를 낳았다.

중화미학의 각 학파에는 모두 자신만의 개념을 갖추고 있는데, 예를 들어 기상氣象, 풍골風骨, 기리肌理, 묘오妙悟, 격조格調, 동심童心, 의상意象, 의경意境, 경계境界 등이 그것이다. 이러한 개념들은 특정 주체의 심미적인 체험을 담아낼 수 있지만, 그 의미가 모호한 까닭에, 상호 결합될 수 없을 뿐더러 사람마다 이해하는 방식도 다르다. 그러므로 이 개념들을 기반으로 논리적 추론을 진행하거나 엄밀한 체계를 구현하는 일은 매우 어렵다. 그래서 중화미학에서의 논의는 온전한 체계를 갖추지 못한 채, 시론詩論, 화론畵論, 소설 논평 등의 영역으로 나누어진 형태로 진행되었다. 비록 구체적인 논의가 진행되는 과정에서 인도의 인명학因明學이 전래되어, 중화철학과 미학의 논리성을 강화하였으나, 여전히 실용이성이라는 근본적인 특징을 바꿀 수 없었다.

중화미학에서 가장 완전한 논리적 체계를 갖춘 저술은 『문심조룡』이다. 『문심조룡』은 인명학의 영향을 받아 논리적인 논증 방식을 중시하였으나, 그것을 일관적으로 확장하지 못하였다. 다시 말해, 그것의 논리적인 단서는 「원도原道」, 「징성徵聖」, 「종경宗經」 세 편에서만 이어지고, 그 후로는 중단되었다는 것이다. 예를 들어 『문심조룡』은 「원도」, 「징성」, 「종경」을 통해 "문文은 도를 밝히는 것이다"(文以明道)라는 명도설明道說을 논리적으로 제기하였지만, 그 후의 논의는 문이 어떻게 도를 밝히는지에 대해 서술하지 않고, 경험적인 논술을 기반으로 다양한 문체가 지닌 예술적인 특징을 규명하는 데 치중하였다는 것이다. 그리고 『문심조룡』은 문의 명도설과 연정설緣情說이라는 이중적인 이론을 내세웠지만, 그 사이를 연결할 수 있는 논증을 명확히 구현하지 못하였다. 나아가 문을 정의할 때도, 『문심조룡』은 문이라는 개념이 지닌 모호성을 무시한 채, 예술적인 문체와 일반적인 응용문체를 구분하지 않았고, 더욱이 명석한 설명 없이 천지지문天地之文과 인문人文을 혼동함으로써, 자연현상과 인간의 산물을 모두 도의 형식으로 귀속시켰다.

이와 같은 사고방식은 근본적으로 중화미학이 지닌 직관적 깨달음의 특징을 드러내는 것으로, 그것에 따르면 문자를 통한 인간의 표현과 자연현상은 모두 심미적 의상을 구현할 수 있기 때문에, 둘은 서로 연결되어 있다. 그러나 현대적인 논리에서 보면, 이러한 생각은 다름 아닌 개념의 혼동에서 비롯된 비논리적인 진술에 불과하다. 그래서 중화미학의 현대적 전환을 성취하려면, 무엇보다도 정확한 개념 규정과 엄밀한 논리 체계를 구축하여 심미의 본질을 입증하는 방법을 구현할 수 있어야 한다.

요컨대, 중화미학의 현대적 전향을 이룩하려면 무엇보다도 그 속에 내포된 전현대성을 지양하여야 한다. 그리고 이와 같은 지양은 그 몽매성을 비판하는 작업, 그 세간성을 극복하여 심미적 초월성을 정립하는 작업, 엄밀한 개념 규정을 통해 논리적 체계를 새롭게 구축하는 작업 등이 선행되어야 완성될 수 있을 것이다.

2. 중화미학의 현대적 의의

중화미학은 비록 전현대성을 지니지만, 또한 합리적인 내용을 내포하고 있다. 그리고 이와 같은 합리적인 내용은 서양미학과의 소통을 통해 현대미학의 자양분으로 활용될 수 있는데, 그것은 구체적으로 다섯 가지 측면에서 논의될 수 있다.

첫째, 중화미학에 내포된 간주관성의 사상은 현대적인 의의를 지니고 있다. 앞서 언급하였듯이, 천인합일의 관념에는 몽매성이 있지만, 동시에 고전적인 간주관성의 사상이 함축되어 있다. 중국의 고전철학은 인간과 자연이 서로 분리된 존재가 아니라고 주장한다. 즉 그것은 자연을 정적인 객체가 아닌 생명과 정감을 지닌 존재로 규정한다. 이와 같은 생각에 따르면 심미는 곧 인간과 자연의 평등한 정감적 소통, 즉 동정同情에 기반한 활동이고, 그러한 활동을 통해 인간과 자연은 본연의 동일성, 즉 간주관성을 성취할 수 있다. 서양의 현대미학에서 거론된 간주관성 사상은 개체의 독립성을 기반으로 구축되었다. 다시 말해, 그것은 인간과 세계의 대립을 전제로 삼는 동시에, 심미가 그러한 대립을 초월하여 둘의 존재적 동일성을 회복할 수 있다고 주장한다. 그러나 중화미학의 간주관성 사상은 애초부터 인간과 세계가 분리되지 않은 전제에서 전개된 것이다. 즉 그것은 개체가 충분히 독립적인 존재로 자각되지 않은 상태에서 구현된 것으로, 심미를 천인합일의 직접적 현시로 규정한다. 따라서 만약 이와 같은 사상에 들어 있는 비합리적인 내용을 제거하면, 중화미학은 주체와 객체의 대립을 해소할 수 있는 미학사상으로 정립될 수 있을 것이다.

둘째, 중화미학이 제기한 직관적 깨달음이라는 방법론에도 현대적인 의의가 있다. 특히 이러한 방법론에 함축된 합리적인 내용은 현상학미학과 심미현상학의 자양분으로 활용될 수 있다. 서양의 고전미학은 논리적인 연역과 경험적인 귀납을 통해 미의 본질을 밝혔고, 현대철학, 특히 현상학에 이르러서야 직관이라는 방법론을 정초하여 미의 본질을 규명하였다. 현상학은 기본적으로 심미적인 체험을 기반으로 대상 또는 작품의 심미적 의의를 발굴하여야 한다고 주장하는데, 이에 따르면 직관을 기반으로 한 현상 환원의 방법만이 미의 본질을 제대로 현시할 수 있다. 여기에서의 미는 실체의 속성이 아니라 심미 대상 자체가 지닌 의미로서, 오직 심미적인 체험 속에만 존재하는 것이다. 그래서 현상학은 인식론이 아니라, 직관이라는 심미적인 체험을 통해서만이 미의 참된 의의를 파악할 수 있다고 강조한다.

그러나 중화미학은 서양보다 약 이천 년 일찍 현상학의 방법론을 적용하여 미의 본질을 규명하였다. 도가의 사상은 심재心齋나 좌망坐忘을 통해 천도를 파악할 수 있다고 주장하였고, 유가의 사상은 진실함 즉 성誠을 통해 천과 인을 소통할 수 있다고 강조하였다. 그리고 이와 같은 심재, 좌망, 성 등은 모두 현상학에서 말한 순수의식(Reines Bewuβtsein)으로의 복귀로 해석될 수 있다. 나아가 후세의 선종은 불립문자不立文字와 돈오頓悟의 사상을 제기하였는데, 이러한 사상은 최종적으로 묘오妙悟라는 방법론으로 발전하여 중화미학의 직관론을 더욱 확충하였다. 비록 중화미학에서 제기한 직관론에는 아직 현대철학의 방법론에 미치지 못한 요소가 있지만, 그것은 여전히 현상학과 소통하여 온전한 현대미학의 방법론으로 정립될 가능성이 있다.

셋째, 중화미학은 가치론에서 출발하여 심미의 정감성을 강조하였는데, 이는 인식론을 중시하는 서양미학과 구분되는 현대적 의의를 지니고 있다. 서양미학은 미와 진을 연결하여, 고대 그리스 시기에 모방론을, 근대에 감성학을 각각 정초함으로써, 인식론적 전통에 따른 미학사상을 정초하였다. 그리고 현대미학에 이르러서야 서양미학은 인식론적 전통에 따른 미학사상이 지닌 한계를 파악하여 심미의 정감성을 강조하기 시작하였다. 이러한 과정에서 칸트는 가장 먼저 심미를 감성적 영역에 귀속하였지만, 그것은 여전히 지성과 구상력의 공동 작용을 통해 심미를 규정하였기 때문에, 인식론의 전통에서 벗어난 것이라고 할 수 없다. 칸트에 이어 하이데거는 미를 무진장無盡藏한 존재의 내면에 있는 것으로 규명하였지만, 이러한 규정도 인식론적 전통에서 자유로운 것은 아니다. 이와 같은 인식론적 미학은 기본적으로 심미의 지성적인 특징을 밝히고 있으나, 그 정감적인 특질을 소홀히 취급한 까닭에, 심각한 한계를 지닌 것이라고 할 수 있다.

그러나 중화미학은 항상 심미의 정감성을 강조하여 시가, 음악, 무용, 회화 등 예술이 모두 정감을 드러내는 매개라고 규정하였다. 그리고 이러한 정감은 일상적인 정감이 아니라, 진실한 인간 본성에 따른 정감 또는 천명天命에 따른 정감으로 설명되는 경우가 많다. 실제로 심미는 자유를 성취하는 활동으로서, 인식적인 측면과 정감적인 측면의 내용을 모두 포함하는데, 이는 곧 둘의 통일이 이루어져야 진정한 심미적 체험이라고 할 수 있음을 의미한다. 그러한 맥락에서 중화미학의 정감론과 서양미학의 인식론은 각각 심미의 한 측면만을 언급하였기 때문에, 중화미학은 서양미학과 서로 소통하여 상호 보완하는 과정을 거쳐야 온전한 현대미학으로 거듭날 수 있을 것이다.

넷째, 중화미학은 서양의 전통미학과 달리, 의식의 미학이 아니라 신체성을 강조하는 신심합일身心合一의 미학이다. 이에 따르면 심미는 순수정신적인 활동이 아니라, 심신합일의 전제에서 수행되는 체험이자 이상화된 생활방식이다. 그래서 중화미학은 심미가 성정을 기를 수 있고, 인생을 다채롭게 할 수 있다고 주장한다. 이와 같은 생각은 포스트모더니즘에서 제기된 미학사상과 유사한 점이 많다. 포스트모더니즘 미학은 전통적인 의식미학을 비판하면서 심미의 신체성을 긍정하여 신체미학을 정립하였다. 이러한 의미에서 중화미학에서 강조된 신심일체성은 포스트모더니즘의 미학과 소통하여 현대적 의의를 지닐 수 있다. 그러나 동시에, 중화미학은 심미의 신체성과 더불어 그것의 정신성을 포기하지 않기 때문에, 포스트모더니즘 미학에 의해 격하된 심미의 정신성을 보완할 수도 있다.

다섯째, 중화미학이 일상생활에 주목하는 특징에도 현대적 의의가 있다. 서양의 전통미학이 예술과 심미가 지닌 사변적인 특징을 강조하는 것과 달리, 중화미학은 일상생활을 더욱 중시하는 실천적인 경향을 지닌다. 유가의 미학사상은 윤리적인 가치를 가장 핵심적인 내용으로 삼기 때문에, 그것은 현실에서 수행되는 인격의 수양과 문명에 따른 교화를 중요시하는 내포를 지닌다. 한편, 도가의 미학사상은 심미를 천성天性으로 복귀하는 활동으로 규정하고, 심성心性과 정취情趣의 함양 또는 승화를 강조하기 때문에, 비윤리적인 내포를 지닌다. 비록 두 종류의 미학사상이 강조하는 내용은 다르지만, 모두 심미와 '현실' 인생의 관계를 중시하여 심미를 통해 일상을 더욱 이상적인 상태로 이행할 수 있음을 주장하였다는 측면에서 동일성을 지닌 것이라고 할 수 있다.

실천성을 강조하는 중화미학은 사상적인 차원에서 미의 경지를 성취할 뿐만 아니라, 일상생활에서도 미의 이념을 실천하여야 한다고 주장한다. 그것은 아雅라는 심미적 규범을 기반으로 인간, 특히 사대부士大夫들에게 삶의 지침을 제공하는데, 이러한 지침에는 품성과 심성心性의 수양, 일상생활에서 수행되는 실천적 활동, 예의범절, 언어표현, 정취와 애호 등의 내용이 두루 포함되어 있다. 바로 이와 같은 특징으로 인해, 중화문화 전체가 심미적인 의미를 지니게 되었고, 심미는 또한 일상생활의 질을 가늠하는 최고의 기준이 되었다.

현대사회에서 예술은 일상생활의 제반 영역에 침투하고 있고, 심미문화도 갈수록 확장하고 있는데, 그 과정에서 새로운 미학사상이 정립되어야 할 필요성이 제기되었다. 포스트모더니즘은 바로 이와 같은 역사적인 요구에 부응하여 예술과 일상생활의 동일성을 강조함으로써, 심미를 일상적인 영역에 한정하는 역할을 충실하게 수행하였다. 그러나 포스트모더니즘 미학은 예술과 일상의 동일성을 지나치게 강조한 나머지, 감각적인 욕망을 비롯한 저속한 내용을 심미의 범주에 귀속시키는 경향을 또한 지니고 있다. 이러한 문제와 관련하여, 중화미학은 포스트모더니즘 미학과 소통하여 일상생활에서의 미적 내용을 다양하게 발굴할 수 있을 뿐만 아니라, 고아한 정취를 기준으로 감각적 영역에 치우친 심미적 경향을 교정할 수 있으므로, 현대적 의의를 지닌다고 할 수 있다.

3. 중화미학의 현대적인 전향에서 비롯되는 역사적인 경험

중화미학의 현대적 전향은 서양의 근대미학이 수입된 이후부터 본격적으로 시작되었는데, 그 첫 단추를 끼운 사람이 바로 왕국유王國維이다. 왕국유는 쇼펜하우어가 정립한 의지 철학의 영향을 받아, 심미를 의지라는 본체로부터의 해방이라고 규정하였다. 이러한 사상을 기반으로 그는 중국 전통의 도본체론道本體論 철학과 미학을 타파하여 주체성을 강조하는 현대철학으로 나아갔다. 동시에 왕국유는 동서미학의 대화를 시도하는 과정에서 경계설境界說과 중국 특유의 심미적 범주 즉 고아古雅라는 범주를 정초하였고, 그에 기반한 확장적인 논의를 전개함으로써 가치 있는 연구 결과를 성취하였다. 그러나 이와 같은 성취들은 동서미학을 소통하는 첫 시도이니만큼, 아직 둘을 온전하게 관통한 것이라고 보기에는 무리가 있다. 그래서 왕국유의 사상이 중화미학의 현대적 전향을 이룩하였다고 하기에는 어려움이 있다.

이어서 양계초梁啓超와 채원배蔡元培 등은 서양의 현대미학을 그대로 수용하는 사조를 낳았는데, 이러한 과정에서 중국의 전통미학에 관한 연구는 대부분 지양되었다. 그 뒤로 중국 학계는 소련의 유물론 철학을 전폭 수용하는 길을 걷게 되었는데, 이로 인해 중화미학의 전통은 끊어지게 되었다. 그러다가 문화대혁명文化大革命 이후의 신시기新時期에 이르러, 중국 학계는 다시 서양의 미학을 수입하여 '미학 열풍'(美學熱)의 시대를 열면서 중화미학의 현대화의 길을 재개하였으나, 중화미학 자체에 관한 연구를 충실하게 수행하지 않았다. 마지막으로 1989년 이후의 후신시기後新時期에 미학계는 중화미학에 관한 연구를 다시 중시하고, 그 현대적 의의를 발굴하는 데 전념하기 시작하였는데, 이 과정에서 중화미학의 체계가 새롭게 구축되는 계기를 맞이하게 되었다.

그러나 중화미학의 현대적 체계를 구축하는 과정에서 여러 가지 오류 현상이 또 발생하게 되었다. 그리고 이와 같은 현상은 주로 두 가지 경향성에서 비롯된 것이라고 할 수 있다. 하나는 중화미학의 핵심사상이 무엇인지에 대한 규정이 부정확하여 그 합리적인 내용에 관한 인식이나 계승이 부족하다는 점이고, 다른 하나는 중화미학을 무조건 긍정하여 그것을 비판적으로 바라보는 의식이 빈약하다는 점이다. 이러한 경향성으로 인해, 심지어 중화미학은 서양미학과 소통할 필요가 없고, 마땅히 스스로 체계를 이루어야 한다는 생각까지 제기되었다. 그럼에도 불구하고, 일부 미학자들은 여전히 중화미학의 전통을 계승하는 동시에, 서양의 현대미학을 수용하여 새로운 미학 체계를 구축하여야 한다고 주장하면서 다양한 성과를 이룩하였다.

종백화宗白華는 중화미학의 전통사상을 계승하면서 또한 그것을 서양의 미학사상과 융합하여 독특한 미학 체계를 구현하였다. 그리고 이택후李澤厚는 중화미학사상, 특히 유가의 미학사상을 흡수하여, 초기에 제기한 실천미학사상을 개진함으로써 정본체론情本體論이라는 미학적 체계 구상을 내놓았다. 비록 이택후가 구축한 미학 체계는 아직 실천적 본체론(實踐本體論)에 머물러 있고, 그러한 본체는 또한 정본체와 충돌하고 있지만, 중화미학의 전통사상을 계승하고 그것을 새롭게 구축하려는 시도에 관해서는 높이 평가되어야 한다. 물론 이택후의 사상에도 중화미학을 거의 전면적으로 긍정하는 경향이 있으므로, 현대적인 비판의식이 결여되어 있다는 비판에서 자유로울 수 없다. 끝으로 섭랑葉朗은 의상 개념을 추출하여 그것을 중화미학의 기본적인 범주로 규정함으로써, 중화미학을 현대적 의의를 지닌 '의상론미학意象論美學'으로 정립하였다. 이와 같은 학술적 성과들은 모두 중화미학의 현대적 전환에 지대한 영향을 미친 것으로서, 언제나 참고할 만한 가치를 지닌 것이라 할 수 있다. 그러나 중화미학의 현대적 전환 과정은 아직 완결된 상태에 이르렀다고 할 수 없고, 단지 초기 단계에 머물러 있다고 말하는 것이 더욱 적절할지도 모른다.

저자가 보기에 중화미학이 현대적 전환을 시도하는 과정에서 엿볼 수 있는 역사적인 교훈은 바로 서양의 미학사상을 거절하면 안 된다는 것이다. 다시 말해, 중화미학은 고립적이고 봉쇄된 상태에서 그것의 현대적인 전환을 이룩할 수 없다는 것이다. 이러한 의미에서 왕국유가 제시한 길, 즉 중화미학의 사상적 자양분을 흡수하여 서양미학과의 대화를 새롭게 시도하는 것이야말로 가장 적절한 방식이라고 할 수 있다. 그리고 이와 같은 작업을 제대로 수행하려면 무엇보다도 현대철학의 차원에서 중화미학사상을 다시 연구하고 평가함으로써, 그 속에 내포된 합리적인 부분을 수용하는 동시에, 전현대적인 내용을 지양할 수 있어야 한다.

좀 더 구체적으로 말하자면, 현대적인 중화미학의 체계 구축은 '현대'로써

'전통'을 통솔하는 원칙을 따라야 한다. 그것은 먼저 현대미학에서 제기된 기본적인 이론의 틀, 예를 들어 본체론, 현상학과 그 논리적 체계 등을 수용함으로써, 중화미학의 몽매사상과 고전적인 사상을 반성적으로 고찰하여 존재론으로써 도론道論을, 존재의 동일성과 심미의 간주관성 사상으로써 천인합일의 사상을 대체하여야 한다. 이와 더불어, 중화미학의 합리적인 요소를 계승하여 서양미학을 창조적으로 해석하고 수정하여야 하는데, 이는 흥정설興情說로써 서양의 인식론을, 간주관성 사상을 통해 서양의 주체성 또는 객체성에 치우친 사상을 교정하고, 심미현상학을 기반으로 서양의 현상학미학을, 공간성의 미학을 통해 서양의 시간성미학을 보완하는 작업 등을 깊이 있게 수행하는 것으로 이루어져야 한다. 이와 같은 소통을 기저로 중화미학과 서양미학은 상호 보완적인 관계에 놓이게 되므로, 중화미학의 체계가 새롭게 구현될 수 있는 길이 열리게 될 것이다.

후기

이 책은 〈국가 사회과학 기금 중점 프로젝트〉(國家社會科學重點項目)—"중화예술과 미학 개론"(中華藝術美學槪論)의 연구 결과이며, 출판 당시에 현재의 제목으로 변경되었다. 중화미학에 관한 연구는 최근 몇십 년 동안 활발하게 이루어졌고, 또한 많은 저술을 출판하였다. 그러나 이러한 연구들은 대부분 중화미학사에 관한 연구나 특정 주제에 초점을 맞춘 논의로 이루어진 까닭에, 중화미학사상 전체를 관통하는 연구가 상대적으로 빈약하다. 그리고 그중에서 중화미학사상 전체에 관한 연구는 대체로 다음과 같은 유형으로 나눌 수 있다.

첫째는 중화미학의 강령 제시를 주된 논의 방식으로 진행하는 연구이다. 이러한 유형의 연구에는 중화미학의 강령을 간명하게 제시하는 장점이 있지만, 전면적이고 체계적으로 중화미학의 내용을 검토하는 데 한계가 있다. 예를 들어 이택후李澤厚의 『화하미학華夏美學』은 창의적인 시각에서 중화미학의 기본 정신에 대해 해석하였으나, 중화미학의 전체 체계에 대한 고찰을 수행하지 못하였으므로, 화룡점정畵龍點睛의 연구라고 할 수 있지만, 체계적인 연구라고 불릴 수 없다. 둘째는 중화미학의 중심 개념과 주된 관념을 정리하고 해석하는 연구이다. 이와 같은 유형의 연구는 전통미학의 사상을 검토하는 데 그치는 경우가 많고, 현대미학의 시각에서 전통을 비판하는 의식이 빈약하기 때문에, 현대적인 의의를 지닌 중화미학의 체계를 구현할수가 없다. 셋째는 중국문론中國文論, 중국시학中國詩學, 중국예술이론中國藝術理論 등과 같이, 특정 미학의 분야에만 한정하여 수행되는 연구이다. 이 유형의 연구는 애초부터 중화미학 전체에 관한 연구를 시도하지 않은 것으로, 중화미학의 체계 구축에 기여하기 힘들다.

위에서 거론된 세 유형의 연구는 각각 그 학술적 의의를 지니고 있으나, 모두 중화미학 전체에 관한 연구를 수행하지 못하였고, 나아가 중화미학의 체계를 구현하지 못하였다. 실제로 중화미학에 관한 연구는 종적-시간적인 측면에서의 연구와 횡적-공간적인 측면에서의 연구를 결합하는 방식으로 진행되어야 그 사상을 전체적으로 드러낼 수 있다. 바로 이와 같은 점을 고려한 까닭에, 저자는 최종적으로 이 책의 제목을 『중화미학개론中華美學槪論』이라고 지었다. 이 책은 역사를 거슬러 올라가 중화미학사상에 관한 횡적인 연구를 수행하여 중화미학의 철학적 기초, 사상적 핵심, 다양한 범주 등을 제시함으로써, 그 내재적인 논리를 해석하였을 뿐만 아니라, 동시에 역사적인 고찰을 통해 중화미학사상의 전체적 모습을 온전하게 드러내려고 노력하였다.

저자가 보기에, 해석은 곧 구축이므로, 중화미학사상을 해석하는 것은 곧 중화미학의 체계를 새롭게 구축하는 일이다. 중화미학사상은 풍부한 내용과 내재적인 논리를 지니고 있지만, 그것은 흩어진 채로 논의되고 완전한 형태의 체계를 구현하지 못하였다. 이러한 점은 주로 중화미학의 개념, 범주에 통일성이 없거나 의미가 확정되지 않은 측면에서 드러날 뿐만 아니라, 논리적인 논증의 결여와 전문 저술의 희소성에서도 현시된다. 그래서 중화미학을 해석하는 과정에서 무엇보다도 그 사상적 맥락, 논리적 구조, 범주 등을 새롭게 발굴하여 중화미학의 체계를 다시 구축할 필요가 있다.

중화미학의 해석과 구축은 봉쇄적인 형태로 진행하면 안 되고, 반드시 현대미학의 이론을 도구로 삼아야 한다. 다시 말해, 중화미학에 대한 해석은 그 개념과 사상을 자체적으로 검토하는 것이 아니라, 현대미학의 개념과 사상의 체계 속에 편입하여 고찰되어야 한다는 것이다. 이는 마치 한 사람의 인식에만 입각하여서가 아니라, 일반적인 기준을 가지고 어떤 사태를 설명하여야 하는 것과 유사하다. 그러나 유감스럽게도 지금까지의 논의는 대부분 이와 같은 간단한 규범을 관철하지 못하였다. 이러한 결함으로 인해, 중화미학사상에 대한 깊이 있는 발굴은 물론이고, 그 사상을 비판적으로 바라보는 시각까지 상실된 까닭에, 중화미학의 체계는 아직 정립되지 못한 상태에 놓여 있다.

한편, 여기에서 특히 주의하여야 할 점이 있다. 즉 그것은 포스트모더니즘(postmodernism)의 영향을 받아, 서양미학의 개념과 사상을 완전히 거부함으로써 중화미학의 체계를 독립적으로 구현하려는 학자가 여전히 있다는 것이다. 이러한 경향은 실제로 중화미학을 현대미학과 단절시키는 것으로, 그 발전의 길을 봉쇄하는 것이다. 역사적인 대상에 관한 연구는 특정 현대적인 이론이 선재되어야 '지평융합' (Horizontverschmelzung)을 통해 대상에 관한 새로운 이해와 의의를 밝힐 수 있다. 다시 말해, 현대미학의 이론을 거부하게 되면 중화미학에 관한 논의는 현대적 의의를 지닌 해석과 체계를 구현할 수 없다는 것이다. 그러한 까닭에, 이 책은 현대미학의 이론적인 틀을 통해 중화미학을 해석하고 그 체계를 구축하는 방법을 적용하였는데, 이는 중화미학 자체의 성질과 내재적 논리를 제시할 수 있을 뿐만 아니라, 그 결함을 비판적으로 검토하여 중화미학이 지닌 현대적 의의까지 규명할 수 있다.

중화미학과 서양미학의 사상은 모두 현대미학의 체계 구축에 역사적인 경험과 사상적인 자양분을 제공하고 있다. 지금까지 거론된 현대미학의 체계는 서양미학, 특히 현대주의 미학과 포스트모더니즘 미학을 주된 모델로 삼고 있지만, 그것은 아직 온전한 단계에 이른 것이라고 할 수 없다. 따라서 우리는 서양미학사상의 단순한 차용보다는 그것을 개진하여 현대미학의 체계를 재구축할 수 있어야 서양미학으로써 중화미학을 쉽게 해석해 버리는 경향을 수정할 수 있을 것이다. 그리고 이러한 과정에서 무엇보다도 중요한 점은 반드시 중화미학의 사상적 요소를 충분히 흡수하여 둘 사이의 대화를 깊이 있게 시도하는 것이다.

현대적인 시각에서 중화미학을 해석하고 그 체계를 재구축하는 과정은 다음과 같은 핵심 문제에 직면할 가능성이 크다. 중화미학과 서양미학은 체계가 다르므로, 중화미학의 개념, 범주, 관념들은 현대미학의 그것들과 완전히 대응하지 않는다. 그래서 서양미학의 사상을 주된 모델로 삼는 현대미학의 이론을 빌려 직접 중화미학의 사상을 설명하는 데에는 한계가 있을 수밖에 없다. 그러나 다른 한편으로 중화미학은 그 자체의 사상을 통해서만이 자신을 설명할 수도 없다. 그렇다면 이러한 문제에 어떻게 대처하여야 둘 사이의 대화를 온전하게 수행할 수 있을까?

두 미학 체계의 대화는 현대미학을 주된 모델로 삼되 중화미학 자체의 체계와 핵심 관념을 넘어설 필요가 있다. 이는 곧 중화미학의 현대적 전환을 시도하는 첫걸음으로서, 중화미학의 개념, 범주, 관념을 현대미학의 그것들과 대조하여, 전자를 후자의 이론적 틀 속에 편입할 필요가 있음을 의미한다. 이러한 작업이 제대로 수행되어야만 중화미학이 지닌 합리성, 결함, 내재적 논리 등을 정확하게 현시할 수 있다. 이와 더불어, 중화미학의 사상을 통해 현대미학을 수정하는 작업을 외면해서도 안 된다. 다시 말해, 이와 같은 두 갈래의 과제가 동시에 이루어진 상태에서, 우리는 비로소 중화미학의 사상을 해석함으로써 '그 체계를 재구축하는 일'과 일정한 의미에서 '현대미학을 재구현하는 일'을 모두 실현하였다고 선언할 수 있을 것이다.

이러한 생각에 입각하여 저자는 서양미학의 사상을 고찰하고 참고하는 과정에서 중화미학의 사상적 특징을 추출하였는데, 예를 들어 동정론同情論, 간주관성 (Intersubjektivität), 공간성, 심미현상학 등의 사상이 그것이다. 그리고 이와 같은 사상들을 기준으로 서양미학이 인식론, 주체성, 시간성, 현상학미학 등에 치우쳐 있는 점을 지적하고, 그것을 수정하는 방법에 대해서도 논의하였다. 동시에 이러한 과제를 수행하는 과정에서, 저자는 또한 서양의 현대미학을 통해 중화미학을 보완하였는데, 그것은 대체로 서양미학의 이성주의적 특징, 현대적 간주관성 사상, 시간성에 관한 논의, 현대 심미현상학의 사상 등을 흡수하는 작업 등으로 이루어졌다. 두 사상 체계의 대화는 실질적으로 지평융합을 기반으로 둘의 상호 보완과 새로운 창조를 도모하는 과정이다. 그러한 까닭에, 중화미학과 서양미학의 대화는 각자가 상대방의 장점을 흡수하여 스스로의 단점을 보완하고, 나아가 둘 모두를 넘어선 현대미학의 체계를 구현하는 것이다. 따라서 중화미학과 서양미학의 소통은 현대미학을 재구축하는 길인 동시에, 현대 중화미학을 새롭게 구현하는 길이기도 하다.

끝으로 이 책은 『제일철학으로서의 미학—존재, 현상, 그리고 심미』(作爲第一哲學的美學—存在, 現象與審美)의 자매편姊妹篇이다. 비록 이 두 책은 독립적인 저술이지만, 독자들은 여전히 둘 사이의 내재적 연관성을 찾아볼 수 있을 것이다. 『제일철학으로서의 미학—존재, 현상, 그리고 심미』는 주로 서양미학의 역사에서 출발하고, 중화미학의 사상적 자양분을 흡수하여 새로운 현대미학의 체계를 구축하는 일에 초점을 맞추었다. 그리고 이 책은 새롭게 구축된 현대미학의 이론을 기반으로 중화미학의 구체적인 사상을 고찰하고, 그것을 다시 해석하여 중화미학의 체계를 재구축하는 과제에 집중하였다. 다시 말해, 전자는 저자가 구현한 미학의 원리이고, 후자는 이러한 원리를 통해 중화미학에 대한 해석을 시도한 것이다. 이러한 의미에서, 저자가 구현한 현대미학의 체계는 곧 동서미학의 대화에 입각한 산물이고, 마찬가지로 저자가 해석하고 재구축한 중화미학도 동서미학의 대화에 따른 산물이라고 할 수 있다.

楊春時

2015년 3월 10일 初記

2017년 6월 10일 補記

지은이 **양춘시楊春時**

黑龍江省 哈爾濱 출생(1948년). 吉林大學에서 문예학 석사를 졸업하고(1982년), 흑룡강성 사회과학원 연구원을 거쳐, 海南師範學院 교수·廈門大學 人文學院 교수(박사지도교수)·華僑大學 특별초청교수·集美大學 강좌교수·四川美術學院 특별초청교수 등을 역임하였다. 중국 국무원 특별 연구보조금(國務院特殊津貼)을 받고 있으며, '국가급 특출공헌 청장년 전문가'(國家級有突出貢獻的中靑年專家) 칭호를 수상하였다. 중화미학회 부회장을 맡고 있고, 미학과 문학이론 등에 관한 연구 활동을 이어 가고 있으며, '後實踐美學'의 대표자로 평가받고 있다. 대표 저서로는『系統美學』,『예술의 기호와 해석』(藝術符號與解釋),『제일 철학으로서의 미학—존재, 현상, 그리고 심미』(作爲第一哲學的美學—存在, 現象與審美) 등이 있다.

옮긴이 **양홍정楊紅靜**

신라대학교 국제통상학부에서 경영학사 학위를 취득하고, 부산대학교 국어국문학과에서 문학석사 학위를 받은 뒤, 계명대학교 한국문화학과에서 문학박사 학위를 수여 받았다. 현재 중국 聊城大學 한국어학과 부교수로 재직하고 있다. 주요 논문으로는 「한·중 전통마을의 문화생태론적 연구」(박사학위논문), 「한·중 외모그림씨의 인지의미론적 비교 연구」 등이 있으며, 역서로는『중국 둔전개간 연구사』가 있다.

이삭李颯

河南師範大學에서 교육학학사, 석사 학위를 각각 취득한 뒤, 계명대학교에서 교육학박사 학위를 취득하였다. 현재 중국 하남성 平頂山學院大學 교사교육학과(教師教育學院)에서 책임 강사로 활동하고 있다. 주요 논문으로는 「교육실습 유형에 따른 중국 예비 초등교사의 교사효능감 차이와 영향 요인 탐색」(박사학위논문), 「중국어판 교사효능감 측정척도의 신뢰도와 타당도 검증」(教師效能感量表中文版的信度和效度檢驗) 등이 있다.

정무鄭懋

일본 도시샤대학(同志社大學) 통상학부(商學部)를 거쳐 계명대학교 철학과에서 학사, 석사 학위를 취득하고, 박사과정을 수료하였다. 현재 서울대학교 미학과에서 박사과정을 수료한 상태이다. 주요 논문으로는 「동중서 유학의 음양설 수용에 관한 연구」(석사학위논문), 「동중서의 性三品論과 유학의 官學化」 등이 있고, 역서로는『장자와 곽상의 철학』(공역)이 있다.